Der Unternehmensführungsvertrag

AF733834

Europäische Hochschulschriften

European University Studies

Publications Universitaires Européennes

Reihe II **Rechtswissenschaft**

Series II Law

Série II Droit

Band/Volume **5821**

Florian Böhm

Der Unternehmensführungsvertrag

Unter besonderer Berücksichtigung des Gesellschafts- und Konzernrechts

PL ACADEMIC RESEARCH

Bibliografische Information der Deutschen Nationalbibliothek
Die Deutsche Nationalbibliothek verzeichnet diese Publikation in der Deutschen Nationalbibliografie; detaillierte bibliografische Daten sind im Internet über http://dnb.d-nb.de abrufbar.

Zugl.: Berlin, Freie Univ., Diss., 2015

D 188
ISSN 0531-7312
ISBN 978-3-631-67383-6 (Print)
E-ISBN 978-3-653-06664-7 (E-Book)
DOI 10.3726/978-3-653-06664-7

© Peter Lang GmbH
Internationaler Verlag der Wissenschaften
Frankfurt am Main 2016
Alle Rechte vorbehalten.
PL Academic Research ist ein Imprint der Peter Lang GmbH.
Peter Lang – Frankfurt am Main · Bern · Bruxelles · New York · Oxford · Warszawa · Wien

Das Werk einschließlich aller seiner Teile ist urheberrechtlich geschützt.
Jede Verwertung außerhalb der engen Grenzen des Urheberrechtsgesetzes ist ohne Zustimmung des Verlages unzulässig und strafbar.
Das gilt insbesondere für Vervielfältigungen, Übersetzungen, Mikroverfilmungen und die Einspeicherung und Verarbeitung in elektronischen Systemen.

Diese Publikation wurde begutachtet.

www.peterlang.com

In Erinnerung an meinen Vater

Siegfried Kaminski

(09.07.1955–14.07.2015)

Vorwort

Die vorliegende Arbeit wurde im Wintersemester 2015/2016 vom Fachbereich Rechtswissenschaft der Freien Universität Berlin als Dissertation angenommen. Bis März 2015 wurden Neuerscheinungen in der Literatur und Rechtsprechung – soweit ersichtlich – berücksichtigt.

Zu großem Dank bin ich meiner Betreuerin Frau Professorin Dr. *Claudia Schubert* verpflichtet. Sie hat mich stets mit großem Engagement betreut. Für die Erstellung des Zweitgutachtens möchte ich Herrn Professor Dr. *Gregor Bachmann* meinen Dank aussprechen. Die vorliegende Arbeit stellt den Abschluss meiner Zeit an der Freien Universität dar, die mit der Aufnahme des Studiums 2007 begonnen hat und an die sich eine Tätigkeit als wissenschaflicher Mitarbeiter ab Oktober 2012 anknüpfte. Für die schöne Zeit möchte ich den zahlreichen Kollegen und Kolleginnen danken, die ich in dieser Zeit kennenlernen durfte. Insbesondere meinen ehemaligen Kommilitonen *Alexander Greif* möchte ich hier hervorheben.

Für das Korrekturlesen einzelner Abschnitte bzw. der gesamten Arbeit möchte ich *Marius Senger*, *Antje Böhm*, *Alexander Greif* und *Karoline Langen* danken.

In persönlicher Hinsicht möchte ich mich bei meiner Ehefrau *Maika*, die mein Leben in so vielfältiger Weise bereichert, für ihre Rücksichtnahme und den Zuspruch im Entstehungsprozess dieser Arbeit und meiner gesamten juristischen Ausbildung bedanken. Nennen möchte ich auch meinen guten Freund *Marius Senger*, der mich stets mit einem offenen Ohr schon seit Kindheitstagen begleitet.

Schließlich möchte ich mich bei meiner gesamten Familie bedanken. Insbesondere meinen Eltern *Martina* und *Siegfried Kaminski* möchte ich meinen großen Dank aussprechen. Sie haben mich während meiner gesamten Ausbildung immer mit Interesse begleitet und vielfältig unterstützt. Meinem Vater, der den Abschluss des Promotionsverfahrens nicht mehr erleben durfte, ist diese Arbeit gewidmet.

Berlin, den 31.12.2015 *Florian Böhm*

Inhaltsübersicht

Inhaltsverzeichnis

Abkürzungsverzeichnis

a.A.	andere Ansicht
Abs.	Absatz
AcP	Archiv für die civilistischer Praxis (Zeitschrift)
AEUV	Vertrag über die Arbeitsweise der europäischen Union
AG	Die Aktiengesellschaft (Zeitschrift)
AG	Aktiengesellschaft
AGB	Allgemeine Geschäftsbedingungen
AktG	Aktiengesetz
Alt.	Alternative
AP	Arbeitsrechtliche Praxis (Zeitschrift)
ArbNErfG	Gesetz über Arbeitnehmererfindungen
Art	Artikel
Aufl	Auflage
AÜG	Gesetz zur Regelung der Arbeitnehmerüberlassung
BAG	Bundesarbeitsgericht
BankA	Bank-Archiv (Zeitschrift)
BayOLG	Bayrisches Oberstes Landesgericht
BB	Betriebs-Berater (Zeitschrift)
Bd	Band
Begr.	Begründer
Beschl.	Beschluss
BetrVG	Betriebsverfassungsgesetz
BGB	Bürgerliches Gesetzbuch
BGH	Bundesgerichtshof
BSG	Bundessozialgericht
Bzw.	Beziehungsweise
c.i.c	Culpa in contrahendo
D&O-Versicherung	Directors-and-Officers-Versicherung
DCGK	Deutscher Corporate Governance Kodex
ders.	derselbe
DesignG	Designgesetz
dies.	dieselbe
DJT	Deutscher Juristen Tag
DrittelbG	Gesetz über die Drittelbeteiligung der Arbeitnehmer im Aufsichtsrat
DrittelbG	Drittelbeteiligungsgesetz
DStR	Deutsches Steuerrecht (Zeitschrift)
DWiR	Deutsche Zeitschrift für Wirtschaftsrecht (Zeitschrift)
EDV	Elektronische Datenverarbeitung
EnWG	Energiewirtschaftsgesetz

EStB	Der Ertrag-Steuer-Berater (Zeitschrift)
EStG	Einkommenssteuergesetz
EU	Europäische Union
EuG	Gericht der Europäischen Union
EuGH	Europäischer Gerichtshof
EUV	Vertrag über die Europäische Union
EzA	Entscheidungen zum Arbeitsrecht
f.	folgende Seite/Randnummer
ff.	folgende Seiten/Randnummern
Fn.	Fußnote
FS	Festschrift
GbR	Gesellschaft bürgerlichen Rechts
GebrMG	Gebrauchsmustergesetz
gem.	gemäß
GewO	Gewerbeordnung
GewStG	Gewerbesteuergesetz
GG	Grundgesetz
ggf.	gegebenenfalls
GmbH	Gesellschaft mit beschränkter Haftung
GmbHG	GmbH-Gesetz
GRCh	Charta der Grundrechte der europäischen Union
GrEStG	Grunderwerbssteuergesetz
GruchotZ	A. Gruchot'schen Beiträge zur Erläuterung des preußischen und deutschen Rechts durch Theorie und Praxis (Zeitschrift)
GRUR	Gewerblicher Rechtsschutz und Urheberrecht (Zeitschrift)
GWB	Gesetz gegen Wettbewerbsbeschränkungen
GWR	Gesellschafts- und Wirtschaftsrecht (Zeitschrift)
HGB	Handelsgesetzbuch
Hrsg	Herausgeber
HS	Halbsatz
InsO	Insolvenzordnung
i.V.m.	in Verbindung mit
JArbSchG	Jugendarbeitsschutzgesetz
JbFStR	Jahrbuch der Fachanwälte für Steuerrecht (Zeitschrift)
JherJB	Jherings Jahrbücher für die Dogmatik des bürgerlichen Rechts
JuS	Juristische Schulung
JW	Juristische Wochenschrift (Zeitschrift)
JZ	Juristenzeitung (Zeitschrift)
KG	Kommanditgesellschaft
KGaA	Kommanditgesellschaft auf Aktien
KO	Konkursordnung
KonzR	Konzernrecht
Krit	Kritisch
KSchG	Kündigungsschutzgesetz

KStG	Körperschaftsteuergesetz
LG	Landgericht
LZ	Leipziger Zeitschrift für Deutsches Recht
MarkenG	Markengesetz
MedR	Medizinrecht (Zeitschrift)
MitbestG	Gesetz über die Mitbestimmung der Arbeitnehmer
MittRhNotK	Mitteilung der Rheinischen Notarkammer (Zeitschrift)
Montan-MitbestG	Gesetz über die Mitbestimmung der Arbeitnehmer in den Aufsichtsräten und Vorständen der Unternehmen des Bergbaus und der Eisen und Stahl erzeugenden Industrie
Mot.	Motive zu dem Entwurfe eines Bürgerlichen Gesetzbuches für das Deutsche Reich
NJOZ	Neue Juritische Online Zeitschrift
NJW	Neue Juristische Wochenschrift (Zeitschrift)
Nr.	Nummer
NZA	Neue Zeitschrift für Arbeitsrecht
NZG	Neue Zeitschrift für Gesellschaftsrecht
NZM	Neue Zeitschrift für Miet- und Wohnungsrecht
NZS	Neue Zeitschrift für Sozialrecht
OHG	Offene Handelsgesellschaft
OLG	Oberlandesgericht
ÖOGH	Österreichische Oberste Gerichtshof
PatentG	Patentgesetz
RdA	Recht der Arbeit (Zeitschrift)
RdE	Recht der Energiewirtschaft (Zeitschrift)
RdK	Recht der Kapitalgesellschaft
RG	Reichsgericht
Rn.	Randnummer
ROHGE	Entscheidungen des Reichsoberhandelsgerichts
Rspr.	Rechtssprechung
S.	Satz
SE	Societas Europaea
SEAG	Gesetz zur Ausführung der Verordnung 2157/2001/EG des Rates vom 8. Oktober 2001 über das Statut der Europäischen Gesellschaft
SEBG	Gesetz über die Beteiligung der Arbeitnehmer in einer Europäischen Gesellschaft
SeuffA	Seufferts Archiv für Entscheidungen der obersten Gerichte (Zeitschrift)
SE-VO	SE-Verordnung
SGB	Sozialgesetzbuch
TVG	Tarifvertragsgesetz
UmwG	Umwandlungsgesetz
UrhG	Urhebergesetz

UWG	Gesetz gegen den unlauteren Wettbewerb
vgl.	vergleiche
VO	Verordnung
Vor	Vorbemerkung
VVaG	Versicherungsverein auf Gegenseitigkeit
WEG	Wohnungseigentumsgesetz
WiB	Wirtschaftsrechtliche Beratung (Zeitschrift)
WM	Wertpapier Mitteilungen Zeitschrift für Wirtschafts- und Bankrecht (Zeitschrift)
Wpg	Die Wirtschaftsprüfung (Zeitschrift)
WpHG	Wertpapierhandelsgesetz
WuW/E	Wirtschaft und Wettbewerb Entscheidungssammlung zum Kartellrecht
ZEuP	Zeitschrift für Europäisches Privatrecht
ZfA	Zeitschrift für Arbeitsrecht
ZGR	Zeitschrift für Unternehmens- und Gesellschaftsrecht
ZGS	Zeitschrift für das gesamte Schuldrecht
ZHR	Zeitschrift für das gesamte Handels- und Wirtschaftsrecht
Ziff.	Ziffer
ZIP	Zeitschrift für Wirtschaftsrecht
zugl.	zugleich
ZWeR	Zeitschrift für Wettbewerbsrecht

Einleitung

Der Unternehmensführungsvertrag (überwiegend auch Betriebsführungsvertrag[1] oder Managementvertrag[2] genannt) ist ein Vertragstyp, bei dem ein Unternehmen oder eine Person sich verpflichtet, ein fremdes Unternehmen auf fremde Rechnung zu führen. Das geführte Unternehmen wird verbreitet als Eigentümerunternehmen bezeichnet, ohne dass dies eine spezifische juristische Wertung beinhaltet.[3] Dabei ist der Vertragstyp gesetzlich nicht geregelt, sondern alleinig Gegenstand der privatautonomen Gestaltung durch die Parteien. Unterschieden wird zwischen dem echten und dem unechten Unternehmensführungsvertrag. Während bei dem ersten das Unternehmen im fremden Namen geführt wird, ist bei einem unechten Unternehmensführungsvertrag der Unternehmensführer im eigenen Namen tätig.[4]

Der Vertragstypus wird in der Praxis in unterschiedlichen Branchen verwendet und es werden mit diesem verschiedene Motive verfolgt. So finden sich Unternehmensführungsverträge bei dem Betrieb von Verkehrslinien,[5] Kinos,[6] Energieversorgungsunternehmen,[7] Reedereien[8] oder Hotels[9]. Auch zur innerkonzernlichen Strukturierung wird der Vertragstypus als Instrument genutzt.[10] Trotz der Praxisrelevanz wurde der Unternehmensführungsvertrag als Untersuchungsgegenstand in der Vergangenheit von Seiten der Literatur nur sporadisch und vor

---

1 *Dörmer*, Unternehmenspacht, 126; *Damm*, BB 1976, 294; *Fenzl*, Betriebsführungsvertrag; *ders.*, Der Konzern 2006, 18; *Frisch*, AG 1995, 362; *Huber*, ZHR 152 (1988), 1; *Köhn*, Der Konzern 2011, 530; *ders.*, Der Konzern 2013, 323 ff.; *Loos*, BB 1963, 615; *Löffler*, NJW 1983, 2920; *Rieble*, NZA 2010, 1145; *Veelken*, Betriebsführungsvertrag; *Weißmüller*, BB 2000, 1949.

2 *Abels*, Managementverträge; Hölters/*Deilmann*, AktG, § 292 Rn. 34; *Joachim*, DWiR 1992, 397: *ders.*, NZM 2001, 162, 164; *Martinek*, Vertragstypen II, 276; *Mülbert*, Großkomm-AktG, 4. Aufl., § 292 Rn. 143; *Schneider*, JbFStR 1987/1988, 387, 391; *Windbichler*, ZIP 1987, 825, die den Managementvertrag als Kategorie des Betriebsführungsvertrags ansieht.

3 *Huber*, ZHR 152 (1988), 1, 2; *Joachim*, DWiR 1992, 397, 398; *Weißmüller*, BB 2000, 1949.

4 *Fenzl*, Der Konzern 2006, 18, 23; *Huber*, ZHR 152 (1988), 1, 4; *ders.*, ZHR 152 (1988), 123, 124; *Joachim*, DWiR 1992, 397; *Weißmüller*, BB 2000, 1949, 1951.

5 *Martinek*, Vertragstypen II, 278; *Mülbert*, Großkomm-AktG, 4. Aufl., § 292 Rn. 143; *Priester*, FS Hommelhoff, 875, 878.

6 *Mülbert*, Großkomm-AktG, 4. Aufl., § 292 Rn. 143.

7 *Fenzl*, Betriebsführungsverträge S. 42 Rn. 147 ff.; *ders.* Der Konzern 2006, 18, 19.

8 *Rieble*, NZA 2010, 1145.

9 BGH, Urt. v. 05.10.1981 – II ZR 203/80, juris = WM 1982, 394; *Fenzl*, Der Konzern 2006, 18, 19; *Joachim*, DWiR 1992, 397; *Priester*, FS Hommelhoff, 875, 878.

10 *Fenzl*, Der Konzern 2006, 18, 19; *Huber*, ZHR 152 (1988), 123, 127.

allem in Aufsatzform[11] aufgegriffen. Die letzten umfassenden Monografien, die sich allein mit dem Unternehmensführungsvertrag befassten, stammten aus den Jahren 1975 und 1987.[12] Dabei sind mit dem Vertragstyp eine Reihe von juristischen Problemen verbunden, die noch nicht befriedigend ausdiskutiert sind. Zu nennen ist hier beispielsweise die Frage, ob der Unternehmensführungsvertrag stets als Unternehmensvertrag anzusehen und daher § 292 Abs. 1 Nr. 3 AktG analog anzuwenden ist. Dies hätte zur Konsequenz, dass für einen wirksamen Vertragsschluss gegebenenfalls das Verfahren der §§ 293 ff. AktG einzuhalten ist. Ebenso klärungsbedürftig ist die Anwendbarkeit der konzernrechtlichen Vorschriften für den Fall einer SE, GmbH oder OHG als Eigentümerunternehmen. Unsicherheiten bestehen auch bei der Abgrenzung eines Unternehmensführungsvertrags von einem atypischen Beherrschungsvertrag. Auch der unechte Unternehmensführungsvertrag wurde von Seiten der Literatur nur spärlich besprochen. Hier ist insbesondere noch nicht abschließend geklärt, wie rechtstechnisch das Eigentümerunternehmen an den Unternehmensführer zu überlassen ist und welche Konsequenzen aus dieser Überlassung für das Personal des Eigentümerunternehmens folgen. Mit dieser Arbeit soll versucht werden, den Unternehmensführungsvertrag erneut zum Gegenstand einer vertieften Untersuchung zu machen, indem die verschiedenen rechtlichen Aspekte rund um den Unternehmensführungsvertrag näher betrachtet werden. Dabei wird im 1. Kapitel der Unternehmensführungsvertrag als Vertragstypus erörtert und rechtlich eingeordnet. Im 2. Kapitel wird näher auf die Pflichten der Vertragsparteien eingegangen. Im Anschluss stehen das Konzernrecht und die gesellschaftsrechtliche Zulässigkeit von Unternehmensführungsverträgen im Fokus der Betrachtung. Abschließend wird im 4. Kapitel der Einfluss auf die bestehenden Arbeitsverhältnisse näher untersucht. Nicht vertieft erörtert werden steuerrechtliche und bilanzrechtliche Aspekte sowie besondere branchenspezifische Aspekte, wie sie zum Beispiel im Bereich der Energie- und Hotelwirtschaft gegeben sind.

---

11 *Abels*, Managementverträge; *Breuniger/Prinz*, JbFStR 1998/1999, 367 ff.; *Damm*, BB 1976, 294; *Fenzl*, Betriebsführungsvertrag; *ders.*, Der Konzern 2006, 18 ff.; *Frisch*, AG 1995, 362; *Geßler*, FS Hefermehl, 263 ff.; *Huber*, ZHR 152 (1988) 1 ff.; *ders.*, ZHR 152 (1988) 123 ff.; *Joachim*, DWiR 1992, 397 ff.; *ders.*, NZM 2001, 162 ff.; *Köhn*, Der Konzern 2011, 530; *ders.*, Der Konzern 2013, 323 ff.; *Loos*, BB 1963 615 ff.; *Löffler*, NJW 1983, 2920 ff.; *Martinek*, Vertragstypen II, 276 ff.; *Priester*, FS Hommelhoff, 875 ff.; *Rieble*, NZA 2010, 1145; *Schlüter*, Managementverträge; *Schneider*, JbFStR 1982/1983, 387 ff.; *Veelken*, Betriebsführungsvertrag; *Veil*, Unternehmensverträge, 287 ff.; *Weißmüller*, BB 2000, 1949 ff.; *Windbichler*, ZIP 1987 825 ff.; *Winter/Theisen*, AG 2011, 662; *Zeiger*, Managementvertrag; *Zöllner*, ZfA 1983, 93 ff.

12 *Abels*, Managementverträge, *Veelken*, Betriebsführungsvertrag.

1. Kapitel: Die Unternehmensführung als Vertragsgegenstand

§ 1. Vorbemerkung zur methodischen Bestimmung von Vertragstypen

Der Unternehmensführungsvertrag ist ein Produkt der privatautonomen Gestaltung der teilnehmenden Parteien. Er kann deshalb in praxi in höchst unterschiedlichen Variationen auftreten. Um diesen Vertrag für die Rechtswissenschaft und für die Rechtsanwendung handhabbar zu machen, muss eine Abstrahierung und Systematisierung vorgenommen werden. Zur Systematisierung einer Vertragsart wird in der Rechtswissenschaft die Typologie als Methode herangezogen.[13] Sie ist jedenfalls dann unproblematisch, wenn der Typenbegriff zur Darstellung oder als Ordnungsbegriff gesehen wird.[14]

Als Typenbegriff finden sich in der Rechtswissenschaft vor allem der empirische Realtypus, der normative Realtypus, der logische Idealtypus, der normative Idealtypus und der rechtliche Strukturtypus.[15] Der empirische Realtypus umfasst in der Wirklichkeit auftretende Phänomene, die durch Erfahrungen bestätigt sind.[16] Dieser Typus wird auch in der Literatur als Durchschnitts- bzw. Häufigkeitstypus bezeichnet.[17] Eine weitere Art des empirischen Realtypus ist der Ganzheits- oder Gestaltungstypus.[18] Nach dieser Art von Typisierung existiert eine gewisse Zahl von empirisch charakteristischen Eigenschaften, die den Typus bilden, ohne dass in jedem Einzelfall alle Eigenschaften erfüllt sein müssen, um einen Gegenstand diesem Typus zuzuordnen.[19]

Der normative Realtypus ist ein Typus, bei dem die Zuordnung auf wertenden Kriterien im Rahmen eines gesamten Erscheinungsbilds beruht und dieses Erscheinungsbild durch Erfahrungssätze – also empirisch – geprägt ist.[20]

---

13 Zum Typus als methodisches Werkzeug der Rechtswissenschaft *Bydlinski*, Methodenlehre, 543 ff.; *Dörmer*, Unternehmenspacht, 3 f.; *Fikentscher*, Methoden III, 349 f.; *Kuhlen*, Typuskonzeptionen, 43 ff.; *Larenz/Canaris*, Methodenlehre, 290 ff.; *Leenen*, Typus und Rechtsfindung, 25 ff.; *Pawlowski*, Methodenlehre, 77 ff.; *Rüthers/Fischer/Birk*, Rechtstheorie, 544 ff.

14 Vgl. *Abels,* Managementvertrag, 27; *Bydlinski*, Methodenlehre, 548 ff.; *Rüthers/Fischer/Birk*, Rechtstheorie, 546.

15 *Larenz/Canaris*, Methodenlehre, 290 ff.

16 *Larenz/Canaris*, Methodenlehre, 290 f.

17 *Engisch*, Idee der Konkretisierung, 240.

18 So bezeichnend nach *Engisch*, Idee der Konkretisierung, 248 ff.

19 *Larenz/Canaris*, Methodenlehre, 291.

20 *Larenz/Canaris*, Methodenlehre, 294.

Der logische Idealtypus stellt weniger ein empirisches Phänomen dar als ein Gedankengebilde, das durch einseitige Steigerung von beobachteten Gesichtspunkten einen Modelcharakter bildet.[21] Der logische Idealtypus ist somit eine Utopie.[22] Dennoch lässt sich festhalten, dass er trotz seiner künstlichen Konstruktion wirklichkeitsbezogene Elemente besitzt. Dieser künstlich erzeugte Typus dient dazu, real existierende Mischformen besser zu verstehen.[23] Dies wird erreicht, indem der logische Idealtypus als Maxime bzw. Idealbild oder als Antithese zur Wirklichkeit in Bezug gesetzt wird.[24] Der normative Idealtypus stellt ein wertendes Gedankengebilde dar.[25] Dieses Gedankengebilde soll als Beispiel oder Vorbild für existierende Phänomene herangezogen werden.[26] Zu den rechtlichen Strukturtypen werden in der Rechtswirklichkeit entstandene Rechtsverhältnisse gezählt, die entweder Produkt der Rechtswissenschaft oder des Rechtsverkehrs sind.[27]

Höchst umstritten ist die Verwendung der Typologie als Methode bei der Auslegung von Rechtsbegriffen. Hier wird der Typus verbreitet als eine Alternative zur begriffsorientierten Auslegung gesehen.[28] Er solle immer dann Anwendung finden, wenn die Subsumtionslogik versage, weil eine begriffliche Einordnung unter einen Begriff nicht möglich sei.[29] Von dem klassifikatorischen Begriff unterscheide er sich dadurch, dass nicht alle Merkmale gegeben sein müssen, sondern nur eine gewisse Anzahl von Merkmalen, sei es auch in abgeschwächter Form.[30] Er sei deshalb durch seine Offenheit geprägt.[31] Gegenüber dem klassifikatorischen Begriff habe der Typus den Vorteil, dass er zwischen dem Individuellen, Anschaulichen und Konkreten auf der einen Seite, und dem abstrakten Begriff auf der anderen Seite stehe und somit konkreter sei als der Begriff.[32] Der so verstandenen typologischen Methodik wird von Seiten der Literatur vor allem entgegengehalten, dass diese zwar um methodologisch brauchbare Ergebnisse bemüht sei, diese jedoch selten erreiche.[33] Sie sei lediglich ein Spiegel einer teleologischen Rechtsanwendung, da auch der Typus

---

21 *Weber*, Gesammelte Aufsätze zur Wissenschaftslehre, 191.

22 *Weber*, Gesammelte Aufsätze zur Wissenschaftslehre, 191.

23 *Larenz/Canaris*, Methodenlehre, 292.

24 *Weber*, Gesammelte Aufsätze zur Wissenschaftslehre, 191, 195.

25 *Larenz/Canaris*, Methodenlehre, 292.

26 *Larenz/Canaris*, Methodenlehre, 292 f.

27 *Larenz/Canaris*, Methodenlehre, 295.

28 *Larenz/Canaris*, Methodenlehre, 124; *Leenen*, Typus und Rechtsfindung, 34 ff.; *Pawlowski*, Methodenlehre, 82.

29 *Bydlinski*, Methodenlehre, 544; *Larenz/Canaris*, Methodenlehre, 124; *Pawlowski*, Methodenlehre, 77.

30 Deskriptiv ohne die Ansicht zu vertreten *Abels*, Managementvertrag, 27; *Bydlinski*, Methodenlehre, 544.

31 Deskriptiv *Bydlinski*, Methodenlehre, 544.

32 *Engisch*, Idee der Konkretisierung, 238 f., 251, 262; *Larenz/Canaris*, Methodenlehre, 292; *Leenen*, Typus und Rechtsfindung, 34.

33 *Bydlinski*, Methodenlehre, 546.

trotz seiner Offenheit ohne einen leitenden Wertgesichtspunkt nicht zu denken sei.[34] Bei der Zuordnung zu einem bestimmten Typus sei letztendlich der Wertaspekt entscheidend.[35] Ersetze man diesen durch den Begriff der *ratio legis*, so befinde man sich zweifelsfrei bei der teleologischen Auslegung eines Rechtsbegriffs.[36] Diese Kritik überzeugt. Die teleologische Auslegung eines abstrakten Rechtsbegriffs unterscheidet sich kaum von einer so verstandenen typologischen Methode. Allerdings birgt die vor allem von *Larenz* verstandene typologische Methode die Gefahr, dass der Rechtsanwender den Begründungsaufwand für sein gefundenes Ergebnis scheut und unter dem Deckmantel einer typologischen Zuordnung eigene Rechtspolitik betreibt.[37] Teilweise wird von Seiten der Literatur auf den Umstand hingewiesen, dass die von *Larenz* entwickelte typologische Methode nur eine Hilfsfigur für die von *Larenz* in der NS-Zeit vertretene Figur des konkret-allgemeinen Begriffs ist.[38] Mit dieser Figur war eine nahezu unbegrenzte Auslegung möglich, da die Auslegung immer eng mit einem konkreten Ordnungsdenken verbunden war und hierfür als Bezugspunkt in der NS-Zeit „die Stellung in der völkischen Gesamtordnung" herangezogen wurde.[39]

Da der Gesetzgeber den Unternehmensführungsvertrag nicht explizit geregelt hat, ist folgend in darstellerischer Hinsicht von dem Typus Unternehmensführungsvertrag zu sprechen. Es geht dabei um typischerweise vorliegenden Fallkonstellationen von Unternehmensführungsverträgen. Für das Verständnis, was unter einen typischen Unternehmensführungsvertrag fällt, ist zunächst ein Blick auf den Vertragsgegenstand sowie typischerweise vereinbarte Regelungen zu werfen. Des Weiteren wird die typologische Methode bei der Bildung von Fallgruppen und Typenreihen eine Rolle spielen. Für die Auslegung eines Rechtsbegriffs ist die typologische Methode abzulehnen.

§ 2. Unternehmens- und Betriebsbegriff

A) Bisherige Begriffsbestimmung in Literatur und Praxis

Bei einem Unternehmensführungsvertrag wird von den Parteien vereinbart, dass die operative Führung des gesamten Unternehmens oder auch nur einzelner Unternehmensteile je nach Vertragsgestaltung auf den Vertragspartner ausgelagert werden. Der Unternehmensführer übernimmt damit eine Managementleistung im Interesse seines Vertragspartners. Überwiegend wird dieser Vertragstypus als

34 *Bydlinski*, Methodenlehre, 546; ähnlich *Kuhlen*, Typuskonzeptionen, 132.
35 *Bydlinski*, Methodenlehre, 547; ähnlich *Rüthers/Fischer/Birk*, Rechtstheorie, 545 f.
36 *Bydlinski*, Methodenlehre, 547; ähnlich *Rüthers/Fischer/Birk*, Rechtstheorie, 545 f.
37 *Rüthers/Fischer/Birk*, Rechtstheorie, 546.
38 *Fikentscher*, Methode III, 495; *Rüthers/Fischer/Birk*, Rechtstheorie, 347 ff., 545.
39 *Rüthers/Fischer/Birk*, Rechtstheorie, 347 f.

Betriebsführungsvertrag bezeichnet.[40] Dieser Begriff ist zur Kennzeichnung des Vertragstypus historisch gewachsen.[41] Bei der Nutzung wird der Begriff Betriebsführungsvertrag allerdings selten reflektiert, obwohl er geeignet ist, Auskunft über den Vertragsgegenstand zu geben. Ausgangspunkt für die Feststellung des Vertragsgegenstands muss dabei der auszulegende Wille der Vertragsparteien im Sinne der §§ 133, 157 BGB sein. Es ergeben sich dabei verschiedene Auslegungsmöglichkeiten. So kann sich einerseits der Führungsauftrag auf einen objektiven Gegenstand beziehen, wie beispielsweise das Unternehmen oder der Betrieb. Eine andere Deutungsmöglichkeit ist darin zu sehen, dass sich der Führungsauftrag auf ein beschreibendes, tätigkeitsbezogenes Merkmal des Betreibens bezieht.

Undeutlichkeiten bei der Begriffsbildung zeichnen sich beispielsweise auch bei *Huber* und *Veelken* ab. So heißt es bei *Huber*: „Betriebsführungsverträge sind Verträge, durch die ein Unternehmen (das Eigentümerunternehmen) einem anderen Unternehmen (dem Betriebsführungsunternehmen) die Befugnis einräumt, den Betrieb des Eigentümerunternehmens im Namen und für Rechnung des Eigentümerunternehmens zu führen."[42] *Veelken* hingegen weist darauf hin, dass die Bezeichnung als Betriebsführungsvertrag die Leistungsverpflichtung des Dritten, also die Führung des Betriebes, kennzeichne.[43] Noch auf der folgenden Seite spricht er jedoch davon, dass der Dritte das Unternehmen des Eigentümers führe.[44] Auch andere Autoren mischen den Betriebs- und Unternehmensbegriff bzw. verwenden diesen synonym.[45]

Dies gibt Anlass, die Begrifflichkeit des Betriebs und des Unternehmens genauer zu betrachten und dabei für die weitere Bearbeitung einen einheitlichen Begriff für den zu untersuchenden Vertragstypus festzulegen. Da der Unternehmens- und der Betriebsbegriff in der Literatur seit *Jacobis* Abhandlung „Betrieb und Unternehmen als Rechtsbegriff"[46] traditionell stark umstritten sind,[47] kann dieser Beitrag natürlich nicht den Anspruch haben, diese Begriffe abschließend zu klären. In

---

40 Statt vieler *Dörmer*, Unternehmenspacht, 126; *Fenzl*, Betriebsführungsvertrag; *ders.*, Der Konzern 2006, 18; *Huber*, ZHR 152 (1988), 1; *Köhn*, Der Konzern 2011, 530; *ders.*, Der Konzern 2013, 323; *Loos*, BB 1963, 615; *Löffler*, NJW 1983, 2920; *Rieble*, NZA 2010, 1145; *Veelken*, Betriebsführungsvertrag, 11.

41 Zur historischen Entwicklung des Begriffes „Betriebsführungsvertrag" bei *Veelken*, Betriebsführungsvertrag, 15 ff.

42 *Huber*, ZHR 152 (1988), 1, 2.

43 *Veelken*, Betriebsführungsvertrag, 17.

44 *Veelken*, Betriebsführungsvertrag, 18.

45 *Fenzl*, Der Konzern 2006,18, 20, 28; *Joachim*, DWiR 1992, 397; *Köhn*, Der Konzern 2011, 530, 531 ff.; *Weißmüller*, BB 2000, 1949.

46 *Jacobi*, FS Ehrenberg, 1 ff.

47 Ausführlich zu den Entwicklung des Betriebs- und Unternehmensbegriffs GK-BetrVG/*Franzen*, § 1 Rn. 28 ff.; *Hueck*, Hueck/Nipperdey Lehrbuch I, 91 ff.; *Jacobi*, FS Ehrenberg, 1 ff.; *Joost* der sich in einer Habilitationsschrift allein der Konturierung des Betriebs- und Unternehmensbegriff im Arbeitsrecht widmet, *Joost*, Grundbegriffe, 5 ff.; *Oesterreich*, Betriebsüberlassung, 46 ff; *Oppenländer*, Unternehmenspacht, 155 ff.

der Literatur wird zu Recht bezweifelt, ob eine allgemein abstrakte Klärung dieser Begriffe überhaupt möglich ist.[48]

Klarzustellen ist damit auch, dass eine ontologische Begriffsbestimmung des Unternehmens oder des Betriebs nicht möglich ist, da diese Begriffe nicht ein in der Wirklichkeit existierendes Phänomen beschreiben, sondern eine Zweckschöpfung des Gesetzgebers und der Rechtspraxis darstellen, die in dem jeweiligen normativen Kontext nicht die Wirklichkeit beschreibt, sondern sie selbst bildet.[49] Die Begrifflichkeiten des Unternehmens und des Betriebs sind funktionaler Natur, weil sie normativ vor dem Hintergrund des bestehenden Regelungssystems zu bestimmen sind.[50] Da für den hier zu besprechenden Vertragstypus keine gesetzlichen Regelungen existieren, in dessen Kontext eine Begriffsbildung erfolgen könnte, ist auf den Willen der Parteien im Sinne der §§ 133, 157 BGB und den von ihnen verfolgten Vertragszweck abzustellen. Parallel zu dieser Problematik verläuft die Diskussion, ob die Pacht im Sinne des § 292 Abs. 1 Nr. 3 AktG als Betriebspacht oder als Unternehmenspacht bezeichnet werden sollte.[51]

B) Unternehmensbegriff

Für den Unternehmensbegriff ist anerkannt, dass er verschiedenste Ansatzpunkte haben kann. Er könne das Unternehmen als Gegenstand, also als Rechtsobjekt meinen, aber auch das Unternehmen als Rechtssubjekt oder als Tätigkeitsbereich oder sozialer Verband.[52] Letztere sind jedoch für die Begriffsbildung des Unternehmens hinsichtlich des Komplexes der Unternehmensverträge nicht relevant, da sie eine begriffliche Abgrenzung des Vertragsgegenstands nicht fördern würden.[53] So gilt es, das Unternehmen zunächst als Rechtssubjekt und Rechtsobjekt zu betrachten.

Wenn das Unternehmen als Rechtssubjekt oder auch Rechtsträger verstanden wird, dann betrachtet man dieses als Adressat rechtlicher Regelungen.[54] Teilweise wird der subjektive Unternehmensbegriff auch modifizierend als Sammelbezeichnung rechtlich unterschiedlicher Unternehmensträger oder als Qualitätsanforderung von normbezogenen Adressaten verstanden.[55]

48 *Dörmer*, Unternehmenspacht, 12; *Joost*, Grundbegriffe, 395 f.

49 *Wank*, Begriffsbildung, 143.

50 Vgl. Staudinger/*Annuß*, BGB, § 613a Rn. 45 ff.; *Dörmer*, Unternehmenspacht, 5 f.; GK-BetrVG/*Franzen*, § 1 Rn. 26; Fitting, BetrVG, § 1 Rn. 62; *Joost*, Grundbegriffe, 6, 11; *Miegel*, AG 1973, 122, 123; *Richardi*, MüHdbArbI, § 22 Rn. 15; *ders.*, BetrVG, § 1 Rn. 19.

51 *Dörmer*, Unternehmenspacht, 5 ff.; *Oesterreich*, Betriebsüberlassung, 46 ff.; *Oppenländer*, Die Unternehmenspacht, 155 ff.

52 Vgl. *Oesterreich*, Betriebsüberlassung, 46 f.; *Raiser/Veil*, RdK § 6 Rn. 4; *Rittner*, JZ 1979, 743.

53 Ähnliche Aussage mit Bezug auf den Betriebsbegriff bei *Joost*, Grundbegriffe, 127.

54 *Oesterreich*, Betriebsüberlassung, 46; *Raiser/Veil*, RdK § 6 Rn. 6; *Rittner*, JZ 1979, 743, 744.

55 *Oesterreich*, Betriebsüberlassung, 47.

Das Unternehmen als Rechtsobjekt wird hingegen begriffen als eine Zusammenfassung von Sachen, Rechten und personeller Organisation, bei dem sich Chancen und Risiken aus der wirtschaftlichen Betätigung realisieren.[56] Bedenken gegen die Qualifizierung des Unternehmens als Rechtsobjekt können unter sachenrechtlichen Gesichtspunkten erhoben werden. So verstößt eine einheitliche Betrachtung des Unternehmens gegen das sachenrechtliche Spezialitätsprinzip.[57] Ebenso können tatsächliche Vermögenswerte wie Geschäftsbeziehungen oder der Kundenstamm nicht Gegenstand von Herrschaftsrechten sein. Aus einer schuldrechtlichen Betrachtung heraus spricht jedoch nichts dagegen, das Unternehmen als Rechtsobjekt zu betrachten.[58] Vielmehr spricht eine typologische Betrachtung des Unternehmensbegriffs aus dem BGB für die oben genannte Erkenntnis.[59]

C) Betriebsbegriff

Auch hinsichtlich des Betriebsbegriffes existieren unterschiedliche Auffassungen, wie man diesen zu verstehen habe.[60] Zum einen wird der Betrieb als Rechtsobjekt betrachtet, wobei bei dieser Betrachtungsweise im Vergleich zu dem Verständnis des Unternehmens als Rechtsobjekt beide Begriffe inhaltlich identisch sind.[61] Ein solches Verständnis ist insbesondere dann zu finden, wenn das Unternehmen als Rechtssubjekt verstanden, und somit davon ausgegangen wird, das Unternehmen führe den Betrieb.[62] Einschränkend existiert die Betrachtungsweise, die den Betrieb als materielle Sachgesamtheit deutet und hier zwischen dem gesamten Betrieb und einem Teilbetrieb unterscheidet.[63]

Eine weitere Auffassung versteht den Betrieb als eine dem arbeitstechnischen Zweck dienende Produktions- bzw. Organisationseinheit.[64] Diese vor allem im Arbeitsrecht vertretene Definition wird teils dahingehend modifiziert, dass nicht

---

56 Vgl. *Dörmer*, Unternehmenspacht, 12; *Raiser/Veil*, RdK § 6 Rn. 5.
57 *K. Schmidt*, HandelsR, 163 f.
58 *Dörmer*, Unternehmenspacht, 8 f.
59 Ausführlich *Dörmer*, Unternehmenspacht,10 ff.
60 Vgl. BAG, Beschl. v. 24.02.1976 – ABR 62/75, AP BetrVG 1972 § 4 Nr. 2; *Dörmer*, Unternehmenspacht, 10; GK-BetrVG/*Franzen*, § 1 Rn. 28 f.; *Geßler*, FS Ballerstedt, 228; *Hueck*, Hueck/Nipperdey Lehrbuch I, 91 ff.; *Joost*, Grundbegriffe, 34; *Oesterreich*, Betriebsüberlassung, 48 ff.; *Oppenländer*, Unternehmenspacht, 155 ff.; *Passow*, Betrieb, 18; *Richardi*, MüHdbArbI, § 22 Rn. 6; *ders*., BetrVG, § 1 Rn. 17.
61 *Geßler*, FS Ballerstedt, 228; *Oesterreich*, Betriebsüberlassung, 48 f.; auch schon bei *Passow*, Betrieb, 18.
62 *Oesterreich*, Betriebsüberlassung, 48 f.
63 *Oesterreich*, Betriebsüberlassung, 49.
64 *Oesterreich*, Betriebsüberlassung, 49; so auch das Verständnis für den Bereich des Arbeitsrechts BAG, Beschl. v. 24.02.1976 – 1 ABR 62/75, AP BetrVG 1972 § 4 Nr. 2; *Fabricius*, Rechtsprobleme, 6; GK-BetrVG/*Franzen*, § 1 Rn. 28; *Hueck*, Hueck/Nipperdey Lehrbuch I, 93, *Richardi*, MüHdbArbI, § 22 Rn. 6; *ders*., BetrVG, § 1 Rn. 17.

die organisatorische Zusammenfassung von Produktionsmitteln maßgeblich sei, sondern die räumliche Verbundenheit der Arbeitnehmer.[65]

Andere wiederum interpretieren den Betriebsbegriff als eine Kurzform für die Tätigkeits- oder Zuständigkeitsbeschreibung des Betreibens.[66] Dieses wird aus dem im Handelsrecht üblichen Sprachgebrauch des Betriebs eines Handelsgewerbes hergeleitet.[67] Aber auch aus dem Sprachgebrauch der Gewerbeordnung (bspw. § 3 GewO), die von dem Betrieb eines Gewerbes ausgeht, lässt sich ein solches Begriffsverständnis herleiten.[68] Dieses Begriffsverständnis soll auch den Umstand erklären, dass bei § 292 Abs. 1 Nr. 1 und Nr. 2 AktG zwischen dem gesamten Betrieb und einem Teil differenziert wird und in § 292 Abs. 1 Nr. 3 AktG eine solche Differenzierung gerade nicht stattfinde.[69]

D) Objektbezogene Verständnismöglichkeit als maßgeblicher Anknüpfungspunkt

Zunächst sprechen für den Begriff des Betriebsführungsvertrags als Führung eines Betreiben des Unternehmens durchaus gewichtige Gründe. Da die Bezeichnung des Vertragstypus als Betriebsführungsvertrag gewissermaßen tradiert ist, spricht dies dafür, dass die Parteien an dieser Begriffsbildung zur typologischen Beschreibung Anleihe nehmen und davon ausgehen, dass der Betrieb als ein Betreiben zu verstehen ist. Gegen einen Betriebsbegriff im Sinne eines Betreibens spricht jedoch, dass das Betreiben des Unternehmens stark mit der Führungstätigkeit verknüpft ist, bzw. ein Betreiben des Unternehmens erst durch die Führungstätigkeit ermöglicht wird. Insofern ist die Managementleistung als typischer Vertragsinhalt eher damit erfasst, dass der Unternehmensführer nicht das Führen des Betreiben des Unternehmens schuldet, sondern eher die Führung des Unternehmens. Auch im Außenverhältnis tritt der Unternehmensführer regelmäßig autonom als Bevollmächtigter des Eigentümerunternehmens oder sogar im eigenen Namen im Wege der mittelbaren Stellvertretung auf (unechter Unternehmensführungsvertrag). Auch in diesem Sinne führt er nicht das Betreiben des Unternehmens, vielmehr rechtfertigt sein maßgeblicher Beitrag bei der Einflussnahme auf die Vermögenspositionen des Eigentümerunternehmens, davon auszugehen, dass er das Unternehmen selbst führt.

Gegen die Interpretation des Begriffs „Betrieb" als Betreiben des Unternehmens spricht auch die Möglichkeit, dass nur bestimmte Teile zur Führung überlassen werden. Das Betreiben eines Unternehmens kann man nicht aufteilen. Man kann nur die Aufgaben und Funktionen im Rahmen des Betreibens verteilen. Geht man hingegen von einer gegenständlichen Sicht aus, so ist es ohne Weiteres möglich,

65 Vgl. *Joost*, Grundbegriffe, 129, 166 f., 248, 265.

66 *Oesterreich*, Betriebsüberlassung, 49 f.; *Oppenländer*, Unternehmenspacht, 160 Fn. 6; so auch schon *Passow*, Betrieb, 37.

67 *Oesterreich*, Betriebsüberlassung, 50.

68 *Passow*, Betrieb, 37.

69 *Oesterreich*, Betriebsüberlassung, 50.

einzelne Bereiche des Unternehmens als Gesamtheit von Personen und Vermögensgütern aufzuteilen. Des Weiteren besteht eine gewisse Nähe des Vertragstypus zu den Vertragstypen im Sinne des § 292 AktG. § 292 Abs. 1 Nr. 1 AktG und Nr. 2 AktG sprechen von „Betriebe". Für den § 292 Abs. 1 Nr. 3 AktG wird dieser Befund zugegebenermaßen undeutlicher. Wenn man allerdings davon ausgeht, dass eine „Pacht" eine entgeltliche Gebrauchsüberlassung darstellt, dann spricht dieses für eine gegenstandsbezogene Begrifflichkeit des Betriebs und nicht für einen Betriebsbegriff als Tätigkeitsbeschreibung. Für den hier zu untersuchenden Vertragstypus lässt sich deshalb eher annehmen, dass die Parteien nach §§ 133, 157 BGB nicht an das Betreiben als zu führender Vertragsgegenstand anknüpfen, sondern an einer gegenständlichen Betrachtungsweise. Bei einem Betriebsbegriff als gegenständlichen Begriff können verschiedene Deutungsmöglichkeiten vorliegen.

Wenn man den Betrieb nun als dem arbeitstechnischen Zweck dienende Produktions- und Organisationseinheit sieht, dann beschränkt sich natürlich die durch den Vertrag bezweckte Führung nicht auf diese Teile. Vielmehr soll sich die Führung grundsätzlich auch auf verwaltende Bereiche des Unternehmens erstrecken, wie zum Beispiel der Finanzen und Organisation.

Bei einer normativen Betrachtung des verfolgten Vertragszwecks bleibt letztendlich nur noch ein anzuwendendes Verständnis, das den Betrieb als Rechtsobjekt sieht, wobei die Unterspielart dieser Ansicht, die den Betrieb als Sachgesamtheit interpretiert, auch hier als Vertragsgegenstand ausscheidet. Wie später noch zu besprechen sein wird, werden dem unternehmensführenden Vertragspartner nicht nur materielle Ressourcen zur Führung überlassen, sondern auch Immaterialgüter sowie die jeweilige Belegschaft.[70] Zur Führung überlassen bedeutet hierbei nicht zwingend, dass dem Vertragspartner Rechtspositionen eingeräumt werden, sondern dass dieser verwaltend Einfluss auf diese Rechtspositionen nimmt. Folglich bleibt nur noch das Verständnis von dem Betriebsbegriff übrig, das einen identischen Inhalt zu dem oben vorgestellten Unternehmensbegriff als Rechtsobjekt vorsieht.[71]

Dörmer hat bei seiner typologischen Untersuchung des Unternehmensbegriffs festgestellt, dass in der Gesamtbetrachtung das Unternehmen typologisch als Zusammenfassung von materiellen und immateriellen Gütern sowie personellen Mitteln gesehen werden muss.[72] Das Ergebnis dieser Untersuchung ist auch für diese Untersuchung zu übernehmen.

Auch der Umstand, dass die überwiegende Ansicht die analoge Anwendung des § 292 Abs. 1 Nr. 3 AktG für den Unternehmensführungsvertrag diskutiert,[73] spricht eher für diese Bezeichnung als für die Bezeichnung des Betriebsführungsvertrags. Anknüpfungspunkt ist die Zustimmungspflicht der Hauptversammlung

70 Zur Überlassung des Unternehmens siehe 2. Kapitel § 6 B I.
71 Ähnlich *Veelken*, Betriebsführungsvertrag, 20.
72 *Dörmer*, Unternehmenspacht, 10 ff.
73 Hierzu 3. Kapitel § 1 B.

für Rechtsgeschäfte, die in die Organisationsstruktur der Gesellschaft eingreifen.[74] Für eine analoge Anwendung des § 292 Abs. 1 Nr. 3 AktG wird der Unternehmensführungsvertrag mit der durch das Gesetz bezeichneten Betriebspacht verglichen. Die Betriebspacht zeichnet sich auch dadurch aus, dass hier ein Bündel von materiellen, immateriellen und personellen Positionen als Rechtsobjekt überlassen wird. Dementsprechend wird auch die in § 292 Abs. 1 Nr. 3 AktG genannte Betriebspacht in der wissenschaftlichen Diskussion als Unternehmenspacht bezeichnet.[75] Folglich ist der Untersuchungsgegenstand als Unternehmensführungsvertrag zu kennzeichnen und das Unternehmen in der hier verstandenen Definition als Vertragsgegenstand zu sehen.[76] Klarzustellen ist aber auch, dass hier nicht das Unternehmen als Rechtssubjekt zu verstehen ist, da es um die schuldrechtliche Verpflichtung eines Drittunternehmens zur Geschäftsführung für den Vertragspartner geht, kann diese nicht formal die Führung des Unternehmensträgers bedeuten.

Für die weitere Untersuchung wird der Unternehmensbegriff als eine Gesamtheit der materiellen und immateriellen Rechte sowie der personellen Mittel betrachtet.

§ 3. Typische Motive für den Abschluss eines Unternehmensführungsvertrags

A) Ökonomische Motive für den Abschluss eines Unternehmensführungsvertrags

Um den Typus des Unternehmensführungsvertrags zu konkretisieren, lohnt es sich, den Blick auf die typischerweise vorliegende Motivlage zu richten. Es geht dabei um die Frage, in welcher Situation der Unternehmensführungsvertrag als Instrument genutzt wird und welchen Zweck die Parteien mit dem Abschluss eines solchen Vertrags verfolgen. Bei der Erörterung der Motive werden diese in verschiedene Kategorien eingeordnet. Zunächst werden die ökonomischen Motive erörtert, darauffolgend die unternehmerisch-strukturellen Motive und abschließend die rechtlichen Motive. Am Ende dieses Abschnittes erfolgt eine kurze Zusammenfassung, mit der versucht wird, diese Motive typologisch einzuordnen.

Ein besonders naheliegendes ökonomisches Motiv für den Abschluss eines Unternehmensführungsvertrags ist die damit verbundene Kostenersparnis im Bezug auf Verwaltungsaufgaben. Dieses Motiv ist besonders bei kleinen Unternehmen ausgeprägt, bei denen sich eine eigene Unternehmensverwaltung wirtschaftlich

---

74 Zur Diskussion siehe 3. Kapitel.

75 *Dörmer*, Unternehmenspacht; *Oppenländer*, Unternehmenspacht; *Mülbert*, Unternehmensgruppe, 170; *Veil*, Unternehmensverträge, 133; a. A. *Altmeppen*, MüKo-AktG, § 292 Rn. 98; Geßler/Hefermehl/Eckardt/Kropff/*Geßler*, AktG, § 292 Rn. 59.

76 So andeutungsweise auch *Birk*, ZGR 1984, 23, 44; Staudinger/*Martinek*, BGB, § 675 B 144; *Martinek*, Moderne Vertragstypen II, 279; *Veelken*, Betriebsführungsvertrag, 20; *Veil*, Unternehmensverträge, 288 Fn. 37.

nicht lohnt[77]. So kann das Eigentümerunternehmen die Auseinandersetzung mit Mitarbeitern, Arbeitnehmervertretern, Gewerkschaften, Umweltaktivisten sowie Behördenvertretern auf den Unternehmensführer verlagern, um so keine eigenen Ressourcen für diese Aufgaben aufbringen zu müssen.[78]

Der Unternehmensführungsvertrag wird auch als Instrument zur Unternehmenssanierung genutzt.[79] Üblicherweise werden im Rahmen einer Unternehmensberatung Konzepte ausgearbeitet, die dann gegebenenfalls von dem zu sanierenden Unternehmen autonom umgesetzt werden. Der Unternehmensführungsvertrag ermöglicht eine direkte Umsetzung von Sanierungsmaßnahmen durch den Unternehmensführer. So können Umsetzungsprobleme und somit auch die mit der Umsetzung verbundenen wirtschaftlichen Risiken teilweise auf das beratende Unternehmen abgewälzt werden.

Auch ohne den Sanierungsgedanken kann der Unternehmensführungsvertrag geschlossen werden, um dem Eigentümerunternehmen einen Wettbewerbsvorteil zu verschaffen und die Rentabilität zu steigern, indem Managementkompetenz eingekauft wird.[80]

Der Unternehmensführungsvertrag kann auch im Sinne eines strategischen Investitionsinstrumentes als Alternative zu einer Direktinvestition zur Erschließung fremder und unbekannter Märkte in fremden Ländern durch den Unternehmensführer genutzt werden.[81] Der Unternehmensführer hat in diesem Fall den Vorteil, dass er Risiken einer Direktinvestition in fremde Kultur- und Rechtskreise aus dem Weg geht.[82] Das Eigentümerunternehmen hingegen hat in diesem Fall – je nach Ausgestaltung des spezifischen Vertrags – das Motiv, materielle oder immaterielle Güter bzw. das entsprechende Know-how zu erlangen.[83] Speziell bei dem Abschluss

77 *Koppensteiner*, KölnKomm-AktG, § 292 Rn. 94; *Loos*, BB 1963, 615; *Mülbert*, Großkomm-AktG, 4. Aufl., § 292 Rn. 143; *Winter/Theisen*, AG 2011, 662, 663.

78 Vgl. *Hommelhoff*, Konzernleitungspflicht, 284; *Weißmüller*, BB 2000, 1949.

79 Vgl. zu dem Sanierungsgedanken *Abels*, Managementverträge, 29 f., 34, 142, der diese Unternehmensführungsverträge als Betriebsentwicklungsverträge einordnet; *Fenzl*, Betriebsführungsverträge, 32, 47; *ders.*, Der Konzern 2006, 18, 24; *Schneider*, JbFStR 1982/1983, 387, 390.

80 *Emmerich/Habersack*, Konzernrecht 10. Aufl., 245; *Fenzl*, Betriebsführungsverträge, 47; *Koppensteiner*, KölnKomm-AktG, § 291 Rn. 38; *Köhn*, Der Konzern 2011, 530, 531; *Priester*, FS Hommelhoff, 875, 878; *Windbichler*, ZIP 1987, 825, 827.

81 Vgl. generell zum Investitionsgedanken *Joachim*, NZM 2001, 162, 165; *Martinek*, Vertragstypen II, 280, 283 f.; *Zeiger*, Managementvertrag, 25 f.; krit. gegenüber dem Unternehmensführungsvertrag als Investitionsersatzinstrument *Abels*, Managementverträge, 64, 114, 169 der allerdings auf die Öffnung neuer Absatzmärkte für den Unternehmensführer hinweist.

82 *Martinek*, Vertragstypen II, 283; *Zeiger*, Managementvertrag, 25.

83 So generell für Unternehmensführungsverträge *Abels*, Managementverträge, 29, 135 ff.; *Frisch*, AG 1995, 362; *Krieger*, MüHdbGesIV, § 72 Rn. 47; Staudinger/*Martinek*, BGB, § 675 Rn. B 142; *Martinek*, Vertragstypen II, 276; bezogen auf den Know-how Erwerb *Müller*, Beherrschungsverträge, 141; *Raupach*, FS Bezzenberger, 327, 339;

eines so genannten unechten Unternehmensführungsvertrags, bei dem der Unternehmensführer das Unternehmen im eigenen Namen aber für fremde Rechnung im Wege einer mittelbaren Stellvertretung führt, kann neben dem Know-how Erwerb auch die Nutzung des Goodwills inklusive der Firma des Unternehmensführers ein wichtiges Motiv der Vertragsparteien sein.[84]

Auf der anderen Seite wird der Unternehmensführungsvertrag zur Absicherung vor dem Einfluss Dritter durch Investitionen geschützt, indem ein Unternehmensführungsvertrag mit einer Tochtergesellschaft geschlossen wird und Dritte dann nur in diese Tochtergesellschaft investieren dürfen.[85] Das Eigentümerunternehmen soll durch diese Konstruktion vor einer Einflussnahme geschützt werden.

Aber auch Gläubiger können durch einen Unternehmensführungsvertrag geschützt werden, indem sie sich in Krisenzeiten Einfluss durch einen Unternehmensführungsvertrag auf das entsprechende Investitionsobjekt zusichern lassen.[86] Dies hat den Vorteil, dass die Gläubiger einen direkten und unmittelbaren Überblick über die Geschäftstätigkeit der Gesellschaft haben und direkt steuernd eingreifen können. So kann dem Unternehmensführungsvertrag auch eine Sicherungskomponente zukommen. Anzumerken ist hierzu freilich, dass der Unternehmensführer dann allerdings auch mit den Pflichten aus dem Unternehmensführungsvertrag belastet ist. Angesichts dieses Nachteils ist es eine Frage des Einzelfalls, ob das Sicherungsinteresse diesen Nachteil aufwiegt.

Gegenüber dem Unternehmenskauf birgt der Unternehmensführungsvertrag den erheblichen Vorteil, dass der Kapitaleinsatz wesentlich geringer ist.[87]

B) Unternehmerisch-strukturelle Motive für den Abschluss eines Unternehmensführungsvertrags

Ein bedeutendes unternehmerisches Motiv für den Abschluss eines Unternehmensführungsvertrags ist die Umgestaltung von Konzernen.[88] Grund für die Durchführung von Strukturmaßnahmen innerhalb eines Konzerngeflechts ist das Bedürfnis

---

Veil, Unternehmensverträge, 290; *Windbichler*, ZIP 1987, 825, 827 *Winter/Theisen*, AG 2011, 662, 663; *Zeiger*, Managementvertrag, 25.

84 Staudiner/*Martinek*, BGB, § 675 Rn. B 142; *Martinek*, Vertragstypen II, 276; *Raupach*, FS Bezzenberger, 327, 339.

85 *Abels*, Managmentverträge, 113; *Fenzl*, Betriebsführungsverträge, 50.

86 *Köhn*, Der Konzern 2011, 530, 531; vgl. auch *Martens*, Wirtschaftsabhängigkeit, 28.

87 *Weißmüller*, BB 2000, 1949; krit. zu dem Unternehmensführungsvertrag als Alternative zu dem Unternehmenskauf sind *Winter/Theisen*, AG 2011, 662, 663 Fn. 9.

88 Abels, Managementverträge, 28; *Breuniger/Prinz*, JbFStR 1998/1999, 367, 370; *Fenzl*, Betriebsführungsverträge, 45; *ders.*, Der Konzern 2006, 18, 19; *Frisch*, AG 1995, 362; *Mülbert*, Großkomm-AktG, 4. Aufl., § 292 Rn. 143; *Priester*, FS Hommelhoff, 875, 878 f.; *Schneider*, JbFStR 1998/1999, 387, 392; *Veelken*, Betriebsführungsvertrag, 36 f.; *Winter/Theisen*, AG 2011, 662, 663.

nach klareren Organisationsstrukturen mit eindeutiger Verantwortlichkeit.[89] So wird der Unternehmensführungsvertrag bei der Divisionalisierung genutzt.[90] Hierbei kann zum Beispiel ein Unternehmen im Konzern Organisationssparten durch Tochter- oder Schwestergesellschaften führen lassen.[91] Umgekehrt kann ein Unternehmen Organisationssparten auf Tochter- oder Schwestergesellschaften auslagern und diese aber im Rahmen eines Unternehmensführungsvertrags einheitlich selbst führen.[92] Hier bietet sich zum Beispiel eine Kombination eines Unternehmenspachtvertrags mit einem Unternehmensführungsvertrag oder eines Unternehmenskaufvertrags mit einem Unternehmensführungsvertrag an. Diese Organisationsmaßnahmen bringen den Vorteil, dass der handelsrechtliche Abschluss der einzelnen Gesellschaft genau den Erfolg oder Misserfolg einer Sparte abbildet.[93] Umgekehrt wird der Unternehmensführungsvertrag auch eingesetzt, um eine stärkere Konzentration innerhalb eines Konzerns zu erreichen, indem Bestandteile des operativen Geschäfts der Tochter- und Enkelgesellschaften auf die Obergesellschaft verlagert werden.[94]

Aber auch im Rahmen einer Umwandlungsmaßnahme wird der Unternehmensführungsvertrag als Überbrückungsinstrument eingesetzt.[95] In diesem Fall dient dieser dazu, die Unternehmensführung bis zu der formellen Verschmelzung zeitlich befristet zu bündeln[96]. So hat dies den Vorteil, dass die betroffenen Unternehmen schon frühzeitig interne strukturelle Maßnahmen vornehmen können.

Auch wird ein Unternehmensführungsvertrag als Surrogat für eine grenzüberschreitende Verschmelzung oder Spaltung verwendet.[97] Zwar ist eine solche grenzüberschreitende Operation innerhalb der EU nunmehr durch die Einführung der SE möglich.[98] Diese Problematik besteht hingegen weiterhin für Sachverhalte, die außerhalb der Grenzen der EU relevant sind.

---

89 *Breuniger/Prinz*, JbFStR 1998/1999, 367, 370; *Fenzl*, Betriebsführungsverträge, 45; *ders.*, Der Konzern 2006, 18, 19; *Krieger*, MüHdbGesIV, § 72 Rn. 47.

90 *Birk*, ZGR 1984, 23, 44; *Emmerich/Habersack*, Konzernrecht 10. Aufl, 246; *Forst/Hofmann*, EStG 2005, 195, 196; *Huber*, ZHR 152 (1988), 124, 127, 149; *Mülbert*, Großkomm-AktG, 4. Aufl., § 292 Rn. 143; *Priester*, FS Hommelhoff, 875, 879; *Rieble*, NZA 2010, 1145, 1149; *Winter/Theisen*, AG 2011, 662, 664.

91 *Forst/Hoffmann*, EStG 2005, 195, 196; *Huber*, ZHR 152 (1988), 124, 149; *Schneider*, JbFStR 1982/1983, 387, 393.

92 *Veil*, Unternehmensverträge, 291.

93 *Kamlah*, BB 2003, 109.

94 *Emmerich/Habersack*, Konzernrecht 10. Aufl., 246; *Fenzl*, Betriebsführungsverträge, 46; *Koppensteiner*, KölnKomm-AktG, § 292, Rn. 94; *Priester*, FS Hommelhoff, 875, 878 f.; *Schneider*, JbFStR 1982/1983, 387, 393; *Winter/Theisen*, AG 2011, 662, 663.

95 *Fenzl*, Betriebsführungsverträge, 48; *Winter/Theisen*, AG 2011, 662, 664.

96 *Fenzl*, Betriebsführungsverträge, 48; *ders.*, Der Konzern 2006, 18, 20.

97 *Fenzl*, Betriebsführungsverträge, 48; *ders.*, Der Konzern 2006, 18, 20.

98 *Fenzl*, Betriebsführungsverträge, 48.

Bei dem Abschluss eines Unternehmensführungsvertrags ist im Gegensatz zu anderen Strukturmaßnahmen nach dem UmwG oder dem AktG nicht erforderlich, dass Grundstückseigentum dinglich übertragen wird und dementsprechend wird der hierfür erforderliche Aufwand erspart.[99] Ebenso beinhaltet der Unternehmensführungsvertrag den Vorteil, dass im Gegensatz zu einer Verschmelzung die Firmen aufrechterhalten werden können und somit der jeweilige Werbewert der Firma nicht verloren geht.[100] Unternehmensführungsverträge sind im Unterschied zu den Strukturmaßnahmen nach dem UmwG oder dem AktG flexibler.[101] Sie können jederzeit durch eine privatautonome Gestaltung der Vertragsparteien geändert, aufgehoben oder ergänzt werden. Ebenso ist die Übertragung des operativen Geschäfts auf den Unternehmensführer nur zeitlich begrenzt. Diese unternehmerische Flexibilität hat den Vorteil, dass auf Marktveränderungen oder sonstige externe Faktoren reagiert werden kann.

Aber auch außerhalb eines Konzerngeflechts wird der Unternehmensführungsvertrag unternehmerisch-strukturell im Rahmen von Kooperationsverhältnissen eingesetzt.[102] So kann beispielsweise ein Unternehmensführungsvertrag bei einem Joint Venture eingesetzt werden, indem zwei nicht konzernverbundene Unternehmen eine gemeinsame Gesellschaft gründen, die dann als Unternehmensführer fungiert.[103] Aber auch in anderer Form ist der Einsatz eines Unternehmensführungsvertrags zur Verwirklichung eines gemeinsamen Projekts denkbar.

Ein weiteres Einsatzfeld ergibt sich bei der Organisation von Familiengesellschaften, indem der Unternehmensführungsvertrag eingesetzt wird, um bei Familiengesellschaften die Unternehmensführung unabhängig von den Mitgliedern der Familie zu gestalten oder im Erbfall die Erben faktisch zunächst von der Unternehmensführung auszuschließen.[104]

C) Rechtliche Motive für den Abschluss eines Unternehmensführungsvertrags

Neben den überwiegend bereits erörterten betriebswirtschaftlichen Motiven kommt auch rechtlichen Motiven für den Abschluss von Unternehmensführungsverträgen eine erhebliche Bedeutung zu, wobei betriebswirtschaftliche und rechtliche Motive häufig eng beieinander liegen, sodass es zu Überschneidungen kommen kann.

I. Arbeitsrechtliche Motive

Ein arbeitsrechtliches Motiv für den Abschluss eines Unternehmensführungsvertrags ist zum Beispiel, einen Betriebsübergang gem. § 613a BGB auszulösen, um

99 *Fenzl*, Betriebsführungsverträge, 55.
100 *Schneider*, JbFStR 1982/1983, 387, 392.
101 Vgl. *Fenzl*, Betriebsführungsverträge, 55; *Winter/Theisen*, AG 2011, 662, 663 f.
102 Vgl. *Löffler*, NJW 1983, 2920, 2921; *Veelken*, Betriebsführungsvertrag, 41 f.
103 *Veelken*, Betriebsführungsvertrag, 42.
104 *Köhn*, Der Konzern 2011, 530, 531.

das Personal des Eigentümerunternehmens zu übernehmen.[105] Hintergrund dieses Motivs kann zum Beispiel die Beeinflussung der Mitbestimmung auf Unternehmensebene sein, indem eine zwingend mitbestimmte Gesellschaft einen Unternehmensführungsvertrag mit einer mitbestimmungsfreien Gesellschaft, wie zum Beispiel der OHG, abschließt.[106] Zu bedenken ist jedoch, dass ein Betriebsübergang gem. § 613a BGB nur bei dem so genannten unechten Unternehmensführungsvertrag, bei dem der Unternehmensführer im eigenen Namen aber für fremde Rechnung tätig wird, gegeben ist.[107]

Auf der anderen Seite kann es aber auch ein Motiv für einen echten Unternehmensführungsvertrag sein, einen Betriebsübergang zu vermeiden. Dieses Motiv ist zum Beispiel im Falle konzernrechtlicher Strukturierungsmaßnahmen gegeben, bei denen ein Unternehmen eine Konzernsparte führen soll, ohne dabei das entsprechende Personal der Mutter- oder Schwestergesellschaft im Wege des Betriebsüberganges zu übernehmen, oder als Alternative zu einer Arbeitnehmerüberlassung.[108] Der Unternehmensführer stellt in diesem Fall das von dem Eigentümerunternehmen geforderte Personal, ohne dass eine Konstellation einer Arbeitnehmerüberlassung oder ein Betriebsübergang vorliegt.[109]

II. Gesellschaftsrechtliche Motive

Es gibt verschiedene Strukturmaßnahmen, wie zum Beispiel die Verschmelzung nach dem UmwG, die die notwendige Beteiligung der jeweiligen Hauptversammlung vorsehen, was zu verschiedenen unternehmenspolitischen Problemen führen kann.[110] Dies resultiert daraus, dass für diese Maßnahmen eine Zustimmung der Hauptversammlung bzw. der Gesellschafterversammlung erforderlich ist, vgl. § 50 Abs. 1 UmwG. Durch diese Zustimmungspflichten könnten unternehmerisch wichtige Entscheidungen in der Hauptversammlung blockiert werden.[111] Selbst wenn es zu einem positiven Beschluss der Hauptversammlung kommt, ist dieser immer mit dem Risiko einer Anfechtung belastet.[112] Um diese unternehmenspolitischen Risiken und die damit verbundenen wirtschaftlichen Nachteile zu minimieren, kann auf entsprechend gestaltete Unternehmensführungsverträge ausgewichen werden.[113]

---

105 *Fenzl*, Betriebsführungsverträge, 29; ähnlich auch *Riebel*, NZA 2010, 1145, 1148.
106 *Fenzl*, Betriebsführungsverträge, 50.
107 Hierzu 4. Kapitel § 1 B I.
108 *Kamlah*, BB 2003, 109, 113.
109 Ausführlich hierzu im 4. Kapitel B.
110 Vgl. *Fenzl*, Betriebsführungsverträge, 52; *ders.*, Der Konzern 2006, 18, 20.
111 *Fenzl*, Betriebsführungsverträge, 52.
112 *Fenzl*, Betriebsführungsverträge, 52.
113 *Fenzl*, Betriebsführungsverträge, 53; siehe speziell zu dieser Problematik 3. Kapitel § 1 B.

Ein weiteres Motiv für den Abschluss eines Unternehmensführungsvertrags anstelle einer Verschmelzung nach dem UmwG ist, die Rechtsidentität der Vertragspartner zu wahren, da dies von unternehmensstrategischer Bedeutung sein kann.[114]

III. Steuerrechtliche Motive

Auch steuerrechtliche Motive können für die Entscheidung, einen Unternehmensführungsvertrag abzuschließen, ausschlaggebend sein. Wird der Unternehmensführungsvertrag als Surrogat für eigentumsrelevante Maßnahmen nach dem UmwG oder dem AktG eingesetzt, dann führt dies dazu, dass eine gegebenenfalls fällige Grunderwerbssteuer nicht anfällt oder eine Aufdeckung stiller Reserven und der damit verbundenen Besteuerung vermieden wird.[115] So besteht bei einem Unternehmenskauf in der Form eines Asset Deals eine Steuerpflichtigkeit nach § 1 Abs. 1 Nr. 1, § 2 GrEStG, wenn Grundstücke zu den Veräußerungsgegenständen gehören.[116] Selbst bei einem Share Deal kann eine Grunderwerbssteuer im Einzelfall anfallen nach § 1 Abs. 2a oder Abs. 3 GrEStG, wenn innerhalb eines bestimmten Zeitraumes 95 % der Anteile auf den Erwerber übergehen.[117] Neben der Grunderwerbssteuer ist ein Veräußerungserlös gegebenenfalls steuerpflichtig im Sinne des § 16 EStG oder § 17 EStG bzw. § 8 KStG.[118]

Zusätzlich kann der Veräußerungserlös bei einer Kapitelgesellschaft nach § 7 Abs. 1 S. 2 GewStG gewerbesteuerpflichtig sein.[119] Diese Steuerpflichtigkeit wird im Rahmen eines Unternehmensführungsvertrags vermieden, da im Rahmen dieses Vertrags nicht zwingend Wirtschaftsgüter übergehen müssen.[120]

Ein weiteres steuerrechtliches Motiv für den Abschluss eines Unternehmensführungsvertrags kann die Steuerplanung sein. Da die Führung des Unternehmens auf Rechnung und Gefahr des Eigentümerunternehmens erfolgt, werden diesem auch steuerrechtlich die Erträge zugerechnet.[121] Gleichzeitig kann das Eigentümerunternehmen das Entgelt für die Unternehmensführung als Betriebsausgabe geltend machen.[122]

---

114 *Fenzl*, Betriebsführungsverträge, 54; *Schneider*, JbFStR 1982/1983, 387, 392.

115 *Fenzl*, Betriebsführungsverträge, 53, 54; *Forst/Hoffmann*, EStG 2005, 195, 197; *Rieble*, NZA 2010, 1145, 1149; *Winter/Theisen*, AG 2011, 662, 664.

116 Beisel/Klump/Theysohn-Wandle/*Klump*, Unternehmenskauf, 15. Kapitel Rn. 14.

117 Ausführlich hierzu Beisel/Klump/Theysohn-Wandle/*Klump*, Unternehmenskauf, 15. Kapitel Rn. 15 ff.

118 Zu Veräußerung von Assets durch eine natürliche Person Beisel/Klump/Theysohn-Wandle/*Klump*, Unternehmenskauf, 15. Kapitel Rn. 19 ff.; zur steuerrechtlichen Behandlung von Veräußerungen von Unternehmensassets durch eine Kapitalgesellschaft Beisel/Klump/Theysohn-Wandle/*Klump*, Unternehmenskauf, 15. Kapitel Rn. 89 ff.

119 Beisel/Klump/Theysohn-Wandle/*Klump*, Unternehmenskauf, 15. Kapitel Rn. 122.

120 *Fenzl*, Betriebsführungsvertrag, 54; *Rieble*, NZA 2010, 1145, 1149.

121 Vgl. hierzu *Fenzl*, Betriebsführungsverträge, 140 f., 142 f.; *Forst/Hoffmann*, EStG 2005, 195, 197; *Rieble*, NZA 2010, 1145, 1149.

122 *Forst/Hoffmann*, EStG 2005, 195, 197.

D) Zusammenfassung

Die Motive, die Parteien zu dem Abschluss eines Unternehmensführungsvertrags bewegen können, sind mannigfaltig. Dennoch soll versucht werden, diese typologisch zu erfassen, indem gefragt wird, ob sich die verschiedenen Motive unter einen bzw. mehrerer Typen konstituierende Wertungsgesichtspunkte zusammenfassen lassen. Es geht also darum, übergeordnete Merkmale der Motive zu finden, die sich als Typen bezeichnen lassen können. Bei näherer Betrachtung der verschiedenen Motive lassen sich vier Hauptmotivtypen der Parteien hinsichtlich des Abschlusses eines Unternehmensführungsvertrags erkennen. Zum einen kann es den Parteien um den Einkauf bzw. Verkauf von Managementleistungen und dem damit erhofften Qualitäts- bzw. Produktivitätsgewinn gehen. Zum anderen soll ein Unternehmensführungsvertrag Dritten Einfluss auf das Eigentümerunternehmen verschaffen oder gerade eine Einflussmöglichkeit verhindern. Ein weiterer Motivtypus ist der Abschluss eines Unternehmensführungsvertrags zu Strukturierungszwecken. Ebenso wird der Unternehmensführungsvertrag als Alternative zum Unternehmenskauf genutzt.

Je nach Einordnung zu einem Motivtypus wird sich die regelungstechnische Schwerpunktsetzung verschieben. Steht beispielsweise der Einkauf bzw. Verkauf von Managementleistungen im Vordergrund wird der Fokus der Vertragsgestaltung auf Regelungen zur Know-how Vermittlung oder zur Nutzung von Immaterialgüterrechte gelegt werden. Anders beispielsweise bei Unternehmensführungsverträgen, die der Strukturierung oder einem Sicherungszweck dienen. Der Schwerpunkt wird hier vor allem auf der Kompetenzabgrenzung gelegt werden. Die Motivtypen spiegeln sich in der konkreten Vertragsgestaltung wieder. Ebenso dienen sie einer Argumentationsstütze im Rahmen der Vertragsauslegung oder ergänzenden Vertragsauslegung, indem sie eine Vergleichbarkeit innerhalb eins Typus ermöglichen.

§ 4. Realtypischer Inhalt von vorgefundenen Unternehmensführungsverträgen

A) Vertragsgegenstand des Unternehmensführungsvertrags

Im folgenden Abschnitt geht es darum, den Unternehmensführungsvertrag seinem Inhalt nach realtypologisch zu erfassen. Dabei muss darauf hingewiesen werden, dass die Unternehmensführungsverträge oftmals sehr komplexe Verträge mit einer hohen Regelungsdichte sind.[123] So ist bei einer typologisch inhaltlichen Untersuchung des Unternehmensführungsvertrags die Betrachtung der real existierenden Verträge unter normativen Gesichtspunkten entscheidend.[124] Es ist also festzuhalten, dass in der folgenden Untersuchung jeder aufgezeigte Aspekt eines Unternehmensführungsvertrags gleichzeitig die Wertung des Verfassers enthält,

123 *Martinek*, Vertragstypen II, 286 f.

124 Näheres zur Typenbildung bei *Leenen*, Typus und Rechtsfindung, 42 ff.

dass dieser Aspekt für den Unternehmensführungsvertrag wesentlich ist. Um diese Wertung treffen zu können, werden die bereits zum Unternehmensführungsvertrag erschienene Rechtsprechung und Literatur ausgewertet, aber auch gängige Musterverträge[125]. Es geht dabei zunächst darum, einen ersten Zugang zu diesem Vertragstypus zu erlangen, um die Rechtsnatur des Vertrags sowie die typische Interessenlage zu bestimmen. Eine vertiefte Untersuchung der aus dem Vertragsverhältnis resultierenden Rechte und Pflichten erfolgt im Rahmen des 2. Kapitels. Diese fußt auf den zu erarbeitenden Annahmen.

Gegenstand des Unternehmensführungsvertrags ist die Führung des Unternehmens in dem oben verstandenen Sinne. Regelmäßig wird dem Unternehmensführer dabei auch die Wahrnehmung von Geschäftsführungsaufgaben in nicht unerheblicher Weite zuteil.[126] Der konkrete Inhalt dieser Aufgaben richtet sich nach dem jeweiligen Vertragsverhältnis und dem durch den Unternehmensführungsvertrag verfolgten Zweck. Dies erschwert, allgemein abstrakte Aussagen über den konkreten Inhalt der Pflichten und den Leistungsmaßstab vorzunehmen.[127] Dabei ist das Unternehmen für den Unternehmensführer stets fremd.[128] Durch die vollständige oder teilweise Übernahme des operativen Geschäfts unterscheidet sich der Unternehmensführungsvertrag von anderen Vertragstypen. Zu nennen ist hier beispielsweise ein Beratungsvertrag. Im Rahmen eines solchen Vertrags wird im Unterschied zum Unternehmensführungsvertrag nur die Übermittlung einer Empfehlung geschuldet.[129] Abzugrenzen ist der Unternehmensführungsvertrag auch von der Personalüberlassung.[130] Im Rahmen der Personalüberlassung entsendet das überlassende Unternehmen vereinzelt Mitarbeiter, die dann in die Organisation des Eigentümerunternehmens eingegliedert werden. Bei einem Unternehmensführungsvertrag nimmt das Drittunternehmen in eigener Verantwortung Geschäftsbesorgungsaufgaben wahr, wobei die eigenen Mitarbeiter als Erfüllungsgehilfen tätig sind.

Die Unternehmensführung muss sich hierbei nicht auf das gesamte Unternehmen, sondern kann sich auch nur auf einen Teil des jeweiligen Unternehmens beziehen.[131] Solche Verträge werden dann in der Literatur als Teilunternehmensführungsverträge

---

125 Einbezogene Musterverträge: *Abels*, Managementverträge, 37- 46; *Fenzl*, Betriebsführungsvertrag, 159 ff.; *Hoffmann-Becking*, MünchVertragsHdbGes I, 1552; *Linnerz*, in Fuhrmann/Wälzholz Formularbuch Gesellschaftsrecht, 1973; Lorz/Pfisterer/Gerber/*Messerschmidt*, Beck'sches Formularbuch Aktienrecht, 1194, Hopt/*Volhard*, Form, 670.

126 *Veil*, Unternehmensverträge, 288.

127 Hierzu 2. Kapitel § 2 B.

128 *Huber*, ZHR 152 (1988), 1, 6.

129 *Abels*, Managementverträge, 10.

130 Hierzu 4. Kapitel § 1 B II; vgl. auch *Abels*, Managementverträge, 11.

131 *Abels*, Managementverträge, 31 f.; *Krieger*, MüHdbGes IV, § 72 Rn. 48; *Mülbert*, Großkomm-AktG, 4. Aufl., § 292 Rn. 140; *Priester*, FS Hommelhoff, 875, 876 f.; *Veelken*, Betriebsführungsvertrag, 21.

in Abgrenzung zu Vollunternehmensführungsverträgen bezeichnet.[132] Teilunternehmensführungsverträge werden in allen Unternehmensbereichen eingesetzt. Es gibt hier keine vertikalen oder horizontalen Grenzen.[133] Sie werden in der oberen, mittleren oder unteren Unternehmenshierarchie genauso eingesetzt wie in sämtlichen Unternehmenssparten.

B) Führung des Unternehmens im fremden Namen

Bei der Frage nach der Art der Rechtsmacht des Unternehmensführers für das Eigentümerunternehmen zu handeln tauchen in der Praxis wie in der Literatur zwei verschiedene Formen der Unternehmensführung auf.[134]

Zum einen wird bei einem Unternehmensführungsvertrag vereinbart, dass das unternehmensführende Unternehmen im Namen des Eigentümerunternehmens handelt.[135] Hierfür wird dem Unternehmensführer eine Vollmacht eingeräumt. Grundsätzlich steht dabei jede Vollmachtsart zur Verfügung. Jedoch ist nach überwiegender – aber bestrittener – Ansicht die Erteilung einer Prokura an eine juristische Person ausgeschlossen.[136] Da die Unternehmensführer in den meisten Fällen juristische Personen sind, ist die Form einer Generalhandlungsvollmacht oder Generalvollmacht[137] verbreitet.[138] In diesem Zuge ist in der Literatur die Zulässigkeit einer unwiderruflichen Generalvollmacht heftig umstritten.[139] Diese Art der Unternehmensführung wird auch echte Unternehmensführung genannt.[140]

---

132 Vgl. *Veelken*, Betriebsführungsvertrag, 21.

133 *Veelken*, Betriebsführungsvertrag, 22.

134 *Koppensteiner*, KölnKomm-AktG, § 292 Rn. 97; *Mülbert*, Großkomm-AktG, 4. Aufl., § 292 Rn. 141; *Priester*, FS Hommelhoff, 875, 876.

135 *Altmeppen*, MüKo-AktG, § 292 Rn. 143; *Emmerich/Habersack*, Konzernrecht 10. Aufl., 245; *Fenzl*, Betriebsführungsvertrag, 28; *Mülbert*, Großkomm-AktG, 4. Aufl., § 292 Rn. 142.

136 Statt aller *Hoffmann-Becking*, MünchHdbGes I, 1554; *Krebs*, MüKo-HGB, § 48 Rn. 26; a.A. *Wasmann*, BB 2002, 479.

137 Der Begriff Generalvollmacht wird in der weiteren Untersuchung abgelehnt und stattdessen der Begriff der qualifizierten Generalhandlungsvollmacht vertreten, um zu verdeutlichen, dass die Vollmacht sich nicht auf die unübertragbaren organschaftlichen Vertretungsbefugnisse erstrecken darf, ausführlich 2. Kapitel § 5 C.

138 *Fenzl*, Betriebsführungsverträge, 39; *Hoffmann-Becking*, MünchHdbGes I, 1554; *Joachim*, DWiR 1992, 397, 401; Lorz/Pfisterer/Gerber/*Messerschmidt*, Beck'sches Formularbuch Aktienrecht, 1134, 1136; *Weißmüller*, BB 2000, 1945, 1952; für eine noch engere Vollmachtserteilung als die Handlungsvollmacht nach HGB votiert Hopt/*Volhard*, Form, 670.

139 Vgl. 2. Kapitel § 5.

140 *Emmerich/Habersack*, Konzernrecht 10. Aufl., 245; *Fenzl*, Betriebsführungsverträge, 28; *Forst/Hoffmann*, EStG 2005, 195, 196; *Martinek*, Vertragstypen II, 282 f.; *Mülbert*, Großkomm-AktG, 4. Aufl., § 292 Rn. 142.

Im Gegensatz zu dieser gibt es noch die Form der so genannten unechten Unternehmensführung.[141] Hierbei wird vereinbart, dass der Unternehmensführer nicht im fremden Namen stellvertretend für das Eigentümerunternehmen auftritt, sondern im eigenen Namen.[142] Es wird jedoch zutreffend darauf hingewiesen, dass man diese Kategorien nicht so verstehen darf, dass der Unternehmensführer entweder nur im eigenen Namen tätig wird oder nur im fremden Namen.[143] Vielmehr kann der Unternehmensführer im Rahmen der Unternehmensführung teilweise im eigenen Namen und teilweise im fremden Namen tätig werden. Die konkrete Einordnung richtet sich dann danach, welche Praxis der Unternehmensführer überwiegend für sich nutzbar macht.

C) Fremdnützigkeit der Unternehmensführung

Bei dem echten Unternehmensführungsvertrag wird das Unternehmen auf Rechnung des Eigentümerunternehmens geführt. Das Eigentümerunternehmen wird aufgrund einer vorliegenden Stellvertretung im Sinne des § 164 Abs. 1 BGB unmittelbar durch das rechtsgeschäftliche Handeln des Unternehmensführers verpflichtet. Hier trägt also das Eigentümerunternehmen das wirtschaftliche und unternehmerische Risiko, jedoch stehen ihm im Gegenzug auch die wirtschaftlichen Chancen zu.[144]

Demgegenüber tritt bei dem unechten Unternehmensführungsvertrag der Unternehmensführer im eigenen Namen auf und verpflichtet sich somit selbst.[145] Dennoch wird im Regelfall das Eigentümerunternehmen wirtschaftlich belastet oder begünstigt. Dieses erfolgt im Innenverhältnis über einen Aufwendungsersatzanspruch[146] bzw. einen Herausgabeanspruch.[147] Es liegt dementsprechend ein Fall der mittelbaren Stellvertretung vor. Anders als in der Vergangenheit teilweise angenommen wurde, liegt bei einer mittelbaren Stellvertretung keine unmittelbare Rechtsbeziehung zwischen dem Hintermann und dem Vertragspartner vor.[148] Die Rechtsbeziehung wird über einen Dritten vermittelt. In dinglicher Hinsicht kann der mittelbare Stellvertreter über die Rechtsgüter seines Principals verfügen, indem

141 Abels, Managementverträge, 6; *Emmerich/Habersack*, Konzernrecht 10. Aufl., 245; *Fleischer*, ZIP 2003, 1, 9; *Forst/Hoffmann*, EStG 2005, 195, 197; *Mülbert*, Großkomm-AktG, 4. Aufl., § 292 Rn. 144; *Priester*, FS Hommelhoff, 875, 876; *Veelken*, Betriebsführungsvertrag, 18.

142 *Fenzl*, Betriebsführungsverträge, 29; *Fleischer*, ZIP 2003, 1, 9; *Mülbert*, Großkomm-AktG, 4. Aufl., § 292 Rn. 144; *Priester*, FS Hommelhoff, 875, 876.

143 *Rieble*, NZA 2010, 1145, 1147; *Veelken*, Betriebsführungsvertrag, 26.

144 *Abels*, Managementverträge, 88; *Joachim*, NZM 2001, 162, 164; *Mülbert*, Großkomm-AktG, 4. Aufl., § 292 Rn. 140; *Priester*, FS Hommelhoff, 875, 876; *Winter/Theisen*, AG 2011, 662, 665.

145 Vgl. *Veelken*, Betriebsführungsvertrag, 18 mit dem Verweis auf die Praxisrelevanz dieser unechten Unternehmensführungsverträge.

146 Hierzu 2. Kapitel § 6 A.

147 Hierzu 2. Kapitel § 2 B II.

148 Eingehend hierzu *Hager*, AcP 180 (1980), 239 ff.

diese ihm zuvor selbst übereignet wurden, oder er im Sinne des § 185 Abs. 1 BGB zur Verfügung ermächtigt wird. Die Güter, die der mittelbare Stellvertreter im eigenen Namen für den Principal dinglich erworben hat, muss er in einem weiteren dinglichen Übertragungsvorgang an den Principal übertragen. Da der Principal bei dieser Konstruktion nicht selbst unmittelbarer schuldrechtlicher Vertragspartner zu dem jeweiligen Geschäftsgegner wird, sondern der mittelbare Stellvertreter, kann dieser im Rahmen der Sonderverbindung ausnahmsweise auch Schäden seines Principals im Wege der Drittschadensliquidation geltend machen.[149] Es liegt die für die Drittschadensliquidation typische Fallkonstellation vor, da der mittelbare Vertreter wirtschaftlich nicht von dem Geschäft profitieren soll und sich somit der Schaden – aus Sicht des Schädigers – zufällig auf den Principal verlagert. Trotz des Umstands, dass wirtschaftlich das Ergebnis der Geschäftsführung bei einer mittelbaren Stellvertretung dem Principal zuzurechnen ist, wird zu Recht in der Literatur angemahnt, dass in diesem Fall der Unternehmensführer ein erhöhtes Haftungsrisiko übernimmt, da keine unmittelbare Verbindung zwischen den Gläubigern und dem Eigentümerunternehmen existiert und so der Unternehmensführer das Ausfallrisiko des Eigentümerunternehmens für sämtliche Unternehmensschulden trägt.[150]

Zu bedenken ist, dass die Zurechnung des Unternehmergewinnes bzw. Verlustes auf Seiten des Eigentümerunternehmens nur eine Momentaufnahme ist. Das Ergebnis der Unternehmensführung erscheint also zunächst in den Büchern des Eigentümerunternehmens. Dies heißt jedoch nicht, dass das Eigentümerunternehmen an dem Ergebnis wirtschaftlich partizipiert, sondern es gibt Konstellationen, bei denen dieses Ergebnis sodann im Wege eines Gewinnabführungsvertrags abgeschöpft wird.[151]

D) Vergütungsmodelle und Unentgeltlichkeit des Vertrags

Grundsätzlich ist es bei einem Unternehmensführungsvertrag üblich, dass ein Entgelt für die Unternehmensführung gezahlt wird, jedoch ist auch ein unentgeltlicher Unternehmensführungsvertrag denkbar.[152] Dies zeigt sich schon aus der Existenz des unentgeltlichen Auftrags.[153] Die Thematik des unentgeltlichen Unternehmensführungsvertrags ist allerdings regelmäßig nur im Bereich der konzernverbundenen Unternehmen relevant.[154] Und selbst in diesem Bereich wird

149 BGH, Urt. v. 26.09.1957 – II ZR 267/57, NJW 1957, 1838, 1839; BGH, Urt. v. 04.12.1997 – IX ZR 41/97, NJW 1998, 1864, 1865; *Hager*, AcP 180 (1980), 239, 243; Bamberger/Roth/*Schubert*, BGB, § 249 Rn. 159.

150 *Altmeppen*, MüKo-AktG, § 292 Rn. 144; *Huber*, ZHR 152 (1988), 1, 4; *Martinek*, Vertragstypen II, 276, 283.

151 *Huber*, ZHR 152 (1988), 1, 4; *Veelken*, Betriebsführungsvertrag, 25; näheres hierzu 3. Kapitel. § 1 C II.

152 *Emmerich/Habersack*, Konzernrecht 10. Aufl., 246; *Huber*, ZHR 152 (1988), 1, 5.

153 Zur Ausgestaltung des Unternehmensführungsvertrags als Auftrag 1. Kapitel § 5 B II 4.

154 *Emmerich/Habersack*, Konzernrecht 10. Aufl., 246.

aus gesellschaftsrechtlichen und steuerrechtlichen Gründen davor gescheut, einen solchen Vertrag abzuschließen.[155] Dies ergibt sich daraus, dass bei einem unentgeltlichen Unternehmensführungsvertrag der Vorwurf nahe liegt, dass das Eigentümerunternehmen im Interesse des Unternehmensführers geführt wird und somit eine Nähe zu einem atypischen Beherrschungsvertrag gegeben ist.[156] Ebenso liegt unter Umständen der Vorwurf nahe, dass durch den unentgeltlichen Unternehmensführungsvertrag eine steuerrelevante verdeckte Gewinnausschüttung oder eine verdeckte Einlagenrückgewähr erreicht werden soll.[157]

Es gibt bei dem Unternehmensführungsvertrag verschiedene Vergütungsmodelle. So wird oft neben einer Grundvergütung (sog. Base Fee) eine Erfolgsvergütung (sog. Incentive Fee) vereinbart.[158] In diesem Fall müssen die Verträge allerdings detaillierte Berechnungsregelungen beinhalten.[159] Dies folgt schon aus den verschiedenen Betrachtungsweisen von Umsatz und Gewinn[160] und aus der Bestimmbarkeit anderer unternehmerischer Kennzahlen. Bevorzugt wird jedoch eine Anknüpfung an den Unternehmensgewinn, da die Anknüpfung der Vergütung an den Umsatz keine Anbindung an die Unternehmensrentabilität darstellt.[161]

Neben dieser Mischvariante treten die Vergütungsformen auch in Reinform auf. Das heißt, dass entweder ein festes Entgelt (auch als „Kosten-plus-System" bezeichnet) oder ein erfolgsbezogenes Entgelt gezahlt wird.[162] Allerdings wird zu Recht die Mischvariante für vorzugswürdig gehalten, da diese zum einen eine sichere Kalkulationsgrundlage bietet, aber auf der anderen Seite auch eine Anreizfunktion für den Unternehmensführer gegeben ist.[163] Teilweise existieren auch Sondervergütungen des Unternehmensführers für besondere Leistungen, wie Mitarbeiterschulungen oder Marketingleistungen.[164]

---

155 *Huber*, ZHR 152 (1988), 1, 5; *Winter/Theisen*, AG 2011, 662, 665.

156 Zur Abgrenzung 3. Kapitel § 5.

157 *Huber*, ZHR 152 (1988), 1, 5; *Mülbert*, Großkomm-AktG, 4. Aufl., § 292 Rn. 149.

158 *Abels*, Managementverträge, 5, 364; *Forst/Hoffmann*, EStG 2005, 195, 197; *Joachim*, DWiR 1992, 397, 402; *ders.*, NZM 2001, 162, 165; *Koppensteiner*, KölnKomm-AktG, § 292 Rn. 97; Staudinger/*Martinek*, BGB, § 675 Rn. B 154; *Martinek*, Vertragstypen II, 293 f.; *Weißmüller*, BB 2000, 1949, 1952.

159 Ebenso *Abels*, Managementverträge, 344; zur möglichen Gestaltung solcher Berechnungsmethoden siehe *Fenzl*, Betriebsführungsverträge, 34; *ders.*, Der Konzern 2006, 18, 24; *Weißmüller*, BB 2000, 1949, 1952.

160 Instruktiv zur betriebswirtschaftlichen Gewinn- und Verlustrechnung *Vahs/Schäfer-Kunz*, Betriebswirtschaftslehre, 429 ff.

161 Staudinger/*Martinek*, BGB, § 675 Rn. B 154.

162 *Fenzl*, Der Konzern 2006, 18, 24; *Martinek*, Vertragstypen II, 293; *Weißmüller*, BB 2000, 1945, 1952.

163 *Abels*, Mangementverträge, 289 f., 363 f.; *Fenzl*, Betriebsführungsverträge, 33; *Joachim*, DWiR 1992, 397, 402; *Mülbert*, Großkomm-AktG, 4. Aufl., § 292 Rn. 149; *Weißmüller*, BB 2000, 1945, 1952; *Windbichler*, ZIP 1987, 827.

164 *Joachim*, DWiR 1992, 397, 401.

E) Aufwendungsersatzanspruch

Der Unternehmensführer hat für seine Tätigkeit einen Aufwendungsersatzanspruch.[165] Dieser Aufwendungsersatzanspruch hat eine besondere Bedeutung in Form des Befreiungsanspruchs gem. § 257 BGB bei dem unechten Unternehmensführungsvertrag, weil bei diesem der Unternehmensführer sich selbst gegenüber Dritten verpflichtet.[166] Im Rahmen des Aufwendungsersatzanspruchs kann es zu Abgrenzungsschwierigkeiten für die Frage kommen, welche Leistungen durch das Unternehmensführungsentgelt inkludiert sind.[167] Diese Frage muss richtigerweise durch die Auslegung des konkreten Vertrags im Sinne der §§ 133, 157 BGB erfolgen oder durch ergänzende Vertragsauslegung. Zutreffend wird den Parteien dringend empfohlen aufgrund dieser Abgrenzungsschwierigkeiten eine möglichst detaillierte Regelung zu vereinbaren.[168]

Der Aufwendungsersatzanspruch ist regelmäßig unterschiedlich ausgestaltet und vielfach wird von der gesetzlichen Konzeption des § 670 BGB abgewichen. So ergibt sich beispielsweise aus dem oben genannten Motiv der Unternehmenssanierung, dass das Eigentümerunternehmen die Kosten der Unternehmensführung senken möchte. Vor dem Hintergrund dieses Motivs wird regelmäßig eine Kostendeckelung vereinbart, die das Spannungsfeld zwischen der Kostensenkung auf der einen Seite und dem Einhalten von Qualitätsstandards auf der anderen Seite berücksichtigt.[169] Aber auch im Rahmen anderer Motive wird regelmäßig entweder ein Budget für einen bestimmten Zeitraum durch die Parteien vereinbart, oder der Unternehmensführer muss eine Mittelfristplanung erstellen und diese durch das Eigentümerunternehmen genehmigen lassen.[170] Diese Mittelfristplanung ist typischerweise durch die Verpflichtung des Unternehmensführers zur Aufstellung eines jährlichen Wirtschaftsplans, der unter Zustimmungsvorbehalt des Eigentümerunternehmens steht, gegeben.[171]

F) Anspruch auf Herausgabe des erwirtschaften Gewinns

Das Eigentümerunternehmen hat einen Anspruch auf Herausgabe des Gewinns, sofern dieser bei dem Unternehmensführer anfällt.[172] Ein solcher Anspruch ergibt

---

165 *Huber*, ZHR 152 (1988), 1, 5; *Joachim*, DWiR 1992, 397; 398; Lorz/Pfisterer/Gerber/*Messerschmidt*, Beck'sches Formularbuch Aktienrecht, 1134, 1136; *Mülbert*, Großkomm-AktG, 4. Aufl., § 292 Rn. 146; *Priester*, FS Hommelhoff, 875, 876; Hopt/*Volhard*, Form, 671, 673; *Weißmüller*, BB 2000, 1949, 1953.

166 Vgl. auch *Martinek*, Vertragstypen II, 295.

167 Ausführlich hierzu 2. Kapitel § 6 A I.

168 *Abels*, Managementverträge, 344, 365.

169 *Fenzl*, Betriebsführungsverträge, 32.

170 *Huber*, ZHR 152 (1988), 1, 5; *Joachim*, DWiR 1992, 397, 398; *Martinek*, Vertragstypen II, 295; *Weißmüller*, BB 2000, 1945, 1953.

171 Vgl. *Fenzl*, Betriebsführungsverträge, 130.

172 Ausführlich 2. Kapitel § 2 B II.

sich schon aus § 667 BGB, wenn der Unternehmensführungsvertrag als Geschäftsbesorgungsvertrag bzw. Auftrag zu qualifizieren ist.[173] Der Herausgabeanspruch ist damit nicht auf den Gewinn beschränkt, sondern bezieht sich auf alle Rechtspositionen, die der Unternehmensführer bei bzw. zur Ausführung seiner Tätigkeit von dem Eigentümerunternehmen oder einem Dritten erlangt hat.

G) Sorgfaltspflichten und Haftungsregelungen

Regelmäßig werden detaillierte Haftungsregelungen in den Verträgen vereinbart.[174] Zusätzlich zeigt sich, dass in vielen Fällen mit dem Unternehmensführer der Sorgfaltsmaßstab eines ordentlichen und gewissenhaften Geschäftsleiters vereinbart wird.[175] Diese Regelungen orientieren sich dabei an dem § 93 AktG und seinem normativ objektiven Haftungsmaßstab.[176] Sofern keine Regelung getroffen wurde, die sich an dem § 93 AktG orientiert, sind gegebenenfalls durch ergänzende Vertragsauslegung die Pflichten des Unternehmensführers zu konkretisieren.[177] Hierbei kann auf die Wertungen des § 93 Abs. 1 AktG zurückgegriffen werden.

Auf der anderen Seite finden sich in den Verträgen oft Haftungsausschlüsse, die die Haftung für Folgeschäden ausschließen, die Haftungssumme begrenzen, oder den Haftungsmaßstab für Personen- und Sachschäden auf Vorsatz und grobe Fahrlässigkeit modifizieren.[178]

H) Einflussrechte des Eigentümerunternehmens

Es finden sich typischerweise Klauseln in den Unternehmensführungsverträgen, die den Einfluss des Eigentümerunternehmens auf den Unternehmensführer sicherstellen sollen.[179] Diese sind dem Umstand geschuldet, dass durch den Unternehmensführungsvertrag die Unternehmensführung nicht dauerhaft und endgültig übergehen soll.[180]

---

173 Vgl. 1. Kapitel § 5 B II 2; 1. Kapitel § 5 B II 4.

174 *Abels*, Managementverträge, 385 ff.; *Schlüter*, Managementverträge, 167.

175 *Linnerz*, in Fuhrmann/Wälzholz Formularbuch Gesellschaftsrecht, 1974; Lorz/Pfisterer/Gerber/*Messerschmidt*, Beck'sches Formularbuch Aktienrecht, 1134.

176 *Linnerz*, in Fuhrmann/Wälzholz Formularbuch Gesellschaftsrecht, 1974, 1976; Lorz/Pfisterer/Gerber/*Messerschmidt*, Beck'sches Formularbuch Aktienrecht, 1134.

177 Hierzu 2. Kapitel § 2 B I; zu einer möglichen Haftungsmilderung 2. Kapitel § 7 A III 2.

178 Vgl. *Joachim*, DWiR 1992, 397, 403 f.; *Weißmüller*, BB 2000, 1949, 1954 f., der eine Haftungsbeschränkung in Verbindung mit einer Haftpflichtversicherung zugunsten des Unternehmensführers empfiehlt.

179 Vgl. die Musterverträge *Fenzl*, Betriebsführungsverträge, 169 f.; *Linnerz*, in Fuhrmann/Wälzholz, Formularbuch Gesellschaftsrecht, 1973; *Martinek*, Vertragstypen II, 289; Lorz/Pfisterer/Gerber/*Messerschmidt*, Beck'sches Formularbuch Aktienrecht, 1134; *Veil*, Unternehmensverträge, 291; Hopt/*Volhard*, Form, 671.

180 So auch *Fenzl*, Betriebsführungsverträge, 35.

Diese Einflussrechte des Eigentümerunternehmens lassen sich sinnvollerweise in zwei Kategorien fassen. Zum einen gibt es Weisungsrechte, Vorgaben und Zustimmungsvorbehalte, auf der anderen Seite gibt es Informationsrechte des Eigentümerunternehmens. Weisungsrechte gewähren die größte Einflussnahme. Sie geben eine unmittelbare Direktive vor, der zu folgen ist, während Vorgaben eine Zielbestimmung darstellen und der Unternehmensführer bei dem Erreichen dieses Zieles der in seiner konkreten Handlungsmöglichkeit weitgehend frei ist. Durch Zustimmungsvorbehalte wird eine zuvor getroffene Entscheidung legitimiert. Somit sind sie aus einer globalen Betrachtung heraus grundsätzlich schwächer als ein Weisungsrecht. Informationsrechte hingegen üben keinen unmittelbaren Einfluss auf eine Entscheidung aus. Sie können sich jedoch durchaus mittelbar auf eine Entscheidung auswirken. Dies kann zum Beispiel bei besonders unpopulären Entscheidungen des Unternehmensführers der Fall sein.

I. Weisungsrechte, unternehmerische Vorgaben und Zustimmungsvorbehalte

Zwar gibt das Eigentümerunternehmen seine konkrete Managementtätigkeit ab, jedoch liegt es regelmäßig noch im Interesse des Eigentümerunternehmens, weiterhin Einfluss auf sein Unternehmen auszuüben. In diesem Sinne dienen Weisungsrechte zum einen dazu, den Einfluss des Eigentümerunternehmens zu sichern, und zum anderen konkretisieren sie die Pflichten des Unternehmensführers. Das Weisungsrecht wird teilweise dezidiert vertraglich geregelt.[181] Der normative Anknüpfungspunkt für das Weisungsrecht des Eigentümerunternehmens kann sich unterschiedlich ausgestalten. So kann beispielsweise ein Leistungsbestimmungsrecht im Sinne des § 315 BGB vereinbart worden sein.[182] Ebenso kann sich ein Weisungsrecht aus der Rechtsnatur des Unternehmensführungsvertrags als Geschäftsbesorgungsvertrag mit Dienst- oder Werkvertragscharakter ergeben.

In der Literatur wird davon ausgegangen, dass das Weisungsrecht für bestimmte standardmäßig auftauchende Entscheidungen der alltäglichen Unternehmensführung eingeschränkt sei.[183] Ein solches Ergebnis solle schon aus der „Natur“ des Vertrags resultieren, denn würde man auch hier ein Weisungsrecht bejahen, dann würde nicht der Unternehmensführer das Unternehmen führen, sondern weiterhin das Eigentümerunternehmen, vermittelt durch den Unternehmensführer.[184] Teilweise wird in der Literatur noch weiter gegangen und ein standardmäßiges

---

181 Vgl. *Fenzl*, Betriebsführungsverträge, 39, 128; *Koppensteiner*, KölnKomm-AktG, § 292 Rn. 97; *Veil*, Unternehmensverträge, 287; *Winter/Theisen*, AG 2011, 662, 665.

182 Vgl. hierzu 2. Kapitel § 2 B I 4.

183 So im Ergebnis auch *Altmeppen*, in MüKo-AktG, § 292 Rn. 147; *Fenzl*, Betriebsführungsverträge, 128; *Mülbert*, Großkomm-AktG, 4. Aufl., § 292 Rn. 147.

184 Vgl. *Altmeppen*, in MüKo-AktG, § 292 Rn. 147; so im Ergebnis auch *Huber*, ZHR 152 (1988), 1, 30.

Weisungsrecht vollkommen verneint und stattdessen nur ein Zustimmungsvorbehalt mit Weisungscharakter akzeptiert.[185]

Die unternehmerischen Vorgaben sind dogmatisch wie Weisungsrechte zu behandeln. Sie unterscheiden sich lediglich dadurch, dass sie inhaltlich eine weniger konkret sind. Sie sind offener hinsichtlich der konkreten Handlungsalternativen des Unternehmensführers. Dem Unternehmensführer steht im Rahmen der Vorgaben ein unternehmerisches Ermessen zu. Letztendlich dienen diese Vorgaben dazu, die Vorstellung des Eigentümerunternehmens über die konkrete Entwicklung des Unternehmens zu artikulieren und dabei dem Unternehmensführer eine Linie vorzugeben.[186] Bildlich gesprochen wirken die unternehmerischen Vorgaben als „Leitplanken" der Unternehmensführung.[187]

Auf der anderen Seite kommt noch die Vereinbarung von Zustimmungsvorbehalten in Betracht. Regelmäßig orientiert sich eine solche Regelung am § 111 Abs. 4 S. 2 AktG.[188] Danach kann der Unternehmensführer bestimmte Entscheidungen bis zu einer vorher vereinbarten qualitativen oder quantitativen Grenze eigenständig entscheiden.[189] So können neben dem jährlichen Wirtschaftsplan auch solche Geschäfte zustimmungsbedürftig sein, die über den gewöhnlichen Geschäftsbetrieb hinausgehen.[190] Beispielsweise ist das bei Geschäften der Fall, die erheblich in die Substanz des Unternehmens eingreifen und somit für die zukünftige Entwicklung des Unternehmens von erheblicher wirtschaftlicher Bedeutung sind. Gleiches gilt für Geschäfte, die Grundsatzfragen betreffen und für die Zukunft schwer oder gar nicht rückgängig zu machen sind.

Sowohl die Zustimmung zum Wirtschaftsplan als auch die Zustimmung zu anderen Geschäften ermöglichen dem Eigentümerunternehmen, erheblich auf die Unternehmensführung Einfluss zu nehmen. Hinter diesen Einflussmöglichkeiten steht das besondere Interesse des Eigentümerunternehmens, den Unternehmensbestand abzusichern als auch nach dem Ende des Unternehmensführungsvertrags das Unternehmen wieder selbst zu führen oder es an einen anderen Unternehmensführer zu überlassen.

Wie im Rahmen der weiteren Untersuchung aufzuzeigen ist, haben vertraglich vereinbarte Einflussmöglichkeiten bzw. der vertragliche Ausschluss von Einflussmöglichkeiten, die sich aus der noch zu untersuchenden Rechtsnatur des Unternehmensführungsvertrags ergeben, erheblichen Einfluss auf die gesellschaftsrechtliche Zulässigkeit solcher Verträge sowie der Anforderungen bei dem Abschluss solcher Verträge.[191]

---

185 So bei *Veelken*, Betriebsführungsvertrag, 53.
186 Näheres dazu ausführlich bei *Fenzl*, Betriebsführungsverträge, 127.
187 *Fenzl*, Betriebsführungsverträge, 128.
188 *Fenzl*, Betriebsführungsverträge, 130.
189 *Fenzl*, Betriebsführungsverträge, 39, 130.
190 *Fenzl*, Betriebsführungsverträge, 130.
191 Vgl. 3. Kapitel § 1 B III.

II. Informationsrechte

Als weitere Einflussmöglichkeit des Eigentümerunternehmens kommen Informationsrechte in Betracht. In diesem Sinne finden sich in den Unternehmensführungsverträgen umfangreiche Regelungen, die Informationspflichten des Unternehmensführers beinhalten.[192] Aber auch die Interessenstruktur deutet auf Informationsrechte des Eigentümerunternehmens hin. So wird in der Literatur zu Recht eine Parallelbetrachtung hinsichtlich der Interessenstruktur in der Beziehung der Eigentümer einer Aktiengesellschaft zum Vorstand, und des Vorstandes einer AG zu dem Unternehmensführer gezogen.[193] Sowohl der Vorstand als auch der Unternehmensführer führen das Geschäft und beide haben somit erhebliche Einflussmöglichkeiten. Auf der anderen Seite muss natürlich der Eigentümer bzw. der Vorstand eines Unternehmens die Möglichkeit haben, Kenntnis über die Geschäftsführung zu erlangen, um gegebenenfalls über den Aufsichtsrat Einfluss auf den Vorstand bzw. auf den Unternehmensführer zu nehmen. Diese Wertung lässt sich für das Verhältnis zwischen den Eigentümern und dem Vorstand aus dem Gesetz nachweisen. So sehen § 111 Abs. 2 und § 90 AktG explizit Informationspflichten des Vorstandes an den Aufsichtsrat vor. Teilweise wird für die Statuierung von Informationspflichten eine analoge Anwendung des § 90 AktG befürwortet.[194] In vielen Fällen wird jedoch schon vertraglich eine Informationspflicht des Unternehmensführers vereinbart, die an den § 90 AktG angelehnt ist.[195] Der Umfang des jeweiligen Informationsanspruchs wird hingegen begrenzt durch die Grenzen des berechtigten Informationsinteresses des Eigentümerunternehmens sowie des Gebotes der Auswahl des mildesten Mittels hinsichtlich der Belastung des Unternehmensführers.[196] Wenn keine Informationspflicht des Unternehmensführers vereinbart wurde, lässt sich eine solche Pflicht im Sinne des § 666 BGB aus der Einordnung des Unternehmensführungsvertrags als Geschäftsbesorgungsvertrag herleiten.[197]

Das Eigentümerunternehmen trifft auf der anderen Seite die Obliegenheit oder gar die Pflicht, dem Unternehmensführer alle für die Unternehmensführung erforderlichen Informationen zur Verfügung zu stellen. Dies ergibt sich zum einen aus typischerweise vereinbarten Regelungen.[198] Aber auch ohne vertragliche Regelung lässt sich

---

192 Vgl. *Linnerz*, in Fuhrmann/Wälzholz, Formularbuch Gesellschaftsrecht, 1974.

193 *Weißmüller*, BB 2000, 1945, 1954; diesen Gedanken auch aufgreifend *Veil*, Unternehmensverträge, 256.

194 Spindler/Stilz/*Veil*, AkG, § 292 Rn. 57; zu diesem Gedanken auch Näheres bei *Veil*, Unternehmensverträge, 256, 294.

195 *Fenzl*, Betriebsführungsverträge, 124.

196 Vgl. *Fenzl*, Betriebsführungsverträge, 121.

197 Hierzu 2. Kapitel § 3 A; zur Einordnung als Geschäftsbesorgungsvertrag 1. Kapitel § 5 B II 2.

198 Zu einigen Beispielen für eine solche Regelungen vgl. *Linnerz*, in Fuhrmann/Wälzholz Formularbuch Gesellschaftsrecht, 1974; Lorz/Pfisterer/Gerber/*Messerschmidt*, Beck'sches Formularbuch Aktienrecht, 1134; Hopt/*Volhard*, Form, 670, 671.

eine Obliegenheit oder gar Schutzpflicht im Sinne des § 241 Abs. 2 BGB herleiten.[199] Ohne die für die Unternehmensführung erforderlichen Informationen kann der Unternehmensführer das Unternehmen oder einen Teil des Unternehmens nicht leiten. Dies hat allerdings nicht zu Folge, dass die Herausgabe notwendiger Informationen an das Eigentümerunternehmen als echte Nebenleistungspflicht zu qualifizieren ist. Andernfalls könnte das Eigentümerunternehmen zur Herausgabe von Informationen an den Unternehmensführer gezwungen werden. Der Unternehmensführungsvertrag ist aber gerade durch seine Fremdinteressenswahrnehmung geprägt. Der Unternehmensführer kann deshalb nicht das Unternehmen gegen den Willen des Prinzipals führen. Gleichfalls kann er nicht gegen den Willen des Eigentümerunternehmens die Herausgabe von Informationen verlangen, die nur dafür benötigt werden im fremden Interesse tätig zu werden. Das Interesse des Unternehmensführers beschränkt sich zunächst auf die zu erwartende Vergütung. Liegt darüber hinaus ein besonderes Interesse an der tatsächlichen Unternehmensführung vor, so ist dieses Interesse über die Annahme einer Schutzpflicht abgesichert. Die Annahme einer Leistungspflicht würde der charakteristischen Fremdinteressenswahrnehmungspflicht entgegenstehen.

I) Ausübung des arbeitsrechtlichen Direktionsrechts durch den Unternehmensführer

Bei dem Abschluss eines echten Unternehmensführungsvertrags liegt kein Betriebsübergang im Sinne des § 613a BGB vor.[200] In diesem Zuge übt der Unternehmensführer fremde Arbeitgeberbefugnisse aus, indem er das arbeitsrechtliche Direktionsrecht stellvertretend ausübt[201]. Im Rahmen des unechten Unternehmensführungsvertrags übt der Unternehmensführer das arbeitsrechtliche Direktionsrecht hingegen im eigenen Namen aus.[202] Hier liegt ein Betriebsübergang im Sinne des § 613a BGB vor.[203]

J) Kündigungsrechte

Regelmäßig werden von beiden Parteien feste Vertragslaufzeiten vereinbart.[204] Diese Vertragslaufzeiten betragen in der Regel bis zu 20 Jahre, teilweise werden

---

199 Ausführlich hierzu 2. Kapitel § 6 B I.

200 Vgl. hierzu *Altmeppen*, MüKo-AktG, § 292 Rn. 145; *Fenzl*, Betriebsführungsverträge, 138; *Rieble*, NZA 2010, 1145, 1146 f.; 1. Kapitel § 3 C I; 4. Kapitel § 1 B I 2.

201 *Altmeppen*, MüKo-AktG, § 292 Rn. 145; *Fenzl*, Betriebsführungsverträge, 138; *Koppensteiner*, KölnKomm-AktG, § 292 Rn. 98; *Linnerz*, in Fuhrmann/Wälzholz, Formularbuch Gesellschaftsrecht, 1974; Lorz/Pfisterer/Gerber/*Messerschmidt*, Beck'sches Formularbuch Aktienrecht, 1134; *Mülbert*, Großkomm-AktG, 4. Aufl., § 292 Rn. 151; *Rieble*, NZA 2010, 1145, 1146 f.; *Veelken*, Betriebsführungsvertrag, 23.

202 *Fenzl*, Betriebsführungsverträge, 138.

203 *Rieble*, NZA 2010, 1145, 1147; ausführlich hierzu 4. Kapitel § 1 B I 3.

204 *Abels*, Managementverträge, 115, 410 f.; empfohlen von *Hoffmann-Becking*, MünchHdbGes I, 1555; *Martinek*, Vertragstypen II, 296.

auch Verlängerungsoptionen bzw. eine automatische Verlängerung vereinbart.[205] Während dieser Vertragslaufzeit ist dann meist eine ordentliche Kündigung ausgeschlossen.[206] Allerdings ist eine andere vertragliche Gestaltung denkbar, die ein fristgebundenes ordentliches Kündigungsrecht oder eine ordentliche fristlose Kündigung nach dem Ablauf einer Mindestvertragslaufzeit oder eine Kombination von beiden Gestaltungsmöglichkeiten vorsieht.[207] Eine Mindestvertraglaufzeit ermöglicht einen Anlaufschutz.[208] Dem Stabilitätsinteresse kann auch dadurch gedient werden, dass vertraglich lange Kündigungsfristen vereinbart werden.[209]

Im Falle der Vereinbarung eines ordentlichen Kündigungsrechtes findet sich in den Musterverträgen der Vorschlag, den Unternehmensführungsvertrag unbefristet abzuschließen.[210] Selbst wenn das Vertragsverhältnis nicht unbefristet abgeschlossen ist, finden sich häufig Verlängerungsklauseln, die beispielsweise eine automatische Vertragsverlängerung oder ein Optionsrecht vorsehen.[211]

Neben den vertraglichen Kündigungsrechten können gesetzliche Kündigungsrechte oder Widerrufsrechte einschlägig sein. Zu nennen seien hier die Regelungen der §§ 621, 626, 627, 671, 314 BGB. Für die Anwendbarkeit dieser Regelungen ist neben der Frage, ob die Parteien im konkreten Fall diese Regelungen vertraglich ausschließen konnten, vor allem die Rechtsnatur des Unternehmensführungsvertrags entscheidend.[212]

---

205 Hierzu *Abels*, Managementverträge, 36, 410 f.; *Joachim*, DWiR 1992, 397, 402; *ders.*, NZM 2001, 162, 165; *Martinek*, Vertragstypen II, 296; *Mülbert*, Großkomm-AktG, 4. Aufl., § 292 Rn. 148.

206 *Abels*, Managementverträge, 115, 410 f.; *Joachim*, DWiR 1992, 397, 403; a. A. *Huber*, ZHR 152 (1988), 1, 28 der davon ausgeht, dass der Unternehmensführungsvertrag mit einer zwingend widerruflichen Vollmacht gekoppelt ist und der Widerruf der Vollmacht zu einer Kündigung des Unternehmensführungsvertrags führe.

207 Näheres hierzu bei *Schlüter*, Managementverträge, 92; für eine kurzfristige Kündigungsfrist setzen sich aus steuerrechtlichen Gründen unter Verweis auf den BFH, Urt. v. 24.11.2009 – I R 12/09, NZG 2010, 636 *Winter/Theisen* ein, *Winter/Theisen*, AG 2011, 662, 665.

208 Staudinger/*Martinek*, BGB, § 675 Rn. B 156.

209 Staudinger/*Martinek*, BGB, § 675 Rn. B 156.

210 *Linnerz*, in Fuhrmann/Walzholz Formularbuch Gesellschaftsrecht, 1974.

211 Vgl. *Joachim*, DWiR 1992, 398, 402; *Martinek*, Moderne Vertragstypen II, 297; *Mülbert*, Großkomm-AktG, 4. Aufl., § 292 Rn. 148.

212 Siehe 1. Kapitel § 5 B; ausführlich 2. Kapitel § 8 A.

§ 5. Grundstrukturen des Unternehmensführungsvertrags unter Berücksichtigung der Parteiinteressen

A) Einfluss der Parteiinteressen für die rechtliche Behandlung des Unternehmensführungsvertrags

Nachdem sowohl die typischen vertraglichen Regelungen als auch die Motive betrachtet wurden, ist aus diesen Aspekten auf die Grundstrukturen der Interessenlage zu schließen. Die Motive für den Abschluss eines Unternehmensführungsvertrags bilden grundsätzlich einen Indikator für die Interessen der Parteien bei dem Abschluss und der Durchführung eines Unternehmensführungsvertrags. Dennoch ist zu bedenken, dass sich nicht aus jedem Motiv zwingend auch ein rechtlich relevantes Interesse herleiten lässt.[213] Die Motive sind gegenüber der Interessenlage konkreter. Sie bilden den individuellen Grund für den Abschluss des Vertragsverhältnisses, während die rechtlichen Interessen der Parteien zur Geschäftsgrundlage des Vertragsverhältnisses werden.[214] So kann beispielsweise ein Motiv einer Vertragspartei nur einem mittelbaren Ziel dienen und dieses Ziel ist für den jeweiligen Vertragspartner nicht ersichtlich. Dieses Motiv kann deshalb grundsätzlich nicht die Grundlage für ein rechtlich relevantes Interesse der Vertragspartei darstellen.

Es geht darum, aus dem Vertragsverhältnis Grundstrukturen zu induzieren. Diese Grundstrukturen stellen gewissermaßen das Fundament für die vertraglichen Regelungen dar. Die Interessenlage nimmt somit eine hervorgehobene Stellung für die typologisch-systematische Einordnung des Vertrags ein, aber auch für eine Rechtsfolgenbestimmung im Sinne eines Interessenausgleichs im Rahmen der (ergänzenden) Vertragsauslegung im Einzelfall kann die gewonnene Interessenlage im Wege einer Deduktion herangezogen werden.[215] Neben der Vertragsauslegung kommt der Interessenslage auch bei der Anwendung abwägungsbedürftiger Normen in Betracht.[216] Als Beispiele können hier der Wegfall der Geschäftsgrundlage im Sinne des § 313 BGB oder das außerordentliche Kündigungsrecht aus § 314 BGB bzw. § 626 BGB herangezogen werden. Hier bedarf es einer Entscheidung nach Abwägung des Einzelfalls. Im Rahmen dieser Abwägung ist die Interessenslage des Vertragstypus zu berücksichtigen.

---

213 Vgl. Staudinger/*Martinek*, BGB, Vor § 662 ff. Rn. 28.

214 Vgl. Staudinger/*Martinek*, BGB, Vor § 662 ff. Rn. 28.

215 Beispiele für eine Rechtsfolgenbestimmung unter dem Ansatz der Interessenlage: BGH, Urt. v. 15.11.2001 – I ZR 158/99, Z 149, 337, 353; BGH, Urt. v. 07.02.2002 – I ZR 304/99, Z 150, 32, 39; BGH, Urt. v. 26.09.2002 – I ZR 44/00, Z 152, 153, 158; zu den Grenzen der Rechtsfolgenbestimmung unter dem Ansatz der Interessenlage siehe *Busche*, MüKo-BGB, § 133 Rn. 63; *Flume*, Allgemeiner Teil II, 316 f.; NK-BGB/*Looschelders*, § 133 Rn. 55.

216 Vgl. BGH, Urt. v. 02.09.1999 – VII ZR 255/98, NJW 2000, 202; *Finkenauer*, MüKo-BGB, § 313 Rn. 77; *Gaier*, MüKo-BGB, § 314 Rn. 12; *Henssler*, MüKo-BGB, § 626 Rn. 80.

Aufgrund der Verzahnung der Motive der Parteien, der vertraglichen Regelungen und der Interessenlage lässt sich die Interessenlage isoliert ohne die Untersuchung der typischen vertraglichen Regelungen nicht bestimmen. In diesem Sinne pointiert *Canaris* zu Recht, dass die Interessenlage nur durch einen umherwandernden Blick zwischen normativen Gesichtspunkten und den existierenden vertraglichen Regelungen gewonnen werden kann.[217] Dies entspricht einer typisch hermeneutischen Vorgehensweise.[218] Bei den normativen Gesichtspunkten spielen letztendlich auch wieder die Motive der Parteien eine Rolle. Zusammenfassend lässt sich also feststellen, dass die Grundzüge der Interessenlage durch eine Induktion unter normativen Gesichtspunkten aus den Motiven und den vorliegenden vertraglichen Regelungen gewonnen wird. Werden die hierdurch gefundenen Grundstrukturen bei der konkreten Auslegung fruchtbar gemacht, dann erfolgt dies im Wege der Deduktion.

I. Betriebswirtschaftliche Chancen- und Risikoverteilung

Jedes Unternehmen trägt grundsätzlich die Risiken für seine Unternehmensführung, aber auf der anderen Seite profitiert es auch von seiner Unternehmensführung. Diese Risikoverteilung wird im Kern bei dem Abschluss des Unternehmensführungsvertrags nicht geändert. Bei dem echten Unternehmensführungsvertrag wird lediglich das operative Geschäft durch den Unternehmensführer übernommen, wobei er im Namen und für Rechnung des Eigentümerunternehmens handelt.[219] Das Eigentümerunternehmen trägt somit das wirtschaftliche Risiko, jedoch kommt diesem auch der wirtschaftliche Erfolg zu.[220] Dieses Grundgerüst wird modifiziert, wenn verschiedene Vergütungsstrukturen vereinbart werden.[221] Wird zum Beispiel eine rein am wirtschaftlichen Erfolg ausgerichtete Vergütung vereinbart, dann wird der Unternehmensführer an den Chancen und an dem wirtschaftlichen Risiko der Unternehmensführung mittelbar beteiligt. Bei einer Kombination aus einer solchen erfolgsbezogenen Vergütung und einer Grundvergütung trägt hingegen der Unternehmensführer nicht das wirtschaftliche Risiko, da die Grundvergütung losgelöst von dem wirtschaftlichen Erfolg des Eigentümerunternehmens besteht. Jedoch wird er an den Chancen der Unternehmensführung beteiligt, da der wirtschaftliche Erfolg der Unternehmensführung sich auf die Vergütung des Unternehmensführers auswirkt.

Bei dem unechten Unternehmensführungsvertrag trägt ebenfalls das Eigentümerunternehmen die Chancen und Risiken der Unternehmensführung. Genauso

---

217 *Canaris*, AcP 190 (1990), 411, 413 f.

218 Zur hermeneutischen Methode *Bydlinski*, Methodenlehre, 69 ff.; *Hinderling*, Rechtsnorm, 3 ff.; *Hruschka*, Verstehen von Rechtstexten, 11 ff.; *Kaufmann*, Kaufmann/Hassemer Rechtsphilosphie und Theorie, 121 ff.; *Rottleuthner*, Koch Methodenlehre, 7 ff.; *Stegmüller*, Wissenschaftstheorie, 360 ff.

219 Vgl. 1. Kapitel § 4 A und B.

220 *Abels*, Managementverträge, 165 f.; *Martinek*, Vertragstypen II, 283; *Mülbert*, Großkomm-AktG, 4. Aufl., § 292 Rn. 140; *Winter/Theisen*, AG 2011, 662, 665.

221 Zu den verschiedenen Vergütungsstrukturen siehe 1. Kapitel § 4 D.

kann der Unternehmensführer, wie oben schon erörtert, durch die Auswahl des Vergütungsmodells an den Chancen und Risiken beteiligt werden. Das Besondere an dem unechten Unternehmensführungsvertrag ist, dass der Unternehmensführer die Risiken für die Unternehmensführung latent auf einer sekundären Ebene trägt. Der Unternehmensführer tritt hier bei der Unternehmensführung im eigenen Namen auf und wird somit selbst durch die Geschäftsführung verpflichtet. Das Eigentümerunternehmen haftet dann für die Geschäftsführung aus dem Innenverhältnis.[222] Der wirtschaftliche Misserfolg soll sich somit am Ende primär bei dem Eigentümerunternehmen niederschlagen. Fällt nun das Eigentümerunternehmen bei der Realisierung dieser Ansprüche aus, dann haftet am Ende nur der Unternehmensführer. Er trägt somit im Vorfeld das wirtschaftliche Risiko der Unternehmensführung latent auf sekundärer Ebene mit.[223]

Es handelt sich hier um eine typische Konstellation der mittelbaren Stellvertretung bei dem der mittelbare Stellvertreter im eigenen Namen schuldrechtliche Verpflichtungsgeschäfte oder sachenrechtliche Verfügungen tätigt, während das wirtschaftliche Ergebnis dieser Geschäfte durch eine schuldrechtliche Bindung im Innenverhältnis an den Prinzipal weitergeleitet wird.[224] Bei Verpflichtungsgeschäften wird also nur der mittelbare Stellvertreter im Außenverhältnis verpflichtet.[225] Ähnlich verhält es sich auch bei Erwerbsgeschäften. Der mittelbare Stellvertreter wird grundsätzlich zunächst Rechtsinhaber.[226] Veräußerungsgeschäfte tätigt der mittelbare Stellvertreter auf der Grundlage einer Einwilligung oder Genehmigung im Sinne des § 185 BGB.[227] Im Innenverhältnis ist dann der mittelbare Stellvertreter zur Herausgabe des durch die Geschäftsführung erlangten verpflichtet, während

222 Vgl. 1. Kapitel § 4 E; 2. Kapitel § 6 A I.

223 Im Ergebnis ebenso *Huber*, ZHR 152 (1988), 1, 4; Staudinger/*Martinek*, BGB, § 675 Rn. B 147; *ders.*, Vertragstypen II, 283; *Mülbert*, Großkomm-AktG, 4. Aufl., § 292 Rn. 144; *Riebel*, NZA 2010, 1145, 1146.

224 Zur mittelbaren Stellvertretung BGH, Urt. v. 26.09.1958 – I ZR 81/57, DB 1958, 1359; *Hager*, AcP 180 (1980), 239 ff.; Soergel/*Leptien*, BGB, Vor §§ 164 Rn. 33; *Müller-Erzbach*, Stellvertretung, 1 ff.; *Ohr*, AcP 150 (1949), 525 ff.; *Schramm*, MüKo-BGB, Vor §§ 164 ff. Rn. 13 ff.; Staudinger/*Schilken*, BGB, Vor §§ 164 ff. Rn. 42 ff.; NK-BGB/*Stoffels*, § 164 Rn. 16.

225 BGH, Urt. v. 26.09.1958 – I ZR 81/57, DB 1958, 1359; *Hager*, AcP 180 (1980), 239, 240; Soergel/*Leptien*, BGB, Vor §§ 164 ff. Rn. 33; *Schramm*, MüKo-BGB, Vor §§ 164 ff. Rn. 14; Staudinger/*Schilken*, BGB, Vor §§ 164 ff. Rn. 46; NK-BGB/*Stoffels*, § 164 Rn. 16; einschränkend *Ohr*, AcP 150, 526, 531, der eine unmittelbare Rechtsbindung des Prinzipal bevorzugt, wenn der Geschäftsgegner kein Interesse an der konkreten Person seines Vertragspartners hat.

226 Soergel/*Leptien*, BGB, Vor §§ 164 ff. Rn. 35; Staudinger/Schilken, BGB, Vor §§ 164 ff. Rn. 43 f.; *Schramm*, MüKo-BGB, Vor §§ 164 ff. Rn. 14; NK-BGB/*Stoffels*, § 164 Rn. 19; a. A. *Müller-Erzbach*, Stellvertretung, 30 ff.

227 *Hager*, AcP 180 (1980), 239, 253; Soergel/*Leptien*, BGB, Vor §§ 164 ff. Rn. 33; *Schramm*, MüKo-BGB, Vor §§ 164 ff. Rn. 13; Staudinger/*Schilken*, BGB, Vor §§ 164 ff. Rn. 44; NK-BGB/*Stoffels*, § 164 Rn. 19.

der Prinzipal die Aufwendung zu ersetzen hat oder den mittelbaren Stellvertreter von Verbindlichkeiten freistellen muss.[228]

Primär beschränkt sich das Interesse des Unternehmensführers auf den Erhalt der Zahlung des Unternehmensführungsentgelts.[229] Allerdings kann das Interesse des Unternehmensführers am Honorar abgeschwächt sein, wenn der Unternehmensführungsvertrag sich in ein besonderes Kooperationsverhältnis eingliedert.[230]

II) Haftungsrechtliche Risiken

Ohne eine entsprechende vertragliche Ausgestaltung besteht bei der echten Unternehmensführung für den Unternehmensführer ein erhebliches Haftungsrisiko.[231] Er haftet bei der Unternehmensführung nicht nur für vertragliche Pflichtverletzungen gegenüber dem Eigentümerunternehmen, sondern auch für deliktische Pflichtverletzungen gegenüber Dritten. Bei dem unechten Unternehmensführungsvertrag verschärft sich das Haftungsrisiko des Unternehmensführers. Er haftet gegenüber dem Eigentümerunternehmen für vertragliche und deliktische Pflichtverletzungen. Des Weiteren haftet er gegenüber Dritten für deliktische als auch gegebenenfalls für vertragliche Pflichtverletzungen, wenn er mit diesen im Interesse des Eigentümerunternehmens ein Vertragsverhältnis im eigenen Namen eingegangen ist. Dies führt zu dem Umstand, dass sich das unternehmerische Haftungsrisiko zumindest teilweise von dem Eigentümerunternehmen auf den Unternehmensführer verlagert, obwohl grundsätzlich dem Eigentümerunternehmen der wirtschaftliche Erfolg zusteht. Der Unternehmensführer hat somit regelmäßig ein Interesse daran, dieses Haftungsrisiko durch entsprechende vertragliche Regelungen und den Abschluss von Haftpflichtversicherungen zu senken.[232] Diese Interessenlage lässt sich durchaus mit der Interessenlage bei der Anstellung von Managern vergleichen, bei der regelmäßig eine D&O-Versicherung vereinbart wird. Ohne eine entsprechende Regelung muss die Übernahme dieses Haftungsrisikos bei der Auslegung des Vertrags sowie bei der Auslegung der maßgeblichen Normen beachtet werden.[233]

---

228 Soergel/*Leptien*, Vor §§ 164 ff. Rn. 33; Staudinger/*Schilken*, BGB, Vor §§ 164 ff. Rn. 42, 46; NK-BGB/*Stoffels*, § 164 Rn. 16, 19.

229 *Abels*, Managementvertrag, 158.

230 *Abels*, Managementvertrag, 158.

231 So auch *Weißmüller*, BB 2000, 1945, 1954.

232 Ebenso *Weißmüller*, BB 2000, 1945, 1954; dieser empfiehlt eine Haftungslage zu gestalten, die ähnlich zu der Haftungslage ohne den entsprechenden Unternehmensführungsvertrag sei; vgl. hierzu auch 1. Kapitel § 4 G; 2. Kapitel § 7 A III 2.

233 Zur Geltendmachung eines Schadens des Unternehmensführers als Aufwendung siehe 2. Kapitel § 6 A II; zur Befürwortung einer Haftungserleichterung zugunsten des Unternehmensführers 2. Kapitel § 7 A III 2 c.

III) Überlassung der Unternehmensführung

Das Eigentümerunternehmen überlässt dem Unternehmensführer als dritt- bzw. konzernverbundenes Unternehmen die operative Führung eines Teils oder des gesamten Unternehmens. Mit dieser Auslagerung kann der Unternehmensführer oder das Eigentümerunternehmen verschiedenste Ziele verfolgen.[234] Für das Eigentümerunternehmen besteht grundsätzlich beim Abschluss des Unternehmensführungsvertrags das Motiv, von der operativen Unternehmensführung freigestellt zu werden. Insofern könnte man davon ausgehen, dass das Eigentümerunternehmen gar kein Interesse daran hat, Einfluss auf den Unternehmensführer auszuüben.

Gleichwohl ist zu bedenken, dass die Auslagerung der Unternehmensführung bei diesen Verträgen nicht endgültig ist. Aus diesem Umstand heraus hat das Eigentümerunternehmen trotz des Rückzuges aus dem konkreten operativen Geschäft ein Interesse daran, weiterhin Einfluss auf die Unternehmensführung auszuüben. Dieses gilt erst recht bei Geschäften, die eine erhebliche Bedeutung für das Unternehmen haben. Neben diesem Interesse, an grundsätzlichen Entscheidungen des Unternehmensführers teilzunehmen, besteht auch ein im Einzelfall mehr oder minder stark ausgeprägtes Interesse daran, weiterhin Einfluss auf das operative Geschäft zu nehmen. Zwar soll mit dem Unternehmensführungsvertrag die Durchführung des operativen Geschäfts dem Unternehmensführer überlassen werden, dies heißt jedoch noch nicht, dass das Eigentümerunternehmen grundsätzlich die Leitungskompetenz vollständig abgeben möchte. In diesem Sinne werden dann regelmäßig verschiedene Einflussmöglichkeiten des Eigentümerunternehmens vertraglich vereinbart.[235] Dieses Einflussinteresse kann sowohl präventiver Natur sein als auch der Kontrolle dienen. Besondere Aufmerksamkeit verdient dieses Interesse im Hinblick auf die Konnexität mit den konkreten Motiven der Vertragsparteien. In einem konzerninternen Sachverhalt kann das Interesse des Eigentümerunternehmens, Einfluss auf den Unternehmensführer auszuüben, erheblich reduziert oder gesteigert sein. Auf Seiten des Unternehmensführers besteht ein Interesse, zumindest das alltägliche Geschäft mit einer gewissen Eigenständigkeit selbst zu führen. Dieses Interesse ist insbesondere gegeben, wenn eine erfolgsbezogene Vergütung vereinbart wurde. Die Qualität der Einflussmöglichkeiten des Eigentümerunternehmens hat Einfluss auf die gesellschaftsrechtliche Zulässigkeit und die Anforderungen, die an den Abschluss des Vertrags zu stellen sind.[236]

IV) Übernahme der unternehmerischen Ressourcen

Eine Unternehmensführung ist aus Sicht des Unternehmensführers nur möglich, wenn das Eigentümerunternehmen dem Unternehmensführer alle für die konkrete Unternehmensführung erforderlichen materiellen sowie immateriellen

---

234 Zu den Motiven siehe 1. Kapitel § 3.

235 Vgl. hierzu 1. Kapitel § 4 H.

236 Hierzu 3. Kapitel.

Ressourcen zugänglich macht. Ein reines Überlassen genügt jedoch nicht. Vielmehr liegt es auch im Interesse des Unternehmensführers, die für die Unternehmensführung erforderliche Einweisung zu erhalten, insbesondere alle erforderlichen Informationen, wie zum Beispiel der Zugang zu Kundendaten, anderen marktrelevanten Informationen oder sonstiges schon bestehendes Know-how.[237]

Auf der Seite des Eigentümerunternehmens ist es regelmäßig im Interesse, dass der Unternehmensführer materielle, immaterielle Ressourcen sowie spezielles Know-how in das Unternehmen einbringt.[238]

B) Rechtsnatur des Unternehmensführungsvertrags

I. Struktur des Unternehmensführungsvertrags im Rahmen allgemeiner Systematisierungsansätze

Nachdem nun der typische Inhalt, die Motive und die Grundstrukturen der Interessenlage einer ersten Untersuchung unterzogen worden sind, soll es im folgenden Abschnitt darum gehen, die Rechtsnatur des Unternehmensführungsvertrags zu untersuchen. Dabei soll der Unternehmensführungsvertrag qualitativ erfasst werden, indem er in das bestehende Regelungssystem eingeordnet wird bzw. aus dogmatischer Sicht prägende Merkmale heraus gearbeitet werden.

Der Unternehmensführungsvertrag ist gesetzlich nicht geregelt. Insofern ist die Einordnung dieses Vertragstypus in das schon bestehende Regelungssystem für die Rechtspraxis höchst relevant. Aus der Rechtsnatur lässt sich eine Vielzahl von Rechtsfragen beantworten. Diese betreffen sowohl die Auslegung der Verträge als auch die Frage nach der Anwendbarkeit von spezifischen Normen. Zunächst ist hierfür der Vertragstypus nach allgemeinen Systematisierungsansätzen zu konkretisieren, eher dieser in das System gesetzlich erfasster Vertragstypen eingeordnet wird

1. Besondere Charakteristika in der Rechtsbeziehung zwischen den Vertragsparteien

a) Personelle Elemente des Unternehmensführungsvertrags

aa) Das personelle Element als Systematisierungsansatz

Schon frühe Ansätze, Schuldverhältnisse nach personellen Elementen zu systematisieren, lassen sich bei *Gierke* finden. Nach seiner Systematisierung kam den „dauernden Schuldverhältnissen" eine Brückenstellung zwischen dem Schuldrecht und dem Personen- und Sachenrecht zu.[239] Dabei sollten denjenigen der „dauernden Schuldverhältnisse" personenrechtliche Elemente zukommen, die eine persönliche

237 Hier zeigt sich eine Parallelität zu der Interessenlage bei der Unternehmenspacht, vgl. *Dörmer*, Unternehmenspacht, 24 f.; ausführlich 2. Kapitel § 6 B I.

238 Hierzu vgl. 1. Kapitel § 3 A; ausführlich 2. Kapitel § 2 B III.

239 *Gierke*, JherJb Bd. 64 (1914), 335, 407.

Leistung zum Inhalt haben.[240] Dies begründete er mit der Annahme, dass durch die persönliche Leistungspflicht die Persönlichkeit des Vertragspartners als solche ergriffen und gebunden werde.[241] Dieser Ansatz stößt jedoch zu Recht vor dem Hintergrund der Privatautonomie und der Menschenwürde auf Bedenken.[242] In diesem Sinne kann ein schuldrechtlicher Vertrag nicht die Möglichkeit eröffnen, beherrschend auf ein Individuum einzuwirken und dieses so schlicht zum Objekt des Vertrags zu degradieren.[243]

Obgleich dieser Ansatz aufgrund der oben beschriebenen Radikalität abzulehnen ist, kann man seine Elemente auch in moderneren Systematisierungsansätzen erkennen. So wurde angenommen, dass der Arbeitsvertrag einen personenrechtlichen Charakter habe, da er sich durch eine enge persönliche Bindung der Vertragsparteien auszeichne.[244] Problematisch an diesem Ansatz ist jedoch schon die Unbestimmtheit des Merkmales der persönlichen Bindung.[245] So wurde in der Literatur zu Recht angemerkt, dass eine persönliche Beziehung in einem Arbeitsvertrag schwer zu bestimmen sei.[246] Vielmehr sei angesichts der modernen Arbeitswelt mit einer Vielzahl von Beschäftigten innerhalb von Konzernstrukturen eine persönliche Beziehung, die aus dem Arbeitsverhältnis resultiert, mehr eine idealtypische Wunschvorstellung als ein wissenschaftlicher Systematisierungsansatz.[247]

Einen anderen Ansatz verfolgte *Flume*, indem er das personelle Element darin sah, dass beim Gesellschaftsvertrag nicht nur ein schuldrechtlicher Austauschvertrag vorliegt, sondern auch ein Personenverband entsteht.[248] Jedoch wurde diesem Ansatz sein geringer Aussagegehalt vorgeworfen, da die personelle Verbundenheit sich in der Mitgliedschaft der Gesellschaft erschöpfe und dies schon der Gesellschaft inhärent sei.[249] *Flume* sucht mit diesem Ansatz eine grundsätzliche Differenzierung der internen Beziehungen und ihrer Treuebindung zwischen den Gesellschaftern

---

240 *Gierke*, JherJb Bd. 64 (1914), 335, 409.

241 *Gierke*, JherJb Bd. 64 (1914), 335, 409.

242 So auch *Dörmer*, Unternehmenspacht, 35; *Oetker*, Dauerschuldverhältnis 205 f.; ähnlich auch *Wiedemann*, Arbeitsverhältnis, 39 f.

243 *Dörmer*, Unternehmenspacht, 35; *Hueck*, Hueck/Nipperdey Lehrbuch I, 130; *Larenz*, SchuldR I, 16; *Oetker*, Dauerschuldverhältnis, 206; *Ramm*, JZ 1991, 1, 3; *Schwerdtner*, Führsorgetheorien, 87.

244 *Dietz/Wiedemann*, JuS 1961, 116; *Fleck*, FS Hilger/Stumpf, 197, 202 f.; *Hueck*, Hueck/Nipperdey Lehrbuch I, 131.

245 So schon *Hueck* selber: *Hueck*, Hueck/Nipperdey Lehrbuch I, 130 Fn. 9a.

246 *Hueck*, Hueck/Nipperdey Lehrbuch I, 130; *Picker*, JZ 1985, 641, 647; *Ramm*, Anfechtung, 20 f.; *Reuter*, DWiR 1993, 45, 51 *Wallmeyer*, Kündigung, 154.

247 *Farthmann*, RdA 1960, 5, 6 f.; *Oetker*, Dauerschuldverhältnis, 203; *Ramm*, Anfechtung, 21; so auch im Bezug auf das persönliche Vertrauen der Gesellschafter im Personengesellschaftsrecht: *Wellenhofer-Klein*, Zulieferverträg, 180 f. Fn. 212.

248 *Flume*, Allgemeiner Teil I/1, 12 f.

249 *Dörmer*, Unternehmenspacht, 35; *Hueck*, Recht der OHG, 50; *Oetker*, Dauerschuldverhältnis, 207 f.; *Reuter*, GmbHR 1981, 129, 133 f., 139; *Schroth*, Aufbau der Gesellschaft, 14 ff.

bei Personengesellschaften und bei juristischen Personen.[250] Diese wesensmäßige Trennung hat sich nicht durchgesetzt.[251] Vielmehr wurde zu Recht erkannt, dass jedes Verbandsrechtsverhältnis geeignet ist Treuepflichten zu begründen.[252] So ist das personelle Element nicht erforderlich, um besondere Treuepflichten der Gesellschafter zu rechtfertigen.[253]

Neben dem Merkmal der engen persönlichen Verbindung wurde in der Diskussion auch noch das Merkmal der besonderen Persönlichkeitsentfaltung beim Leistungsaustausch durch zumindest eine Vertragspartei als konstituierendes Element des personellen Vertrags erörtert.[254] In diesem Sinne soll der Leistungsaustausch nicht nur dem Konsumbedarf der Vertragsparteien dienen, sondern auch der Persönlichkeitsentfaltung.[255] Speziell für das Arbeitsverhältnis beruht die Rechtsprechung zum Beschäftigungsanspruch des Arbeitnehmers auf diesen Gedanken der Persönlichkeitsentfaltung des Arbeitnehmers beim Leistungsaustausch.[256] Das Persönlichkeitsrecht des Arbeitnehmers konkretisiert auch die Grenzen einer zulässigen Rechtsausübung durch den Arbeitgeber. So darf der Arbeitgeber beispielsweise grundsätzlich den Arbeitnehmer nicht heimlich und lückenlos durch technische Mittel überwachen.[257] Ebenso konkretisiert die Persönlichkeitsentfaltung

250 Vgl. *Reuter*, GmbHR 1981, 129, 133 f., 139.

251 Ausführlich *Reuter*, GmbHR 1981, 129, 133 f., 139.

252 Zur Entwicklung von Treuepflichten bei einer Personengesellschaft: RG, Urt. v. 17.01.1940 – II 126/39, Z 162, 388, 394; RG, Urt. v. 18.05.1942 – II 1/42, Z 169, 153, 155 f.; BGH, Urt. v. 15.06.1959 – II ZR 44/58, Z 30, 195, 201; BGH, Urt. v. 18.10.1976 – II ZR 98/75, Z 68, 81, 82; Baumbach/Hopt/*Roth*, HGB, § 109 Rn. 23; *K.Schmidt*, Gesellschaftsrecht, 589. Zur Entwicklung der Treuepflichten zwischen Gesellschaftern einer GmbH: RG, Urt. v. 27.06.1940 – II 31/39, Z 164, 257, 262; RG, Urt. v. 04.02.1943 – II 94/42, Z 170, 358, 373; BGH, Urt. v. 01.04.1953 – II ZR 235/52, Z 9, 157, 163; BGH, Urt. v. 05.06.1975 – II ZR 23/74, Z 65, 15, 18; Lutter/Hommelhoff/*Bayer*, GmbHG, § 14 Rn. 20 ff.; *Merkt*, MüKo-GmbHG, § 13 Rn. 94; *K.Schmidt*, Gesellschaftsrecht, 590. Treuepflicht von Aktionären: Ursprünglich ablehnend RG, Urt. v. 21.09.1938 – II 183/37, Z 158, 248, 254; BGH, Urt. v. 27.10.1955 II ZR 310/53, Z 18, 350, 365; nunmehr bejahend BGH, Urt. 22.06.1992 – II ZR 178/90, NJW 1992, 3167, 3171; BGH, Urt. v. 20.03.1995 – II ZR 205/94, Z 129, 136, 142; *Bungeroth*, MüKo-AktG, Vor §§ 53 ff. Rn. 18 ff.; *Lutter*, JZ 1995, 1053, 1054.; *Häsemeyer*, ZHR 160 (1996), 109, 113; *K.Schmidt*, Gesellschaftsrecht, 591 f.

253 *Reuter*, GmbHR 1981, 129, 134; *Schroth*, Aufbau der Gesellschaft, 14.

254 *Farthmann*, RdA 1960, 5, 7 f.

255 *Oetker*, Dauerschuldverhältnis, 204.

256 BAG, Urt. v. 10.11.1955 – 2 AZR 591/54, AP BGB § 611 Beschäftigungspflicht Nr. 2; BAG, Beschl. v. 27.02.1985 – GS 1/84, AP BGB § 611 Beschäftigungspflicht Nr. 14; LAG Berlin-Brandenburg, Beschl. v. 26.06.2009 – 23 Ta 788/09, BeckRS 2010, 65623.

257 BAG, Urt. v. 27.03.2003 – 2 AZR 51/02, NJW 2003, 3436, 3437; *Bauer/Schansker*, NJW 2012, 3537, 3538 ff.

des Mieters Nebenpflichten des Vermieters.[258] So darf beispielsweise ein Vermieter – selbst bei einer entsprechenden Klausel im Mietvertrag – Kaufinteressenten eine vermietete Wohnung nur im engen Rahmen und zu vertretbaren Zeiten zeigen.[259] Zuzugeben ist, dass dieser Ansatz eine systematisierende Natur hat. Allerdings stellt er auf die sich aus dem Vertrag ergebende Interessenlage bei der Durchführung des Vertrags ab.[260] Dieser Ansatz könnte folglich verfolgt werden, um verschiedene Vertragstypen nach ihrer Interessenlage bei der Durchführung zu kategorisieren. Eine abstrakte Eignung zur Systematisierung von Vertragstypen hat dieser Ansatz jedoch nicht.[261] Hierfür sind die Vertragstypen, die eine Persönlichkeitsentfaltung neben dem reinen Leistungsaustausch beinhalten, zu unspezifisch. In diesem Sinne wird zu Recht angemerkt, dass prinzipiell jeder Vertragstypus – je nach der Interessenlage der Parteien – eine spezifische Persönlichkeitsentfaltung neben dem reinen Leistungsaustausch beinhalten kann.[262] Für den Unternehmensführungsvertrag würde der so verstandene Systematisierungsansatz nicht weiter helfen, da typischerweise der Unternehmensführer und das Eigentümerunternehmen Gesellschaften sind und in deren Tätigkeit keine Persönlichkeitsentfaltung zu sehen ist.

Ein anderer Systematisierungsansatz wird vor allem von *Oetker* vertreten.[263] Dieser sieht den entscheidenden Aspekt zur Systematisierung von Schuldverhältnissen nach einem personellen Element darin, dass eine spezifische Verknüpfung der Schuldverhältnisse mit den Vertragsparteien oder zumindest einer Vertragspartei besteht.[264] In diesem Sinne ist charakterisierend, dass der Bestand des Schuldverhältnisses von der Existenz zumindest eines Vertragspartners abhängig ist.[265] So sind solche Dauerschuldverhältnisse, die über den Tod einer Vertragspartei hinweg fortgeführt werden, und bei denen der Leistungsaustausch somit unabhängig von der konkreten Person stattfindet, keine Schuldverhältnisse mit einer personellen Dimension.[266]

---

258 Zur Bedeutung der Grundrechte im Rahmen eines Mietverhältnisses vgl. BVerfG, Beschl. v. 13.10.1971 – 1 BvR 280/66, E 32, 54, 72; BVerfG, Beschl. v. 26.05.1976 – 2 BvR 294/76, E 42, 212, 219; BVerfG, Beschl. v. 03.04.1979 – 1 BvR 994/76, E 51, 97, 110; *Dörmer*, Unternehmenspacht, 34; *Oetker*, Dauerschuldverhältnis, 204.

259 BVerfG, Besch. v. 16.01.2004 – 1 BvR 2285/03, NJW-RR 2004, 440, 441.

260 *Lange*, Schuldrecht 70; *ders.*, AcP 145 (1939), 129, 135.

261 *Marvridis*, RdA 1956, 444, 445 mit der Anmerkung, dass dieser Strukturansatz zwar graduelle Unterschiede von Schuldverhältnissen hervorhebe, aber gerade keine wesensbildene; *Oetker*, Dauerschuldverhältnis, 204.

262 So auch *Dörmer*, Unternehmenspacht, 34; *Mavridis*, RdA 1956, 444, 445; *Oetker*, Dauerschuldverhältnis, 204 f.

263 *Oetker*, Dauerschuldverhältnis, 209 ff.

264 *Beitzke*, Dauerschuldverhältnis, 10; *Oetker*, Dauerschuldverhältnis, 209; *Schwerdtner*, Führsorgetheorie, 86; andeutungsweise *Wiedemann*, Arbeitsverhältnis, 37; gegen einen solchen Systematisierungsansatz: *Schroth*, Aufbau der Gesellschaft, 15.

265 *Oetker*, Dauerschuldverhältnis, 209.

266 ähnlich *Beitzke*, Dauerschuldverhältnis, 10; *Oetker*, Dauerschuldverhältnis, 209; *Schwarz*, FS Wilburg, 355, 363.

Als Beispiele lassen sich die Bürgschaft, das Darlehen und der Versicherungsvertrag nennen.[267] Diesen Grundsatz schränkt er jedoch für Dauerschuldverhältnisse ein, die ein Sonderkündigungsrecht bei dem Tod einer Vertragspartei vorsehen.[268] Dieses Sonderkündigungsrecht kennzeichnet auch für diese Verträge ein personelles Element.[269]

Für seinen Systematisierungsansatz lassen sich in dem Gesetz und in den Gesetzesmaterialien Anhaltspunkte finden. So ordnet § 727 BGB grundsätzlich die Auflösung der Gesellschaft beim Tod eines Gesellschafters an, während sich gleichzeitig aus den Motiven des BGB ergibt, dass der Gesellschaftsvertrag in einer engen Verknüpfung mit den Gesellschaftern steht.[270] Ebenso findet sich in § 673 S. 1 BGB eine ähnliche Regelung, und auch hier lässt sich ein Passus in den Gesetzesmaterialien finden, wonach der Auftrag durch eine besondere Vertrauensbeziehung der Parteien geprägt ist.[271] Die Besonderheit besteht jedoch in der asymmetrischen Ausprägung des personellen Elements, da nur bei dem Tod des Beauftragten das Vertragsverhältnis erlischt.[272] Diese Regelungen sind Ausdruck des spezifischen Interesses an der konkreten Person des Vertragspartners.[273] In diesem Sinne überzeugt der Systematisierungsansatz *Oetkers*. Für das personelle Element ist folglich die spezifische Verknüpfung der Vertragsparteien mit der Person der jeweils anderen Vertragspartei ausschlaggebend.

Obgleich *Oetker* diesen Systematisierungsansatz nutzt, um Dauerschuldverhältnisse mit personellem Element zu sonstigen materiellen Dauerschuldverhältnissen abzugrenzen, ist dieser Ansatz nicht nur auf Dauerschuldverhältnisse im Sinne *Oetkers* Ansatzes beschränkt, sondern lässt sich ebenso auf andere langfristige Verträge beziehen.[274] Um das besondere Interesse an der konkreten Person eines Vertragspartners zu identifizieren, ist jedoch nicht nur auf den Aspekt zu rekurrieren, ob das Ableben eines Vertragspartners zu der Beendigung des Vertragsverhältnisses führt, sondern vielmehr kann sich solch ein Interesse auch aus anderen Regelungen[275] oder schlicht aus der Interessenlage der Vertragsparteien herleiten lassen.[276] Entscheidend ist, dass die Wertungsgesichtspunkte für die Annahme eines personellen Elementes sich aus dem Gesetz oder aus der spezifischen Interessenlage herleiten lassen.

---

267 *Oetker*, Dauerschuldverhältnis, 212 f.
268 *Oetker*, Dauerschuldverhälntnis, 211.
269 *Oetker*, Dauerschuldverhältnis, 211.
270 *Mugdan*, Materialien II, 348.
271 *Mugdan*, Materialien II, 307.
272 *Dörmer*, Unternehmenspacht, 37.
273 *Dörmer*, Unternehmenspacht, 36.
274 *Dörmer*, Unternehmenspacht, 37; *Oetker*, Dauerschuldverhältnis, 139.
275 *Dörmer*, Unternehmenspacht, 38.
276 *Dörmer*, Unternehmenspacht, 38 f.

bb) Das personelle Element des Unternehmensführungsvertrags und seine Reichweite

(1) Grundsätzliche Übertragbarkeit

Durch den Unternehmensführungsvertrag wird dem Unternehmensführer in den meisten Fällen eine umfangreiche Vollmacht eingeräumt. Somit ist er Träger einer erheblichen Machtposition.[277] Die Einräumung einer solchen umfangreichen Einwirkungsmöglichkeit auf das Vermögen des Eigentümerunternehmens und der daraus resultierenden Gefährdungslage ist natürlich mit einer Vertrauensstellung des Unternehmensführers verbunden. Diese besondere Vertrauensstellung spricht dafür, dass sie sich auch auf die konkrete Person des Unternehmensführers erstreckt. Dies deutet auf ein besonderes Interesse an der Person des Unternehmensführers hin und folglich auch auf ein personelles Element des Unternehmensführungsvertrags. Auch ein Blick auf das Innenverhältnis spricht für ein besonderes Vertrauen in die konkrete Person des Unternehmensführers. Hier bestehen zwar oft mehr oder minder stark ausgeprägte Einwirkungsmöglichkeiten des Eigentümerunternehmens[278], allerdings steht dem Unternehmensführer unter Umständen in einem gewissen Rahmen ein Entscheidungsspielraum zu.

Für ein besonderes Interesse an der Person des Unternehmensführers spricht auch das Motiv des Eigentümerunternehmens, durch den Einkauf von Managementleistungen ein spezifisches Know How zu erlangen.[279] Je spezifischer das zu erlangende Know-how des Unternehmensführers ist, desto größer ist auch das konkrete Interesse an der Person des Unternehmensführers.

Andererseits ist in den meisten Fällen kein besonderes Interesse des Unternehmensführers an den Inhaber des Eigentümerunternehmens gegeben. Der Inhaber des Eigentümerunternehmens kann nicht über das Schuldverhältnis hinaus auf die Rechtssphäre des Unternehmensführers einwirken. Ebenso ist die Hauptleistung des Eigentümerunternehmens – also die Zahlung des Unternehmensführungsentgelts – nicht mit einem besonderen Interesse an der konkreten Person des Inhabers des Eigentümerunternehmens verbunden. Der Zweck dieser Leistung wäre beispielsweise bei einem konkreten Personenwechsel im Rahmen einer Universalsukzession nicht gefährdet.

In diesem Sinne ist das personelle Element des Unternehmensführungsvertrags in asymmetrischer Form zu bejahen.[280] Problematisch ist hingegen, ob dieser Ansatz auch auf Gesellschaften zu übertragen ist. In den meisten Fällen werden Unternehmensführungsverträge mit Gesellschaften und nicht mit natürlichen Personen geschlossen.[281]

---

277 Vgl. 1. Kapitel § 4 B.

278 Vgl. 1. Kapitel § 4 H.

279 Vgl. 1. Kapitel § 3 A.

280 Anders *Abels*, der für personelle Elemente in symetrischer Form plädiert, vgl. *Abels*, Managementverträge, 401 f.

281 Vgl. *Veelken*, Betriebsführungsvertrag, 20.

(2) Anwendbarkeit des Systematisierungsansatzes nach dem personellen Element auf Kapital- und Personengesellschaften

Denkbar wäre es, das Systematisierungsmodell nach dem personellen Element nur bei natürlichen Personen Anwendung finden zu lassen. Diese Annahme würde sich zunächst mit dem in der Literatur vertretenen Ansatz decken, dass der Vertragspartner einer Gesellschaft damit rechnen müsse, dass die Gesellschaft als juristisches Konstrukt Änderungen unterworfen sein kann.[282] In diese Richtung tendieren auch das Reichsgericht und das LG Koblenz mit der Ablehnung einer entsprechenden Anwendung des § 673 S. 1 BGB auf eine juristische Person, wenn das Gesellschaftsvermögen im Wege der Gesamtrechtsnachfolge auf eine andere Gesellschaft übergeht.[283] In der Kommentarliteratur wird diese Rechtsprechung mit dem Argument befürwortet, „dass es bei der Bestellung eines Treuhänders [...] nicht notwendig (wie bei der Beauftragung einer natürlichen Person) um besonderes persönliches Vertrauen geht."[284] Die Wertung des § 673 S. 1 BGB werde durch die Wertungen des Umwandlungsgesetzes verdrängt.[285]

Andererseits wurde von der Rechtsprechung vereinzelt eine entsprechende Anwendung des § 673 S. 1 BGB vertreten für den Fall, dass das Vermögen einer zur WEG-Verwalterin bestellten Kommanditgesellschaft im Wege der Gesamtrechtsnachfolge auf eine GmbH übertragen wurde.[286] Für eine grundsätzliche Anwendbarkeit sprechen sich auch Teile der Literatur aus, jedoch unter dem Hinweis, dass die Zweifelsregelung selten zum Tragen kommt.[287]

Eine parallele Diskussion stellt sich im Hinblick auf die Möglichkeit der Anwendung von § 569 BGB oder § 594d BGB bei einer Umwandlung nach dem Umwandlungsgesetz und der darauf bezogenen grundsätzlichen Frage, ob bei einem Schuldverhältnis mit einer Gesellschaft ein personelles Element gegeben sein könne.[288] Auch im Rahmen dieser Diskussion wurde eine Anwendbarkeit der oben genannten Regelungen mit einem Fehlen eines besonderen Vertrauensverhältnisses verneint und resümiert, dass das personelle Element keine Rolle spiele.[289] Jedoch wird zutreffend von Seiten der Literatur darauf hingewiesen, dass das in der Interessenlage verbürgte Vertrauen sich gerade nicht aus der persönlichen Beziehung

---

282 *Hennrichs*, Umwandlungen, 118 Fn. 109; *Küry*, Universalsukzession, 75.

283 RG, Beschl. v. 19.02.1936 – V B 1/36, Z 150, 289, 291 f.; LG Koblenz, Beschl. v. 11.06.1997 – 2 T 317/97, NJW-RR 1998, 38, 39.

284 Staudinger/*Martinek*, BGB, § 673 Rn. 6; ebenso Bamberger/Roth/*Fischer*, BGB, § 673 Rn. 4, der allerdings die Anwendung des § 673 BGB dann bejahen will, wenn es eines Bestellungsaktes bedurfte der das besondere Vertrauen zu dem Geschäftsbesorger dokumentiert.

285 Staudinger/*Martinek*, BGB, § 673, Rn. 6; *K. Schmidt*, DB 2001, 1019, 1023; *Seiler*, MüKo-BGB, § 673 Rn. 2.

286 BayOLG, Beschl. v. 06.02.1987 – Breg 2 Z 6/87, MDR 1987, 588 f.

287 Vgl. Soergel/*Beuthien*, BGB, § 673 Rn. 3; Lutter/*Grunewald*, UmwG, § 20 Rn. 24.

288 *Dörmer*, Unternehmenspacht, 41.

289 Vgl. bei *Dörmer*, Unternehmenspacht, 41.

der Vertragsparteien ergibt.[290] Anknüpfungspunkt des Vertrauens ist eher die spezifische Rechtsbeziehung als Verbindung zwischen den Vertragsparteien. Aus der Rechtsbeziehung an sich lässt sich im Bezug auf das Vertrauen kein Unterschied feststellen, ob die Vertragspartei eine natürliche Person darstellt oder eine Gesellschaft. Ebenso spricht die Wertung des Umwandlungsgesetzes nicht per se gegen das personelle Element.[291] Das personelle Element spielt für das Umwandlungsgesetz eine andere Rolle. Es geht um die grundsätzliche Übertragung von Rechtsbeziehungen auf einen neuen Rechtsträger. Nur, wenn das Interesse an dem ehemaligen Rechtsträger so groß ist, dass es die Wertung der grundsätzlichen Übertragbarkeit überlagert, findet eine Verdrängung oder Modifizierung statt.[292] Dies hat zur Folge, dass bei der Übertragung einer Rechtsbeziehung auf einen neuen Rechtsträger nicht davon ausgegangen werden kann, dass ein personelles Element gar nicht vorhanden ist, sondern nur, dass das personelle Element im Sinne des Umwandlungsgesetzes nicht zu einer Modifizierung oder Verdrängung der umwandlungsrechtlichen Regelungen führt.[293]

Ebenso lässt sich eine Parallele zu der Diskussion im Rahmen des § 25 HGB ziehen. Bei der Haftung des Erwerbers bei einer Firmenfortführung ist es umstritten, ob es sich konstruktiv um eine Vertragsüberleitung oder um einen Schuldbeitritt handelt.[294] Auch hier wird von einem Teil der Literatur, der sich für eine Vertragsüberleitung ausspricht, argumentiert, dass das unternehmensbezogene Element über das personelle Element dominiere.[295] Dementsprechend wird nicht davon ausgegangen, dass nur bei Verträgen zwischen natürlichen Personen ein personelles Element bestehen kann, da beispielsweise eine GmbH als Formkaufmann ein Handelsgeschäft im Sinne des § 25 HGB betreibt. Es zeigt sich vielmehr, dass das personelle Element für verschiedene Normkomplexe ein unterschiedliches Gewicht haben kann. Mithin ist es also vorhanden.

Die Frage ist nur, ob es sich im konkreten Fall durchsetzen kann und den Rechtsanwender zu einer anderen Wertung veranlassen muss. So ist zum Beispiel der Formenwechsel eines Unternehmensführers in der Form der OHG in eine Unternehmensführungsgesellschaft in Form der GmbH nach dem UmwG möglich. Hier tritt also grundsätzlich das personelle Element zurück.

Aus der schlichten Umwandlung einer Gesellschaft kann auch nicht von einer entsprechenden Anwendung des § 673 S. 1 BGB ausgegangen werden. Diese Wertung beruht allerdings nicht auf einem fehlenden personellen Element, indem das Vertrauen in Gesellschaften komplett abgesprochen wird, sondern ist vielmehr in der Wertung des Umwandlungsgesetzes bei der Gewichtung des personellen Elementes zu sehen.[296] Wenn das Umwandlungsgesetz eine Rechtsformwandlung

290 Ebenso *Dörmer*, Unternehmenspacht, 41; a. A. *Küry*, Universalsukzession, 75.
291 *Dörmer*, Unternehmenspacht, 41.
292 *Mertens*, Umwandlung, 154 f.
293 *Dörmer*, Unternehmenspacht, 41.
294 Zu dem Streit siehe *Thiessen*, MüKo-HGB, § 25 Rn. 81.
295 *Thiessen*, MüKo-HGB, § 25 Rn. 84.
296 A. A. Soergel/*Beuthien*, BGB, § 673, Rn. 3; Lutter/*Grunewald*, UmwG, § 20 Rn. 24.

zulässt und sich somit das Haftungssystem der Gesellschaft ändert, genügt dies noch nicht per se um das Vertragsverhältnis durch eine entsprechende Anwendung des § 673 S. 1 BGB als im Zweifel beendet anzusehen. Ein möglicherweise verändertes Haftungssystem stellt keine mit dem Fall des § 673 S. 1 BGB vergleichbaren Zäsur des Vertrauensverhältnisses dar. Maßgeblich muss der Bestand des Vertrauensverhältnis im konkreten Einzellfall sein.

Aus diesem Grund könnte man trotz der generellen Ablehnung der entsprechenden Anwendung des § 673 S. 1 BGB ein Kündigungsrecht im Sinne des § 626 BGB diskutieren, sofern der Unternehmensführungsvertrag als Dienstvertrag ausgestaltet ist, oder, für den Fall der Qualifizierung als Werkvertrag, ein Rücktrittsrecht im Sinne des § 323 Abs. 2 Nr. 3 BGB mit der Berücksichtigung des personellen Elements erwägen.[297]

Hierfür lässt sich argumentieren, dass der Formwechsel und die damit verbundene Haftungsveränderung möglicherweise zu einer anderen Risikobereitschaft in der Person des Unternehmensführers geführt hat oder zumindest führen könnte und deshalb das spezifische Interesse des Eigentümerunternehmens an der Person des Unternehmensführers dazu führt, dass dem Eigentümerunternehmen die Möglichkeit eröffnet wird, das Vertragsverhältnis zu beenden oder ein Rückgewährschuldverhältnis zu begründen. In diesem Sinne wurde vom Reichsgericht schon früh ein außerordentliches Kündigungsrecht für Vertragstypen angenommen, die bei der Durchführung eine persönliche Zusammenarbeit der Beteiligten, ein ungestörtes gegenseitiges Vertrauen und ein gutes Einvernehmen voraussetzen.[298] Es wurde somit die besondere Stellung des Vertrauens im Rahmen dieser Rechtsbeziehungen betont. Im Falle einer Vertrauensstörung wurde bei diesen Vertragstypen dabei betont, dass die außerordentliche Kündigung unabhängig von der Verschuldensfrage sei.[299] Diese Grundauffassung hat sich auch heute im Kern in die Rechtsprechung des BGH übertragen.[300] Und gerade das personelle Element ist Ausdruck dieser besonderen Vertrauensstellung, die eng mit der Person der Vertragsparteien verknüpft ist.

Ebenso spricht die Wertung des § 613a BGB für die Anwendbarkeit des Systematisierungsansatzes nach dem personellen Element auf Kapital- und Personenhandelsgesellschaften, da hier der Widerspruch des Arbeitnehmers unabhängig von der Frage ist, ob der bisherige Arbeitgeber eine natürliche Person darstellt oder nicht.[301]

Zusammenfassend lässt sich feststellen, dass eine besondere Vertrauensstellung sich aus dem Rechtsverhältnis ergibt und nicht aus einer persönlichen Beziehung der Vertragsparteien. Ebenso steht das Umwandlungsgesetz mit seinen Wertungen

---

297 Andeutungsweise auch *K. Schmidt*, Der Betrieb 2001, 1019, 1019, der auf etwaige anderweitige Lösungsrechte außerhalb des UmwG hinweist.

298 RG, Urt. V. 27.02.1912 – II 445/11, Z 78, 385, 389; RG, Urt. v. 12.06.1942 – I 119/41, Z 169, 203, 206 f.

299 RG, Urt. v. 13.12.1918 – III 265/18, Z 94, 234, 236.

300 BGH, Urt. v. 07.10.2004 – I ZR 18/02, NJW 2005, 1360,1362; *Gaier*, MüKo-BGB, § 314, Rn. 10.

301 *Dörmer*, Unternehmenspacht, 42 Fn. 217; *Mertens*, Umwandlung, 155.

nicht der Anwendbarkeit des Systematisierungsansatzes nach dem personellen Element entgegen. Das personelle Element spielt im Bereich der Regelungen des Zivilrechts eine eigenständige Rolle.

(3) Reichweite des personellen Elements in die geschäftsführenden Strukturen der Gesellschaft des Unternehmensführers

Das personelle Element ist dadurch geprägt, dass ein besonderes Interesse an der konkreten Person des Vertragspartners besteht, sodass der Bestand des Vertrags in einer engen Verknüpfung mit dieser Person steht. Dieses Interesse ist bei dem Unternehmensführungsvertrag Ausdruck des treuhänderischen Verhältnisses und auch Ausdruck des Vertrauens, dass das Eigentümerunternehmen dem Unternehmensführer entgegenbringt. Diese Vertrauensstellung resultiert nicht aus einer persönlichen Beziehung zwischen den Vertragsparteien, sondern sie resultiert aus dem konkreten Rechtsverhältnis. In diesem Sinne kann auch ein Schuldverhältnis zwischen nicht natürlichen Personen ein personelles Element aufweisen. Die Frage ist nun, inwiefern sich dieses personelle Element auf die geschäftsführenden Strukturen der Gesellschaft als Rechtsträger des Unternehmensführers durchschlägt. Es geht also darum, inwiefern ein besonderes Interesse an den natürlichen Personen besteht, die das leitende Organ innerhalb der Gesellschaft darstellen oder besetzen.

Mit dieser Frage eng verbunden ist die praktisch relevante Frage, inwiefern das Ausscheiden eines geschäftsführenden Gesellschafters, eines Komplementärs, eines Geschäftsführers oder eines Vorstandsmitglieds des Unternehmensführers zu einem Kündigungsrecht des Eigentümerunternehmens führen kann, oder ob sogar eine Beendigung des Vertrags *ipso jure* möglich ist. Hier lässt sich eine Parallele zu einer auf § 594d Abs. 1 BGB bezogenen Problemkonstellation ziehen. So wird vertreten, dass § 594d BGB bei dem Tod eines geschäftsführenden Gesellschafters entsprechend anzuwenden sei.[302] Gleiches solle gelten, wenn der Pächter eine juristische Person ist.[303] Man kann hier eine Wertung erkennen, die sich auch auf das Durchschlagen des personalen Elementes auf die Ebene des Leitungsorgans des Unternehmensführers übertragen lässt. Je größer die Vertrauensstellung in die leitenden Personen des Unternehmensführers für das Eigentümerunternehmen ist, desto eher schlägt sich das personelle Element auf diese Personen durch. Als Beispiel ist hier eine Unternehmensführungs-GmbH mit einem Geschäftsführer zu nennen. Hier besteht eine erhebliche Vertrauensstellung des Eigentümerunternehmens in die konkrete Person des Geschäftsführers des Unternehmensführers. Ein Wechsel des Geschäftsführers des Unternehmensführers korreliert mit einer nicht zu unterschätzenden Wahrscheinlichkeit mit einem Wechsel des Führungsstils und dies kann auch eine Auswirkung auf die konkrete Unternehmensführung im Rahmen

302 Staudinger/*von Jeinsen*, BGB, § 594d Rn. 7; a. A. *Harke*, MüKo-BGB, § 594d Rn. 2; Soergel/*Heintzmann*, BGB, § 594d, Rn. 1; Bamberger/Roth/*Wagner*, BGB, § 594d Rn. 2.

303 Staudinger/*von Jeinsen*, BGB, § 594d Rn. 8.

des Unternehmensführungsvertrags haben. Das personelle Element schlägt somit im konkreten Fall durch.

Davon zu trennen ist allerdings die Frage, ob sich in diesem Fall ein außerordentliches Kündigungsrecht des Eigentümerunternehmens herleiten lässt, oder ob gar eine analoge Anwendung des § 673 S. 1 BGB möglich ist. Die Frage des Vorliegens eines außerordentlichen Kündigungsrechts ist nach der konkreten Interessensbewertung im Einzellfall zu entscheiden. Nicht zu befürworten ist hingegen für diesen Fall die analoge Anwendung des § 673 S. 1 BGB. Zwar ist – wie oben auch schon beschrieben wurde – der Zweck der Norm, die besondere Vertrauensstellung des Beauftragten zu berücksichtigen.[304] Es fehlt aber dennoch an einer vergleichbaren Interessenlage, da die Rechtspersönlichkeit des Unternehmensführers nicht betroffen ist. Sofern man die Interessenlage des § 673 S. 1 BGB mit dem Ausscheiden eines Geschäftsführers einer GmbH vergleicht, sollte man auch die Haftungslage in den Vergleich einbeziehen. Während bei dem Wechsel eines Gesellschafters einer GmbH die Haftungslage nicht berührt wird, verändert sich die Haftungslage bei einer Gesamtrechtsnachfolge aufgrund des Todes des Unternehmensführers. Hier kann nun auf das Vermögen des alten Unternehmensführers durch Gläubiger des Erben zugegriffen werden. Freilich ist dieses Argument abgeschwächt, sofern der Unternehmensführer eine Personenhandelsgesellschaft ist, da hier die Gesellschafter zumindest auch akzessorisch persönlich haften. In diesem Sinne würde sich hier die Haftungslage schon verändern. Allerdings ist die Interessenlage des § 673 S. 1 BGB speziell für den Unternehmensführungsvertrag auch bei Personengesellschaften nicht vergleichbar. Eine Änderung der Haftungslage genügt nicht für die Annahme einer mit der Auslegungsregel des § 673 S. 1 BGB vergleichbaren Interessenslage. Ebenso liegt gerade nicht in der Interessenlage der Parteien, im Zweifel die Beendigung des Unternehmensführungsvertrags anzunehmen. Die Interessenlage des Unternehmensführungsvertrags ist eher auf eine Vertragskontinuität und eine stabile Dispositionslage gerichtet. Dieses wird deutlich durch die oft vereinbarten langen Vertragslaufzeiten. Dieses Interesse würde konterkariert, wenn man bei dem Ausscheiden eines Geschäftsführers stets die Zweifelsregelung des § 673 S. 1 BGB anwenden würde. Besser passt es hier, nur im Ausnahmefall eine Beendigung des Unternehmensführungsvertrags zu befürworten und diese Beendigung sollte nicht *ipso jure* eintreten, sondern von der Partei abhängig sein, die gerade ein besonderes Vertrauen in den Unternehmensführer hat. Dementsprechend überzeugt es, eher eine außerordentliche Kündigung bzw. ein Rücktrittsrecht des Eigentümerunternehmens zu erwägen.

Als Gegenbeispiel sei hier eine AG als Unternehmensführer mit 8 Vorstandsmitgliedern aufgeführt. Hier kann bei dem Ausscheiden eines Vorstandsmitgliedes grundsätzlich nicht abstrakt davon ausgegangen werden, dass die Unternehmensführung sich radikal ändert. Dies ergibt sich schon aus § 77 Abs. 1 AktG, wonach grundsätzlich die Geschäftsführung den Vorstandsmitgliedern gemeinschaftlich

304 *Seiler*, MüKo-BGB, § 673 Rn. 1.

zusteht. Folglich schlägt hier das personelle Element nicht auf die konkreten Vorstandsmitglieder durch. Es zeigt sich also, dass das personelle Element im Einzellfall unterschiedlich stark ausgeprägt sein kann.[305] Diese Ausprägung muss bei der Interessensbewertung im Rahmen der Rechtsanwendung eingestellt werden.

(4) Zusammenfassung

Zusammenfassend zeigt die Untersuchung, dass der Unternehmensführungsvertrag ein asymmetrisches personelles Element aufweist. Es besteht eine besondere Vertrauensstellung, die mit der konkreten Person des Unternehmensführers verknüpft ist. Dies gilt unabhängig davon, ob der Unternehmensführer eine natürliche Person oder eine Gesellschaft ist. Im Falle der Gesellschaft kann sich das personelle Element auch auf die natürlichen Personen des Geschäftsführungsorgans oder auf die geschäftsführenden Gesellschafter erstrecken. Dennoch ist eine analoge Anwendung des § 673 S. 1 BGB sowohl für Umstrukturierungen nach dem UmwG als auch beim Ausscheiden von natürlichen Personen aus einer geschäftsführenden Stellung einer Gesellschaft abzulehnen, sondern vielmehr ist im Einzellfall im Rahmen eines außerordentlichen Kündigungs- bzw. Rücktrittsrechts zu prüfen, inwieweit die Vertrauensbasis gestört und eine Beendigung des Vertragsverhältnisses gerechtfertigt ist.

b) Treuhandcharakter des Unternehmensführungsvertrags

Die Ausführungen zu dem personellen Element des Unternehmensführungsvertrags haben verdeutlicht, dass sich aus dem Rechtsverhältnis zwischen dem Eigentümerunternehmen und dem Unternehmensführer eine besondere Vertrauensstellung des Unternehmensführers ergeben kann. Diese Frage steht in einem engen Zusammenhang mit der Interessensstruktur dieses Vertragstypus. Diese Interessensstruktur wurde zwar oben schon umrissen[306], jedoch noch nicht systematisch eingeordnet. Im Folgenden ist zu untersuchen, inwieweit der Unternehmensführungsvertrag Treuhandcharakter aufweist. Dieser Aspekt ist für zahlreiche juristische Folgefragen relevant. Er hat beispielsweise Einfluss auf den Sorgfaltsmaßstab. Im Rahmen eines Treuhandverhältnisses schuldet der Treugeber nicht die Sorgfalt, die er in eigenen Angelegenheiten auszuüben pflegt, sondern die eines vernünftigen Interessenträgers bei der Wahrnehmung eines eigenen Interesses.[307] Aber auch für die Bestimmung der Nebenpflichten als Treuepflichten kommt der Einordnung des Unternehmensführungsvertrags als Treuhandvertrag Bedeutung zu.

Zunächst ist der Treuhandbegriff zu klären. Der Treuhandbegriff umfasst eine erhebliche Komplexität. Dabei weisen die Autoren immer wieder auf den Umstand hin, dass die Dogmatik des Treuhandrechts noch nicht abschließend durchdrungen

305 So ganz generell zum personellen Element *Schwarz*, FS Wilburg, 355, 363.
306 Vgl. 1. Kapitel § 5 A.
307 *Löhnig*, Treuhand, 185.

sei.[308] Freilich kann auch diese Arbeit nicht den Anspruch haben, die Treuhand vollständig dogmatisch zu erfassen. Dennoch soll versucht werden, die Entwicklung der Treuhand kursorisch darzustellen und eine Position im Hinblick auf den Unternehmensführungsvertrag zu beziehen.

Jüngst hat *Löhnig* die historische Entwicklung der Treuhand in seiner Habilitationsschrift dezidiert untersucht.[309] Der Treuhandbegriff wurde in der Vergangenheit aus zweierlei Perspektiven beschrieben. Zum einen wurde er über das Außenverhältnis beschrieben, wobei sich die Beschreibung über das Außenverhältnis als klassischen Treuhandbegriff einordnen lässt.[310] Zum anderen lässt sich die Treuhand aus der Perspektive des Innenverhältnisses beschreiben, wobei man diesen Treuhandbegriff in Abgrenzung zu dem Begriff der klassischen Treuhand und unter dem Hinweis auf die zeitlich jüngere Entwicklung dieses Ansatzes[311] als modernen Treuhandbegriff bezeichnen kann.

aa) Historischer Abriss zum klassischen Treuhandbegriff

Die Dogmatik zum Treuhandbegriff hat sich trotz fehlender allgemeiner Kodifikation in der Rechtsprechung und in der Literatur entwickelt.[312] Ausgangspunkt der modernen Treuhanddogmatik war der steigende Bedarf an Krediten im Zuge der Industrialisierung im 19. Jahrhundert.[313] Zu diesem Zeitpunkt existierte im deutschen Partikularrecht überwiegend kein besitzloses Pfandrecht.[314] Damit stand die Rechtspraxis vor dem Problem, dass die meisten potentiellen Darlehensnehmer kein Grundeigentum besaßen und an den wenigen wertvollen Mobilien ihren Besitz nicht aufgeben konnten, weil sie diese selber Nutzen mussten bzw. der Darlehensgeber selbst auch kein Interesse an der Inbesitznahme der Gegenstände hatte.[315] Dieser Umstand führte dazu, dass man sich zweierlei juristischer Konstruktionen bediente, um die erforderlichen Kredite zu besichern. Zum einen wurde das Vollindossament zu Inkassozwecken genutzt und zum anderen der Sicherungsverkauf.[316] Beide Konstruktionen haben gemein, dass sie dem Sicherungsnehmer eine volldingliche Position einräumen, die nur im Innenverhältnis zwischen dem Sicherungsgeber und dem Sicherungsnehmer begrenzt ist. In der Folge dieser Umgehungspraxis[317] kam es zu einer erheblichen Debatte in der Rechtsprechung und in der Literatur, ob

308 *Geibel*, Treuhandrecht, 79; *Löhnig*, Treuhand, 65.
309 Hierzu *Löhnig*, Treuhand, 13 ff.
310 Diese Begrifflichkeiten wurde schon von *Löhnig*, Treuhand, 97 eingeführt.
311 Vgl. 1. Kapitel § 5 B I b bb.
312 Staudinger/ *Martinek*, BGB, Vor §§ 622 ff. Rn. 40.
313 *Löhnig*, Treuhand, 13.
314 Vgl. *Hromadka*, Faustpfandprinzip, 41 ff.
315 *Löhnig*, Treuhand, 15.
316 *Löhnig*, Treuhand, 16.
317 *Grundmann*, Treuhandvertrag, 12: Dieser sieht die historische Treuhand vor allem als ein Instrument zur Umgehung einer bestehenden Gesetzeslage an.

diese Praxis ein Scheingeschäft (Simulation) darstelle.[318] Im Zuge dieser juristischen Debatte wurde von *Regelsberger* im Anschluss an *Kohler*[319] und dem Reichsoberhandelsgericht[320] festgestellt, dass in Abgrenzung zum Scheingeschäft bei den oben genannten juristischen Konstruktionen der Wille und die Erklärungen der Parteien im Einklang stünden und nur eine Divergenz zwischen Zweck und Mittel bestehe.[321] Diese Art von Geschäften taufte er sogleich finduziarische Geschäfte.[322]

Aus dieser Diskussion zur Abgrenzung zum Scheingeschäft entstanden die Konturen, die den Treuhandbegriff noch heute prägen.[323] Namentlich ist dies das Missverhältnis von dem rechtlichen Können im Außenverhältnis und dem rechtlichen Dürfen aus dem Innenverhältnis, das auf dem abstrakten Nebeneinander vom dinglichen und schuldrechtlichen Vertrag beruht und somit das eingesetzte Mittel (die Vollrechtsverschaffung) den erstrebten Zweck (die Sicherung des Kredites) überschießt.[324] Der Treuhandbegriff forderte somit nach diesem Verständnis eine Rechtsposition, die der Treuhänder für den Treugeber hielt, wobei schuldrechtlich das Treugut an den Treugeber gebunden ist.

Im Zuge dieses Verständnisses entbrannte die zweite Diskussion, die später für den Treuhandbegriff prägend werden sollte.[325] Es ging darum, wie mit der Rechtsposition, die formalrechtlich dem Treuhänder zuzuordnen ist, jedoch wirtschaftlich dem Treugeber, in der Insolvenz und in der Einzelvollstreckung zu verfahren sei. Es stand damit die Frage im Vordergrund, ob der Treugeber vor dem Zugriff von Drittgläubigern auf das Treugut geschützt werden müsse. Diese Frage, die historisch den Treuhandbegriff geprägt hat[326], stellt auch bis heute noch eine wichtige Einzelfrage im Treuhandrecht dar, die noch nicht abschließend geklärt ist.[327]

Als Lösung dieser Frage wurde zunächst ein Aussonderungsrecht nach § 43 KO[328] bzw. eine Drittwiderspruchsklage in der Einzelvollstreckung diskutiert. Problematisch war jedoch, dass der Treugeber nach dem finduziarischen Verständnis im

318 *Löhnig*, Treuhand, 17.

319 *Kohler*, JherJb 16 (1878), 140 ff.

320 ROHG, Urt. v. 20.12.1870 – Plenum 83/70, Bd. 1, 99, 102 f.; ROHG, Urt. v 09.04.1872 – I 88/72, Bd. 6, 318, 329 f.

321 *Regelsberger*, AcP 63 (1880), 157, 173.

322 *Regelsberger*, AcP 63 (1880), 157, 173; kritisch zu der Begriffsbildung *Löhnig*, Treuhand, 24: Nach diesem bestehe keine Verbindung zur römischen finducia.

323 *Löhnig*, Treuhand, 37.

324 Vgl. *Friedmann*, 36. DJT, 805, 855.

325 Vgl. *Bing*, finduziarischen Rechtsgeschäfte, 16; *Coing*, Treuhand, 88; *Hollensteiner*, Treuhandeigentum, 42; *Siebert*, Treuhandverhältnis, 191.

326 Bezeichnend hierfür *Siebert*, BankA 1931/1932, 386, 386: „Es erscheint (…) charakteristisch, dass im Schrifttum allgemein dieses Treuhandverhältnis ohne Weiteres auf der alleinigen Grundlage des finduziarischen Rechtsverhältnis aufbauen möchte."

327 *Löhnig*, Treuhand, 47 f.

328 An diesen ist der heute gültige § 47 InsO angelehnt. Aufgrund der historischen Herleitung wird jedoch die heute nicht mehr gültige Norm referiert.

Anschluss an *Regelsberger* keine dingliche Berechtigung an dem Treugut mehr hatte. Aus diesem Grund und mangels konkreter gesetzlicher Regelung wurde dieses teilweise von Stimmen in der Literatur abgelehnt[329]. Diese Ansicht konnte sich jedoch in der Diskussion nicht durchsetzen.[330] Auf der anderen Seite gab es Vertreter in der Literatur, die ein Aussonderungsrecht befürworteten.[331] Dabei wurden unterschiedlichste Begründungsansätze verfolgt. So wurde von *Schultze* eine deutschrechtliche Treuhand propagiert, die an den *Salmann* als germanischen Treuhänder geknüpft sei[332]. Nach dieser Auffassung gehe zwar das Vollrecht auf den Treuhänder über, allerdings unter einer auflösenden Bedingung.[333] So ist nach *Schultze* Treuhänder, „wer Rechte als Eigenrechte empfangen hat mit der Bestimmung, sie nicht im eigenen Interesse zu gebrauchen."[334] Im Falle des Konkurses oder sogar bei einer zweckwidrigen Verfügung könnte nach dem Modell *Schultzes* das Treugut an den Treugeber zurückfallen.[335] Neben dem Erklärungsmodell *Schultzes* gab es noch eine Vielzahl weiterer Ansätze, die ein Aussonderungsrecht des Treugebers dogmatisch zu begründen versuchten. Die ausführliche Darstellung dieser Ansätze würde jedoch den Rahmen dieser Arbeit sprengen.[336]

Das Reichsgericht schloss sich zwar der finduziarischen Sichtweise an, jedoch begründet es den Schutz des Treugebers mit dem Auseinanderfallen des Eigentums in einen materiellen und einen formellen Teil. Der Treuhänder solle nur formell Eigentümer werden, während dem Treugeber materiell das Eigentum zustehe.[337] Jedoch schränkte das Reichsgericht später seine Auffassung ein, indem es das Unmittelbarkeitskriterium für sich entdeckte.[338] Nach diesem war es erforderlich, dass das Treugut vom Treugeber an den Treuhänder übereignet wurde.[339] So definierte das Reichsgericht die Treuhand als ein Rechtsinstitut bei dem „[...]der eine (Treugeber) aus **seinem**[340] Vermögen dem anderen (Treugeber) einen Gegenstand anvertraue, d. h. übereigne, und zwar derart, dass der andere das übertragene Recht zwar

329 *Hollensteiner*, Treuhandeigentum, 45 f.; *Lang*, AcP 83 (1894), 336, 342 f.; *Regelsberger*, AcP 63 (1880), 157, 187.

330 Vgl. *Löhnig*, Treuhand, 68.

331 *Dungs*, GruchotZ 32 (1888), 8, 18; *Kohler*, JherJb 16 (1878), 325, 348.

332 *Schultze*, Treuhand, 37 ff.; kritisch zu dem Begriff und der Herleitung durch *Schultze* aus dem germanischen Recht ist unter anderem *Löhnig*, Treuhand, 58 ff.

333 *Schultze*, JherJb 43 (1901), 1, 20 f.

334 *Schultze*, JherJb 43 (1901), 1.

335 *Löhnig*, Treuhand, 66.

336 Ausfürlich zu den einzelnen Ansichten *Geibel*, Treuhandrecht, 32–42; *Löhnig*, Treuhand, 71–84.

337 Zunächst entschieden für die Zession RG, Urt. v. 18.06.1890, SeuffA 46, 144, 146. Später für alle finduziarischen Geschäfte: RG, Urt. v. 20.03.1912 – V 352/11, Z 79, 121, 122; RG, Urt. v. 19.02.1914 – VII 448/13, Z 84, 214.

338 RG, Urt. v. 19.02.1914 – VII 448/13, Z 84, 214, 217.

339 So ausdrücklich in den späteren Entscheidungen RG, Urt. v. 29.05.1915 – V 32/15, LZ 1915, 1022, 1023; RG, Urt. v. 27.02.1928 – VI 164/27, JW 1928, 1653.

340 Hervorhebung durch den Verfasser.

im eigenen Namen ausüben, aber nicht zu seinem Vorteil gebrauchen soll."[341] Die Rechtsfrage nach dem Aussonderungsrecht des Treugebers hat mithin die Definition der Treuhand des Reichsgerichts entscheidend mit dem Ziel geprägt, die Treuhand von Fällen der mittelbaren Stellvertretung, bei denen der Mittelsmann Rechtsgüter im eigenen Namen für seinen Prinzipal von einem Dritten erwirbt, abzugrenzen und eine Surrogation des Treugutes auszuschließen.[342] Den eigens geprägten Treuhandbegriff hielt das Reichsgericht jedoch nicht konsequent durch, sondern nutzte den Begriff der Treuhand auch bei anderen Konstellationen, bei denen der Treuhänder keine eigene Rechtsposition innehatte.[343] Später versuchte das Reichsgericht diese Inkonsequenz zu rechtfertigen, indem es zwischen der Treuhand und der Treuhand im weitesten Sinne oder der nicht typischen Treuhand unterschied.[344]

Das nächste Entwicklungsstadium des Treuhandbegriffs stellte die Arbeit von *Siebert* dar[345]. Dieser verzichtete auf das Unmittelbarkeitskriterium der Rechtsprechung[346] und definierte den Treuhänder als „[...] eine natürliche oder juristische Person, die von einem anderen oder für einen anderen Vermögensrechte zu eigenem Recht erworben hat, diese Rechte aber nicht, oder wenigstens nicht ausschließlich in eigenem Interesse ausüben soll."[347] Für ihn sei ein Treuhandverhältnis, das aus einer mittelbaren Stellvertretung resultiere[348], genauso denkbar, wie ein Treuhandverhältnis, das aus einer Ermächtigung entstehe, wenn diese Ermächtigung in Kombination mit einer gewillkürten Prozessstandschaft des Treuhänders auftrete.[349] Also ist *Sieberts* Treuhandbegriff offener als das zuvor vertretene Verständnis, dennoch resultiert seine Definition weiterhin aus dem Blickwinkel des Außenverhältnisses.[350] Auch er sah die Frage nach dem Treugeberschutz als

341 RG, Urt. v. 19.02.1914 – VII 448/13, Z 84, 214, 217; diese Definition bestätigen: RG, Urt. v. 29.05.1915 – V 32/15, LZ 1915, 1022, 1023; RG, Urt. v. 10.10.1917 – V 159/17, Z 91, 12, 16; RG, Urt. v. 05.11.1918 – VII 202/18, Z 94, 305, 308; RG, Urt. v. 23.04.1920 – II 16/20, Z 99, 23, 30 f.; RG, Urt. v. 04.11.1927 – II ZR 135/27, Z 118, 330, 332.

342 *Löhnig*, Treuhand, 87.

343 Instruktiv bei *Emmerich*, Sanierung, 147; *Löhnig*, Treuhand,87 f.

344 RG 25.01.1926 JW 1926, 2571, 2572; 15.06.1928 Z 121, 294, 296: Das Reichsgericht nutzt hier die Begriffe eigentliche/uneigentliche Treuhand, jedoch lässt es eine konkrete Einordnung offen. Im entschiedenen Fall handelt es sich nicht um eine „Treuhand" im Sinne der üblichen Definition, sondern um eine Fremdinteressenwahrnehmung kraft eingeräumter Rechtsmacht.

345 *Löhnig*, Treuhand, 95.

346 *Siebert*, Treuhandverhältnis, 108.

347 *Siebert*, Treuhandverhältnis, 1.

348 Vgl. *Siebert*, Treuhandverhältnis, 110.

349 Vgl. *Siebert*, Treuhandverhältnis, 233, 236 ff., 311 f.

350 Vgl. *Löhnig*, Treuhand, 97 ff.: Dieser merkt jedoch an, dass *Siebert* in seiner Argumentation schon Elemente des modernen Treuhandverständnisses einfließen lässt.

wesensbestimmend für das Treuhandrecht an.[351] Somit hatte auch *Siebert* die Treuhanddogmatik nicht wesentlich verändert, sondern es wurde gerade aufgrund der Popularität *Sieberts* Arbeit die klassische Treuhandsdogmatik verfestigt.[352]

Dieser klassische Treuhandbegriff wird auch noch heute in der Literatur und in der Rechtsprechung stark vertreten.[353] Charakteristisch hierfür ist der Umstand, dass davon ausgegangen wird, dass der Treuhandvertrag aus einem zweiaktigen Tatbestand – namentlich ein schuldrechtliches und dingliches Rechtsgeschäft – entstehe.[354] Es wird dabei im Anschluss an das Reichsgericht immer noch zwischen der echten oder auch eigentlichen Treuhand und der unechten (uneigentlichen) Treuhand unterschieden.[355] Und nur die echte Treuhand soll ein Aussonderungsrecht gewähren bzw. eine Drittwiderspruchsklage ermöglichen. Definiert wird die echte Treuhand dabei als die Ausübung von Rechten in eigener Rechtszuständigkeit und in eigenem Namen, aber im fremden oder zumindest auch fremden Interesse.[356] Allerdings hat der BGH in einer jüngeren Entscheidung den Oberbegriff der Treuhand weiter gefasst, indem er die Treuhand „als nach außen eingeräumte Rechtsmacht, die im Innenverhältnis zum Treugeber durch eine schuldrechtliche Treuhandabrede beschränkt ist", kennzeichnet.[357] Zweifelhaft ist jedoch, ob dies eine Abkehr von dem klassischen Treuhandbegriff zum modernen darstellt, da diese Definition zwar einerseits weiter gefasst, andererseits jedoch immer noch durch das Außenverhältnis geprägt ist, wenn eine eingeräumte Rechtsmacht verlangt wird. Zusätzlich stellt der BGH noch in der gleichen Entscheidung fest, das für die Treuhand wesentliche Merkmal sei u. a. „das wirtschaftliche Eigentum des Treugebers [...]."[358]

bb) Entwicklung zum modernen Treuhandbegriff

Mit der Arbeit von *Beyerle* kam es zu einem drastischen Bruch bei der Entwicklung des Treuhandbegriffs.[359] Dieser suchte nicht mehr die Treuhand im Rahmen der zuvor skizzierten historischen Diskussion, sondern wendete seinen Blick weg vom Außenverhältnis auf das Innenverhältnis der Parteien.[360] Nach ihm sei das Innenverhältnis die einzige Konstante, während das Außenverhältnis unterschiedlich

351 Vgl. *Siebert*, Treuhandverhältnis, 22.

352 Dazu *Löhnig*, Treuhand, 100.

353 *Breuer*, MittRhNotK 1988, 79, 81 f.; *Lange*, NJW 2007, 2513; *Geibel*, Treuhandrecht, 90, 139; *Ulmer/Schäfer*, MüKo-BGB, § 705 Rn. 84.

354 Vgl. nur *Geibel*, Treuhandrecht, 90.

355 Vgl. *Coing*, Treuhand, 46 f.; Staudinger/*Martinek*, BGB, Vor §§ 662 ff. Rn. 41.

356 BGH, Urt. v. 05.11.1953 – IV ZR 95/53, Z 11, 37, 41; BGH, Urt. v. 17.11.1955 – II ZR 222/54, Z 19, 69, 70 f.; BGH, Urt. v. 25.02.1987 – IV a ZR 263/85, NJW 1987, 2071; *Fikentscher/Heinemann*, SchuldR, 623.

357 BGH, Urt. v. 10.12.2003 – IV ZR 249/02, NJW 2004, 1382, 1383.

358 BGH, Urt. v. 10.12.2003 – IV ZR 249/02, NJW 2004, 1382, 1383.

359 Vgl. *Löhnig*, Treuhand, 107.

360 Vgl. *Beyerle*, Treuhand, 8.

ausgestaltet werden könne und historisch hoch umstritten sei.[361] Bei der Zuordnung eines Rechtsverhältnisses zu dem Begriff der Treuhand orientiert sich *Beyerle* an den Interessen der Parteien. Nach ihm gliedern sich die Interessensgruppen in drei Beziehungen: den synallagmatischen Vertrag, bei dem sich gegenläufige Interessen gegenüberstehen, der Gesamthand, bei der die Interessen gleichgeschaltet sind, und der Treuhand, bei der der Treuhänder die Interessen des Treugebers wahrnimmt.[362]

Auch *Emmerich* definierte den Treuhandbegriff über das Innenverhältnis. Nach ihm sei eine Klärung des Begriffs der Treuhand nicht über die streitige Frage, wann ein Aussonderungsrecht bestehe, möglich.[363] Die Treuhand sei eine Kombination der obligatorischen Treuepflicht und einer Treumacht, die sich aus einer dinglichen Rechtsposition oder aus einer Ermächtigung oder Bevollmächtigung herleiten lasse.[364]

Coing mahnte an, dass in der Diskussion um den Treuhandbegriff die obligatorische Treuhandabrede in den Vordergrund treten solle.[365] Allerdings bleibt er weiterhin bei der strikten Zweckbindung des Treuhänders an ein bestimmtes Treugut, das der Treuhänder „hält und verwaltet."[366]

Schließlich ging auch *Grundmann* von dem Innenverhältnis aus,[367] jedoch soll nach diesem nur eine Treuhand vorliegen, wenn sich eine „Interessenswahrungspflicht *stricto sensu*" deutlich als Hauptpflicht hervortue.[368] Damit sucht er eine Abgrenzung zu allgemeinen Pflichten aus Treu und Glauben.[369] Nach ihm sei das Treuhandverhältnis ein eigenes Rechtsverhältnis, das gegebenenfalls neben einen entsprechenden Dienst- bzw. Werkvertrag trete,[370] und dass sich isoliert im Rahmen des Auftrags zeige.[371] So legitimiert er die besondere Interessenswahrungspflicht *stricto sensu* damit, dass ihm im Rahmen des Treuhandverhältnisses das Treugut ohne Gegenleistung überlassen worden sei.[372]

Zusammenfassend wird die Treuhand nach dem modernen Treuhandbegriff umfassender begriffen und als Wahrung fremder Interessen kraft eigener Macht angesehen.[373] Bildlich gesprochen wird bei der Treuhand der Treugeber bei der

361 *Beyerle*, Treuhand, 8.
362 *Beyerle*, Treuhand, 16 f.; später ihm folgend: *Würdinger*, Gesellschaften I, 9 ff.
363 *Emmerich*, Sanierung, 150, 153 f.
364 *Emmerich*, Sanierung, 152; vgl. hierzu auch *Löhnig*, Treuhand, 110.
365 *Coing*, Treuhand, 87.
366 *Coing*, Treuhand, 2.
367 *Grundmann*, Treuhandvertrag, 88.
368 *Grundmann*, Treuhandvertrag, 92.
369 Vgl. *Grundmann*, Treuhandvertrag, 92, 150.
370 *Grundmann*, Treuhandvertrag, 93.
371 *Grundmann*, Treuhandvertrag, 94.
372 *Grundmann*, Treuhandvertrag, 93, 192 f.
373 Ähnlich auch BGH, Urt. v. 10.12.2003 – IV ZR 249/02, NJW 2004, 1382, 1383: Jedoch ist hier von eingeräumter Rechtsmacht die Rede, sodass diese Definition eher dem klassischen Treuhandbegriff zuzuordnen ist. *Emmerich*, Sanierung, 144; *Löhnig*, Treuhand, 116 f.; die Elemente der Macht des Treuhänders und die

Interessenwahrnehmung durch den Treuhänder substituiert.[374] Nach dieser Auffassung muss dementsprechend § 675 BGB als speziell geregelter Treuhandvertrag verstanden werden, da der Geschäftsbesorgungsvertrag sich durch eine Fremdinteressenwahrnehmung auszeichnet.[375] Die Vertreter des klassischen Treuhandbegriffes fokussieren sich hingegen bei Ihrer Beschreibung eher auf die sachenrechtliche Zuordnung als auf die schuldrechtliche Prägung eines Rechtsverhältnisses

cc) Stellungnahme zum Treuhandbegriff

Als erstes Fazit lässt sich aus der oben genannten Diskussion feststellen, dass eine abschließende unbestrittene Definition des Treuhandverhältnisses nicht existiert.[376] Als zweiter Aspekt lässt sich feststellen, dass die bisher erschienene Literatur zu dem Thema des Unternehmensführungsvertrags sich überwiegend nicht näher zu dem Treuhandbegriff äußert. Bei der näheren Betrachtung überzeugt der moderne Treuhandbegriff, der den Begriff der Treuhand über das Innenverhältnis zu erschließen sucht. Wenn man sich auf den historischen Grundbefund besinnt, nach dem die Treuhand dadurch geprägt sein soll, dass das Können im Außenverhältnis das Dürfen im Innenverhältnis übersteige,[377] dann könne die konkrete Ausgestaltung des Außenverhältnisses nicht wesentlich für den Treuhandbegriff sein.[378] Entscheidend ist vielmehr der allgemeine Befund, dass ein Rechtssubjekt eine verstärkte Einflussmöglichkeit auf die Rechtsgüter eines anderen Rechtssubjekts hat und dabei im Innenverhältnis verpflichtet ist, die Interessen des beeinflussten Rechtssubjekts zu wahren. Ob diese Einflussmöglichkeit aufgrund einer Vollrechtsübertragung, einer Ermächtigung, einer Bevollmächtigung oder sogar durch ein faktisches Verhältnis besteht, muss dahinstehen.[379] Als Vergleich lässt sich auch die Situation eines Geschäftsführers einer GmbH heranziehen. Es wird zwischen dem Organverhältnis und dem Anstellungsverhältnis unterschieden.[380] Aus dem Organverhältnis ergibt

---

Interessenswahrungspflicht in Form der Interessensvertretung sind auch schon bei *Siebert* angeklungen:vgl. *Siebert*, Treuhandverhältnis, 108, 233.

374 Siehe beispielhaft *Löhnig*, Treuhand, 120, 123.

375 Hierzu *Löhnig*, Treuhand, 135 f.

376 So auch *Geibel*, Treuhandrecht, 8; *Gernhuber*, JuS 1988, 355; *Schramm*, MüKo-BGB, Vor § 164 Rn. 28.

377 So auch die jüngere Rspr. BGH, Urt. v. 10.12.2003 – IV ZR 249/02, NJW 2004, 1382, 1383; siehe auch *Friedmann*, 36. DJT, 805, 855.

378 Im Ergebnis auch *Grundmann*, Treuhandvertrag, 88.

379 Vgl. auch *Löhnig*, Treuhand, 160 f.; a. A. BGH, Urt. v. 10.12.2003 – IV ZR 249/02, NJW 2004, 1382, 1383: Dieser fordert eine nach außen eingeräumte Rechtsmacht.

380 BGH, Urt. v. 24.11.1980 – II ZR 182/79, NJW 1981, 757, 758; BGH, Urt. v. 23.01.2003 – IX ZR 39/02, NZG 2003, 327; BGH, Urt. v. 10.05.2010 – II ZR 70/09, NZG 2010, 827, 828; BAG, Urt. v. 25.10.2007 – 6 AZR 1045/06, NZA 2008, 168, 169; *Jaeger*, MüKo-GmbHG, § 35 Rn. 248; Lutter/Hommelhoff/*Kleindiek*, GmbHG, Anh § 6 Rn. 2; Ulmer/*Paefgen*, GmbHG, § 35 Rn. 229; Scholz/*Schneider/Hohenstatt*, GmbHG § 35 Rn. 251.

eine unbeschränkte und unbeschränkbare Vertretungsmacht für das Außenverhältnis, während im Innenverhältnis der Geschäftsführer in seiner Handlungsbefugnis beispielsweise durch Weisungen der Gesellschafter oder durch den Anstellungsvertrag limitiert ist.

Die Frage, ob dem Treuhänder ein Aussonderungsrecht bzw. eine Drittwiderspruchsklage zustehe oder nicht, sollte hier nicht begriffskonstituierend sein, sondern eine Teilfrage des Treuhandrechtes. Dies gilt besonders unter dem Gesichtspunkt, dass diese Frage letztendlich drittinteressensbezogen ist und keine scharfen Konturen bildet. So wurde von der Rechtsprechung zunächst der Unmittelbarkeitsgrundsatz[381] postuliert und dieser dann in der Rechtspraxis aufgeweicht durch eine Ausnahme für Anderkonten[382] und später sogar für andere Konten, die offen für ein Fremdinteresse geführt worden sind.[383] Selbst die Ansicht des klassischen Treuhandbegriffs hält dies nicht durch, sondern unterscheidet zwischen der unechten bzw. uneigentlichen Treuhand und der echten bzw. eigentlichen Treuhand,[384] und auch dieses spricht gegen den klassischen Treuhandbegriff.[385]

Zusätzlich wird in der Literatur vielfach eine Kategorisierung vorgenommen und es werden Begriffe wie die Verwaltungstreuhand, die Sicherungstreuhand, die Ermächtigungstreuhand oder die Bevollmächtigungstreuhand[386] genutzt. Vor dem Hintergrund dieser verbreiteten Begriffe erscheint es von der Systematik her gerechtfertigt, den Begriff der Treuhand weit zu fassen. Letztendlich muss man sich fragen, was für ein Zweck mit der Begriffsbildung verfolgt werden soll. Soll es wirklich darum gehen den Treuhandbegriff zu nutzen, um eine Einzelfrage abzugrenzen, oder ist es nicht besser, eine Systembildung zu betreiben, die an die Kategorien *Beyerles* angeknüpft. Den Bedenken des Reichsgerichts, dass der Treuhandbegriff zerfließen würde,[387] kann dabei jedenfalls nicht gefolgt werden, da die Frage des Aussonderungsrechts nicht begriffskonstituierend ist, sondern nur eine Teilfrage innerhalb des Treuhandrechts darstellt.

Ebenso abzulehnen ist die Ansicht *Grundmanns*, nach der sich die Treuhand durch eine strikte Interessensvertretung im Sinne einer Interessenswahrung *stricto*

381 RG, Urt. v. 19.02.1914 – VII 448/13, Z 84, 214, 217.
382 BGH, Urt. v. 05.11.1953 – IV ZR 95/53, Z 11, 37, 43; BGH, 07.04.1959 – VIII ZR 219/57, NJW 1959, 1223, 1225; *Loewenberg*, BankA 1931/1932, 157, 159 f.; *Opitz*, BankA 1931/1932, 35, 36 f.; *Siebert*, BankA 1931/1932, 386, 386 f.
383 Statt vieler BGH, Urt. v. 5.11.1953 – IV ZR 95/53, NJW 1954, 190, 191; BGH, Urt. v. 16.12.1970 – VIII ZR 36/69, NJW 1971, 559, 560; BGH, Urt. v. 22.06.1987 – III ZR 263/85, NJW 1987, 3250, 3251; BGH, Urt. v. 01.07.1993 – IX ZR 251/92, NJW 1993, 2622.
384 Siehe nur Staudinger/*Martinek*, BGB, Vor §§ 662 ff. Rn. 41.
385 So auch *Löhnig*, Treuhand, 88.
386 *Gernhuber*, JuS 1988, 355, 355 f.; Staudinger/*Martinek*, BGB, Vor §§ 662 ff. Rn. 42 ff.
387 RG, Urt. v. 19.02.1914 – VII 448/13, Z 84, 214, 217; später auch BGH, Urt. v. 07.04.1959 – VIII ZR 219/57, NJW 1959, 1223, 1224 f.

sensu als Hauptleistungspflicht auszeichnet.[388] Diese Einordnung der Interessenswahrungspflicht als Hauptpflicht wird zu Recht kritisiert. So wird in der Literatur angeführt, dass sich die Hauptpflicht aus dem Vertrag ergebe und die Interessenwahrungspflicht nur das Mittel zur Erfüllung dieser Hauptpflicht sei.[389] Zu Recht wird in der Literatur darauf hingewiesen, dass *Grundmanns* Aufteilung der Treuhandverhältnisse in einen Tätigkeitsvertrag und einen Interessensvertrag künstlich erscheine.[390] Gerade der Gedanke, dass die besondere Interessenswahrungspflicht sich aus der Überlassung des Treugutes ohne eine Gegenleistung ergebe, erscheint fern liegend, da die Nutzung bzw. Verwaltung ja gerade nicht im Interesse des Treugebers erfolgt. Deshalb kann die Frage der Gegenleistung dahinstehen. Sie ist nicht geeignet um die Interessenswahrungspflicht der Parteien zu ermitteln.[391] Vielmehr muss auf die Interessensstruktur der Parteien abgestellt werden. In der Literatur wird zusätzlich angemerkt, dass *Grundmann* mit seinem Ansatz die strengen Treuepflichten im Gesellschaftsrecht zu erklären suche, und somit wieder versucht werde, den Treuhandbegriff über einen bestimmten Interessenskonflikt zu extrapolieren.[392] So verfalle er wieder in das historische Muster zurück, indem er versucht, den Treuhandbegriff anhand eines Einzelproblems zu erfassen.[393] Schließlich wird zu Recht darauf hingewiesen, dass die Treuhand nicht nur ausschließlich fremdnützig geprägt sein müsse, sondern dass in abgeschwächter Form der Treuhänder auch Eigeninteressen verfolgen könne.[394] Eine Treuepflicht stricto sensu kann also nicht maßgeblich prägend für die Qualifikation als Treuhand sein. Die mehr oder minder stark ausgeprägte Treuepflicht ergibt sich erst aus der konkreten Fremdinteressenwahrnehmung.[395] Demnach ist Treuhänder, wer fremde Interessen kraft eigener Macht wahrt.[396]

dd) Einordnung des Unternehmensführungsvertrags als Treuhandvertrag

Für die Einordnung des Unternehmensführungsvertrags als Treuhandvertrag, ist zunächst zwischen dem echten und dem unechten Unternehmensführungsvertrag zu differenzieren. Bei dem echten Unternehmensführungsvertrag handelt der Unternehmensführer als Stellvertreter. Die Literatur bringt für die Form der

388 *Grundmann*, Treuhandrecht, 92 f.
389 *Löhnig*, Treuhand, 147; widersprüchlich hingegen *Löhnig*, Treuhand, 185.
390 *Löhnig*, Treuhand, 151.
391 So im Ergebnis auch *Dörmer*, Unternehmenspacht, 73.
392 *Löhnig*, Treuhand, 151.
393 Vgl. *Löhnig*, Treuhand, 151.
394 *Isele*, Geschäftsbesorgung, 38; im Anschluss auch *Löhnig*, Treuhand, 152.
395 Vgl. *Löhnig*, Treuhand, 146 f.
396 *Emmerich*, Sanierung, 144; im Anschluss auch *Löhnig*, Treuhand, 116 f.

Stellvertretung den Begriff der „Vollmachtstreuhand" ins Spiel,[397] wobei die Vertreter des klassischen Treuhandbegriffs hier die „echte" Treuhand ablehnen.[398]

Bei dem unechten Unternehmensführungsvertrag tritt der Unternehmensführer im eigenen Namen auf. Folglich ist erforderlich, dass das Eigentümerunternehmen den Unternehmensführer zur Verfügung über Gegenstände des Unternehmens ermächtigt im Sinne des § 185 Abs. 1 BGB. Diese Konstruktion wird in der Literatur als „Ermächtigungstreuhand" bezeichnet.[399] Innerhalb des klassischen Treuhandbegriffs ist es umstritten, ob dies eine echte Treuhand ist.[400] Parallel zu der Ermächtigung spielt bei dieser Konstruktion auch die Frage eine Rolle, ob das im Wege der mittelbaren Stellvertretung erworbene Gut bis zur Herausgabe an das Eigentümerunternehmen ein Treuhandverhältnis bildet. Dies ist auch stark umstritten, besonders unter dem Aspekt des Unmittelbarkeitsgrundsatzes der Rechtsprechung.[401] Diese Fragen sind für den modernen Treuhandbegriff zumindest nicht begriffskonstituierend. Bei dem echten Unternehmensführungsvertrag wird dem Treuhänder Rechtsmacht über das Treugut (das Unternehmen) kraft Bevollmächtigung eingeräumt. Während bei dem unechten Unternehmensführungsvertrag dem Unternehmensführer kraft Ermächtigung oder Rechtsübertragung Rechtsmacht eingeräumt wird. Insofern führt der Unternehmensführer das Unternehmen für Rechnung des Eigentümerunternehmens und somit auch im fremden Interesse.[402] Sowohl der echte als auch der unechte Unternehmensführungsvertrag stellen mithin ein Treuhandverhältnis im Sinne des modernen Treuhandbegriffs dar.[403]

Freilich darf nicht jede Tätigkeit, die im fremden Interesse erfolgt, zugleich eine Treuhand darstellen. Das Treuhandverhältnis ist von dem Arbeitsverhältnis sowie allen sonstigen Dienstverhältnissen abzugrenzen, da hier nicht die Interessensvertretung, sondern der Leistungsaustausch im Vordergrund steht.[404] Ein möglicher Ansatzpunkt wäre hier, neben der Substitution der Interessenswahrung auf den

---

397 *Coing*, Treuhand, 97; *K. Schmidt*, Gesellschaftsrecht, 1827.

398 *Breuer*, MittRhNotK 1988, 79, 81; *Gernhuber*, Jus 1988, 355.

399 *Coing*, Treuhand, 96; *K. Schmidt*, Gesellschaftsrecht, 1827.

400 BGH, Urt. v. 5.11.1953 – IV ZR 95/53, NJW 1954, 190,191; *Löhnig*, Treuhand, 91 ff.; *Siebert*, Treuhand, 298 f., 313.

401 Zu dem Streit *Coing*, Treuhand, 102 f.; *Geibel*, Treuhandrecht, 27 ff.; Staudinger/*Martinek*, BGB, Vor §§ 622 ff. Rn. 47 f.

402 *Müller*, Beherrschungsverträge, 143; a. A. *Martens*, Wirtschaftsabhängigkeit, 27, nach *Martens* bestehe die Möglichkeit, dass der Unternehmensführer das Unternehmen ausschließlich im eigenen Interesse führt.

403 Der am Interesse des Eigentümerunternehmens orientierte Unternehmensführungsvertrag soll nach *Martens* eine Treuhand darstellen, *Martens*, Wirtschaftsabhängigkeit, 28; für die Einordnung als Treuhand auch *Schlüter*, Managementverträge, 38; ebenfalls für die Einordnung als Treuhand spricht sich auch *K. Schmidt* aus, *K. Schmidt*, Gesellschaftsrecht, 502; *K. Schmidt*, FS Hoffmann-Becking, 1053, 1066, 1068; Für treuhandähnlich halten auch *Winter/Theisen* den Unternehmensführungsvertrag, *Winter/Theisen*, AG 2011, 662, 664 f.

404 Zu diesem Argumentationsansatz siehe auch *Löhnig*, Treuhand, 142.

Grad der selbstständigen Handlungsbefugnis und Handlungsmöglichkeit abzustellen. So wurde schon vielfach in der Literatur festgehalten, dass der Treuhänder sich durch seine Selbstständigkeit auszeichne.[405] Dies entspricht der Auffassung, § 675 BGB als treuhänderischer Grundtatbestand zu verstehen und mit Blick auf die Trennungstheorie für das Vorliegen einer Geschäftsbesorgung die selbstständige Interessenwahrnehmung zu fordern.[406]

2. Leistungsspezifische Charakteristika

Schließlich sind für die Beschreibung der Rechtsnatur des Unternehmensführungsvertrags die im Rahmen eines Unternehmensführungsvertrags erbrachten Leistungen zu betrachten. Dieses Leistungssystem ist anhand allgemeiner von der Rechtswissenschaft entwickelter Systematisierungsansätze einzuordnen und zu charakterisieren.

a) Unternehmensführungsvertrag als Dauerschuldverhältnis

Wie bereits bei der strukturellen Untersuchung des Unternehmensführungsvertrags angedeutet worden ist, erschöpft sich der Leistungsaustausch nicht in einem zeitlichen Moment.[407] Damit stellt sich die Frage, ob der Unternehmensführungsvertrag rechtlich als Dauerschuldverhältnis einzuordnen ist. Die Einordnung hat beispielsweise Folgen für die Beendigungsmöglichkeit des Vertragsverhältnisses durch Kündigung oder Rücktritt,[408] der Annahme von vorvertraglichen Aufklärungspflichten[409] oder die grundsätzliche Einordnung der Unternehmensführung als Fixschuld.[410]

Eine begriffliche Definition des Dauerschuldverhältnisses hat der Gesetzgeber bewusst der Rechtsprechung und der Literatur überlassen, um eine Flexibilität im Bezug auf neue Erkenntnisse und Entwicklungen zu bewahren.[411] Im Zuge dessen werden in der Literatur im Anschluss an die Arbeit von *Gierke*[412] eine Reihe von Erklärungsansätzen zu der Frage, was unter einem Dauerschuldverhältnis zu verstehen ist, vertreten.[413] Eine vollständige Darstellung der in der Literatur vorgeschlagenen Begriffs- und Systematisierungsansätze[414] kann hier nicht geleistet werden, sondern es ist ein Ansatz zu finden, der dieser Arbeit zugrunde zu legen ist.

---

405 *Emmerich*, Sanierung, 164; *Schultze*, Treuhand, 48; *Siebert*, Treuhandverhältnis, 312.

406 Ausführlich *Löhnig*, Treuhand, 135 ff.; zur Einheits- und Trennungstheorie näheres 1. Kapitel § 5 B II 2.

407 Vgl. 1. Kapitel § 4 J.; *Abels*, Managementverträge, 111 f.

408 Siehe 2. Kapitel § 8 A.

409 Hierzu 2. Kapitel § 1 A.

410 Siehe 2. Kapitel § 6 A II.

411 *Gaier*, MüKo-BGB, § 314 Rn. 5.

412 *Gierke*, JherJb 64 (1914), 355 ff.

413 Hierzu ausführlich bei *Oetker*, Dauerschuldverhälnis, 74 ff.

414 Auszugsweise hierzu *Beitzke*, Dauerschuldverhältnis, 4 ff.; *Ebhardt*, Beendigung, 1 ff.; *Gaier*, MüKo-BGB, § 314 Rn. 5; *Gernhuber*, Schuldverhältnis, 377 ff.; *Gierke*,

Nach der Rechtsprechung stellt sich ein Dauerschuldverhältnis als ein Rechtsverhältnis dar, bei dem eine dauernde oder wiederkehrende Leistung über einen gewissen Zeitraum geschuldet wird, wobei der Umfang der Gesamtleistung in einem Abhängigkeitsverhältnis zum Faktor Zeit steht.[415]

Für die Rechtsprechung, aber auch für die Literatur spiele mithin das zeitliche Moment eine entscheidende Rolle.[416] Der weitgehende Konsens über die Wichtigkeit des Zeitmomentes gewährleistet jedoch noch nicht eine klare Abgrenzung und Begriffsbestimmung des Dauerschuldverhältnisses.[417] Aus der oben genannten Definition lassen sich allerdings zwei Kriterien entnehmen: Das Kriterium der Dauer und das Kriterium des von der Dauer abhängigen Leistungsumfanges zur Abgrenzung von sonstigen Austauschverträgen. Beide offenbaren aber bei einer kritischen Betrachtung erhebliche Zweifel an der Eignung zur Qualifizierung eines Vertragsverhältnisses als Dauerschuldverhältnis.[418] So kann aus dem Kriterium der Dauer für sich genommen nicht bestimmt werden, ob ein Dauerschuldverhältnis vorliegt.[419] Dies liegt schon daran, dass die Dauer für sich ein relatives Kriterium ist.[420] Selbst eine punktuelle Leistung hat eine zeitliche Dauer und so kann allein mit diesem Kriterium keine Abgrenzung vorgenommen werden. Zusätzlich liegt es in der Natur von komplexen Leistungen, dass diese eine erhebliche Zeitspanne einnehmen[421]. Auch die Unbestimmtheit der Gesamtleistung kann allein nicht ein Dauerschuldverhältnis charakterisieren.[422] Dies hätte zur Folge, dass Verträge, die ein klar vereinbartes Leistungsprogramm oder eine Befristung aufweisen, nie ein Dauerschuldverhältnis darstellen könnten.[423] Es zeigt sich also, dass eine bipolare Begriffsbestimmung des Dauerschuldverhältnisses nicht möglich ist.[424]

JherJb 64 (1914), 355 ff.; *Krückmann*, JherJB 66 (1916), 1 ff.; *Nicklisch*, JZ 1984, 757; *Oetker*, Dauerschuldverhältnis, 66 ff.; *Schwarz*, FS Wilburg, 355 ff.; *Steinberger*, Dauerverträge, 3 ff.; *Wiese*, FS Nipperdey I, 837 ff.

415 BGH, Urt. v. 01.12.1971 – VIII ZR 143/70, NJW 1972, 246, 247; BGH, Urt. v. 29.10.1985 – X ZR 12/85, WM 1986, 73, 75; BGH, Urt. v. 29.05.1991 – VIII ZR 71/90, ZIP 1991, 960, 961; OLG Düsseldorf, Urt. v. 15.10.1996 – 23 U 27/96, BeckRS 2011, 04208; LG Berlin, Urt. v. 26.04.2007 – 32 O 57/07, BeckRS 2009, 25721.

416 *Gaier*, MüKo-BGB, § 314 Rn. 5; *Nicklisch*, JZ 1984, 757; *Oetker*, Dauerschuldverhältnis, 74, 144; Staudinger/*Olzen*, BGB, § 241 Rn. 362; *Ulmer*, FS Möhring, 295, 302; *Wiese*, FS Nipperdey I, 836, 840.

417 Vgl. *Esser/Schmidt*, Schuldrecht I, 256; *Oetker*, Dauerschuldverhältnis, 75, 101 f.

418 Vgl. *Dörmer*, Unternehmenspacht, 31; *Oetker*, Dauerschuldverhältnis, 102, 104 f.

419 Vgl. *Dörmer*, Unternehmenspacht, 31; *Ebhardt*, Beendigung, 9 f.; *Kast*, Einrede, 149; *Nehm*, Rechtsverhältnisse, 10; *Nikisch*, Grundformen, 146 f., 155; *Oetker*, Dauerschuldverhältnis, 74 f.; *Ulmer*, Vertragshändler, 252; *Weber*, Gesellschaft, 113.

420 So auch *Dörmer*, Unternehmenspacht, 31.

421 Vgl. *Kast*, Einrede, 149; *Oetker*, Dauerschuldverhältnis, 76, 102.

422 So aber *Larenz*, SchR I, 29 f.

423 *Oetker*, Dauerschuldverhältnis, 104 f.

424 *Oetker*, Dauerschuldverhältnis, 97 f., 107 f. mit dem Hinweis auf die Komplexität des Begriffs des Dauerschuldverhältnisses; ähnlich auch *Wiese*, FS Nipperdey I, 837, 843.

Dieser Umstand hat *Oetker* dazu veranlasst, eine Systembildung bezüglich der Dauerschuldverhältnisse zu betreiben.[425] So hat er den Faktor Zeit in Bezug gesetzt mit den Merkmalen der Leistungshandlung und des Leistungserfolgs.[426] In diesem Sinne unterscheidet er in zeitlicher Hinsicht zunächst grob zwischen punktuellen Austauschverträgen, die sich auf einen zeitlichen Moment erstrecken, und solchen langfristigen Verträgen, die eine gewisse Zeitspanne umfassen.[427] Innerhalb der Kategorie der langfristigen Verträge unterscheidet er wieder in Langzeitverträge im weitesten Sinne und Dauerverträge. Die Langzeitverträge im weitesten Sinne sind dadurch gekennzeichnet, dass der Leistungserfolg das Schuldverhältnis beendet, während bei dem Dauervertrag eine solche Beendigungswirkung nicht gegeben ist.[428] Innerhalb der Kategorie der Langzeitverträge im weitesten Sinne wird unterschieden zwischen Langzeitverträgen im engeren Sinne und Ratenverträgen. Während bei Langzeitverträgen im engeren Sinne der Leistungserfolg unteilbar ist, werden bei dem Ratenvertrag Teilleistungen im Sinne des § 266 BGB erbracht, die dann die gesamte Leistung ergeben.[429] Die Kategorie des Dauervertrags wird in die Unterkategorien der Sukzessivverträge und der Dauerschuldverträge aufgespaltet. Sukzessivverträge zeichnen sich dadurch aus, dass die Leistungserfolge deutlich abgrenzbar nach außen treten und sich dabei als Gattung erfassen lassen.[430] Beim Dauerschuldverhältnis dagegen kann der Leistungsumfang nur mit Hilfe des Kriteriums der Zeit erfasst werden.

Eine andere Ansicht möchte das Dauerschuldverhältnis über eine „dauernde Pflichtenanspannung" suchen.[431] Dieses Kriterium wird damit begründet, dass bei einer längeren Vertragsbindung die Wahrscheinlichkeit einer Pflichtverletzung höher sei als bei reinen Austauschverträgen, und dass es deswegen zu einer dauerhaften Pflichtenanspannung komme.[432] Dabei lässt sich dieser Ansicht zunächst vorwerfen, dass sie einen normativen Begriff zu erklären sucht, indem sie einen anderen auslegungsbedürftigen Begriff benutzt. Gerade der Begriff der Dauer ist ein Begriff, der stark wertungsabhängig ist und somit einer Systematisierung allein nicht zuträglich ist. Schon aus diesem Grund ist der Systematisierungsansatz *Oetkers* vorzuziehen.

---

425 Instruktiv die Übersicht bei *Oetker*, Dauerschuldverhältnis, 143.

426 *Oetker*, Dauerschuldverhältnis, 109.

427 *Oetker*, Dauerschuldverhältnis, 112.

428 *Oetker*, Dauerschuldverhältnis, 116; dieser Gedanke lässt sich auch finden bei *Schwarz*, FS Wilburg, 355, 362.

429 *Oetker*, Dauerschuldverhältnis, 117 f.

430 *Oetker*, Dauerschuldverhältnis, 119, 134.

431 *Gernhuber*, Schuldverhältnis, 388 f.; *Löhnig*, Treuhand, 124 ff.; *Nicklisch*, JZ 1984, 757, 761; *Ulmer*, Vertragshändler, 253.

432 Vgl. *Gernhuber*, Schuldverhältnis, 388 f.; *Wellenhofer-Klein*, Zulieferverträge, 99: Hier wird zunächst das besondere Pflichtengefüge und die erhöhte Wahrscheinlichkeit einer Pflichtverletzung betont, jedoch noch im selben Abschnitt eingestanden, dass dieses Pflichtengefüge sich auf alle Typen von Dauerschuldverhältnissen übertragen lasse.

Zusätzlich wird in der Literatur zu Recht darauf hingewiesen, dass auch Verträge, die allein auf einen Leistungserfolg gerichtet sind, eine hohe und dauernde Pflichtenanspannung beinhalten können.[433] Andererseits kann auch eine simple Hauptleistungspflicht im Rahmen eines Dauerschuldvertrags bestehen, sodass hier eine dauernde Pflichtenanspannung mit dem erhöhten Risiko eine Pflichtverletzung zu begehen zu verneinen ist.[434] Es lässt sich somit kein zwingender Zusammenhang zwischen dem Pflichtengefüge und der Dauer eines Schuldverhältnisses herleiten[435].

Wenn nun der Unternehmensführungsvertrag in das von *Oetker* herausgearbeitete zeitorientierte System der Schuldverhältnisse einzuordnen ist, dann lässt sich zunächst sagen, dass jeder Unternehmensführungsvertrag im Gegensatz zum punktuellen Austauschvertrag einen langfristigen Vertrag darstellt. Eine weitergehende Einordnung hängt von der konkreten Gestaltung des Unternehmensführungsvertrags und dem damit verfolgten Ziel ab. Sofern der Unternehmensführungsvertrag auf das Erreichen eines bestimmten Ziels gerichtet ist und dann das Erreichen dieses Ziels zu einer Beendigung des Schuldverhältnisses führt, muss man ihn konsequent zunächst als Langzeitvertrag im weitesten Sinne einordnen. Des Weiteren ist die Leistung der Unternehmensführung eine nicht teilbare Leistung im Sinne des § 266 BGB. In diesem Sinne ist dann der Unternehmensführungsvertrag als Langzeitvertrag im engeren Sinne als Abgrenzung zum Ratenvertrag einzuordnen. In diesem Fall wäre der Unternehmensführungsvertrag kein Dauerschuldverhältnis. Allerdings ist ein solcher Unternehmensführungsvertrag atypisch. Üblicherweise wird der Unternehmensführungsvertrag so ausgestaltet, dass dieser nicht mit dem Erreichen eines bestimmten Ziels endet.

Typischerweise wird der Unternehmensführungsvertrag zwar mit Zielbestimmungen ausgestaltet, jedoch ist er nicht strikt erfolgsbezogen, sodass der Unternehmensführungsvertrag in diesem Sinne als Dauervertrag einzuordnen ist. Da die Bestimmung des Leistungsumfangs der Unternehmensführung sich nicht gattungsmäßig bestimmen lässt, sondern nur anhand des Kriteriums der Zeit bestimmt werden kann, ist der Unternehmensführungsvertrag in den überwiegenden Fällen als Dauerschuldvertrag einzuordnen.[436]

b) Leistungsstruktur des Unternehmensführungsvertrags

Nachdem der Unternehmensführungsvertrag typischerweise als Dauerschuldvertrag eingeordnet worden ist, ist nun die Leistungsstruktur zu untersuchen. Dabei ist zunächst der Systematisierungsansatz nach der Leistungsstruktur näher zu klären.

---

433 *Dörmer*, Unternehmenspacht, 32.

434 Dieses merken auch *Wellenhofer-Klein* und *Nicklisch,* indem sie ihren Ansatz relativiert und eingestehen, dass nicht jedes Dauerschuldverhältnis eine erhöhte Pflichtenanspannung zur Folge habe, *Nicklisch*, JZ 1984, 757, 761; *Wellenhofer-Klein*, Zulieferverträge, 99.

435 So auch *Esser/Schmidt*, SchR I, 257.

436 Ebenso *Abels*, Managementverträge, 111 f.

aa) Systematisierungsansatz nach der Leistungsstruktur und die Nähe zum Statusbegriff

In der Literatur wurde in Anlehnung an die soziologische Kategorie des Status ein deskriptiver Ansatz entwickelt, um Schuldverhältnisse nach ihrer Leistungsstruktur zu systematisieren.[437] Dabei wurde versucht, zwischen schlichten Verträgen und statusbegründenden Verträgen zu differenzieren. Es ging dabei um die Frage, wie die konkrete vertragliche Beziehung der Vertragsparteien ausgestaltet ist.[438] Sofern sie in einer hierarchischen Ordnung ausgestaltet waren und einer Vertragspartei durch die Leistungsstruktur die Möglichkeit eingeräumt wurde vertikal auf den Vertragspartner einzuwirken, wurde dem Vertragstypus eine statusbegründende Kraft zugesprochen.[439]

In der Literatur wurde an diesem Ansatz vor allem die Wahl des Statusbegriffs kritisiert.[440] Dieser sei von einem spezifischen dogmatischen Verständnis vorgeprägt.[441] Diese Vorprägung ist an *Gierkes* Verständnis des personellen Vertrages angelehnt und der damit verbundenen Erfassung der Person des Schuldners als Rechtssubjekt durch den Vertrag.[442] Dieser Ansatz ist schon aus verfassungsrechtlichen Gründen abzulehnen.[443] In diesem Sinne weist *Dörmer* zutreffend darauf hin, dass sich der oben beschriebenen Ansatz von *Gierkes* Position insoweit unterscheide, als es nicht um die Subordination der Person als solche gehe, sondern um den Subordinationscharakter des Schuldverhältnisses.[444] Zwar distanziert sich auch *Joerges* von *Gierkes* älterem Statusbegriff[445], jedoch ist es problematisch, einen geprägten Terminus mit einem völlig neuen Inhalt in die Diskussion einzubringen. In diesem Sinne wird zu Recht angemerkt, dass die Begriffsprägung kontraproduktiv sei und zu Verwirrungen führe.[446] Zusätzlich hatte *Martinek* zuvor einen ähnlichen Ansatz schon mit dem Begriff der Subordinationsverträge umschrieben.[447]

Trotz dieser Kritik an dem Statusbegriff eignet sich dieser deskriptive Ansatz grundsätzlich um die Leistungsstruktur von Verträgen zu beschreiben.[448] Kennzeichnend ist, dass eine Partei auf die Leistung des Vertragspartner einseitig gestalterisch

---

437 *Joerges*, AG 1991, 325, 328; *Streek*, Regulation Corporate Groups in Europe, 105, 108.
438 Vgl. *Streek*, Regulation Corporate Groups in Europe, 105, 108 f., der als Beispiel den Arbeitsvertrag heranzieht, jedoch diesen Ansatz auch für andere Vertragstypen adaptierbar hält.
439 *Joerges*, AG 1991, 325, 328; *Streek*, Regulation Corporate Groups in Europe, 105, 108 f.
440 *Oetker*, Dauerschuldverhältnis, 219.
441 *Oetker*, Dauerschuldverhältnis, 219.
442 Vgl. 1. Kapitel § 5 B I 1 a aa.
443 Vgl. 1. Kapitel § 5 B I 1 a aa.
444 *Dörmer*, Unternehmenspacht, 45.
445 *Joerges*, AG 1991, 325, 328.
446 *Oetker*, Dauerschuldverhältnis, 219.
447 Staudinger/ *Martinek*, BGB, § 675, Rn. A 62; speziell bezogen auf Franchiseverträge *ders.*, Moderne Vertragstypen II, 63 f.; *ders.*, Franchising, 247.
448 So auch *Dörmer*, Unternehmenspacht, 45.

Einfluss nehmen kann und die Interessen eines Vertragspartners entsprechend untergeordnet sind. Diese vertikale Leistungsstruktur ist beispielsweise bei einem Geschäftsbesorgungsvertrag prägend.[449] Die deskriptive Untersuchung der Leistungsstruktur kann deshalb bei der Einordnung des Unternehmensführungsvertrag als Geschäftsbesorgungsvertrag fruchtbar gemacht werden.[450]

bb) Leistungsstruktur des Unternehmensführungsvertrags

Die Analyse der vorgefundenen Musterverträge als auch der einschlägigen Literatur zeigen, dass bei dem Unternehmensführungsvertrag in der typischen Grundform regelmäßig umfangreiche Weisungsrechte vereinbart werden.[451] In diesem Sinne erstreckt sich der vertragliche Konsens nicht auf die regelungsbedürftigen Fragen bei der Vertragsdurchführung. So lässt sich feststellen, dass der Unternehmensführungsvertrag durch eine vertikale Leistungsstruktur geprägt ist.

In der Literatur wird teilweise jedoch eine Ansicht vertreten, die sich tendenziell gegen eine vertikale Leistungsstruktur ausspricht.[452] So wird davon ausgegangen, dass ein ständiges Einvernehmen zwischen den Parteien herrschen müsse und bei Unstimmigkeit der jeweiligen Vertragspartei ein außerordentliches Kündigungsrecht zustehen müsse.[453] Dieser Ansicht kann jedoch so nicht gefolgt werden. Es muss bedacht werden, dass der Unternehmensführer vom Grundgedanken her das Unternehmen im Interesse des Eigentümerunternehmens leitet. Dementsprechend muss es auf ein ständiges und globales Einvernehmen der Parteien nicht ankommen. Vielmehr ist der Wille des Eigentümerunternehmens maßgeblich. Freilich kann ein außerordentliches Kündigungsrecht bei Unstimmigkeiten über wesentliche Punkte der weiteren Unternehmensführung diskutiert werden. Dennoch ist zu bedenken, dass der Unternehmensführer sich bewusst auf die Fremdinteressenwahrnehmung eingelassen hat und dementsprechend grundsätzlich auch den Willen des Eigentümerunternehmens achten muss.[454] Möchte er eine autonome oder eine stärker konsensual geprägte Unternehmensführung, dann muss er dieses auch vereinbaren. Schließlich sollte durch eine inflationäre Anwendung des Instruments der außerordentlichen Kündigung nicht aus einer vertikal geprägten Leistungsstruktur eine horizontal geprägte gemacht werden.

---

449 Staudinger/*Martinek*, BGB, § 675 A 22.
450 Siehe 1. Kapitel § 5 B) II 2 d.
451 Vgl. 1. Kapitel § 4 H I.
452 Vgl. *Huber*, ZHR 152 (1988), 1, 32.
453 *Huber*, ZHR 152 (1988), 1, 32.
454 A. A. *Würdinger*, Aktienrecht, 313, nach diesem diene der Unternehmensführungsvertrag in erster Linie dem Interesse des Unternehmensführers.

c) Organisationsvertragliche Elemente des Unternehmensführungsvertrags

aa) Organisationsvertragliche Elemente als Systematisierungsansatz

Neben der typischerweise vorliegenden vertikalen Prägung der Leistungsstruktur des Unternehmensführungsvertrags stellt sich die Frage, ob der Unternehmensführungsvertrag auch organisationsvertragliche Elemente aufweist. Der Systematisierungsansatz nach organisationsvertraglichen Elementen von Verträgen wird in der Rechtswissenschaft in zwei verschiedenen Bereichen diskutiert, welche zwar einen gemeinsamen Ursprung haben,[455] jedoch in der Stoßrichtung verschieden sind.[456] Das sind einerseits das organisationsvertragliche Element als gesellschaftsrechtliches Spezifikum und andererseits der allgemeine Systematisierungsansatz nach dem Merkmal der Leistungskoordination.

(1) Organisationsvertragliche Elemente als gesellschaftsrechtliches Spezifikum

Im Gesellschaftsrecht finden sich verschiedene Ansatzpunkte zur Kategorisierung von Organisationsverträgen.[457] *Würdinger* nutzt den Begriff des Organisationsvertrags, um den Gesellschaftsvertrag vom schlichten Austauschvertrag abzugrenzen.[458] Darauf aufbauend versteht *Raiser* den Organisationsvertrag als Vertrag mit dem eine von den Mitgliedern verselbstständigte Zweckeinheit gebildet wird.[459] Dieser Ansatz findet auch noch in jüngerer Zeit Anklang.[460]

Neben diesem Ansatz, der die körperschaft konstituierende Funktion hervorhob, hat sich der Begriff des Organisationsvertrags auch zur Beschreibung der Rechtsnatur von Beherrschungs- und Gewinnabführungsverträgen etabliert.[461] So wurde deutlich gemacht, dass die Beherrschungs- und Gewinnabführungsverträge nicht als rein schuldrechtliche Verträge zu sehen seien, sondern dass sie in die Organisation der Gesellschaft eingreifen.[462] *Bälz* merkte hierzu an, dass diese Vertragstypen über eine schlichte Unternehmenskooperation hinausgehen und die Unternehmen

455 Gemeinsam ist der Ursprung, der auf *Gierke* zurückgeht, mit der Erkenntnis, dass der Dienst- und Arbeitsvertrag eine über den reinen Leistungsaustausch auch weitere funktionale Elemente aufweist, *Oetker*, Dauerschuldverhältnis, 222 f.

456 Vgl. *Oetker*, Dauerschuldverhältnis, 226.

457 *Dörmer*, Unternehmenspacht, 47 f.; *Oetker*, Dauerschuldverhältnis, 224 f.

458 *Würdinger*, Gesellschaften I, 42.

459 *Raiser*, Hundert Jahre deutsches Rechtsleben I, 101, 109 f.

460 *K. Schmidt*, Gesellschaftsrecht, 60 f.; *Ulmer/Schäfer*, MüKo-BGB, § 705 Rn. 158.

461 BGH, Urt. v. 14.12.1987 – II ZR 170/87, Z 103, 1, 4 f.; BGH, Beschl. v. 24.10.1988 – II ZB 87/88, Z 105, 324, 331; BGH, Beschl. v. 30.01.1992 – II ZB 15/91, NJW 1992, 1452, 1454; OLG Hamburg, Urt. v. 13.07.1990 – 11 U 30/90, NJW 1990, 3024, 3025; *Bälz*, FS Raiser, 287, 323 f.; *Oetker*, Dauerschuldverhältnis, 225.

462 BGH, Urt. v. 14.12.1987 – II ZR 170/87, Z 103, 1, 4 f.; BGH, Beschl. v. 24.10.1988 – II ZB 87/88, Z 105, 324, 331; *Bälz*, FS Raiser, 287, 323; *Veil*, Unternehmensverträge, 202 f.

„zu Gliedern eines polykorporativen Unternehmens" werden.[463] Festzuhalten ist jedoch, dass der Organisationsvertrag in diesem Sinne nicht als Gegenüberstellung zu dem Austauschvertrag gesehen wird, sondern schlicht als besonderes Charakteristikum.[464]

(2) Allgemeiner Systematisierungsansatz nach der Leistungskoordination

Die Untersuchung von Verträgen nach organisationsvertraglichen Elementen wurde nicht nur in der oben genannten gesellschaftsrechtlich geprägten Sichtweise durchgeführt. Für den Bereich des Arbeitsrechts hatte sich eine andere Sichtweise entwickelt. So liegt nach *Brecher* der Organisationscharakter in einem Arbeitsverhältnis in einem eng verflochtenen Gesamtverhalten der Vertragsparteien.[465] Für *Fabricius* dagegen ergibt sich der Organisationscharakter des Arbeitsvertrags aus der organisatorischen Mitwirkungspflicht des Arbeitgebers und deshalb sei dieser Vertragstypus aufgrund der besonderen Beziehung der Parteien zueinander über den schlichten synallagmatischen Austausch spezifisch geprägt.[466] Diesem Ansatz wird vorgeworfen, dass er mit der isolierten Betrachtung eines Arbeitsverhältnisses die kollektive Dimension einer Arbeitsorganisation nicht zur Genüge zum Ausdruck bringt.[467] Denn die Organisation des Arbeitgebers betrifft gerade nicht nur ein Arbeitsverhältnis, sondern erstreckt sich auf eine Vielzahl von Arbeitsverhältnissen, deren Leistungen in einem großen Ganzen organisiert werden müssen. In diesem Sinne füge sich das individuelle Arbeitsverhältnis in eine Gesamtorganisation ein.[468]

Sowohl bei der Betrachtung der Versuche im Bereich des Arbeitsrechts, organisationsvertragliche Elemente im Arbeitsvertrag zu extrahieren, als auch aus der gesellschaftsrechtlichen Sichtweise des organisationsrechtlichen Vertrags lässt sich der Koordinationscharakter als gemeinsame Größe finden.[469] Kennzeichnend ist dabei, dass verschiedene Leistungen von verschiedenen Vertragsparteien zueinander in einer Wechselbeziehung stehen und deshalb einer innersystematischen Koordination bedürfen. Der Koordinationscharakter eines organisationsrechtlichen Vertrags wird noch weiter gekennzeichnet durch die Beschreibung unterschiedlicher Koordinationsstrukturen.[470] Hierbei wird unterschieden zwischen einer multilateralen Koordination und einer bilateralen Koordination. Während die multilaterale Koordination dadurch geprägt ist, dass mehrere Parteien gemeinsam verbunden sind, wie es zum

---

463 *Bälz*, FS Raiser, 287, 324.
464 Vgl. *Dörmer*, Unternehmenspacht, 48; *Exner*, Beherrschungsvertrag, 56; *K. Schmidt*, ZGR 1983, 513, 519; *Würdinger*, Aktienrecht, 323; ausführlich hierzu 3. Kapitel § 1 B IV 2 a.
465 *Brecher*, FS Schmidt-Rimpler, 181, 182.
466 *Fabricius*, Leistungsstörungen, 20.
467 Vgl. *Oetker*, Dauerschuldverhältnis, 229.
468 *Ramm*, JZ 1991, 1, 3.
469 *Oetker*, Dauerschuldverhältnis, 226.
470 Vgl. *Oetker*, Dauerschuldverhältnis, 227.

Beispiel bei Gemeinschaftsverträgen der Fall ist, sind bei der bilateralen Koordination nur zwei Parteien vertraglich miteinander verbunden.[471] Allerdings fügt sich hier die Leistung in einen Bündel von Leistungen aus anderen Vertragsverhältnissen ein, sodass auch hier eine Koordination durch eine Vertragspartei erforderlich ist. In diesem Fall weisen die vertraglichen Beziehungen im Gesamtkomplex eine Sternstruktur auf,[472] wobei *Martinek* dann davon ausgeht, dass die separaten Verträge sich in Gliedverträge wandeln.[473]

Es stellt sich die Frage, was diese Systematisierung für die einzelnen Verträge für Folgen hat. Zum einen wird davon ausgegangen, dass diese Einordnung den Rechte- und Pflichtenkreis der Verträge prägt.[474] Dies wirkt sich auf die Auslegung der Verträge, die Kontrolle von Allgemeinen Geschäftsbedingungen sowie auf die ergänzende Vertragsauslegung aus.[475] Teilweise wird in der Literatur noch weiter gegangen und eine Erstreckung von Schutzpflichten auf nicht vertraglich verbundene Parteien von Gliedverträgen befürwortet.[476] Allerdings wird zu Recht angemahnt, dass hier ein kaum kalkulierbares Haftungsrisiko entsteht.[477] Aber auch unter den Gesichtspunkten der Wertung des § 311 Abs. 2 BGB sowie unter den Gesichtpunkten der Privatautonomie und der Relativität der Schuldverhältnisse ist ein solche extensive Ausdehnung der Schutzpflichten höchst problematisch und im Ergebnis abzulehnen. Dennoch ist der koordinationsrechtliche Charakter eines Vertrages im Rahmen der Durchführung eines Schuldverhältnisses mit all seinen möglichen Implikationen, wie zum Beispiel Auslegungsfragen, der ergänzenden Vertragsauslegung oder der Kontrolle von AGB, zu berücksichtigen.

bb) Organisationsvertragliche Elemente des Unternehmensführungsvertrags

Es ist im Sinne des oben beschriebenen allgemeinen Ansatzes zu fragen, inwiefern der Unternehmensführungsvertrag einen Koordinationscharakter aufweist. Dabei ist der maßgebliche Untersuchungsgegenstand der typische Grundfall eines echten Unternehmensführungsvertrags. In Frage kommt hier nur eine bilaterale Koordination, da der Unternehmensführungsvertrag typischerweise nicht als Gemeinschaftsvertrag mit mehreren Beteiligten ausgestaltet ist, sondern als bilateraler Vertrag. Bei dem Unternehmensführungsvertrag übernimmt der Unternehmensführer das

---

471 Vgl. *Martinek*, Franchising, 242 f.

472 Vgl. *Martinek*, Franchising, 244, der von einer strahlenförmigen Anordnung um die Systemzentrale herum spricht; *Oetker*, Dauerschuldverhältnis, 228; zu dem Begriff des Sternvertrages *Ulmer/Schäfer*, MüKo-BGB, § 705 Rn. 21.

473 *Martinek*, Franchising, 242.

474 *Martinek*, Franchising, 244.

475 *Dörmer*, Unternehmenspacht, 49; bezogen auf die AGB Kontrolle *Möschel*, AcP 186 (1986), 187, 211; *Rohe*, Netzverträge, 492 ff.

476 So im Bezug auf das Konstrukt der so genannten Netzverträge im bargeldlosen Zahlungsverkehr: *Möschel*, AcP 186 (1986), 187, 211, 217.

477 *Dörmer*, Unternehmenspacht, 49; *Rohe*, Netzverträge, 495.

operative Geschäft des Eigentümerunternehmens. Dies erfasst natürlich auch die Durchführung schon bestehender Vertragsverhältnisse des Eigentümerunternehmens in dessen Namen, aber auch spätere durch den Unternehmensführer im Namen des Eigentümerunternehmens begründete Vertragsverhältnisse.[478] Diese bestehenden Vertragsverhältnisse können natürlich in der Art zusammen mehr oder minder stark einem gemeinsamen Großen und Ganzen dienen, sodass sich der Unternehmensführungsvertrag unter diesem gemeinsamen Zweck eingliedern kann.[479] Zu nennen sind hier zum Beispiel Vertragshändlersysteme, Franchisingverträge oder Verträge im Rahmen einer Just-in-time Produktion.[480]

Die erforderliche Koordination trifft dann entweder unmittelbar das Eigentümerunternehmen oder mittelbar den Unternehmensführer. Es lässt sich also feststellen, dass die Organisationsvertraglichkeit des Unternehmensführungsvertrags im schuldrechtlichen Sinne nicht von Natur aus gegeben ist.[481] Sie ist vielmehr von der Spezifikation der bestehenden weiteren Verträge abhängig. Dennoch weist der Unternehmensführungsvertrag Strukturen auf, die eine Tendenz zur Einfügung in sternförmige Vertragssysteme haben, die durch das Eigentümerunternehmen organisiert sind und einem übergeordneten Zweck dienen.[482] Kennzeichnend für diese Tendenz sind das Weisungsrecht des Eigentümerunternehmens sowie die lange Vertragsdauer, aber auch der Vertragsgegenstand der Unternehmensführung an sich. Aus dem Weisungsrecht lässt sich herleiten, dass es eine starke Möglichkeit gibt, den Unternehmensführer zu koordinieren, während die Dauer ein Indikator für eine erhöhte Wahrscheinlichkeit ist, dass es zu solch sternförmigen Vertragssystemen kommen kann. Schließlich weist der Gegenstand des Vertrags, also die Unternehmensführung, eine Offenheit auf und somit auch eine Tendenz, sich einem höheren Zweck eines Vertragssystems unterzuordnen. Diese Tendenz rechtfertigt es, in dem Unternehmensführungsvertrag zumindest organisationsvertragliche Elemente im weitesten Sinne zu sehen.

Zweifelhaft ist hingegen der organisationsvertragliche Charakter des unechten Unternehmensführungsvertrags. Hier tritt der Unternehmensführer als mittelbarer Stellvertreter auf. Bei der Durchführung schon bestehender Verträge durch den Unternehmensführer lässt sich die Eingliederung des unechten Unternehmensführungsvertrags in eine sternförmige Vertragsstruktur noch bejahen und dem Eigentümerunternehmen eine Koordinationsfunktion zuweisen. Da diese Altverträge im Namen des Eigentümerunternehmens abgeschlossen wurden, kann dieses auf die Vertragspartner Einfluss nehmen. Bei späteren Verträgen hingegen, die der Unternehmensführer im eigenen Namen abgeschlossen hat, kann das

478 Vgl. *Abels*, Managementverträge, 321.
479 Vgl. *Abels*, Managementverräge, 31, 47 ff.
480 Beispiele bei *Rohe*, Netzverträge, 491.
481 Ähnlich hinsichtlich Dienst- und Arbeitsverträgen auch *Oetker*, Dauerschuldverhältnis, 229 f.
482 Instruktiv hierfür *Abels*, Managementverträge, 49.

Eigentümerunternehmen nicht mehr koordinativ tätig werden, da keine unmittelbare vertragliche Verbindung besteht. Hier muss also der Unternehmensführer die Koordinationsfunktion übernehmen. Dabei ist jedoch fraglich, ob die Leistungen des Eigentümerunternehmens sich einem höheren Zweck in einem Vertragssystem unterordnen lassen. Hinsichtlich der Zahlung des Unternehmensführungsentgeltes als vertragliche Hauptpflicht wird man dies wohl verneinen können. Allerdings ist eine solche Unterordnung hinsichtlich der Nebenpflichten denkbar. Als Beispiel seien hier für die Unternehmensführung erforderliche Informationen genannt, die auch einem in einem sternstrukturorganisierten Vertragssystem inhärenten übergeordneten Zweck dienen können. Es ergibt sich also, dass auch in diesem Fall ein organisationsvertraglicher Charakter im weitesten Sinne anzunehmen ist.

d) Kooperative Elemente des Unternehmensführungsvertrags

Eng mit der Frage nach organisationsvertraglichen Elementen des Unternehmensführungsvertrags verbunden ist auch die Frage nach kooperativen Elementen des Unternehmensführungsvertrags. Dabei stehen beide Elemente nicht in einem Exklusivitätsverhältnis, sondern sie dienen beide der Beschreibung von Charakteristiken der Vertragsstrukturen, die einen Einfluss auf das Leistungsspektrum bei der Vertragsdurchführung haben.[483] Anders als bei den organisationsvertraglichen Elementen, geht es bei den kooperativen Elementen nicht um die Organisation von Leistungen im Rahmen eines Ganzen, sondern um das Zusammenwirken der Vertragsparteien bei der Vertragsdurchführung. Hinsichtlich der Frage, was genau kennzeichnend für den Kooperationscharakter eines Vertragstypus ist, bestehen noch Unsicherheiten.[484]

Teilweise wird der Ansatz vertreten, dass die Kooperation der Vertragsparteien bei der Erfüllung der jeweiligen vertraglichen Hauptleistungspflichten erforderlich sein müsse.[485] In diesem Sinne bestehe eine partielle Interessensgleichstellung trotz des grundsätzlichen Austauschcharakters eines Vertragstypus.[486] Zutreffend geht ein anderer Teil in der Literatur davon aus, dass der Kooperationscharakter entweder aus dem Erfordernis eines notwendigen Zusammenwirkens bei der Erfüllung der jeweiligen Hauptleistungspflicht resultiert oder aus der besonderen Einwirkungsmöglichkeit des jeweiligen Vertragspartners auf die Rechts- und Interessensphäre des jeweils anderen.[487] Dies lässt sich aus dem Umstand begründen, dass die erhöhte Einwirkungsmöglichkeit auf die Rechts- und Interessensphäre der jeweils anderen

483 Vgl. *Oetker*, Dauerschuldverhältnis, 232.

484 *Wellenhofer-Klein*, Zulieferverträge, 171, die auf einen fehlenden festgeformten Rechtsstrukturtyp der Kooperation hinweist.

485 *Oetker*, Dauerschuldverhältnis, 232.

486 *Wellenhofer-Klein*, Zulieferverträge, 172.

487 *Dörmer*, Unternehmenspacht, 52.

Vertragspartei in einem engen Zusammenhang mit einer Vertrauensstellung steht.[488] Diese Vertrauensstellung kann jedoch nur erlangt und aufrechterhalten werden, wenn eine Kooperation zwischen den Vertragsparteien besteht. Diese Kooperation muss sich in ihrem Mindestmaß auf Auskunft- und Kontrollrechte des durch die Einwirkungsmöglichkeit betroffenen Vertragspartners erstrecken.[489]

Es lässt sich also plastisch zusammenfassen: Wer seinem Vertragspartner nicht vertraut, der eröffnet auch keine Einwirkungsmöglichkeiten. Wer nicht kooperiert, dem kann nicht vertraut werden. Teilweise werden diese Kooperationspflichten schon durch den Gesetzgeber statuiert. So sei hier zum Beispiel die Auskunfts- und Rechenschaftspflicht des Auftragnehmers genannt. Kooperationspflichten lassen sich daneben auch aus § 242 BGB und den Besonderheiten eines Treuhandverhältnisses herleiten.

Wenn nun der Unternehmensführungsvertrag unter diesem Aspekt betrachtet wird, lässt sich feststellen, dass dem Eigentümerunternehmen schon aufgrund der Hauptleistungspflicht des Unternehmensführers eine Kooperationspflicht obliegt. Eine Unternehmensführung durch das Eigentümerunternehmen ist nur möglich, wenn dem Unternehmensführer alle erforderlichen Ressourcen zur Verfügung gestellt werden. Dies umfasst sowohl materielle als auch immaterielle Güter. Auch Informationen können für eine Unternehmensführung von erheblicher Bedeutung sein.

Spiegelbildlich trifft aber auch den Unternehmensführer eine Kooperationspflicht, allerdings nicht so sehr unter dem Aspekt der erforderlichen Kooperation zur Erfüllung der Hauptleistungspflicht des Eigentümerunternehmens. Die Hauptleistungspflicht liegt in diesem Fall in der Leistung des Entgelts für die Unternehmensführung. In diesem Sinne könnte man nur bei erfolgsbezogenen oder kombinierten Vergütungssystemen hinsichtlich der erforderlichen Nachweise eine Kooperationspflicht des Unternehmensführers annehmen. Allerdings lässt sich unabhängig von der Hauptleistungspflicht des Eigentümerunternehmens eine Kooperationspflicht des Unternehmensführers aufgrund der erheblichen Einwirkungsmöglichkeit in die Rechts- und Interessenssphäre des Eigentümerunternehmens nachweisen. Verstärkt wird dieser Befund durch den Umstand, dass in den Unternehmensführungsverträgen oft Auskunftsrechte[490], aber auch Weisungsrechte[491] des Eigentümerunternehmens vereinbart werden. In diesem Sinne lässt sich zusammenfassen, dass der Unternehmensführungsvertrag kooperative Elemente beinhaltet[492].

---

488 Ähnlich auch *Wellenhofer-Klein*, Zulieferverträge, 182 ff., die die Vertrauensstellung und die Bereitschaft zur Kooperation in einem Atemzug nennt.

489 Vgl. *Dörmer*, Unternehmenspacht, 51.

490 Vgl. 1. Kapitel § 4 H I.

491 Vgl. 1. Kapitel § 4 H II.

492 Im Ergebnis auch *Huber*, ZHR 152 (1988), 1, 32: Dieser weist auf das ständige Einvernehmen der Vertragsparteien bei der Vertragsdurchführung hin. Vgl. auch Staudinger/*Martinek*, BGB, § 675 Rn. B 156.

II. Zuordnung des Unternehmensführungsvertrags zu gesetzlich ausgestalteten Vertragstypen

Nachdem der Unternehmensführungsvertrag im Rahmen allgemeiner zivilrechtlicher Systematisierungsansätze untersucht worden ist, geht es nun darum, den Unternehmensführungsvertrag gesetzlich ausgestalteten Vertragstypen zuzuordnen.

1. Unternehmensführungsvertrag als Gesellschaftsvertrag

Der Unternehmensführungsvertrag beinhaltet sowohl schuldrechtliche und organisationsvertragliche Elemente im weitesten Sinne[493] als auch kooperative Elemente[494]. Erkennbar ist also ein erhöhtes Maß an Zusammenarbeit, die über den schlichten Leistungsaustausch hinausgeht. Man könnte in diesem Kontext die Erwägung anstellen, den Unternehmensführungsvertrag als Gesellschaftsvertrag einzuordnen. Erforderlich ist hierfür jedoch, dass die Parteien sich mit dem Unternehmensführungsvertrag verpflichtet haben, einen gemeinsamen Zweck zu fördern.[495] Ein solcher gemeinsamer Zweck könnte hier in der Unternehmensführung gesehen werden. Allerdings ist anzumerken, dass in jedem Vertragsverhältnis zumindest der gemeinsame Zweck enthalten ist, den Vertrag erfolgreich durchzuführen.[496] In diesem Sinne überzeugt es nicht, die schlichte Unternehmensführung als gemeinsamen Zweck zu sehen. Sie erfolgt ausschließlich im Interesse des Eigentümerunternehmens. Etwas Anderes ergibt sich auch nicht, wenn das Vergütungssystem mehr oder weniger erfolgsbezogen ausgestaltet ist. Es liegt dann eine typische Abgrenzungsproblematik zwischen einem partiarischen Rechtsverhältnisses und einer stillen Gesellschaft vor.[497] Würde das Interesse an einem Leistungserfolg – vermittelt durch die in Aussicht gestellte Vergütung oder Bonuszahlungen – genügen um eine Gesellschaft zu begründen, so würde dies zu erheblichen Abgrenzungsproblemen bezogen auf andere Vertragstypen führen. Aus diesem Grund kann aus einer schlichten Erfolgsbeteiligung eines Dienstverpflichteten nicht auf das Vorliegen einer stillen Gesellschaft geschlossen werden.[498] Überzeugender ist es, die Interessenlage der Vertragsparteien zu berücksichtigen

---

493 1. Kapitel § 5 B I 2 c.

494 1. Kapitel § 5 B I 2 d.

495 Vgl. BFH, Urt. v. 17.09.1987 – III R 272/83, BB 1988, 186, 188; *Abels*, Managementverträge, 74; Soergel/*Hadding/Kießling*, BGB, § 705 Rn. 1; *Ulmer/Schäfer*, MüKo-BGB, Vor §§ 705 ff. Rn. 6, 104; *K.Schmidt*, Gesellschaftsrecht, 1842; Erman/*Westermann*, BGB, § 705 Rn. 3.

496 *Wellenhofer-Klein*, Zulieferverträge, 168.

497 Hierzu BFH, Urt. v. 17.09.1987 – III R 272/83, BB 1988, 186, 188; Soergel/*Hadding/Kießling*, BGB, Vor §§ 705 ff. Rn. 10 ff.; *Ulmer/Schäfer*, MüKo-BGB, § 705 Rn. 107 ff.; *K.Schmidt*, Gesellschaftsrecht, 1842 f.; *ders.*, MüKo-HGB, § 230 Rn. 55 ff.; Erman/*Westermann*, BGB, Vor §§ 705 ff. Rn. 6 ff.

498 BFH, Urt. v. 17.09.1987 – III R 272/83, BB 1988, 186, 188; Soergel/*Hadding/Kießling*, BGB, Vor §§ 705 ff. Rn. 10; *Ulmer/Schäfer*, MüKo-BGB, § 705 Rn. 111; Erman/*Westermann*, BGB, § 705 Rn. 7 f.

und zu fragen, ob wirklich eine Interessengleichstellung zwischen den Parteien vorliegt. Maßgebliches Indiz für die Abgrenzung ist die konkrete Ausgestaltung des Innenverhältnisses. Entscheidend ist hierbei, ob sich die Parteien in einem Über-/ Unterordnungsverhältnis begegnen oder ob sie gleichberechtigt Zusammenwirken.[499]

Wie schon im Rahmen der Einordnung des Unternehmensführungsvertrags als Treuhand erörtert wurde, liegt hier gerade keine Interessengleichstellung zwischen den Parteien vor, sondern eine Fremdinteressenwahrnehmung. Ebenso liegt eine vertikale Leistungsstruktur vor.[500] Diese Leistungsstruktur spricht gegen ein gleichberechtigtes Zusammenwirken der Vertragsparteien. Üblicherweise bestehen Weisungsrechte des Eigentümerunternehmens gegenüber dem Unternehmensführer.[501] Selbst wenn ein konkretes Weisungsrecht ausgeschlossen ist oder das Eigentümerunternehmen keine Weisung erteilt, ist der Unternehmensführer bei seiner Tätigkeit nicht frei, sondern muss diese stets an dem Interesse seines Vertragspartners ausrichten. Auch bei ähnlichen, durch eine Fremdinteressenswahrnehmung geprägten Verträgen, wie beispielsweise einem Vertragshändlervertrag,[502] wird das Vorliegen eines gesellschaftsrechtlichen Rechtsverhältnisses verneint. Ein weiteres wichtiges Indiz, dass gegen die Einordnung des Unternehmensführungsvertrags als Gesellschaftsvertrag spricht, ist die wirtschaftliche Risikoverteilung des Vertrages.[503] Sowohl bei einem echten als auch bei einem unechten Unternehmensführungsvertrag soll wirtschaftlich stets das Eigentümerunternehmen das Risiko der Unternehmung weiterhin tragen.[504] In diesem Sinne ist der Unternehmensführungsvertrag als Gesellschaftsvertrag abzulehnen.

Eine vergleichbare Diskussion wird auch für Treuhandverhältnisse – unabhängig von dem Unternehmensführungsvertrag und seinem Treuhandcharakter – geführt. So ordnet *Geibel* die Verwaltungstreuhand stets als atypische rechtsgeschäftliche Gesamthand im Sinne des § 705 BGB ein.[505] Dabei sieht er den Typus des Geschäftsbesorgungs- und des Gesellschaftsvertrags nicht als sich gegenseitig ausschließend an, sondern sieht sie in einem Komplementärverhältnis. Insofern könne ein Vertrag sowohl den Charakter eines Gesellschaftsvertrags als auch eines Geschäftsbesorgungsvertrags aufweisen.[506] Diese Einordnung ist jedoch aus zweierlei Gründen abzulehnen. Zum einen gründet die Auffassung *Geibels* auf fundamentalen Annahmen,

---

499 Vgl. BGH, Urt. v. 20.12.1952 – II ZR 44/52, Z 8, 249, 255; BGH, Urt. v. 29.06.1992 – II ZR 284/91, NJW 1992, 2696; Soergel/*Hadding/Kießling*, BGB, Vor §§ 705 Rn. 12; *Ulmer/Schäfer*, MüKo-BGB, § 705 Rn. 11; *K.Schmidt*, MüKo-HGB, § 230 Rn. 55; Erman/*Westermann*, BGB, Vor §§ 705 ff. Rn. 9.

500 Hierzu 1. Kapitel § 5 B I 2 b.

501 Vgl. 1. Kapitel § 4 H I.

502 *Ulmer*, Vertragshändler, 322 f.; *Ulmer/Schäfer*, MüKo-BGB, § 705 Rn. 123.

503 Zu der Chancen und Risikoverteilung als Abgrenzungsindiz *K.Schmidt*, Gesellschaftsrecht, 1843.

504 Zu der wirtschaftlichen Chancen und Risikoverteilung 1. Kaptiel § 5 A) I.

505 *Geibel*, Treuhandrecht, 451.

506 *Geibel*, Treuhandrecht, 109.

die in der Arbeit abgelehnt wurden. So folgt *Geibel* der von *Grundmann* vertretenen Ansicht, dass die Treuhand durch eine Interessenswahrungspflicht *stricto sensu* von der schlichten Geschäftsbesorgung abzugrenzen sei[507]. Dies wurde im Rahmen dieser Arbeit verneint.[508] Zudem geht *Geibel* von dem klassischen Treuhandbegriff aus. Deutlich wird dies, indem er eine Verfügungsmacht oder eine dingliche Übertragung von Vermögensbestandteilen für die Begründung eines Treuhandverhältnisses fordert.[509] Auch dieses wurde abgelehnt.[510] Ein weiterer Grund liegt in dem Abstraktionsgrad, mit dem *Geibel* seine Systematisierung betreibt. Für den Geschäftsbesorgungsvertrag nimmt § 675 Abs. 1 BGB ausdrücklich Bezug auf den Dienst- und Werkvertrag. Diese sind typische Austauschverträge. Insofern ist es zweifelhaft, ob ein Vertrag sowohl als Gesellschaftsvertrag als auch als Geschäftsbesorgungsvertrag eingeordnet werden kann. So dient die schuldrechtliche Einlagepflicht einer Gesellschaft der Förderung des gemeinsamen Zwecks und gerade nicht dem Leistungsaustausch. Die Gegensätze werden noch deutlicher, wenn die Leistungsstrukturen miteinander verglichen werden. Der Geschäftsbesorgungsvertrag ist von einer vertikalen Leistungsstruktur geprägt. Dieses wird durch das Weisungsrecht deutlich. Dagegen lässt sich bei der Gesellschaft im Sinne der §§ 705 ff. BGB eine solche vertikale Leistungsstruktur zwischen den Gesellschaften nicht finden. Es lässt sich also sagen, dass beide Vertragstypen grundverschieden sind und gerade keine Überschneidungen denkbar sind. Aus diesem Gründen ist der Unternehmensführungsvertrag trotz der Qualifizierung als Verwaltungstreuhand nicht als Gesellschaftsvertrag einzuordnen.[511]

2. *Unternehmensführungsvertrag im Regelungssystem des Geschäftsbesorgungsvertrags*

Nachdem die Kategorisierung des Unternehmensführungsvertrags als Gesellschaftsvertrag aufgrund der fehlenden Interessengleichstellung der Parteien im Bezug auf einen gemeinsamen Zweck verneint worden ist, stellt sich die Frage, ob der Unternehmensführungsvertrag aufgrund der Fremdinteressenwahrnehmung als Geschäftsbesorgungsvertrag einzuordnen ist. Der ganz überwiegende Teil der zu dem Unternehmensführungsvertrag existierenden Literatur ordnet den Unternehmensführungsvertrag ohne nähere Begründung, je nach der Frage der Entgeltlichkeit, als Auftrag oder Geschäftsbesorgungsvertrag ein.[512] Nach dem Wortlaut des

507 *Geibel*, Treuhandrecht, 111.
508 Vgl. 1. Kapitel § 5 B I 1 b bb.
509 *Geibel*, Treuhandrecht, 112.
510 Vgl. 1. Kapitel § 5 B I 1 b cc.
511 Ebenso *Abels*, Managmentverträge, 74 ff.
512 *Abels*, Managmentverträge, 76, 81; *Damm*, BB 1976, 294, 295; *Dette*, Beherrschungsverträge, 136; *Emmerich*, Emmerich/Habersack Komm-KonzR, § 292 Rn. 56; *Emmerich/Habersack*, Konzernrecht 10. Aufl., 246; *Fleischer*, ZIP 2003, 1, 9; *Frisch*, AG 1995, 362, 363; *Herfs*, Einwirkungen, 285; *Huber*, ZHR 152 (1988), 1, 5; *Hoffmann-Becking*,

§ 675 Abs. 1 BGB ist zentrales Element dieses Vertragstyps die Geschäftsbesorgung. Hinsichtlich der Frage, was nun eine Geschäftsbesorgung ist, werden in der Rechtswissenschaft zwei grundlegende Strömungen vertreten. Diese sind im Folgenden aufzuzeigen, um anschließend Stellung zu nehmen und den Unternehmensführungsvertrag einzuordnen.

a) Weiter Geschäftsbesorgungsbegriff

In der Literatur, aber auch in der älteren Rechtsprechung wird teilweise ein weiter Geschäftsbesorgungsbegriff befürwortet.[513] Diese Auffassung geht davon aus, dass dem Geschäftsbesorgungsbegriff in den §§ 622 ff. BGB und dem Geschäftsbesorgungsbegriff im Kontext des Geschäftsbesorgungsvertrages im Sinne des § 675 BGB ein einheitliches Verständnis zu Grunde zu legen ist. Eine Geschäftsbesorgung ist nach diesem Verständnis jede fremdnützige Tätigkeit, sodass in der Folge jeder Dienst- und Werkvertrag zugleich auch eine Geschäftsbesorgung ist.[514] Hintergrund für diese dogmatische Einordnung ist vor allem die im Arbeitsrecht relevante Frage, ob der Arbeitnehmer betrieblich bedingte Eigenschäden als Aufwendungen geltend machen kann.[515]

Diese Ansicht wirft der Gegenposition vor, dass sie mit der differenzierenden Auslegung des Geschäftsbesorgungsbegriffs nicht mehr den Inhalt des Begriffs interpretiere, sondern nur zu umschreiben versuche.[516] Zusätzlich hätte diese enge Sichtweise nur zur Folge, dass bei Verträgen, die nicht als Geschäftsbesorgungsverträge gekennzeichnet sind, wieder eine analoge Anwendung der entsprechenden Vorschriften diskutiert werde, und sei schon aus diesem Grunde zu bezweifeln.[517] Zudem wird mit der Entstehungsgeschichte dahingehend argumentiert, dass es dem Gesetzgeber gerade nicht auf eine begriffliche Unterscheidung ankäme.[518]

MünchHdbGes I, 1554; Staudinger/*Martinek*, BGB, § 675 Rn. B 143; *Martinek*, Vertragstypen II, 285, 289; *Mülbert*, Großkomm-AktG, 4. Aufl., § 292 Rn. 145; *Müller*, Beherrschungsverträge, 140; *Priester*, FS Hommelhoff, 875, 876; *Rieble*, NZA 2010, 1145, 1146; *Veil*, Unternehmensverträge, 287; einschränkend *Würdinger*, Aktienrecht, 313, der von einem modifizierten Geschäftsbesorgungsvertrag ausgeht, da die Unternehmensführung in erster Linie dem Unternehmensführer diene.

513 BAG, Urt. v. 21.09.1966 – 1 AZR 504/65, NJW 1967, 414; Erman/*Ehmann*, BGB, 12. Aufl., Vor §§ 662 ff. Rn. 91; *Isele*, Geschäftsbesorgung, 95 f.; *Seiler*, MüKo-BGB, § 662 Rn. 13.

514 Vgl. BAG, Urt. v. 21.09.1966 – 1 AZR 504/65, NJW 1967, 414; Erman/*Ehmann*, BGB, 12. Aufl., Vor §§ 662 ff. Rn. 91; Staudinger/*Nipperdey*, BGB ,11. Aufl. 1958, Vor §§ 662 ff. Rn. 1, § 675 Rn. 16; *Isele*, Geschäftsbesorgung, 91 ff.; *ders.*, AuR 1964, 161, 164 ff.; *Seiler*, MüKo-BGB § 662 Rn. 12.

515 Hierzu *Isele*, AuR 1964, 161 ff.; Staudinger/*Nipperdey*, BGB, 11. Aufl. 1958, § 675 Rn. 16; *Reichhold*, NZA 1994, 488.

516 *Seiler*, MüKo-BGB, § 662 Rn. 13.

517 Erman/*Ehmann*, BGB, 12. Aufl., Vor §§ 662 ff. Rn. 91; *Isele*, AuR 1964, 161, 165 f.

518 *Isele*, AuR 1964, 161, 164 f.; *Seiler*, MüKo-BGB, § 662 Rn. 14.

So solle der weite Geschäftsbesorgungsbegriff nicht zuletzt auch der Einheit der Begrifflichkeiten im Rahmen des Regelungssystems des Bürgerlichen Gesetzbuchs dienen.[519] Schließlich wird in der Literatur vertreten, dass man die Frage der Anwendbarkeit des § 675 BGB allein danach bestimmen solle, ob die angeordneten Rechtsfolgen den Interessen der typologisierten Verträge gerecht werden.[520]

b) Enger Geschäftsbesorgungsbegriff

Die Gegenauffassung erfasst den Geschäftsbesorgungsvertrag nicht als entgeltlichen Auftrag, sondern versteht die Geschäftsbesorgung im Rahmen des § 662 BGB anders als die Geschäftsbesorgung im Rahmen des § 675 Abs. 1 BGB.[521] Nach dieser sogenannten Trennungstheorie sei die Geschäftsbesorgung im Rahmen von § 675 Abs. 1 BGB somit enger zu verstehen als die Geschäftsbesorgung im Rahmen von § 662 BGB.[522] Vielfach, und vor allem in der Rechtsprechung, wird unter Geschäftsbesorgung eine selbstständige Tätigkeit wirtschaftlicher Art zur Wahrnehmung fremder Vermögensinteressen verstanden.[523] Diese Ansicht führt zunächst den Wortlaut des § 675 Abs. 1 BGB an. Dieser verweist auf die Regelungen des Auftragsrechts. Somit hat der Gesetzgeber zum Ausdruck gebracht, dass nicht jeder Auftrag bei Entgeltlichkeit ein Geschäftsbesorgungsvertrag sein muss.[524] Hätte der Gesetzgeber den Begriff der Geschäftsbesorgung einheitlich verstanden, dann würde die Regelung des § 675 Abs. 1 BGB wenig Sinn ergeben.[525] Auch soll sich anhand der Gesetzesmaterialen der Wille des Gesetzgebers belegen lassen, dass nicht jede Tätigkeit im Rahmen eines Dienst- bzw. Werkvertrags zugleich ein Geschäftsbesorgungsvertrag sein solle.[526]

Durch die Anwendung der Einheitstheorie geht die Möglichkeit verloren, die entgeltliche Geschäftsbesorgung als eigenständigen vertraglichen Rechtsstrukturtyp zu erfassen.[527] Und dies ist besonders unter dem Aspekt misslich, dass bei Dienst- bzw. Werkverträgen eine andere Interessensstruktur gegeben ist als bei Geschäftsbesorgungsverträgen.[528] Die fehlende dogmatische Differenzierungsmöglichkeit der

---

519 *Löhnig*, Treuhand, 138.
520 *Seiler*, MüKo-BGB, § 662 Rn. 14.
521 Soergel/*Beuthien*, BGB, § 662 Rn. 8; *Heermann*, MüKo-BGB, § 675 Rn. 3; Staudinger/*Martinek*, BGB, Vor § 662 ff. Rn 15. Die Frage des Entgeltes als Abgrenzungskriterium wurde schon von *Isele* kritisiert, *Isele*, Geschäftsbesorgung, 98 f.
522 Erman/*Berger*, BGB, § 675 Rn. 4.
523 BGH, Urt. v. 25.04.1966 – VII ZR 120/65, Z 45, 223, 229; BGH, Urt. v. 25.10.1988 – XI ZR 3/88, NJW 1989, 1216, 1217; BGH, Urt. v. 29.04.2004 – III ZR 279/03, NJW-RR 2004, 989; Erman/*Berger*, BGB, § 675 Rn. 7; *Heermann*, MüKo-BGB, § 675 Rn. 3.
524 Erman/*Berger*, BGB, § 675 Rn. 4; *Heermann*, MüKo-BGB, § 675 Rn. 12.
525 Vgl. *Heermann*, MüKo-BGB, § 675 Rn. 12; Staudinger/*Martinek*, BGB, Vor §§ 622 ff. Rn. 17.
526 *Heermann*, MüKo-BGB, § 675 Rn. 12.
527 *Geibel*, Treuhandrecht, 94 f.; Staudinger/*Martinek*, BGB, Vor §§ 622 ff. Rn. 18.
528 Vgl. Staudinger/*Martinek*, BGB, Vor §§ 622 ff. Rn. 18.

Einheitsthese führt dazu, dass in der Rechtswirklichkeit vorkommende Vertragsgestaltungen, die eine mehr oder weniger unabhängige wirtschaftliche Tätigkeit im fremden Interesse als Vertragsgegenstand haben, nicht mehr normativ ausdifferenziert werden können.[529] Die Ausdifferenzierungsmöglichkeit, die durch die Trennungsthese getragen wird, eröffnet beispielsweise die praktische Möglichkeit, eine für die AGB-Kontrolle wichtige Leitbildfunktion besser zu extrahieren bzw. Pflichten aus dem jeweiligen Vertragsverhältnis besser zu bestimmen.[530] Gleichwohl wird von den Vertretern des engen Geschäftsbesorgungsbegriffs eingestanden, dass auch ihnen eine begrifflich scharfe Bestimmung des Geschäftsbesorgungsbegriffs nicht gelungen ist.[531] So soll die Methodik der Typologie[532] helfen, den Begriff der Geschäftsbesorgung näher auszulegen.[533]

Freilich lässt sich im Bezug auf den Unternehmensführungsvertrag feststellen, dass die Frage nach der dogmatischen Einordnung des Geschäftsbesorgungsbegriffs dahinstehen kann, wenn der Unternehmensführungsvertrag schon nach dem engen Begriffsverständnis als Geschäftsbesorgung im Sinne des § 675 Abs. 1 BGB anzusehen ist. Dennoch gebietet es sich, kurz zu den zwei referierten Ansichten Stellung zu beziehen. Die überwiegende Ansicht trägt zu Recht vor, dass der weite Geschäftsbesorgungsbegriff einer differenzierten Erfassung neuer Vertragstypen im Wege stünde. Selbst die Gegenauffassung stellt fest, dass der weite Geschäftsbesorgungsbegriff unpraktikabel ist und widerspricht sich dabei selbst. So ist es *Seiler*, der von dem weiten Geschäftsbesorgungsbegriff ausgehend, aber eine Einschränkung über eine typologische Auslegung, die an der Angemessenheit der Rechtsfolgen orientiert ist, sucht.[534] Gleichwohl kritisiert er die typologische Methodik der überwiegenden Ansicht bei der Auslegung auf Tatbestandsebene im Rahmen des Geschäftsführungsbegriffs als abstrakte Umschreibung von Fällen, die von einer Interpretation des Geschäftsbesorgungsbegriffs losgelöst sei.[535] Ebenso spricht schon die reine Existenz des § 675 Abs. 1 BGB für die enge Auslegung, denn eine weite Auslegung, die gleichförmig für das Auftragsrecht gelten würde, würde die Regelung sinnlos machen. So dient das enge Verständnis des Geschäftsbesorgungsbegriffs dazu, diejenigen Verträge, die treuhänderisch geprägt sind, dogmatisch abzugrenzen von dem schlichten Werk- bzw. Dienstvertrag.[536]

529 Staudinger/*Martinek*, BGB, Vor §§ 622 ff. Rn. 20.
530 Soergel/*Benicke*, BGB, § 675 Rn. 8.
531 *Heermann*, MüKo-BGB, § 675 Rn. 4; Staudinger/*Martinek*, BGB, § 675 Rn. A 7.
532 Zur typologischen Methode 1. Kapitel § 1.
533 Soergel/*Benicke*, BGB, § 675 Rn. 6.; *Larenz*, SchuldR II/1, 421 f.; Staudinger/*Martinek*, BGB, § 675 A 8.
534 *Seiler*, MüKo-BGB, § 662 Rn. 14; zuvor schon im Ansatz bei *Isele*, Geschäftsbesorgung, 96 f.; siehe auch Staudinger/*Nipperdey*, BGB, 11. Aufl. 1958, § 675 Rn. 16 f.
535 Vgl. *Seiler*, MüKo-BGB, § 662 Rn. 13.
536 So auch *Esser/Weyers*, SchR II/1, 311; Staudinger/*Martinek*, BGB, Vor § 622 ff. Rn. 18.

Ein Vergleich zwischen diesen beiden Strömungen zeigt jedoch einen Konsens. Dieser Konsens beinhaltet namentlich, dass die Konkretisierung des Geschäftsbesorgungsbegriffs und somit auch die Anwendbarkeit des § 675 BGB nur mit Hilfe der typologischen Methode erreicht werden könne.[537]

c) Typologische Merkmale der Geschäftsbesorgung

Als für die Geschäftsbesorgung prägende Typusmerkmale werden die Tätigkeit, Entgeltlichkeit, Selbstständigkeit, Wirtschaftlichkeit, Fremdnützigkeit und die Vermögensbezogenheit gesehen.[538] Zusätzlich hat *Martinek* ein weiteres typologisches Merkmal eingeführt, dass er als Interessenswahrungscharakter bezeichnet.[539] Dabei ist es, wie für eine typologische Begriffsbildung üblich, nicht erforderlich, dass alle Merkmale tatsächlich vorliegen. Entscheidend ist vielmehr eine normative Gesamtbetrachtung. So ist bei dem Vorliegen aller Merkmale nicht automatisch die Annahme einer Geschäftsbesorgung impliziert, sondern es ist vielmehr in diesem Fall ein starkes Indiz für die Annahme einer Geschäftsbesorgung gegeben.

Das zunächst typologisch geforderte Merkmal der Tätigkeit verstehe sich als jede rechtsgeschäftliche, rechtsgeschäftsähnliche oder tatsächliche Handlung und grenze sich somit von dem reinen Dulden bzw. Unterlassen ab.[540]

Das Merkmal der Selbstständigkeit impliziere einen gewissen Grad an Entscheidungsspielraum des Geschäftsführers.[541] Dabei bedeute dieser Grad jedoch keine absolute Freiheit.[542] Eine eventuell bestehende Weisungsbindung oder Pflichten kraft des Treuhandverhältnisses schließe das Vorliegen des typologischen Merkmals der Selbstständigkeit nicht aus.[543] Ebenso verhalte es sich für die Frage, ob der Geschäftsführer selbstständig oder unselbstständig tätig ist.[544]

---

537 Soergel/*Benicke*, BGB, § 675 Rn. 6; *Heermann*, MüKo-BGB, § 675 Rn. 9; *Larenz*, SchuldR II/1, 521 f.; Staudinger/*Martinek*, BGB, § 675 Rn. A 8; *Seiler*, MüKo-BGB, § 662 Rn. 14; kritisch bezüglich der typologische Methode ist hier *Geibel*, Treuhandrecht, 98: Nach diesem sei eine Ähnlichkeitsprüfung im Bezug auf eine konkrete Rechtsfolge für die Abgrenzung entscheidend, während der Typus erst die Ergebnisse dieser induktiven Prüfung darstelle.

538 BGH, Urt. v. 25.04.1966 – VII ZR 120/65, Z 45, 223, 228 f.; BGH, Urt. v. 29.04.2004 – III ZR 279/03, NJW-RR 2004, 989; BGH, Urt. v. 06.07.2006 – IX ZR 121/05, BB 2006, 2101; Erman/*Berger*, BGB, § 675 Rn. 7; Staudinger/*Martinek*, BGB, § 675 Rn. A 9.

539 Vgl. Staudinger/*Martinek*, BGB, § 675 Rn A 22; Im Anschluss auch *Löhnig*, Treuhand, 143.

540 Staudinger/*Martinek*, BGB, § 675 Rn. A 10.

541 Vgl. *Isele*, Geschäftsbesorgung, 103 f.; Staudinger/*Martinek*, BGB, § 675 Rn. A 11; kritisch *Geibel*, Treuhandrecht, 97: Dieser sieht in diesem Merkmal kein Abgrenzungspotential zu dem Auftragsrecht.

542 Vgl. Staudinger/*Martinek*, BGB, § 675 Rn. A 12.

543 Staudinger/*Martinek*, BGB, § 675 A 12.

544 Staudinger/*Martinek*, BGB, § 675 A 14.

Das Merkmal der Wirtschaftlichkeit grenze die Tätigkeit auf den Bereich des Wirtschaftslebens im weitesten Sinne ein und möchte diese von Tätigkeiten, die zum Beispiel kultureller, wissenschaftlicher oder religiöser Natur sind, abgrenzen.[545]

Die Vermögensbezogenheit der Tätigkeit meint, dass die Tätigkeit planmäßig einen Einfluss auf den Vermögensstatus des Geschäftsherrn haben müsse, der über den Vermögenswert der Entgeltlichkeit der konkreten Tätigkeit des Geschäftsbesorgers hinausgehe.[546]

Nach dem Merkmal der Fremdnützigkeit solle die Tätigkeit objektiv im fremden Interesse erfolgen.[547] Mit dem Interessenwahrungscharakter wird für die Geschäftsbesorgung gefordert, dass die Tätigkeit vornehmlich den Vermögensinteressen des Geschäftsherrn dienen müsse, indem der Geschäftsbesorger diese sowohl fördere als auch bewahre.[548]

Im Ergebnis ist allerdings eine rein typologische Methode zur Qualifizierung des Unternehmensführungsvertrags als Geschäftsbesorgungsvertrag abzulehnen. Die typologische Methode eignet sich zur Darstellung, nicht zur Auslegung.[549] In Kohärenz zu dem oben gefundenen Treuhandbegriff und seinem Verhältnis zur Geschäftsbesorgung müssen die maßgebenden Aspekte für das Tatbestandsmerkmal der Geschäftsbesorgung die Fremdinteressenwahrnehmung und die Macht, im fremden Rechts- und Interessensbereich tätig zu werden, sein.[550] Im Ansatz scheint auch *Martinek* so zu tendieren, wenn er das Merkmal der Fremdinteressenwahrnehmung als wichtigstes typologisches Qualifikationsmerkmal einordnet.[551]

d) Einordnung des Unternehmensführungsvertrags

Bei dem Unternehmensführungsvertrag handelt der Unternehmensführer wirtschaftlich für Rechnung des Eigentümerunternehmens. Ebenso handelt er grundsätzlich mit einer gewissen Selbstständigkeit. Dabei schadet ein mehr oder minder ausgeprägtes Weisungsrecht nicht. Des Weiteren handelt der Unternehmensführer im Interesse des Eigentümerunternehmens. Dabei dient die Handlung vornehmlich dem Vermögensinteresse des Eigentümerunternehmens. Aus diesem Grund lässt sich der Unternehmensführungsvertrag als ein Vertragsverhältnis qualifizieren, das den Unternehmensführer zur Fremdinteressenwahrnehmung verpflichtet und

---

545 Staudinger/*Martinek*, BGB, § 675 A 16; kritisch hierzu: *Löhnig*, Treuhand, 145.

546 Staudinger/*Martinek*, BGB, § 675 A 17 f.

547 Staudinger/*Martinek*, BGB, § 675 A 19; eingrenzend BGH, Urt. v. 25.04.1966 – VII ZR 120/65, Z 45, 223, 229 und BGH, Urt. v. 25.10.1988 – XI ZR 3/88, NJW 1989, 1216, 1217, diese möchte nur die Fremdnützigkeit bei Angelegenheiten, die ursprünglich der Geschäftsherr selbst zu erledigen hatte, anerkennen; kritisch hierzu *Geibel*, Treuhandrecht, 96.

548 Staudinger/*Martinek*, BGB, § 675 A 22.

549 *Rüthers/Fischer/Birk*, Rechtstheorie, 545 f.

550 *Löhnig*, Treuhand, 143 f.

551 Staudinger/*Martinek*, BGB, § 675 Rn. A 22.

ihm die Macht, einräumt auf die Vermögens- und Interessenssphäre des Eigentümerunternehmens einzuwirken. Dies deckt sich auch mit dem in der Literatur vertretenen Befund, dass stets eine entgeltliche Tätigkeit eines Treuhänders im Sinne des modernen Treuhandbegriffes als Geschäftsbesorgungsvertrag einzuordnen ist.[552] Es ist mithin festzustellen, dass die überwiegende Ansicht der Literatur zu Recht den Unternehmensführungsvertrag grundsätzlich als Geschäftsbesorgungsvertrag einordnet.

3. *Unternehmensführungsvertrag im Regelungssystem des Dienst- und Werkvertrags*

Der Unternehmensführungsvertrag wurde im oben genannten Sinne als Geschäftsbesorgungsvertrag eingeordnet. Dieser Vertragstypus bezieht sich explizit auf die Vertragstypen des Dienst- und Werkvertrags. Der Dienst- und der Werkvertrag sind die Vertragsgrundtypen, die als Hauptpflicht eine Arbeitsleistung erfordern und somit nicht auf Verschaffung einer Sachleistung gerichtet sind.[553] Ihr gemeinsames Element ist mithin die Verpflichtung zu einer Tätigkeit gegen Entgelt.[554] Der Unternehmensführungsvertrag beinhaltet als Hauptleistung die Führung eines fremden Unternehmens. In diesem Sinne können nur diese Grundtypen einschlägig sein. Damit stellt sich natürlich die Frage, welchem Grundtypus der Unternehmensführungsvertrag zuzuordnen ist.

a) Abgrenzung zwischen Dienst- und Werkvertrag

Um diese Frage beantworten zu können, muss eine Abgrenzung des Dienstvertrages zu dem Werkvertrag vorgenommen werden. Diese Abgrenzung bereitet schon traditionell erhebliche Schwierigkeiten.[555] Einigkeit besteht in der Literatur und Rechtsprechung hinsichtlich der sich aus dem Wortlaut von § 611 BGB und § 631 BGB und der Gesetzesbegründung[556] ergebenden Grundannahme, dass bei dem

---

552 *Coing*, Treuhand, 102; *Löhnig*, Treuhand, 135, 141 f., 188. Einschränkend *Grundmann*, der zwar auch im Sinne des modernen Treuhandbegriffes auf die Fremdinteressenwahrnehmung als prägendes Merkmal der Treuhand abstellt, jedoch einschränkend fordert, dass die Interessenwahrnehmung stricto sensu erfolgen muss: *Grundmann*, Treuhandvertrag, 92 ff. Hingegen *Geibel* als Vertreter des klassischen Treuhandbegriffes kommt konsequent zu der Auffassung, dass nicht jede Geschäftsbesorgung eine Treuhand sei, da nicht immer dem Geschäftsbesorger eine Verfügungsmacht oder dinglich ein Vermögensbestandteil übertragen werde: *Geibel*, Treuhandrecht, 111 f.; ebenso Staudinger/*Martinek*, BGB, Vor §§ 622 ff. Rn. 40.

553 Staudinger/*Richardi/Fischinger*, BGB, Vor §§ 611 ff. Rn. 2 f., Rn. 60.

554 Staudinger/*Richardi/Fischinger*, BGB, Vor §§ 611 ff. Rn. 23.

555 *Esser/Weyers*, SchR II/1, 232.

556 Siehe Mot. II 455, 470 f.

Dienstvertrag ein Wirken und bei dem Werkvertrag ein durch Arbeit erreichter Erfolg geschuldet sei[557].

Dieser Ansatz allein kann jedoch nicht zu einer zweifelsfreien Abgrenzung führen.[558] Speziell bei Diensten höherer Art ist im Einzellfall umstritten, ob solche als Werk- oder als Dienstvertrag anzusehen seien. Gleichwohl besteht aus historischen Gründen eine Tendenz, diese Verträge dem Dienstvertrag zuzuordnen, da Dienstleistungen von Ärzten und Advokaten im römischen Recht unter einer eigenen Kategorie des Mandatum standen und diese Kategorie in das BGB nicht übernommen wurde.[559] Vielmehr wurde und wird der Dienstvertrag ausweislich des § 611 Abs. 2 BGB als sämtliche Dienste umfassend angesehen, während der Werkvertrag noch von dem Bildnis geprägt war, dass er im Schwerpunkt eine handwerkliche Leistung verlangt.[560] Auch heutzutage ist die Zuordnung höherer Dienste in die Kategorien Werk- oder Dienstvertrag im Einzellfall umstritten und zweifelhaft. Während für den Behandlungsvertrag überwiegend die Ansicht vertreten wird, dass dieser als Dienstvertrag anzusehen ist,[561] wird der Architektenvertrag als Werkvertrag eingeordnet[562]. Für den Beratungsvertrag eines Rechtsanwalts besteht hingegen Streit.[563] So lässt sich in der Literatur keine eindeutige Tendenz erkennen, wie der Dienstvertrag vom Werkvertrag abzugrenzen ist. Es werden vielmehr unterschiedliche Ansätze verfolgt, die im Folgenden darzustellen sind.

Zunächst wurde vergeblich versucht, den Dienst- und Werkvertrag nach einem sozialen Leitbild abzugrenzen.[564] Dabei wurde von *Gierke* der Versuch unternommen, den Dienstvertrag als abhängige Einführung einer Leistung in einem bestehenden herrschaftlichen System zu umschreiben.[565] Demgegenüber sah er den Werkvertrag als „selbstständige Unternehmerarbeit für Dritte“ an.[566] Dies begründete er vor allem rechtsgeschichtlich, indem er den Ursprung des Dienstvertrags in dem deutschrechtlichen Treudienstvertrag sah, der dadurch geprägt sei, dass ein

---

557 RG, Urt. v. 16.11.1909 – VII 577/08, Z 72, 179, 180; BGH, Urt. v. 04.06.1970 – VII ZR 187/68, Z 54, 106, 107 f.; BGH, Urt. v. 16.07.2002 – X ZR 27/01, Z 151, 330, 332; *Busche*, MüKo-BGB, § 631 Rn. 14; *Esser/Weyers*, SchR II/1, 232; Saudinger/*Peter/Jacoby*, BGB, Vor §§ 631 ff. Rn. 26; Staudinger/*Richardi/Fischinger*, BGB, Vor §§ 611 ff. Rn. 27.

558 *Esser/Weyer*, SchR II/1, 232.

559 Mot. II, 455 f.

560 Zur locatio conductio operarum in Abgrenzung zum Mandatum vgl. auch *Gierke*, Deutsches Privatrecht, 596 f.; Staudinger/*Richardi/Fischinger*, BGB, Vor §§ 611 ff. Rn. 28, 31.

561 Staudinger/*Peters/Jacoby*, BGB, Vor §§ 631 ff. Rn. 34.

562 *Esser/Weyers*, SchR II/1, 234 f.; Staudinger/*Peters/Jacoby*, BGB, Vor §§ 631 ff. Rn. 33, 128.

563 *Esser/Weyers*, SchR II/1, 235.

564 Staudinger/*Richardi/Fischinger*, BGB, Vor §§ 611 ff. Rn. 30.

565 *Gierke*, Deutsches Privatrecht III, 593.

566 *Gierke*, Deutsches Privatrecht III, 593.

personenrechtliches Über-/Unterordnungsverhältnis vorliege.[567] Damit war für die Differenzierung der Fokus auf die Frage gerichtet, ob hier eine selbstständige oder eine weisungsgebundene Leistung vorlag, die sich in ein herrschaftliches Ganzes einordnet. *Gierke* kennzeichnete somit seinen Dienstvertrag als Arbeitsvertrag.[568] Diese Abgrenzung nach der Selbstständigkeit des Schuldners konnte und kann jedoch zu Recht nicht überzeugen.[569] So geht das Gesetz in § 645 Abs. 1 S. 1 BGB für den Werkvertrag explizit von einem Weisungsrecht des Gläubigers aus.[570] Ebenso wird darauf hingewiesen, dass das Fehlen der Selbstständigkeit für den Dienstvertrag kein konstituierendes Merkmal ist, sondern eher eine regelmäßig auftretende Erscheinung.[571]

Als andere Abgrenzungsmethode wäre es möglich, den Werkvertrag vom Dienstvertrag getreu der zuvor oben aufgeführten Definition anhand des Zeit- und Erfolgsmomentes zu definieren.[572] Hierbei ist für den Dienstvertrag das Zeitmoment entscheidend, da hier die Leistung mit dem Moment der Zeit in Verbindung gebracht wird, während für den Werkvertrag der Erfolg im Vordergrund steht. Allerdings führen auch diese Kriterien nicht zu einer scharfen Abgrenzung, da sie beide relativ sind und je nach Betrachtungsweise zu einem unterschiedlichen Ergebnis führen[573]. Jede Leistung ist zweckgerichtet und hat somit ein Erfolgsmoment[574]. Genauso hat jede auf den Erfolg gerichtete Leistungshandlung auch eine Dauer. Denkbar sind auch Werkverträge, die einen wiederkehrenden Erfolg zum Gegenstand haben, oder Werkverträge, die einen Erfolg aufrechterhalten sollen[575]. Ebenso sind Dienstverträge denkbar, die einen bestimmten Bedarf decken sollen und somit eine Erfolgskomponente aufweisen.[576] Dies zeigt, dass die Kriterien der Zeit und des Erfolges zwar einen Anhaltspunkt bieten, jedoch für eine Abgrenzung ungeeignet erscheinen.[577] Ebenso ist der Erfolgsmoment letztlich mit einer Perspektivfrage verbunden.[578] So besteht erhebliche Unsicherheit, auf welchen Erfolg es ankommen

---

567 *Gierke*, Deutsches Privatrecht III, 594.

568 *Gierke*, Deutsches Privatrecht III, 590.

569 So auch *Enneccerus/Lehmann*, Schuldrecht, 603 f.; *Esser/Weyers*, SchR II/1, 233; *Rümelin*, Dienst- und Werkvertrag, 31 ff.

570 BGH, Urt. v. 22.10.1981 – VII ZR 310/79, Z 82, 100, 106, *Enneccerus/Lehmann*, Schuldrecht, 604.

571 Staudinger/*Richardi/Fischinger*, BGB, Vor §§ 611 ff. Rn. 30.

572 Zu dem Kriterium des Erfolges und der Zeit *Nikisch*, Grundformen, 13 ff.

573 Vgl. *Leenen*, Typus und Rechtsfindung, 147; *Richardi*, FS Georgiades, 349, 353; *Tillmanns*, Strukturfragen, 15 f.; *Weber*, Dienst- und Werkvertrag, 68 ff.

574 *Tillmanns*, Strukturfragen, 44.

575 Zu diesen Beispielen *Weber*, Dienst- und Werkvertrag, 68 f.

576 Hierzu *Weber*, Dienst- und Werkvertrag, 71 f.

577 *Tillmanns*, Strukturfragen, 18, mit dem Hinweis, dass es Dienstverträge gäbe, die gerade nicht die Diensterfüllung in einem bestimmten Zeitraum verlangen.

578 *Leenen*, Typus und Rechtsfindung, 151; *Nikisch*, Grundformen, 45 ff.; *Riezler*, Werkvertrag, 92.

soll. Soll es zum Beispiel bei dem Behandlungsvertrag auf den Erfolg der konkreten Behandlungsmaßnahme ankommen oder auf den fern liegenden Erfolg der Genesung des Patienten?[579] Oder ist es gar möglich, die konkrete Leistungshandlung schon als Leistungserfolg zu sehen? Auf der anderen Seite kann die Bestimmung der Leistungszeit auch kein sicheres Kriterium zur Abgrenzung des Werkvertrags zu dem Dienstvertrag bieten. Sowohl der Werkvertrag als auch der Dienstvertrag können mit einem zeitlichen Moment verbunden sein. So kann ein Werkvertrag eine gebundene, turnusmäßige Leistung zum Inhalt haben.[580]

In der Literatur wird auch vorgeschlagen, die Abgrenzung anhand einer typologischen Methode vorzunehmen.[581] Bei der typologischen Methode wird anhand einer Gesamtbetrachtung abgegrenzt.[582] Als typusprägende Merkmale bei der Unterscheidung zwischen dem Dienst- und Werkvertrag werden folgende Merkmale angesehen: die vertragliche Risikoverteilung, Kündigungsregelungen, wirtschaftliche Abhängigkeit, Weisungsberechtigung und die Vergütungsart nach Zeit oder Leistung.[583] Dabei müssen nicht alle Merkmale eines Typus gegeben sein, um einen Vertrag einem Typus zuzuordnen.[584] Somit ist der Auffassung, die sich gegen eine typologische Methode bei der Abgrenzung vom Werk- zum Dienstvertrag entscheidet, zuzustimmen, dass letztendlich nicht ersichtlich ist, welches Merkmal für die Zuordnung ausschlaggebend ist.[585] Damit werden die besonderen Wertungen des Gesetzgebers unterlaufen, der die unscharfe Abgrenzungsmöglichkeit zwischen dem Werk- und Dienstvertrag erkannt hat und sein Konzept von der Erfolgsbezogenheit des Werkvertrags mit der Regelung des § 645 BGB selbst durchbrochen hat.[586]

Aus dem ähnlichen Schutzgedanken ist es auch anerkannt, die Regelungen der §§ 617 und 618 BGB zum Schutz des Werkunternehmers analog anzuwenden.[587] Dies spricht dafür, dass sowohl der Gesetzgeber als auch die Rechtspraxis die

---

579 Ähnliches Beispiel bei Staudinger/*Richardi/Fischinger*, BGB, Vor §§ 611 ff. Rn. 33; *Richardi*, FS Georgiades, 349, 354; *Riezler*, Werkvertrag, 92.

580 OLG Hamburg, Urt. v. 22.06.1972 – 6 U 40/72, MDR 1972, 866; *Busche*, MüKo-BGB, § 631 Rn. 17; *Weber*, Dienst- und Werkvertrag, 69 f.

581 *Busche*, MüKo-BGB, § 631 Rn. 17; Staudinger/*Peter/Jacoby*, BGB, Vor §§ 631 ff. Rn. 29; *Leenen*, Typus und Rechtsfindung, 151; *Weber*, Dienst- und Werkvertrag, 132 ff.

582 *Leenen*, Typus und Rechtsfindung, 151 f.

583 *Busche*, MüKo-BGB, § 631 Rn. 17; Staudinger/*Peter/Jacoby*, BGB, Vor §§ 631 ff. Rn. 29

584 *Bydlinski*, Methodenlehre, 544.

585 Vgl. Staudinger/*Richardi/Fischinger*, BGB, Vor. §§ 611 ff. Rn. 36, 38; *Richardi*, FS Georgiades, 349, 354.

586 *Picker*, JZ 1985, 693, 703; Staudinger/*Richardi/Fischinger*, BGB, Vor §§ 611 ff. Rn. 37. Anders hingegen *Weber*, da nach diesem habe der Gesetzgeber sich bewusst für eine typologische Methode entschieden: *Weber*, Dienst- und Werkvertrag, 132.

587 Hinsichtlich der entsprechenden Anwendung des § 618 BGB: OLG Düsseldorf, Urt. v. 21.10.1994 – 22 U 33/94, NJW-RR 1995, 403. Vgl. auch *Lotmar*, Arbeitsvertrag II, 841 ff.; *Nikisch*, Grundformen, 61.

Wertungsprobleme bei der Abgrenzung selbst schon gesehen haben und diese auf der Rechtsfolgenseite korrigieren. Diese Wertungen würde die typologische Methodik umgehen, wenn sie aus einer Gesamtwertung einen Vertrag entweder dem einen oder dem anderen Typus zuordnen ohne dabei Kohärenz hinsichtlich des ausschlaggebenden Wertungsmerkmales zu geben. Zusätzlich besteht bei der typologischen Methode die Gefahr, dass diese zu einer reinen Billigkeitsfigur zerfällt.[588] Insofern ist die Differenzierung zwischen dem Werkvertrag und dem Dienstvertrag durch die Anwendung einer typologischen Methode abzulehnen.

Überzeugend ist jedoch eine andere Literaturansicht, die die Abgrenzung aus der Gefahrtragung sucht.[589] So wird darauf hingewiesen, dass eine konkrete Dienstleistung sowohl als Dienstvertrag als auch als Werkvertrag ausgestaltet werden könne[590] und deswegen müsse aus dem konkreten Leistungsversprechen anhand der Frage, wer die Gefahr des mit der Leistung bezweckten Erfolges trägt, differenziert werden.[591] Dieses ergibt sich zum einen aus dem Wortlaut der Norm, wonach die Vergütung bei dem Werkvertrag für den Erfolg geschuldet wird, während beim Dienstvertrag die reine Arbeitsleistung Vertragsgegenstand ist. Ebenso ergibt sich dies aus den Motiven, nach denen gerade für das Arbeitsprodukt die Vergütung versprochen wird.[592] Schließlich weisen die Vorschriften im Werkvertragsrecht, die den Zeitpunkt des Risikoübergangs und der Fälligkeit des Anspruchs auf Vergütung regeln, auf eine solche Deutung hin. Dieser Ansicht wird entgegengehalten, dass sie selbst kein verlässliches Kriterium zugrunde lege.[593]

Dennoch überzeugt sie gerade vor dem Hintergrund der zentralen Wertung des Gesetzes. Zentrale Wertung des Gesetzes ist aus den oben genannten Gründen die Gefahrtragung des mit der Leistung bezweckten Erfolgs. Dies ist der entscheidende Unterschied. Ebenso lässt sich zumindest mit Hilfe der ergänzenden Vertragsauslegung bestimmen, wer das Risiko des mit der Leistung bezweckten Erfolgs tragen solle[594]. Die Unsicherheiten bei der Auslegung des Vertrags anhand des Kriteriums der Gefahrtragung sind auch nicht größer als bei der typologischen Methode. Letztendlich beruhen beide Ergebnisse auf einer Wertung. Zu trennen sei diese

---

588 Vgl. *Löhnig*, Treuhand, 139; *Rüther/Fischer/Birk*, Rechtstheorie, 545 f.

589 *Esser/Weyers*, SchR II/1, 233 f.; *Löhnig*, Treuhand, 146; Staudinger/*Richardi/Fischinger*, BGB, Vor §§ 611 ff. Rn. 39; *Rümelin*, Dienstvertrag und Werkvertrag, 17 ff.; *Richardi*, FS Georgiades, 349, 355; diese Ansicht lässt sich im Ansatz auch schon bei *Lotmar* erkennen, der die besondere Bedeutung der Abnahme hervorhebt: *Lotmar*, Arbeitsvertrag II, 843 f.; a. A *Enneccerus/Lehmann*, Schuldrecht, 602; Staudinger/*Peters/Jacoby*, BGB, Vor §§ 631 ff. Rn. 27.

590 So explizit auch *Busche*, MüKo-BGB, § 631 Rn. 15.

591 Vgl. Staudinger/*Richardi/Fischinger*, BGB, Vor §§ 611 ff. Rn. 39.

592 Mot. II, 471.

593 *Leenen*, Typus und Rechtsfindung, 150.

594 Im Ergebnis auch *Esser/Weyers*, SchR II/1, 234.

Zuordnung hingegen von der Frage des konkreten Vergütungsmodells.[595] So könne die Höhe der Vergütung des Werkvertrages von der Zeit abhängig sein, die für das Erreichen des vertraglich definierten Erfolgs benötigt werde. Genauso denkbar sei ein Dienstvertrag, dessen Vergütung leistungsbezogen ausgestaltet sei.[596]

b) Einordnung des Unternehmensführungsvertrags

Es ist somit bei der Einordnung des Unternehmensführungsvertrags der jeweils konkrete Vertrag auszulegen und die Interessenlage zu bestimmen. Je nachdem, wer das Risiko des mit der Unternehmensführung bezweckten Ziels trägt, ist der Unternehmensführungsvertrag als Dienst- oder Werkvertrag einzuordnen. Trägt das Eigentümerunternehmen das Risiko, so handelt es sich um einen Dienstvertrag. Trägt der Unternehmensführer das Risiko, so handelt es sich um einen Werkvertrag. Bei der Klärung dieser Frage ist sich nicht nur am Wortlaut des Vertrags zu orientieren, sondern an allen äußeren Umständen um den Vertragsschluss.[597]

Hinsichtlich der Einordnung des Unternehmensführungsvertrags lässt sich sagen, dass grundsätzlich das Eigentümerunternehmen die wirtschaftliche Gefahr für die Geschäftsführung trägt.[598] Der Vergütungsanspruch entsteht dabei unabhängig von dem wirtschaftlichen Erfolg. Dies ist auch der Fall, wenn die Vergütung erfolgsbezogene Komponenten aufweist. Überwiegend werden bei den Unternehmensführungsverträgen solche Mischvergütungssysteme oder rein erfolgsunabhängige Vergütungssysteme vereinbart,[599] sodass hier ein durchsetzbarer Vergütungsanspruch besteht, ohne dass bestimmte, mit der Unternehmensführung bezweckte Ziele erreicht werden müssen. In diesem Sinne ist der Unternehmensführungsvertrag überwiegend als Dienstvertrag einzuordnen.

Es ist aber auch denkbar, dass ein Vergütungssystem vereinbart wurde, das rein oder überwiegend erfolgsbezogen ist, sodass in diesem Sinne nur ein durchsetzbarer Vergütungsanspruch besteht, wenn tatsächlich ein im Unternehmensführungsvertrag vereinbartes Ziel erreicht wurde. Dies setzt freilich voraus, dass sich konkrete Ziele aus dem Unternehmensführungsvertrag hinreichend extrahieren lassen. Vorstellbar ist ein solches Vergütungssystem, wenn der Unternehmensführungsvertrag als Investitionsinstrument oder als Sanierungsinstrument genutzt wird.[600] Dabei ist die Vergütung mit einem durch die Unternehmensführung bezweckten Ziel in der Weise verknüpft, dass die Vergütung erst mit dem Erreichen des Ziels fällig wird.

---

595 *Esser/Weyers*, SchR II/1, 233; Staudinger/*Peters/Jacoby*, BGB, Vor §§ 631 ff. Rn. 27; Staudinger/*Richardi/Fischinger* Komm-BGB, Vor § 611 ff. Rn. 40; *Richardi*, FS Georgiades, 349, 355 f.

596 So schon bei *Enneccerus/Lehmann*, Schuldrecht, 602 f.

597 BGH, Urt. v. 16.07.2002 – X ZR 27/01, NJW 2002 3323, 3324; BGH, Urt. v. 25.06.2002 – X ZR 83/00, NJW 2002, 3317, 3318; *Busche*, MüKo-BGB, § 631 Rn. 16.

598 Vgl. 1. Kapitel § 5 A I.

599 Siehe 1. Kapitel § 4 D.

600 Siehe 1. Kapitel § 3 A.

Die Vergütung des Unternehmensführers ist also dann abhängig von dem Erreichen eines vereinbarten Erfolgs.

In diesem Sinne sind im Rahmen schuldrechtlicher Aspekte überwiegend die Regelungen des Dienstvertrags auf den Unternehmensführungsvertrag anwendbar.[601] In atypischen Fallkonstellationen können jedoch auch die Regelungen des Werkvertragsrechts Anwendung finden.[602]

4. Unternehmensführungsvertrag im Regelungssystem des Auftrags

Dieser Arbeit wird die Trennungsthese zu Grunde gelegt, wonach die Geschäftsbesorgung im Sinne des Auftrags gem. § 662 BGB weit zu verstehen ist, als jede fremdnützige Tätigkeit im Interesse eines Anderen,[603] während die Geschäftsbesorgung im Rahmen des § 675 BGB eng auszulegen ist.[604]

Aufgrund dieser Offenheit kann die Tätigkeit des Unternehmensführers bei einer Unentgeltlichkeit in das Auftragsrecht eingeordnet werden. Unter Unentgeltlichkeit ist zu verstehen, dass der Auftraggeber keine Gegenleistung für die Geschäftsbesorgung verlangen kann.[605] Dieses Ergebnis entspricht der ganz überwiegenden Ansicht in der Literatur zu dem Unternehmensführungsvertrag, die je nach der Frage der Entgeltlichkeit den Unternehmensführungsvertrag als Auftrag oder Geschäftsbesorgungsvertrag einordnet.[606] Eine andere Ansicht hingegen sieht zwingend eine Entgeltlichkeit des Unternehmensführungsvertrags vor.[607] Sie resultiert aus gesellschaftsrechtlichen bzw. konzernrechtlichen Erwägungen. Aus schuldrechtlicher Sicht bestehen hingegen keine Einwendungen gegen die Unentgeltlichkeit eines Unternehmensführungsvertrags und der damit verbundenen Einordnung als Auftrag. Freilich wird ein unentgeltlicher Unternehmensführungsvertrag in der Praxis nur sehr selten vorkommen.

---

601 Im Ergebnis auch *Abels*, Managementverträge, 79 f., 81.

602 Im Ergebnis auch *Joachim*, NZM 2001, 162, 164.

603 Vgl. 1. Kapitel § 5 B 2.; BGH, Urt. v. 17.05.1971 – VII ZR 146/69, Z 56, 204, 207; Soergel/*Beuthien*, BGB, § 662 Rn. 8; *Enneccerus/Lehmann*, Schuldrecht, § 160 I 3; *Fikenscher/Heinemann*, SchuldR, S. 619 Rn. 1245; *Seiler*, MüKo-BGB, § 662, Rn. 15 f.; einschränkend *Larenz*, SchuldR II/1, 409 f.

604 Vgl. 1. Kapitel § 5 B II 2 b.

605 *Seiler*, MüKo-BGB, § 662, Rn. 26.

606 *Emmerich*, Emmerich/Habersack Komm-KonzR, § 292 Rn. 56; *Huber*, ZHR 152 (1988), 1, 5; *Köhn*, Der Konzern 2011, 530, 531; *Krieger*, MüHdbGesIV, § 72 Rn. 49; *Mülbert*, Großkomm-AktG, 4. Aufl., § 292 Rn. 145; *Prieser*, FS Hommelhoff, 875, 876.

607 *Koch*, Hüffer AktG, § 292 Rn. 25.

III. Zusammenfassung und Folgen für die Auslegung und Anwendung dieses Vertragstypus

Der Unternehmensführungsvertrag lässt sich in das System gesetzlich geregelter Vertragstypen einordnen. In den überwiegenden Fällen ist der Unternehmensführungsvertrag grundsätzlich als Geschäftsbesorgungsvertrag mit Dienstleistungscharakter zu kategorisieren. Er kann jedoch im Einzelfall auch atypisch als Geschäftsbesorgungsvertrag mit Werkvertragscharakter ausgestaltet sein. Die Einordnung dieses Vertragstypus hat zur Folge, dass im Falle einer unvollständigen Regelung auf die gesetzliche Wertentscheidung zu den jeweiligen Vertragstypen rekurriert werden kann[608]. Existiert eine solche Regelung nicht, ist auf die ergänzende Vertragsauslegung zurückzugreifen. Die Einordnung des Unternehmensführungsvertrags in die gesetzlich strukturierten Vertragstypen hat auch einen Einfluss auf die Inhaltskontrolle des Unternehmensführungsvertrags, da diese am Maßstab der gesetzlichen Wertung erfolgen kann[609]. Die Ergebnisse der Untersuchung des Unternehmensführungsvertrags im Rahmen der allgemeinen zivilrechtlichen Systematisierungsansätze können in verschiedenen Bereichen fruchtbar gemacht werden. Zu nennen seien hier nur beispielhaft die Inhaltskontrolle und die Auslegung von Unternehmensführungsverträgen. Aber auch im Rahmen der Prüfung der gesellschaftsrechtlichen und konzernrechtlichen Zulässigkeit wird auf diese Ergebnisse noch Bezug genommen werden.

---

608 *Leenen*, Typus und Rechtsfindung, 130 f.
609 *Leenen*, Typus und Rechtsfindung, 126.

2. Kapitel: Pflichtensystem des Unternehmensführungsvertrags

In den bisherigen Teilen dieser Arbeit wurde der Unternehmensführungsvertrag als rechtlicher Strukturtypus eingeordnet. Nun soll es darum gehen, den Unternehmensführungsvertrag nach seiner Pflichtenstruktur näher zu betrachten und mögliche Folgen einer Pflichtverletzung darzustellen.

§ 1. Pflichten in der Vertragsanbahnung

A) Vorvertragliche Aufklärungspflichten

Vor dem Abschluss eines Unternehmensführungsvertrags kalkuliert der Unternehmensführer regelmäßig anhand der zu erwartenden Gewinne des Eigentümerunternehmens das Entgelt für die Unternehmensführung.[1] Auch aus Sicht des Eigentümerunternehmens ist eine Prognose der Unternehmensentwicklung während des Verlaufs des Unternehmensführungsvertrags von erheblicher Bedeutung.[2] Schließlich muss das Eigentümerunternehmen eine Kosten-Nutzen-Relation treffen und sich die Frage stellen, ob die Beauftragung eines Unternehmensführers wirtschaftlich haltbar ist.[3] Schon diese Beispiele zeigen, dass der Vertragsanbahnung eines Unternehmensführungsvertrags eine nicht zu unterschätzende Bedeutung zukommt.

I. Allgemeine Voraussetzungen von Aufklärungspflichten

Aufklärungspflichten, die auf die Leistungsfähigkeit des Unternehmens des Eigentümerunternehmens oder des Unternehmensführers schließen lassen, können Bestandteil eines Vorvertrags sein.[4] Sofern ein solcher Vorvertrag der Vertragsparteien nicht vorliegt oder sich aus diesem durch ergänzende oder erläuternde Vertragsauslegung Informationspflichten nicht schließen lassen, sind etwaige Aufklärungspflichten aus § 242 BGB bzw. § 241 Abs. 2 BGB zu prüfen.[5] Dabei

---

1 *Abels*, Managementverträge, 113, 277.

2 Zu der Verteilung des Prognoserisikos, *Windbichler*, ZIP 1987, 825, 827.

3 *Abels*, Managementverträge, 149.

4 Vgl. *Breidenbach*, Informationspflichten, 1.

5 Aufklärungspflichten in § 242 BGB verankern: BGH, Urt. v. 12.06.1954 – II ZR 154/53, Z 14, 53, 59 f.; BGH, Urt. v. 22.09.1960 – II ZR 59/60, NJW 1960, 2143, 2144; *Breidenbach*, Informationspflichten, 1 f.; Erman/*Böttcher/Hohloch*, BGB, § 242 Rn. 67 ff., 93; *Rong*, Aufklärungspflichten, 33; *Roth/Schubert*, MüKo-BGB, § 242 Rn. 189. Aufklärungspflichten in § 241 Abs. 2 BGB verankern *Bachmann/Roth*, MüKo-BGB, § 241 Rn. 51, 56; Bamberger/Roth/*Sutschet*, BGB, § 241 Rn. 42, 77;

haben sich Aufklärungspflichten zunehmend als Instrument zur Herstellung einer materiellen Vertragsgerechtigkeit im Wege einer Haftung für Verschulden im vorvertraglichen Stadium erwiesen.[6] Zwar ist es dem Gedanken der Privatautonomie inhärent, dass die Vertragspartei in einem vertraglich begründeten Rechtsverhältnis einen gerechten Kompromiss finden.[7] Ein gerechter vertraglicher Kompromiss ist jedoch nur möglich, wenn entsprechenden Rahmenbedingungen gegeben sind.[8] Zu diesen Rahmenbedingungen zählt auch die informationelle „Waffengleichheit" der Parteien.[9] Dies bedeutet jedoch nicht, dass jeden künftigen Vertragspartner die Pflicht trifft alle erheblichen Informationen zu offenbaren. Vielmehr ist es begründungsbedürftig, wann eine Aufklärungspflicht konkret besteht. Die Rechtsprechung und die Literatur leiten Aufklärungspflichten des Vertragspartners für Informationen her, die für die andere Partei erkennbar von wesentlicher Bedeutung sind und deren Mitteilung nach Treu und Glauben erwartet werden kann.[10]

Diese Formel ermöglicht gleich in mehrerer Hinsicht eine normative Wertung im Grenzbereich zwischen dem schutzbedürftigen Informationsbedürfnis, der aus dem Rechtsverhältnis verknüpften Vertrauensbeziehung und dem – möglicherweise zulässigen – Informationsvorsprung einer Partei.[11] *Breidenbach* umschreibt diese Wertung als ein bewegliches System mit dem Informationsbedarf und der Möglichkeit zur Information als wesentliche Elemente.[12] Erforderlich ist zunächst ein Informationsungleichgewicht der Parteien.[13] Teilweise wird selbst dann eine Aufklärungspflicht bejaht, wenn eine Partei keinen konkreten Informationsvorsprung besitzt, indem

Erman/*Westermann*, BGB, § 241 Rn. 3, 14. Mangels praktischer Relevanz kann die konkrete dogmatische Verankerung in § 242 oder § 241 Abs. 2 aber dahinstehen, vgl. *Bachmann/Roth*, MüKo-BGB, § 241 Rn. 53.

6 *Emmerich*, MüKo-BGB, § 311 Rn. 68.

7 *Roth/Schubert*, MüKo-BGB, § 242 Rn. 462.

8 *Bartholomeyczik*, AcP 166 (1966), 30 f.; im Bezug auf die Nutzung von AGB auch *Lieb*, AcP (1978), 196, 200 f.; *Rong*, Aufklärungspflichten, 31 ff.; *Roth/Schubert*, MüKo-BGB, § 242 Rn. 464.

9 Vgl. *Bartholomeyczik*, AcP 166 (1966), 30, 64; *Breidenbach*, Informationspflichten, 12; *Rong*, Aufklärungspflichten, 31.

10 Vgl. RG, Urt. v. 27.03.1906 – II 374/05, Z 62, 149, 150 f.; RG, Urt. v. 19.10.1921 – V 89/21, Z 103, 47, 50; RG, Urt. v. 07.07.1925 – II 494/24, Z 111, 233, 235; BGH, Urt. v. 20.02.1967 – III 134/65, Z 47, 207, 211; BGH, Urt. v. 28.04.1971 – VIII ZR 258/69, NJW 1971, 1795, 1799; BGH, Urt. v. 04.04.2001 – XIII ZR 21/00, NJW 2001, 2163; BGH, Urt. v. 14.03.2003 – V ZR 308/02, NJW 2003, 1811, 1812; BGH, Urt. v. 11.08.2010 – XII ZR 192/08, NJW 2010, 3362; *Böhme*, Aufklärungspflichten, 39 f.; *Hübner*, BB 2010, 1483, 1485; Staudinger/*Olzen*, BGB, § 241 Rn. 447; Bamberger/Roth/*Sutschet*, BGB, § 311 Rn. 70 f.; *Thamm/Pilger*, BB 1994, 729, 730; *Werner*, ZIP 2000, 989, 990; krit. *Breidenbach*, Informationspflichten, 52, der diese Formel als „Leerformel" bezeichnet.

11 *Bachmann/Roth*, MüKo-BGB, § 241 Rn. 142.

12 *Breidenbach*, Informationspflichten, 62 ff.

13 *Bachmann/Roth*, MüKo-BGB, § 241 Rn. 140; Staudinger/*Olzen*, BGB, § 241 Rn. 448; *Thamm/Pilger*, BB 1994, 729, 730.

eine Informationsbeschaffungspflicht vor die Aufklärungspflicht geschaltet ist.[14] Allerdings soll dies nur dann der Fall sein, wenn die bestehende Sonderverbindung durch besondere Fürsorge- bzw. Beratungselemente geprägt ist oder wenn die Kosten der Informationsbeschaffung bei der einen Partei wesentlich niedriger sind.[15]

Als weitere Voraussetzung muss die Informationsasymmetrie erkennbar für die wissende Partei sein.[16] Dies setzt allerdings grundsätzlich keine großen Nachforschungspflichten des Pflichtigen über den Informationsstand des angehenden Vertragspartners voraus, sondern es genügt, dass sich diesem bei verständiger Betrachtung die Informationsasymmetrie aufdrängen muss.[17] Von einer solchen Informationsasymmetrie ist nicht auszugehen, wenn die Informationen problemlos zugänglich sind, wie beispielsweise allgemeine Marktverhältnisse.[18] Allerdings darf auch nicht soweit gegangen werden, dem Vertragspartner eine Ermittlungspflicht oder gar eine due diligence Prüfung zu oktroyieren.[19]

Für die Begründung einer vorvertraglichen Aufklärungspflicht muss ferner die Information für den jeweiligen Vertragspartner entscheidungserheblich sein.[20] Dies sind vor allem Informationen, die den anderen Vertragspartner von einem Vertragsschluss abhalten könnten, da abschlussfördernde Informationen ohnehin mitgeteilt werden bzw. eine Statuierung einer Offenbarungspflicht von abschlussfördernden Informationen in einem Konflikt mit der negativen Abschlussfreiheit steht.[21]

Schließlich ist eine Abwägung unter den Gesichtspunkten der Schutzbedürftigkeit des Nichtwissenden und der Zumutbarkeit einer Aufklärung durch den Wissenden zu unternehmen.[22] Die maßgebliche Perspektive muss bei der Abwägung eine ex-ante-Perspektive und nicht eine ex-post-Perspektive sein.[23] Welche Aspekte in die Abwägung konkret einzustellen sind, richtet sich nach dem

---

14 *Bachmann/Roth*, MüKo-BGB, § 241 Rn. 140; *Breidenbach*, Informationspflichten, 59 f.; Bamberger/Roth/*Sutschet*, BGB, § 311 Rn. 73; Staudinger/*Olzen*, BGB, § 241 Rn. 449.

15 Staudinger/*Olzen*, BGB, § 241 Rn. 449.

16 BGH, Urt. v. 20.02.1967 – III 134/65, Z 47, 207, 211; *Bachmann/Roth*, MüKo-BGB, § 241 Rn. 141; *Böhme*, Aufklärungspflichten, 81 ff.; *Breidenbach*, Informationspflichten, 31 f.; Staudinger/*Olzen*, BGB, § 241 Rn. 450; *Lüsing*, Vertragsverletzung, 290.

17 BGH, Beschl. v. 14.12.2005- IX ZR 210/03, NJOZ 2006, 1416, 1417; Staudinger/*Olzen*, BGB, § 241 Rn. 451.

18 RG, Urt. v. 07.07.1925 – II 494/24, Z 111, 233, 234 f.; *Böhme*, Aufklärungspflicht, 134 ff.; Staudinger/*Olzen*, BGB, § 241 Rn. 450.

19 Vgl. BGH 11.08.2010 NJW 2010, 3362, der eine Recherchepflicht für außergewöhnliche Umstände ablehnt.

20 Staudinger/*Olzen*, BGB, § 241 Rn. 452.

21 Staudinger/*Olzen*, BGB, § 241 Rn. 452.

22 Vgl. *Böhme*, Aufklärungspflichten, 83 ff.; Staudinger/*Olzen*, BGB, § 241 Rn. 453 f.; *Thamm/Pilger*, BB 1994, 729, 731.

23 Krit. gegenüber einer zu extensiven nachträglichen Pflichtenkonstruktion über die ex-post-Perspektive, *Bachmann/Roth*, MüKo-BGB, § 241 Rn. 145; siehe auch *Breidenbach*, Informationspflichten, 13.

Einzelfall. So wird das Schutzpotential der fraglichen Information als Kriterium der Abwägung bei der Eröffnung wie auch bei der Grenzziehung von Informationspflichten herangezogen.[24] Dieses Kriterium relativiert sich allerdings unter dem Gesichtspunkt, dass das Schutzpotential von vorvertraglichen Informationen von dem jeweiligen Adressaten und seiner Fähigkeit zur Risikobewertung abhängig ist.[25]

Ein weiterer wesentlicher Aspekt für die Abwägung ist die Risikoverteilung.[26] Hierbei ist zu berücksichtigen, dass sich im Wirtschaftsverkehr regelmäßig Parteien mit einem widerstreitenden Interesse gegenüberstehen. Aus diesem Grund ist davon auszugehen, dass jede Partei sich zunächst eigenverantwortlich über die Chancen und Risiken eines abzuschließenden Geschäfts informieren muss und ein Wissensvorsprung nicht stets im Laufe der Vertragsverhandlungen zu offenbaren ist.[27] Eine extensive Anerkennung von Aufklärungspflichten aus einer ex-post-Perspektive kann faktisch zu einer Spekulation auf fremde Kosten führen, indem die mit einem Geschäft verbundenen Risiken nachträglich auf den Vertragspartner abgewälzt werden.[28] In qualitativer Hinsicht muss also der Wissensvorsprung eine so große Bedeutung haben, dass eine Nichtmitteilung des Wissenden gegen das Gebot der Waffengleichheit oder der Fairness am Markt verstößt.[29]

Dabei ist insbesondere zu beachten, dass nicht immer alle notwendigen Informationen ohne die Mitwirkung des jeweils anderen potentiellen Vertragspartners ermittelt werden können.[30] Je wichtiger die Information und je größer das Informationsungleichgewicht ist, desto eher ist von einer Aufklärungspflicht auszugehen.[31] Bei Schuldverhältnissen, die von einem geringeren Interessengegensatz geprägt sind, oder bei

24 *Breidenbach*, Informationspflichten, 11.

25 Die wichtigsten Kategorien zur Beschreibung der individuellen Risikowahrnehmung sind: begrenzte Kognition (die Risikobewertung erfolgt anhand äußerer Auffälligkeiten anstatt nach einer rationalen Abwägung), Short term perspective (die Riskobewertung wird anhand des Maßstabs der zeitlichen Entfernung bis zu einer drohenden Risikoverwirklichung bemessen), überzogener Optimismus bei der Bewertung des Risikos, erhöhte Risikobereitschaft. Vgl. hierzu *Bachmann/Roth*, MüKo-BGB, § 241 Rn. 146.

26 *Bachmann/Roth*, MüKo-BGB, § 241 Rn. 147.

27 BGH, Urt. v. 15.04.1997 – IX ZR 112/96, NJW 1997, 3230, 3231; BGH, Urt. v. 11.08.2010 – XII ZR 192/08, NJW 2010, 3362; *Bachmann/Roth*, MüKo-BGB, § 241 Rn. 142; *Hübner*, BB 2010, 1483, 1485; Staudinger/*Löwisch/Feldmann*, BGB, § 311 Rn. 119; *Lüsing*, Vertragsverletzung, 289 f.; Bamberger/Roth/*Sutschet*, BGB, § 311 Rn. 70.

28 *Bachmann/Roth*, MüKo-BGB, § 241 Rn. 144.

29 Vgl. *Bachmann/Roth*, MüKo-BGB, § 241 Rn. 142; Staudinger/*Olzen*, BGB, § 241 Rn. 455.

30 BGH, Urt. v. 04.04.2001 – VIII ZR 32/00 NJW 2001, 2163, 2164.

31 Vgl. BGH, Urt. v. 15.04.1997- IX ZR 112/96, NJW 1997, 3230, 3231; BGH, Urt. v. 19.05.2006 – V ZR 264/05, BB 2006 1650, 1652; BGH, Urt. v. 11.08.2010 – XII ZR 192/08, NJW 2010, 3362; *Bachmann/Roth*, MüKo-BGB, § 241 Rn. 148.

Dauerschuldverhältnissen ist eher von einer Aufklärungspflicht auszugehen.[32] Bei der Bestimmung der Grenzen der Aufklärungspflicht sind insbesondere das Persönlichkeitsrecht bzw. etwaige Geschäfts-, Betriebs- und Berufsgeheimnisse zu beachten.[33]

Unabhängig von den gerade beschriebenen normativen und typisierenden Wertungen zur Ermittlung von Aufklärungspflichten wurde in der Vergangenheit versucht, diese aus einem ökonomischen Gedanken herzuleiten. Ausgangspunkt ist hierbei, dass jede Informationsweitergabe und -beschaffung Kosten verursacht und diese Kosten nach dem Prinzip der Allokations-Effizienz die Partei zu tragen hat, bei der diese Kosten am geringsten sind (cheapest-cost-avoider-Prinzip).[34] Diese Partei trägt dann eine Aufklärungspflicht. Zu Recht wird dieser Ansatz jedoch abgelehnt.[35] Diese Ansicht berücksichtigt nicht, dass die Wertungen des Rechts sich nicht nur auf eine ökonomische Betrachtung reduzieren lassen, sondern dass vielmehr auch andere, nicht ökonomische Aspekte wie beispielsweise soziale Gesichtspunkte, zu berücksichtigen sind.[36] Dennoch sind die zu erwartenden Transaktionskosten bei der Informationsermittlung und der Informationsweitergabe durchaus ein in der Abwägung zu berücksichtigendes Kriterium.[37]

Von der Aufklärungspflicht zu trennen ist die Wahrheitspflicht. Es besteht eine grundsätzliche Pflicht zu wahrheitsgemäßen Angaben.[38] Dies ist unerheblich davon, ob eine Aufklärungspflicht bestand oder nicht. Wenn eine Partei beschließt, auf eine Frage zu antworten oder Informationen von sich aus preiszugeben, dann müssen diese Informationen auch der Wahrheit entsprechen. Nur in Ausnahmefällen, bei einer besonderen Interessen- und Zwangslage, wie sie beispielsweise im Arbeitsrecht bei einer unzulässigen Frage im Rahmen eines Bewerbungsgesprächs gegeben sein kann, hat die Lüge keine rechtlichen Folgen.[39]

II. Aufklärungspflichten in der Anbahnung eines Unternehmensführungsvertrags

1. Aus der Perspektive des Unternehmensführers

Die konkreten vorvertraglichen Aufklärungspflichten im Rahmen eines Unternehmensführungsvertrags hängen von den Gegebenheiten des Einzelfalls ab. Es ist

---

32 Vgl. RG, Urt. v. 19.01.1934 – VII 276/33, Z 143, 219, 223; BGH, Urt. v. 30.11.1978 – II ZR 66/78, NJW 1980, 44 f.; *Bachmann/Roth*, MüKo-BGB, § 241 Rn. 151 f.; *Rong*, Aufklärungspflichten, 46 ff.; Staudinger/*Olzen*, BGB, § 241 Rn. 455; Bamberger/Roth/*Sutschet*, BGB, § 311 Rn. 71; krit. *Breidenbach*, Informationspflichten, 53 ff.

33 *Bachmann/Roth*, MüKo-BGB, § 241 Rn. 169; *Ehring*, Due diligence, 121.

34 Vgl. hierzu *Breidenbach*, Informationspflichten, 41 f.

35 *Bachmann/Roth*, MüKo-BGB, § 241 Rn. 143; *Breitenbach*, Informationspflichten, 42 ff.

36 *Breidenbach*, Informationspflichten, 43.

37 Vgl. *Bachmann/Roth*, MüKo-BGB, § 241 Rn. 144.

38 *Bachmann/Roth*, MüKo-BGB, § 241 Rn. 132; *Lüsing*, Vertragsverletzung, 289; Staudinger/*Olzen*, BGB, § 241 Rn. 459; Bamberger/Roth/*Sutschet*, BGB, § 311 Rn. 74.

39 *Bachmann/Roth*, MüKo-BGB, § 241 Rn. 171.

deshalb keine konkrete Aussage möglich, wann genau von einer Aufklärungspflicht des Unternehmensführers oder des Eigentümerunternehmens auszugehen ist. Im Folgenden sollen deshalb wesentliche Parameter zur Herleitung von Aufklärungspflichten im Vorfeld eines Unternehmensführungsvertrags aufgezeigt werden. Klarzustellen ist allerdings, dass das Vorliegen einzelner Parameter keine Aufklärungspflicht indiziert, sondern nur ein Indiz für eine solche darstellt. Zunächst muss überprüft werden, ob ein potentiell aufklärungspflichtiger Umstand dem Unternehmensführer selbst schon bekannt ist, oder ob diese noch ermittelt werden muss. Wenn Umstände dem Unternehmensführer schon bekannt sind, ist diesem eher eine Aufklärungspflicht zuzumuten als für Umstände, die noch ermittelt werden müssen.

Von erheblicher Bedeutung bei der Erörterung von Aufklärungspflichten sind auch die Art des Unternehmensführungsvertrags und die Vertragsparteien. So wird die Herleitung einer Informationspflicht entscheidend davon abhängen, ob im Rahmen des Unternehmensführungsvertrags die operative Führung über das gesamte Unternehmen übernommen wird oder nur über Teile des Unternehmens. Sofern nur die Führung über Teile des Unternehmens übernommen wird, stellt sich die Frage, wie wichtig diese Teile für das Eigentümerunternehmen sind. Wird beispielsweise die Personalverwaltung durch ein Unternehmen übernommen, kann nicht erwartet werden, dass dieses nicht bekannte Risiken außerhalb des zu übernehmenden Verantwortungsbereichs ermittelt und über diese aufklärt. Andererseits ist der Unternehmensführer aufklärungspflichtig, wenn er die Unternehmensführung über das gesamte Unternehmen übernehmen möchte und er erkennt, dass in der strategischen Planung des Eigentümerunternehmens Risiken falsch eingeschätzt oder übersehen wurden. Von einem solchen Unternehmensführer ist zusätzlich zu erwarten, dass er wesentliche Informationen über den Status des Unternehmens und der zukünftig verfolgten Strategie bei dem Eigentümerunternehmen einfordert. Wenn das Eigentümerunternehmen keine oder unvollständige Informationen bereitstellt, so ist dies für die Frage, ob eine Aufklärungspflicht verletzt wurde zu berücksichtigen, indem keine Aufklärungspflichtverletzung des Unternehmensführers angenommen, oder die Haftung nach § 254 Abs. 1 BGB ausgeschlossen oder reduziert wird.

Genauso wichtig wie die Art und der konkrete Umfang des Unternehmensführungsvertrags sind die Vertragsparteien. Eine Aufklärungspflicht ist umso restriktiver anzunehmen, je professioneller die Vertragsparteien sind. Dies ergibt sich daraus, dass bei einem auf Privatautonomie beruhenden Rechtsverkehr ein korrigierender staatlicher Eingriff nur dann geboten ist, wenn die Waffengleichheit im Rechtsverkehr gefährdet ist.[40] Ist beispielsweise die nichtwissende Partei ein kürzlich gegründetes Start-up Unternehmen mit noch unerfahrener Geschäftsführung, so ist zu deren Gunsten eher von einer Aufklärungspflicht auszugehen als bei einer börsennotierten AG, da letzterer im Zweifel umfangreichere materielle und

40 Zu dem Gedanken der Waffengleichheit ausführlich *Bartholomeyczik*, AcP 166 (1966), 30, 64 ff.

personelle Ressourcen zur Ermittlung des eigenen Vertragsrisikos zur Verfügung stehen. So kann es bei Ersterer geboten sein, dass der Unternehmensführer Informationen über das zu übernehmende Unternehmen einholt und das Eigentümerunternehmen über evidente Risiken der Vertragsdurchführung aufklärt.

Sofern der Unternehmensführer einen Informationsvorsprung über Tatsachen besitzt, die für die zukünftige Entwicklung des Eigentümerunternehmens im Rahmen eines Unternehmensführungsvertrags von erheblicher Bedeutung sind, und er diesen Wissensvorsprung erkennt, kann diesen eine Aufklärungspflicht gegenüber dem Eigentümerunternehmen treffen. Zur Begründung einer solchen Aufklärungspflicht lässt sich unter anderem die Kategorie des Dauerschuldverhältnisses heranziehen. Unternehmensführungsverträge werden typischerweise über einen langen Zeitraum geschlossen. Diese Tatsache ist stets in eine Risikoabwägung einzustellen. Ebenso ist für die Risikoabwägung zugunsten des Eigentümerunternehmens zu berücksichtigen, dass der abzuschließende Unternehmensführungsvertrag der Fremdinteressenwahrnehmung dient und damit eine besondere Vertrauens- und Treuestellung des Unternehmensführers vorliegt. Beide Aspekte führen zu einer verstärkten Annahme von Aufklärungspflichten des Unternehmensführers. So kann sich beispielsweise eine Aufklärungspflicht ergeben, wenn der potentielle Unternehmensführer erkennt, dass die Kalkulationen des Eigentümerunternehmens fehlerhaft sind und der Abschluss des Unternehmensführungsvertrags wirtschaftlich nachteilig.[41] Ebenso kann sich eine Aufklärungspflicht ergeben, wenn der Unternehmensführer feststellt, dass das vom Eigentümerunternehmen im Rahmen des Unternehmensführungsvertrags verfolgte Konzept wirtschaftlich nicht tragbar ist und das Eigentümerunternehmen dieses nicht erkennen kann. Mit anderen Worten: Der Unternehmensführer darf seinen Vertragspartner nicht offen in sein Verderben laufen lassen.

2. Aus der Perspektive des Eigentümerunternehmens

Andererseits können sich auch aus Sicht des Eigentümerunternehmens Aufklärungspflichten für dieses ergeben. Auch hier steht besonders die Kenntnis über Tatsachen im Vordergrund, die auf eine Prognose für die Unternehmensentwicklung im Laufe eines Unternehmensführungsvertrags schließen lassen. Allerdings muss dann ein besonderes Interesse des Unternehmensführers an der Entwicklung des Unternehmens nachgewiesen werden. Nicht rechtfertigen lässt sich eine Informationspflicht aus dem schlichten Interesse des Unternehmensführers an der zukünftigen Solvenz des Eigentümerunternehmens. So existiert grundsätzlich keine Pflicht zur Aufklärung über die eigene Vermögenslage und Kreditwürdigkeit und auch keine Aufklärungspflicht zur Vermeidung üblicher Geschäftsrisiken.[42] Das Insolvenzrisiko des Schuldners ist als übliches Geschäftsrisiko zu bewerten.

---

41 Zur Aufklärungspflicht bei einem offenen Kalkulationsirrtum BGH, Urt. v. 28.04.1983 – VII ZR 259/82, NJW 1983, 1671, 1672; BGH, Urt. v. 07.07.1998 – X ZR 17/97, NJW 1998, 3192, 3194.

42 *Bachmann/Roth*, MüKo-BGB, § 241 Rn. 163; Staudinger/*Olzen*, BGB, § 241 Rn. 454.

Auch wird sich aus dem Treueverhältnis zum Eigentümerunternehmen und aus dem Charakter des Unternehmensführungsvertrags als Dauerschuldverhältnis für sich genommen nicht stets eine Aufklärungspflicht des Eigentümerunternehmens herleiten lassen.

Der Unternehmensführer muss vielmehr ein besonderes Interesse an dem zukünftigen wirtschaftlichen Erfolg des geführten Unternehmens haben. Ein solches Interesse ist vor allem dann gegeben, wenn der Unternehmensführer von dem wirtschaftlichen Erfolg partizipiert. So ist dies beispielsweise dann der Fall, wenn eine erfolgsbezogene Vergütung vereinbart wurde. Je stärker die Vergütung rein erfolgsbezogen ist, desto größer ist das Interesse des Unternehmensführers an dem wirtschaftlichen Erfolg des Eigentümerunternehmens.

Eine weitere Konstellation, bei der ein besonderes Interesse des Unternehmensführers an dem wirtschaftlichen Erfolg des Eigentümerunternehmens bejaht werden kann, stellt der unechte Unternehmensführungsvertrag dar. Hier steht der Unternehmensführer im besonderen Maße für das Insolvenzrisiko des Eigentümerunternehmens ein, da er mit Dritten im eigenen Namen kontrahiert und somit selbst Vertragspartner wird.

Allerdings muss bei der konkreten Abwägung des Umfangs möglicher Aufklärungspflichten beachtet werden, dass durch diese nicht faktisch eine Erfolgsgarantie des Unternehmensführungsvertrags statuiert wird und das Risiko des Misserfolgs auf das Eigentümerunternehmen abgewälzt wird. Im Bezug auf nicht öffentliche Informationen muss zusätzlich abgewogen werden, ob die Weitergabe dieser Informationen noch im Interesse des Eigentümerunternehmens liegt.[43] Des Weiteren ist bei der Eingrenzung möglicher Aufklärungspflichten zu beachten, dass der Unternehmensführer typischerweise gerade aufgrund seines Know-hows zur Unternehmensführung engagiert wurde. Es muss deshalb im Einzelfall sorgfältig geprüft werden, ob selbst bei einem besonderen Interesse des Unternehmensführers an dem wirtschaftlichen Erfolg des Unternehmens diesen aufgrund seiner Fachkenntnis eine Nachfrageobliegenheit trifft, anstatt eine Aufklärungspflicht des Eigentümerunternehmens zu statuieren.

B) Minderung des Haftungsrisikos durch Nutzung einer due diligence Prüfung

Mit den vertraglichen Aufklärungspflichten eng verbunden ist die Frage der Durchführung einer due diligence. Der Begriff der due diligence stammt aus dem amerikanischen Recht und lässt sich übersetzen als „angemessene oder erforderliche Sorgfalt".[44] Er ist Ausdruck eines allgemeinen Sorgfaltsmaßstabs und hat im

43 Zum Gedanken der Interessensabwägung bei der Kollission von Aufklärungspflichten mit Geheimhaltungspflichten siehe *Ehring*, Due diligence, 121 ff.

44 *Ehring*, Due diligence, 17; *Kiethe*, NZG 1999, 976, 977; *Krüger/Kalbfleisch*, DStR 1999, 174; *Merkt*, WiB 1996, 145; *Rittmeister*, NZG 2004, 1032.

Kaufrecht des common law besondere Bedeutung unter dem caveat-emptor Grundsatz erlangt.[45] Nach diesem Grundsatz hat der Käufer das Kaufobjekt vor dem Kauf eingehend zu untersuchen, um sich etwaige Gewährleistungsrechte vorzubehalten.[46] Unterlässt der Käufer die Prüfung der Kaufsache, obwohl diese der angemessenen oder erforderlichen Sorgfalt (due diligence) entsprochen hätte, haftet der redliche Verkäufer nicht für etwaige Mängel.[47]

Im deutschen Recht wird die due diligence vor allem im Rahmen von Unternehmenstransaktionen genutzt. Sie ist der Oberbegriff für eine umfassende Unternehmensprüfung.[48] Die Ausgangslage und die Funktion der due diligence sind im deutschen Recht allerdings eine andere. Eine Verteilung der Vertragsrisiken erfolgt nicht unter dem Aspekt der Prüfungsobliegenheit, sondern durch das Gewährleistungsrecht und etwaige vorvertragliche Schutzpflichten. Diese Verteilung wird als Ausdruck der Vertragsgerechtigkeit und der Äquivalenz gesehen, weil das von den Parteien Gewollte nicht mit der Wirklichkeit übereinstimmt.[49] Nur ausnahmsweise, wie beispielsweise in § 377 HGB, ist eine Prüfungsobliegenheit vorgesehen, deren Unterlassen zu rechtlichen Nachteilen führt.[50]

Die due diligence wird im deutschen Recht vor allem dafür genutzt, eine Informationsasymmetrie der Parteien auszugleichen.[51] Sie ist ein freiwilliges privatautonomes Instrument und ihre Durchführung und der Umfang ihrer Durchführung sind von den Interessen der potentiellen Vertragsparteien abhängig. Im Rahmen einer Unternehmenstransaktion wird beispielsweise der Käufer ein Interesse daran haben, möglichst viel über den Verkaufsgegenstand in Erfahrung zu bringen. Auf der anderen Seite hat der Verkäufer ein Interesse, eine Haftung für den Verkaufsgegenstand möglichst vertraglich einzuschränken. Allerdings wird er auch ein Interesse daran haben, nicht sämtliche Informationen dem Käufer mitzuteilen, die sich negativ auf die Markt- und Verhandlungssituation auswirken.[52]

Neben dem schlichten Informationsaustausch schafft die due diligence einen Rahmen, um Risiken zu bewerten, Informationen zu verifizieren und den

45 *Ehring*, Due diligence, 17 f.; *Krüger/Kalbfleisch*, DStR 1999, 174; *Merkt*, WiB 1996, 145, 146; *Werner*, ZIP 2000, 989, 990.
46 *Ehring*, Due diligence, 18; *Krüger/Kalbfleisch*, DStR 1999, 174; *Merkt*, WiB 1996, 145, 146; *Rittmeister*, NZG 2004, 1032.
47 *Ehring*, Due diligence, 18; *Krüger/Kalbfleisch*, DStR 1999, 174; *Werner*, ZIP 2000, 989, 990.
48 *Ehring*, Due diligence, 19; *Schroeder*, DB 1997, 2161; *Werner*, ZIP 2000, 989.
49 *Ehring*, Due diligence, 18.
50 Vgl. *Merkt*, WiB 1996, 145, 147; *Müller*, NJW 2004, 2196, 2197.
51 *Ehring*, Due diligence, 19; *Kiethe*, NZG 1999, 976, 977; *Müller*, NJW 2004, 2196; *Merkt*, WiB 1996, 145, 147; *Reiche*, DStR 2000, 2056, 2057; *Rittmeister*, NZG 2004, 1032; *Schulte*, DStR 2000, 1437; *Werner*, ZIP 2000, 989.
52 Vgl. *Ehring*, Due diligence, 21; *Krüger/Kalbfleisch*, DStR 1999, 174, 176; *Reiche*, DStR 2000, 2056.

Informationsfluss zu formalisieren und zu dokumentieren.[53] Für den Verkäufer hat sie den Vorteil, dass dieser gebündelt Informationen über sein Unternehmen erhält und das Haftungsrisiko für Aufklärungspflichten sich verringert, da der Verkäufer schneller eine Aufklärungspflicht erkennen kann oder durch eine professionelle investigative Tätigkeit des Käufers die normativen Anforderungen an das Vorliegen einer Aufklärungspflicht höher einzuschätzen sind.[54]

Auch bei einem Unternehmensführungsvertrag erscheint die Durchführung einer due diligence Prüfung im Einzelfall angebracht. Auf der Grundlage einer solchen Prüfung könnten die Parteien Klarheit über das zu führende Objekt erlangen. So kann das Risiko von falschen Erwartungen der Vertragsparteien an die Vertragsdurchführung gemindert werden. Ebenso können die Parteien leichter den Maßstab der Unternehmensführung festlegen und entsprechende Leitlinien entwickeln. Durch das kooperative Zusammenwirken bei einer due diligence Prüfung wird die Fehleranfälligkeit im Sinne des Vier-Augen-Prinzips reduziert und es vermindert sich somit für beide Parteien das Haftungsrisiko. Es ist bekannt, dass ein großer vorvertraglicher Informationsaustausch zwischen den Parteien das Haftungsrisiko und auch das Frustrationsrisiko während des Vertragsverhältnisses senkt.[55] Der Vorwurf, der Unternehmensführer habe sich nicht um die Einholung wesentlicher Informationen bemüht, kann bei einer durchgeführten due diligence Prüfung nur erschwert erhoben werden. Selbst wenn dieser Vorwurf erhoben wurde, kann eine mangelhafte Mitwirkung des Eigentümerunternehmens im Rahmen der due diligence haftungsmildernd oder haftungsausschließend im Sinne des § 254 Abs. 1 BGB berücksichtigt werden. Ebenso ist das Risiko des Vorwurfs gesenkt, das Eigentümerunternehmen habe trotz einer erfolgsbezogenen Vergütung des Unternehmensführers wesentliche nicht öffentliche Informationen dem Unternehmensführer nicht zugänglich gemacht.[56] Für beide Vertragsparteien ist also das Haftungsrisiko durch eine Aufklärungspflichtverletzung reduziert.

Allerdings entstehen durch den Informationsaustausch oder durch eine due diligence Prüfung Kosten.[57] Aus diesem Grund entscheiden die Parteien privatautonom, ob die aus der due diligence gewonnenen Vorteile die verursachten Kosten aufwiegen. Sowohl in der Literatur zu dem Unternehmensführungsvertrag als auch in den vorliegenden Vertragsmustern finden sich keine Hinweise auf die Durchführung einer due diligence Prüfung. Eine regelmäßig negativ ausfallende Kosten-Nutzen-Bewertung der Parteien vermag der Grund hierfür sein. Ein anderer Grund vermag darin zu sehen sein, dass bei konzerninternen

53 *Ehring*, Due diligence, 21; *Kiethe*, NZG 1999, 976, 977 f.; *Krüger/Kalbfleich*, DStR 1999, 174, 175; *Müller*, NJW 2004, 2196; *Merkt*, WiB 1996, 145, 147; *Werner*, ZIP 2000, 989.

54 Vgl. *Bachmann/Roth*, MüKo-BGB, § 241 Rn. 141.

55 *Bachmann/Roth*, MüKo-BGB, § 241 Rn. 143; vgl. *Ehring*, Due diligence, 117.

56 Vgl. zum Parallelbeispiel des Verkäufers, der seine Aufklärungspflichten durch Gestattung einer due diligence erfüllt, *Ehring*, Due diligence, 116 f.

57 Vgl. *Bachmann/Roth*, MüKo-BGB, § 241 Rn. 143.

Unternehmensführungsverträgen das Problem einer Informationsasymmetrie der Parteien nicht so sehr im Vordergrund steht.

Ein weiterer negativer Aspekt einer due diligence Prüfung ist, dass geheimhaltungsbedürftige Informationen des Eigentümerunternehmens dem Unternehmensführer bekannt werden. Dies betrifft allerdings nicht nur die due diligence Prüfung. Auch ohne eine due diligence Prüfung können Aufklärungspflichten mit einer Geheimhaltungspflicht der Organe oder Bevollmächtigten in Kollision treten.[58] Für den Unternehmenskauf wird die Weitergabe geheimhaltungsbedürftiger Informationen im Rahmen einer due diligence dann für zulässig gehalten, wenn eine Geheimhaltungsvereinbarung abgeschlossen wurde, die Transaktion im Interesse der Gesellschaft erfolgt und die Weitergabe der Informationen erforderlich ist.[59] Überträgt man diese Wertung auf den Abschluss eines Unternehmensführungsvertrags muss das Eigentümerunternehmen abwägen, welche Informationen sie unter dem Gesichtspunkt des Geheimnisschutzes weitergibt und welche vertraulich bleiben.[60] Die Weitergabe von vertraulichen Informationen sollte dann allerdings durch eine Geheimhaltungsvereinbarung abgesichert werden, die auch im Falle eines Nichtzustandekommen des Vertrags die Nutzung und Weitergabe von vertraulichen Informationen untersagt. Selbst ohne eine vertragliche Regelung muss sich ein Nutzungs- und Verwertungsverbot von vertraulichen Informationen aus § 242 BGB ergeben. Der Unternehmensführungsvertrag ist durch seine Fremdinteressenswahrnehmung geprägt. Damit verbunden ist auch eine besondere Treuepflicht, die sich auch schon in den Bereich der Vertragsanbahnung erstreckt. Es wäre treuwidrig, wenn der potentielle Unternehmensführer nicht öffentliche Informationen, die er im Rahmen der Vertragsanbahnung erlangt hat, zum Nachteil des Eigentümerunternehmens nutzt.[61] Der potentielle Unternehmensführer ist im Bezug auf eine Geheimhaltungspflicht nicht öffentlicher Informationen bei Abbruch von Vertragsverhandlungen genauso zu stellen, wie ein ehemaliger Unternehmensführer nach Vertragsende.[62] Inhaltlich könnte sich bei der Konkretisierung der Geheimhaltungspflicht an § 90 HGB orientiert werden. Nach diesem besteht ein zeitlich unbefristetes Verwertungs- und Weitergabeverbot für nicht allgemein bekannte Tatsachen.[63] Die Grenzen der Geheimhaltungspflicht sind dann erreicht, wenn die Weitergabe oder Nutzung der Information nach den gesamten Umständen nicht

---

58 *Ehring*, Due diligence, 121.

59 Vgl. *Ehring*, Due diligence, 121 f.; *Körber*, NZG 2002, 263, 269; *Mertens*, AG 1997, 541, 546 f.; *Schroeder*, DB 1997, 2161, 2163; *Stengel/Scholderer*, NJW 1994, 159, 163.

60 Vgl. zum Unternehmenskauf *Schroeder*, DB 1997, 2161, 2162 f.

61 Vgl. parallel zum Unternehmenskauf *Ehrling*, Due diligence, 122; *Hommelhoff*, ZHR 150 (1986), 254, 256; *Stengel/Scholderer*, NJW 1994, 159, 163.

62 Hierzu 2. Kapitel § 8 B II.

63 Oetker/*Busche*, HGB, § 90 Rn. 8 ff.; *v. Hoyningen-Huene*, MüKo-HGB, § 90 Rn. 15; E/B/J/S/*Löwisch*, HGB, § 90 Rn. 7.

der Berufsauffassung eines ordentlichen Kaufmann widerspricht.[64] Erforderlich ist also eine Abwägung des Geheimhaltungsinteresses mit dem Interesse des zur Geheimhaltung Verpflichteten.[65]

§ 2. Hauptleistungspflichten des Unternehmensführers

Die Hauptleistungspflichten des Unternehmensführers sind stark von der konkreten Ausgestaltung des Vertragsverhältnisses abhängig. Aus diesem Grund ist bei der Pflichtenbestimmung zunächst das konkrete Vertragsverhältnis in den Blick zu nehmen. Da der Unternehmensführungsvertrag grundsätzlich als Geschäftsbesorgungsvertrag mit Dienstleistungs- oder – in atypischer Fallkonstellation – Werkleistungscharakter eingeordnet wurde, können auch aus dieser Einordnung die Pflichten des Unternehmensführers abstrakt abgeleitet werden.

A) Pflichten vor der tatsächlichen Übernahme der Unternehmensführung

I. Vereinbarung von weiteren Hauptleistungspflichten als Annex zu der Unternehmensführung

Da im Rahmen eines Unternehmensführungsvertrags regelmäßig komplexe Dienstleistungen bzw. vereinzelt auch Werkleistungen erbracht werden, bedarf es vor der tatsächlichen Übernahme der Unternehmensführung Vorbereitungsmaßnahmen.[66] Diese Vorbereitungspflicht umfasst zunächst die Pflicht, alle eigenen organisatorischen Maßnahmen zu treffen, um die Unternehmensführung ohne Komplikationen übernehmen zu können.[67] Sie dienen somit der eigentlichen Hauptleistungspflicht, die in der Übernahme der Unternehmensführung zu sehen ist. Diese Leistungspflichten sind deshalb als Nebenleistungspflicht einzuordnen.[68]

Teilweise treffen den Unternehmensführer jedoch auch besondere Vorbereitungspflichten, die die Sphäre des Eigentümerunternehmens betreffen, da das Eigentümerunternehmen grundsätzlich die für die Unternehmensführung erforderlichen Ressourcen bereitzustellen hat.[69] Allerdings sind diese Elemente nicht originäre

64 Oetker/*Busche*, HGB, § 90 Rn. 13; *v. Hoyningen-Huene*, MüKo-HGB, § 90 Rn. 21; E/B/J/S/*Löwisch*, HGB, § 90 Rn. 7.

65 Vgl. Oetker/*Busche*, HGB, § 90 Rn. 13; *v. Hoyningen-Huene*, MüKo-HGB, § 90 Rn. 21 f.; E/B/J/S/*Löwisch*, HGB, § 90 Rn. 7.

66 *Abels*, Mangementverträge, 306 ff.; *Martinek*, Vertragstypen II, 288; Staudinger/*ders.*, BGB, § 675 Rn. B 151.

67 Vgl. *Joachim*, DWiR 1992, 397, 398.

68 Zu dem Begriff der Nebenleistungspflicht und dem dienenden Charakter dieser Leistungspflicht *Gernhuber*, Schuldverhältnis, 18 f.

69 Hierzu 2. Kapitel § 6 B I.

Bestandteile der Leistungspflicht des Unternehmensführers, sondern müssen explizit vereinbart werden.[70] Ob diese Pflichten dann als Hauptleistung- oder Nebenleistungspflichten einzuordnen sind, ist von der Definition der Nebenleistungspflicht in Abgrenzung zur Hauptleistungspflicht abhängig. Diese Definition ist in der Literatur uneinheitlich.[71] Stellt man darauf ab, dass Nebenpflichten sich dadurch kennzeichnen, dass sie der Hauptleistungspflicht dienen,[72] dann sind vereinbarte Pflichten des Unternehmensführers vor der eigentlichen Übernahme des Unternehmens aus dessen Sicht als Hauptleistungspflichten und nicht als Nebenleistungspflichten einzuordnen. Stellt man auf den Schwerpunkt der vereinbarten Leistungen ab, dann stellen die Leistungen vor der tatsächlichen Übernahme der Unternehmensführung Nebenleistungspflichten dar.[73] Vorzugswürdig sind jedoch solche Leistungspflichten, die dem Unternehmensführer vor der eigentlichen Übernahme des Unternehmens explizit vertraglich auferlegt wurden als Hauptleistungspflicht einzuordnen. Die Parteien haben durch die Vereinbarung dieser Pflichten diese in den Rang einer Hauptleistungspflicht erhoben.[74]

Die Vereinbarung von eigenständigen Vorbereitungspflichten vor der tatsächlichen Unternehmensübernahme kommt insbesondere bei der Einbindung des Unternehmensführers in ein konkretes Projekt vor. Im Rahmen eines solchen Projektes können den Unternehmensführer schon Kontroll- und Überwachungspflichten treffen, aber auch die Pflicht zur Mitwirkung bei der Realisierung des Projekts.[75] Als Beispiel hierfür wird von der Literatur ein sogenannter Turnkey-Vertrag genannt, bei dem ein Unternehmensführungsvertrag als Annexvertrag abgeschlossen werden kann.[76] So kann der Unternehmensführer verpflichtet sein, eine Anlage betriebsbereit zu errichten oder die Montage der Anlage zu überwachen, bevor er die Anlage später als Manager übernimmt oder das Management bei dem Betrieb der Anlage unterstützt bis das Eigentümerunternehmen die Anlage eigenständig betreiben kann. Der Schwerpunkt liegt hier freilich auf der Errichtung der Anlage. Sofern der Schwerpunkt auf der nachträglichen Unternehmensführung liegt, wäre wiederum der Turnkey-Vertrag als Annexvertrag einzuordnen.

70 Vgl. *Zeiger*, Managementverträge, 42, *Joachim*, DWiR 1993, 397, 400.
71 *Fikentscher/Heinemann*, SchuldR, 26.
72 *Gernhuber*, Schuldverhältnis, 18 f.
73 Vgl. *Fikentscher/Heinemann*, SchuldR, 25 f.
74 Vgl. hierzu Fikentscher/Heinemann, SchuldR, 26.
75 *Abels*, Managementverträge, 307; *Martinek*, Vertragstypen II, 285; *Schlüter*, Managementverträge, 59; *Zeiger*, Managementvertrag, 42 f.
76 Zu Projektmanagement- und Turnkeyverträgen, die im Vorfeld eines Unternehmensführungsvertrags geschlossen werden, *Abels*, Managementverträge, 12 ff.; *Martinek*, Vertragstypen II, 285; *Schlüter*, Managementverträge, 59.

II. Beispiele von vereinbarten Hauptleistungspflichten vor der Übernahme der Unternehmensführung

Wie das Beispiel des Turnkey-Vertrags zeigt, kann der angehende Unternehmensführer schon an verschiedenen Projekten vor der eigentlichen Managementübernahme beteiligt sein. So kann vereinbart sein, dass der angehende Unternehmensführer die Realisierung eines Projekts überwacht bzw. kontrolliert. In diesem Fall trifft ihn natürlich nicht die Pflicht das Projekt eigenständig zu realisieren, sondern dies kann weiterhin dem Eigentümerunternehmen vorbehalten sein.[77] Die Vereinbarung von Überwachungs- und Kontrollpflichten des Unternehmensführers im Vorbereitungsstadium hat für das Eigentümerunternehmen die Vorteile, dass es von eigenen Überwachungstätigkeiten entlastet wird und Risiken teilweise verlagert werden.[78]

Beispielsweise kann das Eigentümerunternehmen verpflichtet sein, dem Unternehmensführer ein Hotel für die Unternehmensführung in einem gewissen Standard zu überlassen. Wird nun vereinbart, dass der Unternehmensführer vor der Übernahme des Hotels die Herstellung dieses Standards zu überwachen hat, dann wird das Risiko einer Verfehlung dieses Standards teilweise auf den Unternehmensführer verlagert. Dem Unternehmensführer könnte dann eine mangelhafte Überwachungstätigkeit vorzuwerfen sein, die zu einer eigenen Haftung oder einer Minderung der Haftung des Eigentümerunternehmens gegenüber dem Unternehmensführer im Sinne des § 254 Abs. 1 BGB führt.

Ist der Unternehmensführer nicht nur zur Überwachung und Kontrolle, sondern zur Realisierung eines vorbereitenden Projektes verpflichtet, trägt er das Risiko für den späteren Unternehmensführungsbeginn. Diese Realisierungspflicht hat dann werkvertraglichen Charakter und steht neben einem dienstvertraglich ausgestalteten Unternehmensführungsvertrag. Solche Realisierungspflichten können der Kauf oder der Bau von Anlagen, das Bereitstellen von Rohstoffen, die Schaffung von Infrastruktur oder die Kapitalbeschaffung sein.[79]

Die Realisierungspflicht kann auch die Mitwirkung des Unternehmensführers bei der Vertragsvergabe betreffen. Der Unternehmensführungsvertrag hat eine Tendenz, ein Vertragsverhältnis innerhalb eines sternförmigen Vertragssystems zu sein.[80] Aus diesem Grund kann der Unternehmensführer ein starkes Interesse an der Vertragsvergabe des Eigentümerunternehmens schon vor der eigentlichen Unternehmensführung haben. Diesem Bedürfnis wird teilweise in Unternehmensführungsverträgen Rechnung getragen, indem dem Unternehmensführer die Pflicht auferlegt wird, schon im Vorfeld für das Eigentümerunternehmen erforderliche Verträge zu schließen.[81] In diesem Fall wird dem Unternehmensführer schon frühzeitig eine umfassende Vollmacht erteilt. Gleichzeitig müssen dem

77 *Schlüter*, Managementverträge, 60.
78 Vgl. *Schlüter*, Managementverträge, 60.
79 Vgl. *Schlüter*, Managementverträge, 61 f.; *Zeiger*, Managementvertrag, 42.
80 1. Kapitel § 5 A I 2 c bb.
81 *Joachim*, DWiR 1992, 397, 400; *Schlüter*, Managementverträge, 62.

Eigentümerunternehmen dann aber umfangreiche Kontrollrechte eingeräumt werden, um missbräuchlichen Handlungen des Unternehmensführers vorzubeugen.[82] Selbst ohne die Vereinbarung von Kontrollrechten ist eine solch vorbereitende Tätigkeit als Geschäftsbesorgung zu qualifizieren und aus diesem Grund stehen dem Eigentümerunternehmen Weisungsrechte als auch Informationsrechte aus §§ 675 Abs. 1, 666 BGB zu.

Ein Motiv für den Abschluss eines Unternehmensführungsvertrags ist die Beschaffung von Know-how. Die Akquise von Know-how findet nicht nur in der Durchführungsphase statt, sondern kann auch schon im Vorfeld vor der eigentlichen Unternehmensführung zu den Pflichten des Unternehmensführers gehören.[83] Schließlich hat der Unternehmensführer auch ein Interesse daran, die Stammbelegschaft des Eigentümerunternehmens vor der Unternehmensübernahme zu schulen, da die Stammbelegschaft regelmäßig von dem Unternehmensführer in die Unternehmensführung einbezogen wird.[84] Das betrifft vor allem das Betriebs- und Wartungspersonal. Das Einbringen von eigenem Personal bei der Unternehmensführung wird regelmäßig zu aufwendig sein und deshalb werden nur Schlüsselstellen mit dem eigenen Personal besetzt, während der größte Teil der Arbeit weiterhin durch die Stammbelegschaft erfolgt.[85]

B) Führung des Unternehmens

I. Maßstab der Unternehmensführung

1. Konkretisierung des Leistungsmaßstabs durch Weisungen und Richtlinien

Der Unternehmensführer ist zur Führung des Unternehmens verpflichtet. Damit stellt sich die Frage nach dem Maßstab der Unternehmensführung. Der Maßstab der Unternehmensführung richtet sich zuvorderst nach der vertraglichen Ausgestaltung. Eine vertragliche Festlegung des Standards der Unternehmensführung findet sich in der Praxis häufig und wird auch von dieser empfohlen, da das Eigentümerunternehmen ein großes Interesse daran hat, den Bestand und den Wert des Unternehmens dauerhaft zu erhalten.[86]

Sind also Richtlinien der Unternehmensführung vereinbart, wie zum Beispiel im Rahmen des Holiday-Inn Falls[87] und wie es für den einflussfreien Unternehmensführungsvertrag mit einer GmbH oder einer Personenhandelsgesellschaft nach hier vertretener Ansicht erforderlich ist,[88] dann muss sich die Unternehmensführung danach richten.

---

82 *Schlüter*, Managementverträge, 62.
83 *Joachim*, DWiR 1992, 397, 400; *Martinek*, Vertragstypen II, 288.
84 *Schlüter*, Managementverträge, 63; *Zeiger*, Managementvertrag, 42.
85 Vgl. *Schlüter*, Managementverträge, 63.
86 *Fenzl*, Betriebsführungsverträge, 35; *ders.*, Der Konzern 2006, 18, 23, 25.
87 Vgl. BGH, Urt. v. 05.10.1981 – II ZR 203/80, juris = WM 1982, 394.
88 Hierzu 3. Kapitel § 3 C III 1; 3. Kapitel § 4 B II 1.

Wenn sich zu dem Maßstab der Unternehmensführung keine konkreten Angaben im Vertragsverhältnis finden lassen, ist auf die Rechtsnatur des Unternehmensführungsvertrags zurückzugreifen. Der Unternehmensführungsvertrag wurde typischerweise als Geschäftsbesorgungsvertrag mit Dienstleistungscharakter und auch als Treuhand eingeordnet. Im Rahmen eines Geschäftsbesorgungsvertrags hat der Geschäftsführer das fremde Geschäft sorgfältig und sachkundig wahrzunehmen und zusätzlich ist der Geschäftsführer zur Loyalität verpflichtet.[89] Ebenso impliziert die Einordnung des Unternehmensführungsvertrags als Geschäftsbesorgungsvertrag, dass dem Eigentümerunternehmen ein Weisungsrecht zusteht. Damit hat im Falle einer Weisung die Unternehmensführung auch nach dieser Weisung zu erfolgen. Allerdings ist der Unternehmensführer auch bei einer Weisung an das Interesse des Eigentümerunternehmens gebunden. Hält er also eine Weisung für unzweckmäßig, so muss er das Eigentümerunternehmen hierüber aufklären.[90] Nur in Ausnahmefällen, wie beispielsweise bei Gefahr im Verzug, darf der Unternehmensführer von diesen Weisungen respektive auch von Richtlinien abweichen und muss dann nach dem hypothetischen Willen des Eigentümerunternehmens handeln gem. §§ 675 Abs. 1, 665 BGB.[91]

2. *Konkretisierung des Leistungsmaßstabs anhand des Vergleichs mit typischen Dienst- und Geschäftsbesorgungsverhältnissen*

a) Leistungsmaßstab des Dienstvertrags und des Auftrags

Falls ein Weisungsrecht ganz oder teilweise ausgeschlossen ist oder nicht ausgeübt wurde, hat sich die Unternehmensführung an dem Interesse des Eigentümerunternehmens zu orientieren.[92] Die Konkretisierung des Qualitätsmaßstabs der Fremdinteressenswahrnehmung ist in diesem Fall schwierig. Da der Unternehmensführungsvertrag regelmäßig auch ein Dienstvertrag ist, ist der Leistungsmaßstab des Dienstvertragsrechts in den Blick zu nehmen.

Bei einem Dienstvertrag wird teilweise von einem subjektiven Leistungsmaßstab ausgegangen.[93] Demnach schuldet der zu einer Dienstleistung Verpflichtete nur eine Leistung, zu der er nach Anspannung seiner geistigen und körperlichen Kräfte auf Dauer ohne Gefährdung seiner Gesundheit zu leisten imstande ist,[94] während

---

89 *Heermann*, MüKo-BGB, § 675 Rn. 13; Staudinger/*Martinek*, BGB, § 675 Rn. A 23, A 55.

90 *Abels*, Managementverträge, 94.

91 Vgl. Staudinger/*Martinek*, BGB, § 675 Rn. A 43; Seiler, MüKo-BGB, § 665 Rn. 2.

92 *Abels*, Managementverträge, 90 f.; *Heermann*, MüKo-BGB, § 675 Rn. 13; bezogen auf den Auftrag *Seiler*, MüKo-BGB, § 662 Rn. 33.

93 *Müller-Glöge*, MüKo-BGB, § 611 Rn. 19; Staudinger/*Richardi/Finschinger*, BGB, § 611 Rn. 532; a. A. *Fikentscher/Heinemann*, SchuldR, 574.

94 BAG, Urt. v. 17.07.1970 – 3 AZR 423/69, NJW 1971, 111, 112; BAG, Urt. v. 11.12.2003 – 2 AZR 667/02, NZA 2004, 784, 786; *Müller-Glöge*, MüKo-BGB, § 611 Rn. 19; Staudinger/*Richardi/Finschinger*, BGB, § 611 Rn. 532; a. A. *Dietz/Wiedemann*, JuS 1961, 116, 118.

andere zumindest für freie Dienstverhältnisse zu einer objektiven Bestimmung der Leistungspflicht tendieren.[95] Der subjektive Leistungsmaßstab wird von Seiten der Literatur damit begründet, dass es für den Dienstvertrag keine gesetzlichen Gewährleistungsrechte gebe und eine objektive Leistungspflicht minderleistungsfähige Personen überfordern würde.[96] Für die praktische Handhabe erweist sich der subjektive Leistungsmaßstab allerdings als unvorteilhaft, da dieser zunächst im Einzelfall individuell zu konkretisieren ist. Dies zeigt sich dadurch, dass die Vertreter des subjektiven Leistungsmaßstabs bei einer Haftung für eine mangelhafte Leistung von der Leistungshandlung als Pflichtverletzung auf die Übernahme der Leistungspflicht trotz mangelnder Voraussetzungen ausweichen.[97] Der subjektive Leistungsmaßstab relativiert sich auch dadurch, dass eine Kündigung als personenbedingt im Sinne des § 1 KSchG als sozial gerechtfertigt angesehen wird, wenn die Leistung mehr als ein Drittel hinter dem Durchschnitt zurückbleibt.[98] Also auch hier wird ein objektiver Maßstab genutzt. Ebenso stellt sich bei einer juristischen Person die Frage, wie der subjektive Leistungsmaßstab zu bestimmen sein soll.

Zutreffend ist, dass der Dienstleistungsverpflichtete bei Vertragsschluss eine individuelle Leistung nach Maßgabe seiner konkreten Fähigkeiten verspricht.[99] Für den Leistungsmaßstab kommt es jedoch nicht auf das individuelle Leistungsvermögen des Dienstleistungsverpflichteten an, sondern auf das Leistungsvermögen, das ein objektiver Empfänger anhand des Leistungsversprechens im Sinne der §§ 133, 157 BGB erwarten kann.[100] Geschuldet ist deshalb ein objektives-individuelles Leistungsvermögen.[101] Für die normative Konkretisierung der Leistungspflichten aus objektiver Empfängersicht sind dann interne Faktoren, die unmittelbar dem Dienstverpflichteten anhaften, oder externe Faktoren, die an den Dienstverpflichteten herangetragen wurden, maßgeblich.[102] Das objektive-individuelle Leistungsvermögen

---

95 Vgl. BGH, Urt. v. 22.06.1955 – VI ZR 267/54, VersR 1955, 573; BGH, Beschl. v. 18.04.1958 – IV ZB 44/58, MDR 1958, 496, 497; BGH, Urt. v. 13.10.1964 – XI ZR 169/63, NJW 1965, 345, 346; BGH, Beschl. v. 30.06.1971 – IV ZB 41/71, NJW 1971, 1704; BGH, Urt. v. 22.03.1977 – XI ZR 28/75, VersR 1977, 644, 645; BGH, Beschl. v. 06.05.1977 – IV ZB 20/77, VersR 1977, 835; BGH, Beschl. v. 07.03.1978 – VI ZB 18/77, NJW 1978, 1486; *Fikentscher/Heinemann*, SchuldR, 574 f.; ähnlich Müller-Glöge, MüKo-BGB, § 611 Rn. 20, trotz grundsätzlichem Festhalten an der subjektiven Leistungsbestimmung.

96 *Müller-Glöge*, MüKo-BGB, § 611 Rn. 19.

97 *Müller-Glöge*, MüKo-BGB, § 611 Rn. 20.

98 BAG, Urt. v. 11.12.2003 – 2 AZR 667/02, AP KSchG 1969 § 1 Verhaltensbedinge Kündigung Nr 48; *Müller-Glöge*, MüKo-BGB, § 611 Rn. 20.

99 *Tillmanns*, Strukturfragen, 160 f.

100 *Tillmanns*, Strutkurfragen, 161 f.

101 *Tillmanns*, Strukturfragen, 162.

102 *Tillmanns*, Strukturfragen, 162 f.

ist während einer Vertragslaufzeit dynamisch.[103] In diesem Sinne ist der Leistungsmaßstab in einer gewissen Bandbreite Schwankungen unterworfen.

Ähnlich verhält es sich für das Auftragsrecht in das der auf den Unternehmensführungsvertrag anwendbare § 675 Abs. 1 BGB verweist. Der Beauftragte ist demnach verpflichtet die Interessen des Auftraggebers nach besten Kräften zu wahren.[104] Für die Konkretisierung dieser Pflicht wird im Auftragsrecht vorgeschlagen, neben dem Auftragsinhalt auch die besondere Vertrauensstellung des Beauftragten hervorzuheben. Je wichtiger die zu besorgende Angelegenheit ist, desto höher ist die Vertrauensstellung.[105] Es wird also auch hier ein externer Faktor einbezogen, deren Stärke mit der Vertrauensstellung des Beauftragten verbunden ist. Bei sehr wichtigen Angelegenheiten hat sich der Auftragnehmer also gewissermaßen als loyales Alter Ego des Auftraggebers zu verhalten.[106] Der Unternehmensführungsvertrag wurde als Treuhand eingeordnet.[107] Das bedeutet, dass dem Unternehmensführer die rechtliche Möglichkeit eingeräumt ist, auf das Vermögen des Eigentümerunternehmens einzuwirken, und dabei ist er der Fremdinteressenwahrnehmung unterworfen. Wenn man also diesen Ansatz hier überträgt, muss der Unternehmensführer nach seinen Möglichkeiten das Unternehmen so führen, wie es auch das Eigentümerunternehmen in der Stellung des Unternehmensführers getan hätte. Damit wird zu Recht von der Literatur zusammengefasst, dass das Hauptleistungsprogramm eines Geschäftsbesorgungsvertrags nur durch das konkrete Treueverhältnis beschrieben werden kann.[108]

b) Vergleich mit typischen Geschäftsbesorgungsverträgen

Hirte hat im Rahmen seiner Arbeit zur Berufshaftung unter anderem die Leistungsspezifikationen speziell von freien Berufen wie beispielsweise Anwälten, Ärzten, Steuerberatern, Notare Wirtschaftsprüfern und Architekten untersucht. Für diese Vertragstypen ist kennzeichnend, dass sich zu den einzelnen Berufsgruppen ein bestimmter objektivierter Pflichtenmaßstab herausgebildet hat. Ebenso wie die genannten Vertragstypen dient auch der Unternehmensführungsvertrag der Fremdinteressenswahrnehmung und ist als Geschäftsbesorgungsvertrag einzuordnen. Darüber hinausgehend ist nur im Einzellfall einer Vergleichbarkeit gegeben. Dies ergibt sich daraus, dass die Managementleistung des Unternehmensführers offen ist. So können im Einzelfall Elemente der Rechtsberatung in einem Unternehmensführungsvertrag enthalten sein, wie sie beispielsweise bei einem Anwaltsvertrag

---

103 *Tillmanns*, Sturkturfragen, 165 f.

104 *Larenz*, SchR II/1, 413; Staudinger/*Martinek*, BGB, § 662 Rn. 31.

105 Staudinger/*Martinek*, BGB, § 662 Rn. 33; so auch zum Geschäftsbesorgungsvertrag Staudinger/Martinek, BGB, § 675 Rn. A 55; *Seiler*, MüKo-BGB, § 662 Rn. 36 f.

106 Staudinger/*Martinek*, BGB, § 662 Rn. 33.

107 1. Kapitel § 5 B I 1 b dd.

108 *Esser/Weyers*, SchR II/1, 308 f.; *Larenz*, SchR II/1, 413; Staudinger/*Martinek*, BGB, § 675 Rn. A 55.

oder Notarvertrag enthalten sind.[109] Als Beispiel hierfür lässt sich die Gestaltung von Verträgen für das Eigentümerunternehmen nennen. Es können jedoch auch Elemente der Wirtschaftsprüfung oder der Steuerberatung in der Unternehmensführungsleistung enthalten sein.[110] So etwa wenn der Unternehmensführer die Finanz- und Steuerverwaltung des Eigentümerunternehmens übernimmt.

Auch *Hirte* kommt bei seiner Untersuchung zu dem Ergebnis, dass sich die von ihm untersuchten Verträge schwer vergleichen lassen.[111] Dennoch haben die untersuchten Verträge die Gemeinsamkeit, dass sich der Pflichtenumfang in drei Phasen teilen lässt.[112] So gilt es in der ersten Phase, die Interessen des Vertragspartners aufzuklären und den Sachverhalt zu erforschen. In der zweiten Phase ist dem Vertragspartner eine Lösung vorzuschlagen und ihn über Risiken und mögliche Alternativen aufzuklären. In der dritten Phase geht es um die Umsetzung der Handlung. Die Pflicht, bestmöglich die Interessen des Vertragspartners bei der Ausführungshandlung zu wahren, führt jedoch nicht dazu, dass an die Leistung das höchste Qualitätsniveau zu legen ist, sondern sie zeichnet sich in besonders nahe liegende Einzelpflichten aus.[113] So muss – untechnisch gesprochen – der Dienstleister einen Rahmen schaffen, in dem die Leistung ohne Komplikationen erfolgen kann. Zu nennen ist zum Beispiel die Pflicht des Anwalts und des Steuerberaters, seinen Organisationsapparat so einzurichten, dass Fristen nicht versäumt werden. Auch der Arzt hat die Pflicht, die für eine Behandlung erforderlichen Gerätschaften vorzuhalten und instand zu halten. Zusätzlich ist standardisiert zugängliches Wissen, wie etwa Standardkommentare oder Vertragshandbücher, zu nutzen.[114] Auch hier wird nicht eine Bestleistung gefordert, sondern eine Durchschnittsleistung.[115]

Wenn man diese Erkenntnis auch auf den Unternehmensführer bezieht, dann ist der Unternehmensführer zur Schaffung eines angemessenen Organisationsrahmens und gegebenenfalls zur Aufklärung verpflichtet, wenn er nicht davon ausgehen kann, dass eine bestimmte Entscheidung im Interesse des Eigentümerunternehmens ist. Der Unternehmensführer muss eine Organisation schaffen, die ihn in die Lage versetzt, wirtschaftlich zu handeln.[116] Dieses setzt voraus, dass der Unternehmensführer fähig ist, die Marktlage und die wirtschaftliche Situation des Unternehmens einzuschätzen. Damit ist der Unternehmensführer zur Bereitstellung von eigenem Know-how verpflichtet. Darüber hinaus trifft den Unternehmensführer eine Informationsbeschaffungspflicht.

---

109 Zum Anwaltsvertrag *Hirte*, Berufshaftung, 11 ff.; zum Notarvertrag *Hirte* Beufshaftung, 71 ff.

110 Zum Wirtschaftsprüfervertrag *Hirte*, Berufshaftung, 38 ff.; zum Steuerberatungsvertrag *Hirte*, Berufshaftung, 57 ff.

111 *Hirte*, Berufshaftung, 135.

112 *Hirte*, Berufshaftung, 137 ff.

113 *Hirte*, Berufshaftung, 138.

114 *Hirte*, Berufshaftung, 138.

115 *Hirte*, Berufshaftung, 138.

116 Vgl. *Abels*, Managementverträge, 71, 83.

Wenn der Unternehmensführer eine Tätigkeit ausübt, die mit der Tätigkeit der oben genannten Berufsgruppe vergleichbar ist, kann auch der für diese Berufsgruppen gebildete Pflichtenmaßstab auf den Unternehmensführer übertragen werden.

c) Konkretisierung des Leistungsmaßstabs durch Anlehnung an § 93 AktG

Zur näheren Konkretisierung des Maßstabs der Unternehmensführung ist ein Blick auf den Leistungsmaßstab von Vorstandsmitgliedern zu werfen. Dies rechtfertigt sich schon aus dem Gedanken, dass der Unternehmensführer häufig eine Leistungsposition einnimmt. In der Literatur wird teilweise eine entsprechende Anwendung des § 93 AktG auf den Unternehmensführer befürwortet.[117]

aa) Struktur des § 93 AktG

Wenn zunächst die Normstruktur betrachtet wird, dann lässt sich sagen, dass § 93 Abs. 2 bis Abs. 6 AktG spezifisch auf die Organstellung des Vorstands ausgerichtet ist. Der § 93 Abs. 2 AktG begründet eine eigene gesetzliche Haftung, die unabhängig vom Anstellungsverhältnis ist.[118] Die Haftung knüpft dabei an das korporationsrechtliche Verhältnis an.[119]

Daneben gelten für die Haftung des § 93 Abs. 2 AktG Besonderheiten, die bei einer üblichen Haftung aus einer Sonderverbindung nicht zum Tragen kommen. So bürdet § 93 Abs. 2 S. 2 AktG dem Vorstandsmitglied die Beweislast für das Nichtvorliegen einer Sorgfaltspflichtverletzung auf.

Eine Haftungsverschärfung findet sich auch in § 93 Abs. 3 AktG, der einen Katalog von besonders schwerwiegenden Verstößen vorsieht. Diese Haftungsverschärfung äußert sich darin, dass diese eine Schadensvermutung für einen Mindestschaden in Höhe des abgeflossenen Kapitals vorsieht.[120] Das Vorstandsmitglied muss also beweisen, dass trotz des pflichtwidrigen Verhaltens kein Schaden der Gesellschaft vorliegt.[121]

Des Weiteren sieht § 93 Abs. 5 AktG die Möglichkeit vor, dass die Gläubiger ausnahmsweise aktiv legitimiert sind für die Geltendmachung eines Schadensersatzanspruchs der Gesellschaft gegen ein Vorstandsmitglied.[122] Dafür muss den

117 Vgl. *Herfs*, Einwirkungen, 291; *Linnerz*, in Fuhrmann/Wälzholz Formularbuch Gesellschaftsrecht, 1974, 1976; Lorz/Pfisterer/Gerber/*Messerschmidt*, Beck'sches Formularbuch Aktienrecht, 1134.

118 Überwiegend: *Hopt*, Großkomm-AktG, 4. Aufl., § 93 Rn. 20; *Spindler*, MüKo-AktG, § 93 Rn. 11; a. A. *Baums*, Geschäftsleitervertrag, 211 ff., der die Haftung aus dem Anstellungsvertrag herleitet.

119 *Spindler*, MüKo-AktG, § 93 Rn. 12.

120 *Mertens/Cahn*, KölnKomm-AktG, § 93 Rn. 134; Spindler/Stilz/*Fleischer*, AktG, § 93 Rn. 258; Hölters/*Hölters*, AktG, § 93 Rn. 274, 289; Spindler, MüKo-AktG, § 93 Rn. 222.

121 *Mertens/Cahn*, KölnKomm-AktG, § 93 Rn. 134; *Spindler*, MüKo-AktG, § 93 Rn. 222.

122 *Spindler*, Müko-AktG, § 93 Rn. 267.

Vorstandsmitgliedern grobe Fahrlässigkeit oder im Falle des § 93 Abs. 3 AktG leichte Fahrlässigkeit vorzuwerfen sein.

Schließlich finden sich noch Regelungen, die die Geltendmachung eines Schadensersatzanspruchs der Gesellschaft gegenüber den Organmitgliedern absichern sollen. So ist in § 93 Abs. 6 AktG die Verjährung verlängert und in § 93 Abs. 4 S. 2 AktG der Verzicht und der Vergleich erschwert.

Als weitere Spezifika sieht § 93 Abs. 2 S. 3 AktG eine eingeschränkte Haftpflichtversicherbarkeit und eine Exkulpation des Vorstands bei dem Vorliegen eines Hauptversammlungsbeschlusses vor.

bb) Übertragung auf den Unternehmensführer

Die Besonderheiten des Schadensersatzanspruches zeichnen sich dadurch aus, dass der Vorstand als Organ der Gesellschaft tätig ist. Aus diesem Umstand ergibt sich, dass es bei der tatsächlichen Durchsetzung eines Schadensersatzanspruchs zu Hindernissen kommen kann. Diesen Hindernissen soll beispielsweise durch § 93 Abs. 2 S. 2, Abs. 4 S. 2, 3, Abs. 5 und Abs. 6 AktG entgegen gewirkt werden. Der Unternehmensführer ist in diesem Sinne nicht mit dem Vorstand vergleichbar. Er steht außerhalb der Gesellschaft. Es sind aus diesem Grund zumindest keine entsprechenden Durchsetzungsschwierigkeiten zu erwarten. Eine pauschale gesamtanaloge Anwendung des § 93 AktG ist abzulehnen.

Dies hindert jedoch nicht, einzelne Teilbereiche der Norm, bei denen eine vergleichbare Interessenslage besteht, zu übernehmen. Als Beispiel kann hier § 93 Abs. 2 S. 3 AktG herangezogen werden. Dieser sieht vor, dass eine durch die Gesellschaft abgeschlossene D&O-Versicherung zugunsten des Vorstands zwingend einen Selbstbehalt von 10 Prozent des Schadens bis mindestens des Eineinhalbfachen der festen jährlichen Vergütung des versicherten Vorstands einhalten muss. Der Zweck dieses Selbstbehalts ist es das subjektive Risiko einer Schädigung zu begrenzen. Dem Vorstand wird so bei dem Management von fremden Vermögenswerten in Bewusstsein gerufen, dass er bei einer Schädigung gegebenenfalls persönlich haftet.[123] Diese Interessenslage lässt sich grundsätzlich auch auf andere Principal-Agent-Konflikte übertragen, wie beispielsweise auf einen Unternehmensführungsvertrag. Gegen eine entsprechende Anwendbarkeit auf andere Sachverhalte, wie beispielsweise auf den GmbH Geschäftsführer, wird eingewandt es fehle an einer planwidrigen Lücke, da die Gesetzesmaterialien gegen eine Übertragbarkeit sprechen.[124] Der zitierte Bericht des Rechtsausschuss stellt lediglich fest, dass die neue Regelung die persönliche Verpflichtung aus § 76 Abs. 1 AktG flankieren soll.[125] Aus dieser Aussage eine grundsätzliche Übertragbarkeit mangels planwidriger Regelungslücke abzulehnen, erscheint zu weitgehend.

---

123 *Bachmann*, 70. DJT, E 47.
124 *Spindler*, MüKo-AktG, § 93 Rn. 220.
125 BT-Drs. 16/13433 S. 11.

Überlegenswert ist auch die entsprechende Anwendung des Sorgfaltsmaßstabs des § 93 Abs. 1 AktG auf den Unternehmensführer. Nach § 93 Abs. 1 AktG trifft die Vorstandsmitglieder die Sorgfalt eines gewissenhaften Geschäftsleiters. Dieser objektive Maßstab wird aus einer ex-ante-Sicht ausgelegt.[126] Auch diese Generalklausel lässt nur unter normativen Gesichtspunkten einzelne Sorgfaltspflichten konkretisieren, wobei Kriterien wie die Art des Unternehmens, die Größe, die wirtschaftlichen Verhältnisse und die Zahl der Beschäftigten eine große Rolle spielen.[127] Ein strengerer Sorgfaltspflichtmaßstab ist anzusetzen, wenn dem Vorstand spezifisches Know-how zur Verfügung steht.[128] Als Maxime gilt die Pflicht des Vorstands, Vorteile der Gesellschaft zu wahren und Schäden von ihr abzuwenden.[129] Zu einer Konkretisierung der Vorstandspflichten können weder betriebswirtschaftliche Standards[130] noch der Corporate Governance Kodex[131] herangezogen werden, da diese keine staatlich legitimierte Verpflichtung für den Vorstand schaffen, sondern vielmehr steht es dem Vorstand frei, im Rahmen seines wirtschaftlichen Ermessens die Gesellschaft zu leiten.[132] Es zeichnen sich jedoch bei einem Blick auf den Leitungsmaßstab des Vorstands wesentliche Eckpunkte aus. Ein Eckpunkt ist die gesellschaftliche Treuepflicht. Der Vorstand darf also nicht entgegen den Interessen der Gesellschaft handeln. Als weitere Pflicht trifft den Vorstand die Legalitätspflicht. Nach dieser darf der Vorstand nicht gegen gesetzliche Pflichten oder gegen Pflichten, die aus der Satzung, dem Anstellungsvertrag oder aus einem Beschluss der Hauptversammlung resultieren, verstoßen.[133] Darüber hinausgehend trifft den Vorstand ein unternehmerisches Ermessen. In diesem Sinne hat der BGH zutreffend ausgeführt, dass ohne ein weites Ermessen zugunsten der Vorstandsmitglieder eine unternehmerische Tätigkeit schlicht undenkbar wäre.[134] Dieses unternehmerische Ermessen ist nur beschränkt kontrollfähig. Eine Kontrolle darf nicht aus einer ex-post-Perspektive erfolgen (hindsight bias)[135] und die Kontrolle beschränkt sich auf eine Vertretbarkeit der unternehmerischen Entscheidung. Die Ermessensprüfung entspricht der aus dem amerikanischen Recht stammenden Business Judgement Rule, wonach eine Haftung nicht eintritt, wenn kein relevantes Eigeninteresse verfolgt wird, der Manager sich vor der Entscheidung hinreichend informiert hat und er nach seiner

---

126 *Hopt*, Großkomm-AktG, 4. Aufl., § 93 Rn. 81; *Hopt*, ZIP 2013, 1793, 1798; *Spindler*, MüKo-AktG, § 93 Rn. 25.

127 *Hopt*, ZIP 2013, 1793, 1798; *Spindler*, MüKo-AktG, § 93 Rn. 25.

128 *Hopt*, ZIP 2013, 1793, 1796.

129 *Spindler*, MüKo-AktG, § 93 Rn. 26.

130 Vgl. hierzu *Groß/Amen*, WPg 2003, 1161, 1167, 1176 ff.

131 In diese Richtung *Kiethe*, NZG 2003, 559, 562 ff.; *Lutter*, KölnKomm-AktG, § 161 Rn. 129; *ders.*, ZHR 166 (2002), 523, 542; *Ulmer*, AcP 202 (2002), 143, 170.

132 *Spindler*, MüKo-AktG, § 93 Rn. 30 ff.; *ders.*, AG 2013, 889, 891 f.

133 *Spindler*, MüKo-AktG, § 93 Rn. 45, 73; *ders.*, AG 2013, 889, 893.

134 BGH, Urt. v. 21.04.1997 – II ZR 175/95, Z 135, 244, 253.

135 Spindler/Stilz/*Fleischer*, § 93 Rn. 56; *Spindler*, MüKo-AktG, § 93 Rn. 36.

Überzeugung nach dem besten Interesse der Gesellschaft gehandelt hat.[136] Diese schon in dem Sorgfaltsmaßstab implizierte Wertung hat der Gesetzgeber in § 93 Abs. 1 S. 2 AktG explizit kodifiziert.[137] So greift diese auch als Safe Harbour bezeichnete Regelung nur ein, wenn fünf Voraussetzungen gegeben sind:[138] 1. Es muss eine unternehmerische Entscheidung vorliegen. 2. Das infrage kommende Vorstandsmitglied muss gutgläubig sein. 3. Es muss ohne Sonderinteressen und sachfremde Einflüsse gehandelt oder eine Handlung unterlassen haben. 4. Das Handeln oder Unterlassen erfolgt zum Wohle der Gesellschaft. 5. Die Entscheidung beruht auf einer angemessenen Informationsgrundlage. Nach zutreffender Ansicht liegen die letzten beiden Voraussetzungen durch das Tatbestandsmerkmal „vernünftigerweise annehmen durfte" nur bei grober Fahrlässigkeit des Vorstands nicht vor.[139] Sind alle Voraussetzungen des § 93 Abs. 1 S. 2 AktG gegeben, so ist eine unwiderlegbare Rechtsvermutung dafür gegeben, dass der Vorstand sein Ermessen pflichtgemäß ausgeübt hat.[140] Die Beweislast für diese Haftungserleichterung trägt das betroffene Vorstandsmitglied.[141] Maßgebliche Perspektive bei der Prüfung dieser Voraussetzungen ist auch hier eine subjektive ex-ante-Perspektive unter objektiver Korrektur.[142]

Für die Übertragung des Sorgfaltspflichtmaßstabs auf den Unternehmensführer sprechen die besondere Treuebindung und der Umstand, dass auch der Unternehmensführer verpflichtet ist, fremde Vermögensinteressen wahrzunehmen. Gegen eine Vergleichbarkeit spricht jedoch, dass der Vorstand eine andere Stellung innehat als der Unternehmensführer. Der Unternehmensführer ist typischerweise eher mit einem weisungsabhängigen leitenden Angestellten vergleichbar. Er tritt neben den Vorstand, da dieser weiterhin vertretungsberechtigt ist. Die Stellung des Unternehmensführers wird allerdings der Position des Vorstands angenähert, wenn die Einflussmöglichkeiten reduziert werden. Umgekehrt kann sich der Pflichtenmaßstab modifizieren, wenn der Unternehmensführer nur einen Teil des Unternehmens führt. Es zeigt sich also, dass der Maßstab der Unternehmensführung

136 *Spindler*, MüKo-AktG, § 93 Rn. 37; *ders.*, AG 2013, 889, 890.

137 *Spindler*, MüKo-AktG, § 93 Rn. 36 f.

138 *Bürkle/Fecker*, NZA 2007, 589, 590; *Hopt*, ZIP 2013, 1793, 1797.

139 *Bachmann*, 70. DJT, E 45; *ders.*, ZHR 177 (2013), 1, 9 f.; wohl auch Spindler/Stilz/*Fleischer*, AktG, § 93 Rn. 64, nach dem die konzeptionelle Neuerung der Kodifizierung des § 93 Abs. 1 S. 2 AktG in der subjektiven Absicherung der unternehmerischen Freiheit zusehen ist; andere gehen davon aus, dass die gesetzlich kodifizierte BJR keinen anderen Prüfungsmaßstab fordert als generell bei Ermessensentscheidungen generell anzulegen sei, vgl. *Cahn*, WM 2013, 1293, 1295; *Druey*, FS Goette, 57, 70 ff.; *v. Falkenhausen*, NZG 2012, 644, 651; ausführlich *Scholz*, Haftung, 70 ff..

140 *Hopt*, ZIP 2013, 1793, 1797.

141 *Burke/Fecker*, NZA 2007, 569; krit. *Hopt*, ZIP 2013, 1793, 1803.

142 Reg. Begr. BT.Drs. 15/5092 S. 11 f.; *Hopt*, Großkomm-AktG, § 93 Rn. 30 f.; *Spindler*, MüKo-AktG, § 93 Rn. 59.

von dem konkreten Unternehmensführungsvertrag und dem Unternehmensführer abhängig ist.[143]

Die pauschale Übertragung des Leistungsmaßstabs des § 93 Abs. 1 AktG auf den Unternehmensführer ist deshalb abzulehnen. Gleichwohl kann im Einzelfall auf den Leistungsmaßstab des § 93 rekurriert werden. Es ist zu differenzieren, ob der konkrete Unternehmensführer typologisch einem Vorstand oder einem weisungsabhängigen leitenden Angestellten ähnelt. Einige Grundsätze sind jedoch uneingeschränkt übertragbar. Zu nennen ist hier beispielsweise die Pflicht des Vorstands zur Einhaltung der geltenden Gesetze. Ebenso sind die Grundsätze der Business Judgement Rule eine verallgemeinerungsfähige Rechtsfigur, die sich auf jede Ermessensentscheidungen übertragen lässt. Strenger als bei dem Vorstand ist jedoch bei dem Unternehmensführer zu prüfen, ob dieser überhaupt eine Ermessensentscheidung treffen darf oder ob er zunächst das Interesse seines Principals zu ermitteln hat. Für den Vorstand wird regelmäßig die konkrete Interessensermittlung schwierig oder nicht zumutbar sein, sodass ihm regelmäßig die Kompetenz für eine Ermessensentscheidung zusteht, während der Unternehmensführer relativ leicht die Interessen seines Principals durch Befragung des jeweiligen Vertretungsorgans ermitteln kann. Ein wirtschaftliches Ermessen wird man jedenfalls dann annehmen, wenn das Eigentümerunternehmen keine konkreten Weisungen erteilt, sondern abstraktere Vorgaben macht.[144] Der Unternehmensführer muss also bei seinen Handlungen prüfen, ob ihm Ermessensentscheidung zusteht und diese gegebenenfalls ausüben.

Die Übertragung der Grundsätze der Business Judgement Rule bedeutet jedoch nicht, dass die durch den deutschen Gesetzgeber kodifizierte Regelung des § 93 Abs. 1 S. 2 AktG analog auf den Unternehmensführer anzuwenden ist. § 93 Abs. 1 S. 2 AktG sieht eine Haftungserleichterung des Vorstands vor, indem die Business Judgement Rule dann nicht greift, wenn der Vorstand grob fahrlässig nicht ausreichende Informationen eingeholt hat oder grob fahrlässig nicht zum Wohle der Gesellschaft gehandelt hat.[145] Es ist nicht ersichtlich, warum diese Haftungserleichterung auf den Unternehmensführer zu übertragen sein soll. Der Vorstand steht als Organ der Gesellschaft in einer intensiveren Nähebeziehung als der Unternehmensführer. Zwar nimmt auch der Unternehmensführer fremde Interessen wahr und setzt sich dabei einem erhöhten eigenen Haftungsrisiko aus. Eine Haftungserleichterung des Unternehmensführers ist gegebenenfalls jedoch auf einem anderen Wege zu suchen als durch eine analoge Anwendung des § 93 Abs. 1 S. 2 AktG.[146]

---

143 Vgl. hierzu zu den verschieden Schwerpunktsetzungen, die mit einem Unternehmensführungsvertrag verfolgt werden können *Abels*, Managementverträge, 324 ff.

144 Zu dem Begriff der unternehmerischen Vorgabe 1. Kapitel § 4 H I.

145 Zur Besonderheit der in § 93 Abs. 1 S. 2 AktG kodifizierten Business Judgement Rule gegenüber des üblichen Sorgfaltpflichtmaßstabs *Bachmann*, 70. DJT, E 45.

146 Ausführlich hierzu 2. Kapitel § 7 A III 2.

3. *Die Rolle der Vertragsauslegung*

Trotz der Einordnung des Unternehmensführungsvertrags als Geschäftsbesorgungsvertrag mit Dienstleistungscharakter in einen gesetzlich erfassten Vertragstypus und der Möglichkeit, in einem eingeschränkten Maße einen abstrakten Leistungsmaßstab zu formulieren, hilft dieses für eine Konkretisierung einzelner Pflichten des Unternehmensführers nur bedingt weiter. Dies liegt schon daran, dass die Unternehmensführung sich als komplexe Leistung darstellt, die im Lichte unterschiedlicher Interessenlagen stehen kann.[147] Die erforderlichen konkreten Teilleistungen im Rahmen der Unternehmensführung werden deshalb für die Parteien bei Vertragsschluss nicht überblickbar sein, sondern ergeben sich erst im Laufe der Vertragsbeziehung.[148] Zusätzlich können Leistungen durch die Parteien gewollt sein, die sich zumindest nicht als übliche Pflichten der Unternehmensführung zuordnen lassen. Als Beispiel lässt sich die Schulung von Mitarbeitern anführen.

Sofern konkrete Pflichten nicht vertraglich ausgestaltet sind und durch Auslegung zumindest bestimmbar sind, kommt die Vornahme einer ergänzenden Vertragsauslegung in Betracht. Mit dieser können vertragliche Lücken geschlossen werden. Neben einer Bestimmung der Leistungspflichten aus ergänzender Vertragsauslegung kommt auch noch eine Konkretisierung einzelner Leistungspflichten aus § 242 BGB in Betracht. Allerdings ist die Vertragsauslegung vorrangig zu praktizieren, da die Leistungspflicht auf dem Willen der Parteien aufbaut[149] und der Wille der Parteien nicht überspielt werden darf.[150]

Für die ergänzende Vertragsauslegung bedarf es einer planwidrigen Lücke[151], die sich daraus ergibt, dass ein Themenbereich gesetzlich nicht geregelt ist oder die Parteien eine dispositive Norm bewusst nicht anwenden wollten.[152] So liegen Regelungslücken vor, wenn beispielsweise die Parteien die Unternehmensführung in einer Generalklausel vereinbaren, ohne die konkete Leistungspflichten bzw. den Maßstab der Unternehmensführung durch Handlungsanweisungen bzw. Richtlinien festzulegen. Eine ergänzende Vertragsauslegung ist dann vorzunehmen, wenn ohne

147 Vgl. zutreffend *Druey*, FS Goette, 57, 70, nach dem sich Sorgfaltspflicht eines Leitungsorgans nicht standardisieren lassen, sondern sich aus der konkreten Situation ergeben.

148 *Abels*, Managementverträge, 163.

149 BGH, Urt. v. 22.04.1953 – II ZR 143/52, Z 9, 273, 278 f.; *Busche*, MüKo-BGB, § 157 Rn. 37; vgl. auch *Druey*, FS Goette, 57, 70.

150 BGH, Urt. v. 22.04.1953 – II ZR 143/52, Z 9, 273, 277 f.; Erman/*Armbrüster*, BGB, § 157 Rn. 3; *Busche*, MüKo-BGB, § 133 Rn. 19; Staudinger/*Roth*, BGB, § 157 Rn. 15.

151 BGH, Urt. v. 22.04.1953 – II ZR 143/52, Z 9, 273, 277; BGH, Urt. v. 29.04.1982 – III ZR 154/80, Z 84, 1, 7; BGH, Urt. v. 21.09.1994 – XII ZR 77/93, Z 127, 138, 142; BGH, Urt. v. 11.10.2005 – XI ZR 395/04, Z 164, 286, 292; Erman/*Armbrüster*, BGB, § 157 Rn. 16; *Busche*, MüKo-BGB, § 157 Rn. 38; Staudinger/*Roth*, BGB, § 157 Rn. 15.

152 *Busche*, MüKo-BGB, § 157 Rn. 39.

die Schließung der Lücke der Vertragszweck gefährdet wäre.[153] Der Unternehmensführungsvertrag kann aus unterschiedlichen Interessenlagen abgeschlossen werden. Er kann beispielsweise dazu dienen, über eine gewisse Zeit die Unternehmensführung einem Dritten zu überlassen. Er kann aber auch einem Sanierungszweck oder einem Know-how Erwerb dienen. Diese unterschiedlichen Gesichtspunkte müssen bei der Ermittlung der Subpflichten eine Rolle spielen. Regelmäßig erfordert also der Vertragszweck eine ergänzende Vertragsauslegung. Bei der ergänzenden Vertragsauslegung erfolgt die Ermittlung des hypothetischen Parteiwillens unter Berücksichtigung der Interessenlage der Parteien und des Sinn und Zwecks des Vertrags.[154]

a) Beispiele für einzelne konkretisierte Pflichten des Unternehmensführers

Ein Beispiel für die Konkretisierung von Einzelpflichten kann die Pflicht zur Überwachung von technischen Anlagen durch den Unternehmensführer eines Verkehrsunternehmens sein. Die Führung eines Verkehrsunternehmens ist nicht nur dadurch geprägt, dass die maßgebliche Transportdienstleistung erbracht wird, sondern der Betreiber eines solchen Unternehmens hat auch Sorge zu tragen, dass die genutzten technischen Anlagen funktionstüchtig und sicher sind. Diese Überwachungspflicht des Unternehmensführers ergibt sich auch ohne ausdrückliche Vereinbarung aus der übertragenden Managementaufgabe. Weitere Aufgaben, die sich unmittelbar aus der Managementaufgabe des Unternehmensführers eines Verkehrsunternehmens ergeben, sind auszugsweise die Anleitung der Mitarbeiter, die Dienstplanung der Mitarbeiter, die Reinigung der Fahrzeuge, die Prüfung der Wirtschaftlichkeit des Streckennetzes.

Die Pflichten des Unternehmensführers sind modifiziert, wenn beispielsweise nur ein Teilunternehmensführungsvertrag vorliegt und nur die Führung des Wartungsbereichs eines Transportunternehmens auf den Unternehmensführer übertragen wurde. In diesem Fall kann nicht erwartet werden, dass der Unternehmensführer auch die Wirtschaftlichkeit des Streckennetzes prüft.

In ähnlicher Weise lassen sich auch die Pflichten eines Unternehmensführers, der ein Hotel führt, konkretisieren. Ebenso wie bei einem Transportunternehmen muss auch ein Hotel instand gehalten und gereinigt werden. Eine besondere Bedeutung für ein Hotel haben der Vertrieb und insbesondere das Marketing. Aus diesem Grund trifft den Unternehmensführer auch ohne explizite Vereinbarung die Pflicht für das Hotel zu werben und dieses nicht nur schlicht zu verwalten.

---

153 Vgl. BGH, Urt. v. 01.02.1984 – XIII ZR 54/83, Z 90, 69, 74; BGH, Urt. v. 13.05.1993 – IX 166/92, NJW 1993, 2935, 2937; *Busche*, MüKo-BGB, § 157 Rn. 44; Staudinger/*Roth*, BGB, § 157 Rn. 15.

154 BGH, Urt. v. 29.04.1982 – III ZR 154/80, Z 84, 1, 7; BGH, Urt. v. 21.09.1994 – XII ZR 77/93, Z 127, 138, 142; BGH, Urt. v. 11.10.2005 – XI ZR 395/04, Z 164, 286, 292; Erman/*Armbrüster*, BGB, § 157 Rn. 20; *Busche*, MüKo-BGB, § 157 Rn. 47 f.; Staudinger/*Roth*, BGB, § 157 Rn. 30.

Da der Unternehmensführer die Aufgaben wie ein Alter Ego des Eigentümerunternehmens wahrzunehmen hat, ist auch hier die Grenze zu ziehen.[155] Von dem Unternehmensführer kann nicht ohne Weiteres mehr erwartet werden als das Eigentümerunternehmen getan hätte, wenn es das Unternehmen selbst führen würde. So gehören beispielsweise kostspielige, mit der Größe des Hotels unterverhältnismäßige Werbekampagnen nicht mehr zu dem Pflichtenkreis eines Unternehmensführers. Im Gegenteil kann sich der Unternehmensführer im Sinne der §§ 280 Abs. 1 BGB, 241 Abs. 2 BGB schadensersatzpflichtig machen, wenn er solche Werbekampagnen auf Kosten des Eigentümerunternehmens ohne Rücksprache veranlasst.

b) Qualitative Konkretisierung des Leistungsmaßstabs durch extrapolierte Zielvorgaben im Wege der ergänzenden Vertragsauslegung

Dörmer hat bei seiner Untersuchung der Betriebspacht eine besondere Methode zur Konkretisierung des Leistungsmaßstabs aufgezeigt. Zunächst geht er auch für die Betriebspacht von einem objektiven Leistungsmaßstab aus.[156] Dieses entspricht dem Interesse des Verpächters, dass der Pächter sorgsam mit dem Unternehmen umgeht, da der Verpächter nach dem Vertragsende dieses wieder selber wirtschaftlich führen bzw. verpachten möchte.[157] Er kommt so zu dem Ergebnis, dass der Verpächter das Unternehmen unter der Sorgfalt eines ordentlichen und gewissenhaften Geschäftsleiters zu führen hat.[158] Die Konkretisierung dieser Pflicht erreicht er, indem er durch ergänzende Vertragsauslegung eine extrapolierte Zielvorgabe des Verpächters in den Vertrag hineinliest.[159] Der Pächter hat demnach das Unternehmen so zu führen, dass sich dieses aus einer dynamischen Betrachtung heraus so entwickelt wie ein vergleichbares Unternehmen. Eine Verfehlung der extrapolierten und durch ergänzende Vertragsauslegung hinzugefügten Zielvorgaben kann dann eine Haftung des Pächters aus § 280 Abs. 1 BGB zur Folge haben.[160] Eine Übererfüllung der Zielvorgaben kann zu einem Ausgleichsanspruch führen.[161]

Der Ansatz eignet sich zu der Annäherung an den Leistungsmaßstab. Auch das Eigentümerunternehmen erwartet eine profitable nachhaltige wirtschaftliche Entwicklung seines Unternehmens. Dabei kann ohne explizite Vereinbarung auf diesen Ansatz zurückgegriffen werden. Er formuliert eine grobe Erwartungshaltung, der allerdings im Einzelfall eine abweichende Interessenslage gegenüberstehen kann. Dies ergibt sich aus der unterschiedlichen Interessenslage zwischen der Betriebspacht und dem Unternehmensführungsvertrag. Bei der Betriebspacht besteht die besondere Interessenlage, dass einerseits der Pächter das Unternehmen für eigene Rechnung

---

155 Vgl. 2. Kapitel § 2 B) I 2 a).
156 *Dörmer*, Unternehmenspacht, 230.
157 *Dörmer*, Unternehmenspacht, 230.
158 *Dörmer*, Unternehmenspacht, 230 f.
159 *Dörmer*, Unternehmenspacht, 234 ff.
160 *Dörmer*, Unternehmenspacht, 316.
161 *Dörmer*, Unternehmenspacht, 343 ff.

führt, aber andererseits auch das Interesse des Verpächters zu berücksichtigen ist, dass der Pächter das Unternehmen nicht rücksichtslos ausbeutet. Bei dem Unternehmensführungsvertrag hat jedoch der Unternehmensführer das Unternehmen im Interesse des Eigentümerunternehmens zu führen und diese Unternehmensführung kann unterschiedlichsten Zwecken dienen. So kann beispielsweise der Vertrag zur Umstrukturierung des Unternehmens dienen, sodass eine mit einem vergleichbaren Unternehmen zu erwartende Entwicklung nicht gewährleistet werden kann. Da das Interesse des Eigentümerunternehmens maßgeblich ist, muss gefragt werden, wie das Eigentümerunternehmen in der Situation und den Fähigkeiten des Unternehmensführers das Unternehmen geführt hätte. Zuzugeben ist, dass diese hypothetischen Erwägungen in der Praxis im Einzelfall schwer zu handhaben sind. Kommen diese Erwägungen zu keinem eindeutigen Ergebnis, ist auf die durchschnittlich zu erwartende Unternehmensentwicklung eines vergleichbaren Unternehmens als eine Art Normalfallszenario zurückzugreifen.

Erforderlich ist in diesem Fall, dass eine Unternehmensbewertung vor der Durchführung des Unternehmensführungsvertrags und nach der Durchführung eines Unternehmensführungsvertrags getätigt wird. In der Literatur und in den vorliegenden Musterverträgen finden sich allerdings keine Anhaltspunkte dafür, dass eine solche Prüfung in der Praxis tatsächlich durchgeführt wird.

Liegen entsprechende Kennzahlen nicht vor, so bleibt nur die Konkretisierung einzelner Pflichten durch Auslegung und ergänzende Auslegung, wie in den zuvor praktizierten Beispielen.[162] Dabei ist immer das wirtschaftliche Ermessen des Unternehmensführers zu beachten. Starre Handlungs- oder Unterlassungspflichten des Unternehmensführers kristallisieren sich nur, wenn der Unternehmensführer durch die Legalitäts- oder Treuepflicht an eine Handlungsalternative gebunden ist. Den Parteien steht es natürlich frei, im konkreten Unternehmensführungsvertrag Zielvorgaben zu vereinbaren und damit eine Leitlinie für die Unternehmensführung vorzugeben. Aber auch diese Leitlinie steht unter dem Vorbehalt des wirtschaftlichen Ermessens der Parteien und kann jederzeit von diesen geändert werden. Ebenso ist zu beachten, dass im Falle der Vereinbarung von Zielvorgaben für deren Erreichen der Unternehmensführer einsteht, der Unternehmensführungsvertrag eher als Geschäftsbesorgungsvertrag mit Werkleistungscharakter einzuordnen ist.[163] Dies ist dann der Fall, wenn nach einer Gesamtbetrachtung für die Vergütung nicht mehr die Leistung der Unternehmensführung geschuldet ist, sondern das Erreichen bestimmter Zielvorgaben.

4. Vereinbarung von einseitigen Leistungsbestimmungsrechten

Anstatt der ergänzenden und erläuternden Vertragsauslegung kommt zur Konkretisierung einzelner Subpflichten des Unternehmensführers auch die Vereinbarung eines einseitigen Leistungsbestimmungsrechts des Eigentümerunternehmens in

162 Siehe 2. Kapitel § 2 B I 3 a.
163 Vgl. 1. Kapitel § 5 B II 3 b.

Betracht. Ein solches Recht kann ausdrücklich oder konkludent vereinbart werden.[164] Ist es vereinbart, so obliegt es dem Eigentümerunternehmen nach § 315 BGB, die Leistung der Unternehmensführung zu bestimmen. Die Ausübung der Leistungsbestimmung hat nach § 315 Abs. 1 BGB im Zweifel nach billigem Ermessen zu erfolgen. § 315 Abs. 3 BGB sieht bei einer unbilligen Leistungsbestimmung oder bei einer verzögerten Leistungsbestimmung eine Kompetenz der Gerichte zur Leistungsbestimmung vor. Die Leistungsbestimmung unterliegt also neben der allgemeinen zivilrechtlichen Wirksamkeits- und Inhaltskontrolle der Gestaltungserklärung einer besonderen gerichtlichen Ermessenskontrolle.[165] Unter dem Eindruck der abstrakten Leistungspflicht des Unternehmensführers und der Konkretisierungsmöglichkeit des Eigentümerunternehmens durch Weisungen und Richtlinien, könnte man recht leicht annehmen, dass stets zumindest konkludent ein Leistungsbestimmungsrecht zugunsten des Eigentümerunternehmens vereinbart wurde.[166] Die Rechtsfolge eines Leistungsbestimmungsrechts ist allerdings, dass ohne eine Leistungsbestimmung kein durchsetzbarer oder erfüllbarer Anspruch besteht.[167] Der Unternehmensführer müsste und könnte in diesem Fall nicht die Leistung der Unternehmensführung erbringen.

Für den Unternehmensführer bestünde somit das Risiko, dass einzelne Leistungen nicht als Erfüllung des Unternehmensführungsvertrags angesehen werden könnten. Dieses Risiko könnte der Unternehmensführer nur minimieren, wenn er das Eigentümerunternehmen zur Leistungsbestimmung auffordert und abwartet bis eine solche getroffen wurde. Auch für einen Schadensersatzanspruch des Unternehmensführers für einen Verzug bei der Leistungsbestimmung ist grundsätzlich eine Mahnung erforderlich.[168]

Aus Sicht des Eigentümerunternehmens bestünde das Risiko, dass dieses im Falle einer nicht getätigten Leistungsbestimmung zunächst mit einem Kondiktionsanspruch belastet sein könnte, wenn der Unternehmensführer ohne die erforderliche Leistungsbestimmung eine Leistung erbringt. Zusätzlich hat das Eigentümerunternehmen ein Interesse daran, dass der Unternehmensführer eigenständig – wenn auch gegebenenfalls in Abhängigkeit von Weisungen oder Richtlinien – die Führung über das Unternehmen übernimmt. Würde man deshalb ein Leistungsbestimmungsrecht des Eigentümerunternehmens annehmen, so wäre die Unternehmensführung verlangsamt, da der Unternehmensführer nicht flexibel reagieren könnte, sondern über eine Leistungsbestimmung des Eigentümerunternehmens Prozesse verlangsamt wären. Gegen die übermäßige Annahme eines Leistungsbestimmungsrechts

---

164 OLG Hamm, Urt. v. 14.06.1991 – 7 U 143/90, NJW-RR 1992, 629, 630; Staudinger/*Rieble*, BGB, § 315 Rn. 233 ff.; *Würdinger*, MüKo-BGB, § 315 Rn. 3.

165 Staudinger/*Rieble*, BGB, § 315 Rn. 14.

166 Allgemein krit. gegenüber der vorschnellen Herleitung eines einseitigen Leistungsbestimmungsrechts auch Staudinger/*Rieble*, BGB, § 315 Rn. 235 ff.

167 Staudinger/*Rieble*, BGB, § 315 Rn. 15, 375.

168 Vgl. zur Parallelkonstellation des Unterlassens einer Zielvereinbarung im Arbeitsrecht *Riesenhuber/v. Steinau-Steinrück*, NZA 2005, 785, 792.

spricht auch § 665 BGB, der über § 675 Abs. 1 BGB auch bei einem Unternehmensführungsvertrag Anwendung findet. Da der Unternehmensführer sich in einem Treueverhältnis zum Eigentümerunternehmen befindet, darf dieser Weisungen nicht blind befolgen, sondern muss stets im Interesse des Eigentümerunternehmens handeln. Aus dieser Fremdinteressenwahrnehmungspflicht heraus muss die Möglichkeit des Unternehmensführers bestehen, von Weisungen abzuweichen (§ 665 BGB).[169] Eine solche Abweichmöglichkeit wäre bei der Qualifizierung der Weisung als Leistungsbestimmungsrecht nicht gegeben, da ein anderes Verfahren als das von dem Unternehmensführer angewiesene Vorgehen nicht geschuldet wäre. Das aus dem Geschäftsbesorgungsvertrag resultierende Weisungsrecht und die Richtlinienkompetenz sind deshalb zu trennen von einem Leistungsbestimmungsrecht im Sinne des § 315 BGB. Ein Leistungsbestimmungsrecht hinsichtlich der Frage, was im Rahmen der Unternehmensführung geschuldet ist, ließe sich nur annehmen bei grundsätzlichen Fragen der Unternehmensführung. Allerdings ist auch hier ein Leistungsbestimmungsrecht des Eigentümerunternehmens nicht anzunehmen, wenn sich die grundsätzliche Zielsetzung schon aus dem Unternehmensführungsvertrag ergibt.

II. Herausgabepflichten und Verzinsungspflichten

Der Unternehmensführer hat alles herauszugeben, was er durch die Unternehmensführung erlangt hat bzw. was ihm zur Erfüllung seiner Unternehmensführungspflicht durch das Eigentümerunternehmen bereitgestellt wurde. Diese Verpflichtung ergibt sich schon aus den §§ 675 Abs. 1, 667 BGB.[170] Sie ist letztlich Ausfluss der fremdnützigen und treuhänderischen Interessenwahrnehmung.[171] Diese Herausgabepflicht hat jedoch nicht zur Folge, dass letztlich das erwirtschaftete Ergebnis endgültig bei dem Eigentümerunternehmen verbleibt. Sofern neben dem Unternehmensführungsvertrag ein Gewinnabführungsvertrag oder ein Teilgewinnabführungsvertrag vereinbart wurde, wird das erwirtschaftete Ergebnis gänzlich bzw. teilweise zugunsten des Unternehmensführers abgeschöpft.

Bei der genauen Betrachtung des Herausgabeanspruchs ist zwischen dem echten und unechten Unternehmensführungsvertrag zu unterscheiden. Bei dem echten Unternehmensführungsvertrag wird oftmals gar kein Herausgabeanspruch entstehen, da die Verträge im Namen des Eigentümerunternehmens geschlossen werden. Der Schuldner wird nun zur Befriedigung seiner Verbindlichkeiten an das Eigentümerunternehmen leisten. In diesem Fall hat also der Unternehmensführer nichts aus der Geschäftsbesorgung von dem Schuldner erlangt. Anders ist hingegen die Situation zu beurteilen, wenn im Rahmen eines echten Unternehmensführungsvertrags eine

---

169 Staudinger/*Martinek*, BGB, § 675 Rn. A 44.

170 *Huber*, ZHR 152 (1988), 1, 6; *Joachim*, DWiR 1992, 397, 398; *Martinek*, Vertragstypen II, 292; *Mülbert*, Großkomm-AktG, 4. Aufl., § 292 Rn. 146; *Priester*, FS Hommelhoff, 875, 876; *Rieble*, NZA 2010, 1145, 1146.

171 Vgl. *Abels*, Managementverträge, 370; Staudinger/*Martinek*, BGB, § 675 Rn. A 34.

Einzugsermächtigung von dem Eigentümerunternehmen an den Unternehmensführer erteilt wurde und der Schuldner schuldbefreiend an diesen leistet gem. §§ 362 Abs. 2, 185 BGB. In diesem Fall kommt ein Herausgabeanspruch in Frage.

Ebenso kommt ein Herausgabeanspruch grundsätzlich bei einem unechten Unternehmensführungsvertrag in Betracht. Da der Unternehmensführer hier im eigenen Namen handelt, werden die Schuldner regelmäßig auch an diesen leisten, es sei denn der Unternehmensführer hat zugunsten des Eigentümerunternehmens eine schuldbefreiende Leistung an dieses ermöglicht gem. §§ 362 Abs. 2, 185 BGB. In der Praxis wird häufig für die Verwaltung der im Rahmen der Unternehmensführung erwirtschafteten Umsätze und zur Abwicklung des Zahlungsverkehrs ein Konto genutzt.[172] Dieses Konto wird dann auch verwendet, um eventuelle Aufwendungsersatzansprüche des Unternehmensführers zu befriedigen. Die konkrete Befriedigung der Aufwendungsersatzansprüche gestaltet sich, je nach dem auf welchen Namen das Unternehmensführungskonto geführt wird, unterschiedlich. Wird dieses Unternehmensführungskonto im Namen des Unternehmensführers geführt, so bietet sich eine Aufrechnung im Sinne der §§ 389, 387 BGB des Aufwendungsersatzanspruchs der §§ 675 Abs. 1, 670 BGB mit dem Herausgabeanspruch aus §§ 675 Abs. 1, 667 BGB an.

Neben der Herausgabepflicht trifft den Unternehmensführer auch eine Verzinsungspflicht nach den §§ 675 Abs. 1, 668 BGB. Der Unternehmensführer hat das von dem Eigentümerunternehmen überlassene oder durch die Unternehmensführung erwirtschaftete Kapital zu verzinsen, wenn er dieses im eigenen Interesse nutzt.

III. Implementierung von Know-how

Ein wesentlicher Grund für den Abschluss eines Unternehmensführungsvertrags kann die Implementierung von Know-how in dem Eigentümerunternehmen sein.[173] Als Beispiele für eine solche Implementierung lässt sich die Schulung von Mitarbeitern, die Einstellung von Mitarbeitern oder die Überlassung von gewerblichen Schutzrechten anführen. Die Implementierung von Know-how stellt sich dann als Bestandteil der Hauptleistungspflicht des Unternehmensführers dar. Allerdings wird die Implementierung von Know-how oft nur rudimentär durch Generalklauseln geregelt.[174] Dies mag daran liegen, dass sich bei Vertragsschluss das zu übertragende Know-how noch nicht konkret erfassen lässt und eine genaue Umschreibung des zu übertragenden Know-hows zu einer für die Parteien zu starren Festlegung führen würde.[175]

---

172 *Huber*, ZHR 152 (1988), 1, 5.

173 *Abels*, Managementverträge, 34, der diese Art von Unternehmensführungsverträgen als Betriebsentwicklungsverträge bezeichnet; *Joachim*, DWiR 1992, 397, 400; *Martinek*, Vertragstypen II, 276; *Windbichler*, ZIP 1987, 825, 827.

174 *Schlüter*, Managementverträge, 68; *Zeiger*, Managementvertrag, 39.

175 *Schlüter*, Managementverträge, 68.

1. *Schulung von Mitarbeitern*

Eine Möglichkeit zur Implementierung von Know-how liegt in der Schulung von Mitarbeitern.[176] Die konkrete Schulungspflicht richtet sich dann nach den jeweiligen vertraglichen Regelungen und ist regelmäßig unterschiedlich ausgestaltet.[177] Die Ausbildung der Mitarbeiter kann dabei mehr oder minder stark autonom durch den Unternehmensführer ausgestaltet werden.[178] Von Seiten der Literatur wird in diesem Zuge auf eine so genannte Catch-All-Klausel hingewiesen.[179] Diese verpflichtet den Unternehmensführer dazu, alle erforderlichen Ausbildungsmaßnahmen zu treffen, damit das Eigentümerunternehmen nach dem Ende des Unternehmensführungsvertrags fähig ist das eigene Unternehmen selbstständig zu führen.[180] Die konkrete Ausgestaltung des Ausbildungsprogramms liegt dann in den Händen des Unternehmensführers, ohne dass eine Einflussnahme durch das Eigentümerunternehmen stattfindet.[181] Hinsichtlich der Art der Ausbildung sind unterschiedliche Formen möglich. Beispielsweise kann der Unternehmensführer die Ausbildung des Personals des Eigentümerunternehmens durch Schulungsveranstaltungen besorgen[182] oder die Ausbildung erfolgt durch ein Training on the job, bei dem die Mitarbeiter durch eine Eingliederung in die Arbeitsprozesse ausgebildet werden.[183] Für den Ausbildungserfolg steht der Unternehmensführer jedoch nicht ein.[184] Etwas anderes kann höchstens gelten, wenn der Unternehmensführer für einen konkreten Ausbildungserfolg eine Garantie übernommen hat.

Im Kern ist jedoch darauf hinzuweisen, dass dem Unternehmensführungsvertrag als Geschäftsbesorgungsvertrag mit Dienstleistungscharakter zunächst keine Ausbildungsverpflichtung inhärent ist.[185] Aus diesem Grund muss sich die Ausbildungsverpflichtung des Unternehmensführers aus dem Vertrag ergeben, sei es durch eine Generalklausel oder durch detaillierte Regelung. Bei der Vereinbarung einer Ausbildungsklausel ist zu beachten, dass die Ausbildung von Mitarbeitern in einem Zielkonflikt mit der Unternehmensführung stehen kann, wenn der Unternehmensführer das starke Interesse hat, das Unternehmen möglichst schnell und

---

176 Für den Bereich der Hotelbranche *Joachim*, NZM 2001, 163, 165; *Martinek*, Vertragstypen II, 288, 291; *Windbichler*, ZIP 1987, 825, 827.

177 Vgl. *Martinek*, Vertragstypen II, 288; Staudinger/*ders.*, BGB, § 675 Rn. B 151.

178 *Zeiger*, Managementvertrag, 52 f.

179 *Schlüter*, Managementverträge, 71.

180 *Schlüter*, Managementverträge, 71.

181 *Schlüter*, Managementverträge, 71.

182 *Schlüter*, Managementverträge, 72; *Zeiger*, Managementvertrag, 52.

183 *Abels*, Managementverträge, 360; *Martinek*, Vertragstypen II, 292; *Schlüter*, Managementverträge, 72; *Zeiger*, Managementvertrag, 52.

184 *Abels*, Managementverträge, 361; Staudinger/*Martinek*, BGB, § 675 Rn. 150; *Schlüter*, Managementverträge, 72.

185 A.A. *Abels*, Managementverträge, 359, der in der Leitung des Personalwesens durch den Unternehmensführers zugleich die Pflicht zur Ausbildung und Weiterbildung des Personals sieht.

effektiv zu betreiben, weil beispielsweise eine erfolgsbezogene Vergütung vereinbart wurde.[186] Sofern eine Ausbildungsklausel fehlt, ist höchstens denkbar, eine Ausbildungspflicht aus ergänzender Vertragsauslegung oder als Nebenleistungspflicht herzuleiten, wenn der Wille der Parteien darauf schließen lässt, dass ein Know-how-Transfer beidseitig beabsichtigt oder die Schulung für die Erfüllung der Hauptleistungspflicht erforderlich ist. Wurde etwa vereinbart, dass der Unternehmensführer ein neues EDV-System implementieren soll, so kann dies nicht nur die technische Einrichtung, sondern auch die Schulung der Mitarbeiter voraussetzen, wenn das installierte EDV-System nicht ohne weiteres bedient werden kann. Auch ist eine Schulungspflicht durch den Unternehmensführer anzunehmen, wenn sich äußere Umstände, wie die aktuelle Gesetzeslage, verändert haben und dies eine Schulung des Personals zwingend erforderlich macht. Wollte sich das Eigentümerunternehmen in einer solchen Fallkonstellation durch den Abschluss des Unternehmensführungsvertrags weitestgehend aus dem operativen Geschäft zurückziehen, so ist davon auszugehen, dass die Parteien bei Antizipierung dieser Tatsache zum Zeitpunkt des Vertragsschlusses die Schulung der Mitarbeiter durch den Unternehmensführer auf Kosten des Eigentümerunternehmens vereinbart hätten.

Wenn eine Ausbildungspflicht des Unternehmensführers besteht, diese jedoch nicht detailliert ausgestaltet ist – sei es, weil die Ausbildungspflicht auf einer Generalklausel, Nebenleistungspflicht oder auf ergänzender Vertragsauslegung beruht – steht der Ausbildungsinhalt im Ermessensspielraum des Unternehmensführers.[187] Freilich kann in diesem Fall der Unternehmensführer immer noch durch ein eventuell bestehendes Weisungsrecht Einfluss nehmen.

2. Einstellung von Mitarbeitern

Zu der Implementierung von Know-how kann auch die Beschaffung von Personal gehören.[188] Freilich hat dies zunächst nur bei dem echten Unternehmensführungsvertrag Relevanz, da nur in diesem Fall das Vertragsverhältnis zwischen dem neu angeworbenen Personal und dem Eigentümerunternehmen zustande kommt.[189] Aber auch bei einem unechten Unternehmensführungsvertrag kommen die von dem Unternehmensführer im eigenen Namen eingestellten Mitarbeiter dem Eigentümerunternehmen zugute, indem diese nach Beendigung des Vertrags bei der Herausgabe des Unternehmens im Wege des Betriebsübergangs auf dieses übergehen.[190] Bei der konkreten Personalbeschaffung hat das Eigentümerunternehmen grundsätzlich ein Interesse daran, bei dieser mitzuwirken. Im Einzellfall

186 *Schlüter*, Managementverträge, 73 f.
187 *Schlüter*, Managementverträge, 72.
188 *Abels*, Managementverträge, 34; *Joachim*, NZM 2001, 162, 165; *Schlüter*, Managementverträge, 70; *Zeiger*, Managementvertrag, 51 f.
189 Zum Einfluss des Unternehmensführungsvertrags auf bestehende Arbeitsverhältnisse siehe 4. Kapitel.
190 Siehe 2. Kapitel § 8 B) I; 4. Kapitel § 1 B) I.

kann allerdings die Interessenlage dahingehen, dass der Unternehmensführer die Personalrekrutierung selbstständig vornimmt, wenn er beispielsweise möglichst selbstständig das Unternehmen leiten soll oder im Rahmen eines Projektes die schnelle Realisierung im Vordergrund steht.[191] Ein Ausschluss der Einflussnahme ist insbesondere regelmäßig dann gegeben, wenn ein Weisungsrecht ausgeschlossen oder eingeschränkt ist.

3. Überlassung von gewerblichen Schutzrechten

Im Rahmen des Know-how-Transfers kann der Unternehmensführer dem Eigentümerunternehmen verpflichtet sein, gewerbliche Schutzrechte zur Verfügung zu stellen. Als potentiell durch den Unternehmensführer zu überlassende Schutzrechte kommen Patente, Gebrauchsmuster, Design, Urheberrechte, Marken oder geschäftliche Bezeichnungen in Betracht. Daneben können auch erst gewerbliche Schutzrechte durch die Tätigkeit des Unternehmensführers entstehen, wie zum Beispiel Erfindungen oder die Entwicklung neuer Designs im Rahmen der Unternehmensführung.

a) Patente, Gebrauchsmuster, Design und Urheberrechte

aa) Überlassung schon bestehender Rechte

Zunächst kann die Überlegung angestellt werden, ob die Vollrechte an Patenten, Gebrauchsmustern oder Designs von dem Unternehmensführer übertragen werden, während die Übertragung von Urheberrechten schon gesetzlich ausgeschlossen ist nach § 29 Abs. 1 UrhG. Allerdings wird eine solche Vollrechtsübertragung nur in seltenen Fällen von den Parteien gewollt sein. Eine Vollrechtsübertragung ist ein Indiz für das Interesse der Parteien, dass die übertragenen Schutzrechte auch nach dem Ende des Unternehmensführungsvertrags bei dem Eigentümerunternehmen vollständig verbleiben. Gerade der Unternehmensführer wird sich jedoch regelmäßig nicht auf eine Vollrechtsübertragung einlassen, da er nach dem Ende des Unternehmensführungsvertrags sein Know-how – auf dem letztendlich sogar sein gesamtes Geschäftsmodell beruhen kann – selbst wirtschaftlich nutzen möchte, indem er diese Schutzrechte in eine neue Unternehmensführung einbringt oder zumindest durch einen Lizenzvertrag mit dem alten Vertragspartner weiterhin wirtschaftlich verwerten möchte. Schließlich werden die Schutzrechte häufig so eng mit dem Unternehmensführer verbunden sein, dass eine Vollrechtsübertragung für das Eigentümerunternehmen sinnlos wäre, da dieses diese Rechtspositionen nicht selbst ohne den Unternehmensführer nutzen kann.

Damit kommt nur die Erteilung einer schuldrechtlichen Berechtigung in Form einer Lizenz für das Schutzrecht in Frage. Für den Bereich des Urheberrechts wird nach §§ 29 Abs. 2, 31 UrhG terminologisch, anstatt von einer Lizenz, von einem Nutzungsrecht gesprochen. Sofern also hier von einer Lizenz gesprochen wird, ist

---

191 *Schlüter*, Managementverträge, 70; *Zeiger*, Managementvertrag, 51.

dies auf das urheberrechtliche Nutzungsrecht zu übertragen. Bei der Erteilung von Lizenzen wird zwischen einfachen und ausschließlichen Lizenzen unterschieden. Bei einer ausschließlichen Lizenz ist der Lizenznehmer berechtigt, alle sich aus dem Schutzrecht ergebenden Rechte selbstständig geltend zu machen.[192] Dies gilt auch gegenüber dem Lizenzgeber.[193] Dem einfachen Lizenznehmer steht hingegen nur ein einfaches Nutzungsrecht zu.[194] Dieses Nutzungsrecht kann unterschiedlich ausgestaltet sein. So kann es auch nur ein Recht zum Vertrieb, zur Herstellung oder zum Gebrauch gewähren.[195] Der Lizenznehmer genießt nach § 31 Abs. 5 DesignG, § 22 Abs. 3 GebrMG, § 33 UrhG oder § 15 Abs. 3 PatentG einen Sukzessionsschutz.

Bei einem unechten Unternehmensführungsvertrag wird sich das Problem der Überlassung von Schutzrechten weniger stellen, da hier der Unternehmensführer im eigenen Namen das Eigentümerunternehmen führt. In diesem Fall stellt sich eher das spiegelbildliche Problem, wie das Eigentümerunternehmen dem Unternehmensführer Schutzrechte zum Gebrauch überlässt.

Bei dem echten Unternehmensführungsvertrag wird man diese Frage ohne explizite vertragliche Regelung nur unter Berücksichtigung des konkreten Vertragszwecks und des Umfangs der Unternehmensführung durch Auslegung des Vertrags beantworten können. So könnte man davon ausgehen, dass dem Eigentümerunternehmen eine ausschließliche Lizenz für die Fallgruppe erteilt wird, dass der Unternehmensführer das gesamte Unternehmen übernimmt. In diesem Fall wird sich häufig die Tätigkeit des Unternehmensführers nur auf die Führung des einen Unternehmens beschränken. Wenn nun der Unternehmensführer nur im Namen des Eigentümerunternehmens mit den Lizenzen arbeitet, dann liegt es nahe, dass er die gewerblichen Schutzrechte auch im Namen des Eigentümerunternehmens gegenüber Dritten vertritt. Schließlich tritt hier der Unternehmensführer am Markt immer für das Eigentümerunternehmen auf und zusätzlich verfolgt das Eigentümerunternehmen gerade das Ziel, die laufende Geschäftsführung dem Unternehmensführer zu überlassen. Zu dieser ist grundsätzlich auch die Ausübung von gewerblichen Schutzrechten wie dem Patent, dem Gebrauchsmusterrecht, dem Recht an einem Design oder die Nutzung des Urheberrechts zu zählen.

Ein anderes Ergebnis ist für die Fallgruppe vorstellbar, dass der Unternehmensführungsvertrag dem Anschluss an eine Kette dient, wie beispielsweise in dem populär gewordenen Holiday-Inn Fall. Auch hier ist davon auszugehen, dass der

---

192 RG, Urt. v. 26.09.1936 – I 339/35, GRUR 1937, 627, 629; *Ahrens*, Gewerblicher Rechtsschutz, 157 f.; *Eisenmann/Jautz*, Gewerblicher Rechtsschutz, 77; *Dörmer*, Unternehmenspacht, 196; *Götting*, Gewerblicher Rechtsschutz, 212 f.; Pfaff/Osterrieth/*Osterrieth*, Lizenzverträge, B. Formularkommentar Rn. 77.

193 OLG Karlsruhe, Urt. v. 05.03.1980 – 6 U 221/79, GRUR 1980, 784, 785; *Dörmer*, Unternehmenspacht, 196; *Götting*, Gewerblicher Rechtsschutz, 213.

194 *Ahrens*, Gewerblicher Rechtsschutz, 158 f.; *Eisenmann/Jautz*, Gewerblicher Rechtsschutz, 77; *Dörmer*, Unternehmenspacht, 196; *Götting*, Gewerblicher Rechtsschutz, 213.

195 *Eisenmann/Jautz*, Gewerblicher Rechtsschutz, 76.

Unternehmensführer auch im Rahmen anderer Kooperationen seine gewerblichen Schutzrechte nutzen möchte. In diesem Fall liegt es also im Interesse des Unternehmensführers, nur ein Nutzungsrecht über die gewerblichen Schutzrechte einzuräumen. Dieses Ziel kann erreicht werden durch die Erteilung einer einfachen Lizenz.

Eine ähnliche Interessenlage wird regelmäßig bei der Fallkonstellation eines Teilunternehmensführungsvertrags gegeben sein. Als Beispiel mag hier ein Teilunternehmensführungsvertrag herangezogen werden, bei dem ein Unternehmen die Personalverwaltung auf einen Unternehmensführer auslagert und dabei soll dem Eigentümerunternehmen die Nutzung des erforderlichen EDV-Systems durch den Unternehmensführers überlassen werden. Hier tritt das Eigentümerunternehmen am Markt weiterhin selbstständig auf und der Unternehmensführer übernimmt nur einen Teilaspekt der Unternehmensführung. Aus diesem Grund ist nicht ersichtlich, warum dem Eigentümerunternehmen ausschließliche Lizenzen erteilt werden sollten, zumal es bei spezialisierten Teilunternehmensführungsverträgen durchaus denkbar ist, dass ein Unternehmensführer für verschiedene Unternehmen tätig ist.

Zusammenfassend lässt sich sagen, dass die Interessenlage bei der Beantwortung der Frage, ob und wie der Unternehmensführer gewerbliche Schutzrechte erteilt, vom Einzelfall abhängig ist. Es lassen sich allerdings Fallgruppen bilden, bei denen indiziell von einer Pflicht zur Erteilung einer ausschließlichen bzw. einfachen Lizenz ausgegangen werden kann. So ist von der Pflicht zur Erteilung einer ausschließlichen Lizenz bei einem Unternehmensführungsvertrag über ein gesamtes Unternehmen auszugehen, wenn das Eigentümerunternehmen sich weitestgehend aus dem operativen Geschäft zurückziehen will. Während bei einem echte Teilunternehmensführungsvertrag oder bei einem Unternehmensführungsvertrag, der den Anschluss an eine Kette dient von einer Verpflichtung zur Erteilung einfacher Lizenzen auszugehen ist.

Für diesen Bereich empfiehlt sich allerdings dringend eine vertragliche Regelung der Parteien. Sofern eine Überlassung von Schutzrechten zweifelhaft ist, muss davon ausgegangen werden, dass zumindest solche Schutzrechte von dem Unternehmensführer überlassen werden müssen, die für das Führen des Unternehmens zwingend erforderlich sind. In diesem Fall kann jedoch nicht durch ergänzende Vertragsauslegung auf eine Verpflichtung zur Erteilung einer dinglichen Nutzungsermächtigung im Sinne einer ausschließlichen Lizenz oder gar einer Vollrechtsübertragung geschlossen werden, sondern nur auf die Erteilung einer einfachen Lizenz.

Natürlich kann der Unternehmensführer nur eine Lizenz erteilen, wenn er selbst Rechteinhaber ist. Ist er hingegen nur Lizenznehmer, so kann er grundsätzlich nur im Falle einer ausschließlichen Lizenz selbst eine Unterlizenz erteilen.[196] Im Rahmen eines Urheberrechts ist die weitere Erteilung von (Unter-) Nutzungsrechten nur mit Zustimmung des Inhabers des Urheberrechts zulässig gem. § 35 Abs. 1 UrhG. Eine

196 *Götting*, Gewerblicher Rechtsschutz, 213 f.

einfache Lizenz berechtigt noch nicht zur Erteilung einer Unterlizenz.[197] Die Unterlizenz kann nur dann wirksam erteilt werden, wenn der Lizenzgeber zustimmt.[198] Ist der Unternehmensführer dennoch zur Erteilung einer solchen Lizenz verpflichtet, so lässt sich diese Pflicht jedenfalls dahingehend auslegen, dass der Unternehmensführer sich um die Lizenzerteilung oder eine Genehmigung für eine Lizenzerteilung zu Gunsten des Eigentümerunternehmens bei dem Rechteinaber bzw. dem Inhaber einer ausschließlichen Lizenz bemühen muss. Wenn die Genehmigung erteilt wurde, hat der Rechteinhaber grundsätzlich einen Anspruch auf Zahlung der Lizenzgebühr gegen das Eigentümerunternehmen.[199]

Anders als bei der Betriebspacht[200], ist der Unternehmensführer im Innenverhältnis nicht zur Erstattung der Gebühr verpflichtet, da sich schon aus §§ 675 Abs. 1, 670 BGB ergibt, dass das Eigentümerunternehmen die notwendigen Aufwendungen zu tragen hat. Falls der Unternehmensführer Inhaber einer einfachen Lizenz mit der Genehmigung zur Erteilung weiterer Unterlizenzen ist, kann er auch nur eine einfache Lizenz erteilen.[201] Wenn der Unternehmensführer Inhaber einer ausschließlichen Lizenz ist, kann er eine einfache oder eine ausschließliche Lizenz erteilen.[202] Die erteilten Unterlizenzen sind in ihrem Bestand von den Lizenzen abhängig, von denen sie abgeleitet wurden.

bb) Behandlung von durch die Unternehmensführung erworbenen Immaterialgüterrechten

Von der Fallkonstellation der Überlassung schon bestehender Immaterialgüterrechte zu unterscheiden ist die Frage, wie bei der Unternehmensführung entstandene Immaterialgüterrechte zu handhaben sind. Einerseits entstehen Erfindungen aus einer individuellen Kreativität und sind oftmals nur dem Zufall geschuldet. Aus diesem Grund sieht § 6 PatentG oder auch § 7 DesignG grundsätzlich vor, dass das Recht auf das Patent bzw. dem Design dem Erfinder bzw. Entwerfer oder seinen Rechtsnachfolgern zusteht. Andererseits handelt der Unternehmensführer treuhänderisch im Interesse des Eigentümerunternehmens. Aus diesem Grund lässt sich die Erfindung auch als Ergebnis der von dem Unternehmensführer geschuldeten Tätigkeit verstehen. Zusätzlich hat unter Umständen das Eigentümerunternehmen erst die Erfindung ermöglicht durch das Bereitstellen der Infrastruktur. Dies spricht dafür wirtschaftlich das Immaterialgüterrecht dem Eigentümerunternehmen zuzusprechen.

---

197 BGH, Urt. v. 23.04.1974 – X ZR 4/71, Z 62, 272, 274; *Dörmer*, Unternehmenspacht, 199; Pfaff/Osterrieth/*Osterrieth*, Lizenzverträge, B. Formularkommentar Rn. 97.

198 Pfaff/Osterrieth/Osterrieth, Lizenzverträge, B. Formularkommentar Rn. 97.

199 Vgl. Pfaff/Oterrieth/*Osterrith*, Lizenzverträge, B.Formularkommentar Rn. 98.

200 Vgl. *Dörmer*, Unternehmenspacht, 199.

201 Pfaff/Osterrieth/*Osterrieth*, Linzenzverträge, B. Formularkommentar Rn. 97.

202 Vgl. *Dörmer*, Unternehmenspacht, 199.

Es zeichnet sich also ein Interessenskonflikt ab, der auch im Arbeitsrecht Relevanz hat. Ein Großteil der gemeldeten Erfindungen beruht auf der Leistung von Arbeitnehmer, die im Interesse ihres Arbeitgebers tätig waren.[203] Bei der Zuordnung der Erfindung ist zu unterscheiden, ob die Erfindung ein Design darstellt oder eine technische Lösung. Für technische Erfindungen findet das Arbeitnehmererfindungsgesetz Anwendung, während rein ästhetische Gestaltungen § 7 DesignG die maßgebliche Norm bereithält.[204] Nach § 7 Abs. 2 DesignG stehen Entwürfe des Arbeitnehmers, die im Rahmen der Ausübung des Arbeitsverhältnisses geschaffen wurden, im Wege des originären Rechtserwerbs dem Arbeitgeber zu. Entwürfe sind soweit fertiggestellte Vorlagen, die Inhalt einer Designanmeldung sein können.[205] Dem Arbeitnehmer trifft dabei die ungeschriebene Treuepflicht entwickelte Designs dem Arbeitgeber zu melden.[206] Aus der Entwicklung des Designs durch den Arbeitnehmer resultiert grundsätzlich kein besonderer Vergütungsanspruch, da sie als vom Arbeitsentgelt inkludiert gelten.[207] Nur schöpferische Gestaltungsleistungen, die über die arbeitsvertraglich geschuldete Entwurfstätigkeit hinausgehen, werden im Sinne eines Sonderleistungsprinzips zusätzlich vergütet.[208]

Technische Schöpfungen wie Patente und Gebrauchsmuster werden durch das ArbNErfG erfasst. Differenziert wird dabei zwischen dienstlichen Erfindungen und freien Erfindungen. Letztere sind Erfindungen, die mit der betrieblichen Tätigkeit in keinem zeitlichen Zusammenhang stehen.[209] Solche freien Erfindungen muss der Arbeitnehmer während der Dauer des Arbeitsverhältnisses dem Arbeitgeber nach § 18 Abs. 1 ArbNErfG anzeigen und diesem anbieten gem. § 19 Abs. 1 ArbNErfG. Dienstliche Erfindungen nach § 5 Abs. 2 ArbNErfG sind solche, die aus der obliegenden Tätigkeit im Betrieb oder maßgeblich aus Erfahrungen im Betrieb entstanden sind.[210] Für diese Erfindungen sieht § 5 ArbNErfG eine Meldepflicht des Arbeitnehmers vor. Der Arbeitgeber kann dann die Erfindungen für sich in Anspruch nehmen nach § 6 ArbNErfG. Mit der Inanspruchnahme wird der Arbeitgeber Rechtsinhaber nach § 7 ArbNErfG. Erfolgt die Inanspruchnahme, so entsteht eine besondere

203 Ca. 80 % der gemeldeten Erfindungen stammen von Arbeitnehmern, NK-ArbNErfG/*Schwab*, Einl. Rn. 1.

204 Eichmann/v. Falckenstein/*v. Falckenstein*, GeschmMG, § 7 Rn. 15.

205 Eichmann/v. Falckenstein/*v. Falckenstein*, GeschmMG, § 7 Rn. 17.

206 Eichmann/v. Falckenstein/*v. Falckenstein*, GeschmMG, § 7 Rn. 23.

207 Eichmann/v. Falckenstein/*v. Falckenstein*, GeschmMG, § 7 Rn. 25; Götting/Meyer/Vormbrock/*Stolz/Grohmann*, Gewerblicher Rechtsschutz, § 20 Rn. 51.

208 Eichmann/v. Falckenstein/*v. Falckenstein*, GeschmMG, § 7 Rn. 26.

209 Vgl. Busse/*Keukenschrijver*, PatG § 5 ArbNErfG Rn. 7; NK-ArbNErfG/*Schwab*, § 4 Rn. 3; Götting/Meyer/Vormbrock/*Wündisch*, Gewerblicher Rechtsschutz, § 16 Rn. 17.

210 Busse/*Keukenschrijver*, PatG § 4 ArbNErfG Rn. 2 ff.; NK-ArbNErfG/*Schwab*, § 4 Rn. 2; Götting/Meyer/Vormbrock/*Wündisch*, Gewerblicher Rechtsschutz, § 16 Rn. 13 ff.

Vergütungspflicht des Arbeitgebers.[211] Diese Prinzipien gelten nach § 20 ArbNErfG auch für technische Verbesserungen, die nicht patent- oder gebrauchsmusterfähig sind.[212] Wobei einfache technische Verbesserungen, die dem Arbeitgeber keine erheblichen Wettbewerbsvorteile schaffen, grundsätzlich nicht zusätzlich zu vergüten sind, soweit nicht anderes kollektivrechtlich geregelt ist.[213]

Die Regelung des § 7 Abs. 2 DesignG findet nur auf Arbeitnehmer im Sinne von Personen, die aufgrund eines privaten Vertrags zur Leistung weisungsgebundener, fremdbestimmter Arbeit in persönlicher Abhängigkeit verpflichtet sind.[214] Sie soll deshalb nicht auf arbeitnehmerähnliche Personen oder Vertreter von juristischen Personen bzw. Personengesellschaften Anwendung finden oder übertragen werden.[215] Nach verbreiteter Auffassung soll das ArbNErfG auch auf arbeitnehmerähnliche Personen nicht unmittelbar oder analog Anwendung finden.[216]

Zwar liegen auch für den Unternehmensführungsvertrag die Überlegungen nahe die entsprechenden Regelungen für Erfindungen durch Arbeitnehmer analog anzuwenden. Der Unternehmensführer ist treuhänderisch für das Eigentümerunternehmen tätig. Aus diesem Grund sollen auch die Ergebnisse der Unternehmensführung dem Eigentümerunternehmen zustehen. Allerdings bedarf es hierfür keine dogmatische Verankerung in einer Analogie zu § 7 Abs. 2 DesignG oder zum ArbNErfG. Dies gilt unter dem Gesichtpunkt, dass die Regelungen das Auseinanderfallen vom Eigentumsrecht am Arbeitsergebnis und dem Immaterialgüterrecht vermeiden und so potentiellen Streitigkeiten über Lizenzen zwischen Arbeitgeber und Arbeitnehmer entgegen wirken soll.[217] Eine solche Übertragung würde den Unternehmensführer unbillig belasten. Aus Sicht des Arbeitnehmers ist diese Einschränkung der Privatautonomie eher hinzunehmen. Aufgrund zahlreicher sozialschützender Normen, wie zum Beispiel durch das Kündigungsschutzgesetz, stehen sie in einer privilegierten Stellung, die mit der Stellung des Unternehmensführers nicht vergleichbar ist. Die Parteien eines Unternehmensführungsvertrags sollten also bei

---

211 Zu Bemessung der konkreten Vergütung unter der Richtline für die Vergütung von Arbeitnehmererfindungen im privaten wie im öffentlichen Dienst Busse/*Keukenschrijver*, PatG § 11 ArbNErfG Rn. 4 ff.; NK-ArbNErfG/*Schwab*, § 9 Rn. 15 ff.; Götting/Meyer/Vormbrock/*Wündisch*, Gewerblicher Rechtsschutz, § 16 Rn. 56 ff.

212 Hierzu NK-ArbNErfG/*Schwab*, § 20 Rn. 2 ff.; Götting/Meyer/Vormbrock/*Wündisch*, Gewerblicher Rechtsschutz, § 16 Rn. 90 ff.

213 Vgl. NK-ArbNErfG/*Schwab*, § 20 Rn. 4 f.; Götting/Meyer/Vormbrock/*Wündisch*, Gewerblicher Rechtsschutz, § 16 Rn. 96.

214 Eichmann/v. Falckenstein/*v. Falckenstein*, GeschmMG, § 7 Rn. 19.

215 Eichmann/v. Falckenstein/*v. Falckenstein*, GeschmMG, § 7 Rn. 26.

216 *Bartenbach/Volz*, ArbNErfG, § 1 Rn. 25; Busse/*Keukenschrijver*, PatG § 1 ArbNErfG Rn. 4; *Volmer*, GRUR 1978, 329, 334; *Schubert*, Arbeitnehmerähnliche Personen, 289 f.; a. A. *Gaul*, GRUR 1977, 686, 689; *ders.*, RdA 1982, 268, 274; NK-ArbNErfG/*Schwab*, § 1 Rn. 4; *Volmer/Gaul*, ArbNErfG, § 1 Rn. 59, 63 ff.

217 Vgl. *Bartenbach/Volz*, ArbNErfG, § 6 n.F Rn. 2; *Schubert*, Arbeitnehmerähnliche Personen, 290.

Vertragsschluss regeln, ob sie eine antizipierte Übertragung der entstandenen Immaterialgüterrechte vorsehen möchten oder nur eine schuldrechtliche Verpflichtung zu einer Übertragung.

Ohne eine explizite Regelung ist an dem in § 7 Abs. 1 DesignG oder § 6 PatentG geregeltem Erfinderprinzip festzuhalten, sodass Erfindungen des Unternehmensführers im Rahmen der Durchführung des Unternehmensführungsvertrags zunächst dem Unternehmensführer zustehen. Wenn beide Parteien an der Erfindung beteiligt sind, entsteht je nachdem, ob ein gemeinsamer Zweck mit der Erfindung verfolgt wurde eine Gesamthands- oder Bruchteilsgemeinschaft.[218] Die durch die Unternehmensführung erlangte Rechtsposition hätte der Unternehmensführer allerdings sowohl im Rahmen eines echten als auch eines unechten Unternehmensführungsvertrags nach §§ 675 Abs. 1, 667 BGB herauszugeben, wenn die Voraussetzungen gegeben sind. Im Rahmen eines echten Unternehmensführungsvertrags bietet es sich deshalb an das anmeldepflichtige Immaterialgut gleich auf den Namen des Eigentümerunternehmens anzumelden, da der Unternehmensführer in diesem Fall im Namen des Eigentümerunternehmens tätig ist. Bei einem unechten Unternehmensführungsvertrag wäre dann das Immaterialgut am Ende der Unternehmensführung herauszugeben. Freilich ist dann danach zu differenzieren, ob das Immaterialgut als Folge und nicht nur bei Gelegenheit des geführten Geschäfts entstanden ist.[219] Letztere Güter sind nicht von dem Herausgabeanspruch erfasst. Hingegen überobligatorische Leistungen sind von der Herausgabepflicht des § 667 BGB ohne Weiteres erfasst, solange ein innerer Zusammenhang zwischen dem geführten Geschäft und der erlangten Rechtsposition besteht.[220]

Eine Informationspflicht über ein entstandenes Immaterialgut, wie es im Rahmen eines Arbeitsverhältnisses im Anwendungsbereich des § 7 Abs. 2 DesignG aus Treu und Glauben im Sinne des § 242 BGB oder aus § 5 ArbNErfG hergeleitet wird, ergibt sich für den Unternehmensführer aus §§ 675 Abs. 1, 666 BGB.

Die Frage, ob eine gesonderte Vergütung für Erfindungen des Unternehmensführers zu zahlen ist, ist durch Vertragsauslegung zu ermitteln. Keine gesonderte Vergütung ist dem Unternehmensführer zu zahlen, wenn das entstandene Immaterialgut als ein Resultat des von dem Eigentümerunternehmen nach §§ 133, 157 BGB zu erwartenden Leistungsprogramms einzuordnen ist. Wenn die Erfindung des Unternehmensführers eine überobligatorische, nicht von dem Eigentümerunternehmen zu erwartende Leistung darstellt, dann ist hierfür eine angemessene Vergütung zu zahlen gem. § 612 Abs. 2 BGB. Es bietet sich an bei der konkreten Bestimmung der Vergütung auf die Richtlinie für die Vergütung von Arbeitnehmererfindungen im privaten Dienst zurückzugreifen.[221]

Im Bereich des UrhG steht das Urheberrecht als Immaterialgüterrecht nur seinem Schöpfer zu im Sinne der §§ 2, 7 UrhG und ist nicht übertragbar gem. § 29 UrhG.

---

218 Vgl. Eichmann/v. Falckenstein/*Eichmann*, GeschmMG, § 7 Rn. 12 f.

219 Vgl. hierzu *Seiler*, MüKo-BGB, § 667 Rn. 9; siehe auch 2. Kapitel § 2 B II.

220 *Seiler*, MüKo-BGB, § 667 Rn. 9.

221 Hierzu NK-ArbNErfG/*Schwab*, § 9 Rn. 15 ff.

Dennoch ist von den bereits gefundenen Ergebnissen keine Abweichung erforderlich. Statt des eigentlichen Immaterialguts wird ein Nutzungsrecht eingeräumt. Ein Anspruch auf Abtretung des Nutzungsrechts kann aus §§ 675 Abs. 1, 667 BGB bestehen. Die Sonderregelungen der §§ 43, 69b UrhG finden keine Anwendungen. Sie beschränken sich auf Arbeits- und Dienstverhältnisse. Wobei unter Dienstverhältnisse öffentlich rechtliche Dienst- und Treueverhältnisse von Beamten und Angestellten und Arbeitern des öffentlichen Dienstes verstanden wird.[222] Sie sind auch nicht entsprechend auf arbeitnehmerähnliche Personen anzuwenden.[223]

b) Überlassung von Marken

Neben der Überlassung von Patenten, Design, Gebrauchsmustern und der Nutzung eines Urheberrechts kann auch die Überlassung von Marken durch den Unternehmensführer infrage kommen.[224] Marken sind Zeichen nach § 3 MarkenG, die nach Maßgabe des § 4 MarkenG rechtlich geschützt sind. Auch hier ist wieder der echte Unternehmensführungsvertrag alleiniger Gegenstand der Betrachtung, da nur im Rahmen dieses Vertrags der Unternehmensführer das Unternehmen im fremden Namen führt. Auch für den Bereich etwaiger eingetragener Marken ist nur von einem schuldrechtlichen Nutzungsrecht des Eigentümerunternehmens auszugehen, wenn dies für die Unternehmensführung nach Maßgabe des Vertragszwecks zwingend erforderlich ist. Eine Markennutzung ist insbesondere dann gewollt, wenn mit dem Unternehmensführungsvertrag gerade der Anschluss an eine Kette verfolgt wird, indem mit einem einheitlichen Marktauftritt und einer streng verfolgten corporate identity wirtschaftliche Vorteile angestrebt werden.[225]

4. Zusammenfassung

Der Know-how-Transfer oder Erwerb zugunsten des Eigentümerunternehmens hängt von der konkreten Ausgestaltung und dem verfolgten Vertragszweck ab.[226] Dieser kann neben der Schulung und Einstellung von Mitarbeitern auch die Einräumung von Nutzungsrechten an gewerblichen Schutzrechten enthalten. Der

---

222 Begr. Reg. BT-Drs. 4/270 S. 62; Ges. Begr. BT-Drs 14/6433 S. 18; Fromm/Nordemann/*Nordemann*, UrhG, § 43 Rn. 11; Schricker/Loewenheim/*Rojahn*, UrhG, § 43 Rn. 10; *Schubert*, Arbeitnehmerähnliche Personen, 288; Spindler/Schuster/*Wiebe*, Elektronische Medien, § 43 UrhG Rn. 4; noch weitergehender auslegen und auf arbeitnehmerähnliche Personen erstrecken möchte BGH, Urt. v. 22.02.1974 – I ZR 128/72, GRUR 1974, 480, 481 f.

223 Instruktiv *Schubert*, Arbeitnehmerähnliche Personen, 288 f.

224 Vgl. *Joachim*, NZM 2001, 162, 165.

225 *Joachim*, NZM 2001, 163, 165; *Martinek*, Vertragstypen II, 281.

226 So kann der Know-How Erwerb auch gänzlich eine untergeordnete Rolle spielen und kaum von Bedeutung sein, *Abels*, Managementverträge, 35 f., 83, 96 f.

Unternehmensführungsvertrag kann somit durchaus Pflichten beinhalten, die für einen Know-how-Vertrag oder einen Franchisevertrag typisch sind.[227]

IV. Pflicht zur Beteiligung des Eigentümerunternehmens

Der Unternehmensführer hat das Eigentümerunternehmen je nach der Ausgestaltung des konkreten Unternehmensführungsvertrags an der Unternehmensführung zu beteiligen. Ergeben sich aus dem Vertragsverhältnis Zustimmungsvorbehalte, ist das Eigentümerunternehmen bei den betreffenden Rechtsgeschäften zu beteiligen. So besteht regelmäßig die Verpflichtung des Unternehmensführers zur Vorlage eines jährlichen Wirtschaftsplans, der der Zustimmung des Eigentümerunternehmens bedarf.[228] Auch bei einer weitestgehend weisungsfreien Unternehmensführung ist bei grundlegenden Entscheidungen das Eigentümerunternehmen zu beteiligen.[229] Dies ergibt sich aus dem treuhänderischen Charakter des Unternehmensführungsvertrags. Der Unternehmensführer muss die Unternehmensführung an dem Interesse des Eigentümerunternehmens ausrichten. Bei grundlegenden Entscheidungen trifft also den Unternehmensführer die Pflicht, das konkrete Interesse des Eigentümerunternehmens zu ermitteln. Ähnlich verhält es sich für die Prokura. Der Umfang der Vertretungsmacht einer erteilten Prokura erstreckt sich nicht auf Grundlagengeschäfte.[230] Die Begrenzung der Prokura entfaltet ihre Wirkung auch für das Außenverhältnis, sodass dem Unternehmensführer durchaus eine weitergehende Vollmacht eingeräumt werden kann. Selbst in solchen Fällen ist der Gedanke der gesetzlichen Beschränkung der Prokura auf die Treuepflicht des Unternehmensführers im Innenverhältnis zu spiegeln.

Die Beteiligung des Eigentümerunternehmens ergibt sich auch aus der Einordnung des Unternehmensführungsvertrags als Geschäftsbesorgungsvertrag. Schon der Umkehrschluss aus §§ 675 Abs. 1, 665 BGB und die treuhänderische Bindung des Unternehmensführers zeigen, dass dem Eigentümerunternehmen grundsätzlich ein Weisungsrecht zusteht.[231] Dieses Weisungsrecht ist zu trennen von einem Leistungsbestimmungsrecht im Sinne des § 315 BGB. Ein solches muss von den Parteien explizit vereinbart werden. Zwar kann diese Vereinbarung auch konkludent vorliegen, allerdings ist eine solche Annahme nur sehr restriktiv zu befürworten.[232] Auch wenn

---

227 Vgl. *Abels*, Managementverträge, 15 f.; *Joachim*, DWiR 1992, 397, 399; *Martinek*, Vertragstypen II, 281; Staudinger/*ders.*, BGB, § 675 Rn. B 145; *Riebel*, NZA 2010, 1145, 1146; *Windbichler*, ZIP 1987, 825, 827.

228 Vgl. *Abels*, Managementverträge, 253; *Joachim*, DWiR 1992, 397, 400.

229 Vgl. *Abels*, Managementverträge, 249.

230 Zur Qualifizierung von Geschäften als Grundlagengeschäfte, siehe *Krebs*, MüKo-HGB, § 49 Rn. 23 ff.; Oetker/*Schubert*, HGB, § 49 Rn. 13 ff.; E/BJ/S/*Weber*, HGB, § 49 Rn. 11 f.

231 Vgl. *Martinek*, Vertragstypen II, 289; *Mülbert*, Großkomm-AktG, 4. Aufl., § 292 Rn. 147; *Rieble*, NZA 2010, 1145, 1148; *Zöllner*, ZfA 1983, 93, 101.

232 Hierzu 2. Kapitel § 2 B I 4.

nach hier vertretener Ansicht das Weisungsrecht des Eigentümerunternehmens nicht als Leistungsbestimmungsrecht im Sinne des § 315 Abs. 1 BGB eingeordnet wird, darf das Weisungsrecht nicht grenzenlos ausgeübt werden.

Ebenso wie das Leistungsbestimmungsrecht ist die Weisung des Eigentümerunternehmens wie eine empfangsbedürftige Willenserklärung zu behandeln.[233] Damit ist eine Wirksamkeitskontrolle der Weisung möglich, die insbesondere darauf gerichtet ist, dass die zivilrechtlichen Außengrenzen der Privatautonomie (§§ 134, 138 BGB) eingehalten werden.[234] Für das Leistungsbestimmungsrecht sieht das Gesetz grundsätzlich noch eine Billigkeitskontrolle der Leistungsbestimmung nach § 315 Abs. 3 BGB vor.[235] Eine ähnliche Billigkeitskontrolle muss auch für die Ausübung des Weisungsrechts nach Maßgabe des Einzelfalls vorgesehen werden.[236]

Dabei ist allerdings zu beachten, dass der Unternehmensführungsvertrag als treuhänderischer Vertrag der Fremdinteressenwahrnehmung dient. Die Interessen des Unternehmensführers spielen im Rahmen der Unternehmensführungsentscheidungen nur eine untergeordnete Rolle. Der Maßstab der Billigkeitskontrolle muss deshalb gegenüber dem Maßstab des § 315 Abs. 3 BGB abgeschwächt sein.

Im Rahmen der Billigkeitskontrolle ist der Umstand zu berücksichtigen, ob ein echter oder unechter Unternehmensführungsvertrag vorliegt. Dies ergibt sich daraus, dass der Unternehmensführer bei einem unechten Unternehmensführungsvertrag im eigenen Namen handelt und damit das Insolvenzrisiko des Eigentümerunternehmens trägt.[237] Zusätzlich kann bei einem unechten Unternehmensführungsvertrag die konkrete Unternehmensführungstätigkeit in verstärktem Maße Einfluss auf den Goodwill des Unternehmensführers haben.

Dogmatisch bietet es sich an, die Billigkeitskontrolle als Ausprägung des Treuhandverhältnisses zwischen dem Unternehmensführer und dem Eigentümerunternehmen in § 242 BGB zu verwurzeln.[238] Das Eigentümerunternehmen darf nur Weisungen erteilen, die nicht auf sachfremden Erwägungen beruhen und dem Vertragszweck der Unternehmensführung dienen.[239] Eine weitere Grenze des Weisungsrechts ergibt sich aus dem Vertragsgegenstand. Der Unternehmensführer darf insofern nach § 242 BGB keine Weisungen erteilen, die Bereiche betreffen, die nicht vom dem Vertragsgegenstand der Unternehmensführung erfasst sind. Geht beispielsweise die Weisung über den Rahmen der vertraglich vereinbarten Leistung hinaus, so liegt keine Weisung, sondern ein Antrag auf eine Vertragsänderung

233 Zum Leistungsbestimmungsrecht Staudinger/*Rieble*, BGB, § 315 Rn. 282 ff.; zur Qualifizierung einer Weisung aus einem Auftragsverhältnis als empfangsbedürftige Willenserklärung *Seiler*, MüKo-BGB, § 665 Rn. 5.

234 Vgl. *Schubert*, Arbeitnehmerähnliche Personen, 269.

235 Hierzu Staudinger/*Rieble*, BGB, § 315 Rn. 299 ff.

236 Vgl. *Seiler*, MüKo, § 665 Rn. 12.

237 Zur Grundstruktur siehe 1. Kapitel § 5 A I.

238 So auch generell zum Auftragsrecht *Seiler*, MüKo-BGB, § 665 Rn. 12.

239 Sinngemäß zum Handelsvertreter *Ulmer*, Vertragshändler, 419.

vor.[240] Ebenso darf die Weisung nicht den Kernbereich der selbstständigen Tätigkeit des Unternehmensführers beeinträchtigen.[241] So darf das Eigentümerunternehmen keine Weisungen treffen die unmittelbaren Einfluss auf die Organisation des Unternehmensführers haben.[242] Der Unternehmensführer muss weiterhin Herr seines eigenen Unternehmens und unternehmerischen Risikos sein.

Vereinzelt besteht ein Interesse des Unternehmensführers an einer möglichst autonomen Unternehmensführung.[243] Dies drückt sich in der Einschränkung von Weisungsrechten des Eigentümerunternehmens aus. Wie noch im 3. Kapitel zu besprechen sein wird, sind solchen Einschränkungen schon aus gesellschaftsrechtlicher Sicht Grenzen gesetzt.

V. Instandhaltung und Investitionen

Die Überlassung des Unternehmens an den Unternehmensführer ist zeitlich limitiert. Es liegt im Interesse des Eigentümerunternehmens, dass dieser nach Beendigung des Vertragsverhältnisses das Unternehmen wieder eigenständig führen kann. Aus diesem Grund hat der Unternehmensführer im Rahmen seiner Tätigkeit erforderliche Instandhaltungsarbeiten und Investitionen zu veranlassen. Solche Maßnahmen können aus Sicht des Unternehmensführers unpopulär sein, wenn eine stark erfolgsbezogene Vergütung vereinbart wurde, die sich an dem Unternehmensgewinn orientiert. Hingegen kommt den Instandhaltungs- und Investitionsmaßnahmen eine besondere Bedeutung zu, wenn der Unternehmensführungsvertrag der Sanierung des Eigentümerunternehmens dient. Von Seiten der Literatur wird zu Recht empfohlen, Instandhaltungs- und Instandsetzungszyklen zu vereinbaren.[244] Sofern eine solche Vereinbarung nicht erfolgt ist, laufe das Eigentümerunternehmen Gefahr, dass der Unternehmensführer das Unternehmen zulasten der Nachhaltigkeit führt.[245]

Dieser Argumentation ist nur bedingt zu folgen. Der Führung eines Unternehmens ist auch ohne explizite Vereinbarung die Pflicht inhärent, das Unternehmen für die Dauer des Unternehmensführungsvertrags zu erhalten. Aus diesem Grund trifft den Unternehmensführer auch ohne eine explizite Regelung die Pflicht, zwingend erforderliche Instandsetzungs- und Erhaltungsarbeiten durchzuführen und darüber hinaus Maßnahmen zu treffen, die ein nachhaltiges gewinnorientiertes Wirtschaften auch für die Zukunft ermöglichen. Eine solche Pflicht lässt sich als Bestandteil der

---

240 Vgl. v. *Hoyningen-Huene*, MüKo-HGB, § 86 Rn. 13; *Schubert*, Arbeitnehmerähnliche Personen, 268.

241 Vgl. parallel zum Handelsvertreter BGH NJW 1966, 882, 883; *v. Hoyningen-Huene*, MüKo-HGB, § 86 Rn. 14; *Schubert*, Arbeitnehmerähnliche Persoenen, 268; *Ulmer*, Vertragshändler, 418 ff.

242 Vgl *Schubert*, Arbeitnehmerähnliche Personen, 268; *Ulmer*, Vertragshändler, 418 f.

243 *Abels*, Managementverträge, 147.

244 *Fenzl*, Betriebsführungsverträge, 35.

245 *Fenzl*, Betriebsführungsverträge, 35.

Hauptleistungspflicht der Unternehmensführung herleiten. Zu Konkretisierung des Maßstabs dieser Pflicht muss die hypothetische Perspektive des Eigentümerunternehmens eingenommen werden. So trifft den Unternehmensführer die Pflicht zur Durchführung von Instandhaltungs- und Investitionsmaßnahmen, wenn das Eigentümerunternehmen in der hypothetischen Situation des Unternehmensführers diese auch für erforderlich erachtet hätte.

VI. Personalleitung

Der Unternehmensführer übernimmt regelmäßig die Personalleitung für das betroffene Unternehmen oder den betroffenen Unternehmensteil. Bei der Personalleitung ist zu differenzieren. Teilweise wird durch den Unternehmensführer eigenes Personal eingesetzt. Dieser Einsatz kann dadurch erfolgen, dass das Personal direkt im Unternehmen eingesetzt wird (sog. „field staff").[246] Möglich ist jedoch auch, dass das Personal des Unternehmensführers nicht direkt in die operative Geschäftsführung einbezogen wird, sondern nur unterstützende Dienstleistungen erbringt, wie beispielsweise das Erstellen von Marktanalysen oder die Betreuung von Datenverarbeitungssystemen (sog. „home support staff").[247] Daneben soll auch die Leitung des vorhandenen Personals dem Unternehmensführer übertragen werden. Im Rahmen eines echten Unternehmensführungsvertrags ist die Leitung des lokalen Personals regelmäßig von der erteilten Vollmacht erfasst.[248] Der Unternehmensführer übt so das Direktionsrecht des Eigentümerunternehmens als Arbeitgeber aus.[249] Neben der schlichten Anleitung des Personals wird dem Unternehmensführer regelmäßig auch die Personalverwaltung übertragen. Neben der Personaladministration ist der Unternehmensführer dann auch für die Rekrutierung von neuem Personal und für die Personalentwicklung verantwortlich.[250] An dieser Mitwirkungskompetenz bei der Rekrutierung von Mitarbeitern hat der Unternehmensführer besonders dann großes Interesse, wenn seine Vergütung stark erfolgsbezogen ist, da der Erfolg der Unternehmensführung in direkter Verbindung mit dem eingesetzten Personal steht.[251]

§ 3. Nebenleistungs- und Nebenpflichten des Unternehmensführers

Neben der Hauptleistungspflicht der Unternehmensführung können den Unternehmensführer je nach Ausgestaltung des Unternehmensführungsvertrags

246 *Abels*, Managementverträge, 5, 350; *Martinek*, Vertragstypen II, 290; *Schlüter*, Managementverträge, 65.
247 *Martinek*, Vertragstypen II, 290; *Schlüter*, Managementverträge, 65.
248 *Rieble*, NZA 2010, 1145, 1146 f.
249 Ausführlich hierzu 4. Kapitel § 1.
250 *Abels*, Managementverträge, 354, 359 f.; *Martinek*, Vertragstypen II, 289, 291; *Schlüter*, Managementverträge, 64.
251 *Abels*, Managementverträge, 161 f., 359.

unterschiedliche Nebenleistungs- und Nebenpflichten treffen.[252] Als Beispiele sind hier die Informationspflichten sowie die Treuepflichten in Form des Wettbewerbsverbots und der Geheimhaltungspflicht des Unternehmensführers angeführt.

A) Informationspflichten

Die Informationspflichten des Unternehmensführers ergeben sich im Grunde schon aus der Einordnung des Unternehmensführungsvertrags als Geschäftsbesorgungsvertrag.[253] Mit dem Verweis des § 675 Abs. 1 BGB auf den § 666 BGB ergeben sich diese Pflichten aus dem Gesetz. Sie sind Ausdruck der treuhänderischen Prägung des Unternehmensführungsvertrags.[254] Die Informationspflichten des Unternehmensführers lassen sich in verschiedene Kategorien fassen. Es gibt anlassbezogene Auskunftspflichten, regelmäßige Auskunftspflichten und Duldungspflichten des Unternehmensführers bei der Einsicht des Eigentümerunternehmens in die Unternehmensbücher und weiteren Unterlagen.[255] Dazu existieren Rechenschaftspflichten, die nach der Durchführung einzelner Geschäftsführungsmaßnahmen virulent werden können.[256] Zu nennen sind auch noch die Benachrichtigungspflichten im Sinne des § 666 1. Alt. BGB.

Im Rahmen der regelmäßigen Auskunftspflichten werden beispielsweise bei so genannten „Jour Fixe Terminen" Auskünfte des Unternehmensführers über die aktuelle Lage des Unternehmens und die zukünftige Entwicklung gegeben.[257] Zu einem regelmäßigen Auskunftsrecht lassen sich auch Auskünfte zählen, die im Rahmen der Aufstellung des jährlichen Wirtschaftsplans erfolgen müssen, während im Rahmen der anlassbezogenen Auskunftspflichten Auskünfte über einen besonderen Geschäftsvorgang erfolgen. Als weitere Kategorisierung wird im Rahmen des § 666 BGB darauf abgestellt, wann eine Informationspflicht entsteht und welche Intensität sie hat.[258] So werden die Nachricht und die Auskunft vor der Vornahme einer Maßnahme erteilt, während die Rechenschaft für eine Maßnahme nach deren Beendigung erfolgt. Letztere dient also vor allem der reaktiven Kontrolle des Unternehmensführers.[259]

---

252 Vgl. *Abels*, Managementverträge, 367.

253 *Joachim*, DWiR 1992, 397, 400; *Martinek*, Vertragstypen II, 292; Staudinger/*ders.*, BGB, § 675 Rn. B 153; *Weißmüller*, BB 2000, 1949, 1954.

254 *Martinek*, Vertragstypen II, 292; Staudinger/*ders.*, BGB, § 675 Rn. B 153.

255 Vgl. *Fenzl*, Betriebsführungsverträge, 121 ff.

256 Vgl. *Abels*, Managementverträge, 95 f., der der Rechenschaftspflicht im Rahmen eines Unternehmensführungsvertrags besondere Bedeutung zumisst und diese als Hauptleistungspflicht des Unternehmensführungsvertrag qualifizieren möchte.

257 Vgl. *Fenzl*, Betriebsführungsverträge, 122; *ders.*, Der Konzern 2006, 18, 31; *Joachim*, DWiR 1992, 397, 400; Staudinger/*Martinek*, BGB, § 675 Rn. B 153; *Schlüter*, Managementverträge, 76.

258 *Seiler*, MüKo-BGB, § 666 Rn. 2.

259 *Fenzl*, Betriebsführugnsverträge, 123.

Die Nachricht und die Auskunftspflicht unterscheiden sich dadurch, dass die Nachricht ein unaufgefordertes Tätigwerden des Unternehmensführers voraussetzt, während die Auskunft ein Auskunftsverlangen des Unternehmensführers erfordert.[260] Wann man eine Information im Rahmen eines Unternehmensführungsvertrags als Nachricht einordnet und wann als Auskunft, ist eine Frage des Einzelfalls.[261] Dies lässt sich nur mit Blick auf den konkreten Unternehmensführungsvertrag und die Interessenlage der Parteien beantworten. Man wird jedoch sagen können, dass bei Geschäften, die für das Eigentümerunternehmen von erheblicher und grundlegender Bedeutung sind, eine Verpflichtung des Unternehmensführers zur unaufgeforderten Benachrichtigung besteht.[262] Ebenso besteht eine Benachrichtigungspflicht des Unternehmensführers bei einer mangelhaften Mitwirkungshandlung des Eigentümerunternehmens.[263] Drohen durch eine mangelhafte Mitwirkungshandlung Schäden zu entstehen, so muss der Unternehmensführer das Eigentümerunternehmen auf diesen Umstand hinweisen. Je stärker der Unternehmensführer an Weisungen oder auch Richtlinien der Unternehmensführung gebunden ist, desto stärker ist seine Informationspflicht.[264] Eine Informationspflicht des Unternehmensführers besteht beispielsweise, wenn nach seinem Kenntnisstand die Befolgung einer Weisung nachteilige Konsequenzen für das Eigentümerunternehmen hätte.[265] Gesetzlich ist dies in § 665 BGB verankert, auf den § 675 Abs. 1 BGB verweist. Der Umfang der Auskunfts- und Benachrichtigungspflicht muss sich daran orientieren, ob das Eigentümerunternehmen mit den vom Unternehmensführer vorgelegten Informationen in die Lage versetzt wird, sachgerechte Entscheidungen treffen zu können.[266] Die Grenzen der Informationspflichten des Unternehmensführers richten sich nach dem konkreten Vertragsgegenstand.[267] Zur Grenzziehung ist das besondere Informationsinteresse des Eigentümerunternehmens unter Berücksichtigung der Belastung des informationsverpflichteten Unternehmensführers heranzuziehen.[268]

Teilweise wird bei der inhaltlichen Bestimmung der Informationspflichten eine analoge Anwendung des § 90 AktG befürwortet.[269] § 90 AktG hat den Vorteil, dass dieser konkrete Informationspflichten und einen konkreten Zeitraum für die

---

260 Soergel/*Beuthien*, BGB, § 666 Rn. 1.

261 Vgl. BGH, Urt. v. 23.11.2004 – XI ZR 137/08, NJW 2005, 1113, 1114; Erman/*Berger*, BGB, § 666 Rn. 12; Soergel/*Beuthien*, BGB, § 666 Rn. 2; *Seiler*, MüKo-BGB, § 666 Rn. 5.

262 Vgl. *Joachim*, DWiR 1992, 397, 401.

263 *Abels*, Managementverträge, 102.

264 Vgl. *Seiler*, MüKo-BGB, § 666 Rn. 5.

265 Vgl. *Abels*, Managementverträge, 94; Staudinger/*Martinek*, BGB, § 675 Rn. A 44.

266 Vgl. *Heermann*, MüKo-BGB, § 666 Rn. 17; Staudinger/*Martinek*, BGB, § 666 Rn. 9; *Seiler*, MüKo-BGB, § 666 Rn. 5 ff.; *Zeiger*, Managementvertrag, 50.

267 *Fenzl*, Betriebsführungsverträge, 122; *Schlüter*, Managementverträge, 76.

268 Vgl. Staudinger/*Martinek*, BGB, § 666 Rn. 10; *Fenzl*, Betriebsführungsvertäge, 121.

269 *Fenzl*, Betriebsführungsverträge, 124; Spindler/Stilz/*Veil*, AkG, § 292 Rn. 57; zu diesem Gedanken *Veil*, Unternehmensverträge, 256, 294; ansatzweise auch *Weißmüller*, BB 2000, 1949, 1954.

Auskunftserteilung des Vorstands vorsieht. Es ist deshalb durchaus vorstellbar, dass die Parteien diesen als Vorlage bei der Vertragsgestaltung heranziehen. Eine pauschale analoge Anwendung ist jedoch abzulehnen. § 90 AktG sieht verschiedene Berichtspflichten des Vorstands vor. Er dient dazu, die Geschäftsführung und die Unternehmenspolitik des Vorstands für den Aufsichtsrat transparent zu machen.[270] Anders als der Unternehmensführer, führt der Vorstand das Unternehmen eigenständig. Der Unternehmensführer hat jedoch regelmäßig eine schwächere Position. Er ist von den Weisungen des Eigentümerunternehmens abhängig und somit besteht eher eine Vergleichbarkeit mit einem leitenden Angestellten. Ebenso kann der Unternehmensführer auch nur einzelne Unternehmensteile führen, während die Leitungspflicht des Vorstands sich auf das gesamte Unternehmen erstreckt. Die Stellung des Unternehmensführers ist deshalb nicht stets vergleichbar mit der Stellung des Vorstands. Sofern das Eigentümerunternehmen eine Aktiengesellschaft ist, ist der Vorstand dieser Gesellschaft selbst dem Aufsichtsrat zur Berichterstattung nach § 90 AktG verpflichtet. Um seiner Berichtspflicht nachzukommen, wird er regelmäßig Auskunft von dem Unternehmensführer verlangen. Aus diesem Grund ist eine analoge Anwendung des § 90 AktG nicht notwendig, da dieser eine mittelbare Wirkung für das Rechtsverhältnis zwischen dem Eigentümerunternehmen und dem Unternehmensführer entfaltet. Ähnlich verhält es sich für den Fall, dass das Eigentümerunternehmen eine GmbH ist. Hier stehen den Gesellschaftern nach § 51a GmbHG umfangreiche Informationsrechte gegenüber den Geschäftsführer zu. Zur Erfüllung des konkreten Informationsbegehrens muss das Eigentümerunternehmen dann die Information von dem Unternehmensführer anfordern im Sinne der §§ 675 Abs. 1, 666 BGB.

Ein klagbarer Anspruch auf Erfüllung einer Informationspflicht besteht nur bei Auskunfts- und Rechenschaftspflichten, während die Benachrichtigungspflicht eine reine Schutzpflicht darstellt.[271] Einem Anspruch auf Auskunft und Rechenschaft kann nicht ein Zurückbehaltungsrecht nach § 273 BGB entgegengehalten werden.[272] Etwas anderes gilt nur, wenn für die Auskunftserteilung Aufwendungen erforderlich sind, für die der Unternehmensführer nach § 669 BGB vorleistungspflichtig ist.[273]

Im Grundsatz stellt § 666 BGB dispositives Recht dar.[274] Dieser Dispositivität des § 666 BGB sind jedoch gerade bei treuhänderischen Verträgen Grenzen gesetzt.[275] Um die Grenzen der Dispositivität aufzuzeigen, ist auf die Bedeutung der Informationspflicht aus gesellschaftsrechtlicher Perspektive und aus der Perspektive unter dem Gesichtspunkt der Principal-Agent-Theorie einzugehen.

---

270 *Koch*, Hüffer AktG, § 90 Rn. 1; *Spindler*, MüKo-AktG, § 90 Rn. 1.

271 Soergel/*Beuthien*, BGB, § 666 Rn. 3; *Seiler*, MüKo-BGB, § 666 Rn. 13.

272 Soergel/*Beuthien*, BGB, § 666 Rn. 4; Staudinger/*Martinek*, BGB, § 666 Rn. 16; *Seiler*, MüKo-BGB, § 666 Rn. 3.

273 *Seiler*, MüKo-BGB, § 666 Rn. 3; a. A. Soergel/*Beuthien*, BGB, § 666 Rn. 4; Staudinger/*Martinek*, BGB, § 666 Rn. 16.

274 Soergel/*Beuthien*, BGB, § 666 Rn. 14; Staudinger/*Martinek*, BGB, § 666 Rn. 17; *Seiler*, MüKo-BGB, § 666 Rn. 18.

275 Krit. Staudinger/*Martinek*, BGB, § 666 Rn. 17.

I. *Informationspflichten aus einer gesellschaftsrechtlichen Perspektive*

Aus gesellschaftsrechtlicher Perspektive zeigt sich die besondere Bedeutung des Informationsrechts. Im Rahmen der gesellschaftsrechtlichen Zulässigkeit wurde das Weisungsrecht als maßgeblicher Indikator für den Eingriff in die Organisationsverfassung gewählt.[276] Die Ausübung dieses Weisungsrechts setzt jedoch voraus, dass der Vorstand des Eigentümerunternehmens hinreichend über die Verhältnisse im Unternehmen informiert wird. Eine Beschränkung der Informationsrechte hätte also zur Folge, dass die Funktion des Weisungsrechts ausgehöhlt werden würde und die Leitung bzw. die Leitungsorgane des Eigentümerunternehmens in ihrer Funktion beschränkt sind.

Auch bei einem einflussgeminderten und einflussfreien Unternehmensführungsvertrag kommt dem Informationsrecht eine große Bedeutung zu. Während bei einflussgeminderten Unternehmensführungsverträgen der Einfluss des Eigentümerunternehmens durch Zustimmungsvorbehalte teilweise abgesichert ist,[277] muss bei einem einflussfreien Unternehmensführungsvertrag der Einfluss des Eigentümerunternehmens durch eine strikte Bindung an Unternehmensführungsrichtlinien erfolgen.[278] Beide Mechanismen setzen eine hinreichende Kontrolle durch das Eigentümerunternehmen voraus.[279] Die Ausübung dieser Kontrolle ist von den zur Verfügung stehenden Informationen abhängig.[280] Ein Unternehmensführungsvertrag, bei dem die sich schon aus § 666 BGB ergebenden Informationsrechte beschnitten sind, stellt somit einen nicht zu rechtfertigenden Eingriff in die Organisationsverfassung der Gesellschaft dar. Eine entsprechende Vereinbarung wäre nach § 138 BGB nichtig und könnte im Sinne des § 139 BGB auch die Gesamtnichtigkeit des Vertrags bedeuten.[281]

II. *Informationspflichten unter dem Gesichtspunkt der Principal-Agent-Theorie*

Die in der Wirtschaftswissenschaft vertretene Principal-Agent-Theorie formuliert organisationsrechtliche Probleme als Problem asymmetrischer Informationsverteilung zwischen dem Auftragsgeber und dem Auftragsnehmer.[282] Der durch die Delegation erlangte Vorteil wird dabei in Relation zu seinen

---

276 Hierzu 3. Kapitel § 1 B III.

277 Zur Typenbildung und Zulässigkeit des einflussgeminderten Unternehmensführungsvertrag, vgl. 3. Kapitel § 1 B V; 3. Kapitel § 3 C II 1; 3. Kapitel § 4 B II.

278 Zur Typenbildung und Zulässigkeit des einflussfreien Unternehmensführungsvertrag, vgl. 3. Kapitel § 1 B IV; 3. Kapitel § 3 C III; 3. Kapitel § 4 B) II.

279 Wohl auch Spindler/Stilz/*Veil*, AktG, § 292 Rn. 57.

280 *Fenzl*, Betriebsführungsverträge, 121; *Fleischer*, ZIP 2003, 1, 9; Staudinger/*Martinek*, BGB, § 675 Rn. A 36; *Joachim*, DWiR 1992, 397, 401.

281 Hierzu 3. Kapitel § 6.

282 *Schreyjögg*, Organisation, 81.

Nachteilen gesetzt. Zu diesen Nachteilen gehören die „moral hazards", die sich dadurch auszeichnen, dass der Auftragnehmer opportunistisch handelt.[283] Dieser Gefahrenlage kann durch verschiedenen Mechanismen entgegen gewirkt werden. Zu diesen Mechanismen wird neben der Androhung von Sanktionen und der Schaffung eines Anreizsystems die Kontrolle durch ein Informationssystem hervorgehoben.[284]

Im Rahmen eines Unternehmensführungsvertrags wird der Unternehmensführer mit einer bedeutenden Aufgabe betraut. Es besteht dementsprechend ein hohes Interesse des Eigentümerunternehmens, die „moral hazards" gering zu halten. Aus diesem Grund wird zu Recht die Informationspflicht im Rahmen eines Unternehmensführungsvertrags als bedeutende Pflicht erachtet.[285] Die Informationspflicht des Eigentümerunternehmens dient beispielsweise neben der Kontrolle der Unternehmensführung durch den Unternehmensführer auch der Geltendmachung des Herausgabeanspruchs aus den §§ 675 Abs. 1, 667 BGB bzw. des Verzinsungsanspruchs aus § 668 BGB.[286] Nur auf einer hinreichenden Informationsbasis kann das Eigentümerunternehmen seinen Herausgabe- bzw. Verzinsungsanspruch gegenüber dem Unternehmensführer geltend machen. Die Informationspflichten nach § 666 BGB dürfen aufgrund der regelmäßig vorliegenden Bedeutung von Unternehmensführungsverträgen für das Eigentümerunternehmen nicht beschnitten werden.[287] Entsprechende Einschränkungen wären nach § 307 BGB bzw. § 138 BGB nichtig.

Um den Informationsfluss zu standardisieren bietet es sich an Jour Fixe Termine vorzusehen, bei denen vorher vereinbarte Informationen bereitgestellt werden. Darüber hinaus muss der Unternehmensführer jedoch für Informationen zu Verfügung stehen.

B) Treuepflichten

Der Unternehmensführungsvertrag wurde als Treuhand im weitesten Sinne eingeordnet. Aus dieser Einordnung ergibt sich, dass die Fremdinteressenwahrnehmung im Rahmen des Unternehmensführungsvertrags eine besondere Rolle spielt. Ebenso enthält der Unternehmensführungsvertrag kooperative Elemente. Im Einzelfall können sich so besondere Rücksichtsnahme- und Treuepflichten ergeben. Besonders hervorzuheben sind die Geheimhaltungspflichten, die Geschäftschancenlehre und das Wettbewerbsverbot.

---

283 *Schreyjögg*, Organisation, 81.

284 *Schreyjögg*, Organisation, 82.

285 *Abels*, Managementverträge, 95 f.; *Mülbert*, Großkomm-AktG, 4. Aufl., § 292 Rn. 154.

286 *Heermann*, MüKo-BGB, § 675 Rn. 17; Staudinger/*Martinek*, BGB, § 675 Rn. A 36.

287 Ebenso *Mülbert*, Großkomm-AktG, 4. Aufl., § 292 Rn. 154; vgl. *Seiler*, MüKo-BGB, § 666 Rn. 18, der von einer grundsätzlichen Disponibilität der Norm ausgeht, jedoch bei fremdnützigen Tätigkeiten sei ein Ausschluss regelmäßig nach § 307 Abs. 2 bzw. § 138 BGB nichtig.

I. Geheimhaltungspflichten

Im Rahmen eines Unternehmensführungsvertrags wird der Unternehmensführer in die Unternehmensorganisation eingegliedert. Auf diesem Wege erlangt der Unternehmensführer unter Umständen einen tiefen Einblick in strategisch wichtige Geschäftsfelder bzw. es wird der Zugriff auf sensible Informationen ermöglicht. Diesen Vorteil darf der Unternehmensführer nicht zugunsten eigener oder Drittinteressen nutzen. Eine solche Geheimhaltungspflicht kann explizit durch die Parteien vereinbart sein. Sofern dies nicht der Fall ist, lässt sich eine solche Pflicht aus der Treuepflicht des Unternehmensführers herleiten.[288] Das Eigentümerunternehmen hat regelmäßig ein starkes Interesse daran, dass sensible Interna nicht nach außen getragen werden. Aus Sicht des Unternehmensführers stellt dies ein erkennbares und nachvollziehbares Interesse des Eigentümerunternehmens dar. Auf der anderen Seite ist kein schützenswertes Interesse des Unternehmensführers an der Weitertragung intern erlangter Informationen ersichtlich.

Inhaltlich lässt sich die Verschwiegenheitspflicht an § 93 Abs. 1 S. 3 AktG anlehnen. Nach dieser Regelung müssen Vorstände über vertrauliche Angaben und Geheimnisse der Gesellschaft, die sie bei ihrer Tätigkeit in Erfahrung bringen, stillschweigen bewahren. Der Vorstand ist ebenso wie der Unternehmensführer im fremden Interesse tätig und erlangt bei seiner Tätigkeit geheimhaltungsbedürftige Informationen. Als Geheimnis werden Information eingeordnet, die entweder nicht offenkundig sind oder nach dem Willen der Gesellschaft nicht offenkundig werden sollen.[289] Vertrauliche Angaben sind Umstände die zwar kein Geheimnis sind, deren Verbreitung jedoch der Gesellschaft schaden würde.[290] Die Grenzen der Verschwiegenheitspflicht ist dort anzunehmen, wo eine gesetzliche Pflicht zur Offenlegung besteht,[291] die Offenlegung den Interessen des Prinzipals dient[292] oder die Geheimhaltung unzumutbar ist.[293] Letzteres ist nur ausnahmsweise der Fall, da dem Geheimhaltungsinteresse des Prinzipals grundsätzlich Vorrang zu gewähren ist. Beispiele für eine unzumutbare Geheimhaltungspflicht des Vorstands sind die Abwehr einer Abberufung oder eines Schadensersatzanspruches des Vorstands, wenn keine anderen Verteidigungsmöglichkeiten zur Verfügung stehen.[294]

---

288 *Abels*, Managementverträge, 91, 371; zur Herleitung einer Verschwiegenheitspflicht bei Organmitgliedern, *Weitnauer/Grob*, GWR 2014, 185, 186.

289 Hierzu Spindler/Stilz/*Fleischer*, AktG, § 93 Rn. 164 f.; *Spindler*, MüKo-AktG, § 93 Rn. 117.

290 Hierzu Spindler/Stilz/*Fleischer*, AktG, § 93 Rn. 165; *Spindler*, MüKo-AktG, § 93 Rn. 120.

291 Spindler/Stilz/*Fleischer*, AktG, § 93 Rn. 167; *Spindler*, MüKo-AktG, § 93 Rn. 129.

292 Spindler/Stilz/*Fleischer*, AktG, § 93 Rn. 169; *Spindler*, MüKo-AktG, § 93 Rn. 133.

293 Spindler/Stilz/*Fleischer*, AktG, § 93 Rn. 168; *Spindler*, MüKo-AktG, § 93 Rn. 133.

294 Spindler/Stilz/*Fleischer*, AktG, § 93 Rn. 168; *Spindler*, MüKo-AktG, § 93 Rn. 133.

Für die bei dem Unternehmensführer tätigen natürlichen Personen können zusätzlich strafbewehrte Verschwiegenheitspflichten aus § 14 Abs. 1 Nr. 2 WpHG oder § 17 UWG in Betracht kommen.

II. Geschäftschancenlehre

Die Geschäftschancenlehre hat ihren Ursprung im US-amerikanischen Recht[295] und hat sich auch in der deutschen Rechtsprechung[296] und Literatur[297] als Prinzip gefestigt. Im Deutschen Corporate Governance Kodex wurde dieses Prinzip in Ziff. 4.3.3 DCGK verankert. Nach diesem darf kein Vorstandsmitglied Geschäftschancen, die dem Unternehmen zustehen, für sich nutzen. Der BGH begründet dieses Prinzip darin, dass der Vorstand in allen Belangen, die das Interesse der Gesellschaft berühren, nicht seinen eigenen Vorteil im Auge haben darf, sondern zum Wohle der Gesellschaft handeln muss.[298] Die Geschäftschancenlehre wird deshalb nicht nur auf den Vorstand einer Aktiengesellschaft, sondern generell auf Organträger und Geschäftsführer angewandt.[299] Sie empfaltet ihren Schutz noch über die Beendigung der Organstellung hinaus.[300]

Die Geschäftschancenlehre hat die Funktion, der Gesellschaft ein Erstverwertungsrecht an einer Geschäftsgelegenheit zuzuordnen und den Organmitgliedern den eigenmächtigen Zugriff zu verweigern.[301] Eine der Gesellschaft zugeordnete Geschäftschance steht dieser zur Disposition. Sie kann diese deshalb zugunsten

---

295 Spindler/Stilz/*Fleischer*, AktG, § 93 Rn. 136; *ders.*, NZG 2013, 361.

296 BGH, Urt. v. 08.05.1967 – II ZR 126/65, WM 1967, 679; BGH, Urt. v. 23.09.1985 – II ZR 257/84, NJW 1986, 584, 585; BGH, Urt. v. 08.05.1989 – II ZR 229/88, NJW 1989, 2687 f.; BGH, Urt. v. 12.06.1989 – II ZR 334/87, WM 1989, 1335, 1339; BGH, Urt. v. 4.12.2012 – II ZR 159/10, NZG 2013, 216.

297 *Fleischer*, MüKo-GmbHG, § 43 Rn. 175 ff.; Spindler/Stilz/*ders.*, AktG, § 93 Rn. 136 ff.; *ders.*, NZG 2003, 985 ff.; *ders.*, NZG 2013, 361 ff.; *Schiessl*, GmbHR 1988, 53 ff.; Scholz/*Schneider*, GmbHG, § 43 Rn. 201 ff.; *Timm*, GmbHR 1981, 177 ff..

298 BGH, Urt. v. 08.05.1967 – II ZR 126/65, WM 1967, 679; BGH, Urt. v. 23.09.1985 – II ZR 257/84, NJW 1986, 584, 585; BGH, Urt. v. 12.06.1989 – II ZR 334/87, WM 1989, 1335, 1339.

299 Zur Anwendung auf eine GmbH *Fleischer*, MüKo-GmbHG, § 43 Rn. 175 ff.; Michalski/*Funke*, GmbHG, § 43 Rn. 248 ff.; *Merkt*, MüKo-GmbHG § 13 Rn. 279 ff.; *Schiessl*, GmbHR 1988, 53 ff.; Scholz/*Schneider*, GmbHG, § 43 Rn. 201 ff.; zur Anwendbarkeit auf eine Personengesellschaft BGH, Urt. v. 23.09.1985 – II ZR 257/84, NJW 1986, 584 ff.; BGH, Urt. v. 08.05.1989 – II ZR 229/88, NJW 1989, 2687 f.; BGH, Urt. v. 4.12.2012 – II ZR 159/10, NZG 2013, 216; *Fleischer*, NZG 2013, 361 ff.; *Schäfer*, MüKo-BGB, § 708 Rn. 18.

300 BGH WM 1977, 194; Spindler/Stilz/*Fleischer*, AktG, § 93 Rn. 150; Scholz/*Schneider*, GmbHG, § 43 Rn. 220.

301 Spindler/Stilz/*Fleischer*, AktG, § 93 Rn. 138; *ders.*, NZG 2003, 985, 986.

eines Organs freigeben.[302] Unter einer Geschäftschance sind nicht nur Erwerbsgelegenheiten, sondern auch Informationen erfasst.[303]

Für die konkrete Zuordnung werden Fallgruppen gebildet. So wird eine Geschäftschance der Gesellschaft zugeordnet, wenn diese sich hinreichend konkretisiert hat.[304] Dies ist beispielsweise der Fall, wenn die Gesellschaft schon einen Vertrag geschlossen hat, ihr ein Angebot unterbreitet wird oder die Gesellschaft sich in Vertragsverhandlungen befindet. Das Vorliegen einer Geschäftschance wird auch grundsätzlich nicht dadurch ausgeschlossen, dass der Gesellschaft gerade nötigen Finanzmittel fehlen.[305] Keine Geschäftschance der Gesellschaft liegt vor, wenn der Grundstein für die Geschäftschance vor der Gründung der Gesellschaft durch ein Organmitglied im eigenen Namen gelegt wurde.[306] Wurde die Geschäftschance nicht durch eine konkrete vertragliche Anbahnung initiiert, ist sie der Gesellschaft zuzuordnen, wenn sie in einem sachlichen Zusammenhang mit einem abstrakten Geschäftsfeld der Gesellschaft steht.[307]

Ein Verstoß gegen die Geschäftschancenlehre hat zur Folge, dass ohne einen speziellen Schadensnachweis die erlangten Vorteile über das Eintrittsrecht nach § 113 HGB, § 88 AktG analog abgeführt werden können.[308] Darüber hinaus können noch weitere Schadensersatzansprüche bestehen.[309]

Auf die Treuepflicht des Unternehmensführers lässt sich die Geschäftschancenlehre übertragen. Dies zeigt sich schon daraus, dass die Geschäftschancenlehre als Funktionsbedingung treuhänderischer Rechtsverhältnisse gesehen wird.[310] Es ist gerade der Fremdinteressenswahrnehmung und einer Geschäftsbesorgung inhärent,

302 Spindler/Stilz/*Fleischer*, AktG, § 93 Rn. 149; *ders.*, NZG 2013, 361, 365 f.; *Schiessl*, GmbHR 1988, 53, 55 f.; Scholz/*Schneider*, § 43 Rn. 210; *Timm*, GmbHR 1981, 177, 182 ff.

303 Hierzu Spindler/Stilz/*Fleischer*, AktG, § 93 Rn. 140 f.; Scholz/*Schneider*, GmbHG, § 43 Rn. 201.

304 Spindler/Stilz/*Fleischer*, AktG, § 93 Rn. 139; *ders.*, NZG 2003, 985, 986; *ders.*, NZG 2013, 361, 364; Michalski/*Funke*, GmbHG, § 43 Rn. 248 f.

305 BGH, Urt. v. 23.09.1985 – II ZR 257/84, NJW 1986, 584, 585; Spindler/Stilz/*Fleischer*, AktG, § 93 Rn. 145 f.; Scholz/*Schneider*, GmbHG, § 43 Rn. 208; a. A. *Merkt*, MüKo-GmbHG § 13 Rn. 281.

306 Spindler/Stilz/*Fleischer*, AktG, § 93 Rn. 141.

307 Vgl. BGH, Urt. v. 08.05.1967 – II ZR 126/65, WM 1967, 679; BGH, Urt. v. 08.05.1989 – II ZR 229/88, NJW 1989, 2687 f.; Spindler/Stilz/*Fleischer*, AktG, § 93 Rn. 142; *ders.*, NZG 2003, 985, 987; *ders.*, NZG 2013, 36,1, 363 f.; *Schiessl*, GmbHR 1988, 53, 54; Scholz/*Schneider*, GmbHG, § 43 Rn. 203 f.; a. A. wohl Michalski/*Funke*, GmbHG, § 43 Rn. 248.

308 *Fleischer*, NZG 2013, 361, 366, ohne die verkürzte Verjährung zu übernehmen; ebenso Scholz/*Schneider*, GmbHG, § 43 Rn. 209; *Schiessl*, GmbHR 1988, 53, 56; *Merkt*, MüKo-GmbHG § 13 Rn. 282.

309 Vgl. *Schiessl*, GmbHR 1988, 53, 56; Scholz/*Schneider*, GmbHG, § 43 Rn. 209.

310 Vgl. Spindler/Stilz/*Fleischer*, AktG, § 93 Rn. 138; *ders.*, NZG 2003, 985, 985 f.; *ders.*, NZG 2013, 361, 362.

dass Vorteile dieser Tätigkeit dem Prinzipal zustehen und ein Treuhänder seine Stellung nicht zum eigenen Interesse missbrauchen darf.

III. Wettbewerbsverbot

Je nach der Ausgestaltung und des Einsatzrahmens eines Unternehmensführungsvertrags hat der Unternehmensführer erheblichen Einfluss auf das Unternehmen der Eigentümergesellschaft. Gleichzeitig hat der Unternehmensführer unter Umständen leichten Zugang zu internen Informationen. Aus dieser Gefährdungslage ergibt sich ein grundsätzliches Interesse des Eigentümerunternehmens zur Vereinbarung eines vertragsbegleitenden Wettbewerbsverbots. Sofern ein solches Wettverbot von den Parteien nicht vereinbart wurde, kann dies aus der Treuepflicht des Unternehmensführers aus § 242 BGB hergeleitet werden.[311] Die Fremdinteressenwahrnehmungspflicht des Unternehmensführers führt dazu, dass die durch die Geschäftsführung notwendigerweise erlangten Informationen nicht gegen das Eigentümerunternehmen eingesetzt werden dürfen. Des Weiteren führt ein Wettbewerbsverbot dazu, das Missbrauchsrisiko im Sinne der Principal-Agent-Theorie zu senken. Ein Unternehmensführer, der im Wettbewerb zu dem Eigentümerunternehmen steht, wird eher zu opportunistischem Verhalten neigen als ein Unternehmensführer, der einem Wettbewerbsverbot unterliegt.

Problematisch ist allerdings, ob ein solches Wettbewerbsverbot unter kartellrechtlichen Gesichtspunkten zulässig ist. Zusätzlich stellt sich bei einem vereinbarten Wettbewerbsverbot die Frage, ob ein solches nach § 138 BGB bzw. § 307 BGB zulässig ist.

1. Verstoß gegen Art. 101 Abs. 1 AEUV

Nach Art. 101 Abs. 1 AEUV sind Vereinbarungen zwischen Unternehmen, die geeignet sind den Handel zwischen Mitgliedstaaten zu beschränken, indem sie den Wettbewerb verhindern, beschränken oder verfälschen, verboten. Eine solche verbotene Vereinbarung ist nach Art. 101 Abs. 2 AEUV nichtig. Legitimiert werden kann eine an sich wettbewerbsbeschränkende Abrede, wenn die Voraussetzungen des Art. 101 Abs. 3 AEUV gegeben sind. Schlüsseltatbestand des Art. 101 Abs. 1 AEUV ist die Wettbewerbsbeschränkung, die als Überbegriff der Tatbestandsmerkmale Verhinderung, Beschränkung oder Verfälschung des Wettbewerbs dient.[312]

Bei der Bestimmung des Begriffs der Wettbewerbsbeschränkung haben sich heute zwei grundlegende Konzepte herausgebildet.[313] Aus einer Perspektive knüpft die Wettbewerbsbeschränkung an einer Verengung der wirtschaftlichen

---

311 Vgl. *Abels*, Managementverträge, 91; zu der Herleitung von Wettbewerbsverboten von Organmitgliedern *Weitnauer/Grob*, GWR 2014, 185.

312 Immenga/Mestmäcker/*Emmerich*, EU-Wettbewerbsrecht, Art. 101 AEUV Rn. 106.

313 Immenga/Mestmäcker/*Emmerich*, EU-Wettbewerbsrecht, Art. 101 AEUV Rn. 107.

Handlungsfreiheit der in einem Markt tätigen Unternehmen an.[314] Als Alternative zu dieser Sichtweise wird vorgeschlagen, an die Handlungsfreiheit Dritter anzuknüpfen.[315] Hinter dieser Sichtweise findet sich die Argumentation, dass das Kartellrecht nicht die Wettbewerber schützen soll, sondern vor allem die durch den Wettbewerb begünstigten Dritten. In diese Richtung tendiert auch die Kommission, die die Wettbewerbsbeschränkung daran prüft, ob durch eine Abrede die Effizienz ökonomischer Prozesse und die Verbraucherwohlfahrt gemindert werden.[316] Die Rechtsprechung des EuGH lässt sich nicht eindeutig in eines dieser Konzepte einordnen.[317] So betont einerseits der EuGH, dass jedes Unternehmen selbstständig zu bestimmen habe, welche Politik im Rahmen des gemeinsamen Binnenmarktes verfolgt werden soll.[318] Ebenso betont er teilweise ausdrücklich die Bedeutung der wirtschaftlichen Handlungsfreiheit der Unternehmen.[319] Aus dieser Perspektive präferiert der EuGH also die Anknüpfung an die wirtschaftliche Handlungsfreiheit der Marktteilnehmer.[320] Andererseits wird von dem EuGH hervorgehoben, dass eine Maßnahme nicht abstrakt geprüft werden darf, sondern dass die Prüfung im Rahmen des Gesamtzusammenhangs unter Berücksichtigung des wirtschaftlichen

---

314 Hierzu vgl. Schulte/Just/*de Bronett*, KartellR, Art. 101 Rn. 45; Lange/Bunte/*Braun*, KartellR Bd. 2, Nach Art. 101 Rn. 7 ff.; AEUVImmenga/Mestmäcker/*Emmerich*, EU-Wettbewerbsrecht, Art. 101 AEUV Rn. 107; *Fuchs*, ZWeR 2007, 369, 371; Loewenheim/Meessen/Riesenkampff/*Gippini-Fournier/Mojzesowicz*, KartellR, Art. 81 Abs. 1 EG Rn. 3 f.; Lange/Bunte/*Hengst*, KartellR Bd. 2, Art. 101 Rn. 147; Wiedemann/*Lübbig*, Hdb KartellR, § 7 Rn. 21; *Mestmäcker/Schweitzer*, Wettbewerbsrecht, § 11 Rn. 6; *Molle*, Wettbewerbsverbote, 30 ff.; Wiedemann/ *Wiedemann*, Hdb KartellR, § 2 Rn. 3.

315 Hierzu vgl. Lange/Bunte/*Hengst*, KartellR Bd. 2, Art. 101 Rn. 147; *Mestmäcker/Schweitzer*, Wettbewerbsrecht, § 11 Rn. 6; Wiedemann/*Lübbig*, Hdb KartellR, § 7 Rn. 21; *Roth/Ackermann*, Frankfurter Kommentar, Grundfragen Art. 81 Abs. 1 EG (2009) Rn. 296; Wiedemann/ *Wiedemann*, Hdb KartellR, § 2 Rn. 3a.

316 Immenga/Mestmäcker/*Emmerich*, EU-Wettbewerbsrecht, Art. 101 AEUV Rn. 108, 115.

317 Vgl. *Molle*, Wettbewerbsverbote, 37.

318 EuGH 16.12.1975 Slg. 1975, I-1663 Rn. 173/174 (Suiker Unie / Kommission); 14.7.1981 Slg. 1981, I-2021 Rn. 14 (Züchner ./. Bayerische Vereinsbank); 28.4.1998 Slg. 1998, I-01983 Rn. 13 (Javico ./. Yves Saint Laurent Parfums); 23.11.2006 Slg. 2006, I-11125 Rn. 52 f. (ASNEF-EQUIFAX).

319 EuGH 28.4.1998 Slg. 1998, I-01983 Rn. 13 (Javico ./. Yves Saint Laurent Parfums); EuG 21.10.2003 Slg. 2003 II-04491 Rn. 100 (General Motors Nederland und Opel Nederland ./. Kommission).

320 Vgl. Lange/Bunte/*Braun*, KartellR Bd. 2, Nach Art. 101 Rn. 7 ff.; Wiedemann/ *Lübbig*, Hdb KartellR, § 7 Rn. 21; *Mestmäcker/Schweitzer*, Wettbewerbsrecht, § 11 Rn. 7.

Kontexts und der Zielsetzung der Maßnahme erfolgen muss.[321] So rücken auch die Interessen Dritter in die Prüfung einer Maßnahme ein.[322]

Es lässt sich also sagen, dass die Interessen Dritter für den EuGH eine wichtige Rolle spielen. Wenn der EuGH auch die Interessen Dritter bei der Prüfung einer Wettbewerbsbeschränkung berücksichtigt, dann stellt sich die Frage, ob wettbewerbsfördernde Maßnahmen bzw. zwingende Nebenabreden zu einer wettbewerbsfördernden oder wettbewerbsneutralen Maßnahme von dem Anwendungsbereich des Art. 101 Abs. 1 AEUV ausgeschlossen sind. Würde man dies bejahen, käme schon im Rahmen des Art. 101 Abs. 1 AEUV eine Abwägung der positiven und negativen Effekte einer Maßnahme in Betracht. Ein solcher Abwägungsvorgang wird in der Literatur auch unter dem Begriff „rule of reason" diskutiert.[323] Ob eine solche Abwägung möglich ist, hat der EuGH zumindest nicht eindeutig ausgeschlossen.[324] Für Wettbewerbsverbote im Rahmen eines Unternehmenskaufs hat der EuGH entschieden, dass solche Abreden nicht unter das Wettbewerbsverbot fallen, da sie für den Wettbewerb einen fördernden Charakter haben.[325] Sie müssen sich dabei strikt auf den Zweck begrenzen und für die Maßnahme erforderlich sein.[326] Damit ist nicht eindeutig, ob der EuGH bei einem Unternehmenskauf stets von einem wettbewerbsneutralen oder wettbewerbspositiven Geschäft ausgeht oder ob im Einzelfall eine wettbewerblich orientierte Abwägung der Vor- und Nachteile eines solchen Geschäfts erfolgen muss.[327]

Hinsichtlich einer solchen Abwägung im Tatbestand des Art. 101 Abs. 1 AEUV besteht jedoch Skepsis, weil ein Unterlaufen von Art. 101 Abs. 3 AEUV drohe.[328] Zu Recht wird jedoch in der jüngeren Zeit darauf hingewiesen, dass das grundsätzliche Verhältnis des Art. 101 Abs. 1 AEUV zu Art. 101 Abs. 3 AEUV neu überdacht werden muss.[329] Grund hierfür ist die geänderte Handhabe des Art. 101 Abs. 3 AEUV.

---

321 EuGH 19.02.2002 Slg. 2002, I-01577 Rn. 97 (Wouters); 18.07.2006 Slg. 2006, I-06991 Rn. 42 (Meca-Medina und Majcen ./. Kommission); die Entwicklung der Rechtsprechung bezogen auf die Berücksichtigung pro- und antikompetitiver Auswirkungen darstellend *Fuchs*, ZWeR 2007, 369, 376, 379 ff.

322 Vgl. *Fuchs*, ZWeR 2007, 369, 376 ff.; Wiedemann/*Lübbing*, Hdb KartellR, § 7 Rn. 21; *Molle*, Wettbewerbsverbote, 36 f.

323 *Casper*, Gesamtwürdigung, 51 ff.; *Fritzsche*, ZHR 160 (1996), 31, 47 f.; *Molle*, Wettbewerbsverbote, 43, 55; *Roth/Ackermann*, Frankfurter Kommentar, Grundfragen Art. 81 Abs. 1 EG (2009) Rn. 328, 358; ablehnend *Fuchs*, ZWeR 2007, 369, 379.

324 Vgl. EuGH 08.07.1999 Slg. 1999, I-04539 Rn. 133 (Montecatini ./. Kommission); *Dörmer*, Unternehmenspacht, 154; *Molle*, Wettbewerbsverbote, 56 f.; a. A. *Roth/Ackermann*, Frankfurter Kommentar, Grundfragen Art. 81 Abs. 1 EG (2009) Rn. 353.

325 EuGH 11.07.1985 Slg. 1985 I-2545 Rn. 19 (Remia ./. Kommission).

326 EuGH 11.07.1985 Slg. 1985 I-2545 Rn. 20 (Remia ./. Kommission).

327 *Dörmer*, Unternehmenspacht, 154.

328 EuG 23.10.2003 Slg. 2003 II-04652 Rn. 106 f. (Van den Bergh Foods ./. Kommission); Immenga/Mestmäcker/*Emmerich*, EU-Wettbewerbsrecht, Art. 101 AEUV Rn. 107; *Fuchs*, ZWeR 2007, 369, 379; hierzu auch Molle, Wettbewerbsverbote, 46 f.

329 *Dörmer*, Unternehmenspacht, 152 ff.; *Molle*, Wettbewerbsverbote, 52 ff.

Während die Verordnung VO (EG) Nr. 17/62 ein konstitutives Entscheidungserfordernis der Kommission für eine Freistellung nach Art. 101 Abs. 3 AEUV vorsah, statuiert die Verordnung VO (EG) 1/2003 eine Legalausnahme. Die Ausnahmevorschrift des Art. 101 Abs. 3 AEUV ist somit unmittelbar anwendbar. Das Konkurrenzproblem aufgrund des Entscheidungsmonopols der Kommission für Freistellungen nach Art. 101 Abs. 3 AEUV gegenüber nationalen Gerichten und Behörden hat sich damit relativiert. Der Argumentation, dass eine Abwägung positiver und negativer Effekte einer Maßnahme nicht im Tatbestand des Art. 101 Abs. 1 AEUV erfolgen dürfe, da ansonsten das Entscheidungsmonopol der Kommission unterlaufen werden würde,[330] ist somit die Grundlage entzogen.[331] Auch die Beweislastverteilung im Vergleich des Art. 101 Abs. 1 AEUV und Art. 101 Abs. 3 AEUV spricht nicht zwingend dafür, dass eine Abwägung der positiven und negativen Effekte nur im Rahmen des Art. 101 Abs. 3 AEUV erfolgen darf.[332] Nach Art. 2 der VO (EG) 1/2003 obliegt der Beweis einer Wettbewerbsbeschränkung der Partei, die sich auf den Kartellverstoß nach Art. 101 Abs. 1 AEUV beruft, während die von einem Kartellverstoß belastete Partei die Freistellung nach Art. 101 Abs. 3 AEUV beweisen muss. Sofern allerdings eine positive und negative Folgenabwägung schon im Rahmen des Art. 101 Abs. 1 AEUV zu befürworten ist, wird zutreffend vertreten, dass dann die Partei, die sich auf mögliche wettbewerbsrechtliche positive Effekte einer Maßnahme beruft, beweispflichtig ist.[333] Würde man hingegen wettbewerbsfördernde Aspekte erst im Rahmen des Art. 101 Abs. 3 AEUV berücksichtigen, dann müssen selbst bei einer wettbewerbsfördernden Maßnahme die weiteren Voraussetzungen des Art. 101 Abs. 3 AEUV vorliegen.[334] Es sprechen also mehrere Aspekte dafür, die Abwägung positiver und negativer Effekte schon im Rahmen des Art. 101 Abs. 1 AEUV zu befürworten.[335]

Allerdings wird auch auf anderem Wege versucht, den Tatbestand der wettbewerbsbeschränkenden Maßnahme zu konturieren. Die Kommission und auch das EuG lehnen eine Abwägung unter Berücksichtigung positiver Effekte ausdrücklich ab.[336] Dabei unterscheidet die Kommission eine wettbewerbsbeschränkende

---

330 Vgl. *Fritzsche*, ZHR 1960 (1996), 31, 32 f.; nähere Nachweise zu der nunmehr historisch gewordenen Diskussion bei *Säcker/Molle*, MüKo-Europäisches und Deutsches Wettbewerbsrecht, Art. 101 AEUV Rn. 88.

331 *Dörmer*, Unternehmenspacht, 153.

332 *Dörmer*, Unternehmenspacht, 153.

333 *Dörmer*, Unternehmenspacht, 152; *Molle*, Wettbewerbsverbote, 43; *Säcker/Molle*, MüKo Europäisches und Deutsches Wettbewerbsrecht, Art. 101 AEUV Rn. 90.

334 *Dörmer*, Unternehmenspacht, 153 f.; *Molle*, Wettbewerbsverbote, 44; *Säcker/Molle*, MüKo Europäisches und Deutsches Wettbewerbsrecht, Art. 101 AEUV Rn. 92.

335 *Dörmer*, Unternehmenspacht, 154; *Fritzsche*, ZHR 160 (1996), 31, 50; wohl auch Wiedemann/*Lübbing*, Hdb KartellR, § 7 Rn. 21; *Molle*, Wettbewerbsverbote, 43 ff., 48 f.

336 EuG 18.09.2001 Slg. 2001 II-02459 Rn. 72 (M6 u.a. ./. Kommission); 23.10.2003 Slg. 2003 II-04652 Rn. 106 f. (Van den Bergh Foods ./. Kommission); Leitlinien der Kommission zur Anwendung von Art. 81 Abs. 3 2004/C101/08 Rn. 30.

Maßnahme von einer Nebenabrede. Solche Nebenabreden fallen dementsprechend nicht unter den Tatbestand des Art. 101 Abs. 1 AEUV. Eine Nebenabrede bezweckt und bewirkt keine Wettbewerbsbeschränkung, sondern sie stellt eine für die Parteien erforderliche und angemessene Maßnahme als Annex zu einer wettbewerbsneutralen Maßnahme dar.[337] Die von dem EuG und der Kommission vertretene These kommt damit dem Ansatz der „ancillary restraints doctrine" als Gegenentwurf zur „rule of reason" nahe.[338] Der Ansatz zeigt jedoch unter Schutzgesichtspunkten erhebliche Schwächen, da so wettbewerbsbeschränkende Maßnahmen durch die Kopplung mit einer neutralen Maßnahme dem Anwendungsbereich des Art. 101 Abs. 1 AEUV entzogen werden könnte.[339] So könnten beispielsweise zwei Konkurrenten ein Wettbewerbsverbot vereinbaren, indem sie einen Unternehmensführungsvertrag vereinbaren, der ein Wettbewerbsverbot enthält. Als weiteres Beispiel für eine solche wettbewerbshindernde Gestaltung wird von *Dörmer* und *Säcker* die Kombination einer Übertragung des Kundenstamms mit einem Wettbewerbsverbot genannt.[340]

Trotz der von der Kommission vertretenen Dogmatik kam diese auch jüngst in dem Beschluss *Telefonica/Portugal Telecom* zu dem Ergebnis, dass das Wettbewerbsverbot im Rahmen eines Unternehmenskaufvertrags zwischen unmittelbaren Konkurrenten als unzulässige Wettbewerbsbeschränkung im Sinne des Art. 101 Abs. 1 AEUV zu sehen sei.[341] Der Sache nach prüft also die Kommission nicht nur die Notwendigwendigkeit der Wettbewerbsbeschränkung, sondern nimmt eine Gesamtabwägung vor.[342] Zusätzlich argumentiert die Kommission mit der fehlenden Erforderlichkeit des Wettbewerbsverbots[343]

Aus diesem Grund scheint ein Kombinationsmodell vorzugswürdig, indem zunächst eine Abwägung der positiven und der negativen wettbewerblichen Wirkungen einer Maßnahme erfolgt und bei einem positiven bzw. neutralen

---

337 Leitlinien der Kommission zur Anwendung von Art. 81 Abs. 3 2004/C101/08 Rn. 28 ff.; so auch *Fuchs*, ZWeR 2007, 369, 379.

338 Hierzu *Molle*, Wettbewerbsverbote, 65 ff.; *Roth/Ackermann*, Frankfurter Kommentar, Grundfragen Art. 81 Abs. 1 EG (2009) Rn. 355.

339 *Dörmer*, Unternehmenspacht, 155; ansatzweise Immenga/Mestmäcker/*Emmerich*, EU-Wettbewerbsrecht, Art. 101 AEUV Rn. 141; siehe auch Molle, Wettbewerbsverbote, 71, nach diesem bestehe bei der künstlichen Aufspaltung von Haupt- und Nebenabrede eine Gefahr der Manipulation.

340 *Dörmer*, Unternehmenspacht, 158; *Säcker/Dörmer*, RdE 2002, 161, 170. Ein ähnliches Bespiel bildet im deutschen Kartellrecht die Strohgäu-Wochenjournal Entscheidung (BGH 20.03.1984 KZR 11/83, juris). Im Rahmen dieser Entscheidung kam es im Instanzenzug zu Unstimmigkeiten, ob hier ein unzulässiges Wettbewerbsverbot vorliegt oder ein zulässiges vertragsbegleitendes Wettbewerbsverbot als Nebenabrede zur Veräußerung des Kundenstammes.

341 Beschluss Kommission 23.01.2013 Amtsblatt Nr. C 140 vom 18.05.2013 S. 11–13.

342 Beschluss Kommission 23.01.2013 Amtsblatt Nr. C 140 vom 18.05.2013 S. 12 Rn. 18.

343 Beschluss Kommission 23.01.2013 Amtsblatt Nr. C 140 vom 18.05.2013 S. 12 Rn. 19 ff.

Abwägungsergebnis ist nach der Erforderlichkeit der Maßnahme zu fragen.[344] Kritisch wird diesem Ansatz entgegengehalten, dass bei begleitenden Wettbewerbsverboten sich regelmäßig keine positive messbare Wirkung nachweisen lässt.[345] Zutreffend weist *Dörmer* darauf hin, dass an den Nachweis positiver wettbewerblicher Folgen keine hohen Anforderungen zu stellen sind.[346] Vielmehr ist anhand konkreter Fallgruppen individuell zu prüfen, was für Anforderungen an den positiven Nachweis zu stellen sind.[347]

Wie bei *Dörmer* im Rahmen der Untersuchung der Betriebspacht, lassen sich Fallkonstellationen bilden, die im Grundsatz auch auf den Unternehmensführungsvertrag zu übertragen sind.[348] Abzulehnen ist eine abstrakte Abwägung von wettbewerbsfördernden und wettbewerbshindernden Aspekten, nach der ein funktional notwendig begleitendes Wettbewerbsverbot „per se" zulässig ist.[349] Es genügt nach dieser Ansicht der Umstand, dass das Wettbewerbsverbot einem wettbewerbsfördernden Zweck dient.[350] Diese Ansicht ist zum einen aus den bereits schon angesprochenen Schutzgesichtspunkten problematisch, da die abstrakte Beurteilung und das Ergebnis eines „per se" zulässigen begleitenden Wettbewerbsverbots die Besonderheiten des Einzelfalls nicht berücksichtigen.[351] Ebenso spielt diese Auffassung eine Dominanz des Zweckes einer Maßnahme bei der Berücksichtigung wettbewerbsfördernder Handlungen für die Auslegung der Wettbewerbsbeschränkung im Sinne des Art. 101 Abs. 1 AEUV vor, obgleich der Zweck und die Folge eine Maßnahme bei der Auslegung gleichermaßen zu berücksichtigen sind.[352]

Ein Wettbewerbsverbot ist unproblematisch, wenn es vor dem Abschluss des Unternehmensführungsvertrags zumindest an einem potentiellen Wettbewerbsverhältnis mangelt. Durch ein Wettbewerbsverbot wird hier kein Wettbewerb unterbunden. Ebenso unproblematisch ist es, wenn der Unternehmensführer vor dem Abschluss des Unternehmensführungsvertrags nur die Möglichkeit hatte, einen Marktzugang zu erlangen. Auch in diesem Fall ändert der Unternehmensführungsvertrag die Marktsituation nicht. Etwas anderes lässt sich jedoch annehmen, wenn der Unternehmensführer vor dem Abschluss des Unternehmensführungsvertrags in einer Konkurrenz oder in einer potentiellen Konkurrenzsituation stand. Hier hat ein im Rahmen eines Unternehmensführungsvertrags vereinbartes Wettbewerbsverbot zur Folge, dass der Wettbewerbsdruck für das Eigentümerunternehmen gemindert wird. Es bedarf dann des Nachweises einer positiven Wirkung des Wettbewerbsverbots.

---

344 *Casper*, Gesamtwürdigung, 11 ff., 123 ff., 140 f.; *Dörmer*, Unternehmenspacht, 155 ff.
345 *Molle*, Wettbewerbsverbote, 58.
346 *Dörmer*, Unternehmenspacht, 157.
347 *Dörmer*, Unternehmenspacht, 156.
348 Vgl. *Dörmer*, Unternehmenspacht, 159.
349 In diesem Sinne aber *Molle*, Wettbewerbsverbote, 72 ff., 81, 92; *Säcker/Molle*, MüKo Europäisches und Deutsches Wettbewerbsrecht, Art. 101 AEUV Rn. 97, 111.
350 *Molle*, Wettbewerbsverbote, 82.
351 Ebenso *Dörmer*, Unternehmenspacht, 155 Fn. 879.
352 Vgl. *Dörmer*, Unternehmenspacht, 155 Rn. 879.

Die Anforderungen an den Nachweis richten sich nach dem vorliegenden Einzelfall. Denkbar ist ein solcher Nachweis bei einem Unternehmensführungsvertrag im Vorbereitungsstadium einer anstehenden fusionsrechtlich zulässigen Unternehmensveräußerung. In der Literatur wird jüngst vertreten, dass solche Wettbewerbsverbote zwischen unmittelbaren Konkurrenten grundsätzlich unzulässig sind.[353]

Der Unzulässigkeit eines Wettbewerbsverbots im Rahmen einer solchen Fallkonstellation kann auch nicht die zivilrechtliche Treuepflicht aus § 242 BGB entgegengehalten werden. Zwar kann aus der Treuepflicht des Unternehmensführers aus § 242 BGB eine Pflicht bestehen, nicht zu seinem Prinzipal in Wettbewerb zu treten. Allerdings verhält sich die Partei widersprüchlich, die sich auf ein Wettbewerbsverbot beruft, obwohl sie sehenden Auges mit einem Wettbewerber einen Unternehmensführungsvertrag abgeschlossen hat. Zusätzlich folgt schon aus dem europarechtlichen Effektivitätsgrundsatz, dass die Parteien sich nicht zulasten des hier unmittelbar anwendbaren Europarechts auf eine vertragsimmanente oder aus Treu und Glauben hergeleitete Pflicht berufen können. Ein grundsätzlicher Vorrang des Zivilrechts vor dem Wettbewerbsrecht ist nicht ersichtlich und würde auch dem Zweck des Wettbewerbsrechts entgegenstehen.

Selbst wenn das Wettbewerbsverbot im Rahmen eines Unternehmensführungsvertrags grundsätzlich geeignet ist gegen Art. 101 Abs. 1 AEUV zu verstoßen, bedarf es nach der Rechtsprechung des EuGH noch der Erfüllung des Spürbarkeitskriteriums.[354] Nach diesem liegt ein Verstoß gegen Art. 101 Abs. 1 AEUV nur vor, wenn die wettbewerbsbeschränkende Abrede einen spürbaren Effekt auf den Markt hat. In quantitativer Hinsicht wird als Richtwert ein betroffener Marktanteil von 5 % herangezogen.[355] Aber auch verschiedene qualitative Kriterien können ausschlaggebend für eine Spürbarkeit sein.[356]

Sofern das mit dem Unternehmensführungsvertrag verbundene Wettbewerbsverbot aufgrund der abwägenden Gesamtbetrachtung zulässig ist, ist zu fragen, ob dies auch für den konkreten Unternehmensführungsvertrag erforderlich ist. Dies ist der Fall, wenn die Durchführung des Unternehmensführungsvertrags ohne das Wettbewerbsverbot gefährdet wäre. Wie oben schon ausgeführt, ist ein solches Wettbewerbsverbot schon aufgrund der Principal-Agent-Problematik grundsätzlich als erforderlich anzusehen.

---

353 *Bernhard*, NJW 2013, 2785, 2786.

354 EuGH 09.07.1969 Slg. 1969, I-00295 S. 300 (Völk); siehe hierzu auch Immenga/Mestmäcker/*Emmerich*, EU-Wettbewerbsrecht, Art. 101 AEUV Rn. 142; *Fritzsche*, ZHR 160 (1996), 31, 36 f.; *Weitnauer/Grob*, GWR 2014, 185, 188; krit. *Fuchs*, ZWeR 2007, 369, 385 ff.

355 Immenga/Mestmäcker/*Emmerich*, EU-Wettbewerbsrecht, Art. 101 AEUV Rn. 146.

356 Vgl. Immenga/Mestmäcker/*Emmerich*, EU-Wettbewerbsrecht, Art. 101 AEUV Rn. 145 ff.

2. Verstoß gegen § 1 GWB

In der Vergangenheit wurde vor allem aus der Literatur der sogenannte Immanenzgedanken entwickelt.[357] Nach diesem sind von dem Kartellverbot Vereinbarungen oder nicht notwendige vereinbarte Nebenpflichten ausgenommen, die nach dem kartellrechtsneutralen Hauptzweck erforderlich erschienen.[358] In diesem Sinne wurde vertreten, was zivilrechtlich geboten sei, könne nicht kartellrechtlich verboten sein.[359] Vorzugswürdiger ist die Annahme, dass es mit dem wettbewerbsrechtlichen Grundgedanken nicht vereinbar ist, wenn sich das Kartellrecht nach der zivilrechtlichen Wertung richtet.[360] Die Wertungen für eine Ausnahme vom Tatbestand der Wettbewerbsbeschränkung müssen sich aus dem Kartellrecht selbst herleiten.[361] In diesem Sinne lässt sich eine Tatbestandsausnahme immer dann annehmen, wenn die wettbewerbsbeschränkende Abrede oder Nebenpflicht ein Teil einer Maßnahme ist, die wettbewerbsfördernd oder wettbewerbseröffnend ist.[362] Es ist also auch hier eine wettbewerbsrechtliche Gesamtbetrachtung durchzuführen.[363]

Auch die Rechtsprechung hat dem grundsätzlichen Vorrang des Zivilrechts vor dem Wettbewerbsrecht eine Absage erteilt.[364] Stattdessen wurden von der Rechtsprechung unterschiedliche Ansätze zur Restriktion des Tatbestands des § 1 GWB für begleitende Wettbewerbsverbote in Austauschverträgen vertreten.[365] Für das Vorliegen einer Wettbewerbsbeschränkung wurde in Abgrenzung zu den in den §§ 14 ff. GWB a. F. geregelten sonstigen wettbewerbsbeschränkenden Handlungen ein gesellschaftsähnlicher gemeinsamer Zweck der Parteien gefordert.[366] Dieses Kriterium wurde von der Rechtsprechung weiter aufgeweicht, indem anstelle des gemeinsamen Zwecks ein gleichlaufendes Interesse bzw. gleichgerichtetes Interesse gefordert wurde.[367]

---

357 Hierzu *Molle*, Wettbewerbsverbote, 92; Immenga/Mestmäcker/*Zimmer*, GWB, § 1 Rn. 148.

358 *Belge*, ZHR 143 (1979), 74, 90; *Steindorff*, BB 1977, 569, 570; *K. Schmidt*, Kartellverbot, 81 f.

359 *K. Schmidt*, Kartellverbot, 81.

360 *Möschel*, Wettbewerbsbeschränkungen, 134; *Schwarz*, Kartellvertrag, 147.

361 Lammel, AcP 189 (1989), 244, 275 f., 285; *K. Schmidt*, ZHR 149 (1985), 1, 11.

362 *Möschel*, Wettbewerbsbeschränkungen, 134; *Schwarz*, Kartellvertrag, 148.

363 *Lammel*, AcP 189 (1989), 244, 276 ff., 285, der diese Abwägungsentscheidung durch typisierte Fallgruppen konkretisiert; Schwarz, Kartellvertrag, 148.

364 BGH 06.12.1962 Z 38, 306, 311 ff.

365 Ausführlich zu der Entwicklung der Rechtsprechung *Dörmer*, Unternehmenspacht, 162 ff.; *Molle*, Wettbewerbsverbote, 95 ff., 99 ff.

366 Vgl. *Dörmer*, Unternehmenspacht, 162; *K. Schmidt*, ZHR 149 (1985), 1, 11; *Steindorff*, BB 1977, 569, 570.

367 BGH, Urt. v. 10.10.1974 – KZR 1/74, WuW/E, BGH 1332, BGH 1335; BGH, Urt. v. 24.02.1975 – KZR 5/74, WuW/E, BGH 1353, BGH 1355; BGH, Urt. v. 14.10.1976 – KZR 36/75, WuW/E, BGH 1458, BGH 1461.

Schließlich hat der BGH damit die Vorstellung von dem Erfordernis einer gesellschaftsähnlichen Bindung für den Tatbestand des § 1 GWB endgültig aufgegeben.[368] Gleichlaufende Interessen lagen deshalb nach diesem bereits dann vor, wenn trotz grundsätzlicher Interessenspluralität zumindest auch ein gleichlaufendes Interesse erkennbar war.[369] Auch das Kriterium des gleichlaufenden Interesses wurde später aufgegeben und stattdessen ein nach wertender wettbewerblicher Gesamtbetrachtung anzuerkennendes Interesse gefordert.[370] Das anzuerkennende Interesse ist nach dem BGH durch eine wertende Betrachtungsweise unter Berücksichtigung der Wirkung der vertraglichen Abrede auf den relevanten Markt zu ermitteln.[371] Sofern eine solche anzuerkennende Interessenlage nicht vorlag, war tatbestandlich eine Wettbewerbsbeschränkung im Sinne des § 1 GWB gegeben.

Auch diese Rechtsprechung hat der BGH vor dem Hintergrund der 7. GWB-Novelle und der damit verbundenen Angleichung des deutschen Kartellrechts an das europäische Kartellrecht aufgegeben.[372] Der Gesetzgeber hat mit dieser Novelle das Ziel verfolgt, das deutsche Kartellverbot materiell an das europäische Kartellverbot anzupassen.[373] Zur Auslegung des deutschen Kartellverbots werden deshalb europäische Vorgaben herangezogen.[374] Der BGH legt aus diesem Grund die vom EuGH verwendete Formel zugrunde, wonach wettbewerbsbeschränkende Nebenabreden nur dann von dem Tatbestand der Wettbewerbsbeschränkung erfasst werden, wenn sie nicht mit der Durchführung einer wettbewerbsbeschränkenden Hauptvereinbarung unmittelbar verbunden und notwendig sind.[375] Er übernimmt damit die Auslegung des EuG und die Leitlinien der Kommission, da er neben dem EuGH auch auf diese verweist.

Auch die Literatur verfolgt den Ansatz der Erforderlichkeitsprüfung von Wettbewerbsverboten.[376] Allerdings ist auch im Rahmen des nationalen Rechts, wie auch schon bereits im Rahmen des europäischen Kartellrechts besprochen, eine wettbewerbsorientierte Abwägung positiver und negativer wettbewerblicher Effekte im ersten Schritt, und eine anschließende Erforderlichkeitsprüfung im zweiten Schritt

368 BGH, Urt. v. 14.10.1976 – KZR 36/75, WuW/E, BGH 1458, BGH 1461.

369 BGH, Urt. v. 14.10.1976 – KZR 36/75, WuW/E, BGH 1458, BGH 1461.

370 BGH, Urt. v. 14.01.1997 – KZR 41/95, WuW/E, BGH 3115, BGH 3118; BGH, Urt. v. 14.01.1997 – KZR 35/95, WuW/E, BGH 3121, BGH 3125; BGH, Urt. v. 06.05.1997 – KZR 43/95, WuW/E, BGH 3137, BGH 3138.

371 BGH, Urt. v. 14.01.1997 – KZR 41/95, WuW/E, BGH 3115, BGH 3118; BGH, Urt. v. 14.01.1997 – KZR 35/95, WuW/E, BGH 3121, 3125.

372 BGH, Urt. v. 10.12.2008 – KZR 54/08, juris Rn. 16; *Dörmer*, Unternehmenspacht, 177.

373 Reg Begr. BT-Drs. 15/3640 S. 44.

374 BGH, Urt. v. 10.12.2008 – KZR 54/08, juris Rn. 17; *Dörmer*, Unternehmenspacht, 177; *Säcker*, MüKo Europäisches und Deutsches Wettbewerbsrecht, § 1 GWB Rn. 2.

375 BGH, Urt. v. 10.12.2008 – KZR 54/08, juris Rn. 17.

376 *Bernhard*, NJW 2013, 2785, 2787; Immenga/Mestmäcker/*Zimmer*, Wettbewerbsrecht GWB, § 1 Rn. 350.

zu befürworten.[377] So dient es dem effektiven Schutz des Wettbewerbs und beugt missbräuchlichen Gestaltungen vor, wenn im Einzellfall abgewogen wird, ob die mit dem Wettbewerbsverbot verbundene Maßnahme tatsächlich überwiegend positive Auswirkungen für den Wettbewerb beinhaltet. Auf den Unternehmensführungsvertrag bezogen muss also geprüft werden, ob der Unternehmensführer und das Eigentümerunternehmen vor dem Abschluss des Unternehmensführungsvertrags in einem tatsächlichen oder potentiellen Wettbewerbsverhältnis standen und ob der Abschluss eines Unternehmensführungsvertrags und ein damit verbundenes Wettbewerbsverbot den Wettbewerb fördert oder unterbindet.

3. Unzulässigkeit eines vereinbarten Wettbewerbsverbots nach § 138 BGB/§ 307 BGB

Ein vereinbartes Wettbewerbsverbot kann abgesehen von kartellrechtlichen Erwägungen auch nach § 138 Abs. 1 BGB bzw. nach § 307 Abs. 1 BGB nichtig sein. Im Rahmen der Argumentation wird dabei auf die grundrechtlich geschützte Berufsausübungsfreiheit abgestellt.[378] Die geschützte Berufsfreiheit ist nach verbreiteter Ansicht auch dann verletzt, wenn ein Kartellverstoß vorliegt.[379] Nach dem BGH ist eine Sittenwidrigkeit nach § 138 Abs. 1 BGB dann zu bejahen, wenn das Wettbewerbsverbot nicht notwendig erscheint, „um einen Vertragspartner vor einer illoyalen Verwertung der Erfolge seiner Arbeit durch den anderen Vertragspartner zu schützen."[380] Schließlich ist das Maß einer Freiheitsbeeinträchtigung mit den Schutzinteressen des Vertragspartners abzuwägen. Bei dieser Abwägung ist zu ermitteln, ob durch das Wettbewerbsverbot die Außengrenzen der Privatautonomie tangiert sind. Eine Karenzentschädigung kann einen Eingriff in die Berufsfreiheit erträglich machen und dazu führen, dass die Außengrenzen nicht berührt sind.[381] Solche Entschädigungen finden sich beispielsweise in dem § 74 Abs. 2 HGB. Die Wertung des § 74 Abs. 2 HGB ist jedoch insofern nicht verallgemeinerungsfähig, als dass stets eine Karenzentschädigung zu zahlen ist.[382] Ebenso regeln die §§ 74 ff. HGB die Fallkonstellation eines nachvertraglichen Wettbewerbsverbots.

---

377 Ebenso *Dörmer*, Unternehmenspacht, 177; für eine abstrakte Berücksichtigung wettbewerbsfördernder Aspekte *Molle*, Wettbewerbsverbote, 130.

378 *Armbrüster*, MüKo-BGB, § 138 Rn. 79.

379 Vgl. BGH, Urt. v. 31.05.2012 – I ZR 198/11, BeckRS 2012, 16974 Rn. 13; *Weitnauer/Grob*, GWR 2014, 185, 188; *Säcker*, MüKo Europäisches und Deutsches Wettbewerbsrecht, § 1 GWB Rn. 6 ff.

380 BGH, Urt. v. 10.12.2008 – KZR 54/08, juris Rn. 17.

381 *Armbrüster*, MüKo-BGB, § 138 Rn. 79; *Weitnauer/Grob*, GWR 2014, 185. 188.

382 Vgl. beispielsweise zur Karenzentschädigung eines Geschäftsführers *Jaeger*, MüKo-GmbHG, § 35 GmbHG Rn. 380; zur Ablehnung einer analogen Anwendung auf arbeitnehmerähnliche Personen, *Schubert*, Arbeitnehmerähnliche Personen, 537 f.

Der Vergleich mit den §§ 74 ff. HGB bedeutet nicht, dass der Unternehmensführer stets für ein ihm obliegendes Wettbewerbsverbot eine Entschädigung fordern kann. Vielmehr wird im Regelfall das Wettbewerbsverbot in der Vergütung inkludiert sein. Vergleicht man den Unternehmensführer mit andere Personengruppen, die fremde Interessen wahrnehmen, wie beispielsweise den Geschäftsführer einer GmbH[383] oder den Handelsvertreter,[384] dann lässt sich feststellen, dass diese grundsätzlich auch keine zusätzliche Entschädigung für ein Wettbewerbsverbot während der Vertragslaufzeit erhalten.

Die Grenzen des Wettbewerbsverbots orientiert sich für den GmbH Geschäftsführer an dem Geschäftsbereich der Gesellschaft und somit an dem Unternehmensgegenstand.[385] Eine entsprechende gesetzliche Regelung findet sich für Vorstandsmitglieder in § 88 Abs. 1 AktG.

Das Wettbewerbsverbot des Handelsvertreters bezieht sich sachlich auf alle Produkte, die aus Sicht eines potentiellen Kunden im Wettbewerb stehen könnten.[386] Das Wettbewerbsverbot umfasst dabei nicht nur Tätigkeiten bei der Herstellung von konkurrierenden Produkten, sondern auch den Vertrieb.[387] Ebenso lässt sich die Grenze auch für den Unternehmensführungsvertrag ziehen. Das Wettbewerbsverbot umfasst zunächst Tätigkeiten bei der Herstellung und den Vertrieb konkurrierender Produkte auf Sicht eines potentiellen Kunden. Der Unternehmensführer darf also nicht innerhalb des Geschäftsfeldes des Eigentümerunternehmens als Konkurrent auftreten oder anderen Konkurrenten Hilfe leisten.

Ein darüber hinaus gehendes vertragliches Wettbewerbsverbot ist nur unter Beachtung der schutzwürdigen Belange des Unternehmensführers zulässig. Aus diesem Grund sollte in diesem Fall eine zusätzliche Entschädigung für das Wettbewerbsverbot vereinbart werden, um das Nichtigkeitsverdikt des § 138 BGB zu vermeiden.[388]

---

383 Zum Wettbewerbsverbot des GmbH Geschäftsführers *Jaeger*, MüKo-GmbHG, § 35 Rn. 360 ff.; Michalski/*Lenz*, GmbHG, § 35 Rn. 131, der jedoch betont, dass ein übermäßig belastendes Wettbewerbsverbot durch eine Entschädigung kompensiert werden kann.

384 Zum Wettbewerbsverbot des Handelsvertreters Oetker/*Busche*, HGB, § 86 Rn. 24 ff.; *v. Hoyningen-Huene*, MüKo-HGB, § 86 Rn. 33 ff.

385 *Jaeger*, MüKo-GmbHG, § 35 Rn. 361.

386 Oetker/*Busche*, HGB, § 86 Rn. 25.

387 Zur Weite des Wettbewerbsverbots Oekter/*Busche*, HGB, § 86 Rn. 26; *v. Hoyningen-Huene*, MüKo-HGB, § 86 Rn. 33 ff.

388 Vgl. *Armbrüster*, MüKo-BGB, § 138 Rn. 79; zum Handelsvertreter v. Hoyningen-Huene, MüKo-HGB, § 86 Rn. 41; zum GmbH Gesellschafter Michalski/*Lenz*, GmbHG, § 35 Rn. 131.

§ 4. Zahlung des Unternehmensführungsentgelts als Hauptleistungspflicht des Eigentümerunternehmens

Die Hauptleistungspflicht des Eigentümerunternehmens stellt die Vergütung des Unternehmensführers dar. Auf diese Vergütung richtet sich das Hauptinteresse des Unternehmensführers.[389] Die Vergütung erfolgt nach dem zuvor vereinbarten Vergütungsmodell[390] und sie steht in einem Synallagma zu der Unternehmensführung.[391] Sofern die Höhe der Vergütung nicht explizit vereinbart wurde oder die entsprechende Regelung nichtig ist (ohne dass der Unternehmensführungsvertrag in Gänze gem. § 139 BGB nichtig ist), richtet sich die Vergütung je nach der Einordnung des Unternehmensführungsvertrags nach § 612 BGB bzw. § 632 BGB.

Bei der Ausgestaltung der Vergütung ist zu beachten, dass eine überhöhte oder sehr niedrige Vergütung zu Zweifeln führen kann, ob das Vertragsverhältnis tatsächlich als Unternehmensführungsvertrag einzuordnen ist. So ist dies dann nicht der Fall, wenn letztendlich das Unternehmen nicht mehr im Interesse des Eigentümerunternehmens, sondern im Interesse des Unternehmensführers geführt wird.[392] Würde das Unternehmen nicht mehr im Interesse des Eigentümerunternehmens, sondern im Interesse des Unternehmensführers geführt werden, bestünde ein atypischer Beherrschungsvertrag, für den die entsprechenden gesellschaftsrechtlichen Kautelen zu beachten sind.[393]

Liegt eine überhöhte Vergütung vor, dann sind die gesetzlichen Außengrenzen für die Vertragsgestaltung zu beachten. Für die Aktiengesellschaft und die SE ist hier insbesondere zu fragen, ob durch die überhöhte Vergütung gegen die §§ 57, 58 oder 60 AktG verstoßen wird, sofern der Unternehmensführer ein Aktionär ist. Ist dies der Fall, findet § 292 Abs. 3 AktG auf den Unternehmensführungsvertrag analoge Anwendung.[394] Das Gesellschaftsrecht sieht dementsprechend für den Fall einer Unternehmensführung durch einen Aktionär eine strengere Prüfung vor. Insbesondere hat die Rechtsprechung für die Betriebspacht eine Vermutung einer unangemessenen Vergütung aufgestellt, wenn der Pächter Mehrheitsaktionär ist und die Verpächterin ein günstigeres Angebot seitens eines Dritten ausgeschlagen hat.[395] Diese Vermutung lässt sich auf den Unternehmensführungsvertrag übertragen. Bei einer sehr niedrigen Vergütung oder unentgeltlichen Unternehmensführung kann sich der Vorwurf ergeben, dass eine steuerrechtlich relevante verdeckte

---

389 *Abels*, Mangementverträge, 158; *Martinek*, Vertragstypen II, 293.

390 Vgl. 1. Kapitel § 4 D.

391 *Abels*, Managementverträge, 70, 98; *Martinek*, Vertragstypen II, 293.

392 Zur Nutzung des Unternehmensführungsvertrags als Umgehungsinstrument zur Vermeidung eines Beherrschungsvertags, vgl. 3. Kapitel § 5.

393 Hierzu 3. Kapitel § 5 A.

394 Vgl. 3. Kapitel § 1 C III.

395 OLG Frankfurt a. M., Urt. v. 28.02.1973 – 13 U 2/72, AG 1973, 136, 137.

Gewinnausschüttung vorliegt, wenn das Eigentümerunternehmen Anteilseigener an dem Unternehmensführer ist.[396]

Wenn der Unternehmensführer ein Dritter ist, dann richtet sich die Kontrolle der Äquivalenz zwischen der Unternehmensführung und der Vergütung nach den allgemeinen Regeln. Bei einem Ungleichgewicht kommt dann die Anwendung der Grundsätze über den Missbrauch der Vertretungsmacht, sofern der Unternehmensführungsvertrag im Wege der Stellvertretung geschlossen wurde, wie auch eine Sittenwidrigkeit aus § 138 Abs. 1 BGB infrage. Wann ein solches Ungleichgewicht anzunehmen ist, und ob in diesem Fall die weiteren Vorraussetzungen für einen Missbrauch der Vertretungsmacht oder eine Sittenwidrigkeit nach § 138 BGB gegeben sind, lässt sich nur nach Maßgabe des Einzelfalls entscheiden.

§ 5. Vollmachtserteilung im Rahmen eines Unternehmensführungsvertrags

A) Die Vollmacht als eigenständiges Prüfungsobjekt

Ein wesentlicher Aspekt bei einem echten Unternehmensführungsvertrag ist die Vollmachtserteilung. Zum Teil wird in der Literatur die Zulässigkeit des gesamten Unternehmensführungsvertrags danach beurteilt, wie die Vollmacht des Unternehmensführers ausgestaltet ist.[397] Dabei sollen die maßgeblichen Kriterien die Dauer, die Widerruflichkeit und der Umfang sein.[398] In diesem Sinne wird vertreten, dass eine unwiderrufliche Generalvollmacht des Unternehmensführers unzulässig sei und deshalb auch der entsprechende Unternehmensführungsvertrag.[399] So wird davon ausgegangen, dass mit der Erteilung einer unwiderruflichen Generalvollmacht das Weisungsrecht des Eigentümerunternehmens gegenüber dem Unternehmensführer ausgeschlossen sei.[400] Die Argumentation stützt sich dabei auf die Unvereinbarkeit einer unwiderruflichen Generalvollmacht mit dem Prinzip der Privatautonomie.[401]

---

396 *Breuninger/Prinz*, JbFStR 1998/1999, 367, 372; *Forst/Hoffmann*, EStG 2005, 195, 197; *Hoffmann-Becking*, MünchHdbGes I, 1555; *Huber*, ZHR 152 (1988), 1, 5; Hopt/*Volhard*, Form, 670, 674.

397 Zur Diskussion *Altmeppen*, MüKo-AktG, § 292 Rn. 154; *Emmerich/Habersack*, Konzernrecht 9. Aufl., 226; *Huber*, ZHR 152 (1988), 1, 17; *Mülbert*, Großkomm-AktG, 4. Aufl., § 292 Rn. 150; *Loos*, BB 1963, 615, 617; *Veelken*, Betriebsführungsvertrag, 81.

398 *Veelken*, Betriebsführungsvertrag, 81.

399 *Altmeppen*, MüKo-AktG, § 292 Rn. 153; *Emmerich/Habersack*, Konzernrecht 9. Aufl., 226, die dann von einem Beherrschungsvertrag ausgehen; *Huber*, ZHR 152 (1988), 1, 17 f., 25; *Priester*, FS Hommelhoff, 875, 880.

400 *Altmeppen*, MüKo-AktG, § 292 Rn. 153; ähnlich auch *Huber*, der das Fehlen eines Weisungsrechts mit Erteilung einer unwiderruflichen Generalvollmacht gleichsetzt: *Huber*, ZHR 152 (1988), 1, 25.

401 Dieses Argument wird im Bezug auf natürliche Personen und Personengesellschaften verwendet. Hierzu *Altmeppen*, MüKo-AktG, § 292 Rn. 154; *Huber*,

Dabei wird auf eine restriktive Auffassung zu dem § 168 S. 2 BGB verwiesen, nach der nur eine unwiderrufliche Spezialvollmacht zulässig ist.[402] Zusätzlich wird auch auf *Flume* verwiesen,[403] der sinngemäß zum Ausdruck gebracht hat, dass niemand sich dazu verpflichten könne, alles zu tun, was ein anderer wolle.[404]

Zutreffend wird angemerkt, dass die Kontrolle der im Rahmen eines Unternehmensführungsvertrags erteilten Vollmacht an der mangelnden Unterscheidung zwischen Geschäftsführungsbefugnis und Vertretungsmacht krankt.[405] Aus einer Vollmachtserteilung kann nicht auf den Umfang der Geschäftsführungsbefugnis aus dem Unternehmensführungsvertrag geschlossen werden und in diesem Sinne ebenso auch nicht auf die Folgen des Unternehmensführungsvertrags für die Organisationsverfassung.[406] Darüber hinausgehend wird in der Literatur angeführt, dass der Umstand, dass eine unwiderrufliche Vollmacht erteilt wurde, nicht problematisch sei, da diese gem. § 168 S. 1 BGB mit dem zugrunde liegenden Unternehmensführungsvertrag verbunden ist.[407] Schließlich bleibe dem Eigentümerunternehmen ein außerordentliches Kündigungsrecht des Unternehmensführungsvertrags als auch ein außerordentliches Widerrufsrecht der Vollmacht.[408] Ebenso würde eine Überschreitung der im Innenverhältnis durch den Unternehmensführungsvertrag gesetzten Grenzen oder die Missachtung einer Weisung zu einem Schadensersatzanspruch des Eigentümerunternehmens führen.[409]

Zutreffend ist, dass zwischen dem Innen- und dem Außenverhältnis unterschieden werden muss, und dass aus einer Generalvollmacht noch nicht auf den internen Umfang der Geschäftsführungsbefugnis geschlossen werden kann. So könnte man auf den ersten Blick in der Tat annehmen, dass der Kontrollmaßstab sich nur nach dem Innenverhältnis richtet und die Prüfung der Vollmacht keine eigenständige Relevanz aufweist. Die Vollmacht ist abstrakt von dem zugrunde liegenden

---

ZHR 152, 1, 26; im Hinblick auf alle Gesellschaftsformen *Priester*, FS Hommelhoff, 875, 880.

402 *Huber*, ZHR 152 (1988), 1, 17.

403 *Huber*, ZHR 152 (1988), 1, 18; allerdings für die Aktiengesellschaft lehnt er diesen Grundsatz *Flumes* ab, *Huber*, ZHR 152 (1988), 1, 26.

404 *Flume*, Allgemeiner Teil II, 880.

405 In diese Richtung auch *Geßler*, FS Hefermehl, 263, 272; *Veelken*, Betriebsführungsvertrag, 84; a. A. *K. Schmidt*, FS Hoffmann-Becking, 1053, 1069, nach dem die intern zulässigen Befugnisse des Unternehmensführers sich auf die Zulässigkeit der Vollmacht spiegeln lassen.

406 So *Köhn*, Der Konzern 2011, 530, 544; *Veelken*, Betriebsführungsvertrag, 116.

407 *Veil*, Unternehmensverträge, 296.

408 Zu dem außerordentlichen Widerrufsrecht bei der Erteilung einer unwiderruflichen Vollmacht siehe: BGH, Urt. v. 26.02.1988 – VI ZR 185/87, NJW 1988, 2303; Soergel/*Leptien*, BGB, § 168 Rn. 26; Staudinger/*Schilken*, BGB, § 168 Rn. 14; *Veil*, Unternehmensverträge, 296 Fn. 76; *Westermann*, Vertragsfreiheit und Typengesetzlichkeit, 413; krit. gegenüber einer Widerruflichkeit einer unwiderruflichen Vollmacht aus wichtigem Grund ist *Flume*, Allgemeiner Teil II, 881.

409 *Veil*, Unternehmensverträge, 296.

Grundverhältnis.[410] Somit berührt eine unwirksame Generalvollmacht zunächst nicht den Unternehmensführungsvertrag als Schuldverhältnis. Allerdings ist anders zu urteilen, wenn sich aus dem Unternehmensführungsvertrag die schuldrechtliche Verpflichtung ergibt, eine Generalvollmacht zu erteilen. In diesem Fall ist nach § 139 BGB im Zweifel auch der Unternehmensführungsvertrag nichtig, sofern die Interessen der Parteien dafür sprechen, dass diese den Vertrag auch ohne die Verpflichtung zur Erteilung einer Generalvollmacht gewollt hätten. Selbst ohne die Verpflichtung aus dem Unternehmensführungsvertrag, eine bestimmte ausgestaltete Vollmacht zu erteilen, findet § 139 BGB Anwendung, sofern in der Vollmachtserteilung und in dem Unternehmensführungsvertrag ein einheitliches Rechtsgeschäft zu sehen ist.

Die Einheitlichkeit eines Rechtsgeschäfts bestimmt sich nach dem Einheitlichkeitswillen der Beteiligten und, sofern dieser zumindest nicht eindeutig vorhanden ist, nach dem objektiven Sinnzusammenhang.[411] Bei der Ermittlung dieses objektiven Sinnzusammenhangs stellen der wirtschaftliche und der rechtliche Zusammenhang wichtige Indizien dar.[412] Da dem Unternehmensführer das operative Geschäft mit dem Unternehmensführungsvertrag überlassen ist, ist es wirtschaftlich erforderlich, dass der Unternehmensführer auch im Außenverhältnis tätig werden kann. Für einen rechtlichen Zusammenhang ist zu fragen, ob die Rechtsgeschäfte so eng miteinander verknüpft sind, dass sie zusammen „stehen und fallen" sollen.[413]

Schon im Hinblick auf das Abstraktionsprinzip ist jedoch bei der Beurteilung eines konkreten Sachverhaltes eine restriktive Auslegung angebracht.[414] So lässt es sich nicht pauschal beurteilen, ob die Vollmacht und der Unternehmensführungsvertrag einheitliche Rechtsgeschäfte im Sinne des § 139 BGB darstellen. Im Gegenteil wird es regelmäßig im Interesse der Parteien sein, dass auch bei der Unwirksamkeit der Vollmacht die Wirksamkeit des Unternehmensführungsvertrags nicht berührt wird. Schließlich kann die Erteilung einer wirksamen Vollmacht noch mit wenig Aufwand nachgeholt werden. Trotz der Trennung zwischen dem Grundverhältnis und der Vollmacht sollte diese als eigenständiges Prüfungsobjekt nicht vernachlässigt werden. Der Vollmacht kommt eine besondere Bedeutung bei der Durchführung des Unternehmensführungsvertrags zu. Ebenso hat der Unternehmensführer ein erhebliches Interesse an der Frage, ob die Vollmacht besteht, in welchem Umfang die Vollmacht besteht und ob diese widerruflich ist. Bislang war die Diskussion um die im Rahmen eines Unternehmensführungsvertrag erteilte Vollmacht vor allem durch die beiden Extreme geprägt, die die Vollmacht als relevantes Prüfungsobjekt

---

410 *Huber*, ZHR 152 (1988), 123, 145; *Schramm*, MüKo-BGB, § 164 Rn. 97.

411 *Busche*, MüKo-BGB, § 139 Rn. 16; *Flume*, Allgemeiner Teil II, 571; Staudinger/*Roth*, BGB, § 139 Rn. 37.

412 *Busche*, MüKo-BGB, § 139 Rn. 18 f.; Staudinger/*Roth*, BGB, § 139 Rn. 45.

413 BGH, Urt. v. 24.09.1987 – VII ZR 306/86, Z 101, 393, 396; BGH, Urt. v. 08.10.1990 – VIII ZR 176/89, Z 112, 288, 293; BGH, Urt. v. 14.07.1994 – IX ZR 110/93, NJW 1994, 2885; *Busche*, MüKo-BGB, § 139 Rn. 19.

414 Vgl. *Busche*, MüKo-BGB, § 139 Rn. 19.

verneinen oder die Prüfung der Vollmacht unzulässigerweise mit dem Grundgeschäfts verknüpfen.[415]

B) Widerruflichkeit der Vollmacht

Ein beachtlicher Teil in der Literatur geht davon aus, dass die Erteilung einer unwiderruflichen Generalvollmacht durch das Eigentümerunternehmen unzulässig sei.[416] Für die Frage der Grenzen der Vollmachtsausgestaltung im Rahmen eines Unternehmensführungsvertrags sind die Aspekte der Widerruflichkeit und der Weite der Vollmacht differenziert zu betrachten. Dabei ist zunächst auf die Fragestellung einzugehen, inwiefern eine Vollmacht unwiderruflich erteilt werden kann. Aus dem § 168 S. 2 BGB ergibt sich, dass eine Vollmacht grundsätzlich frei widerruflich ist, und somit lässt sich aus dem Umkehrschluss das Ergebnis herleiten, dass die unwiderrufliche Vollmacht den Ausnahmefall darstellt.

Allerdings wird in der Literatur und Rechtsprechung die unwiderrufliche Vollmacht kritisch betrachtet.[417] Dabei wird argumentiert, dass sich durch eine unwiderrufliche Vollmacht der Vollmachtgeber völlig der Fremdbestimmung unterwerfe.[418] Eine unwiderrufliche Vollmacht werde demnach nur für zulässig erachtet, wenn es einen Rechtsgrund als Rechtfertigung für diese gibt.[419] Dabei ist der Rechtsgrund jedoch so zu verstehen, dass nicht nur ein schlichtes Kausalverhältnis

---

415 Für die Unbeachtlichkeit der Vollmacht als Prüfungsmaßstab der Zulässigkeit von Unternehmensführungsverträgen sind: *Köhn*, Der Konzern 2011, 530, 544; *Veelken*, Betriebsführungsvertrag, 80 ff.; *Veil*, Unternehmensverträge, 295 f. Für die Beachtlichkeit, allerdings ohne auf das Verhältnis zwischen der Vollmacht und dem Unternehmensführungsvertrag differenzierend hinzuweisen, sind: *Altmeppen*, MüKo-AktG, § 292 Rn. 153; *Fenzl*, Betriebsführungsverträge, 39; *Huber*, ZHR 152 (1988), 1, 17, 25; *Mülbert*, Großkomm-AktG, 4. Aufl., § 292 Rn. 150.

416 *Altmeppen*, MüKo-AktG, § 292 Rn. 153; *Emmerich/Habersack*, Konzernrecht 9. Aufl., 226; *Huber*, ZHR 142 (1988), 1, 24 ff, der allerdings die unwiderrufliche Generalvollmacht bei dem Vorliegen eines Beherrschungsverhältnisses für zulässig hält; *Loos*, BB 1963, 615, 616; *Mülbert*, Großkomm-AktG, 4. Aufl., § 292 Rn. 150; *Priester*, FS Hommelhoff, 875, 880; zu der Diskussion, allerdings ohne selbst Stellung zu beziehen *Veelken*, Betriebsführungsvertrag, 80 f.

417 Vgl. BGH, Urt. v. 10.11.1951 – II ZR 111/50, Z 3, 354, 358 f.; BGH, Urt. v. 13.05.1971 – VII ZR 310/69, WM 1971, 956 f.; BGH, Urt. v. 26.02.1988 – V ZR 231/86, NJW 1988, 2603 f.; *Flume*, Allgemeiner Teil II, 876 ff.; Soergel/*Leptien*, BGB, § 168 Rn. 22; Erman/*Maier-Raimer*, BGB, § 168 Rn. 15 ff.; Staudinger/*Schilken*, BGB, § 168 Rn. 8; *Schramm*, MüKo-BGB, § 168 Rn. 21.

418 *Flume*, Allgemeiner Teil II, 876 ff.; Erman/*Maier-Raimer*, BGB, § 168 Rn. 15; Staudinger/*Schilken*, BGB, § 168 Rn. 8; *Schramm*, MüKo-BGB, § 168 Rn. 21.

419 BGH, Urt. v. 26.02.1988 – V ZR 231/86, NJW 1988, 2603, 2604; BayObLG, Beschl. v. 14.03.1996 – 2Z BR 121/95, NJW-RR 1996, 848, 849; Erman/*Maier-Reimer*, BGB, § 168 Rn. 16; *Schramm*, MüKo-BGB, § 168 Rn. 21; *Schramm/Dauber*, BankRHdb I, § 32 Rn. 15.

für die Vollmacht besteht, sondern dass sich insbesondere aus dem Kausalverhältnis ein rechtfertigendes Interesse an einer unwiderruflichen Vollmacht herleiten lassen muss. Dieses ist allerdings immer dann nicht gegeben, wenn die Vollmacht ausschließlich dem Interesse des Vollmachtgebers dient.[420] Besteht ein Interesse des Bevollmächtigten an der Unwiderruflichkeit der Vollmacht, dann muss dieses Interesse zumindest gleichwertig zu dem Interesse des Vollmachtgebers an einer widerruflichen Vollmacht sein.[421] Im Rahmen der Interessenabwägung ist dann auch das der Vollmacht zugrunde liegende Grundverhältnis heranzuziehen.[422]

Anerkannt ist auch, dass eine unwiderrufliche Vollmacht aus wichtigem Grund stets widerrufen werden kann.[423] Zusätzlich ist bei der Interessenabwägung zu beachten, dass bei einer unwiderruflichen Vollmacht der Bevollmächtigte zwar eine stärkere Stellung erhält, er aber dennoch an den Inhalt der Vollmacht gebunden ist. Ebenso behält der Vollmachtgeber zumindest rechtlich die Möglichkeit konkurrierende Rechtsakte vorzunehmen.[424] Aus diesen Umständen wird in der Literatur geschlussfolgert, dass bei der Interessensbewertung ein großzügiger Maßstab anzulegen, und ein kleinlicher und rechnerischer Maßstab zu vermeiden sei.[425]

---

420 BGH, Urt. v. 10.11.1951 – II ZR 111/50, Z 3, 354, 358; BGH, Urt. v. 13.05.1971 – VII ZR 310/69, WM 1971, 956 f.; BGH, Urt. v. 26.02.1988 – V ZR 231/86, NJW 1988, 2603; BGH, Urt. v. 13.12.1990 – III ZR 333/89, NJW-RR 1991, 439, 441; Soergel/*Leptien*, BGB, § 168 Rn. 22; Staudinger/*Schilken*, BGB, § 168 Rn. 8; *Schramm*, MüKo-BGB, § 168 Rn. 21; *Tempel*, Grundlagen des Vertrags- und Schuldrechts, 238.

421 RG, Urt. v. 28.06.1902 – I 86/02, Z 52, 96, 99; RG, Urt. v. 13.12.1924 – V 665/23, Z 109, 331, 333; BGH, Urt. v. 13.11.1964 – V ZR 179/62, WM 1965, 107; BGH, Urt. v. 13.05.1971 – VII ZR 310/69, WM 1971, 956, 957; BayObLG, Beschl. v. 14.03.1996 – 2Z BR 121/95, NJW-RR 1996, 848, 849; Soergel/*Leptien*, BGB, § 168 Rn. 22; Erman/*Maier-Reimer*, BGB, § 168 Rn. 16; Staudinger/*Schilken*, BGB, § 168 Rn. 8; *Schramm*, MüKo-BGB, § 168, 24. Weiter gehender ist *Bork*, AT, S. 586 f. Rn. 1509: Nach diesem bedürfe es keines rechtfertigenden Interesses, sondern es genüge der Parteiwille. Weiter einschränkend *Flume* und *Pawlowski*, die einen Anspruch des Bevollmächtigten auf die Vornahme des Vertretergeschäfts fordern für die Erteilung einer unwiderruflichen Vollmacht: *Flume*, Allgemeiner Teil II, 879; *Pawlowski*, AT, 382 Rn. 762 ff. Kritisch im Hinblick auf die Rechtssicherheit bei der Interessenabwägung NK-BGB/*Ackermann*, § 168 Rn. 11.

422 Soergel/*Leptien*, BGB, § 168 Rn. 22; Staudinger/*Schilken*, BGB, § 168 Rn. 12.

423 BGH, Urt. v. 12.05.1969 – VII ZR 15/69, WM 1969, 1009; BGH, Urt. v. 26.02.1988 – V ZR 231/86, NJW 1988, 2603; BGH, Beschl. v. 10.09.1997 – VIII ARZ 1/97, NJW 1997, 3437, 3440; NK-BGB/*Ackermann*, § 168 Rn. 13; Bamberger/Roth/*Valenthin*, BGB, § 168 Rn. 26; Soergel/*Leptien*, BGB, § 168, Rn. 26; Erman/*Maier-Reimer*, BGB, § 168 Rn. 18; Staudinger/*Schilken*, BGB, § 168 Rn. 14; *Schramm*, MüKo-BGB, § 168 Rn. 28; Oetker/*Schubert*, HGB, § 54 Rn. 45; *Tempel*, Grundlagen des Vertrags- und Schuldrechts, 239; E/B/J/S/ *Weber*, HGB, § 54 Rn. 30.

424 NK-BGB/*Ackermann*, § 168 Rn. 13; Soergel/*Leptien*, BGB, § 168 Rn. 22; Staudinger/*Schilken*, BGB, § 168 Rn. 13.

425 Soergel/*Leptien*, BGB, § 168 Rn. 22.

Dieser Argumentation ist im Grunde zuzustimmen. Es überzeugt allerdings nicht, dass sich der Vollmachtgeber durch die unwiderrufliche Vollmacht der völligen Fremdbestimmung unterwerfe, da der Vertretene durch die Bevollmächtigung nicht von dem Rechtsverkehr ausgeschlossen wird. Zusätzlich bestehen oftmals aus dem Innenverhältnis zwischen Vollmachtgeber und Vollmachtnehmer Weisungsrechte. Zugegebenermaßen liegt zumindest eine abstrakte Gefährdungslage für die Privatautonomie des Vollmachtgebers durch die Erteilung einer unwiderruflichen Vollmacht vor. Der Vollmachtgeber geht mit der Erteilung die abstrakte Gefahr ein, mit für ihn unerwünschten Rechtsgeschäften belastet zu werden. Von dieser abstrakten Gefährdungslage muss sich der Vollmachtgeber grundsätzlich lösen können. Aus diesem Grund bedarf es einer rechtfertigenden Interessenlage für eine unwiderrufliche Vollmacht. Eine solche ist zu verneinen, wenn die Vollmacht allein oder überwiegend dem Interesse des Vollmachtgebers dient.

Als weiterer Aspekt gegen eine Unwiderruflichkeit einer Vollmacht wird speziell bei der Erteilung einer Vollmacht durch eine juristische Person die Stellung der Organe in den Fokus genommen. Hier wird der Umstand diskutiert, dass Organmitglieder, die selbst nur eine widerrufliche Stellung innehaben, eine unwiderrufliche Vollmacht vereinbaren dürften.[426] Allerdings wird dieser Diskussion zu Recht entgegengehalten, dass nicht der Umstand der Unwiderruflichkeit im Hinblick auf die Organstellung der problematische Aspekt sei, sondern der Konflikt der Weite der Vollmacht mit den organschaftlichen Vertretungsverhältnissen der juristischen Person.[427]

Der Unternehmensführungsvertrag lässt sich als Geschäftsbesorgungsvertrag[428] und auch als Treuhand qualifizieren.[429] So zeichnet sich dieser durch seine Fremdinteressenwarnungspflicht aus. Festzuhalten ist deshalb, dass die Vollmacht zunächst primär den Interessen des Eigentümerunternehmens dient. Allerdings kann in dem Unternehmensführungsvertrag ein erfolgsbezogenes oder ein gemischtes Vergütungssystem vereinbart worden sein.[430] Das aus dem vertraglichen Vergütungssystem resultierende Interesse ist allein jedoch nur ein schwacher Aspekt, der in die Interessenabwägung einzustellen ist.[431] Zuzugeben ist jedoch auch, dass zumindest für den echten Unternehmensführungsvertrag die Vollmacht bei der

---

426 Für die grundsätzliche Zulässigkeit: Soergel/*Leptien*, BGB, § 168 Rn. 24; Staudinger/*Schilken*, BGB, § 168 Rn. 9; *Schramm*, MüKo-BGB, § 168 Rn. 26. Gegen die Zulässigkeit: *Tempel*, Grundlagen des Vertrags- und Schuldrechts, 239.

427 NK-BGB/*Ackermann*, § 168 Rn. 10; *Flume*, Allgemeiner Teil II, 883 Fn. 32; Soergel/*Leptien*, BGB, § 168 Rn. 24; Erman/*Maier-Reimer*, BGB, § 168 Rn. 16; Staudinger/*Schilken*, BGB, § 168 Rn. 9; *Schramm*, MüKo-BGB, § 168 Rn. 26.

428 Vgl. 1. Kapitel § 5 B II 2 d.

429 Vgl. 1. Kapitel § 5 B I 1 b dd.

430 Vgl. 1. Kapitel § 4 D.

431 Vgl. RG 25.09.1926 JW 1927, 1139, 1140; 09.02.1903 Z 53, 416, 419; BGH 13.12.1990 NJW 1991, 439, 441; Soergel/*Leptien*, BGB, § 168 Rn. 22; Erman/*Maier-Reimer*, BGB, § 168 Rn. 16; *Schramm*, MüKo-BGB, § 168 Rn. 24.

Vertragsdurchführung eine wesentliche Rolle einnimmt. Aus diesem Grunde hat natürlich auch der Unternehmensführer ein Interesse daran, dass diese Vollmacht erhalten bleibt. Und in der Tat würde sich das Eigentümerunternehmen vertragsbrüchig verhalten, wenn es während der Unternehmensführungsphase die Vollmacht widerruft.

Ein solcher Widerruf hätte dann gegebenenfalls ein außerordentliches Kündigungsrecht oder einen Schadensersatzanspruch des Unternehmensführers zur Folge.[432] So fehlt es auf den ersten Blick an der Schutzbedürftigkeit des Unternehmensführers. Allerdings ist zu bedenken, dass der Unternehmensführer ein starkes Interesse an einer stabilen Vertragsdurchführung und einer klaren Kompetenzverteilung hat. Dieses Stabilitätsinteresse wird durch ein mögliches Kündigungsrecht oder Schadensersatzansprüche nicht kompensiert. Zusätzlich sind eine erhöhte Vertragsstabilität und eine klare Kompetenzverteilung bei so komplexen Verträgen wie dem Unternehmensführungsvertrag auch beachtliche Interessen des Eigentümerunternehmens.

Eine unwiderrufliche Vollmacht beinhaltet jedoch auch Nachteile für das Eigentümerunternehmen. Der Widerruf der Vollmacht stellt eine schnelle und rechtssichere Reaktionsmöglichkeit bei einem Vertrauensverlust des Eigentümerunternehmens dar. Ist diese Reaktionsmöglichkeit verschlossen, so bleibt nur die Möglichkeit den Unternehmensführungsvertrag außerordentlich zu kündigen oder die Vollmacht aus wichtigem Grund zu widerrufen. Beide Gestaltungsmöglichkeiten sind zumindest bei nicht eindeutigen Fällen mit beidseitigen Risiken und Unsicherheiten behaftet, da es zu einer Schwebezeit kommen kann bevor gegebenenfalls gerichtlich festgestellt wird, ob die außerordentliche Kündigung bzw. der außerordentliche Widerruf wirksam gewesen ist.

Dennoch handelt es sich bei den Parteien regelmäßig um professionell agierende Akteure. Aus diesem Grund sollte es den Parteien überlassen sein, privatautonom die Unwiderruflichkeit der Vollmacht zu vereinbaren.[433] Sofern eine unwiderrufliche Vollmacht erteilt wurde, wirke diese nicht nur als schuldrechtliches Verbot, einen Widerruf zu unterlassen, sondern unmittelbar als Widerrufssperre.[434] Die unwiderrufliche Vollmacht ist also trotz eines erklärten Widerrufs weiterhin wirksam.

---

432 *Joachim*, DWiR 1992, 397, 401.

433 Für die überwiegend vertretene konstruktive Variante des Ausschlusses des Widerrufsrechts durch Vereinbarung: RG, Urt. v. 29.01.1906 – V 310/05, Z 62, 335, 337; RG, Urt. v. 13.12.1924 – V 665/13, Z 109, 331, 333; BayObLG, Beschl. v. 14.03.1996 – 2ZR BR 121/95, NJW-RR 1996, 848, 849; *Bork*, AT, 585 f. Rn. 1508; Oetker/*Schubert*, HGB, § 54 Rn. 45; Bamberger/Roth/*Valenthin*, BGB, § 168 Rn. 20, 23; E/B/J/S/*Weber*, HGB, § 54 Rn. 30. Für den Ausschluss des Widerrufsrechts durch einseitige Erklärung des Bevollmächtigten: NK-BGB/*Ackermann*, § 168 Rn. 7; Soergel/*Leptien*, BGB, § 168 Rn. 23; Erman/*Maier-Reimer*, BGB, § 168 Rn. 17; Staudinger/*Schilken*, BGB, § 168 Rn. 11.

434 BGH, Urt. v. 13.05.1971 – VII ZR 310/69, WM 1971, 956; Staudinger/*Schilken*, BGB, § 168 Rn. 13.

C) Die Generalvollmacht

Neben der Widerruflichkeit der Vollmacht ist auch die zulässige Weite der im Rahmen eines Unternehmensführungsvertrags erteilten Vollmacht problematisch. Hier stellt sich insbesondere die Frage, ob die Erteilung einer Generalvollmacht durch Organe der Aktiengesellschaft an den Unternehmensführer zulässig ist.

Parallel zu dieser Thematik hat sich schon das Reichsgericht[435], aber auch der Bundesgerichtshof[436], mit der Frage befasst, inwiefern die durch das Geschäftsführungsorgan einer GmbH erteilte Generalvollmacht zugunsten eines Dritten oder eines Mitgeschäftsführers zulässig ist. Es sei zwar grundsätzlich möglich eine Vollmacht zu erteilen, die über die Prokura hinausgeht,[437] unzulässig sei allerdings eine Vollmacht, die die Organkompetenzen tangiert.[438] So wurde argumentiert, dass durch die Erteilung einer solchen Generalvollmacht die Gesellschaft einen Vertreter aufgedrängt bekomme, dem die Gesellschafter nicht durch die Bestellung ihr Vertrauen ausgesprochen haben.[439] Ähnlich zielt auch die Argumentation, dass nur die Gesellschafter einen Geschäftsführer bestellen können, und nicht der Geschäftsführer.[440] Auch wird speziell im Falle einer Gesamtvertretung argumentiert, dass diese durch eine Generalvollmacht umgangen werden könnte.[441] Die Rechtsprechung nutzt zur Abgrenzung einer zulässigen Vollmacht zu einer unzulässigen Generalvollmacht die Formel, dass den Bevollmächtigten nicht die gesamte Geschäftsführung übertragen werden dürfe.[442]

Es lässt sich allerdings in der früheren Rechtsprechung auch ein differenzierender Ansatz finden. Nach diesem solle eine Generalvollmacht zulässig sein, wenn sie widerruflich erteilt wurde, oder wenn die Gesellschafter mit der Erteilung der Generalvollmacht einverstanden seien.[443] Allerdings vertritt der BGH in ständiger Rechtsprechung aus Verkehrsschutzgesichtspunkten die gegenteilige Auffassung.[444]

---

435 RG, Urt. v. 24.01.1915 – V 472/14, Z 86, 262, 265; RG, Urt. v. 18.03.1921 – II 320/20, Z 102, 17, 21, lässt die Beantwortung dieser Frage allerdings dahinstehen; RG, Urt. v. 21.04.1922 – VII 545/21, JW 1923, 121.

436 BGH, Urt. v. 12.12.1960 – II ZR 155/59, Z 34, 27, 31; BGH, Urt. v. 18.10.1976 – II ZR 9/75, NJW 1977, 199 f.; BGH, Urt. v. 18.07.2002 – III ZR 124/01, NZG 2002, 813, 814.

437 BGH, Urt. v. 22.01.1962 – II ZR 11/61, Z 36, 292, 295.

438 BGH, Urt. v. 12.12.1960 – II ZR 155/59, Z 34, 27, 31; BGH, Urt. v. 18.10.1976 – II ZR 9/75, NJW 1977, 199 f.; BGH, Urt. v. 18.07.2002 – III ZR 124/01, NZG 2002, 813, 814

439 BGH, Urt. v. 18.10.1976 – II ZR 9/75, NJW 1977, 199 f.; BGH, Urt. v.18.07.2002 – III ZR 124/01, NZG 2002, 813, 814.

440 OLG Frankfurt a. M., Beschl. v. 16.12.1964 – 6 W 534/64, WM 1965, 53, 54.

441 BGH, 12.12.1960 – II ZR 155/59, Z 34, 27, 30 f.

442 Vgl. OLG Frankfurt a. M., Beschl. v. 16.12.1964 – 6 W 534/64, WM 1965, 53, 54.

443 RG, Urt. v. 21.04.1922 – 545/21, JW 1923, 121.

444 BGH, Urt. v. 12.12.1960 – II ZR 155/59, Z 34, 27, 31; BGH, Urt. v. 18.10. 1976 – II ZR 9/75, NJW 1977, 199, 200; BGH, Urt. v. 18.07.2002 – III 124/01, NZG 2002, 813, 814.

Von Vertretern der Literatur wird dieser Rechtsprechung entgegengehalten, dass die von der Rechtsprechung vertretene Abgrenzungsformel zu unpräzise sei.[445]

In der Literatur ist das Meinungsbild gemischt. Zum einen existieren Vertreter, die die Generalvollmacht grundsätzlich für zulässig erachten.[446] Die Vertreter dieser Ansicht gehen jedoch auch von der Grundprämisse aus, dass organschaftliche Aufgaben nicht übertragen werden dürfen.[447] Allerdings können Generalbevollmächtigte schon aus der Natur der Sache die Aufgaben, die exklusiv den Organen der Gesellschaft überlassen sind, nicht wahrnehmen, weil diese Kompetenzen nicht übertragbar sind.[448] Andere vertreten einen differenzierten Ansatz.[449] So wird zwischen organersetzender und -vertretender Generalvollmacht unterschieden und nur die organersetzende Generalvollmacht wird abgelehnt.[450] Dabei soll eine organersetzende Vollmacht vorliegen, wenn kein Weisungsrecht oder keine Widerrufsmöglichkeit der Vollmacht aus dem Innenverhältnis besteht.[451] Die Unzulässigkeit von internen Beschränkungen, wie der Ausschluss des Weisungsrechts oder der Widerrufsmöglichkeit, führt dazu, dass die Generalvollmacht keine organersetzende Wirkung entfalte.[452] Schließlich hält diese Ansicht auch entgegen, dass eine ausreichende Legitimation vorläge, wenn die Gesellschafter dem Gesamtbevollmächtigten ihr Vertrauen durch die Zustimmung zu einer Generalvollmacht ausgesprochen haben.[453] Und sofern keine Zustimmung der Gesellschafter gegeben ist, läge zumindest eine mittelbare Legitimation über die Bestimmung der Geschäftsführer bzw. der Vorstandsmitglieder vor.[454] Eine Generalvollmacht liege auch im Interesse der Gesellschafter, da durch eine Generalvollmacht die Geschäftsleitung Aufgaben leichter delegieren könne.[455]

Verbreitet wird allerdings die Zulässigkeit der Erteilung einer Generalvollmacht durch die Geschäftsführung einer GmbH verneint.[456] So dürfe der Vertreter nicht im Ganzen die organschaftliche Vertretungsmacht übernehmen, da dies sich als unzulässige Substitution des Organs durch einen nicht organschaftlichen Vertreter

---

445 *Huber*, ZHR 142 (1988), 1, 24; *Veelken*, Betriebsführungsvertrag, 82.

446 *Joussen*, WM 1994, 273, 276 ff.; *Loos*, BB 1963, 615, 616.

447 *Joussen*, WM 1994, 273, 277.

448 *Joussen*, WM 1994, 273, 278.

449 *Geitzhaus*, GmbHR 1989, 229, 230 ff.; *Hübner*, ZHR 143 (1979), 1 f.; *Schippers*, DNotZ 2009, 353.

450 *Geitzhaus*, GmbHR 1989, 229, 230; *Schippers*, DNotZ 2009, 353, 363 ff.

451 *Schippers*, DNotZ 2009, 353, 363 f.

452 *Schippers*, DNotZ 2009, 353, 364.

453 *Geitzhaus*, GmbHR 1989, 229, 231; *Schippers*, DNotZ 2009, 353, 366.

454 *Schippers*, DNotZ 2009, 353, 366.

455 *Schippers*, DNotZ 2009, 353, 366.

456 Rowedder/Schmidt-Leithoff/*Koppensteiner/Grube*, GmbHG, § 35 Rn. 9; *Krebs*, MüKo-HGB, Vor § 48 Rn. 78; *Leiner*, Generalvollmacht, 107 f.; Ensthaler/*B. Schmidt*, GK-HGB, Vor. § 48–58 Rn. 30; *K. Schmidt*, Handelsrecht, 564; Oetker/*Schubert*, HGB, § 48 Rn. 74; E/B/J/S/*Weber*, HGB, Vor § 48 Rn. 5, 8.

darstelle.[457] Es darf nicht der exklusive Kernbereich der organschaftlichen Kompetenzen übertragen werden.[458] Ungeklärt ist allerdings, wann eine solche Kernbereichsverletzung vorliegt.[459] Zu befürworten ist sie jedenfalls dann, wenn ein Dritter durch Vollmachtserteilung zu Rechtshandlungen befähigt wird, die originär dem organschaftlichen Vertreter zugewiesen sind.[460] Als Beispiele lassen sich für die GmbH die Insolvenzantragspflicht nach § 15a InsO, die Erteilung einer Prokura oder die Aufstellung des Jahresabschlusses gem. § 264 Abs. 1 HGB heranziehen.[461] Ebenso liegt eine Kernbereichsverletzung vor, wenn mit der Vollmacht das Vertretungsorgan von der Geschäftsführung ausgeschlossen wird.[462] Auch bei einer eventuellen Zustimmung der Gesellschafter zu der Generalvollmacht sei dies ein interner Vorgang, von dem die Vertragspartner der Gesellschaft keine Kenntnis haben, und aus diesem Grund sei auch hier eine Generalvollmacht unzulässig.[463] Schließlich seien die Geschäftsführer bzw. die Mitglieder des Geschäftsführungsorgans der GmbH zum Schutze der Gesellschaft und der Gläubiger Adressat einer besonderen gesellschaftsrechtlichen Bindung mit einem spezifischen Pflichtenbündel und über diesen gesellschaftlichen Status können die Gesellschafter nicht disponieren.[464]

Für die GmbH wurden wesentliche Aspekte für die Unzulässigkeit einer Generalvollmacht hervorgehoben. Es geht hier um Aspekte wie beispielsweise durch die Generalvollmacht hervorgerufene Konflikte mit der Organisationsautonomie der Gesellschaft, die fehlende gesellschaftsrechtliche Legitimation des Generalbevollmächtigten sowie um Verkehrsschutzgesichtspunkte.[465] Zu beachten ist jedoch auch die Abstraktheit der Vollmacht von dem zugrunde liegenden Grundverhältnis.

Aus diesem Grund ist die Ansicht *Schippers* durchaus kritisch zu sehen, wenn er zur Kategorisierung der Generalvollmacht Regelungen aus dem Innenverhältnis heranzieht.[466] Ebenso sind diese Regelungen, wie er selbst auch erkennt,[467] für Außenstehende nicht oder selten erkennbar. Aufgrund der Trennung der Vollmacht von

457 *Grooterhorst/Preuß*, Vollmachten, 136; *Krebs*, MüKo-HGB, Vor § 48 Rn. 78; Oetker/*Schubert*, HGB, § 48 Rn. 74.

458 Vgl. *Liebscher*, MüKo-GmbHG, § 45 Rn. 87; Oetker/*Schubert*, HGB, § 48 Rn. 74.

459 Vgl. *Grooterhorst/Preus*, Vollmachten, 130; *Liebscher*, MüKo-GmbHG, § 45 Rn. 88.

460 Vgl. *Grotenhorst/Preuß*, Vollmachten, 129; *Krebs*, MüKo-HGB, Vor § 48 Rn. 90: *Köhn*, Der Konzern 2011, 530, 534; *Liebscher*, MüKo-GmbHG, § 45 Rn. 88.

461 *Krebs*, MüKo-HGB, Vor § 48 Rn. 90; *Köhn* nennt für die AG als nicht deligierbare Aufgaben noch die §§ 83, 90, 91, 92, 110 Abs. 1, 170, 245, 293a, 321 AktG, *Köhn*, Der Konzern 2011, 530, 534; *Liebscher*, MüKo-GmbHG, § 45 Rn. 88

462 *Grotenhorst/Preuß*, Vollmachten, 129.

463 Oetker/*Schubert*, HGB, § 48 Rn. 74; a. A. wohl *Schramm/Dauber*, BankRHdb I, § 32 Rn. 19; krit. auch *Schippers*, DNotZ 2009, 353, 366.

464 *Grooterhorst/Preuß*, Vollmachten, 130; *Krebs*, MüKo-HGB, Vor § 48 Rn. 78; Oetker/*Schubert*, HGB, § 48 Rn. 74; krit. *Schippers*, DNotZ 2009, 353, 369 f.

465 A. A. *Hübner*, ZHR 143 (1979), 1, 18 f., nach diesem werde der Verkehrsschutz gerade durch die Anerkennung der Generalvollmacht gewahrt.

466 *Schippers*, DNotzZ 2009, 353, 364.

467 Vgl. *Schippers*, DNotZ 2009, 353, 367.

dem Grundverhältnis kann auch nicht stets davon ausgegangen werden, dass die Organe durch die Bestellung einer Generalvollmacht substituiert werden. Es liegt vielmehr durch die Erteilung der Generalvollmacht eine abstrakte Gefährdungslage für die Gesellschaft und den Rechtsverkehr vor, da der Generalbevollmächtigte in die Lage versetzt wird, faktisch wie ein Geschäftsführer oder Organvertreter aufzutreten. Ausschlaggebendes Kriterium für die Unzulässigkeit der Generalvollmacht ist also der Verkehrsschutz. Aspekte, wie die fehlende gesellschaftsrechtliche Legitimation und ein möglicher Konflikt mit der Organisationsautonomie, sind durchaus hervorzuheben, müssen jedoch nicht zwingend zu einer generellen Unzulässigkeit der Generalvollmacht führen. Diese Konflikte könnten etwa durch besondere Anforderungen an die Bestellung der Vollmacht oder eine interne Bindung der Vollmachtgeber gelöst werden.[468]

Unter dem Gesichtspunkt des Verkehrsschutzes überzeugt auch die Ansicht *Joussens* nicht. Es ist richtig, dass die Organkompetenz nicht auf einen rechtsgeschäftlichen Vertreter übertragen werden kann. Geht man jedoch von der von ihm selbst vertretenen Definition der Generalvollmacht als Ermächtigung zur Vertretung in allen Rechtsgeschäften aus,[469] dann erfasst diese aus Sicht des Rechtsverkehrs auch die Geschäfte, die exklusiv den Organen der Gesellschaft zustehen. Aus diesem Grund ist eine Generalvollmacht, die zur Wahrnehmung *aller* Geschäfte bevollmächtigt, abzulehnen. Sofern eine weitergehende Vollmacht als die Generalhandlungsvollmacht und auch die Prokura erteilt werden soll, ist diese genau zu umschreiben, um klar zu stellen, dass der organschaftliche exklusive Kompetenzbereich durch die Vollmacht nicht berührt wird.[470] Hierzu gehört, dass durch die Vollmacht das Vertretungsorgan nicht von der Geschäftsführung ausgeschlossen wird, und dass die Vollmacht nicht Rechtshandlungen erfasst, die exklusiv den Organen vorbehalten sind.[471] Dies sind Rechtshandlungen, wie beispielsweise der Insolvenzantrag, die zum Schutz der Gläubiger und der Gesellschaft nur den Organen vorbehalten sind.[472] Die Bezeichnung Generalvollmacht ist in diesem Kontext missverständlich.[473] Besser ist es, diese als qualifizierte Generalhandlungsvollmacht zu bezeichnen.[474]

Diese für die GmbH vertretene Unzulässigkeit einer Generalvollmacht lässt sich auch auf die im Rahmen eines Unternehmensführungsvertrags durch eine Aktiengesellschaft erteilte Generalvollmacht übertragen.[475] Ebenso wie für die GmbH

---

468 Ähnlich *Schippers*, DNotZ 2009, 335, 363 ff.

469 *Joussen*, WM 1994, 273.

470 *Grooterhorst/Preus*, Vollmachten, 130.

471 *Grooterhorst/Preus*, Vollmachten, 130.

472 *Krebs*, MüKo-HGB, Vor § 48 Rn. 90.

473 So aber beispielsweise BGH, Urt. v. 22.01.1962 – VII ZR 239/59, Z 34, 292, 295.

474 Vgl. *Grooterhorst/Preus*, Vollmachten, 125; Krebs, MüKo-HGB, Vor § 48 Rn. 84; *K. Schmidt*, HandelsR, 595.

475 *Leiner*, Generalvollmacht, 134; *K. Schmidt*, HandelsR, 564; Oetker/*Schubert*, HGB, § 48 Rn. 75; E/B/J/S/*Weber*, HGB, Vor § 48 Rn. 5; a. A. *Grooterhorst/Preuß*, Vollmachten, 137.

werden durch eine Generalvollmacht die organschaftlichen Geschäftsführungsbefugnisse und die Pflicht der Organmitglieder faktisch zur Disposition gestellt.[476] Eine Ungleichbehandlung zwischen der GmbH und der Aktiengesellschaft ist hier nicht gerechtfertigt.[477] Zusätzlich sind der Organisationsautonomie der Aktiengesellschaft aufgrund der Satzungsstrenge noch engere Grenzen gesetzt. Zulässig ist hingegen eine Vollmachterteilung, die über den Umfang der Prokura hinausgeht ohne den organschaftlichen exklusiven Kompetenzbereich zu berühren und hier als qualifizierte Generalhandlungsvollmacht bezeichnet wird.[478]

Selbst bei der Erteilung einer unzulässigen Generalvollmacht ist es jedoch möglich, diese in eine Generalhandlungsvollmacht[479] oder in eine qualifizierte Generalhandlungsvollmacht gem. § 140 BGB umzudeuten. In diesem Sinne wäre der Unternehmensführer also nicht vollmachtslos gestellt, sondern könnte zumindest alle gewöhnlichen Geschäfte des Eigentümerunternehmens wahrnehmen. Der Umstand, dass der Unternehmensführer regelmäßig selbst eine Gesellschaft und keine natürliche Person ist, schadet hier nicht, da es überwiegend anerkannt ist, dass eine Generalhandlungsvollmacht, wie sie in § 54 HGB vorgesehen ist, auch an eine juristische Person, eine Personenhandelsgesellschaft oder eine GbR erteilt werden kann.[480] Anstatt einer Umdeutung der unzulässigen Generalvollmacht in eine Generalhandlungsvollmacht wird auch vorgeschlagen, die Generalvollmacht eng auszulegen, sodass der Bereich der organschaftlichen Kernkompetenz ausgenommen sei.[481]

D) Widerruflichkeit einer qualifizierten Generalhandlungsvollmacht

In der Literatur wie auch in der Rechtsprechung wird verbreitet vertreten, dass eine Generalvollmacht nicht unwiderruflich erteilt werden könne.[482] Dieses wird auch

---

476 Oetker/*Schubert*, HGB, § 48 Rn. 75.

477 Oetker/*Schubert*, HGB, § 48 Rn. 75; E/B/J/S/*Weber*, HGB, Vor § 48 Rn. 5.

478 Als Beispiel für eine zulässige Vollmacht *Grooterhorst/Preus*, Vollmachten, 166.

479 BGH, Urt. v. 08.05.1978 – II ZR 209/76, WM 1978, 1047, 1048; BGH, Urt. v. 28.07.2002 – III ZR 124/01, NZG 2002, 813, 814, der allerdings offen lässt, ob die Generalvollmacht in eine Generalhandlungsvollmacht umgedeutet oder ausgelegt wird; *Canaris*, HandelsR, 235; *Grooterhorst/Preuß*, Vollmachten, 136; *Leiner*, Die Generalvollmacht, 128 ff.; Oetker/*Schubert*, HGB, § 48 Rn. 76.

480 *Hopt*, Baumach/Hopt Komm-HGB, § 54 Rn. 7; Ensthaler/*B. Schmidt*, GK-HGB, § 54 Rn. 10; Oetker/*Schubert*, HGB, § 54 Rn. 11; Heymann/*Sonnenschein/Weitemeyer*, HGB, § 54 Rn. 13; Röhricht/Graf v. Westfalen/*Wagner*, HGB, § 54 Rn. 12; a. A. Staub/*Joost*, HGB, § 54 Rn. 15; *Krebs*, MüKo-HGB, Vor § 48 Rn. 94, § 54 Rn. 11; E/B/J/S/*Weber*, HGB, § 54 Rn. 4; zweifelnd im Hinblick auf den Umstand einer extern erteilten Generalhandlungsvollmacht, *K. Schmidt*, FS Hoffmann-Becking, 1053, 1067.

481 BGH, Urt. v. 28.07.2002 – III ZR 124/01, NZG 2002, 813, 814; *Krebs*, MüKo-HGB, Vor § 48 Rn. 79.

482 BGH, Urt. v. 01.06.2010 – XI ZR 389/09, WM 2010,1218, 1219; *Huber*, ZHR 152 (1988), 1, 18; *Leiner*, Generalvollmacht, 134; Soergel/*Leptien*, BGB, § 168 Rn. 25;

von Vertretern befürwortet, die klarstellen, dass die Generalvollmacht nicht so zu verstehen sei, dass sie in organschaftliche Kompetenzen eingreife.[483] Als Grund hierfür wird angeführt, dass ein Verstoß gegen die Privatautonomie vorläge, wenn eine so weitgehende Vollmacht unwiderruflich erteilt werden würde.[484] *Flume* hat pointiert klargestellt, dass sich niemand dazu verpflichten könne, all das zu tun, was ein anderer will.[485] Einschränkend sieht dies hingegen *Krebs*, indem er die unwiderrufliche Vollmacht im Rahmen eines Unternehmensführungsvertrags anerkennt, da diese zumindest konkludent auf die Erfüllung der Aufgaben der Unternehmensführung beschränkt sei.[486] Er verweist dabei jedoch unzutreffend auf die für den Unternehmensführungsvertrag relevante Holiday-Inn Entscheidung des BGH[487]. In dieser Entscheidung äußert sich der BGH nicht zu der Frage, inwiefern eine Generalvollmacht unwiderruflich erteilt werden kann. Der BGH stellt fest, dass üblicherweise der Unternehmensführer mit einer umfassenden Vollmacht ausgestattet ist.[488] Offen ist allerdings, was der BGH unter einer umfassenden Vollmacht versteht. Später diskutiert der BGH, wie lange sich das Eigentümerunternehmen an einen Unternehmensführungsvertrag binden könne, ohne dass die wirtschaftliche Bewegungsfreiheit im Sinne des § 138 BGB unzulässig eingeschränkt sei.[489] Dabei nimmt er jedoch eine Gesamtwürdigung vor, ohne sich konkret mit der erteilten Vollmacht zu beschäftigen.

Die Diskussion in der Literatur ist um klare Antworten bemüht. Hierzu gehört auch die Aussage, eine unwiderrufliche Generalvollmacht sei unzulässig.[490] Das Anführen der Privatautonomie erweist sich in diesem Zuge als Totschlagargument. Bei genauer Betrachtung ist es allerdings undeutlich, warum die Privatautonomie gegen eine unwiderrufliche Generalvollmacht sprechen soll. Dies liegt schon darin, dass der Begriff der Generalvollmacht keine klaren Konturen aufweist. So wird beispielsweise bei der Diskussion,[491] ob eine Generalvollmacht, die durch den Geschäftsführer einer GmbH oder AG erteilt wurde, angenommen, dass diese unzulässig ist.

Staudinger/*Schilken*, BGB, § 168 Rn. 9; *Schramm*, MüKo-BGB, § 168 Rn. 26; Bamberger/Roth/*Valenthin*, BGB, § 168 Rn. 25.

483 *Leiner*, Generalvollmacht, 134.

484 Staudinger/*Schilken*, BGB, § 168 Rn. 9; *Schramm*, MüKo-BGB, § 168 Rn. 9; Bamberger/Roth/*Valenthin*, BGB, § 168 Rn. 25.

485 *Flume*, Allgemeiner Teil II, 880.

486 *Krebs*, MüKo-HGB, Vor. § 48 Rn. 80.

487 BGH, Urt. v. 05.10.1981 – II ZR 203/80, juris = WM 1982, 394.

488 BGH, Urt. v. 05.10.1981 – II ZR 203/80, juris Rn. 66 = WM 1982, 394, 396 f.

489 BGH, Urt. v. 05.10.1981 – II ZR 203/80, juris Rn. 83 ff. = WM 1982, 394, 399; ausführlich hierzu 2. Kapitel § 8 A.

490 BGH, Urt. v. 01.06.2010 – XI ZR 389/09, WM 2010,1218, 1219; *Huber*, ZHR 152 (1988), 1, 18; *Leiner*, Generalvollmacht, 134; Soergel/*Leptien*, BGB, § 168 Rn. 25; Staudinger/*Schilken*, BGB, § 168 Rn. 9; *Schramm*, MüKo-BGB, § 168 Rn. 26; Bamberger/Roth/*Valenthin*, BGB, § 168 Rn. 25.

491 Vgl. 2. Kapitel § 5.

Andere gehen dagegen davon aus, dass eine Generalvollmacht zulässig ist, sofern sie nicht die organschaftlichen Kompetenzen berührt. Dann fragt sich jedoch, ob eine solche Vollmacht noch als Generalvollmacht zu bezeichnen ist, und ob auch für diese Vollmacht die Privatautonomie der Unwiderruflichkeit entgegensteht. Als weitere Frage stellt sich, ob die Privatautonomie auch einer befristeten Generalvollmacht entgegenstehe.[492] Schließlich stellt sich die Gefährdungslage für die Privatautonomie des Vollmachtgebers anders dar, wenn einer Person für einen Tag befristet eine umfassende Vollmacht erteilt wird oder aber für 20 Jahre. Je kürzer die Befristung ist, desto absehbarer sind die konkreten Geschäfte, die der Vertreter im fremden Namen abschließen könnte. Entscheidend für die Zulässigkeit der Vereinbarung einer Unwiderruflichkeit einer umfassenden Vollmacht müssen also verschiedene Kriterien sein. Neben dem grundsätzlich für die Unwiderruflichkeit einer Vollmacht erforderlichen Kriterium des zumindest gleichwertigen Interesses des Bevollmächtigten an einer Unwiderruflichkeit der Vollmacht[493] müssen auch die Kriterien des konkreten Umfangs der Vollmacht und der Befristung der Vollmacht Berücksichtigung finden.

Die im Rahmen eines Unternehmensführungsvertrags durch den Vorstand einer Aktiengesellschaft erteilte Vollmacht kann, wie schon angesprochen, nicht in Form einer Generalvollmacht erfolgen, sondern höchstens in Form einer hier so bezeichneten qualifizierten Generalhandlungsvollmacht, die allerdings über den Umfang einer Prokura hinausgehen kann, jedoch den Bereich der organschaftlichen Kompetenzen explizit ausschließen muss. Der Unternehmensführer hat grundsätzlich ein Interesse an einer unwiderruflichen Vollmacht, da diese der Vertragsstabilität dient. Sollte allerdings der Umfang der qualifizierten Generalhandlungsvollmacht über den Umfang einer Prokura hinausgehen, dann ist sie für eine angemessene Zeit zu befristen.[494] Als Argument lässt sich hier ein Vergleich zu der Prokura ziehen. Für die Prokura ist das Verbot der Erteilung einer unwiderruflichen Prokura gesetzlich in § 52 Abs. 1 HGB geregelt. Dabei wird die Widerruflichkeit als Korrektiv zu der Unbeschränkbarkeit der Prokura und der Weite der Vertretungsmacht gesehen.[495] So lässt sich darauf aufbauend sagen, dass eine so weitgehende qualifizierte Generalhandlungsvollmacht entweder nur widerruflich erteilt oder angemessen befristet werden sollte. Die Befristung würde dann auch der Kontrolle dienen, ob die Erteilung einer so weiten Vollmacht noch erforderlich ist.

E) Zusammenfassung

Die Vollmacht ist abstrakt von dem zugrunde liegenden Unternehmensführungsvertrag. Dem Unternehmensführer kann zur Führung des Unternehmens durch

---

492 Dies befürwortet Bamberger/Roth/*Valenthin*, BGB, § 168 Rn. 25.
493 2. Kapitel § 5 B.
494 Ähnlich *Loos*, BB 1963, 615, 619.
495 Oetker/*Schubert*, HGB, § 54 Rn. 1.

die Aktiengesellschaft keine Generalvollmacht erteilt werden.[496] Stattdessen ist die Erteilung einer Generalhandlungsvollmacht oder einer Vollmacht möglich, die über die Generalhandlungsvollmacht oder die Prokura hinausgeht und explizit den Bereich der organschaftlichen Kompetenz unberührt lässt.[497] Dieser Kernbereich umfasst Rechtshandlungen, die das Gesetz exklusiv nur den Organen vorbehält. Die Widerruflichkeit der Vollmacht kann grundsätzlich ausgeschlossen werden. Dieses gilt auch für den speziellen Fall der Handlungsvollmacht[498] oder auch für die qualifizierte Generalhandlungsvollmacht, sofern sie angemessen befristet ist.

§ 6. Nebenleistungs- und Nebenpflichten des Eigentümerunternehmens

A) Aufwendungsersatz

I. Aufwendungen

Aus der Einordnung des Unternehmensführungsvertrags als Geschäftsbesorgungsvertrag ergibt sich, dass das Eigentümerunternehmen nach §§ 675 Abs. 1, 670 BGB grundsätzlich die erforderlichen Aufwendungen für die Unternehmensführung zu tragen hat.[499] Die Erforderlichkeit bestimmt sich aus einer ex-ante-Perspektive. Sofern sich also die Aufwendungen ex-post als nicht erforderlich erweisen, ist dies für den Aufwendungsersatz unbeachtlich.[500] Der Aufwendungsersatz ist frei von jeglichem Entgeltcharakter und steht deshalb außerhalb des Synallagmas der Geschäftsbesorgung[501] und ist folglich als Nebenleistungspflicht einzuordnen. Nach §§ 675 Abs. 1, 669 BGB ist das Eigentümerunternehmen sogar vorschusspflichtig. Ein Aufwendungsersatzanspruch ist teilweise ausgeschlossen, wenn die Parteien im Rahmen der Vergütungsform eine Kostendeckelung vereinbart haben.[502] Damit

496 Ebenso *Mülbert*, Großkomm-AktG, 4. Aufl., § 292 Rn. 150.

497 Hier bezeichnet als qualifizierte Generalhandlungsvollmacht. Als Beispiel siehe hierzu *Grooterhorst/Preus*, Vollmachten, 166.

498 Baumbach/Hopt/*Hopt*, HGB, § 54 Rn. 21; im Ergebnis auch *Krebs*, MüKo-HGB, § 54 Rn. 59, der allerdings den Begriff der unwiderruflichen Vollmacht kritisiert, da der Widerruf aus wichtigem Grund stets möglich ist: Oetker/*Schubert*, HGB, § 54 Rn. 45; E/B/J/S/*Weber*, HGB, § 54 Rn. 30.

499 *Fenzl*, Der Konzern 2006, 18,23; *ders.*, Betriebsführungsverträge, 32; *Frisch*, AG 1995, 362, 363; *Huber*, ZHR 152 (1988), 1, 2, 5; *Joachim*, DWiR 1992, 397, 398; *Martinek*, Vertragstypen II, 294 f.; *Mülbert*, Großkomm-AktG, 4. Aufl., § 292 Rn. 146; *Rieble*, NZA 2010, 1145, 1146; Hopt/*Volhard*, Form, 670, 673; *Weißmüller*, BB 2000, 1949, 1952 f.

500 Staudinger/*Martinek*, BGB, § 675 Rn. A 38.

501 Staudinger/*Martinek*, BGB, § 675 Rn. A 38.

502 Zur Kostendeckelung im Rahmen eines Unternehmensführungsvertrags *Fenzl*, Betriebsführungsverträge, 32; *ders.*, Der Konzern 2006, 18, 24; allgemein *Heermann*, MüKo-BGB, § 675 Rn. 20; *Martinek*, Vertragstypen II, 294 f.; Staudinger/*ders.*,

ist zumindest eine teilweise Abwälzung des unternehmerischen Risikos verbunden. Daneben werden kostenverursachende Nebenpflichten bei der Unternehmensführung für die Parteien wichtiger, da der Unternehmensführer in diesem Fall nicht nur verpflichtet ist, sondern auch wirtschaftlich die Kosten für die Erfüllung dieser Pflichten zu tragen hat.

Der Vereinbarung einer Kostendeckelung kommt eine besondere Bedeutung bei der Lösung möglicher Konflikte der Parteien bei der Abgrenzung zwischen Aufwendung und Vergütung zu.[503] Bei der Durchführung eines Unternehmensführungsvertrags kann diese Abgrenzung durchaus Konfliktpotential haben. Der Unternehmensführer wird verständlicherweise das Interesse haben, möglichst viele Kosten als Aufwendungen von dem Eigentümerunternehmen ersetzt zu verlangen, um so seine Gewinnmarge möglichst nicht zu reduzieren, während das Eigentümerunternehmen das Interesse daran hat, dass möglichst viele Aufwendungen im Unternehmensführungsentgelt inkludiert sind. Eine Kostendeckelung hat aus Sicht des Eigentümerunternehmens den Vorteil, dass dieses sicher die Kosten der Vertragsdurchführung kalkulieren kann. Aus Sicht des Unternehmensführers hat eine Kostendeckelung den Vorteil, dass ein geringeres Streitrisiko über einzelne Aufwendungen besteht, da es aus Sicht des Eigentümerunternehmens oftmals unökonomisch wäre, unter Kenntnis der Kostendeckelung einzelne Aufwendungen zu bestreiten.

Eine andere Möglichkeit, Konfliktsituationen zwischen dem Eigentümerunternehmen und dem Unternehmensführer zu vermeiden, ist in der Vereinbarung einer Kostenpauschale zu sehen. Im Rahmen einer solchen Kostenpauschale sind Aufwendungen in einer bestimmten Höhe oder eines bestimmten Gegenstands pauschal veranlagt. Eine solche Kostenpauschale kann auch so ausgestaltet sein, dass das Eigentümerunternehmen während der Vertragslaufzeit ein Mindestguthaben auf einem Konto bereitzustellen und aufrechtzuerhalten hat.[504]

Die Abbedingung des Aufwendungsersatzes aus §§ 675 Abs. 1, 670 BGB kann sich auch konkludent ergeben. Im Ausgangspunkt muss jedoch davon ausgegangen werden, dass das Eigentümerunternehmen alle aus der Unternehmensführung entstehenden Kosten zu tragen hat. Aus diesem Grund ist in Zweifelsfällen zugunsten des Unternehmensführers eher von einer nicht im Unternehmensführungsentgelt inkludierten Aufwendung auszugehen. Für die Beantwortung der Frage, ob einzelne Posten nicht als Aufwendungen des Unternehmensführers, sondern als inkludierte Leistung anzusehen sind, ist auf verschiedene Indizien abzustellen. Diese Indizien können beispielsweise die Höhe der Vergütung, der Vertragszweck oder eine Güterbetrachtung sein. Ist beispielsweise die Vergütung sehr gering kalkuliert, so ist

BGB, § 675 Rn. B 155; zum Unternehmensführungsvertrag *Weißmüller*, BB 2000, 1949, 1953.

503 Vgl. *Fenzl*, Betriebsführungsverträge, 32 f.; *Joachim*, DWiR 1992, 397, 401.

504 *Huber*, ZHR 152 (1988), 1, 5; *Joachim*, DWiR 1992, 397, 398; *Martinek*, Vertragstypen II, 295; Hopt/*Volhard*, Form, 670, 673.

eher davon auszugehen, dass Aufwendungen nicht in der Vergütung einbezogen sind. Auch der Vertragszweck ist zu beachten. Wurde zum Beispiel der Unternehmensführungsvertrag unter dem Gesichtspunkt geschlossen, dass das Eigentümerunternehmen nicht die personellen Ressourcen zur Führung des Unternehmen hat, so spricht dieses dafür, dass das Stellen des Managementpersonals in der Vergütung eingeschlossen ist. Ebenso ist ein Sachverhalt zu beurteilen, bei dem ein Unternehmensführungsvertrag abgeschlossen wird, um ein bestimmtes Know-how zu gewinnen. Auch dieser Fall spricht dafür, dass Aufwendungen für die Know-how-Träger grundsätzlich im Unternehmensführungsentgelt inkludiert sind. Als weiteres Indiz zur Abgrenzung könnten die vorhandenen Ressourcen herangezogen werden. So könnte man davon ausgehen, dass alle bei dem Abschluss des Unternehmensführungsvertrags vorhandenen Ressourcen, die für die Unternehmensführung verwendet werden können, in der Vergütung einbezogen sind, während anzuschaffende Ressourcen als Aufwendungen anzusehen sind. Schließlich kann der Aufwendungsersatzanspruch für geschäftstypsiche Aufwendungen abbedungen sein, wenn die Parteien das Ziel verfolgen das operative Tagesgeschäft möglich eigenständig durch den Unternehmensführer leiten zu lassen.

Die Grenzen bei der Abbedingung des Aufwendungsersatzanspruchs sind dann tangiert, wenn hierdurch der Unternehmensführer sittenwidrig benachteiligt werden würde. Dies ist beispielsweise dann der Fall, wenn das vereinbarte Unternehmensführungsentgelt sehr gering ist und nicht einmal die zu erwartenden Aufwendungen deckt. Ebenso ist zu entscheiden, wenn dem Unternehmensführer grundlegende Investitionen auferlegt werden sollen, die außerhalb der von ihm übernommenen Managementaufgabe liegen und die er bei Vertragsschluss nicht antizipieren konnte.

Besondere Bedeutung kommt dem Aufwendungsersatz im Falle eines unechten Unternehmensführungsvertrags zu. Da bei diesem Typus der Unternehmensführer im Außenverhältnis im Rahmen der Unternehmensführung Verpflichtungen eingeht, muss er sich auf den Aufwendungsersatz im Innenverhältnis verlassen.[505] Vor der Erfüllung einer durch den Unternehmensführer eingegangenen Verbindlichkeit besteht zugunsten des Unternehmensführers ein Freistellungsanspruch aus § 257 BGB.

II. Schäden als Aufwendungen

In der Rechtsprechung und in der Literatur ist umstritten, ob der Auftragnehmer bzw. der Geschäftsbesorger Schäden, die er durch die Geschäftsführung erleidet, von dem Auftraggeber bzw. dem Geschäftsherrn ersetzt verlangen kann.[506]

---

505 Staudinger/*Martinek*, BGB, § 675 Rn. B 155; *Martinek*, Vertragstypen II, 295; *Mülbert*, Großkomm-AktG, 4. Aufl., § 292 Rn. 144.

506 Vgl. statt aller RG, Urt. v. 01.07.1918 – VI 151/18, Z 95, 51, 53; RG, Urt. v. 19.11.1928 – VI 216/28, Z 122, 298, 303; BGH, Urt. v. 10.11.1988 – III ZR 215/87, NJW 1989, 1284, 1285; BAG, Urt. v. 14.10.2003 – 9 AZR 657/02, NJW 2004, 2036, 2037; Erman/

Selbstverständlich werden Schäden nach §§ 280 Abs. 1, 241 Abs. 2 BGB bzw. §§ 823 ff. BGB ersetzt, die auf einer schuldhaften Pflichtverletzung des Vertragspartners beruhen. Problematischer stellen sich Schadenspositionen dar, die im Rahmen der Fremdinteressenwahrnehmung entstehen und gerade nicht auf einer Pflichtverletzung des Vertragspartners beruhen. Für den Unternehmensführer sind dies zum einen Schäden an eigenen Gütern, die durch die Unternehmensführung verursacht werden. Infrage kommen auch Schadensersatzansprüche Dritter gegen den Unternehmensführer, die aus der Fremdinteressenwahrnehmung resultieren.

In der Rechtsprechung und in der Literatur wird überwiegend vertreten, dass Aufwendungen als freiwillige Vermögensopfer anzusehen sind.[507] Mit dem Wortlaut unvereinbar sind dementsprechend Schäden, die sich als eine nicht freiwillige Vermögenseinbuße darstellen. Dennoch wurde schon früh diskutiert, einen Ersatz für gewisse Schäden durch eine erweiterte oder analoge Anwendung des § 670 BGB zuzulassen.[508] Hinter dieser Diskussion steht das Rechtsempfinden, dass gewisse Schäden nur aufgrund der Fremdinteressenwahrnehmung entstanden sind und der Geschäftsbesorger bzw. der Auftragnehmer durch die Fremdinteressenwahrnehmung nichts gewinnen und nichts verlieren soll.[509] Der historische Gesetzgeber hat die Regelung dieser Problematik bewusst der Rechtsprechung und der Literatur überlassen.[510]

Die Rechtsprechung des Reichsgerichts versuchte zunächst, diese Problematik zu lösen, indem bei dem Abschluss eines Auftrags bzw. eines Geschäftsbesorgungsvertrags von einem stillschweigenden Garantievertrag ausgegangen wurde.[511] Allerdings stellte sich diese Konstruktion für die Praxis als untauglich heraus, da zum einen die Fälle der Geschäftsführung ohne Auftrag nicht erfasst werden konnten und zum anderen die Konstruktion sich als Fiktion erwies, wenn die Parteien bei Vertragsschluss die Gefährlichkeit der Fremdinteressenwahrnehmung nicht ab-

---

Berger, BGB, § 670 Rn. 18; Soergel/*Beuthien*, BGB, § 670 Rn. 2; *Canaris*, RdA 1966, 41, 43; *Finkentscher/Heinemann*, SchuldR, 621; Bamberger/Roth/*Fischer*, BGB, § 670 Rn. 15 ff.; *Genius*, AcP 173 (1973), 481, 493; *Honsell*, FS Lübtow, 485, 494; Staudinger/*Martinek*, BGB, § 670 Rn. 17; *Seiler*, MüKo, BGB, § 670 Rn. 6.

507 RG, Urt. v. 01.07.1918 – VI 151/18, Z 95, 51, 53; RG, Urt. v. 19.11.1928 – VI 216/28, Z 122, 298, 303; BGH, Urt. v. 10.11.1988 – III ZR 215/87, NJW 1989, 1284, 1285; BAG, Urt. v. 14.10.2003 – 9 AZR 647/02, NJW 2004, 2036, 2037; Erman/*Berger*, BGB, § 670 Rn. 7; Soergel/*Beuthien*, BGB, § 670 Rn. 2; Staudinger/*Martinek*, BGB, § 670 Rn. 17; *Seiler*, MüKo, BGB, § 670 Rn. 6.

508 Zur Diskussion Staudinger/*Martinek*, BGB, § 670 Rn. 17.

509 Erman/*Berger*, BGB, § 670 Rn. 18; Soergel/*Beuthien*, BGB, § 670 Rn. 20; Staudinger/Martinek, § 675 Rn. A 41.

510 *Mugdan*, Materialien II, 302, 952 f.

511 RG, Urt. v. 28.11.1918 – VI 290/18, Z 94, 169, 170; RG, Urt. v. 05.01.1931 – IV 217/30, JW 1931, 3441, 3442.

schätzen konnten.[512] Aus diesem Grund begründete die Rechtsprechung des Reichsgerichts zunächst die Ersatzfähigkeit für Zufallsschäden bei der Geschäftsführung über eine analoge Anwendung des § 670 BGB.[513] Später wurde von dem Reichsgericht wie auch von dem BGH ein anderer Ansatz vertreten. So sollten Zufallsschäden über eine unmittelbare Anwendung des § 670 BGB ersetzt werden, indem von einem erweiterten Aufwendungsbegriff ausgegangen wurde.[514]

Bei der jüngeren Rechtsprechung ist unklar, ob der BGH eine erweiterte Auslegung des Aufwendungsbegriffs verfolgt oder § 670 BGB analog anwendet.[515] Argumentiert wird immer wieder mit dem mangelnden Unterschied zwischen freiwilligem Vermögensopfer und dem übernommenen Vermögensschadensrisiko.[516] So unterscheidet sich die Aufwendung von dem Schaden durch die Freiwilligkeit des Vermögensopfers. Bei Zufallsschäden im Rahmen einer Fremdinteressenwahrnehmung hat der Auftragnehmer bzw. der Geschäftsführer zumindest freiwillig das Risiko der Schädigung übernommen. Hinsichtlich des Umfangs von Zufallsschäden hält der BGH einen Zufallsschaden auch dann für gegeben, wenn der Beauftragte Dritten gegenüber schadensersatzpflichtig wird und die Ausführung des Auftrags gerade eine erhöhte Gefahr für eine Schadensersatzpflicht birgt.[517]

Im Gegensatz hierzu wird von der Literatur eine Ersatzpflicht aufgrund eines allgemeinen Grundsatzes der Risikozurechnung bei schadensgeneigten Tätigkeiten im fremden Interesse begründet.[518] Der Auftraggeber bzw. der Geschäftsherr hat die Schäden zu tragen, die eigentümlich mit der Fremdinteressenwahrnehmung verbunden sind, während der Auftragnehmer bzw. der Geschäftsführende das Risiko für Schäden im Rahmen des allgemeinen Lebensrisikos trägt.[519] Diese allgemeinen Lebensrisiken verwirklichen sich also nicht durch die Fremdinteressenwahrnehmung, sondern nur bei Gelegenheit. Zur Untermauerung der Argumentation wird auch § 110 Abs. 1 HGB herangezogen.[520] Dieser sieht vor, dass ein Gesellschafter einer OHG nicht nur seine erforderlichen Aufwendungen ersetzt bekommt, sondern auch

512 Vgl. RG, Urt. v. 07.05.1941 – VI 72/40, Z 167, 85, 89; Soergel/*Beuthien*, BGB, § 670 Rn. 18; *Genius*, AcP 173 (1973), 481, 493; Staudinger/*Martinek*, BGB, § 670 Rn. 18.

513 RG, Urt. v. 26.02.1920 – VI 9/20, Z 98, 195, 200; RG, Urt. v. 02.11.1936 – V 62/36, JW 1937, 152.

514 Vgl. RG, Urt. v. 07.05.1941 – VI 72/40, Z 167, 85, 89; BGH, Urt. v. 07.11.1960 – VII ZR 82/59, Z 33, 251, 257; BGH, Urt. v. 19.05.1969 – VII ZR 9/67, Z 52, 115, 116.

515 Vgl. BGH, Urt. v. 05.12.1983 – II ZR 252/82, Z 89, 153, 157; BGH, Urt. v. 04.05.1993 – XI ZR 283/92, NJW 1993, 2234, 2235.

516 Vgl. Soergel/*Beuthien*, BGB, § 670 Rn. 18.

517 BGH, Urt. v. 05.12.1983 – II ZR 252/82, Z 89, 153, 158.

518 Erman/*Berger*, BGB, § 670 Rn. 19; Soergel/*Beuthien*, BGB, § 670 Rn. 20; *Canaris*, RdA 1966, 41; im Ansatz schon *Enneccerus/Lehmann*, Schuldrecht, 688; Bamberger/Roth/*Fischer*, BGB, § 670 Rn. 15 ff.; *Genius*, AcP 173 (1973), 481, 522 f.; *Honsell*, FS Lübtow, 485, 496 ff.

519 Erman/*Berger*, BGB, § 670 Rn. 23; Soergel/*Beuthien*, BGB, § 670 Rn. 21.

520 *Genius*, AcP 173 (1973), 481, 506 ff.; *Honsell*, FS Lübtow, 485, 494.

seine Verluste, die unmittelbar mit der Geschäftsführung oder mit den Gefahren der Geschäftsführung in Verbindung stehen. Ebenso ist die Argumentation mit der Freiwilligkeit der Risikoübernahme dann problematisch, wenn der Auftragnehmer bzw. der Geschäftsführer sich keiner Risikoübernahme bewusst ist.[521] Eine dogmatische Lösung über eine direkte oder entsprechende Anwendung des § 670 BGB habe allerdings den Nachteil, dass sich eine Anwendung des § 254 BGB schwer begründen lasse, diese aber erforderlich sei, um das Verhalten des Auftragnehmers bzw. des Geschäftsbesorgers für die Haftung zu berücksichtigen.[522]

Schließlich wird von Seiten der Literatur die Herleitung eines Ersatzanspruchs sowohl über die Konstruktion der allgemeinen Risikozurechnung als auch über die direkte Anwendung des § 670 BGB abgelehnt und stattdessen eine analoge Anwendung des § 670 BGB auf Zufallsschäden vorgeschlagen.[523] Gegen beide Konstruktionen wird eingewandt, dass diese zu einer Verwischung von Aufwendungen und Schäden führen.[524] Aufgrund der Häufigkeit der Verwendung des Begriffs der Aufwendung im BGB sei es methodisch vorzugswürdig, einen einheitlichen Aufwendungsbegriff zugrunde zu legen.[525] Um auch das Verhalten des Geschäftsbesorgers bzw. des Auftragnehmers für die Haftung zu berücksichtigen, sei es nicht erforderlich den § 254 BGB anzuwenden, da dieses Verhalten in der Rechtsfolge bei der entsprechenden Anwendung des § 670 BGB frei gewürdigt werden könne.[526]

Sowohl nach der Rechtsprechung als auch nach der Literatur ist ein Ersatzanspruch für risikotypische Begleitschäden anzuerkennen. Unterschiedlich wird nur die dogmatische Verankerung beurteilt. Überzeugend ist die Verankerung eines solchen Anspruches in einer analogen Anwendung des § 670 BGB. Eine vergleichbare Interessenlage zwischen der Aufwendung und einem risikotypischen Begleitschaden ergibt sich aus dem Gedanken, dass dem Geschäftsherrn bzw. dem Auftraggeber sowohl die Früchte als auch die Kosten des Auftrages bzw. der Geschäftsführung zustehen sollen, während der Auftragnehmer bzw. der Geschäftsführer nicht mit den Folgen der Fremdinteressenwahrnehmung belastet sein soll. Die planwidrige Regelungslücke ergibt sich daraus, dass der Gesetzgeber diesen Bereich nicht geregelt, sondern die konkrete Ausformung bewusst der Literatur und der Rechtsprechung überlassen hat.[527] Für den Geschäftsbesorgungsvertrag und damit regelmäßig auch für den Unternehmensführungsvertrag gilt die Besonderheit, dass risikotypische Begleitschäden schon mit dem Vergütungsanspruch des Unternehmensführers

521 Soergel/*Beuthien*, BGB, § 670 Rn. 19.
522 Soergel/*Beuthien*, BGB, § 670 Rn. 19, 21; *Canaris*, RdA 1966, 41, 43; *Honsell*, FS Lübtow, 485, 496.
523 *Finkentscher/Heinemann*, SchuldR, 621; Staudinger/*Martinek*, BGB, § 670 Rn. 23.
524 Staudinger/*Martinek*, BGB, § 670 Rn. 22.
525 Staudinger/*Martinek*, BGB, § 670 Rn. 22.
526 Staudinger/*Martinek*, BGB, § 670 Rn. 29.
527 *Mugdan*, Materialien II, 302, 952 f.

abgegolten sein können.[528] Wenn die Parteien diesen Punkt nicht geregelt haben, muss durch Auslegung ermittelt werden, ob und welche Risiken durch die Vergütung einkalkuliert sind. Beweispflichtig für ein realisiertes und nicht durch die Vergütung kalkuliertes geschäftstypisches Risiko ist der Unternehmensführer, da im Rahmen eines Geschäftsführungsvertrags davon ausgegangen wird, dass Risiken der Geschäftsführung in der Vergütung inkludiert sind.[529]

Zusammenfassend lässt sich also für den Unternehmensführungsvertrag sagen, dass Schäden des Unternehmensführers grundsätzlich über § 670 BGB analog zu ersetzen sind. Der Schaden des Unternehmensführers kann hier insbesondere darin gesehen werden, dass aus der Unternehmensführung ein Schadensersatzanspruch eines Dritten hervorgeht und dies sich als Realisierung eines der Unternehmensführung inhärenten Risikos erweist. Bei dem Umfang des Anspruches gehen die Vertreter, die von einer allgemeinen Risikohaftung ausgehen, von der Anwendung der schadensersatzrechtlichen Vorschriften aus, insbesondere des Prinzips der Totalreparation.[530] Wenn hingegen eine Haftung über die entsprechende Anwendung des § 670 BGB präferiert wird, dann ist nicht an die Grundsätze des allgemeinen Schadensersatzrechts anzuknüpfen.[531] Vielmehr wird der Umfang nach der Billigkeit bestimmt mit dem Ziel einer angemessenen Schadlosstellung des Auftragnehmers bzw. des Geschäftsbesorgers.[532] Ein eventuelles erhöhtes eigenes Verschulden des Unternehmensführers kann bei der Rechtsfolge der analogen Anwendung des § 670 BGB berücksichtigt werden.[533]

Freilich können die Parteien den Aufwendungsersatzanspruch für Schäden in den Grenzen des § 138 BGB ausschließen. Eine Grenze ist dann anzunehmen, wenn Risiken einseitig zu Lasten einer Partei verlagert werden, während die andere Partei wirtschaftlich alleinig aus der Unternehmensführung profitiert. Dies ist beispielsweise dann der Fall, wenn der Unternehmensführer eine geringe erfolgsunabhängige Vergütung erhält und der Aufwendungsersatz für geschäftstypische Risiken ausgeschlossen ist. In diesem Fall profitiert das Eigentümerunternehmen alleinig aus der Unternehmensführung, während auf den Unternehmensführer die Risiken der Unternehmung verlagert werden, ohne dass sich dies in der Vergütung widerspiegelt. Andererseits können auch die Risiken der Unternehmung einseitig

---

528 Vgl. BGH, Urt. v. 18.09.1984 – VI ZR 316/82, NJW 1985, 269 f.; Soergel/*Beuthien*, BGB, § 670 Rn. 21; Staudinger/*Martinek*, BGB, § 675 Rn. A 42; *Seiler*, MüKo-BGB, § 670 Rn. 14.

529 Vgl. Staudinger/*Martinek*, BGB, § 675 Rn. A 42.

530 Sorgel/*Beutien*, BGB, § 670 Rn. 22.

531 BGH, Urt. v. 19.05.1969 – VI ZR 9/67, Z 52, 115, 117; Staudinger/*Martinek*, BGB, § 670 Rn. 28.

532 Staudinger/*Martinek*, BGB, § 670 Rn. 28.

533 Vgl. Staudinger/*Martinek*, BGB, § 670 Rn. 29; die Ansicht, die eine Haftung über eine allgemeine Risikozurechnung begründet, wendet hier den § 254 BGB entsprechend an, vgl. Erman/*Berger*, BGB, § 670 Rn. 20; Soergel/*Beuthien*, BGB, § 670 Rn. 20, 22; *Genius*, AcP 173 (1973), 481, 492, 525.

auf das Eigentümerunternehmen verlagert werden, wenn eine hohe Vergütung versprochen wird, sodass nahezu der gesamte unternehmerische Erfolg dem Unternehmensführer zugute kommt, während das Eigentümerunternehmen aufgrund des Aufwendungsersatzanspruchs für die Risiken haftet. In einem solchen Fall steht nicht nur die Nichtigkeit der Vergütungsabrede nach § 138 BGB in Frage, sondern auf die Abgrenzung des Unternehmensführungsvertrags vom atypischen Beherrschungsvertrag.[534]

B) Mitwirkungspflichten

I. Überlassung des Unternehmens bzw. der Unternehmensbestandteile

Die Unternehmensführung ist regelmäßig nur möglich, wenn das Eigentümerunternehmen die erforderlichen Ressourcen des Unternehmens bereitstellt. Der Unternehmensführungsvertrag wurde als Geschäftsbesorgungsvertrag eingeordnet. Mit dem § 675 Abs. 1 BGB wird größtenteils in das Auftragsrecht verwiesen. Im Rahmen des Auftragsrechts werden die für die Ausführung des Auftrags erforderlichen Mitwirkungshandlungen des Auftraggebers als Obliegenheiten eingestuft.[535] So wird auch für den Unternehmensführungsvertrag die Ansicht vertreten, dass die Überlassung sich als Obliegenheit darstellt, deren Verletzung zu einem Annahmeverzug des Eigentümerunternehmens führt.[536] Nur in Ausnahmefällen soll sich die Überlassungspflicht des Eigentümerunternehmens als Nebenpflicht darstellen, sodass die Verletzung dieser Nebenpflicht zwar zu einem Schadensersatzanspruch führt, dem Unternehmensführer aber kein Erfüllungsanspruch zusteht.[537]

Im Rahmen erster Überlegungen könnte man annehmen, dass die Überlassungspflicht des Eigentümerunternehmens aufgrund des mehr oder minder stark ausgeprägten Interesses des Unternehmensführers an der Unternehmensführung als Nebenleistungspflicht einzuordnen ist. Dieses ergibt sich zum einen aus dem typischerweise vereinbarten Entgeltanspruch des Unternehmensführers. Regelmäßig wird hier eine erfolgsbezogene- oder eine Mischvergütung vereinbart. Schon aus diesem Grund hat der Unternehmensführer ein erhebliches Interesse an der tatsächlichen Unternehmensführung. Ebenso kann ein verstärktes Führungsinteresse des Unternehmensführers gegeben sein, wenn der Unternehmensführungsvertrag einen Teil eines Vertragssystems darstellt.[538] Diesen Interessen wird die Einordnung der Überlassung des Unternehmens als Obliegenheit nicht gerecht.

---

534 Hierzu 3. Kapitel § 5.

535 *Seiler*, MüKo-BGB, § 662 Rn. 46.

536 *Abels*, Managementverträge, 71, 103 f., 107 f., 160; undeutlich *Joachim*, DWiR 1992, 397, 398, 400.

537 *Abels*, Managementverträge, 108.

538 Vgl. zum Unternehmensführungsvertrag als Bestandteil eines Vertragssystems *Abels*, Managementverträge, 158 f.; *Joachim*, DWiR 1992, 397, 398, 404.

Auch die Qualifizierung der Überlassungspflicht als Nebenpflicht erscheint für den Unternehmensführer wenig hilfreich. Dies hat zwar zur Folge, dass er unter Umständen einen Schadensersatzanspruch geltend machen kann und er in diesem Fall auch den entgangenen Gewinn als Schaden liquidieren könnte. Im Rahmen dieses Schadensersatzanspruchs obliegt ihm allerdings der Beweis für die Prognose eines zukünftigen Gewinns.[539] Neben dem Vergütungsanspruch kann der Unternehmensführer noch weitere Interessen an der tatsächlichen Durchführung des Unternehmensführungsvertrags haben. Dies ist beispielsweise der Fall, wenn der Unternehmensführungsvertrag als Investitionsinstrument oder im Rahmen eines Joint Ventures genutzt wird.

Allerdings ist zu beachten, dass der Unternehmensführungsvertrag der Fremdinteressenwahrnehmung dient und diese Fremdinteressenwahrnehmung der Einordnung der Überlassungspflicht als Nebenleistungspflicht entgegensteht.[540] Eine Nebenleistungspflicht ist im Wege der Leistungsklage einklagbar. Dies hätte zur Folge, dass ein Eigentümerunternehmen zur Überlassung seines Unternehmens bzw. seiner Unternehmensteile gezwungen werden könnte. Dies steht diametral zu dem Vertragszweck des Unternehmensführungsvertrags. Durch diesen sollen nicht, wie etwa bei dem Beherrschungsvertrag, Interessen des Unternehmensführers in das Unternehmen einfließen, sondern es sollen die Interessen des Eigentümerunternehmens durch den Unternehmensführer wahrgenommen werden. Dem unter Umständen starken Interesse des Unternehmensführers an der Unternehmensführung muss also mit einem Schadensersatzanspruch und dem Annahmeverzug gedient werden. Das Eigentümerunternehmen trifft also grundsätzlich die Obliegenheit bzw. ggf. die Nebenpflicht, die erforderlichen Unternehmensressourcen an den Unternehmensführer zu überlassen.

Auf der anderen Seite hat der Unternehmensführer die Pflicht, alle erforderlichen Maßnahmen für eine ordnungsgemäße Unternehmensführung zu treffen. Damit ist auch eine Anforderungspflicht des Unternehmensführers im Falle fehlender aber erforderlicher Ressourcen verbunden. Mithin stellt sich die Überlassung des Unternehmens zur Unternehmensführung als eine beidseitige Organisationsaufgabe der Parteien dar.[541] Der Umfang und die rechtliche Ausgestaltung, mit der die Überlassung des Unternehmens im Einzelfall erfolgt, sind von dem konkreten Vertragsverhältnis und von dem mit dem Vertrag verfolgten Zweck abhängig. So fällt es freilich schwer, allgemeinverbindliche Aussagen zu treffen. Dennoch soll versucht werden, die Unternehmensbestandteile vor allem unter dem Gesichtspunkt des echten und unechten Unternehmensführungsvertrags zu untersuchen.

---

539 Vgl. BGH, Urt. v. 06.02.2007 – X ZR 117/04, NJW 2007, 1806, 1808; Erman/*Ebert*, BGB, § 252 Rn. 10; *Oetker*, MüKo-BGB, § 252 Rn. 37.

540 Vgl. *Abels*, Managementverträge, 107.

541 Vgl. *Abels*, Managementverträge, 71; *Joachim*, DWiR 1992, 397, 400.

1. *Die Unternehmensüberlassung im Falle eines unechten Unternehmensführungsvertrags*

Der unechte Unternehmensführungsvertrag kennzeichnet sich dadurch, dass der Unternehmensführer das Unternehmen im eigenen Namen, aber für fremde Rechnung führt. Die Besonderheit ist also, dass der Unternehmensführer nicht als Stellvertreter, sondern als mittelbarer Stellvertreter auftritt, indem er nach außen im eigenen Namen handelt und nach innen die Unternehmensführung für Rechnung des Eigentümerunternehmens erfolgt. Es bietet sich hier an, einen Vergleich mit der Betriebspacht vorzunehmen.[542] Nach *Oppenländer* sind alle unternehmensbezogenen Bestandteile des Unternehmens (im Gegensatz zu personenbezogenen) zu überlassen.[543] Für den Unternehmensführungsvertrag lässt sich dieses Kriterium so umformulieren, dass alle managementbezogenen Unternehmensbestandteile für die Unternehmensführung zu überlassen sind.

a. Materielle Bestandteile des Unternehmens

Im Rahmen der Betriebspacht vereinbaren die Parteien regelmäßig, dass die unternehmensbezogenen Güter des Anlagevermögens nur zum Besitz und zur Nutzung überlassen werden, während das Umlaufvermögen des Verpächters grundsätzlich an den Pächter veräußert wird.[544] Bei einer fehlenden vertraglichen Regelung kann aus der Interessenlage sowohl für das bewegliche als auch für das unbewegliche Sachanlagevermögen nicht der Schluss gezogen werden, dass dieses Unternehmensvermögen dem Pächter übereignet werden soll.[545] Ebenso verleibt in diesem Fall das Umlaufvermögen im Eigentum des Verpächters, wenn keine spezielle vertragliche Regelung vorgesehen ist.[546] Zu dem Umlaufvermögen werden neben Geldforderungen Roh-, Hilfs-, und Betriebsstoffe sowie Halbfertig- und Fertigerzeugnisse gezählt.[547]

Für den unechten Unternehmensführungsvertrag muss bedacht werden, dass der Unternehmensführer im eigenen Namen mit den materiellen Bestandteilen des Unternehmens wirtschaftlich tätig sein soll. Um im eigenen Namen wirtschaftlich mit den materiellen Bestandteilen des Unternehmens arbeiten zu können, muss der Unternehmensführer neben der schlichten Nutzungsmöglichkeit auch über diese Bestandteile verfügen können. Die Verfügungsmacht des Unternehmensführers

542 Hinweis auf die Ähnlichkeit der Leistungspflichten mit einem Pachtvertrag *Abels*, Managementverträge, 106.
543 *Oppenländer*, Unternehmenspacht, 209 ff.
544 *Dörmer*, Unternehmenspacht, 182.
545 *Dörmer*, Unternehmenspacht, 183 ff. Teilweise wird die analoge Anwendung des § 582a BGB diskutiert, die dem Pächter eine an das Eigentum angenäherte Stellung verschafft, vgl. *Harke*, MüKo-BGB, § 582a Rn. 1; *Oppenländer*, Unternehmenspacht, 220 f.
546 *Dörmer*, Unternehmenspacht, 205.
547 *Dörmer*, Unternehmenspacht, 204.

setzt voraus, dass ihm die Mobilien, Immobilien oder Forderungen übertragen wurden oder dass er zur Verfügung im eigenen Namen ermächtigt wurde. Wenn die Parteien diesen Punkt im Rahmen eines unechten Unternehmensführungsvertrags offen gelassen haben, ist durch ergänzende Vertragsauslegung zu ermitteln, ob eine Verpflichtung des Eigentümerunternehmens zur Erteilung einer Ermächtigung zur Verfügung oder zu einer Vollrechtsübertragung besteht. Für die ergänzende Vertragsauslegung ist zu beachten, ob die schuldrechtliche Verpflichtung besondere Formvoraussetzungen erfordert. So besteht beispielsweise eine schuldrechtliche Pflicht zur Übertragung eines Grundstücks nur, wenn der Vertrag notariell beurkundet wurde gem. § 311b Abs. 1 BGB. In diesem Fall kann also aus ergänzender Vertragsauslegung keine Verpflichtung zur Eigentumsübertragung eines Grundstücks hergeleitet werden. Gleichwohl kann eine Verpflichtung zur Ermächtigung des Unternehmensführers im Sinne des § 185 Abs. 1 BGB bestehen.

Bei dem Vergleich zwischen der Vollrechtsübertragung und der Ermächtigung sind zwei Aspekte für die Interessenlage der Parteien zu diskutieren. Zum einen ist der Schutz des Eigentümerunternehmens vor Gläubigern des Unternehmensführers zu diskutieren. Solange das Eigentümerunternehmen Vollrechtsinhaber an den materiellen Unternehmensbestandteilen ist, hat es die Möglichkeit, im Falle einer Insolvenz oder einer Vollstreckungsmaßnahme gegen den Unternehmensführer durch Drittwiderspruchsklage nach § 771 ZPO oder durch ein Aussonderungsrecht nach § 47 InsO seine Rechtsposition zu schützen. Der Unternehmensführungsvertrag ist als Verwaltungstreuhand einzuordnen. Wenn nun materielle Unternehmensbestandteile an den Unternehmensführer von dem Eigentümerunternehmen übertragen werden, ist auch das Unmittelbarkeitsprinzip der Rechtsprechung erfüllt. Der Treugeber hat dann auch die Möglichkeit, durch eine Drittwiderspruchsklage oder ein Aussonderungsrecht seine wirtschaftlich ihm zuzurechnende Rechtsposition zu schützen.[548] Dieser Vergleich zeigt, dass es für den Schutz vor Gläubigern des Unternehmensführers keinen Unterschied macht, ob der Unternehmensführer zur Verfügung ermächtigt wird oder ihm die Vollrechtsposition übertragen wird. Ein Unterschied ergibt sich allerdings daraus, dass die Vollrechtsübertragung dem Unternehmensführer eine stärkere Rechtsposition verschafft als die Konstruktion über eine Einwilligung, da die Einwilligung nach § 183 BGB grundsätzlich frei widerruflich ist.

Damit kann der Bogen wieder zurückgeschlagen werden auf die bei der Betriebspacht praktizierte Differenzierung zwischen dem Anlagevermögen und dem Umlaufvermögen. Das Anlagevermögen zeichnet typischerweise den Kernbestand des Unternehmens aus. Aus diesem Grund ist es im Interesse des Eigentümerunternehmens, auf dieses Vermögen während der Unternehmensführung stärker Einfluss nehmen zu können. Diesem Interesse wird Rechnung getragen, indem für diese Art von Unternehmensbestandteilen nicht von einer Verpflichtung des Eigentümerunternehmens zur Vollrechtsübertragung auszugehen ist. Anders hingegen ist für

548 *Peters*, MüKo-InsO, § 35 Rn. 117; *K. Schmidt./Brinkmann*, MüKo-ZPO, § 771 Rn. 25.

das Umlaufvermögen zu urteilen. Der Zweck des Unternehmensführungsvertrags liegt regelmäßig darin, dass dem Unternehmensführer die mehr oder weniger stark ausgeprägte autonome Führung über das tägliche Geschäft überlassen wird. Unter dieser Prämisse kann davon ausgegangen werden, dass die Vollrechtsübertragung des Umlaufvermögens, ähnlich wie bei der Betriebspacht, der Interessenlage der Parteien im Rahmen eines unechten Unternehmensführungsvertrags entspricht.

Allerdings kann dieser Argumentation entgegengehalten werden, dass die für eine ergänzende Vertragsauslegung erforderliche Vertragslücke nicht vorliegt, wenn die Parteien im Hinblick auf ihre Professionalität eine gewollte Eigentumsübertragung im Vertrag nicht widerspiegeln.[549] Ebenso sollen mit dem Unternehmensführungsvertrag steuerliche Nachteile vermieden werden, wie beispielsweise die Versteuerung thesaurierter Gewinne, die Auflösung stiller Reserven oder der Verlust der Verrechenbarkeit von Verlustvorträgen, die durch die Übertragung von Unternehmenssubstanz entstehen.[550] Aus diesem Grund ist davon auszugehen, dass auch das Vollrecht am Umlaufvermögen nicht übertragen wird.

b) Immaterielle Bestandteile des Unternehmens

aa) Firma

Die Firma stellt nicht nur den schlichten Namen des Unternehmensträgers dar, sondern der Firma kommt eine erhebliche persönlichkeitsrechtliche, vermögensrechtliche und wettbewerbsrechtliche Funktion zu.[551] Wenn im Rahmen eines unechten Unternehmensführungsvertrags nicht explizit vereinbart wurde, dass die Firma des Eigentümerunternehmens durch den Unternehmensführer weiter geführt wird, dann stellt sich die Frage, ob eine Überlassung der Firma aus einer ergänzenden oder aus einer erläuternden Vertragsauslegung geschlossen werden kann. Ansatzpunkt muss hierbei § 22 Abs. 1 HGB sein. Dieser sieht vor, dass der Erwerber eines Handelsgeschäfts die Firma weiterführen darf, wenn der bisherige Geschäftsinhaber oder dessen Erben der Fortführung ausdrücklich zustimmen. Der Anwendungsbereich des § 22 Abs. 1 HGB wird durch den § 22 Abs. 2 HGB erweitert, wenn das Handelsgeschäft aufgrund eines Nießbrauchs, eines Pachtvertrags oder eines ähnlichen Verhältnisses übernommen wird.

Damit stellt sich die Frage, ob ein unechter Unternehmensführungsvertrag als ähnliches Verhältnis im Sinne des § 22 Abs. 2 HGB subsumiert werden kann. Der Wortlaut lässt eine solche Deutung durchaus zu. Auch die Systematik steht dieser Deutung nicht entgegen. Die zuvorderst genannte Pacht und der Nießbrauch zeichnen sich dadurch aus, dass das Handelsgeschäft auf Zeit überlassen wird und dieses im Namen, im Interesse und auf Rechnung des Pächters bzw. des Nießbrauchers

549 So bezogen auf die Betriebspacht *Dörmer*, Unternehmenspacht, 205.

550 *Fenzl*, Betriebsführungsvertrag, 54; *Rieble*, NZA 2010, 1145, 1149; *Winter/Theisen*, AG 2011, 662, 664.

551 *Dörmer*, Unternehmenspacht, 193; *K. Schmidt*, HandelsR, 420, 428 f.; *Oppenländer*, Unternehmenspacht, 232.

geführt wird. Auch bei dem unechten Unternehmensführungsvertrag wird das Unternehmen auf Zeit übernommen und im Namen des Unternehmensführers geführt. Der Unterschied liegt hier nur in dem Umstand, dass dieses auf Rechnung des Eigentümerunternehmens geschieht. Es liegt also durchaus eine Ähnlichkeit zur Pacht oder zum Nießbrauch vor. Der Zweck des § 22 HGB wird darin gesehen, dass durch diesen das Prinzip der Firmenwahrheit zugunsten des Erhalts des Wertes der alten Firma durchbrochen wird.[552]

Teilweise wird von der Literatur auch die Firmenbeständigkeit als Grundprinzip angesehen, das lediglich durch die Firmenwahrheit begrenzt wird.[553] Würde man den Unternehmensführungsvertrag nicht als ähnliches Verhältnis im Sinne des § 22 Abs. 2 HGB subsumieren oder gegebenenfalls den § 22 Abs. 1 HGB analog anwenden, dann würde der in der Firma verkörperte immaterielle Wert beeinträchtigt werden, wenn der Unternehmensführer bei einem unechten Unternehmensführungsvertrag das Handelsgeschäft unter eigener Firma führen würde.[554] Das Informationsinteresse des Rechtsverkehrs hingegen ist bei einem unechten Unternehmensführungsvertrag nicht stärker berührt als bei einer Betriebspacht. Der Rechtsverkehr ist daran gewöhnt, dass keine Kontinuität des Rechtsträgers mit dem Bestand der Firma verbunden ist.[555] Dies spricht dafür, dass das entscheidende Kriterium für eine Subsumtion eines Rechtsverhältnisses als ähnliches Verhältnis im Sinne des § 22 Abs. 2 HGB der zeitweilige Wechsel des Unternehmensträgers ist.[556] So sei beispielsweise ein ähnliches Verhältnis im Sinne des § 22 Abs. 2 HGB auch bei dem Treuhandverhältnis des Testamentsvollstreckers gegeben.[557] Gleiches muss daher auch für das Treuhandverhältnis des unechten Unternehmensführungsvertrags gelten.

Zusammenfassend lässt sich feststellen, dass es also auch bei dem unechten Unternehmensführungsvertrag für eine Firmenfortführung durch den Unternehmensführer der ausdrücklichen Einwilligung des Rechtsträgers des Eigentümerunternehmens gem. § 22 Abs. 1 HGB bedarf. Die Einwilligung stellt dabei eine echte dingliche Übertragung des Immaterialguts Firma nach §§ 413, 398 ff. BGB dar.[558] Diese Einwilligung muss ausdrücklich erfolgen, wobei nach überwiegender

552 Heymann/*Emmerich*, HGB, § 22 Rn. 1a; *Heidinger*, MüKo-HGB, § 22 Rn. 3; Oetker/*Schlingloff*, HGB, § 22 Rn. 1.

553 *K. Schmidt*, HandelsR, 454 f.

554 Vgl. *Heidinger*, MüKo-HGB, § 22 Rn. 3; Oetker/*Schlingloff*, HGB, § 22 Rn. 1.

555 Vgl. *Heidinger*, MüKo-HGB, § 22 Rn. 3.

556 Vgl. Staub/*Burgard*, HGB, § 22 Rn. 110; Oetker/*Schlingloff*, HGB, § 22 Rn. 38.

557 Staub/*Burgard*, HGB, § 22 Rn. 111; Oetker/*Schlingloff*, HGB, § 22 Rn. 38.

558 Staub/*Burgard*, HGB, § 22 Rn. 28; Heymann/*Emmerich*, HGB, § 22 Rn. 11; *Heidinger*, MüKo-HGB, § 22 Rn. 32; E/B/J/S/*Reuschle*, HGB, § 22 Rn. 27; Röhricht/v. Westphalen/*Ries*, HGB, § 22 Rn. 19. Das Reichsgericht sah allerdings die Einwilligung nicht als dingliches Rechtsgeschäft, sondern als schuldrechtliche Gestattung an, RG, Urt. v. 04.04.1883 – I 143/83, Z 9, 104, 106; RG, Beschl. v. 29.05.1923 – II B 1/23, Z 107, 31, 33.

Ansicht dies nicht voraussetzt, dass die Einwilligung des Gebrauchs besonderer Worte oder einer besonderen Form bedarf.[559] Selbst eine stillschweigende Einigung wird für möglich gehalten.[560] Entscheidend sei allein, dass der Wille zweifelsfrei bzw. unmissverständlich und eindeutig zum Ausdruck gebracht wird.[561]

Zutreffend wird dieser Ansicht kritisch entgegengehalten, dass eine solch weite Fassung in einen Konflikt mit dem Wortlaut des § 22 Abs. 1 HGB gerate, wenn sie nur die Anforderungen aufstelle, die auch an eine normale Willenserklärung zu stellen sei.[562] Zusätzlich diene § 22 Abs. 1 HGB auch dem Schutz des Inhabers der Firma.[563] Diese kritische Ansicht verfolgt jedoch nicht das Ziel höhere Anforderungen an die Willenserklärung zu stellen, sondern sie kommt zu dem Schluss, dass das Ausdrücklichkeitskriterium einer ergänzenden Vertragsauslegung entgegensteht und somit die Einwilligung zur Firmenfortführung höchstens im Wege der einfachen Vertragsauslegung gewonnen werden kann.[564] Die Anforderungen, die an die Einwilligung zu stellen sind, müssen auch an das Verpflichtungsgeschäft zur Abgabe einer solchen Einwilligung gestellt werden, da ansonsten der Schutzzweck des § 22 Abs. 1 HGB unterlaufen würde.[565]

Damit stellt sich die Frage, ob der Abschluss eines unechten Unternehmensführungsvertrags genügt, um den Willen des Rechtsträgers des Eigentümerunternehmens zur Firmenüberlassung an den Unternehmensführer zu manifestieren. Für die Veräußerung eines Unternehmens wird eine solche Schlussfolgerung abgelehnt. Aus der Veräußerung eines Handelsgeschäfts kann nicht auf eine Übertragung der Firma geschlossen werden.[566] Für die Betriebspacht ist es umstritten, ob aus dem schlichten Abschluss eines solchen Pachtvertrages auch auf die Übertragung der Firma auf Zeit geschlossen werden kann.[567] Für eine anzunehmende Einwilligung im Rahmen der Betriebspacht wird angeführt, dass der Verpächter ein starkes Interesse daran

---

559 BGH, Urt. v. 27.04.1994 – VIII ZR 34/93, ZIP 1994, 942, 943; OLG Hamm, Urt. v. 29.08.1983 – 8 U 280/82, ZIP 1983, 1198, 1201; Staub/*Burgard*, HGB, § 22 Rn. 31; *Heidinger*, MüKo-HGB, § 22 Rn. 33; Schlegelberger/*Hildebrandt/Steckhan*, HGB, § 22 Rn. 12.

560 Baumbach/Hopt/*Hopt*, HGB, § 22 Rn. 9; Heymann/*Emmerich*, HGB, § 22 Rn. 11; *Heidinger*, MüKo-HGB, § 22 Rn. 33; E/B/J/S/*Reuschle*, HGB, § 22 Rn. 26; Röhricht/v. Westphalen/*Ries*, HGB, § 22 Rn. 20.

561 Heymann/*Emmerich*, § 22 Rn. 11; *Heidinger*, MüKo-HGB, § 22 Rn. 33; E/B/J/S/*Reuschle*, HGB, § 22 Rn. 26; Röhricht/v. Westphalen/*Ries*, HGB, § 22 Rn. 20.

562 *Dörmer*, Unternehmenspacht, 191 f.

563 Vgl. *Dörmer*, Unternehmenspacht, 191; *Oppenländer*, Unternehmenspacht, 233.

564 *Dörmer*, Unternehmenspacht, 192.

565 *Dörmer*, Unternehmenspacht, 192.

566 BGH, Urt. v. 27.04.1994 – XIII ZR 34/93, ZIP 1994, 942, 943; OLG Hamm, Urt. v. 29.08.1983 – 8 U 280/82, ZIP 1983, 1198, 1201; Staub/*Burgard*, HGB, § 22 Rn. 31; Heymann/*Emmerich*, HGB, § 22 Rn. 11; *Heidinger*, MüKo-HGB, § 22 Rn. 33; Röhricht/v. Westphalen/*Ries*, HGB, § 22 Rn. 20.

567 Für eine Übertragung der Firma *Dörmer*, Unternehmenspacht, 193 ff.; gegen eine Übertragung *Oppenländer*, Unternehmenspacht, 233 f.

hat, den Wert der Firma aufrechtzuerhalten, während dem Pächter aus der Einwilligung des Verpächters keine Nachteile erwachsen.[568] Er kann das Handelsgeschäft unter neuer Firma oder unter der alten Firma fortführen.

Bei einem unechten Unternehmensführungsvertrag liegt eine etwas andere Interessenlage vor. Hier kann nicht stets davon ausgegangen werden, dass der Rechtsträger des Eigentümerunternehmens ein Interesse daran hat, die Firma an den Unternehmensführer zu übertragen. Zwar ist es durchaus möglich, dass das Eigentümerunternehmen mit dem unechten Unternehmensführungsvertrag einen Sanierungszweck verfolgt und so bei einer Firmenübertragung einen Wertzuwachs oder einen Werterhalt erwartet. Insofern wäre die Interessenslage einer Betriebspacht und einem unechten Unternehmensführungsvertrag durchaus vergleichbar.

Andererseits kann der Unternehmensführungsvertrag auch dem Anschluss an eine Kette dienen. So kann es durchaus im Interesse des Eigentümerunternehmens liegen, dass das Unternehmen im Rahmen eines unechten Unternehmensführungsvertrags unter der Firma des Unternehmensführers geführt wird. In diesem Fall kann das Eigentümerunternehmen von dem Firmenwert des Unternehmensführers profitieren. Auch aus Sicht des Unternehmensführers ist eine Weiterführung des Unternehmens unter der Firma des Eigentümerunternehmens nicht stets vorteilhaft. Schließlich haftet der Unternehmensführer zumindest im Außenverhältnis für die vor der Übertragung begründeten Verbindlichkeiten gem. § 25 Abs. 1 HGB, wenn diese Haftung nicht in der nach § 25 Abs. 2 HGB geforderten Form abbedungen wurde.[569] Aus dem Abschluss eines unechten Unternehmensführungsvertrags kann also nicht zwingend der Schluss gezogen werden, dass der Rechtsträger des Eigentümerunternehmens zur Abgabe einer Einwilligung im Sinne des § 22 Abs. 1 HGB verpflichtet ist.

bb) Überlassung von gewerblichen Schutzrechten

Wie auch der Unternehmensführer im Einzelfall zur Überlassung von gewerblichen Schutzrechten, wie Patenten, Design oder Gebrauchsmustern verpflichtet sein kann, kann auch das Eigentümerunternehmen verpflichtet sein, im Rahmen eines unechten Unternehmensführungsvertrags dem Unternehmensführer gewerbliche Schutzrechte zur Verfügung zu stellen.[570] Analog gilt dies auch für Nutzungsrechte an Urheberrechten. Sofern die Parteien nicht explizit vertraglich geregelt haben, welche Schutzrechte sie wie zur Verfügung stellen, müssen diese Fragen im Rahmen der ergänzenden Vertragsauslegung beantwortet werden.

Die Frage, welche Schutzrechte dem Unternehmensführer überlassen werden, ist von der konkret wahrzunehmenden Aufgabe abhängig. Soweit das betroffene Schutzrecht für die konkrete Unternehmensführung erforderlich ist und das Eigentümerunternehmen Inhaber des Schutzrechts oder ein ausschließlicher Lizenznehmer

568 *Dörmer*, Unternehmenspacht, 193 f.
569 *K. Schmidt*, FS Hoffmann-Becking, 1053, 1066.
570 Hierzu 2. Kapitel § 2 B III 3 a aa.

ist, hat das Eigentümerunternehmen dieses zur Verfügung zu stellen. Dies kann durch eine Vollrechtsübertragung (ausgenommen bei einem Urheberrecht) oder durch eine Lizenz bzw. eine Unterlizenz erfolgen. Da die Unternehmensführung nur temporär erfolgt und die Immaterialgüter keine Verbrauchsgüter darstellen, werden regelmäßig keine Vollrechte auf den Unternehmensführer übertragen, sondern nur Lizenzen. Es lässt sich allerdings nicht pauschal sagen, zu welcher Art der Lizenzerteilung das Eigentümerunternehmen im Rahmen eines unechten Unternehmensführungsvertrags konkret verpflichtet ist. So ist die Erteilung einer ausschließlichen Lizenz vorteilhaft, wenn der Unternehmensführer besonders autark handeln soll. In diesem Fall kann der Unternehmensführer die Lizenz unabhängig verwalten.[571] Wenn hingegen das Eigentümerunternehmen weiterhin stark in die konkrete Unternehmensführung eingebunden werden soll, liegt die Erteilung einer einfachen Lizenz nahe.

c) Überleitung von Vertragsverhältnissen

aa) Übergang der Vertragsverhältnisse kraft Gesetzes

Im Rahmen eines unechten Unternehmensführungsvertrags stellt sich die Frage, wie mit Verträgen zu verfahren ist, die vor dem Abschluss eines Unternehmensführungsvertrags durch das Eigentümerunternehmen abgeschlossen wurden. Betroffen sind hier vor allem Dauerschuldverhältnisse, aber auch sonstige Verträge, bei denen noch eine Verwaltung erforderlich ist. Oftmals wird es in diesen Fällen im Interesse des Eigentümerunternehmens liegen, dass der Unternehmensführer die Verwaltung dieser vertraglichen Beziehungen übernimmt. Die Verwaltung im eigenen Namen ist allerdings nur möglich, wenn die Vertragsverhältnisse auf den Unternehmensführer übergeleitet werden.

Ein gesetzlicher Vertragsübergang ist nur vereinzelt vorgesehen. So sieht § 566 BGB den Übergang des betreffenden Mietverhältnisses auf den Erwerber einer Immobilie vor. § 613a BGB regelt den Vertragsübergang von Arbeitsverhältnissen im Rahmen eines Betriebsübergangs.

Sowohl in der Rechtsprechung als auch in der Lehre wird diskutiert, ob bei einem Wechsel eines Unternehmensträgers alle unternehmensbezogenen Verträge auf den neuen Träger übergehen.[572] Für einen Vertragsübergang wird vor allem mit den §§ 25 und 28 HGB argumentiert. § 25 Abs. 1 S. 1 HGB sieht vor, dass der

---

571 Vgl. *Götting*, Gewerblicher Rechtsschutz, 212 f.

572 Einen Übergang von unternehmensbezogenen Verträgen befürworten: BGH, Urt. v. 25.04.1996 – I ZR 58/94, NJW 1996, 2866, 2867; LG Stuttgart, Urt. v. 22.12.1995 – 5 KfH S 1/95, NJW-RR 1996, 1378, 1379; *Oppenländer*, Unternehmenspacht, 247 ff.; *K. Schmidt*, HandelsR, 274 ff.; *Thiessen*, MüKo-HGB, § 25 Rn. 81 ff.; *Waskönig*, Rechtsgrund, 118 ff. Gegen einen Übergang von unternehmensbezogenen Verträgen sind: BGH, Urt. v. 15.05.1990 – X ZR 82/88, NJW-RR 1990, 1251, 1253; bezogen auf Mietverträge BGH, Urt. v. 25.04.2001 – XII ZR 43/99, WM 2001, 1262, 1263; *Beuthien*, NJW 1993, 1737, 1738; *Dörmer*, Unternehmenspacht, 218 ff.; E/B/J/S/

Erwerber eines Handelsgeschäfts bei einer Firmenfortführung für alle im Betrieb des Geschäfts begründeten Verbindlichkeiten des früheren Inhabers haftet. Gleichzeitig gelten die in dem Unternehmen begründeten Forderungen dem Schuldner gegenüber als übergegangen gem. § 25 Abs. 1 S. 2 HGB. Eine parallele Regelung findet sich in § 28 Abs. 1 HGB im Bezug auf den Beitritt eines persönlich haftenden Gesellschafter oder eines Kommanditisten. Der Abschluss eines unechten Unternehmensführungsvertrags mit der Abrede, dass das Unternehmen unter der Firma des Unternehmensführers fortgeführt werden soll, erfüllt zunächst den Tatbestand des § 25 HGB. Für ein Erwerbsgeschäft muss gerade kein Unternehmenskauf vorliegen.[573] Es genügt auch, wenn das Unternehmen nur zeitweise, wie beispielsweise im Wege der Pacht, des Nießbrauchs oder eines Treuhandverhältnisses, überlassen wird.[574] Umstritten ist, ob § 25 HGB einen gesetzlicher Übergang unternehmensbezogener Rechtsverhältnisse oder ein gesetzlicher Schuldbeitritt darstellt.[575]

So solle nach den Vertretern, die für einen gesetzlichen Vertragsübergang plädieren, durch die §§ 25, 28 HGB die Nichtrechtsfähigkeit der Handelsgesellschaft kompensiert werden und diesem Zweck entspricht es, wenn es nicht nur zu einer Haftung komme, sondern zu einem Vertragsübergang.[576] Durch einen solchen Vertragsübergang werden nicht nur Schutzinteressen der Gläubiger berücksichtigt, sondern auch der Erwerber.[577] Ein Vertragsübergang befriedige das Bedürfnis nach Rechtsklarheit.[578]

Gegen die Statuierung eines solchen Vertragsübergang spricht allerdings schon der Wortlaut der §§ 25, 28 HGB.[579] Dieser sieht lediglich eine Haftung und gerade kein Vertragsübergang vor. Ebenso finden sich in § 25 Abs. 1 S. 2 HGB und § 28 Abs. 1 S. 2 HGB Regelungen, die als handelsrechtliches Gegenstück zu § 407 BGB zu sehen sind, wenn eine Abtretung von unternehmensbezogenen Forderungen zugunsten des Erwerbers unterbleibt.[580] Hätte der Gesetzgeber einen Vertragsübergang gewollt, so wäre dies deutlicher aus dem Wortlaut hervorgegangen. Ebenso wäre § 25 Abs. 1 S. 2 HGB ohne eigenen Regelungsbereich, wenn ein Vertragsübergang anzunehmen wäre. Gegen die Statuierung eines solchen Vertragsübergangs

---

Reuschle, HGB, § 25 Rn. 58; *Oetker*, Dauerschuldverhältnis, 658 f.; Oetker/*Vossler*, HGB, § 25 Rn. 29; *Zöllner*, ZGR 1983, 82, 89.

573 Oetker/*Vossler*, HGB, § 25 Rn. 14.

574 BGH, Urt. v. 29.03.1982 – II ZR 166/81, NJW 1982, 1647; BGH, Urt. v. 16.01.1984 – II ZR 114/83, NJW 1984, 1186, 1187; Oetker/*Vossler*, HGB, § 25 Rn. 15.

575 Vgl. Thiessen, MüKo-HGB, § 25 Rn. 81; Oetker/*Vossler*, HGB, § 25 Rn. 29.

576 LG Stuttgart, Urt. v. 22.12.1995 – 5 KfH S 1/95, NJW-RR 1996, 1378, 1379; *K. Schmidt*, HandelsR, 274.

577 Vgl. E/B/J/S/*Reuschle*, HGB, § 25 Rn. 58 ff.; *Thiessen*, MüKo-HGB, § 25 Rn. 83; *K. Schmidt*, HandelsR, 276.

578 *Thiessen*, MüKo-HGB, § 25 Rn. 81; *Waskönig*, Rechtsgrund, 142.

579 Oetker/*Vossler*, HGB, § 25 Rn. 29.

580 Oetker/*Vossler*, HGB, § 25 Rn. 48.

sprechen auch erhebliche grundrechtliche Bedenken.[581] So sieht die in Art. 2 Abs. 1 GG verankerte Privatautonomie die positive und negative Vertragsfreiheit vor.[582] Dem Grundrechtsträger ist es also grundsätzlich frei überlassen zu entscheiden, mit welcher Person und mit welchem Inhalt er kontrahieren möchte und ob ein bestehendes Vertragsverhältnis aufrechterhalten wird oder nicht.[583] Wenn nun Vertragsverhältnisse auf einen Dritten übergeleitet werden, so stellt dies – selbst bei der Einräumung eines Widerspruchsrechts – einen Eingriff in den grundrechtlich geschützten Schutzbereich der allgemeinen Handlungsfreiheit dar.[584] Wenn nun der Blick auf den § 566 BGB und den § 613a BGB gerichtet wird, dann verdeutlicht sich, dass diese Vorschriften einem sozialen Zweck dienen, indem der Mieter weiterhin die Wohnung bewohnen darf oder der Arbeitnehmer weiterhin im Betrieb tätig sein darf.[585] Ein legitimer Zweck, wie solche sozialen Erwägungen, ist für den Übergang unternehmensbezogener Verträge nicht ersichtlich.[586] Selbst wenn ein legitimer Zweck für den pauschalen Übergang von unternehmensbezogenen Verträgen gefunden wäre, ist der Übergang von unternehmensbezogenen Verträgen auch im Hinblick auf die Angemessenheit eines solchen Eingriffs in die Privatautonomie höchst fragwürdig. Ohne ein Mitwirkungsrecht des betroffenen außenstehenden Vertragspartners stellt dies einen Kontrahierungszwang und somit einen schwerwiegenden Grundrechtseingriff dar. Eine Rechtfertigung eines solchen Grundrechtseingriffs erscheint schwer vorstellbar. Bei den §§ 566 und 613a BGB hat der Gesetzgeber die Rechtsposition des außenstehenden Vertragspartners durch ein Widerspruchs- bzw. ein Kündigungsrecht berücksichtigt. Ein Widerspruchs- bzw. ein Kündigungsrecht ist allerdings nur dann als sinnvolle Kompensationsmöglichkeit anzusehen, wenn der Betroffene Kenntnis von einem Vertragsübergang hat.[587] Zusätzlich führt die Kündigung bzw. der Widerspruch nicht zu einer Wiederherstellung des ursprünglichen Vertragsverhältnisses, sondern zu einem vertragslosen Zustand.[588] Trotz der Einräumung eines Widerspruchs- bzw. Kündigungsrechts liegt

---

581 So auch *Beuthien*, NJW 1993, 1737, 1738, *Dörmer*, Unternehmenspacht, 219; *Oetker*, Dauerschuldverhältnis, 658; Oetker/*Vossler*, HGB, § 25 Rn. 29; *Zöllner*, ZGR 1983, 82, 89.

582 v. Mangold/Klein/Starck/*Starck*, GG, Art. 2 Rn. 145.

583 *Busche*, Privatautonomie, 54; *ders.*, MüKo-BGB, Vor § 145 Rn. 2; *Dörmer*, Unternehmenspacht, 220; *Fikentscher/Heinemann*, SchuldR, 70; *Flume*, Allgemeiner Teil II, 12; *Säcker/Dörmer*, RdE 2002, 161, 171; v. Mangold/Klein/Starck/*Starck*, GG, Art. 2 Rn. 145.

584 Vgl. BVerfG, Beschl. v. 05.11.1980 – I BvR 290/78, E 55, 159, 165 ff.; BVerfG, Beschl. v. 27.01.1983 – I BvR 1008/79, E 63, 88, 115; BVerfG, Beschl. v. 10.04.1997 – II BvL 45/92, E 96, 10, 21.

585 Vgl. *Häublein*, MüKo-BGB, § 566 Rn. 1; *Müller-Glöge*, MüKo-BGB, § 613a Rn. 6; *Oetker*, Dauerschuldverhältnis, 658.

586 Ähnlich E/B/J/S/*Reuschle*, HGB, § 25 Rn. 60.

587 *Dörmer*, Unternehmenspacht, 220.

588 *Dörmer*, Unternehmenspacht, 220; *Säcker/Dörmer*, RdE 2002, 161, 171.

also bei einem Vertragsübergang ein schwerwiegender Grundrechtseingriff vor. Eine Rechtfertigung eines Eingriffs in die allgemeine Handlungsfreiheit durch richterliche Rechtsfortbildung ist nur möglich, wenn nicht gesetzgeberische Wertungen konterkariert werden oder das Institut der Vertragsfreiheit dieser Rechtsfortbildung entgegensteht.[589] Einer solchen Rechtsfortbildung stehen zum einen die §§ 414 f. BGB entgegen, wonach eine schuldbefreiende Übernahme einer Forderung – und somit erst recht die Übernahme eines Vertragsverhältnisses – der Zustimmung des betroffenen Gläubigers bedarf.[590] Aber auch die Existenz der §§ 566 und 613a BGB als Einschränkung der Privatautonomie und als Ausnahmetatbestand zeigen, dass eine Vertragsüberleitung ohne Mitwirkung des außenstehenden Vertragspartners grundsätzlich nicht möglich sein soll. Ohne ein Tätigwerden des Gesetzgebers kann also nicht pauschal von einem Übergang von unternehmensbezogenen Verträgen ausgegangen werden.

bb) Übergang der Vertragsverhältnisse kraft Vertragsübernahme

In diesem Sinne ist eine Vertragsübernahme nur im Wege der tradierten Dogmatik möglich. Für diesen Vertragsübergang werden in der Lehre und in der Rechtsprechung zwei dogmatische Konstruktionen vertreten, die sich inhaltlich ähneln. Eine Möglichkeit besteht darin, dass der ausscheidende Vertragspartner einen Übernahmevertrag mit dem eintretenden Vertragspartner schließt und der vom Übergang betroffene verbleibende Vertragspartner seine Zustimmung erklärt.[591] Eine andere Möglichkeit stellt der Abschluss eines dreiseitigen Vertrags zwischen den älteren Vertragsparteien und der eintretenden Vertragspartei dar.[592] Welche dieser Gestaltungsmöglichkeiten von den Parteien gewählt wird, ist von der Interessenlage abhängig.[593] Von diesen Gestaltungsmöglichkeiten ist die Konstellation zu unterscheiden, bei der die ursprünglichen Parteien einen Aufhebungsvertrag abschließen und dann ein neues, inhaltlich identisches Vertragsverhältnis zwischen einer alten Vertragspartei und einem neuen Vertragspartner geschlossen wird. Eine solche Konstellation geht über den Zweck des Parteiwechsels hinaus und liegt insbesondere

---

589 *Busche*, Privatautonomie, 655 f.; *Dörmer*, Unternehmenspacht, 222; *Säcker/Dörmer*, RdE 2002, 161, 172 Fn. 114.

590 *Dörmer*, Unternehmenspacht, 222; *Oetker*, Dauerschuldverhältnis, 658.

591 BGH, Urt. v. 29.11.1978 – VIII ZR 263/77, Z 72, 394, 396; BGH, Urt. v. 27.11.1985 – VIII ZR 316/84, Z 96, 302, 308; *Dörmer*, Unternehmenspacht, 217; *K. Schmidt*, HandelsR, 271 f.

592 BGH, Urt. v. 27.11.1985 – VIII ZR 316/84, Z 96, 302, 308; BGH, Urt. v. 03.12.1997 – XII ZR 6/96, NJW 1998, 531, 532; *Oppenländer*, Unternehmenspacht, 242; *K. Schmidt*, HandesR, 271. Das RG ging ursprünglich von einer Konstruktion über einen Schuldbeitritt in Verbindung mit einer Abtretung aus, RG, Urt. v. 27.11.1927 – VI 322/27, Z 119, 114, 118. Eine solche Konstruktion trägt jedoch den gravierenden Nachteil, dass Gestaltungsrechte ebenso wenig übergehen wie vertragliche Nebenpflichten, vgl. hierzu *Dörmer*, Unternehmenspacht, 217 f. Fn. 1170.

593 BGH, Urt. v. 03.12.1997 – XII ZR 6/96, NJW 1998, 531, 532.

dann im Interesse der Parteien, wenn der Vertrag auf eine neue Grundlage gestellt werden soll.[594]

Eine Vertragsüberleitung im Rahmen eines unechten Unternehmensführungsvertrags hängt also maßgeblich von der Mitwirkung des außenstehenden betroffenen Vertragspartners ab. Eine konkludente Zustimmung durch eine faktische Durchführung des Vertragsverhältnisses durch den Unternehmensführer ist zwar denkbar. Zutreffend werden jedoch hohe Anforderungen an eine konkludente Willenserklärung gestellt, wenn diese zu einem Vertragsübergang und so zu einem Wechsel des haftenden Vertragspartners führt.[595] Eine einvernehmliche Vertragsdurchführung ohne weitere Anhaltspunkte kann also nur als eine nicht befreiende Schuldübernahme gewertet werden.[596] Eine Übernahme bestehender Vertragsverhältnisse durch den Unternehmensführer im Rahmen eines unechten Unternehmensführungsvertrags ist folglich regelmäßig mit Schwierigkeiten verbunden. Als Alternative bleibt den Parteien in diesem Bereich nur, sich der Elemente des echten Unternehmensführungsvertrags zu bedienen und eine Vertragsverwaltung der Altverträge durch eine Stellvertretung auszugestalten. Die Durchführung eines reinen unechten Unternehmensführungsvertrags ist also mit erheblichen Hindernissen verbunden, die oftmals nur begrenzt im Einflussbereich der Vertragsparteien liegen.

2. Die Überlassung im Falle eines echten Unternehmensführungsvertrags

Relativ unproblematisch gestaltet sich die Überlassung des Unternehmens im Rahmen eines echten Unternehmensführungsvertrags. Im Rahmen eines solchen Vertrags wird der Unternehmensführer im fremden Namen tätig. Aus diesem Grund genügt regelmäßig die Bevollmächtigung des Unternehmensführers. Die Einräumung eines Nutzungsrechts des Unternehmensführers an materiellen bzw. immateriellen Bestandteilen ist, anders als im Falle eines unechten Unternehmensführungsvertrags, nicht zwingend erforderlich.[597]

II. Mitwirkungspflichten bei der Vertragsdurchführung

Das Eigentümerunternehmen hat bei der Vertragsdurchführung mitzuwirken, soweit es erforderlich ist.[598] Diese Mitwirkungspflicht ergibt sich aus dem Kooperationscharakter des Unternehmensführungsvertrags. Die Art und der Umfang der Mitwirkung des Eigentümerunternehmens richten sich nach dem konkreten

---

594 *Dörmer*, Unternehmenspacht, 218.

595 Vgl. Schlegelberger/*Hildebrandt*, HGB, § 26 Rn. 4; *Oetker*, Dauerschuldverhältnis, 659.

596 *Oetker*, Dauerschuldverhältnis, 659.

597 Generell zur Überlassung von Unternehmensbestandteilen bei einem echten Unternehmensführungsvertrag, *Weißmüller*, BB 2000, 1949, 1954.

598 *Abels*, Managementverträge, 101 f.; 249, 267; *Martinek*, Vertragstypen II, 295; *Schlüter*, Managementverträge. 86.

Unternehmensführungsvertrag. Zu dieser Mitwirkungspflicht gehört es beispielsweise, erforderliche Beschlüsse zu fassen, dem Unternehmensführer relevante Informationen mitzuteilen und personelle und materielle Ressourcen im Rahmen der laufenden Unternehmensführung bereitzustellen.[599]

§ 7. Ansprüche bei Pflichtverletzungen der Parteien

Typischerweise ist der Unternehmensführungsvertrag als Dienstvertrag einzuordnen. Die Einordnung als Werkvertrag ist zwar theoretisch möglich, sie stellt allerdings eine atypische Form des Unternehmensführungsvertrags dar. Aus diesem Grund konzentrieren sich diese Ausführungen auf einen Unternehmensführungsvertrag mit Dienstleistungscharakter.

A) Pflichtverletzungen des Unternehmensführers

I. Verletzung vorvertraglicher Informationspflichten

Sofern der Unternehmensführer eine vorvertragliche Informationspflicht verletzt hat, indem er seiner Aufklärungspflicht nicht nachgekommen ist oder eine Falschinformation gegeben hat, ist er zum Schadensersatz verpflichtet. Die Anspruchsgrundlage ist davon abhängig, ob vor dem Abschluss des Unternehmensführungsvertrags ein Vorvertrag geschlossen wurde. Ist dies der Fall bestimmt sich die Haftung aus §§ 280 Abs. 1, 241 Abs. 2 BGB. Wurde kein Vorvertrag geschlossen ergibt sich die Haftung aus §§ 280 Abs. 1, 241 Abs. 2, 311 Abs. 2 BGB. Daneben kommt speziell bei einer vorsätzlichen Informationspflichtverletzung eine Haftung aus § 826 BGB oder § 823 Abs. 2 BGB iVm. § 263 StGB in Betracht.

Speziell bei einer Verletzung vorvertraglicher Aufklärungspflichten ergibt sich aus Sicht des Geschädigten ein Kausalitätsproblem, da dieser grundsätzlich die Kausalität zwischen der Pflichtverletzung und dem Schaden beweisen muss. Dementsprechend müsste er beweisen, wie er und sein Vertragspartner sich verhalten hätten, wenn keine Aufklärungspflicht vorgelegen hätte. Aus diesem Grund wird zugunsten des Geschädigten eine Beweislasterleichterung angenommen, indem davon ausgegangen wird, dass der Geschädigte sich aufklärungsrichtig – sprich rational – verhalten hätte.[600]

Allerdings hilft diese Beweiserleichterung nur dann weiter, wenn sich der Geschädigte über einen Anspruch aus culpa in contrahendo aus dem Vertragsverhältnis lösen möchte und seinen Vertrauensschaden ersetzt verlangt. Darüber hinausgehend trifft den Geschädigten der Kausalitätsbeweis für das Verhalten

---

599 Vgl. *Abels*, Managementverträge, 101 f.; Lorz/Pfisterer/Gerber/*Messerschmidt*, Beck'sches Formularbuch Aktienrecht, 1134, 1136.

600 *Dierckmann*, WM 2011, 1153, 1154 ff.; *Emmerich*, MüKo-BGB, § 311 Rn. 206 ff.

seines Vertragspartners. Dementsprechend wird sich regelmäßig die Haftung auf den Ersatz des Vertrauensschadens beschränken.[601]

Jedoch ist dieser nicht, wie beispielsweise in den § 122 Abs. 1 BGB und § 179 Abs. 1 BGB, auf das Erfüllungsinteresse limitiert.[602] Nach einer Auffassung kann im Rahmen dieses Vertrauensschadens auch ein Teil einer überhöhten Vergütung ersetzt werden.[603] Dabei geht es um die Konstellation, dass der Geschädigte weiterhin am Vertrag festhalten will, er jedoch sein teilweise frustriertes Leistungsinteresse ersetzt verlangen möchte. Dieser Ansicht werden dogmatische Bedenken entgegengehalten, da befürchtet wird, dass es unter den Deckmantel des Ersatzes des Vertrauensschadens zu einer Vertragsanpassung komme.[604]

Diesen Bedenken steht entgegen, dass es sich nicht um eine versteckte Vertragsanpassung handelt, sondern nur um einen Ersatz für frustrierte Leistungserwartungen, die auf einer vorvertraglichen Pflichtverletzung beruhen, und dabei bleibt der Kern der Vereinbarung erhalten, indem der Ersatz des Vertrauensschadens unter Beachtung der vereinbarten Werterelation erfolgt.[605] Im Kern wird deshalb die Wertung des § 441 Abs. 3 BGB herangezogen.[606] Somit werden die Leistung und die Gegenleistung nicht separat betrachtet, sondern in Bezug gesetzt. Die privatautonome Vereinbarung der Parteien äußert sich also vor allem dadurch, dass sie Leistung und Gegenleistung in einem besonderen Verhältnis vereinbart haben. Würde man die vereinbarte Leistung und Gegenleistung nicht in Verhältnis setzen, dann wäre der Gegenauffassung zuzustimmen und es würde zu einer Vertragsänderung über § 249 Abs. 1 BGB kommen. Sieht man die privatautonome Gestaltung der Vertragsparteien vor allem darin, dass sie sich Leistungen versprochen haben, die zueinander in einem Verhältnis stehen, dann muss das frustrierte Leistungsinteresse einer Partei, das auf einer Aufklärungspflicht beruht, ersetzbar sein durch eine Minderung der eigenen Leistung.

---

601 BGH, Urt. v. 19.05.2006 – V ZR 264/05, BB 2006, 1650, 1652; Staudinger/*Olzen*, BGB, § 241 Rn. 453.

602 BGH, Urt. v. 16.11.1967 – III ZR 12/67, NJW 1968, 547, 548; *Emmerich*, MüKo-BGB, § 311 Rn. 199; a. A. Staudinger/*Löwisch/Feldmann*, BGB, § 311 Rn. 160.

603 BGH, Urt. v. 19.05.2006 – V ZR 264/05, BB 2006, 1650, 1652; Staudinger/*Löwisch/Feldmann*, BGB, § 311 Rn. 163; *Lüsing*, Vertragsverletzung, 292 ff.

604 Vgl. im Ergebnis auch ablehnend *Emmerich*, MüKo-BGB, § 311 Rn. 210; *Mertens*, ZGS 2004, 69 f.; NK-BGB/*Krebs*, § 311 Rn. 86; *Schubert*, JR 2007, 373, 374.

605 *Canaris*, AcP 200 (2000), 273, 316; *Lüsing*, Vertragsverletzung, 294; *Stoll*, FS Riesenfeld, 284 ff.; *ders.*, JZ 1999, 93, 95.

606 *Canaris*, AcP 200 (2000), 273, 316 f.; *Lüsing*, Vertragsverletzung, 293 f.; *Stoll*, FS Riesenfeld, 285; a. A. *Emmerich*, MüKo-BGB, § 311 Rn. 210; *Mertens* und *Löwisch/Feldmann* gehen bei der Schadensberechnung von der schlichten Differenz zwischen dem wahren Wert der Schuldnerleistung und dem vertraglichen Wert der Schuldnerleistung aus, Staudinger/*Löwisch/Feldmann*, BGB, § 311 Rn. 163; *Mertens*, ZGS 2004, 71 f.

Hiervon zu unterscheiden ist dementsprechend die Vertragsanpassung, bei der nicht die Wertidentität erhalten bleibt, indem der Geschädigte geltend macht, dass er unter Kenntnis der Sachlage einen vollkommen anderen Vertrag geschlossen hätte.[607] Ein solcher Schutz des Erfüllungsinteresses ist durch den zu führenden Kausalitätsbeweis erheblich erschwert.[608] So wird es für das geschädigte Eigentümerunternehmen sehr schwer zu beweisen sein, dass ohne die Aufklärungspflichtverletzung oder ohne die Falschinformation der Vertrag tatsächlich zu anderen Konditionen zustande gekommen wäre. Schließlich hätte der Vertragspartner sich auch auf andere Kondition einlassen müssen.

Wenn man der hier vertretenen Ansicht folgt, dann kann das Eigentümerunternehmen bei einer Aufklärungspflichtverletzung weiterhin am Vertrag festhalten und Schadensersatz für eine überhöhte Vergütung verlangen. Ein Schadensersatzanspruch auf anteilige Herabsetzung der Vergütung des Unternehmensführers und Ersatz einer übermäßigen Vergütung ist beispielsweise denkbar, wenn der Unternehmensführer über das Vorliegen eigener Kompetenzen getäuscht hat.

Etwaiges Mitverschulden des Eigentümerunternehmens wird unter § 254 Abs. 1 BGB haftungsmindernd berücksichtigt.[609] Dies kann insbesondere dann der Fall sein, wenn der Unternehmensführer und das Eigentümerunternehmen bei einer due diligence Prüfung zusammen wirken und dem Eigentümerunternehmen Ungereimtheiten hätten auffallen müssen. Zwar existiert keine Pflicht zur tatsächlichen Durchführung einer due diligence Prüfung.[610] Wird diese jedoch durchgeführt, müssen die Parteien abredegemäß mitwirken und die Ergebnisse der due diligence zur Kenntnis nehmen. Wenn dem Eigentümerunternehmen bei der Erfüllung dieser Pflichten Ungereimtheiten auffallen oder auffallen mussten, dann ist der Unternehmensführer auf diese hinzuweisen. Verletzt das Eigentümerunternehmen eine solche Pflicht und ist diese Pflichtverletzung mitursächlich für die haftungsbegründende Aufklärungspflichtverletzung des Unternehmensführers, dann ist dies haftungsmindernd im Rahmen des § 254 BGB zu berücksichtigen.

Im Rahmen der vorvertraglichen Pflichten ist auch auf eine Konkurrenz zu gesetzlichen Gewährleistungsrechten zu achten. Zwar gibt es für die Unternehmensführung an sich keine anzuwendenden gesetzlichen Gewährleistungsregelungen. Allerdings können mit dem Unternehmensführungsvertrag auch andere schuldrechtliche Verbindungen intendiert sein, die solche Gewährleistungsvorschriften vorsehen. So kann beispielsweise im Rahmen eines Unternehmensführungsvertrags der Unternehmensführer mit dem Eigentümerunternehmen Kaufverträge, Mietverträge oder Werkverträge geschlossen haben.[611] Die Wertungen des jeweilig einschlägigen Gewährleistungsrechtssystems der verschiedenen Vertragstypen drohen

607 Vgl. *Lüsing*, Vertragsverletzung, 295.

608 BGH, Urt. v. 19.05.2006 – V ZR 264/05, BB 2006, 1650, 1653.

609 Vgl. Staudinger/*Löwisch/Feldmann*, BGB, § 311 Rn. 165.

610 Siehe 2. Kapitel § 1 B.

611 *Abels*, Managementverträge, 47 f.; *Martinek*, Vertragstypen II, 285.

unterlaufen zu werden, wenn stets die Haftung für vorvertragliches Verschulden zugelassen werden würde.[612] Aus diesem Grund haben die speziellen Regelungen des jeweiligen Gewährleistungsrechts in ihrem Anwendungsbereich eine Sperrwirkung für die parallele Anwendung der culpa in contrahendo. Im Einzelfall kann allerdings die culpa in contrahendo dennoch angewandt werden. So ist dies beispielsweise bei einem arglistigen Schweigen im Kaufrecht der Fall. Die privilegierenden Wertungen zugunsten des Verkäufers finden bei einem arglistigen Verschweigen keine Anwendung (§ 444 BGB, § 442 Abs. 1 BGB, § 438 Abs. 3 BGB, § 440 BGB). Teilweise wird von Seiten der Literatur dafür plädiert, nicht erst eine arglistige Verletzung einer Informationspflicht für die parallele Anwendung der culpa in contrahendo zu fordern, sondern schon einen vorsätzlichen Verstoß genügen zu lassen.[613] Begründet wird dies damit, dass die vorsätzlich verschweigende Person einen Vertragsschluss nur unter Missachtung des Rechts erreicht und deshalb nicht schutzwürdig ist.[614]

Neben einem Schadensersatzersatzanspruch kommt auch ein außerordentliches Kündigungsrecht aus § 626 BGB in Betracht. Eine vorvertragliche Pflichtverletzung kann als außerordentlicher Kündigungsgrund auch dann herangezogen werden, wenn diese erst im Vollzug des Vertragsverhältnisses bekannt wird.[615]

Wenn zugleich die Falschinformation oder die Aufklärungspflichtverletzung als Täuschung einzuordnen ist, steht dem Eigentümerunternehmen grundsätzlich auch die Möglichkeit offen, den Unternehmensführungsvertrag wegen arglistiger Täuschung anzufechten.[616] Ein möglicherweise vorliegendes außerordentliches Kündigungsrecht steht nicht in Konkurrenz zu einem Anfechtungsrecht. Beide Gestaltungsrechte können wahlweise nebeneinander geltend gemacht werden.[617]

II. Nichtleistung

Der Unternehmensführer schuldet neben eventuell vereinbarten Vorbereitungspflichten die Führung des Unternehmens. Eine Pflichtverletzung des Unternehmensführers kann zunächst darin liegen, dass er das Unternehmen nicht führt. Mögliche Folgen einer solchen Nichtleistung sind danach zu differenzieren, ob die Dienstleistung der Unternehmensführung als absolute Fixschuld einzuordnen ist. Sofern die Unternehmensführung als absolute Fixschuld einzuordnen ist, tritt Unmöglichkeit

---

612 Vgl. *Hübner*, BB 2010, 1483, 1484; ausführlich *Lüsing*, Vertragsverletzung 299 ff.; Staudinger/*Olzen*, BGB, § 241 Rn. 155, 156.

613 *Lüsing*, Vertragsverletzung, 306.

614 *Lüsing*, Vertragsverletzung, 306 f.

615 RG, Urt. v. 12.03.1938 – II 180/37, JW 1938, 1392; *Henssler*, MüKo-BGB, § 626 Rn. 122; *Wenzel*, MDR 1977, 985, 987.

616 Zu dem Konkurrenzverhältnis zwischen arglistiger Täuschung und einem Schadensersatzanspruch aus culpa in contrahendo, vgl. *Lüsing*, Vertragsverletzung, 296 ff.

617 BAG, Urt. v. 16.12.2004 – 2 AZR 148/04, NZA 2006, 624; *Henssler*, MüKo-BGB, § 626 Rn. 37.

im Sinne des § 275 Abs. 1 BGB ein und es kommt zu einem Wegfall der Leistungspflicht. Damit würde der Unternehmensführer auch seinen Vergütungsanspruch nach § 326 Abs. 1 S. 1 1. HS BGB verlieren. Da die Nichtführung des Unternehmens als Pflichtverletzung zu qualifizieren ist, kommt bei dem Vorliegen eines Verschuldens ein Schadensersatzanspruch statt der Leistung in Betracht gem. §§ 280 Abs. 1, Abs. 3, 283 BGB. Sofern man die Unternehmensführung nicht als absolute Fixschuld einordnet, kann das Eigentümerunternehmen weiterhin Erfüllung verlangen. Zusätzlich kann das Eigentümerunternehmen seinen Verzögerungsschaden geltend machen, wenn die Voraussetzungen der §§ 280 Abs. 1, Abs. 2, 286 BGB vorliegen.

Der Unternehmensführungsvertrag wurde nicht nur als Geschäftsbesorgungsvertrag mit Dienstleistungscharakter, sondern auch als Dauerschuldverhältnis eingeordnet.[618] Ein Dauerschuldverhältnis zeichnet sich dadurch aus, dass die Leistung mit der Zeit verknüpft ist. Typischerweise besteht eine Verknüpfung zwischen Leistung und Zeit nicht nur in der Dimension, dass eine Leistung über eine Zeitperiode erbracht wird, sondern das eine bestimmte Zeitperiode für die Leistung vorgesehen ist. Aus diesem Grund werden regelmäßig die Dienst- und Arbeitsleistung als absolute Fixgeschäfte eingeordnet.[619] Dieser Grundsatz darf jedoch bei Dienstleistungen nicht zu einer schematischen Annahme eines absoluten Fixgeschäfts führen.[620] Auch ist zu beachten, dass die rein faktische Möglichkeit zur weiteren Vornahme der Dienstleistung allein nicht genügt, um das Vorliegen eines reinen Fixgeschäfts zu entkräften.[621] Ein Fixschuldcharakter eines Dauerschuldverhältnisses ist deshalb nur dann abzulehnen, wenn die Leistung tatsächlich noch erbracht werden, und das Gläubigerinteresse bei einer verspäteten Leistung im gleichen Maße noch befriedigt werden kann.[622] Im Rahmen eines Unternehmensführungsvertrags hat typischerweise die zeitliche Komponente eine erhebliche Bedeutung. Der Unternehmensführer soll für eine bestimmte Zeit die Führung eines Unternehmens übernehmen. Schon aus den Motiven für den Abschluss eines Unternehmensführungsvertrags lässt sich herleiten, dass es von strategischer Bedeutung ist, wann ein solcher Vertrag abgeschlossen wird. Der Unternehmensführer wird regelmäßig ähnlich wie ein Arbeitnehmer in den Betriebsprozess eingeplant und eingebunden. Aus diesem Grund wird eine verspätete Leistung des Unternehmensführers für das Eigentümerunternehmen oft nicht sinnvoll sein. Freilich kann in atypischen Sachverhalten das Interesse des Eigentümerunternehmens an einer Bindung der Unternehmensführung an einen bestimmten Zeitraum so gering sein, dass eine verspätete Leistung noch den gleichen Wert wie eine rechtzeitige Leistung hat.

---

618 Vgl. 1. Kapitel § 5 B I 2 a.

619 *Mugdan*, Materialien II, 257; GesBegr. BT-Drs. 14/6040 S. 129; *Finkentscher/Heinemann*, SchuldR, 577; Bamberger/Roth/*Fuchs*, BGB, § 611 Rn. 83; *Müller-Glöge*, MüKo-BGB, § 611 Rn. 15; *Oetker*, Dauerschuldverhältnis, 334 Staudinger/*Richardi/Fischinger*, BGB, § 611 Rn. 543.

620 *Oetker*, Dauerschuldverhältnis, 333.

621 *Oetker*, Dauerschuldverhältnis, 339 f.

622 *Oetker*, Dauerschuldverhältnisse, 333.

Unabhängig von der Frage des Fixschuldcharakters ist das Vorliegen eines außerordentlichen Kündigungsgrunds. Ein solcher Kündigungsgrund kann im Fall einer Nichtleistung des Unternehmensführers anstatt eines Rücktrittsrechts gegeben sein.[623] Dies ist dann der Fall, wenn nach einer umfassenden Interessenabwägung ein Festhalten an dem Vertrag unzumutbar ist.[624] Entscheidend ist dabei nach dem Prognoseprinzip die Auswirkung vergangener oder gegenwärtiger Ereignisse auf die zukünftige Vertragsdurchführung.[625]

Damit einhergehend können mögliche andere Maßnahmen, wie zum Beispiel eine Abmahnung, eine mildere Reaktion auf ein Ereignis sein und so eine positive Prognose rechtfertigen.[626] Allerdings hat der BGH das Erfordernis einer vorherigen erfolglosen Abmahnung bei Organvertretern für nicht zwingend erforderlich gehalten.[627] Dabei argumentiert er, dass sich das Abmahnungserfordernis aus der Schutzbedürftigkeit der Arbeitnehmer ergebe.[628] Eine mit einem Arbeitnehmer vergleichbare besondere Schutzbedürftigkeit des Unternehmensführers ist ebenso wenig ersichtlich. Tendenziell ist eine solche Abmahnung bei einem Unternehmensführungsvertrag, der dem Unternehmensführer eine große Einflussmöglichkeit auf das Eigentümerunternehmen eröffnet, also nicht zwingend erforderlich.

Bei einer Nichtleistung des Unternehmensführers gilt daher im Einzelfall abzuwägen, ob dies eine außerordentliche Kündigung rechtfertigt. Maßgebliche Faktoren sind dabei die Dauer der Nichtleistung und der Einfluss der Nichtleistung auf das Unternehmen. Lag beispielsweise nur bei einem relativ geringen zeitlichen Intervall eine Nichtleistung des Unternehmensführers vor, so rechtfertigt dies dann eine außerordentliche Kündigung, wenn hierdurch dem Eigentümerunternehmen ein erheblicher Schaden entstanden ist. Das Festhalten an dem Vertrag ist in diesem Fall nicht zumutbar, wenn durch eine erhebliche Schädigung die Vertrauensbasis für eine weitere Zusammenarbeit zerstört wurde.

Das Verschulden der Nichtleistung des Unternehmensführers spielt nur eine sehr untergeordnete Rolle für das Vorliegen eines Kündigungsgrunds aus § 626 Abs. 1 BGB. Zunächst ist formal gesehen kein Verschuldenserfordernis in § 626 BGB vorgesehen. Dennoch ist das Verschulden beider Vertragsparteien als Kriterium im Rahmen der Abwägung des § 626 BGB zu berücksichtigen.[629] Wenn dem Unternehmensführer allerdings – wie es typischerweise der Fall ist – eine erhebliche

---

623 Vgl. RG, Urt. v. 18.09.1922 – IV 13/22, Z 105, 167, 168 f.; BGH, Urt. v. 22.05.1990 – IX ZR 208/89, NJW 1990, 2549, 2550; *Finkentscher/Heinemann*, 578; Bamberger/Roth/*Fuchs*, BGB, § 611 Rn. 84; *Müller-Glöge*, MüKo-BGB, § 611 Rn. 14.

624 Staudinger/*Preis*, BGB, § 626 Rn. 50.

625 Staudinger/*Preis*, BGB, § 626 Rn. 89.

626 Staudinger/*Preis*, BGB, § 626 Rn. 86.

627 BGH, Urt. v. 14.02.2000 – II ZR 218/98, BB 2000, 844, 845; BGH, Urt. v. 02.07.2007 – IX ZR 114/09, NJW-RR 2007, 1520.

628 BGH, Urt. v. 14.02.2000 – II ZR 218/98, BB 2000, 844, 845.

629 Staudinger/*Preis*, BGB, § 626 Rn. 65.

Macht- und Vertrauensposition übertragen wurde, dann muss das Kriterium des Verschuldens nur eine untergeordnete Rolle spielen.

Sofern die Voraussetzungen eines außerordentlichen Kündigungsrechts nach § 626 Abs. 1 BGB vorliegen, muss der Unternehmensführer die Kündigung innerhalb der Ausschlussfrist des § 626 Abs. 2 BGB erklären. Bei einer Kündigung kommen dann die weitergehenden Rechtsfolgen des § 628 BGB in Betracht. Relevant ist hier besonders § 628 Abs. 2 BGB. Dieser sieht bei einer Beendigung eines Dienstverhältnisses aufgrund einer außerordentlichen Kündigung einen Schadensersatzanspruch des Vertragspartners vor, der durch eine schuldhafte Pflichtverletzung die außerordentliche Kündigung veranlasst hat. Nicht erforderlich ist dabei, dass das Vertragsverhältnis tatsächlich durch eine außerordentliche Kündigung beendet wird, sondern es genügt, dass dieses Vertragsverhältnis endet (beispielsweise durch einen Aufhebungsvertrag) und der Geschädigte zur außerordentlichen Kündigung berechtigt gewesen wäre.[630] § 628 Abs. 2 BGB gilt dabei als lex specialis zu den allgemeinen Regelungen der §§ 280 ff. BGB.[631] Der Umfang des Schadensersatzanspruchs ist auf ein modifiziertes Erfüllungsinteresse gerichtet.[632] Wenn also der Unternehmensführer durch eine schuldhafte Nichtleistung das Eigentümerunternehmen zu einer außerordentlichen Kündigung veranlasst hat, dann muss das Eigentümerunternehmen so gestellt werden, als wäre diese Vertragsbeziehung nicht durch eine außerordentliche Kündigung aufgehoben worden.

Wenn das Eigentümerunternehmen einen Schadensersatzanspruch statt der Leistung aus §§ 280 Abs. 1, 3, 283 BGB oder – falls im Einzelfall der Fixschulcharakter abzulehnen ist – aus §§ 280 Abs. 1, 3, 281 BGB aufgrund des Ausbleibens der Unternehmensführungsleistung geltend macht, dann ist auf die Besonderheiten zu achten, die sich aus der grundsätzlichen Kategorisierung des Unternehmensführungsvertrags als Dauerschuldverhältnis und dem Verhältnis zu § 628 Abs. 2 BGB ergeben.[633] Der Schadensersatzanspruch statt der Leistung muss sich auf die ausgebliebenen Teilleistungen vor der außerordentlichen Kündigung richten. Dies ergibt sich aus folgenden Überlegungen: Für Dauerschuldverhältnisse ergibt sich die Besonderheit, dass typischerweise kein Gesamtleistungsinteresse des Gläubigeres vorliegt und aus diesem Grund nur in Ausnahmefällen ein Schadensersatzanspruch, der auf das gesamte Leistungsinteresse gerichtet ist, gegeben ist.[634] Da der Unternehmensführungsvertrag typischerweise als Dienstvertrag einzuordnen ist, ergibt sich die Besonderheit, dass § 628 Abs. 2 BGB als lex specialis anwendbar

630 Staudinger/*Preis*, § 628 Rn. 41.

631 *Henssler*, MüKo-BGB, § 628 Rn. 50; Staudinger/*Preis*, BGB, § 628 Rn. 34; *Oetker*, Dauerschuldverhältnis, 369.

632 Vgl. BAG, Urt. v. 03.03.1993 – 8 AZR 101/92, NJW 1993, 1386, 1387; *Gernhuber*, Schuldverhältnis, 398; *Henssler*, MüKo-BGB, § 628 Rn. 79 f.; Staudinger/*Preis*, BGB, § 628 Rn. 45; *Oetker*, Dauerschuldverhältnis, 369; *Schwarze*, Leistungsstörungen, 254.

633 Hierzu *Oetker*, Dauerschuleverhältnis, 370; *Schwarze*, Leistungsstörungen, 252 ff.

634 *Schwarze*, Leistungsstörungen, 252 f.

ist. Die Wertung des § 628 Abs. 2 BGB darf nicht durch die Anerkennung eines Schadensersatzanspruchs statt der Leistung umgangen werden. Auf der anderen Seite deckt der Schadensersatzanspruch aus § 628 Abs. 2 BGB nur die Schäden, die durch die Beendigung des Vertragsverhältnisses entstanden sind, und nicht solche Schäden, die vor der Kündigung durch das Ausbleiben der Leistung entstanden sind. Ein Schadensersatzanspruch statt der Leistung kann deshalb nur das Erfüllungsinteresse bis zur Kündigung berücksichtigen. Für die Berücksichtigung des Leistungsinteresses nach der Kündigung auf sekundärer Anspruchsebene ist § 628 Abs. 2 BGB maßgebend.

III. Schlechtleistung

1. Mögliche Rechtsfolgen einer Schlechtleistung

Bei der rechtlichen Erfassung einer Schlechtleistung des Unternehmensführers eröffnen sich für den Rechtsanwender drei Fragestellungen. Zunächst muss tatsächlich eine Schlechtleistung des Unternehmensführers vorliegen. Der Nachweis einer Schlechtleistung des Unternehmensführers kann sich aufgrund des abstrakten Leistungsmaßstabs schwierig gestalten.[635] Für die Feststellung einer Schlechtleistung muss der konkrete Unternehmensführungsvertrag untersucht werden. Dabei bietet es sich an, unter normativen Gesichtspunkten Basispflichten für die Unternehmensführung herauszuarbeiten. Der Unternehmensführer muss gewisse Organisationspflichten erfüllen, um eine ordnungsgemäße Unternehmensführung zu gewährleisten. Ebenso hat der Unternehmensführer keine Maßnahmen zu treffen, die gegen seine Legalitätspflicht oder seine Treuepflicht gegenüber dem Eigentümerunternehmen verstoßen. Der quantitative und qualitative Umfang dieser Organisationspflichten muss sich aus den übertragenen Führungsaufgaben ergeben. Neben der Erfüllung dieser Basispflichten kann die weitere Tätigkeit des Unternehmensführers nur im Rahmen des wirtschaftlichen Ermessens Kontrollmaßstab für eine Schlechtleistung des Unternehmensführers sein. Nur eine Ermessensüberschreitung oder eine Ermessensunterschreitung des Unternehmensführers stellt sich als Pflichtverletzung dar. Hat sich der Unternehmensführungsmaßstab durch eine Weisung oder eine Richtlinie konkretisiert, ist das Abweichen grundsätzlich eine Pflichtverletzung des Unternehmensführers. Ausnahmsweise ist ein solches Abweichen von einer Weisung oder einer Richtlinie keine Schlechtleistung, wenn es im Interesse des Eigentümerunternehmens erfolgte und das Eigentümerunternehmen vorher nicht informiert werden konnte.

Das Dienstvertragsrecht sieht, anders als beispielsweise das Kaufvertragsrecht oder das Werkvertragsrecht, keine spezielle Rechtsfolge für eine Schlechtleistung vor.[636] Auch aus der Einordnung des Unternehmensführungsvertrags als Geschäftsbesorgungsvertrag lassen sich keine speziellen Mechanismen herleiten. Aus diesem

635 Vgl. 2. Kapitel § 2 B I.

636 *Finkentscher/Heinemann*, SchuldR, 579; Bamberger/Roth/*Fuchs*, BGB, § 611 Rn. 87.

Grund muss auf allgemeine Regelungen, die bei einer Pflichtverletzung infrage kommen, zurückgegriffen werden. Bei einer Schlechtleistung kann ebenso wie bei einer Nichtleistung ein außerordentliches Kündigungsrecht des Eigentümerunternehmens in Betracht kommen. Erforderlich sind auch hier eine Abwägung und eine aus der Abwägung resultierende negative Prognose für eine weitere zumutbare Durchführung des Vertrags. Das Kündigungsrecht ist unabhängig von dem Verschulden des Unternehmensführers, wobei dieses Verschulden im Rahmen der Abwägung berücksichtigt werden kann. Kommt es zu einer Kündigung aufgrund einer verschuldeten Pflichtverletzung, so sind die Schäden, die durch die Vertragsbeendigung entstehen, nach § 628 Abs. 2 BGB zu ersetzen. Daneben kommen auch noch Schadensersatzansprüche wegen einer schuldhaften Schlechtleistung in Betracht. Relevant ist neben möglichen deliktischen Ansprüchen aus den §§ 823 ff. BGB vor allem der vertragliche Schadensersatzanspruch aus § 280 Abs. 1 BGB. Erforderlich ist hierfür der Nachweis eines Schadens. Zu ersetzen sind alle Vermögensschäden. Eine beachtliche Schadensposition ist neben dem entgangenen Gewinn auch die Vergütungspflicht des Eigentümerunternehmens. Zwar ist grundsätzlich eine Kürzung oder ein Ausschluss der versprochenen Vergütung bei einer Schlechtleistung nicht ohne Weiteres möglich.[637] Allerdings kann die Vergütungspflicht einen Schaden im Sinne des § 280 Abs. 1 BGB darstellen, wenn die Leistung des Dienstverpflichteten vollkommen unbrauchbar ist[638] oder wenn aufgrund der Schlechtleistung der Zweck der Dienstleistung nicht mehr erreicht werden kann.[639] Auf den Unternehmensführungsvertrag bezogen stellen diese Fallgruppen Ausnahmefälle dar. Aufgrund der Vielschichtigkeit der Unternehmensführung wird regelmäßig die Leistung des Unternehmensführers auch bei einer Schlechtleistung noch verwertbar sein. Wenn sich das Eigentümerunternehmen vor einer möglichen Schlechtleistung des Unternehmensführers schützen möchte, dann sollten neben einer verstärkten Kontrolle des Unternehmensführers Leistungsvereinbarungen

---

637 *Finkentscher/Heinemann*, SchuldR, 579; Staudinger/*Richardi/Fischinger*, BGB, § 611 Rn. 718; a. A. *Canaris*, FS K. Schmidt, 177, 181 ff., der eine minderungsähnliche Lösung über ein fehlendes Gläubigerinteresse und der Möglichkeit einer Teilkündigung des Dienstverhältnisses dogmatisch in der Anwendung des § 628 Abs. 1 S. 2 BGB ansetzt; *Dietz/Wiedemann*, JuS 1961, 116, 119 f., nach denen kein Lohnanspruch entsteht bei einer fahrlässigen Schlechtleistung; *Tillmanns*, Strukturfragen, 423 f., der zwischen Schlechtleistung und defizitär erbrachter Leistung unterscheidet und für letztere eine faktische Minderung durch Teilrücktritt für zulässig erachtet.

638 BGH, Urt. v. 29.04.1963 – III ZR 211/61, NJW 1963, 1301, 1302; *Finkentscher/Heinemann*, SchuldR, 580; *Kramer*, MDR 1998, 324, 327 f. krit. Bamberger/Roth/*Fuchs*, BGB, § 611 Rn. 88.

639 OLG Düsseldorf, Urt. v. 02.02.1984 – 8 U 73/81, VersR 1985, 456, 457; OLG Köln, Urt. v. 24.11.1993 – 27 U 44/93, MedR 1994, 198, 199; OLG Frankfurt, Urt. v. 26.05.1995 – 24 U 371/93, VersR 1996, 1150, 1151; *Kramer*, MDR 1998, 324, 328 f.

im Vordergrund stehen.[640] Durch diese kann zum einen der Leistungsmaßstab der Unternehmensführung näher konkretisiert werden und des Weiteren können die Parteien die Rechtsfolgen für die Verfehlung der vereinbarten Ziele festlegen. Auch eine Statuierung von Leistungsvereinbarungen im Wege der ergänzenden Vertragsauslegung ist im Einzelfall möglich.[641] Bei der Vereinbarung von Rechtsfolgen für das Verfehlen einer Leistungsvereinbarung muss beachtet werden, dass weiterhin das wirtschaftliche Risiko der Unternehmensführung bei dem Eigentümerunternehmen verbleibt, da ansonsten ein Werkvertrag vorliegen würde.[642] Es darf also keine Garantiehaftung vorgesehen werden, sondern die Haftung muss an ein Verschulden des Unternehmensführers anknüpfen.

2. *Haftungserleichterungen zu Gunsten des Unternehmensführers*

Selbst wenn die Voraussetzungen einer Haftung des Unternehmensführers für durch eine Schlechtleistung verursachte Schäden vorliegen, muss gefragt werden, ob diese gänzlich der Unternehmensführer zu tragen hat oder ob zu dessen Gunsten nicht eine Haftungserleichterung zu fordern ist. Dies rechtfertigt sich unter den Gedanken, dass der Unternehmensführer im fremden Interesse tätig wird und das Eigentümerunternehmen wirtschaftlich die Erfolge der Unternehmensführung trägt und aus diesem Grund auch die Risiken der Unternehmensführung zu tragen hat. Hinsichtlich dieser Gedanken lässt sich eine Parallele zu der Frage, ob Schäden des Unternehmensführers über eine entsprechende Anwendung der §§ 675 Abs. 1, 670 BGB zu ersetzen sind, ziehen. Zu diesen Schäden kann auch die Belastung mit einem durch die Unternehmensführung entstandenen Schadensersatzanspruch eines Dritten gehören, wenn dieses Risiko nicht bereits durch die Vergütung inkludiert ist. Auch hier rechtfertigt sich der Ersatzanspruch aus dem Gedanken, dass der Unternehmensführer für Rechnung des Eigentümerunternehmens seiner Tätigkeit nachgeht und er deshalb auch nicht mit den speziellen Risiken seiner Unternehmensführung belastet sein soll.[643] Zur weiteren Klärung dieser Frage ist ein Blick auf anerkannte Haftungserleichterungen zu werfen.

a) Haftungserleichterung für Arbeitnehmer

Im Arbeitsrecht ist die Haftung des Arbeitnehmers für Schäden des Arbeitgebers im Rahmen einer betrieblich veranlassten Tätigkeit, die auf leichter Fahrlässigkeit beruhen, ausgeschlossen.[644] Bei einer Haftung für mittlere Fahrlässigkeit findet eine Quotelung statt, während bei grober Fahrlässigkeit eine Quotelung durch eine

640 Vgl. *Abels*, Managementverträge, 149.
641 Vgl. 2. Kapitel § 2 B) I 3 b).
642 Vgl. Staudinger/*Richardi/Fischinger*, BGB, § 611 Rn. 719.
643 Einen ähnlichen Gedankengang findet man bei dem Ersatz von risikotypischen Eigenschäden des Unternehmensführers, vgl 3. Kapitel § 5 A II.
644 BAG, Beschl. v. 27.09.1994 NZA 1994 – GS 1/89 (A), 1083, 1084; *Bieder*, DB 2008, 638; *Bürkle/Fecker*, NZA 2007, 589, 592; *Finkentscher/Heinemann*, SchuldR, 582.

entsprechende Anwendung des § 254 Abs. 1 BGB stattfinden kann, indem das Betriebsrisiko für den Arbeitnehmer haftungsmildernd berücksichtigt wird.[645] Als Alternative zu der dogmatischen Lösung über eine entsprechende Anwendung des § 254 Abs. 1 BGB wird die Haftungserleichterung des Arbeitnehmers über eine Auslegung des § 276 Abs. 1 BGB gesucht.[646] Bei vorsätzlicher Schädigung des Arbeitgebers haftet der Arbeitnehmer grundsätzlich vollständig für den verursachten Schaden. Allerdings tritt eine Haftung nur dann ein, wenn sich das Verschulden auch auf den adäquat verursachten Schaden bezieht und somit die drohenden Schäden für den Arbeitnehmer zumindest erkennbar waren.[647] Die Dogmatik der schadensrechtlichen Arbeitnehmerprivilegierung verfolgt das Ziel, den Arbeitnehmer vor unzumutbaren Risiken zu bewahren und den Umstand zu berücksichtigen, dass durch die Arbeitsteilung sich das Risiko des Arbeitgebers, eigenverursachte Schäden zu erleiden, reduziert.[648] Zusätzlich kann der Arbeitgeber das mit der Arbeit verbundene Risiko durch Weisungen und durch die Schaffung einer risikoärmeren Arbeitsorganisation kontrollieren.[649] Der Arbeitslohn stellt grundsätzlich keinen äquivalenten Ausgleich für das übernommene Risiko dar.

Bei leitenden Angestellten bestehen Unsicherheiten, ob und wann das Haftungsprivileg auf diese Gruppe von Arbeitnehmern Anwendung findet. Zunächst wurde eine Anwendung des Haftungsprivilegs auf einen leitenden Angestellten durch die Rechtsprechung abgelehnt.[650] Diese Rechtsprechung wurde mit der Zeit aufgeweicht und ein Haftungsprivileg auch dann angenommen, wenn die Haftung auf einer Handlung beruht, die nicht für die leitende Tätigkeit charakteristisch ist.[651]

---

645 Vgl. BAG, Beschl. v. 27.09.1994 – GS 1/89 (A), NZA 1994, 1083, 1084; *Bürkle/Fecker*, NZA 2007, 589, 592; *Finkentscher/Heinemann*, SchuldR, 581 f.; *Joussen*, RdA 2006, 129; *Krause*, NZA 2003, 577, 582 ff.; *Peifer*, ZfA 1996, 69, 71 f.; *Sandmann*, Haftung von Arbeitnehmern, 6 f.

646 *Joussen*, RdA 2006, 129, 130.

647 BAG, Urt. v. 18.04.2002 – 8 AZR 348/01, DB 2002, 2050, 2052; BAG, Urt. v. 25.10.2007 – 8 AZR 593/06, DB 2008, 529, 531 f.; *Bieder*, DB 2008, 638; *Joussen*, RdA 2006, 129.

648 Vgl. BAG, Urt. v. 18.04.2002 – 8 AZR 348/01, DB 2002, 2050, 2052; *Bürkle/Fecker*, NZA 2007, 589, 592; *Henssler*, MüKo-BGB, § 619a Rn. 9; *Joussen*, RdA 2006, 129, 130; *Koch*, AG 2012, 429, 435 f.; *Sandmann*, Haftung von Arbeitnehmern, 4 f.

649 BAG, Urt. v. 18.04.2002 – 8 AZR 348/01, DB 2002, 2050, 2051 f.; *Joussen*, RdA 2006, 129, 132; *Peifer*, ZfA 1996, 69, 71.

650 BGH, Urt. v. 25.02.1969 – VI ZR 225/67, VersR 1969, 474, 477; BGH, Urt. v. 07.10.1969 – VI ZR 223/67, DB 1969, 2224; BGH, Urt. v. 14.02.1985 – IX ZR 145/83, AG 1985, 165; BAG, Urt. v. 14.10.1970 – 1 AZR 58/70, AP Nr. 60 zu § 611 BGB Haftung des Arbeitnehmers.

651 Vgl. BGH, Urt. v. 25.06.2001 – II ZR 38/99, Z 148, 167, 172 f.; BAG, Urt. v. 11.11.1976 – 3 AZR 266/75, NJW 1977, 598; BAG, Urt. v. 25.10.2007 – 8 AZR 593/06, DB 2008, 529, 532, nach dem Mobbing nicht als Realisierung des Betriebsrisikos einzuordnen sei.

Die überwiegende Ansicht in der Literatur befürwortet eine Anwendung des Haftungsprivilegs auf leitende Angestellte.[652]

b) Haftungserleichterung für Organe der Aktiengesellschaft und GmbH

Es gibt keine Haftungserleichterungen de lege lata für Organe der Aktiengesellschaft und der GmbH. Einzig hinsichtlich der Sorgfaltspflicht bei unternehmerischen Ermessensentscheidungen lässt sich eine gewisse Erleichterung der Haftung zugunsten der Organe sehen. Die Rechtsprechung hat auf das mit unternehmerischen Entscheidungen verbundene Risiko reagiert und als Ansatzpunkt für den Sorgfaltsmaßstab nicht die Entscheidung herangezogen, sondern den Entscheidungsprozess.[653] Diese Rechtsprechung wurde schließlich vom Gesetzgeber in § 93 Abs. 1 S. 2 AktG kodifiziert. Die Haftungserleichterung ist für Aufsichtsratsmitglieder über § 116 AktG entsprechend anwendbar und wird auch entsprechend für den Geschäftsführer einer GmbH angewendet.[654] Sie birgt eine unwiderlegliche Vermutung für ein pflichtgemäßes Handeln.[655] Wenn der Entscheidungsträger darauf achtet, dass bei seinen Entscheidungen stets die Voraussetzungen des § 93 Abs. 1 S. 2 AktG erfüllt sind, dann kann er im Falle eines Schadens mangels Pflichtverletzung nicht in Regress genommen werden. Bildlich gesprochen befindet er sich im sicheren Hafen („safe harbour"). Teilweise wird dafür plädiert, die Haftungserleichterung des § 93 Abs. 1 S. 2 AktG auch auf leitende Angestellte zu erstrecken.[656] Diese Annahme erfolgt vor dem Hintergrund, die Grundsätze der Arbeitnehmerhaftung nur anzuwenden, soweit der leitende Angestellte keine originären Leitungsaufgaben erfüllt und stattdessen im Rahmen der Erfüllung von Leitungsaufgaben die Grundsätze der Business Judgement Rule anzuwenden.

Trotz der Berücksichtigung des unternehmerischen Ermessens ist die Haftungsfrage in den letzten Jahrzehnten immer wieder auf den Prüfstand geraten.[657] Während im Zuge der Finanzmarktkrise eine Haftungsverschärfung gefordert wurde,[658]

---

652 *Henssler*, MüKo-BGB, § 619a Rn. 17; *Joussen*, RdA 2006, 129, 131 ff.; *Koch*, AG 2012, 429, 437; *Krause*, NZA 2003, 577, 581; *Sandmann*, Haftung von Arbeitnehmern, 557 ff., der allerdings auf von leichteren Abwälzmöglichkeiten von Betriebsrisiken durch eine vertragliche Vereinbarung ausgeht; ablehnend *Fleck*, FS Hilger/Stumpf, 197, 216; *Monjau*, DB 1969, 84, 86; differenzierend zwischen verschiedenen Risikosphären *Bieder*, DB 2008, 639 f.; *Bürkle/Fecker*, NZA 2007, 589, 592; *Peifer*, ZfA 1996, 69, 77.

653 Grundlegend BGH, Urt. v. 21.04.1997 – II ZR 175/95, Z 135, 244, 253.

654 Lutter/Hommelhoff/*Kleindiek*, GmbHG, § 43 Rn. 23; Ulmer/*Paefgen*, GmbHG, § 43 Rn. 52; Baumbach/Hueck/*Zöllner/Noack*, GmbHG, § 43 Rn. 22.

655 *Hopt*, ZIP 2013, 1793, 1797.

656 *Bürkle/Fecker*, NZA 2007, 589, 593 ff.

657 Zu der praktischen Relevanz der Haftungsfrage ausführlich *Bachmann*, 70. DJT, E 9.

658 Hierzu Bachmann, 70. DJT, E 9.

wird in der jüngeren Zeit zunehmend eine Haftungsminderung diskutiert.[659] Dies geschieht vor allem vor dem Eindruck, dass von den Organträgern Haftungssummen in exorbitanten Höhen verlangt werden könnten.[660] So wird von einigen Stimmen in der Literatur die Haftungserleichterung über den Sorgfaltsmaßstab und die Business Judgement Rule als zu eng betrachtet.[661] Zum einen wird die Beweislastverteilung des § 93 Abs. 1 S. 2 AktG kritisiert.[662] Ebenso wird die Unbestimmtheit des Tatbestandsmerkmals der angemessenen Information im Sinne des § 93 Abs. 1 S. 2 AktG und die strenge Handhabe durch die Rechtsprechung gerügt.[663] Aber auch die Beschränkung der Haftungserleichterung auf unternehmerische Entscheidungen wird von Teilen der Literatur kritisch gesehen.[664] Eine solche unternehmerische Entscheidung ist dann nicht gegeben, wenn die Pflichtverletzung auf einer Verletzung der Legalitätspflicht beruht, indem gegen Gesetze oder auch gegen interne Verfahrensregelungen verstoßen wurde.[665]

So werden verschiedene Wege gesucht, um die Haftung – speziell bei organschaftlichen Entscheidungsträgern – zu begrenzen. Diese Wege können hier nur kursorisch und nicht abschließend aufgezeigt werden.[666] Zum einen wird beispielsweise vorgeschlagen, die vom BGH aufgestellten Grundsätze der ARAG/Garmenbeck-Entscheidung großzügig zu handhaben um das Haftungsrisiko der Aufsichtsräte zu senken.[667] So solle der Aufsichtsrat von einer Durchsetzung des Regresses absehen dürfen, wenn nach seiner Einschätzung dieses nicht dem Unternehmenswohl entspricht.[668] Dies ist dann der Fall, wenn bei dem betroffenen

659 Statt vieler *Bachmann*, 70. DJT, E 1 ff.; *Casper*, ZHR 176 (2012), 617, 623; *Grunewald*, AG 2013, 813; *Hopt*, ZIP 2013, 1793, 1795; *Koch*, AG 2012, 429; *Schöne/Petersen*, AG 2012, 700; *Spindler*, AG 2013, 889.

660 Als Beispiel ist hier der Fall Breuer zu nennen. Hier droht einem ehemaligen Vorstandsmitglied wegen einer unbedachten Äußerung in einem Interview ein Schadensersatzanspruch in Höhe von 927 Millionen Euro, vgl. *Rexer/Ott*, Süddeutsche Zeitung Online Ausgabe vom 22.02.2014 http://www.sueddeutsche.de/wirtschaft/deutsche-bank-und-kirch-prozess-die-bank-gegen-breuer-1.1895550 zuletzt Abgerufen am 09.02.2015.

661 Vgl. *Bachmann*, 70. DJT, E 43; *Casper*, ZHR 176 (2012), 617, 623; *Hopt*, ZIP 2013, 1793, 1797; *Koch*, AG 2012, 429, 430; *Spindler*, AG 2013, 889, 892 ff.

662 *Hopt*, ZIP 2013, 1793, 1799 f., 1803; a. A. *Bachmann*, 70. DJT, E 35, der sowohl für amtierende als auch für ausgeschiedene Organmitglieder keinen Änderungsbedarf sieht.

663 Vgl. *Hopt*, ZIP 2013, 1793, 1797, 1801; *Spindler*, AG 2013, 889, 892 ff.

664 *Bachmann*, 70. DJT, E 43; *Casper*, ZHR 176 (2012), 617, 623; *Hopt*, ZIP 2013, 1793, 1797; Koch, AG 2012, 429, 430; *Spindler*, AG 2013, 889, 893.

665 *Hopt*, ZIP 2013, 1793, 1797; *Koch*, AG 2012, 429, 430.

666 Ausfürlich hierzu *Casper*, ZHR 176 (2012), 617, 623 ff.; *Koch*, AG 2012, 429, 430 ff.

667 *Casper*, ZHR 176 (2012), 617, 624; *Grunewald*, AG 2013, 813, 814; *Koch*, AG 2012, 429, 431.

668 *Goette*, ZHR 176 (2012), 588, 598; *Grunewald*, AG 2013, 813, 814; *Hopt*, ZIP 2013, 1793, 1803 f.; a. A. *Habersack*, MüKo-AktG, § 111 Rn. 35.

Vorstandsmitglied nur ein Bruchteil der Forderung zu realisieren ist und ein Prozess den Imageschaden verstärken würde. Dem Aufsichtsrat wird also ein unternehmerisches Ermessen zuerkannt, das seinerseits der gerichtlichen Kontrolle unterliegt.[669] Die grundsätzliche Möglichkeit des Aufsichtsrats, im Falle übergeordneter Interessen einen Schadensersatzanspruch gegen den Vorstand nicht durchzusetzen, ist unumstritten.[670] Allerdings wird zutreffend erkannt, dass eine großzügige Handhabe der ARAG/Garmenbeck-Grundsätze nicht zu einer grundsätzlichen Lösung der Haftungsproblematik führt, da Haftungsrisiken für die Entscheidungsträger weiterhin bestehen und die Entscheidung über Gnade und Ungnade dann allein bei dem Aufsichtsrat liegt.[671] Die rechtspolitische Forderung nach einer großzügigen Handhabe bei der Bestimmung der Pflichtverletzung der Organe kann deshalb allein keine Lösung darstellen.

Als weiterer Weg wird die Vereinbarung von Haftungshöchstsummen vorgeschlagen.[672] Der Vereinbarung einer Haftungshöchstsumme stehe weder der Wortlaut noch der Zweck des § 94 Abs. 4 AktG entgegen, da eine Haftung weiterhin besteht und diese nur einen abschreckenden Charakter haben muss.[673] Eine Vereinbarung einer Haftungshöchstsumme müsse dabei in der Satzung publiziert werden und stehe unter der Kontrolle des § 138 BGB.[674] Eine solche Vereinbarung erscheint zunächst als eine adäquate Antwort zur ausufernden Haftung von organschaftlichen Entscheidungsträgern. Allerdings stellt sie keine vollends befriedigende Lösung dar, wenn eine solche Haftungsbegrenzung entweder nicht vereinbart wurde oder nichtig ist. Vorzugswürdig ist deshalb eine Lösung, die nicht zwingend an dem Willen der Parteien anknüpft. Auch gesetzliche Haftungscaps im Sinne des § 323 Abs. 2 HGB werden aufgrund ihrer Unflexibilität und Willkür abgelehnt, da durch solche strengen Haftungsgrenzen der individuelle Präventionsgedanke nicht genügend berücksichtigt werde.[675]

Auch wird argumentiert, dass eine Haftung durch den Umstand entschärft wird, dass etwaige Vorteile bei der Berechnung des Schadens angerechnet werden können.[676] Dem ist allerdings entgegenzuhalten, dass so der Präventionscharakter eines Schadensersatzanspruchs gefährdet ist. Gewährt man eine volle Vorteilsanrechnung, so kann der Schädiger trotz seiner Pflichtverletzung aufgrund der unter Umständen unredlich erworbenen Vorteile vollkommen haftungsfrei bleiben.

---

669 Umstritten ist, ob auf dieses unternehmerische Ermessen die Business Judgement Rule Anwendung findet, dies befürwortet *Goette*, ZHR 176 (2012), 589,595; ablehnend *Casper*, ZHR 176 (2012), 617, 635 f.

670 *Casper*, ZHR 176 (2012), 617, 628.

671 *Grunewald*, AG 2013, 813, 814; *Koch*, AG 2012, 429, 431.

672 *Grunewald*, AG 2013, 813, 815 ff.

673 *Grunewald*, AG 2013, 813, 815 f.

674 *Grunewald*, AG 2013, 813, 816 f.

675 *Hopt*, ZIP 2013, 1793, 1804.

676 *Schöne/Petersen*, AG 2012, 700, 703.

Schließlich wird vorgeschlagen die arbeitsrechtlichen Haftungsgrundsätze auch auf leitende Angestellte sowie organschaftliche Entscheidungsträger zu übertragen.[677] Dabei wird jedoch nicht gefordert, eine Haftung für leichte Fahrlässigkeit gänzlich auszuschließen, da einem solchen Ausschluss schon der Zweck des § 93 Abs. 1 S. 2 AktG entgegensteht.[678] Vielmehr soll ein Schaden nach Maßgabe des Einzelfalls unter Berücksichtigung verschiedener Faktoren durch eine entsprechende Anwendung des § 254 Abs. 1 BGB gequotelt werden.[679] Bei der Quotelung zu berücksichtigende Faktoren sind: die Schadensneigung der Tätigkeit, die Vergütung, eine bestehende oder nicht bestehende D&O-Versicherung, die Gründe, die zum Abschluss oder zum Nichtabschluss einer solchen Versicherung geführt haben, und die Leistungsfähigkeit des Vorstands.[680] Ein abstrakter Quotelungsschlüssel wurde durch die Wissenschaft noch nicht entwickelt.[681] In Anbetracht der verschieden zu gewichten Variablen scheint eine solche abstrakte Bestimmung auch nicht möglich. Sofern sich dieser Ansatz also in der Praxis durchzusetzen vermag, muss der Rechtssicherheit durch die Schaffung von Vergleichsfällen Rechnung getragen werden. Gestützt wird dieser Ansatz in Anlehnung an die arbeitsrechtliche Fürsorgepflicht auf die gesellschaftsrechtliche Fürsorgepflicht.[682]

In eine ähnliche Richtung tendiert der Vorschlag, dem Richter eine Schadensteilung aus allgemeinen Billigkeitsgründen zu gestatten. Der Anstoß zu einer solchen gesetzlichen Regelung wurde schon durch den Deutschen Juristentag gegeben und wurde bis zu einem Referentenentwurf des Bundesministeriums der Justiz und für Verbraucherschutz weiterbetrieben.[683]

Für eine grundsätzliche Haftungsbeschränkung außerhalb allgemeiner Billigkeitserwägungen lassen sich verschiedene Aspekte nennen. Zum einen nehmen organschaftliche Entscheidungsträger wie auch leitende Angestellte fremde Interessen wahr. Durch diese Fremdinteressenwahrnehmung profitiert wirtschaftlich der Arbeitgeber bzw. die Gesellschaft. Wer den Vorteil einer Unternehmung trägt,

---

677 *Casper*, ZHR 176 (2012), 617, 627, 636 ff.; *Grunewald*, AG 2013, 813, 814 f.; *Koch*, AG 2012, 429, 435 f.; *Spindler*, AG 2013, 889, 894 f.; krit. *Joussen*, RdA 2006, 129, 134 f., der nur eine Haftungserleichterung befürwortet, wenn die organschaftlichen Entscheidungsträger Tätigkeiten ausüben, die auch ein normaler Arbeitnehmer ausüben würde; gegen eine Übertragung mit Blick auf die unterschiedliche Stellung von Arbeitnehmern und Vorstandsmitgliedern und der Wertung des § 93 Abs. 2 AktG, § 43 Abs. 2 GmbHG, 93 Abs. 1 S. 2 AktG, *Schöne/Petersen*, AG 2012, 700, 704 f.

678 *Capser*, ZHR 176 (2012), 617, 639; *Koch*, AG 2012, 429, 436 f., 438; für den Ausschluss von leichter Fahrlässigkeit *Spindler*, AG 2013, 889, 895.

679 *Casper*, ZHR 176 (2012), 617, 639 ff.; krit. aufgrund fehlender Rechtssicherheit einer Quotelung *Grunewald*, AG 2013, 813, 815.

680 Vgl. *Grundewald*, AG 2013, 813, 815; *Koch*, AG 2012, 429, 438 f.

681 Zu einer möglichen Quotelungsmethode *Casper*, ZHR 176 (2012), 617, 640 ff.

682 *Casper*, ZHR 176 (2012), 617, 636 f.; *Koch*, AG 2012, 429, 436.

683 *Bachmann*, 70. DJT, E 32.

muss auch deren Nachteile tragen. Das mit der Unternehmung verbundene Risiko darf also nicht einseitig auf die ausführenden Organe bzw. auf die leitenden Angestellten abgewälzt werden.[684] Andererseits dient die Haftung auch der Prävention vor Risiken aus dem Principal-Agent-Verhältnis. Die Entscheidungsträger haben oftmals eine erhebliche Machtposition.[685] Verhindert werden soll opportunistisches oder leichtfertiges Verhalten bei der Verwaltung von fremden Vermögen. Wie in der Literatur zutreffend ausgeführt wird, führt jedoch auch eine ausufernde Haftung zu einem falschen Anreizsystem im Sinne des Principal-Agent-Verhältnisses.[686] Bei einer weitgehenden Haftung wird der Prinzipal dazu geneigt sein, möglichst konservativ zu handeln. Gerade dadurch handelt er jedoch opportunistisch, da er seine Handlung nicht nach dem Wohle des Prinzipals richtet, sondern nach dem eigenen Wohle durch eine Minimierung persönlicher Haftungsrisiken.[687] Ähnlich nachteilig ist eine weitgehende Haftung der Entscheidungsträger aus ökonomischer Sicht. Mit einer weitgehenden Haftung steigen die Kosten für die Haftungsvermeidung, da der Entscheidungsträger Arbeitskraft in die Haftungsvermeidung investiert und wirtschaftliche Chancen, die mit Risiken verbunden sind, meidet.[688] Zusätzlich wird die Entwicklung einer Fehlerkultur durch ein gesteigertes Haftungsrisiko gemindert.[689] Entscheidungsträger und leitende Angestellte werden bei einer umfassenden persönlichen Haftung dazu geneigt sein eigene Fehler nicht aufzudecken, sondern eher zu verbergen, um eine Haftung zu vermeiden. Ebenso versagt die Prävention eines Schadensersatzanspruchs, wenn der leitende Angestellte bzw. der Entscheidungsträger aufgrund einer schon bestehenden ruinösen Haftung nichts mehr zu verlieren hat.[690] Zutreffend wird angemahnt, dass bei dem Entgegenwirken des Principal-Agent-Konflikts das Haftungsinstrument nicht das alleinige Mittel ist.[691] Dem Principal-Agent-Konflikt kann auch durch spezielle Vergütungsregelungen und Informationspflichten entgegengewirkt werden. Eine Haftungserleichterung ist dennoch durchaus zu befürworten. Der Prinzipal muss durch eine gequotelte Beteiligung an der Realisierung der Betriebsrisiken partizipieren. Erforderlich ist also eine Abwägung unter Berücksichtigung verschiedener Kriterien wie etwa der Fehleranfälligkeit der Tätigkeit und der Höhe der Vergütung bei der Bestimmung des Umfangs der Quotelung.[692]

---

684 *Casper*, ZHR 176 (2012), 617, 637; vgl. zu weitergeleiteten Kartellbußgeldern *Grundewald*, AG 2013, 813, 814; *Spindler*, AG 2013, 889, 894 f.; krit. *Schöne/Petersen*, AG 2012, 700, 702.

685 Vgl. *Spindler*, AG 2013, 889, 890.

686 *Hopt*, ZIP 2013, 1795, 1802; Koch, AG 2012, 429, 433 f.; *Spindler*, AG 2013, 889, 895.

687 *Koch*, AG 2012, 429, 434.

688 Vgl. *Bachmann*, 70. DJT, E 22.

689 *Hopt*, ZIP 2013, 1793, 1795; *Koch*, AG 2012, 429, 434.

690 *Spindler*, AG 2013, 899, 895.

691 Vgl. hierzu *Bachmann*, 70. DJT, E 26 ff.; *Spindler*, AG 2013, 889, 903.

692 Vgl. *Spindler*, AG 2013, 889, 895.

c) Übertragung der Haftungserleichterungen auf den Unternehmensführer

Aus der klassischen zivilrechtlichen Sicht müsste man eine Haftungsmilderung des Unternehmensführers wohl verneinen. So zählt es beispielsweise zu den Standardfragen des Zivilrechts, ob im Auftragsrecht ein Herabsenken des Sorgfaltsmaßstabs oder eine Haftungsmilderung zugunsten des Auftragnehmers zu befürworten ist, da dieser unentgeltlich tätig wird.[693] Überwiegend wird hier eine Haftungserleichterung – sei es durch Modifizierung des Sorgfaltsmaßstabs oder durch eine Schadensteilung – abgelehnt, obwohl Tendenzen ersichtlich sind, diese Auffassung aufzuweichen.[694] Für den Geschäftsbesorgungsvertrag wird erst Recht aufgrund seiner Entgeltlichkeit eine Haftungsmilderung ausgeschlossen.[695] Der Gesetzgeber hat sich damals bewusst dafür entschieden, den allgemeinen Haftungsmaßstab auch auf den Beauftragten anzuwenden.[696] Den maßgeblichen Anknüpfungspunkt für diese Entscheidung sah der Gesetzgeber nicht in der Frage der Entgeltlich- bzw. Unentgeltlichkeit des Vertragsverhältnisses, sondern in der besonderen Vertrauensstellung des Auftragnehmers.[697] Allerdings muss die Frage gestellt werden, ob dieses Ergebnis noch zeitgemäß ist. Gerade wenn der Geschäftsbesorger für einen anderen wirtschaftlich in einem erheblichen Maße tätig ist, verlagern sich die mit der Tätigkeit verbundenen eigentümlichen Risiken, Fehlentscheidungen zu treffen, teilweise von dem ursprünglichen Risikoträger auf den Geschäftsbesorger. Auf der anderen Seite ist dem Gesetzgeber zuzustimmen, dass der Beauftragte oder der Geschäftsbesorger fremde Interessen wahrnimmt und er somit daran gehindert werden muss, leichtfertig mit fremden Vermögensgütern umzugehen. Der Schlüssel zur Lösung muss darin gesehen werden, diese beiden Aspekte im Einzelfall in Einklang zu bringen.

Der Unternehmensführer muss in einem mehr oder minder ausgeprägten Maße unternehmerische Entscheidungen für das Eigentümerunternehmen treffen. Dies ist zunächst bei der Auslegung des Pflichten- und des Sorgfaltsmaßstabs zu berücksichtigen. In diesem Sinne ist auch dem Unternehmensführer ein haftungsfreier, sicherer Hafen bei wirtschaftlichen Entscheidungen zu gewähren, vergleichbar wie dem Vorstand und dem Aufsichtsrat. Schließlich delegiert das Leitungsorgan einen Teil seiner zu treffenden Entscheidungen auf den Unternehmensführer. Dabei ist jedoch nicht § 93 Abs. 1 S. 2 AktG mit seiner Privilegierung für den Vorstand durch das Tatbestandsmerkmal „vernünftigerweise annehmen durfte“ auf den Unternehmensführer entsprechend anzuwenden.[698] Es sind nur die Grundsätze der Business

693 Hierzu Soergel/*Beuthien*, BGB, § 662 Rn. 16; Staudinger/*Martinek*, BGB, § 662 Rn. 41; *Seiler*, MüKo-BGB, § 662 Rn. 53 ff.

694 Vgl. BGH 30.04.1959 Z 30, 40, 46 f.; Soergel/*Beuthien*, BGB, § 662 Rn. 16; Staudinger/*Martinek*, BGB, § 662 Rn. 42 f.; *Seiler*, MüKo-BGB, § 662 Rn. 55 f.

695 *Seiler*, Müko-BGB, § 662 Rn. 65.

696 Mot. II S. 530 f.

697 *Seiler*, MüKo-BGB, § 662 Rn. 55.

698 Hierzu 2. Kapitel § 2 B I 2 c bb.

Judgement Rule auf wirtschaftliche Ermessensentscheidungen bei der Auslegung der Sorgfaltspflichten zu übertragen.

Außerhalb dieses sicheren Hafens muss grundsätzlich eine Haftung des Unternehmensführers bestehen. Dies gebietet sich schon aus der Principal-Agent Problematik. Bei einem Ausschluss der Haftung oder einer Begrenzung der Haftung auf mittlere oder grobe Fahrlässigkeit wird der Unternehmensführer leichtfertiger mit dem ihm anvertrauten Vermögen umgehen. Allerdings muss bedacht werden, dass Schäden bei der Unternehmensführung bis zu einem gewissen Umfang zum üblichen Risiko der Führung eines Unternehmens gehören. Dieses Risiko darf nicht einseitig auf den Unternehmensführer abgewälzt werden. Aus diesem Grund ist eine Minderung der Haftung durch eine entsprechende Anwendung des § 254 Abs. 1 BGB zu befürworten. Für eine entsprechende Anwendung des § 254 Abs. 1 BGB spricht insbesondere das Treueverhältnis.[699] Das Eigentümerunternehmen trifft spiegelbildlich zu der Fremdinteressenwahrnehmung des Unternehmensführers, die Pflicht diesen nicht übermäßig mit betriebstypischen Risiken zu belasten. Ein Treueverhältnis ist trotz der Fremdinteressenwahrnehmungspflicht „keine Einbahnstraße".[700] Bei der Prüfung des entsprechenden Umfangs der Beteilung des Eigentümerunternehmens an den Schäden ist zum einen die Art und der Umfang der Sorgfaltspflichtverletzung des Unternehmensführers, das Unternehmensführungsentgelt sowie die Höhe der Schäden zu berücksichtigen. Ebenso zu berücksichtigen ist die Art des Unternehmensführungsvertrags. Je größer die Einflussmöglichkeit des Eigentümerunternehmens ist, desto eher kann dieses steuernd auf den Unternehmensführer einwirken. Diese mehr oder minder stark ausgeprägte Steuerungsmöglichkeit des Eigentümerunternehmens muss sich letztendlich auf die Beteiligung an einem vom Unternehmensführer verursachten Schaden niederschlagen. Durch die Beteiligung des Eigentümerunternehmens an den aus der Unternehmensführung resultierenden Schäden wird eine Kohärenz zu dem Ersatz von den bei der Unternehmensführung erlittenen Schäden des Unternehmensführers durch das Eigentümerunternehmen aus §§ 675 Abs. 1, 670 BGB analog hergestellt.

Klarzustellen ist allerdings, dass die Quotelung nicht auf den Schadensersatz aus § 628 Abs. 2 BGB anzuwenden ist. § 628 Abs. 2 BGB soll den Kündigenden davor schützen, dass dieser durch die Ausübung seines Kündigungsrechts aufgrund einer schuldhaften Pflichtverletzung nicht übermäßig mit Nachteilen belastet ist.[701] Diese Zwecksetzung hat mit der Realisierung unternehmensbezogener Gefahren nichts zu tun.

Möchten die Parteien des Unternehmensführungsvertrags Rechtsunsicherheiten, die aus einer Quotelung des Schadens entstehen, vermeiden, so können diese eine Haftungsvereinbarung treffen.[702] Im Rahmen einer solchen Haftungsvereinbarung

699 Dieser Gedanke findet sich auch bei *Casper*, ZHR 176 (2012), 617, 638.

700 *Casper*, ZHR 176 (2012), 617, 638; *Koch*, Hüffer AktG, § 84 Rn. 11.

701 *Henssler*, MüKo-BGB, § 628 Rn. 1.

702 Vgl beispielhaft *Abels*, Managementverträge, 385 ff.

müssen die rechtsgeschäftlichen Außengrenzen eingehalten werden. Wo genau diese Außengrenzen bei der Haftung des Agenten gegenüber dem Prinzipal liegen, ist im Einzelfall noch ungeklärt, wobei für die Vorstandshaftung auf eine Höchstsumme des fünffachen Jahresgehalts plädiert wird.[703] Die vertragliche Modifizierung der Haftung des Unternehmensführers wird teilweise explizit für den Unternehmensführungsvertrag befürwortet.[704]

IV. Sonstige Nebenpflichtverletzungen

Im Rahmen eines Unternehmensführungsvertrags treffen den Unternehmensführer verschiedene Nebenpflichten. Die Erfüllung dieser Nebenpflichten ist zwar nicht immer im Wege einer Leistungsklage einklagbar, dennoch kann eine Verletzung dieser Pflichten zu einer Haftung aus §§ 280 Abs. 1, 241 Abs. 2 BGB führen.[705] Neben dieser Haftung kann der Unternehmensführer bei einer Verletzung deliktisch geschützter Rechtspositionen einer Haftung aus den §§ 823 ff. BGB ausgesetzt sein. Auch ein außerordentliches Kündigungsrecht aus § 626 BGB kann bei einer Nebenpflichtverletzung in Betracht kommen. Der aus der vorzeitigen Beendigung entstandene Schaden ist dann über § 628 Abs. 2 BGB zu ersetzen. Oftmals liegen eine Schlechtleistung und eine Nebenpflichtverletzung eng beieinander, sodass die Abgrenzung sich schwierig gestalten kann oder kaum möglich ist. Dies ergibt sich aus dem abstrakten Leistungsprogramm des Unternehmensführungsvertrags. Aus diesem Grund ist auch bei einem Schadensersatzanspruch des Eigentümerunternehmens aufgrund einer Nebenpflichtverletzung des Unternehmensführers eine Reduzierung der Haftung nach § 254 Abs. 1 BGB analog zu befürworten. Auch in diesem Fall muss nach Maßgabe des Einzelfalls das Eigentümerunternehmen an den Risiken, die aus der Unternehmensführung resultieren, beteiligt werden.

B) Pflichtverletzungen des Eigentümerunternehmens

I. Verletzung vorvertraglicher Informationspflichten

Sofern das Eigentümerunternehmen seinen vorvertraglichen Informationspflichten nicht nachkommt, indem dieses seine Aufklärungspflichten verletzt oder eine Falschinformation tätigt, kommen, wie auch schon für den Unternehmensführer erörtert, Schadensersatzansprüche, ein außerordentliches Kündigungsrecht sowie ein mögliches Anfechtungsrecht in Betracht. Die Ausführungen zu den Rechtsfolgen einer vorvertraglichen Informationspflichtverletzung des Unternehmensführers

703 Vgl. *Grunewald*, AG 2013, 813, 817.

704 Vgl. *Joachim*, DWiR 1992, 397, 403 f.; *Weißmüller*, BB 2000, 1949, 1954, der eine Haftungsbeschränkung in Verbindung mit einer Haftpflichtversicherung zugunsten des Unternehmensführers empfiehlt.

705 *Bieder*, DB 2008, 638; *Finkentscher/Heinemann*, SchuldR, 584.

lassen sich hier sinngemäß übertragen.[706] Insbesondere können auch hier entgangene Gewinne als Vertrauensschaden geltend gemacht werden. Eine Anpassung des Verhältnisses zwischen Leistung und Gegenleistung ist nicht nur in eine Richtung möglich, indem sich die Vergütung für eine Leistung reduziert. Ebenso kann auch eine Erhöhung der Vergütung erreicht werden.[707] Denkbar ist hier beispielsweise der Fall, dass der Unternehmensführer über Kennzahlen getäuscht hat, nach denen der Unternehmensführer seine Vergütung kalkuliert hat.

Keine größeren Schwierigkeiten ergeben sich aus einer möglichen Konkurrenz zu den Gewährleistungsrechten anderer Vertragstypen. Für das Eigentümerunternehmen besteht zwar die Obliegenheit, das Unternehmen und die erforderlichen materiellen und immateriellen Ressourcen zu überlassen. Im Rahmen des unechten Unternehmensführungsvertrags werden die Ressourcen sogar von dem Unternehmensführer im eigenen Namen genutzt. Die Regelungen über die im besonderen Teil des Schuldrechts speziell geregelten Gewährleistungsrechte sind jedoch nicht direkt und auch nicht analog anwendbar. Dies ergibt sich aus der Einordnung der Unternehmensüberlassung als Obliegenheit. Es liegt dementsprechend kein Äquivalenzinteresse vor, auf das sich die Gewährleistungsrechte begründen. Die Bedeutung der Beschaffenheit des überlassenden Unternehmens und damit möglicherweise verbundene entgangenen Gewinn des Unternehmensführers müssen allein durch die Schutzpflichten berücksichtigt werden. Damit rücken speziell die vorvertraglichen Informationspflichten in den Vordergrund. Außerhalb dieser Informationspflichten fällt das Risiko einer frustrierten Gewinnerwartung grundsätzlich in den Bereich des Unternehmensführers, wenn das Eigentümerunternehmen sich nicht etwaiger Schutzpflichtverletzungen während der Vertragsdurchführung aufgrund einer mangelhaften Mitwirkung schuldig macht oder ausnahmsweise ein Fall der Störung der Geschäftsgrundlage vorliegt.

II. Nichtleistung

Eine Pflichtverletzung des Eigentümerunternehmens liegt dann vor, wenn es seinen Leistungspflichten nicht nachkommt. Relevante Leistungspflichten sind zum einen die Zahlungsansprüche des Unternehmensführungsentgelts und des Aufwendungsersatzanspruchs. Kommt das Eigentümerunternehmen diesen Zahlungen nicht nach und liegen die weiteren Voraussetzungen des § 286 BGB vor, so kann der Unternehmensführer Verzugszinsen aus § 288 BGB verlangen und gegebenenfalls Schadensersatz aus §§ 280 Abs. 1, 2, 286 BGB beanspruchen. Ein Leistungsverweigerungsrecht des Unternehmensführers kommt bei Nichtzahlung des Unternehmensführungsentgelts aus § 320 Abs. 1 BGB bzw. bei Nichtleistung des Aufwendungsersatzes aus § 273 Abs. 1 BGB in Betracht. Aufgrund der grundsätzlichen Einordnung des Unternehmensführungsvertrags als Dauerschuldverhältnis

706 Siehe 2. Kapitel § 7 A I.
707 *Lüsing*, Vertragsverletzung, 295.

steht dem Unternehmensführer auch hier kein Rücktrittsrecht, sondern nur die Ausübung eines Kündigungsrechts aus § 626 BGB zur Verfügung.

Die Mitwirkungspflichten des Eigentümerunternehmens während der Unternehmensführung und vor Beginn der Durchführung eines Unternehmensführungsvertrags stellen grundsätzlich keine Leistungspflichten dar, sondern sind als Obliegenheiten einzuordnen.[708] Dementsprechend kann der Unternehmensführer die Mitwirkung des Eigentümerunternehmens nicht im Wege der Leistungsklage erzwingen. Die Überlassung des Unternehmens bzw. der relevanten Unternehmensteile stellt allerdings eine erforderliche Mitwirkungshandlung des Eigentümerunternehmens im Sinne des § 294 Abs. 1 BGB dar. Das Eigentümerunternehmen gerät bei einem Unterlassen oder einer Schlechtleistung der erforderlichen Mitwirkung in Annahmeverzug, wenn der Unternehmensführer aus diesem Grund die gewünschten Leistungen nicht erbringen kann und er sie anbietet.[709] Da die Unternehmensführungsleistung grundsätzlich als absolute Fixschuld einzuordnen ist, entfällt für die Zeit der Nichtleistung des Unternehmensführers die Leistungspflicht nach § 275 Abs. 1 BGB. Allerdings entfällt aufgrund des Annahmeverzugs des Eigentümerunternehmens nicht die Gegenleistungspflicht gem. § 326 Abs. 2 BGB. Für den Dienstvertrag ist diese Rechtsfolge explizit auch in dem § 615 BGB vorgesehen. Sowohl bei einer Nichterfüllung der Obliegenheiten als auch bei der Nichterfüllung der Leistungspflichten kann ein Kündigungsrecht des Unternehmensführers infrage kommen. Sofern der Unternehmensführer aufgrund der Nichterfüllung nach § 626 BGB fristlos kündigt, kommt auch ein Schadensersatzanspruch aus § 628 Abs. 2 BGB in Betracht.

III. Sonstige Pflichtverletzungen

Den Unternehmensführer können verschiedene Nebenpflichten treffen. So kann sich die Mitwirkungspflicht des Eigentümerunternehmens als Schutzpflicht darstellen. Dies ist dann der Fall, wenn der Unternehmensführer ein besonderes Interesse an der tatsächlichen Durchführung des Unternehmensführungsvertrags hat.[710] Regelmäßig wird dies insbesondere dann der Fall sein, wenn eine erfolgsbezogene Vergütung vereinbart wurde. Allerdings wird einem solchen Schadensersatzanspruch auch skeptisch gegenübergestanden und nur eine Schutzpflichtverletzung befürwortet, wenn gewichtige Indizien für ein besonderes Interesse des Unternehmensführers vorliegen.[711] Liegt eine Schutzpflichtverletzung des Eigentümerunternehmens vor, so haftet dieses nach §§ 280 Abs. 1, 241 Abs. 2 BGB auf Schadensersatz neben der Leistung. Zusätzlich kann im Einzelfall eine deliktische Haftung nach §§ 823 ff. BGB in Betracht kommen. Daneben kann nach Maßgabe des Einzelfalls auch ein außerordentliches Kündigungsrecht nach § 626 BGB und ein Schadensersatzanspruch aus

708 2. Kapitel § 6 B I.
709 *Abels*, Managementverträge, 391; vgl. auch *Ernst*, MüKo-BGB, § 295 Rn. 4, 7.
710 *Abels*, Managementverträge, 108.
711 *Abels*, Managementverträge, 105.

§ 628 Abs. 2 BGB vorliegen. Bei einer mangelhaften bzw. fehlerhaften Mitwirkung trifft den Unternehmensführer aus der Fremdinteressenswahrungspflicht die Pflicht, das Eigentümerunternehmen auf die mangelhafte bzw. fehlerhafte Mitwirkung hinzuweisen.[712] Kommt der Unternehmensführer seinerseits dieser Pflicht nicht nach, dann kann dies nach § 254 Abs. 1 BGB anspruchsmindernd entgegenhalten werden.

§ 8. Vertragsbeendigung und Pflichten bei der Vertragsbeendigung

A) Beendigungstatbestände

Sofern die Parteien einen unbefristeten Unternehmensführungsvertrag geschlossen haben, kommt als regelmäßiger Beendigungstatbestand eine ordentliche Kündigung nach §§ 675 Abs. 1, 621 BGB in Betracht.[713] Aufgrund der Dispositivität der gesetzlichen Regelungen zur ordentlichen Kündigung ersetzen die Parteien regelmäßig das gesetzliche ordentliche Kündigungsrecht durch ein vertragliches, oder schließen ein ordentliches Kündigungsrecht gänzlich aus.[714] Im Rahmen dieser vertraglichen Kündigungsrechte möchten die Parteien dem Stabilitätsinteresse Geltung verleihen, indem sie eine Mindestvertragsdauer oder längere Kündigungsfristen vorsehen.[715] Bei diesen vertraglichen Vereinbarungen sind jedoch die Grenzen der Privatautonomie, insbesondere aus § 138 BGB bzw. § 307 BGB im Falle einer Regelung in Form einer AGB, zu beachten. Die vertraglichen Regelungen zu der Gestaltung oder dem Ausschluss von Kündigungsrechten müssen sich daran messen lassen, ob sie die wirtschaftliche Entscheidungsfreiheit der Parteien übermäßig beschränken.

Den gänzlichen Ausschluss eines ordentlichen Kündigungsrechts hält der BGH für zulässig, wenn der Unternehmensführungsvertrag auf 20 Jahre mit maximal drei 10-jährigen Verlängerungsoptionen des Eigentümerunternehmens befristet ist.[716] Auch bei anderen zivilrechtlichen Verträgen wird eine 20-jährige Bindung als äußerste Grenze angesehen.[717] Die Grenze der maximalen vertraglichen Bindung von 20 Jahren kann allerdings nur als Richtwert angesehen werden, da nach Maßgabe des Einzellfalls durchaus eine längere, aber auch eine kürzere Bindung zulässig sein

712 *Abels*, Managementverträge, 102
713 *Joachim*, DWiR 1992, 397, 398, 402; *Martinek*, Moderne Vertragstypen II, 296.
714 Vgl. hierzu 1. Kapitel § 4 J.
715 Vgl. *Joachim*, DWiR 1992, 398, 402; *Martinek*, Moderne Vertragstypen II, 296 f.
716 BGH, Urt. v. 05.10.1981 – II ZR 203/80, juris Rn. 84 ff. = WM 1982, 394, 399.
717 So beispielsweise bei Bierlieferungsverträgen BGH, Urt. v. 17.01.1979 – VIII ZR 262/77, NJW 1979, 865; BGH, Urt. v. 23.11.1983 – VIII ZR 333/82, WM 1984, 88 f.; BGH, Urt. v. 27.02.1985 – VIII ZR 85/84, NJW 1985, 2693, 2695; BGH, Urt. v. 08.04.1992 – VIII ZR 94/91, NJW 1992, 2145; *Armbrüster*, MüKo-BGB, § 138 Rn. 75; *Bork*, AT, 471; Staudinger/*Sack/Fischinger*, BGB, § 138 Rn. 324.

kann.[718] Entscheidend ist, dass keine unbillige Beschränkung der wirtschaftlichen Bewegungsfreiheit vorliegt.[719] So ist beispielsweise eine längere Befristung eines Teilunternehmensführungsvertrags denkbar, wenn dieser Teil nur von geringer wirtschaftlicher Relevanz ist. Die Einschränkung der wirtschaftlichen Bewegungsfreiheit ist in diesem Fall geringer als bei einem Unternehmensführungsvertrag, der das gesamte Unternehmen erfasst.

Wenn nun eine 20-jährige vertragliche Bindung unter Vorbehalt des Einzelfalls als zulässig zu erachten ist, dann muss dieser Zeitraum konsequenterweise auch für die Überprüfung eines modifizierten ordentlichen Kündigungsrechts herangezogen werden. So darf eine verlängerte Kündigungsfrist oder die Vereinbarung einer Mindestvertragsdauer nicht dazu führen, dass das Eigentümerunternehmen länger gebunden ist als bei einem befristeten Unternehmensführungsvertrag, bei dem das ordentliche Kündigungsrecht gänzlich ausgeschlossen ist.

Nicht anwendbar ist das jederzeitige Kündigungsrecht aus § 671 Abs. 1 BGB. Auf diesen wird nicht durch § 675 Abs. 1 BGB verwiesen.[720] Der Grund hierfür ist eine beabsichtigte stärkere Bindung des Geschäftsbesorgers aufgrund der Entgeltlichkeit des Geschäftsbesorgungsvertrags.[721] Wenn dennoch in einem Unternehmensführungsvertrag ein jederzeitiges Kündigungsrecht des Unternehmensführers vereinbart wurde oder ein unentgeltlicher Unternehmensführungsvertrag vorliegt, dann wird durch die entsprechende Anwendung des § 671 Abs. 2 BGB zumindest eine Kündigung zu Unzeiten für unzulässig erachtet.[722] Also auch in diesem Fall ergibt sich aus der Treuepflicht des Unternehmensführers die Pflicht, ein solches Kündigungsrecht schonend auszuüben.

Aus der grundsätzlichen Einordnung des Unternehmensführungsvertrags als Dauerschuldverhältnis und als Dienstvertrag ergibt sich, dass beiden Parteien die Möglichkeit eines außerordentlichen Kündigungsrechts aus § 626 BGB zusteht.[723] Voraussetzung hierfür ist das Vorliegen eines wichtigen Grundes. Speziell für den Unternehmensführungsvertrag lassen sich hier zwei besondere Konstellationen hervorheben. Zum einen erkennt die Rechtsprechung ein außerordentliches

---

718 Vgl. BGH, Urt. v. 17.01.1979 – VIII ZR 262/77, NJW 1979, 865; BGH, Urt. v. 23.11.1983 – VIII ZR 333/82, WM 1984, 88, 89; OLG Düsseldorf, Urt. v. 30.03.1984 – 16 U 170/83, WM 1985, 727, 728; *Armbrüster*, MüKo-BGB, § 138 Rn. 75, 85; Staudinger/*Sack/Fischinger*, BGB, § 138 Rn. 321, 324; *Windbichler*, ZIP 1987, 825, 826.

719 Vgl. BGH, Urt. v. 09.04.1970 – KZR 7/69, Z 54, 145, 156; *Armbrüster*, MüKo-BGB, § 138 Rn. 75.

720 Ebenso *Martinek*, Moderne Vertragstypen II, 296; dies übersehen *Joachim*, DWiR 1992, 398, 402; *Mülbert*, Großkomm-AktG, 4. Aufl., § 292 Rn. 148; *Schlüter*, Managementverträge, 92.

721 Vgl. Staudinger/*Martinek*, BGB, § 675 Rn. A 30.

722 Vgl. Staudinger/*Martinek*, BGB, § 675 Rn. A 30.

723 *Altmeppen*, MüKo-AktG, § 292 Rn. 152; *Huber*, ZHR 152 (1988), 1, 32; *Joachim*, DWiR 1992, 397, 398, 403; *Martinek*, Moderne Vertragstypen II, 297 f.; anders *Mülbert*, Großkomm-AktG, § 292 Rn. 148, der hier auf § 314 BGB verweist.

Kündigungsrecht des Eigentümerunternehmens bei andauernder wirtschaftlicher Erfolglosigkeit des Unternehmensführers an.[724] Diese Rechtsprechung muss vor dem Hintergrund der starken Einflussmöglichkeit des Unternehmensführers betrachtet werden. Sie bildet gerade eine Kompensation für eine verstärkte Autonomie des Unternehmensführers.

Zum anderen muss die besondere Vertrauensstellung des Unternehmensführers bei der Auslegung des wichtigen Grundes Berücksichtigung finden. Hier lässt sich eine Parallele zu § 84 Abs. 3 AktG ziehen. Während der Geschäftsführer einer GmbH gem. § 38 Abs. 1 GmbHG jederzeit aus seiner Organstellung durch Widerruf entfernt werden kann, ist dieses für Vorstandsmitglieder nur möglich, wenn ein wichtiger Grund vorliegt. § 84 Abs. 3 S. 2 AktG konkretisiert diesen wichtigen Grund auf Pflichtverletzungen, der Unfähigkeit einer ordnungsgemäßen Geschäftsführung und einem Vertrauensentzug, der nicht auf offenbar unsachliche Grund beruht. Diese Wertungen lassen sich bei der Auslegung des Tatbestandsmerkmals des wichtigen Grundes im Sinne des § 626 BGB übertragen. Bei dem begründeten Verlust des Vertrauens in den Unternehmensführer oder in die Qualität der Unternehmensführung muss es dem Eigentümerunternehmen möglich sein sich von dem bestehenden Vertrag zu lösen, andernfalls wäre die unternehmerische Entscheidungsmöglichkeit des Eigentümerunternehmens übermäßig eingeschränkt.

Als weitere Ausprägung der besonderen Vertrauensstellung des Unternehmensführers für die Auslegung des § 626 BGB sollte das personale Element des Unternehmensführungsvertrags berücksichtigt werden.[725] Dieses kann nach hier vertretener Ansicht bei einer Gesellschaft bis auf die Leitungsebene durchschlagen. Die Konsequenz dieses Erstreckens auf die Leitungsebene ist dann das mögliche Vorliegen eines außerordentlichen Kündigungsrechts des Eigentümerunternehmens bei Neubesetzung des Leitungsorgans des Unternehmensführers. Freilich hängt ein solches außerordentliches Kündigungsrecht von dem jeweiligen Einzelfall ab. Im Vordergrund steht dabei die Frage, inwieweit sich das Vertrauen des Eigentümerunternehmens auf die konkrete Besetzung des Leitungsgremiums des Unternehmensführers erstreckt. In der Praxis vereinbaren die Parteien regelmäßig einen Katalog wichtiger Kündigungsgründe und sehen dafür gesonderte Kündigungsfristen vor.[726] Ebenso wird das Erfordernis einer erfolglosen Abmahnung vor der Ausübung der außerordentlichen Kündigung vereinbart.[727] Bei solchen Vereinbarungen ist zu beachten, dass das außerordentliche Kündigungsrecht zwingendes Recht ist.[728] Neben der

---

724 BGH, Urt. v. 05.10.1981 – II ZR 203/80, juris Rn. 72 = WM 1982, 394, 397; *Joachim*, DWiR 1992, 397, 403; kritisch *Windbichler*, ZIP 1987, 825, 827.

725 Hierzu 1. Kapitel § 5 B I 1 a bb.

726 Staudinger/*Martinek*, BGB, § 675 Rn. B 157; *ders.*, Moderne Vertragstypen II, 298.

727 *Joachim*, DWiR 1992, 397, 403; Staudinger/Martinek, BGB, § 675 Rn. B 157.

728 *Henssler*, MüKo-BGB, § 626 Rn. 48; *Joachim*, DWiR 1992, 397, 403; Staudinger/*Martinek*, BGB, § 675 Rn. B 157; Staudinger/*Preis*, BGB, § 626 Rn. 38; *Windbichler*, ZIP 1987, 825, 828.

Abbedingung ist es also unzulässig, Kündigungserschwerungen zu vereinbaren.[729] Die Vereinbarung des Erfordernisses einer erfolglosen Abmahnung vor der Ausübung des außerordentlichen Kündigungsrechts oder eine vereinbarte Liste wichtiger Kündigungsgründe sind also nicht als vertragliche Voraussetzungen für die Ausübung einer außerordentlichen Kündigung anzusehen. Diese Vereinbarungen können allerdings mittelbar bei der Interessenabwägung im Rahmen des § 626 Abs. 1 BGB eine Rolle spielen.[730] So können die Parteien durch solche Vereinbarungen zum Ausdruck bringen, wann sie ein Festhalten am Vertrag für unzumutbar erachten oder welchen Stellenwert sie einer Mahnung einräumen.

Ein Kündigungsrecht nach § 627 BGB ist für den Unternehmensführungsvertrag unwahrscheinlich.[731] Zwar ist der Unternehmensführungsvertrag als Dienstvertrag einzuordnen und er stellt auch kein Arbeitsverhältnis dar. Ebenso lässt sich die Leistung des Unternehmensführers als Dienst höherer Art einstufen, da der Unternehmensführer Träger eines besonderen Vertrauens ist und eine komplexe Leistung erbringt, die ein besonderes Maß an Fachkenntnissen erfordert.[732] Jedoch ist der Unternehmensführungsvertrag regelmäßig als dauerndes Dienstverhältnis mit festen Bezügen angelegt. Feste Bezüge liegen bereits dann vor, wenn dem Dienstleistungspflichtigen ein Einkommensteil versprochen wird, der von außervertraglichen Entwicklungen unabhängig ist.[733] Der Zweck dieses Ausnahmetatbestandes ist darin zu sehen, dass der Dienstverpflichtete bei der Vereinbarung fester Bezüge auf diese vertraut und mit ihnen kalkuliert.[734] Die Rechtsprechung erweitert die Definition der festen Bezüge, indem sie zusätzlich fordert, dass die Bezüge die Grundlage des wirtschaftlichen Daseins des Dienstverpflichteten bilden müssen.[735] Dies wird jedoch zu Recht abgelehnt.[736] Die explizite Herausnahme von Arbeitsverhältnissen aus dem § 627 BGB zeigt schon, dass es auf eine wirtschaftliche Abhängigkeit nicht ankommen kann.[737] Für das Vertrauen des Dienstverpflichteten in die Vergütung macht es keinen Unterschied, ob die versprochene feste Vergütung ganz oder nur zum Teil der Darseinsvorsorge dient. Auch aus der Gesetzesbegründung

---

729 Staudinger/*Preis*, BGB, § 626 Rn. 41.

730 Vgl. Staudinger/*Preis*, BGB, § 626 Rn. 45; krit. *Henssler*, MüKo-BGB, § 626 Rn. 129.

731 A. A. *Altmeppen*, MüKo-AktG, § 292 Rn. 152; *Joachim*, DWiR 1992, 397, 398, 403; *Mülbert*, Großkomm-AktG, 4. Aufl., § 292 Rn. 148; *Windbichler*, ZIP 1987, 825, 827.

732 Allgemein zu den Anforderungen eines Dienstes höherer Art *Henssler*, MüKo-BGB, § 627 Rn. 20; Staudinger/*Preis*, BGB, § 627 Rn. 18 f.

733 *Henssler*, MüKo-BGB, § 627 Rn. 18; Staudinger/*Preis*, BGB, § 627 Rn. 16.

734 Staudinger/*Preis*, BGB, § 627 Rn. 16; *Simonet*, BB 2012, 2053, 2055.

735 RG, Urt. v. 11.12.1934 – III 111/34, Z 146, 116, 117; BGH, Urt. v. 11.02.2010 – IX ZR 114/09, NJW 2010, 1520, 1521; BGH, Urt. v. 22.09.2011 – III ZR 95/11, NJW 2011, 3575, 3576.

736 *Henssler*, MüKo-BGB, § 627 Rn. 18; Staudinger/*Preis*, BGB, § 627 Rn. 16; *Simonet*, BB 2012, 2053, 2055.

737 Staudinger/*Preis*, BGB, § 627 Rn. 16.

lässt sich die einschränkende Auslegung der Rechtsprechung nicht herleiten.[738] Ein beidseitiges außerordentliches Kündigungsrecht kommt deshalb nur bei einer rein erfolgsbezogenen Vergütungsregelung in Betracht. Darüber hinaus ist § 627 BGB dispositiv.[739] Selbst wenn die Tatbestandsvoraussetzungen des § 627 BGB vorliegen, wird es regelmäßig im Interesse der Parteien sein diesen abzubedingen, da ein beidseitiges Interesse an einer Vertragsstabilität besteht.

Im Rahmen der Beendigungstatbestände ist noch auf die Auslegungsregelung des § 673 S. 1 BGB hinzuweisen, die durch die Verweisung des § 675 Abs. 1 BGB erfasst wird. Nach dieser endet das Geschäftsbesorgungsverhältnis im Zweifel mit dem Tod des Geschäftsbesorgers. Freilich nimmt § 673 S. 1 BGB im Rahmen von Unternehmensführungsverträgen nur eine untergeordnete Stellung ein, da regelmäßig Gesellschaften und nicht natürliche Personen als Unternehmensführer auftreten.

Neben der Vertragsbeendigung des Unternehmensführungsvertrags durch Kündigung kann ein solcher Vertrag auch durch einen Aufhebungsvertrag enden. Durch diesen bestimmen die Parteien privatautonom die Beendigung des Vertragsverhältnisses sowie gegebenenfalls die Pflichten bei Vertragsende. Natürlich kann das Vertragsverhältnis auch ohne den Willensakt zumindest einer Person durch Zeitablauf enden. Teilweise werden bei Unternehmensführungsverträgen, die der Entwicklung oder Sanierung des Eigentümerunternehmens dienen, so genannte fade-out Vereinbarungen getroffen.[740] Diese dienen der schrittweisen Rückführung der Unternehmensführung auf das Eigentümerunternehmen. So soll eine phasenweise Rücküberführung des Unternehmens sichergestellt werden. Dies ermöglicht, das Eigentümerunternehmen mit der rückübertragenen Führungskompetenz nicht zu überlasten und so Sanierungsfortschritte zu sichern.

B) Pflichten des Unternehmensführers

I. Rückübertragung des Unternehmens

Nach Beendigung des Unternehmensführungsvertrags soll die Führung wieder durch das Eigentümerunternehmen oder einen anderen Unternehmensführer übernommen werden. Hierfür sind von dem Unternehmensführer die von dem Eigentümerunternehmen erhaltenen Güter als auch die durch die Geschäftsführung erwirtschafteten Güter wieder herauszugeben.[741] Im Kern ergibt sich diese Rechtsfolge schon aus §§ 675 Abs. 1, 667 BGB, wenn sie nicht vertraglich vorgesehen ist. Die Rückübertragung erfolgt spiegelbildlich zur Überlassung des Unternehmens. Aus diesem Grund können die dort getätigten Ausführungen grundsätzlich auf die Rückführung des Unternehmens übertragen werden. Die erforderliche

---

738 Vgl. *Mugdan*, Materialien II, 912–914; *Simonet*, BB 2012, 2053, 2055.

739 *Henssler*, MüKo-BGB, § 627 Rn. 39; Staudinger/*Preis*, BGB, § 627 Rn. 6.

740 *Abels*, Managementverträge, 34, 322 f.

741 Hierzu auch bei *Abels*, Managementverträge, 417 f.; *Joachim*, DWiR 1992, 397, 398; *Mülbert*, Großkomm-AktG, 4. Aufl., § 292 Rn. 148.

Rechtshandlung ist von der Rechtsqualität des überlassenden bzw. erwirtschafteten Guts abhängig.[742] Das Unternehmen ist so herauszugeben, wie es sich bei Vertragsende darstellt. Dementsprechend umfasst der Rückübertragungsanspruch die überlassenen als auch die im Rahmen der Unternehmensführung erlangten Immaterialgüter wie beispielsweise Marken, geschäftliche Bezeichnungen, Patente oder die Firma. Güter, die im Rahmen der Unternehmensführung erlangt wurden, müssen nicht schon dann herausgegeben werden, wenn eine Kausalität zur Tätigkeit der Geschäftsführung besteht, sondern vielmehr bedarf es eines inneren Zusammenhangs zu der Tätigkeit.[743]

Wenn sich das Unternehmen während der Unternehmensführung verschlechtert hat, drängt sich die Frage auf, ob der Unternehmensführer Wertersatz hierfür zu leisten hat. Ein solcher Wertersatz lässt sich nicht aus § 667 BGB herleiten, da der Unternehmensführer nach diesem nur das herauszugeben hat, was noch vorhanden ist, sprich das wertgeminderte Unternehmen.[744] Allerdings haftet der Unternehmensführer unter Umständen für eine Schlechtleistung auf Schadensersatz. Außerhalb dieser Haftung trägt gerade das Eigentümerunternehmen das wirtschaftliche Risiko der Unternehmensführung. Zu diesem Risiko zählt auch die Werterhaltung des Unternehmens. Alles andere käme einer Garantiehaftung des Unternehmensführers gleich, die ohne eine vertragliche Regelung nicht anzunehmen ist.

Die Rückführung der Unternehmensführung an das Eigentümerunternehmen stellt sich – wie auch bei der Überlassung der Unternehmensführung an den Unternehmensführer – im Rahmen eines unechten Unternehmensführungsvertrags komplexer dar.[745] Der Unternehmensführer war bei diesem Vertrag im eigenen Namen tätig. Damit wurde er im eigenen Namen Vertragspartei zu Dritten und er hat im eigenen Namen Rechtspositionen erworben, die wirtschaftlich dem Eigentümerunternehmen zustehen. Diese Rechtspositionen sind mit der Rückführung der Unternehmensführung auf das Eigentümerunternehmen zu übertragen. Schwieriger gestaltet sich die Überführung von Vertragsverhältnissen. Es bedarf hier eines dreiseitigen Vertrags zwischen dem Dritten, dem Eigentümerunternehmen und dem Unternehmensführer oder eines Vertrags zwischen dem Eigentümerunternehmen und dem Unternehmensführer sowie der Zustimmung des Dritten (vgl. § 415 Abs. 1 BGB). Da es zwingend der Mitwirkung des Dritten bedarf, kann der Anspruch auf Überleitung der Vertragsverhältnisse aus §§ 675 Abs. 1, 667 im Einzellfall rechtlich unmöglich im Sinne des § 275 Abs. 1 BGB sein, wenn der Dritte seine Zustimmung zur Überleitung verweigert. Dies führt jedoch nur zu einer Haftung, wenn dem Unternehmensführer ein Verschulden vorzuwerfen ist.

742 Erman/*Berger*, BGB, § 667 Rn. 10; *Seiler*, MüKo-BGB, § 667 Rn. 6.

743 BGH, Urt. v. 04.02.2000 – V ZR 260/98, NJW 2000, 1496, 1497; BGH, Urt. v. 02.04.2001 – II ZR 217/99, NJW 2001, 2476, 2477; Soergel/*Beuthien*, BGB, § 667 Rn. 7; Erman/*Berger*, BGB, § 667 Rn. 7; *Seiler*, MüKo-BGB, § 667 Rn. 9.

744 Vgl. BGH, Urt. v. 02.04.2001 – II ZR 217/99, NJW 2001, 2476, 2477; *Seiler*, MüKo-BGB, § 667 Rn. 5.

745 *Mülbert*, Großkomm-AktG, 4. Aufl., § 292 Rn. 148.

Schließlich ist es auch im Interesse des Unternehmensführers, dass dieser nicht an Verträge gebunden ist, die nach Beendigung des Unternehmensführungsvertrags für ihn nicht mehr sinnvoll sind. Im Hinblick auf dieses Interesse ist es im Rahmen eines unechten Unternehmensführungsvertrags sinnvoll, dass der Dritte schon bei Abschluss eines Vertrags seine Zustimmung zu einem Vertragsübergang auf das Eigentümerunternehmen erklärt. Auch das Eigentümerunternehmen kann ein Interesse daran haben, dass der Dritte diese Zustimmung erteilt, da dieses im Regelfall die von dem Unternehmensführer geschlossenen Verträge weiterführen möchte.

II. Nachvertragliche Treuepflichten

1. Nachvertragliche Geheimhaltungspflichten

Auch nach Vertragsende können sich aus der Fremdinteressenwahrung verschiedene Treuepflichten gegenüber dem Eigentümerunternehmen ergeben.[746] Der Unternehmensführer soll die Interessen des Eigentümerunternehmens nicht schädigen, indem er das spezifische Wissen, das durch die Unternehmensführung erlangt wurde, ausnutzt.[747] Als Folge dieser Interessenlage trifft den Unternehmensführer eine Verschwiegenheitspflicht.[748] Die nachvertraglichen Geheimhaltungspflichten entsprechen den Geheimhaltungspflichten, die den Unternehmensführer im Rahmen der Vertragsdurchführung treffen.[749] Dieses ergibt sich aus der Anlehnung an § 93 Abs. 1 S. 3 AktG, der die gesetzliche Schweigepflicht der Vorstandsmitglieder über die Amtszeit hinaus erstreckt.[750] Eine ähnliche Regelung findet sich auch in § 90 HGB. Sowohl aus § 93 Abs. 1 S. 3 AktG als auch aus 90 HGB ergeben sich die Grenzen der Geheimhaltungspflichten aus der Abwägung zwischen Geheimhaltungsinteresse und den berechtigten Offenbarungsinteressen des zur Geheimhaltung verpflichteten.[751]

2. Nachvertragliches Wettbewerbsverbot

Je nach der Art des Unternehmensführungsvertrags kann auch ein nachvertragliches Wettbewerbsverbot vereinbart werden, um die Interessen des Eigentümerunternehmens zu schützen. Auf einer ähnlichen Interessenlage beruht beispielsweise die Möglichkeit des Abschlusses eines nachvertraglichen Wettbewerbsverbots in § 74 HGB oder § 90a HGB. Die grundsätzliche Zulässigkeit, der Umfang und die Dauer des Wettbewerbsverbots müssen sich im Einzelfall über das Einfalltor des § 138 BGB bzw. § 307 Abs. 1 BGB am Maßstab des Art. 12 Abs. 1 GG iVm.

746 *Abels*, Managementverträge, 91, 369, 418 f.
747 Vgl. *Schubert*, Arbeitnehmerähnliche Personen, 536.
748 *Abels*, Managementverträge, 91.
749 Hierzu 2. Kapitel § 3 B I.
750 Spindler/Stilz/*Fleischer*, AktG, § 93 Rn. 161; *Spindler*, MüKo-AktG, § 93 Rn. 132.
751 Vgl. v. *Hoyningen-Huene*, MüKo-HGB, § 90 Rn. 21; *Spindler*, MüKo-HGB, § 93 Rn. 133.

Art. 19 Abs. 3 GG messen lassen.[752] Das Wettbewerbsverbot muss dabei zeitlich limitiert sein. Die maximal zulässige Länge ist nach Maßgabe des Einzelfalls unter Berücksichtigung des Umfangs und der Vertragsdauer der vorangegangenen Unternehmensführung zu bestimmen. Eine gewisse Orientierung kann hier § 74 Abs. 1 S. 3 HGB und § 90a Abs. 1 S. 2 HGB geben.[753] Dieser sehen als zulässige Grenze ein zweijähriges Wettbewerbsverbot vor.

Für die Zulässigkeit eines Wettbewerbsverbots muss zunächst ähnlich wie im § 74a HGB ein berechtigtes Interesse des Eigentümerunternehmens an dem Wettbewerbsverbot vorliegen. Erforderlich ist hierfür eine abstrakte Gefahr, dass während der Vertragslaufzeit erworbene Kenntnisse über Arbeitsmethoden, Betriebsgeheimnisse oder Vertriebswege bei einem Wettbewerber eingesetzt werden und zu einer Wettbewerbsverzerrung führen könnten.[754] Das Eigentümerunternehmen kann dem Unternehmensführer deshalb ein Wettbewerbsverbot für branchenfremde Unternehmen nur auferlegen, wenn zu erwarten ist, dass die spezifischen Kenntnisse zum Nachteil des Eigentümerunternehmens eingesetzt werden könnten.[755] Ein weiterer Maßstab für die Zulässigkeit eines Wettbewerbsverbots ist die konkrete Tätigkeit des Unternehmensführers. Dieser muss sich danach richten, mit welcher Intensität der Unternehmensführer Zugang zu geschützten Know-how erhält. Wird beispielsweise der wesentliche Teil der Arbeit im Unternehmen weitestgehend autonom durch die Arbeitnehmer des Eigentümerunternehmens erledigt, dann spricht dies grundsätzlich gegen ein berechtigtes Interesse an einem nachvertraglichen Wettbewerbsverbot. Ähnlich verhält es sich, wenn nur ein Teilunternehmensführungsvertrag vorliegt und der Unternehmensführer nur beschränkten Zugang zu Informationen hat.

Selbst wenn ein berechtigtes Interesse des Eigentümerunternehmens an einem Wettbewerbsverbot vorliegt, muss dies mit dem Interesse des Unternehmensführers vereinbart werden.[756] Es ist davon auszugehen, dass dem Unternehmensführer ähnlich wie Handlungsgehilfen oder Handelsvertretern stets eine Karenzentschädigung gezahlt werden muss.[757] Der Freiheitsbeschränkung des Unternehmensführers muss ein angemessens Äquivalent gegenüberstehen.[758] Die Frage ist nur wie die Karenzentschädigung dogmatisch zu verankern ist. Eine Möglichkeit ist es die Karenzentschädigung am Maßstab des § 138 BGB zu messen. Diese Lösung ergibt sich zwar ohne Weiteres aus dem Gesetz. Sie hat jedoch den Nachteil, dass bei einer fehlenden

752 Vgl. Erman/*Arnold*, BGB, § 138 Rn. 170. Für eine entsprechende Anwendung der § 74 ff. HGB auf arbeitnehmerähnliche Personen statt der Kontrolle nach § 138 BGB mit der Berücksichtigung des Maßstabs der §§ 74 ff. HGB, vgl. *Schubert*, Arbeitnehmerähnliche Personen, 537.

753 Vgl. *Weitnauer/Grob*, GWR 2014, 185, 188, 190.

754 Oetker/*Kotzian-Marggraf*, HGB, § 74 Rn. 3; Staub/*Weber*, HGB, § 74 Rn. 5.

755 Vgl. Staub/*Weber*, HGB, § 75 Rn. 7.

756 Vgl. *Armbrüster*, MüKo-BGB, § 138 Rn. 78; Erman/*Arnold*, BGB, § 138 Rn. 170.

757 Vgl. *Armbrüster*, MüKo-BGB, § 138 Rn. 79.

758 Vgl. *Armbrüster*, MüKo-BGB, § 138 Rn. 79.

oder zu niedrigen Karenzentschädigung das Wettbewerbsverbot nichtig wäre.[759] Auch die §§ 74 ff. HGB sind nicht entsprechend auf den Unternehmensführer anzuwenden. Der Unternehmensführer ist in seiner wirtschaftlichen Abhängigkeit eher mit einem Handelsvertreter als mit einem Handlungsgehilfen oder Arbeitnehmer auf den die §§ 74 ff. HGB über § 110 S. 2 GewO Anwendung finden, vergleichbar. Ebenso geben die §§ 74 ff. HGB ein im Verhältnis zu § 90a HGB starres Konzept zu Berechnung der Karenzentschädigung vor. So wäre das Wettbewerbsverbot auch nach § 74a Abs. 1 S. 2 HGB unverbindlich, wenn die Karenzentschädigung zu niedrig ist. Zu befürworten ist die entsprechende Anwendung des § 90a Abs. 1 S. 3 HGB. Der Unternehmensführer ist ebenso wie der Handelsvertreter im Interesse des Eigentümerunternehmens tätig.[760] So soll auch dem Unternehmensführer vergleichbar mit dem Handelsvertreter eine angemessene Entschädigung für ein wirksames Wettbewerbsverbot zustehen. § 90a Abs. 1 S. 3 HGB beinhaltet den Vorteil der Rechtssicherheit. Dem Unternehmensführer steht eine Karenzentschädigung kraft Gesetz zu. Auch aus Sicht des Eigentümerunternehmen hat dies den Vorteil, dass selbst wenn im Rahmen des Wettbewerbsverbots keine oder eine zu niedrige Karenzentschädigung vereinbart wurde, das Wettbewerbsverbot nicht unwirksam ist, sondern an die Stelle der Parteivereinbarung die gesetzlich vorgesehene angemessene Entschädigung rückt.[761] Auch liegt eine planwidrige Regelungslücke vor. Die gesetzlich vorgesehenen Regelungen zum Wettbewerbsverbot sind nicht abschließend. Es ist nicht ersichtlich, dass der Gesetzgeber das Wettbewerbsverbot nur für wenige Teilbereiche, wie in § 90a HGB, §§ 74 ff. HGB und § 110 GewO, regeln wollte. Auch für andere Vertragstypen wird die entsprechende Anwendung des § 90a HGB oder der §§ 74 ff. HGB erwogen.[762]

---

759 A. A. Erman/*Arnold*, BGB, § 138 Rn. 170, der bei einer quantitativen Unterschreitung der Anforderungen an das Wettbewerbsverbot eine geltungserhaltende Reduktion befürwortet.

760 Oftmals wird die entsprechende Anwendung des § 90a HGB unter dem Aspekt abgelehnt, dass keine mit dem Handelsvertreter vergleichbare Fremdinteressenswahrnehmung vorliegt, vgl. Baumbach/Hopt/*Hopt*, HGB, § 90a Rn. 5; *v. Hoyningen-Huene*, MüKo-HGB, § 90a Rn. 7.

761 BGH, Urt. v. 19.12.1974 – VII ZR 2/74, NJW 1975, 388; Staub/*Emde*, HGB, § 90a Rn. 36, 40; *v. Hoyningen-Huene*, MüKo-HGB, § 90a Rn. 41; Heymann/*Sonnenschein/Weitemeyer*, HGB, § 90a Rn. 18.

762 Zur Anwendung der §§ 74 HGB auf arbeitnehmerähnliche Personen; BAG, 21.07.1997 – 9 AZR 778/95, EzA § 74 HGB Nr. 59; OLG München, Urt. v. 18.10.1996 – 21 U 3748/96, BB 1997, 224; LAG Köln, Urt. v. 02.06.1999 – 2 S. 138/99, NZA-RR 2000, 65, 68; Baumbach/Hopt/*Roth*, HGB, § 74 Rn. 3; *v. Hoyningen-Huene*, MüKo-HGB, § 74 Rn. 8; *Schubert*, Arbeitnehmerähnliche Personen, 537 f.; Röhricht/v. Westphalen/*Wagner*, HGB, § 74 Rn. 14. Zur analogen Anwendung des § 90a HGB auf den Franchisenehmer *v. Hoyningen-Huene*, MüKo-HGB, § 90a Rn. 6; *Schubert*, Arbeitnehmerähnliche Personen, 537. Zur analogen Anwendung auf den Vertragshändler Baumbach/Hopt/*Hopt*, HGB, § 90a Rn. 5; *v. Hoyningen-Huene*, MüKo-HGB,

Im Rahmen der Angemessenheitsprüfung der Entschädigung sind verschiedene Kriterien maßgeblich. Zu diesen zählen, der objektive Wert des Unterlassens der Konkurrenz, die erforderliche wirtschaftliche Sicherung des mit dem wettbewerbsverbot belasteten Vertragspartners, die Möglichkeit andere Erwerbstätigkeiten nachzugehen, die nicht dem Wettbewerbsverbot unterliegen, sowie andere durch das Wettbewerbsverbot konkret entstandenen Verluste.[763] So ist zu prüfen, inwieweit der Unternehmensführer durch das Wettbewerbsverbot in seiner wirtschaftlichen Handlungsfähigkeit beeinträchtigt wird. Besteht aus dessen Sicht die Möglichkeit eigenwirtschaftlich oder für branchenfremde Unternehmen tätig zu sein, die nicht von dem Wettbewerbsverbot umfasst sind, dann ist nur eine geringe Karenzentschädigung erforderlich. Anders ist der Fall zu beurteilen, wenn das Wettbewerbsverbot faktisch zu einem Berufsverbot führt, weil der Unternehmensführer hoch spezialisiert ist und in anderen Branchen nicht tätig werden kann.

C) Pflichten des Eigentümerunternehmens

Aus Sicht des Eigentümerunternehmens ist besonders die Frage relevant, ob es zur Rücknahme des Unternehmens verpflichtet und mit einem Ausgleichsanspruch des Unternehmensführers belastet ist, wenn es etwa im Laufe der Vertragsdurchführung zu einer Wertsteigerung des Unternehmens kam oder durch die Tätigkeit des Unternehmensführers der Goodwill gesteigert wurde. Hinter diesem Gedanken steht die Frage, ob das Eigentümerunternehmen eine Vergütung dafür zahlen muss, dass es über den Unternehmensführungsvertrag hinaus weiterhin von den Leistungen des Unternehmensführers profitiert.

I. Rücknahmepflichten

Dem Unternehmensführer trifft die Pflicht zur Herausgabe des Unternehmens aus §§ 675 Abs. 1, 667 BGB. Aus Sicht des Eigentümerunternehmens drängt sich die Frage auf, ob auch eine Abnahmeverpflichtung besteht. Für den Kaufvertrag sieht das Gesetz in § 433 Abs. 2 BGB ausdrücklich eine solche Abnahmepflicht des Käufers vor.

Für den Geschäftsbesorgungsvertrag existiert keine ausdrückliche Regelung. Es findet sich nur in §§ 675 Abs. 1, 667 BGB die Pflicht des Geschäftsbesorgers zur Herausgabe aller Rechtsgüter, die zur Ausführung des Auftrags überlassen oder durch die Geschäftsbesorgung erlangt wurden. Aus §§ 675 Abs. 1, 670 BGB ergibt sich die Pflicht des Prinzipals zum Ersatz der erforderlichen Aufwendungen. Aus der Gesamtschau dieser Normen lässt sich das Ergebnis herleiten, dass dem Prinzipal

§ 90a Rn. 6; *Schubert*, Arbeitnehmerähnliche Personen, 537; Heymann/*Sonnenschein/Weitemeyer*, HGB, § 90a Rn. 4.

763 Hierzu Staub/*Emde*, HGB, § 90a Rn. 36; *v. Hoyningen-Huene*, HGB, § 90a Rn. 43; Heymann/Sonnenschein/Weitemeyer, HGB, § 90a Rn. 18.

alle Vorteile aus der Geschäftsbesorgung zustehen, ihn allerdings auch die Nachteile treffen.

Dieser Gedanke muss auch auf die Beendigung des Unternehmensführungsvertrags übertragen werden. Das Eigentümerunternehmen muss deshalb die Pflicht zur Abnahme des Unternehmens treffen. Schließlich sind mit dem Unternehmen Verpflichtungen verbunden, die das Eigentümerunternehmen treffen müssen und auf die der Unternehmensführer nicht sitzen bleiben soll. Als Beispiel lässt sich die Vertragsüberleitung im Rahmen eines unechten Unternehmensführungsvertrags anführen. Der Unternehmensführer tritt bei einem unechten Unternehmensführungsvertrag als mittelbarer Stellvertreter auf und wird zunächst selbst Vertragspartei, obwohl wirtschaftlich das Eigentümerunternehmen belastet und begünstigt werden soll. Mit Beendigung des unechten Unternehmensführungsvertrags sind die so entstandenen Schuldverhältnisse auf das Eigentümerunternehmen überzuleiten. Es ist klar, dass eine solche Überleitung an dem entgegenstehenden Willen des außenstehenden Vertragspartners scheitern kann. Sie darf jedoch nicht an dem Willen des Eigentümerunternehmens scheitern. Genauso wie das Eigentümerunternehmen über den Aufwendungsersatz Passiva des Unternehmensführers auszugleichen hat, hat es auch vermeintlich nachteilige Rechtspositionen zu übernehmen. Wenn das Eigentümerunternehmen nicht einverstanden ist mit den von dem Unternehmensführer geschlossenen Verträgen, so muss es prüfen, ob gegebenenfalls die Voraussetzungen eines Schadensersatzanspruchs vorliegen. Ist dies nicht der Fall hat sich das typische Risiko der Stellvertretung realisiert mit Verträgen belastet zu sein, die man selbst vielleicht nicht abgeschlossen hätte. Würde man eine Abnahmepflicht verneinen, so würde insbesondere bei einem unechten Unternehmensführungsvertrag der Unternehmensführer das Risiko eingehen auf einem für ihn unbrauchbaren Unternehmen sitzen zu bleiben. Dies käme einem Zwangserwerb gleich, der nicht mit dem durch den Unternehmensführungsvertrag intendiert Zweck vereinbar und mit Blick auf die Privatautonomie grundsätzlich abzulehnen ist.

II. Ausgleichspflichten

1. Die Wertung des § 89b HGB

Mit dem § 89b Abs. 1 HGB sieht der Gesetzgeber einen angemessenen Ausgleichsanspruch für den Handelsvertreter vor, wenn der Unternehmer aus den vom Handelsvertreter gewonnenen oder intensivierten Geschäftsverbindungen auch nach Beendigung des Vertragsverhältnisses erhebliche Vorteile hat und ein Ausgleich unter Berücksichtigung aller Umstände der Billigkeit entspricht. Vertraglich kann dieser Anspruch nach § 89b Abs. 4 HGB nicht abbedungen werden und ist innerhalb einer Jahresfrist zu erheben. Gesetzlich ist der Ausgleichsanspruch nur ausgeschlossen, wenn der Handelsvertreter das Vertragsverhältnis, ohne aufgrund eines auf dem Verhalten des Unternehmens begründeten Anlasses zur Kündigung oder aufgrund von krankheits- oder altersbedingter Unzumutbarkeit der Weiterführung des Vertragsverhältnisses, beendet (§ 89b Abs. 3 Nr. 1 HGB), der Unternehmer das

Vertragsverhältnis aufgrund eines auf schuldhaftem Verhalten beruhenden wichtigen Kündigungsgrunds beendet hat (§ 89b Abs. 3 Nr. 2 HGB) oder der Handelsvertreter und der Unternehmer sich nach der Vertragsbeendigung auf die Einsetzung eines Dritten in die Position des ursprünglichen Handelsvertreters einigen (§ 89b Abs. 3 Nr. 3 HGB). Der Zweck dieses Anspruches ist darin zu sehen, dass der Handelsvertreter nach der Beendigung des Vertragsverhältnisses nicht mehr von seiner während des Vertragsverhältnisses erbrachten Markterschließungsleistung profitiert.[764] Er verliert seinen Kundenstamm an den Unternehmer ohne von der weiteren Verwendung dieses Kundenstammes zu profitieren. So entstehen für Anschlussverträge nach Beendigung des Handelsvertreterverhältnisses grundsätzlich keine Provisionsansprüche mehr. Die während des Vertragsverhältnisses entstehenden Provisionsleistungen decken diese Leistung nicht ab.[765] Der Ausgleichsanspruch ist deshalb nicht als Schadensersatz oder bereicherungsrechtlicher Anspruch anzusehen, sondern als modifizierter Vergütungsanspruch für die Überlassung des von dem Handelsvertreter geschaffenen Kundenstamms.[766] Dieser Vergütungsanspruch wird als modifizierter Vergütungsanspruch bezeichnet, da dieser unter dem Vorbehalt der Billigkeit steht.[767]

2. Entsprechende Anwendung des § 89b HGB

Um der Frage nachzugehen, inwiefern auch dem Unternehmensführer möglicherweise ein Ausgleichsanspruch durch eine entsprechende Anwendung des § 89b HGB zusteht, ist der Blick auf verschiedene Fallgruppen zu werfen, in denen ein Ausgleichsanspruch diskutiert wird. Dies soll helfen, maßgebliche Kriterien für die Annahme einer vergleichbaren Interessenlage zu bestimmen.

a) Vertragshändler

Ein Vertragshändler vertreibt Waren oder Dienstleistungen für einen oder mehrere bestimmte Lieferanten oder Hersteller. Er ist damit Teil der Absatzorganisation. Anders als der Handelsvertreter ist er aber im eigenen Namen und auf eigene Rechnung

---

764 Reg. Begr. BT-Drs. 1/3856 S. 35; BGH 09.04.1964 Z 41, 292, 296 f.; Oetker/*Busche*, HGB, § 89b Rn. 1; v. *Hoyningen-Huene*, MüKo-HGB, § 89b Rn. 3.

765 v. *Hoyningen-Huene*, MüKo-HGB, § 89b Rn. 2 f.

766 BGH, Urt. v. 13.05.1957 – II ZR 318/56, Z 24, 214, 222; BGH, Urt. v. 09.04. 1964 – VII ZR 123/62, Z 41, 292, 296; Oetker/*Busche*, HGB § 89b Rn. 1; *Dörmer*, Unternehmenspacht, 349; *v. Hoyningen-Huene*, MüKo-BGB, § 89b Rn. 5; E/B/J/S/*Löwisch*, HGB, § 89b Rn. 5; Heymann/*Sonnenschein/Weitemeyer*, HGB, § 89b Rn. 4; a. A. *Ulmer*, Vertragshändler, 452 ff., nach diesem habe der Anspruch einen Entschädigungscharakter.

767 BGH, Urt. v. 13.05.1957 – II ZR 318/56, Z 24, 214, 222; BGH, Urt. v. 12.03.2003 – VIII ZR 221/02, WM 2003, 2105, 2107; Oetker/*Busche*, HGB, § 89b Rn. 1; Baumbach/Hopt/*Hopt*, HGB, § 89b Rn. 3; *v. Hoyningen-Huene*, MüKo-HGB, § 89b Rn. 6; Heymann/*Sonnenschein/Weitemeyer*, HGB, § 89b Rn. 4.

tätig.[768] Der Vertragshändlervertrag zum Hersteller bzw. Lieferanten ist – wie grundsätzlich auch der Unternehmensführungsvertrag – als Geschäftsbesorgungsvertrag mit Dienstleistungscharakter einzuordnen.[769] Von der überwiegenden Ansicht in der Rechtsprechung und in der Literatur wird eine entsprechende Anwendung des § 89b HGB auf den Vertragshändler befürwortet.[770] Für eine vergleichbare Interessenlage wird argumentiert, dass dieser – wie auch der Handelsvertreter – in das Vertriebsnetz des Herstellers bzw. des Lieferanten integriert ist und ihn ebenso eine Absatzförderungspflicht trifft.[771] Voraussetzung für eine vergleichbare Interessenlage ist also zunächst eine mit dem Handelsvertreter vergleichbare Eingliederung in die Absatzorganisation des Herstellers oder des Lieferanten.[772] Des Weiteren muss eine Verpflichtung des Vertragshändlers zur Überlassung des Kundenstamms bestehen, damit der Hersteller oder Lieferant hieraus Vorteile ziehen kann.[773] Die Vorteile des Herstellers bzw. des Lieferanten müssen zumindest mitursächlich auf der Überlassung des Kundenstamms beruhen.[774] Vereinzelt wurde allerdings auch mit Hinweis auf die fehlende Vergleichbarkeit des Vertragshändlers mit dem Handelsvertreter die entsprechende Anwendung des § 89b HGB abgelehnt.[775]

---

768 *v. Hoyningen-Huene*, MüKo-HGB, § 89b Rn. 17; *Ulmer*, Vertragshändler, 207.

769 *v. Hoyningen-Huene*, MüKo-HGB, § 89b Rn. 17.

770 BGH, Urt. v. 03.03.1983 – I ZR 34/81, NJW 1983, 1789; BGH, Urt. v. 07.11.1991 – I ZR 51/91, WM 1992, 825, 827; BGH, Urt. v. 10.02.1993 – VIII ZR 47/92, WM 1993, 1464, 1466; Oetker/*Busche*, HGB § 89b Rn. 61; *v. Hoyningen-Huene*, MüKo-HGB, § 89b Rn. 18; E/B/J/S/*Löwisch*, HGB, § 89b Rn. 213; *Martinek*, Franchising, 368 f.; *K. Schmidt*, HandelsR, 913 f.; Röhricht/v. Westphalen/*Thume*, HGB, § 89b Rn. 31 f.

771 *v. Hoyningen-Huene*, MüKo-HGB, § 89b Rn. 18.

772 BGH, Urt. v. 03.03.1983 – I ZR 34/81, NJW 1983, 1789 f.; BGH, Urt. v. 07.11.1991 – I ZR 51/91, WM 1992, 825, 827; BGH, Urt. v. 10.02.1993 – VIII ZR 47/92, WM 1993, 1464, 1466; BGH, Urt. v. 12.03.2003 – VIII ZR 221/02, WM 2003, 2105, 2107; BGH, Urt. v. 22.10.2003 – VIII ZR 6/03, NJW-RR 2004, 898; Oetker/*Busche*, HGB § 89b Rn. 61; Baumbach/Hopt/*Hopt*, HGB, § 84 Rn. 13; *v. Hoyningen-Huene*, MüKo-HGB, § 89b Rn. 20; E/B/J/S/*Löwisch*, HGB, § 89b Rn. 214; Röchricht/v. Westphaelen/*Thume*, HGB, § 89b Rn. 31.

773 BGH, Urt. v. 03.03.1983 – I ZR 34/81, NJW 1983, 1789, 1799; BGH, Urt. v. 10.02.1993 – VIII ZR 47/92, WM 1993, 1464, 1466; BGH, Urt. v. 12.03.2003 – VIII ZR 221/02, WM 2003, 2105, 2107; *v. Hoyningen-Huene*, HGB § 89b Rn. 21; E/B/J/S/*Löwisch*, HGB, § 89b Rn. 217; weitergehend Oetker/*Busche*, HGB, § 89b Rn. 61; Baumbach/Hopt/*Hopt*, HGB, § 84 Rn. 14, nach diesen reicht es schon aus, wenn der Hersteller oder Lieferant faktisch die Möglichkeit zur Nutzung des Kundenstamms hat.

774 v. Hoyningen-Huene, MüKo-HGB, § 89b Rn. 23.

775 OLG Köln, Urt. v. 28.11.1985 – 12 U 233/84, EWiR § 89b HGB 2/86, 1217 (*v.Hoyningen-Huene*); OLG Köln, Urt. v. 20.05.1994 – 19 U 237/93, NJW-RR 1995, 29, 30 f.; *Stumpf*, NJW 1998, 12, 15; *Ulmer*, Vertragshändler, 449 ff.

b) Subordinationsfranchisenehmer

Im Rahmen eines Subordinationsfranchisevertrags überlässt der Franchisenehmer dem Franchisegeber ein Geschäftskonzept gegen Entgelt. Zu diesem Geschäftskonzept können Handelswaren, Handelsmarken, Geschäftsformen, Vertriebsmethoden, Vertriebsrechte sowie spezielles Know-how gehören.[776] Bei dem Subordinationsfranchise besteht anders als bei dem Kooperationsfranchise ein Über-Unterordnungsverhältnis, das sich dadurch auszeichnet, dass der Franchisegeber Einfluss auf die Art der Führung des Franchiseunternehmens hat. Ebenso wie der Vertragshändler handelt der Franchisenehmer im eigenen Namen und für eigene Rechnung. Dennoch wird auch für diesen befürwortet, den Ausgleichsanspruch nach § 89b HGB analog anzuwenden, wenn dieser wie ein Handelsvertreter in die Absatzorganisation eingebunden ist und eine Pflicht zur Überlassung des Kundenstamms besteht.[777] Wie auch bei dem Vertragshändler muss die Überlassung des Kundenstamms mitursächlich für die vom Franchisegeber gezogenen Vorteile sein.

c) Betriebspacht

Auch im Rahmen einer Betriebspacht wurden die Überlegungen angestellt, ob der Ausgleichsanspruch des § 89b HGB entsprechend angewendet werden kann auf einen gesteigerten Goodwill bei der Rückgabe des Unternehmens. Die Rechtsprechung hat sich dagegen entschieden.[778] Auch hier zog die Rechtsprechung als maßgebliche Kriterien die mit einem Handelsvertreter vergleichbare Eingliederung in die Absatzorganisation und die Überlassung des Kundenstamms heran.[779] Der BGH ließ die Subsumtion des Merkmals der Eingliederung in die Absatzorganisation des Verpächters dahinstehen, da die Rückgabe des Unternehmens nicht mit der Überlassung des Kundenstamms vergleichbar sei.[780] Ausschlaggebend ist hier die Wertung des Gesetzes, dass nach Ende der Pacht ein Wertzuwachs des Unternehmens außerhalb eines Wegnahmerechts des Pächters dem Verpächter zuzuordnen sei.[781]

Auch die Literatur lehnt einen Ausgleichsanspruch für einen gesteigerten Goodwill ab,[782] wobei teilweise ein Ausgleichsanspruch bestehen soll bei

---

776 Vgl. *v. Hoyningen-Huene*, MüKo-HGB, § 89b Rn. 24.

777 OLG Celle, Urt. v. 19.04.2007 – 11 U 279/06, BB 2007, 1862, 1883 f.; Oetker/Busche, HGB, § 89b Rn. 67; *v. Hoyningen-Huene*, MüKo-HGB, § 89b Rn. 24; *Martinek*, Franchising, 366 ff.; Röhricht/v. Westphalen/*Thume*, HGB, § 89b Rn. 33; weitergehend Oetker/*Busche*, HGB, § 89b Rn. 67, der die faktische Zugriffsmöglichkeit des Franchisegebers auf den Kundenstamm des Franchisenehmers genügen lässt.

778 BGH, Urt. v. 12.05.1986 – II ZR 11/86, NJW 1986, 2306, 2307.

779 BGH, Urt. v. 12.05.1986 – II ZR 11/86, NJW 1986, 2306, 2307.

780 BGH, Urt. v. 12.05.1986 – II ZR 11/86, NJW 1986, 2306, 2307.

781 BGH, Urt. v. 12.05.1986 – II ZR 11/86, NJW 1986, 2306, 2307.

782 *v. Godin*, Nutzungsrechte am Unternehmen, 52 f.; zum Betriebsnießbrauch *Grunsky*, BB 1972, 585, 587 f.; *Jsay*, Recht am Unternehmen, 169 f.; *Oppenländer*,

Wertveränderungen materieller Unternehmensbestandteile.[783] Allerdings wird zutreffend angemerkt, dass die Aufspaltung zwischen materiellen und immateriellen Unternehmensbestandteilen nicht überzeugend sei, da das Unternehmen als funktionale Einheit gesehen werden müsse.[784] Aber auch unter diesem Gesichtspunkt wird argumentiert, dass die Vorteile aus einer besonders eifrigen Unternehmensführung des Pächters und ein dadurch gesteigerter Goodwill dem Verpächter zustünden.[785] Schließlich trage auch der Verpächter das Risiko einer negativen Unternehmensentwicklung, die nicht auf einer verschuldeten Pflichtverletzung des Verpächters beruhe.[786] Ebenso profitiere der Pächter des Unternehmens schon während der Vertragslaufzeit von seinen Aufwendungen.[787]

Zum Teil wird von der Literatur die pauschale Ablehnung einer Ausgleichspflicht kritisiert, wenn auch eine dogmatische Verankerung in § 89b HGB abgelehnt wird.[788] Es müsse genau bedacht werden, ob ein Pachtverhältnis über Räumlichkeiten oder über ein Unternehmen vorliege.[789] Ist der Pachtgegenstand ein Unternehmen, dann könne nicht ohne Weiteres auf die pachtrechtlichen Vorschriften und Wertungen zurückgegriffen werden, die die Chancen für eine Steigerung des Goodwills dem Verpächter zuweisen.[790] Ein Ausgleichsanspruch müsse sich vielmehr durch Auslegung bzw. durch ergänzende Vertragsauslegung ergeben.[791] Dabei sei das Unternehmen als organisatorische Einheit von Sachen, Rechten sowie sonstigen immateriellen Werten zu sehen.[792] Nach *Dörmer* ergibt sich die Ausgleichsverpflichtung nicht aus einem Vergleich zwischen dem Unternehmenswert vor der Betriebspacht und dem Unternehmenswert nach der Betriebspacht, da die Wertentwicklung des Unternehmens ein von den Parteien beabsichtigter und in die Risiko- und Chancenverteilung einbezogener Faktor sei.[793] Allerdings solle der Pächter einen Ausgleich für eine Übererfüllung erlangen.[794] Um eine Übererfüllung festzustellen, zieht *Dörmer* die durch ergänzende Vertragsauslegung gewonnenen extrapolierten Zielvorgaben

Unternehmenspacht, 346 ff., der allerdings bei überproportionaler Investition des Pächters dennoch einen Ausgleichsanspruch annimmt.

783 Hierzu *Dörmer*, Unternehmenspacht, 339; *Oppenländer*, Unternehmenspacht, 344 f.

784 *Oppenländer*, Unternehmenspacht, 345 f.

785 Vgl. *Bökelmann*, Gewinn und Nutzung, 189, zum Unternehmensnießbrauch; *Oppenländer*, Unternhemenspacht, 346 f.

786 Vgl. *Grunsky*, BB 1972, 585, 587 f.; *Oppenländer*, Unternehmenspacht, 347.

787 Vgl. *Bökelmann*, Gewinn und Nutzung, 187; *Oppenländer*, Unternehmenspacht, 347.

788 *Dörmer*, Unternehmenspacht, 334 ff., 349.

789 *Dörmer*, Unternehmenspacht, 334 ff., der den Entscheidungsgegenstand des BGH nicht als Betriebspacht sondern als schlichte Pacht über Räumlichkeiten einer Betriebsstätte begreift.

790 *Dörmer*, Unternehmenspacht, 337 f.

791 *Dörmer*, Unternehmenspacht, 341, 344 ff.

792 *Dörmer*, Unternehmenspacht, 340 f.

793 *Dörmer*, Unternehmenspacht, 341, 345, dem Pächter soll nicht der durchschnittliche Wertzuwachs während der Vertragslaufzeit zu stehen.

794 *Dörmer*, Unternehmenspacht, 346 ff.

heran.[795] Vom Ausgangswert des Unternehmens ausgehend wird somit als Maßstab die fiktive Entwicklung eines mit dem verpachteten Unternehmen vergleichbaren Unternehmens herangezogen. Hat sich das verpachtete Unternehmen bei Vertragsende besser entwickelt, ist hierfür ein Ausgleich zu leisten.

3. Ausgleichspflicht des Eigentümerunternehmens

Zunächst lässt sich feststellen, dass ein Ausgleich für ein Wachstum des Goodwills sich nicht über einen Anspruch aus § 89b HGB herleiten lässt.[796] Wenn man den Goodwill als Gesamtheit der immateriellen Vermögensposten betrachtet, dann kann über die relativ enge Rechtsfolge des § 89b HGB auch in der analogen Anwendung kein Ausgleich hierfür erlangt werden. § 89b HGB gewährt nur einen Ausgleichsanspruch für einen Teil des Goodwills. Es geht hier um einen Ausgleichsanspruch für zukünftige Absatzchancen, die der Handelsvertreter während des Vertragsverhältnisses erarbeitet hat, indem er beispielsweise Stammkunden gewonnen hat oder die Produkte des Herstellers bzw. Lieferanten besonders am Markt positioniert hat. Nur für diese Tätigkeiten, die der handelsvertretertypischen Erfolgsprovision entsprechen und für die Überlassung der Stammkunden ist ein Ausgleich nach § 89b HGB geschuldet.[797]

Auch wenn sich aus § 89b HGB generell nicht ein Ausgleichsanspruch für eine positive Unternehmensentwicklung herleiten lässt, stellt sich die Frage, ob dem Unternehmensführer zumindest für die Gewinnung und Überlassung von Stammkunden bzw. für andere handelsvertretertypische Tätigkeiten, die zu einer Erhöhung der zukünftigen Absatzchancen des Eigentümerunternehmens führen, ein Ausgleich gewährt werden sollte. Zwar erstreckt der BGH den Ausgleichsanspruch auch auf andere Absatzmittler. Eine für die analoge Anwendung des § 89b HGB vergleichbare Interessenlage wird dabei dann bejaht, wenn der Absatzmittler zur Überlassung des Kundenstamms verpflichtet und er ähnlich wie ein Handelsvertreter in die Absatzorganisation integriert ist. Wenn man allerdings den Unternehmensführungsvertrag anhand dieser zwei Erfordernisse überprüft, dann ist zwar das erste Erfordernis zu bejahen. Schon während der Unternehmensführung ist der Unternehmensführer verpflichtet Informationen zu erteilen gem. §§ 675 Abs. 1, 666 BGB. Spätestens bei der Beendigung des Unternehmensführungsvertrags muss der Unternehmensführer die Daten über den aufgebauten Kundenstamm nach §§ 675 Abs. 1, 667 BGB herausgeben.

Schwieriger zu beurteilen ist jedoch das Merkmal der mit einem Handelsvertreter vergleichbaren Eingliederung in die Absatzorganisation des Unternehmens. Typischerweise ist der Unternehmensführer nicht nur im Rahmen des Absatzes von Waren tätig, sondern auch im Rahmen anderer Organisationseinheiten des Unternehmens. Allerdings spricht dieser Umstand nicht generell gegen eine

795 Vgl. hierzu 2. Kapitel § 2 B I 3 b; *Dörmer*, Unternehmenspacht, 346 ff.
796 Missverständlich Oetker/*Busche*, HGB, § 89b Rn. 1.
797 E/B/J/S/*Löwisch*, HGB, § 89b Rn. 5.

entsprechende Anwendung, da der Unternehmensführer nur einen Ausgleich für seine Vertriebstätigkeit erhalten würde. Vergleicht man die Fremdinteressenwahrungspflicht, so ist auch der Handelsvertreter im Rahmen der Fremdinteressenwahrnehmung verpflichtet.[798] Auch hinsichtlich dieses Punkts ist der Handelsvertreter durchaus mit dem Unternehmensführer typologisch vergleichbar.

Unterschiede bestehen allerdings hinsichtlich der wirtschaftlichen Risikostruktur des Handelsvertreters und des Unternehmensführers. Der Handelsvertreter trägt von seiner Grundkonzeption ein höheres Risiko. Zum einen besteht ein wirtschaftliches Erfolgsrisiko für die Vermittlung oder den Abschluss von Verträgen im fremden Namen. Eine Vergütung erhält der Handelsvertreter nur bei einem auf seine Tätigkeit zurückzuführenden Vertragsabschluss (§ 87 HGB). Trotz der Fremdinteressenwahrnehmungspflicht des Handelsvertreters hat dieser grundsätzlich keinen Aufwendungsersatzanspruch nach § 670 BGB, da § 87d HGB als lex specialis gilt. Der Handelsvertreter hat für seine Handelsvertretertätigkeit nur einen Aufwendungsersatzanspruch, wenn dieser im Handelsvertretervertrag vorgesehen ist, die Erstattung von Aufwendungen handelsüblich ist, die Tätigkeit des Handelsvertreters über die normalen Handelsvertretertätigkeiten hinausgeht und hierfür ein Geschäftsbesorgungsvertrag abgeschlossen wurde oder ein Fall der Geschäftsführung ohne Auftrag vorliegt.[799] Eine ähnliche Chancen- Risikoverteilung besteht auch bei den anderen Absatzmittlern, bei denen eine analoge Anwendung des § 89b HGB befürwortet wird (Vertragshändler, Subordinationsfranchise). Auch deren Vergütung ist von ihrem eigenen unternehmerischen Erfolg abhängig. Des Weiteren können auch diese grundsätzlich keinen Aufwendungsersatz für Aufwendungen im Rahmen ihrer Absatzbemühungen verlangen.

Im Rahmen des Unternehmensführungsvertrags ist es nicht zwingend, dass die Vergütung für die Unternehmensführung an einen unternehmerischen Erfolg, insbesondere an den Absatz von Waren, geknüpft ist.[800] Des Weiteren besteht durch die Einordnung des Unternehmensführungsvertrags als Geschäftsbesorgungsvertrag ein Aufwendungsersatzanspruch nach §§ 675, 670 BGB. Dies zeigt, dass für den Unternehmensführer nach der Grundkonzeption ein anderes Verhältnis von Risiken und Chancen besteht als beim Handelsvertreter und den anderen genannten Absatzmittlern. Dieser Systemgedanke muss auf die Frage der Anwendbarkeit des § 89b HGB auf den Unternehmensführer übertragen werden. Die Leistung des Handelsvertreters und der anderen Absatzmittler ist also auch darin zu sehen, dass sie während der Vertragslaufzeit auf eigenes Risiko zukünftige Absatzchancen für den Hersteller bzw. den Lieferanten schaffen. Diese sind über § 89b HGB zu vergüten. Der Unternehmensführer schafft zwar unter Umständen durch seine Tätigkeiten auch zukünftige Absatzchancen für das Eigentümerunternehmen. Diese Absatzchancen werden allerdings überwiegend auf dem wirtschaftlichen Risiko

798 E/B/J/S/*Löwisch*, HGB, § 86 Rn. 4.
799 E/B/J/S/*Löwisch*, HGB, § 87d Rn. 1 f.
800 Siehe zu den möglichen Vergütungssystemen 1. Kapitel § 4 D. neu.

des Eigentümerunternehmens kreiert. Eine für die analoge Anwendung des § 89b HGB vorliegende vergleichbare Interessenlage ist deshalb abzulehnen.

Falls die atypische Fallkonstellation, dass der Aufwendungsersatzanspruch des Unternehmensführers ausgeschlossen ist, vorliegt, kann diese Argumentation nicht übernommen werden. In diesem Fall kreiert der Unternehmensführer in der Tat zukünftige Absatzchancen und trägt dabei das wirtschaftliche Risiko, sodass durchaus eine Vergleichbarkeit mit einem Handelsvertreter besteht. Ein Ausgleichsanspruch des Unternehmensführers aus § 89b HGB analog für zukünftige Absatzchancen, die auf dem wirtschaftlichen Risiko des Unternehmensführers erzeugt wurden, ist deshalb zu befürworten. Liegt eine Deckelung des Aufwendungsersatzanspruchs vor, ist für eine analoge Anwendung des § 89b HGB danach zu differenzieren, wer den Schwerpunkt des wirtschaftlichen Risikos der Unternehmung trägt.

Bleibt noch die Frage offen, ob sich eine Ausgleichspflicht des Eigentümerunternehmens aus ergänzender Vertragsauslegung herleiten lässt. *Dörmer* hat dies für die Betriebspacht angenommen, wenn sich das Unternehmen während der Pacht überdurchschnittlich entwickelt hat. Im Rahmen eines Unternehmensführungsvertrags ist eine solche Ausgleichspflicht aus ergänzender Vertragsauslegung aus mehreren Gründen abzulehnen. Sie setzt eine Feststellung des Unternehmenswerts bei der Aufnahme der Unternehmensführung und bei Beendigung des Unternehmensführungsvertrags voraus.

Des Weiteren bedarf es für die ergänzende Vertragsauslegung einer Lücke im Vertrag. Eine solche Lücke ist hier allerdings fragwürdig. So haben die Parteien im Hinblick auf die vertragliche Risikoverteilung diesen Vertrag geschlossen. Dabei ist klar, dass die Unternehmensführung für Rechnung des Eigentümerunternehmens erfolgt und dieses somit auch das wirtschaftliche Risiko der Unternehmung weiterhin trägt. Zu diesem wirtschaftlichen Risiko gehört auch eine negative Entwicklung des Unternehmenswertes. Wenn das Eigentümerunternehmen mit diesem Risiko belastet ist, dann müssen ihm auch die Chancen aus der Unternehmensführung, insbesondere einer positiven Unternehmensentwicklung, zustehen. Schließlich erfolgt der Abschluss eines Unternehmensführungsvertrags vor dem Hintergrund, dass das Eigentümerunternehmen eine Verbesserung des eigenen Unternehmens anstrebt. Dieses Grundverhältnis ist auch bei einem unechten Unternehmensführungsvertrag im Wesentlichen nicht anders, auch wenn zuzugeben ist, dass hier der Unternehmensführer aufgrund der Selbstverpflichtung ein höheres Risiko trägt als bei einem echten Unternehmensführungsvertrag. Aus Sicht des Unternehmensführers mag es in dessen Interesse liegen, dass er nach Beendigung für überproportionale Anstrengungen und einem damit verbundenen Anwachsung des Firmenwerts einen Ausgleich erhält. Allerdings muss diesem schon bei Vertragsschluss klar sein, dass der Hauptzweck des Vertrags in einer Fremdinteressenwahrnehmung zu sehen ist. Dem Unternehmensführer muss deshalb offenkundig sein, dass übermäßige Anstrengungen nicht ohne Weiteres extra vergütet werden und die Vorteile dieser Anstrengung nachvertraglich allein dem Eigentümerunternehmen zu fallen. Möchte der Unternehmensführer dennoch für eine überobligatorische Leistung vergütet werden, so muss dieses vertraglich geregelt werden.

3. Kapitel: Gesellschaftsrechtliche Grenzen bei dem Abschluss und der Ausgestaltung des Unternehmensführungsvertrags

Nachdem bisher der Unternehmensführungsvertrag als Realtypus identifiziert und seine schuldrechtliche Rechtsnatur untersucht worden ist, widmet sich das folgende Kapitel den gesellschaftsrechtlichen Grenzen bei der Ausgestaltung und dem Abschluss von Unternehmensführungsverträgen. Dabei werden die Rechtsgebiete des Gesellschafts- und Konzernrechts näher untersucht. Bei der Untersuchung der gesellschaftsrechtlichen Grenzen steht der Rechtsträger des Eigentümerunternehmens im Fokus, da nur für diesen durch die Unternehmensführung ein Eingriff in die Organisationsstruktur in Frage kommt. So ist zwar typischerweise der Unternehmensführer mit einem Weisungsrecht des Eigentümerunternehmens belastet,[1] Allerdings besteht dieses Weisungsrecht nur bezogen auf den konkreten Vertragsgegenstand, sodass dieses sich nicht weiter auf die Organisationsstruktur des Rechtsträgers des Unternehmensführers auswirken kann.[2] Je nach Rechtsform des Eigentümerunternehmens bilden unterschiedliche Strukturen und Wertungen Grenzen für den Abschluss und die Ausgestaltung von Unternehmensführungsverträgen.

§ 1. Die Aktiengesellschaft als Rechtsträger des Eigentümerunternehmens

A) Prüfungsmaßstab und Prüfungsobjekt der gesellschaftsrechtlichen Zulässigkeit von Unternehmensführungsverträgen

Die Frage nach den Grenzen der Privatautonomie und den besonderen Anforderungen, die an einen Vertragsschluss eines Unternehmensführungsvertrags mit einer AG als Eigentümerunternehmen zu stellen sind, erfordert zunächst eine Konkretisierung des Prüfungsmaßstabs. Zur Klärung des Prüfungsmaßstabs ist der Frage nachzugehen, wie bisher die gesellschaftsrechtliche Zulässigkeit von Unternehmensführungsverträgen betrachtet wurde und welche Rolle das Aktiengesetz und das Prinzip der Satzungsstrenge für den Prüfungsmaßstab spielen.

1 Vgl. 1. Kapitel § 4 H I; 2. Kapitel § 2 B I 1.

2 Ebenso *Hoffmann-Becking*, MünchVertragsHdbGes I, 1554.

I. Von der Gesamtabwägung zur Prüfung der Organisationsverfassung

Schon früh kam in der rechtswissenschaftlichen Diskussion die Frage auf, inwieweit durch Schuldverträge in die Verfassungsorganisation von Gesellschaften eingegriffen werden kann. Erste Urteile des Reichsgerichts, die sich dieser Frage widmen, finden sich in dem rumänischen Eisenbahnfall[3] und in dem deutsch-amerikanischen Petroleumfall[4].

In dem rumänischen Eisenbahnfall übertrug die rumänische Eisenbahnaktiengesellschaft ihr Unternehmen der rumänischen Staatsregierung im Wege eines Betriebsüberlassungsvertrags.[5] Diese sollte das Unternehmen für eigene Rechnung führen.[6] Im Gegenzug wurde all denjenigen Aktionären, die nicht mit einem Umtausch ihrer Aktien in rumänische Staatsobligationen einverstanden waren, eine jährliche feste Dividende gezahlt. Die Verwaltung der Aktiengesellschaft sollte durch eine Direktion erfolgen, die von den Mitgliedern der rumänischen Regierung nach freiem Ermessen zu bestimmen war. Das Reichsgericht hob zunächst hervor, dass die Spezifikationen der Aktiengesellschaft, wie die Beschränkung der Haftung der Aktionäre, die Stellung der Aktie zu dem Inhaber sowie die Möglichkeit einer großen Beteiligung an einer Gesellschaft, es erforderlich machen, dass eine feste Organisation der Aktiengesellschaft mit einer genauen Verteilung der Kompetenz der Organe sichergestellt werden muss.[7] Hier sah das Reichsgericht durch den Vertrag einen Verstoß gegen die Organisationsverfassung der Aktiengesellschaft, da die rumänische Regierung einen ausschlaggebenden Einfluss auf das Verwaltungsorgan der Aktiengesellschaft habe, wäre die Möglichkeit, den durch die Beschlüsse der Hauptversammlung artikulierten Willen in die Tat umzusetzen, gefährdet.[8] Das Reichsgericht hat also den Vertrag an dem Maßstab der Organisationsverfassung der Aktiengesellschaft gemessen.

Einen anderen Ansatz vertrat das Reichsgericht in dem deutsch-amerikanischen Petroleumfall. In diesem Fall schloss die deutsch-amerikanische Petroleumgesellschaft, die zum Konzern der amerikanischen Standard Oil Cooperation gehörte, einen Vertrag mit einer GmbH, die im Petroleumvertrieb tätig war. Nach diesem sollte die deutsch-amerikanische Petroleumgesellschaft das Unternehmen der GmbH für eigene Rechnung übernehmen und dafür 20 % des Geschäftsergebnisses an die GmbH abführen.[9] Die GmbH ermächtigte die deutsch-amerikanische Petroleumgesellschaft zu umfangreichen Personalentscheidungen und räumte ihr nur über das Innenverhältnis beschränkte Verfügungsmacht über sämtliches Inventar

3 RG, Urt. v. 02.02.1881 – I 880/80, Z 3, 123 f.
4 RG, Urt. v. 27.05.1913 – II 625/12, Z 82, 308 ff.
5 RG, Urt. v. 02.02.1881 – I 880/80, Z 3, 123, 124.
6 RG, Urt. v. 02.02.1881 – I 880/80, Z 3, 123, 128.
7 RG, Urt. v. 02.02.1881 – I 880/80, Z 3, 123, 125.
8 RG, Urt. v. 02.02.1881 – I 880/80, Z 3, 123, 129 ff.
9 RG, Urt. v. 27.05.1913 – II 625/12, Z 82, 308, 309.

mit Ausnahme von Grundeigentum ein.[10] Während die Vorinstanz die einzelnen Klauseln an der Organisationsverfassung der Gesellschaft untersucht hat,[11] kam das Reichsgericht über eine Gesamtbetrachtung zu dem Ergebnis, dass die GmbH hier zu einem willenlosen Werkzeug der deutsch-amerikanischen Petroleumgesellschaft gemacht werde und eine solche vollständige Unterwerfung unter den Willen des Vertragsgegners der deutschen Sittenanschauung widerspreche und deshalb im Sinne des § 138 Abs. 1 BGB nichtig sei.[12] Im Zuge dieser Entscheidung wurde in der Literatur zum einen diskutiert, inwiefern sich eine juristische Person wie eine natürliche Person selbst entmündigen könnte, und ob überhaupt § 138 Abs. 1 BGB auf juristische Personen anwendbar sei.[13] Besonders intensiv wurde diskutiert, ob über den § 138 Abs. 1 BGB eine Nichtigkeit angenommen werden könne mit der Begründung, dass gegen das Wesen der juristischen Person verstoßen worden sei.[14] Das Wesen der juristischen Person ist freilich ein schillernder Begriff. Fakt ist, dass sich juristische und natürliche Personen in ihrem Wesen stark unterscheiden.

In diesem Sinne ist es vorzugswürdig, bei der Frage nach den inhaltlichen Grenzen von Unternehmensführungsverträgen nicht auf eine Gesamtabwägung abzustellen und den Vertrag an dem Wesen der jeweiligen juristischen Person zu messen, sondern, wie es schon das Reichsgericht im rumänischen Eisenbahnfall getan hat, an der Organisationsverfassung der Gesellschaft und der hinter der Organisationsverfassung stehenden Interessenlage.[15] In diese Richtung scheint auch die jüngere Rechtsprechung des BGH in der Holiday-Inn Entscheidung zu tendieren.[16] Bei dieser Entscheidung war Rechtsträger des Eigentümerunternehmens eine Personenhandelsgesellschaft, sodass es fraglich ist, inwieweit sich Erkenntnisse auch auf die Aktiengesellschaft übertragen lassen. Hinsichtlich des Prüfungsmaßstabs lässt sich jedoch die Erkenntnis gewinnen, dass auch der BGH am Maßstab des Prinzips der Selbstorganschaft ein strukturelles Element der Organisation der Personenhandelsgesellschaft prüft.

II. Das Aktiengesetz als materielle Werteordnung und der Grundsatz der Satzungsstrenge

Damit ist die Frage zu stellen nach der Rolle und der Bedeutung der Strukturen der Aktiengesellschaft und inwiefern diese durch das Aktienrecht vorgegebenen Strukturen den Parteien zur Disposition gestellt werden können.

---

10 RG, Urt. v. 27.05.1913 – II 625/12, Z 82, 308, 309 f.
11 Vgl. RG, Urt. v. 27.05.1913 – 625/12, Z 82, 308, 311 f., 314.
12 RG, Urt. v. 27.05.1913 – 625/12, Z 82, 308, 313 f.
13 Zu der Diskussion bei *Veelken*, Betriebsführungsvertrag, 77.
14 Vgl. bei *Veelken*, Betriebsführungsvertrag, 78 f.
15 So auch *Veelken*, Betriebsführungsvertrag, 80.
16 Vgl. BGH, Urt. v. 05.10.1981 – II ZR 203/80, juris Rn. 66 ff. = WM 1982, 394, 396 ff.

Das gesetzliche Leitbild der Aktiengesellschaft wird historisch aus der Publikums-AG hergeleitet.[17] Bei einer solchen Publikums-AG wird deutlich, dass das Interesse der Eigentümer der AG – sprich der Aktionäre – überwiegend in der Mehrung des eingebrachten Kapitals besteht.[18] Es besteht somit eine starke Verselbstständigung zwischen dem Verhältnis des Unternehmens als Rechtsobjekt und dem Rechtsträger als Rechtssubjekt einerseits und den Kapitaleignern andererseits.[19] Auf der anderen Seite zeichnet sich die Aktiengesellschaft als selbstständiger Rechtsträger aus, dessen Haftungsmasse auf das gesellschaftliche Vermögen limitiert ist. Zusätzlich spielt die Aktiengesellschaft auch im Kapitalmarkt eine wichtige volkswirtschaftliche Schlüsselrolle. Aus Sicht der Gesellschaft ermöglicht die Aktiengesellschaft eine schnelle Kapitalbeschaffung, während aus Sicht des Finanzmarktes die Aktiengesellschaft ein Handels- und Investitionsobjekt darstellt. Es zeigt sich also, dass dem Aspekt des Kapitals in der Aktiengesellschaft eine erhebliche und auch volkswirtschaftlich wichtige Bedeutung zukommt.[20] Diese Aspekte deuten auch schon auf die zentralen Anforderungen hin, die an das Aktiengesetz gestellt werden. Es geht um eine klare Kompetenz- und Verantwortungsverteilung innerhalb der Aktiengesellschaft.[21] Nur so kann einerseits das für den Handel auf dem Kapitalmarkt erforderliche nötige Vertrauen generiert werden[22] und andererseits die Interessen der Aktionäre und der Gläubiger der Aktiengesellschaft vor der Geschäftsführung geschützt und eine Geschäftsführung legitimiert werden. Zusätzlich müssen auch die Interessen von Minderheiten gegenüber der Mehrheit ihren Ausgleich finden. Es zeigt sich also, dass den strukturellen Regelungen des Aktiengesetzes nicht nur eine rein formelle, sondern auch eine materielle Natur zugerechnet werden kann.[23] Bei der Betrachtung der Struktur der Aktiengesellschaft wird zwischen der Finanzverfassung und der Organisationsverfassung unterschieden.

Die organisations- und finanzverfassungsrechtlichen Regelungen des Aktiengesetzes dienen aber nicht nur dem Interessensausgleich der Aktionäre und Gläubiger und dem Vertrauensaspekt, sondern gewährleisten auch eine gesellschaftsrechtliche Uniformität. Diese Uniformität wird schließlich durch § 23 Abs. 5 AktG verfestigt. Der Zweck der Satzungsstrenge des § 23 Abs. 5 AktG ist in der Verkehrsfähigkeit der Aktiengesellschaft,[24] dem Gläubigerschutz, in der Anonymität der Aktionäre

17 *Henssler/Wiedemann*, Bayer/Habersack Aktienrecht II, 1. Kapitel Rn. 36; *K. Schmidt*, Gesellschaftsrecht, 771.

18 *Henssler/Wiedemann*, Bayer/Habersack Aktienrecht II, 1. Kapitel Rn. 36.

19 *Henssler/Wiedemann*, Bayer/Habersack Aktienrecht II, 1. Kapitel Rn. 8 f.; *K. Schmidt*, Gesellschaftsrecht, 770.

20 *Habersack*, MüKo-AktG, Einl. AG, Rn. 5; *Veelken*, Betriebsführungsvertrag, 107 ff.

21 *Henssler/Wiedemann*, Bayer/Habersack Aktienrecht II, 1. Kapitel Rn. 16; *Veelken*, Betriebsführungsvertrag, 107.

22 *Veelken*, Betriebsführungsvertrag, 108 f.

23 So auch *Veelken*, Betriebsführungsvertrag, 107.

24 Spindler/Stilz/*Cahn/v. Spannenberg*, AktG, § 54 Rn. 36; *Hellermann*, NZG 2008, 561; *Koch*, Hüffer AktG, § 23 Rn. 1; *Pentz*, MüKo-AktG, § 23 Rn. 6, Rn. 150; krit. *Hirte*, ZGR-Sonderheft Nr. 13 (1998), 61, 74 ff.

sowie der Verselbstständigung zwischen dem Rechtsträger als Rechtssubjekt und den Kapitaleignern zu sehen.[25] Es dürfen demnach nur von dem gesetzlichen Gesellschaftskonzept abweichende oder ergänzende Regelungen getroffen werden, wenn das Gesetz eine Abweichung erlaubt oder einer ergänzenden Regelung nicht entgegensteht.

Die inhaltliche Zulässigkeit des Unternehmensführungsvertrags muss also an den zwingenden strukturellen Vorgaben der Aktiengesellschaft gemessen werden. Es stellt sich also zunächst die Frage, inwiefern der Unternehmensführungsvertrag in zwingende Strukturkomponenten der Aktiengesellschaft eingreift. Dabei ist der Unternehmensführungsvertrag zunächst an dem Maßstab der aktienrechtlichen Organisationsverfassung und schließlich im Hinblick auf die Finanzverfassung zu erörtern.

B) Eingriff in die Organisationsverfassung der Aktiengesellschaft

Bei der Untersuchung der Organisationsverfassung ist zunächst auf die umfangreiche Auseinandersetzung von *Veelkens*[26] einzugehen und diese kritisch zu würdigen. Auffallend ist, dass bei der Diskussion um den Eingriff in die Organisationsverfassung zwischen den verschiedenen Erscheinungsformen des Unternehmensführungsvertrags oft nicht differenziert wird.

I. Eingriff in die Organisationsverfassung nach Veelken

Intensiv und kritisch hat sich *Veelken* mit einem Eingriff in die Organisationsverfassung durch den Unternehmensführungsvertrag beschäftigt. Nach ihm bestehe vor allem ein Konflikt mit der Rechtsstellung des Vorstands, des Aufsichtsrats und der Hauptversammlung.

1. Eingriff in die Rechtsstellung des Vorstands

Bei der Betrachtung des Vorstands sieht er zunächst durch den Unternehmensführungsvertrag die Generalklausel des § 76 Abs. 1 AktG betroffen. Nach ihm wandle sich bei einem Unternehmensführungsvertrag die unmittelbare Leitung der Gesellschaft durch den Vorstand in eine mittelbare Leitung, die mit der in § 76 Abs. 1 AktG geforderten eigenverantwortlichen Leitung der Gesellschaft nicht vereinbar sei.[27] Gestützt wird die Argumentation mit einer Verbindung zu § 77 AktG. Auch dieser setze voraus, dass der Vorstand für die Geschäftsführung verantwortlich

25 Zu dem Schutzgedanken der Aktionäre und der Gläubiger: Hölters/*Solveen*, AktG, § 23 Rn. 29.

26 *Veelken*, Betriebsführungsvertrag, 119 ff.

27 *Veelken*, Betriebsführungsvertrag, 120 ff.; a. A. *Geßler*, FS Hefermehl, 263, 277; *Hommelhoff*, Konzernleitungspflicht, 285 Fn. 63.

sei.[28] Ebenso sieht er den Zweck des § 76 Abs. 2 und 3 AktG faktisch beeinträchtigt, da der Unternehmensführer selbst eine juristische Person oder eine Personengesellschaft sein kann.[29] Die gesetzgeberische Entscheidung, dass der Vorstand eine natürliche Person sein müsse, gehe einher mit der Wertung der besonderen persönlichen Verantwortlichkeit der Vorstandsmitglieder.[30] Aus der Anzahl der Vorstandsmitglieder ergebe sich auf der anderen Seite ein System von Checks and Balances, das durch die Bestellung eines Unternehmensführers faktisch unterlaufen werden würde.[31] Diese Wertung der gemeinschaftlichen Zusammenarbeit werde durch den § 77 Abs. 1 AktG unterstützt,[32] der vorsieht, dass die Geschäftsführung den Vorstandsmitgliedern gemeinsam zusteht und die Herrschaft einer Minderheit im Vorstand ausgeschlossen ist. Ebenso faktisch umgangen werde die Regelung des § 84 Abs. 1 AktG, wonach Vorstandsmitglieder höchstens auf 5 Jahre bestellt werden können.[33]

Als weiteren Punkt sieht *Veelken* den Zweck des § 87 AktG gefährdet, weil die Vergütung der Vorstände sich an der Unternehmensentwicklung orientieren soll und somit eine Korrelation zur Tätigkeit der Unternehmensführung besteht.[34] Auch sieht er das Wettbewerbsverbot des Vorstands nach § 88 AktG als unterlaufen an.[35] Sehr wichtige Punkte sind für *Veelken* der Pflichtenkreis und die Verantwortlichkeit des Vorstands. Er geht von einer Pflichtenminderung des Vorstands aus, da gerade der Unternehmensführer das laufende Geschäft führt und es dem Zweck des Unternehmensführungsvertrags zuwiderlaufen würde und in der Praxis kaum durchführbar sein wird, dem Vorstand einen Überblick über sämtliche Informationen der laufenden Geschäftsführung zu geben.[36] Zusätzlich werde dem Unternehmensführer die Möglichkeit gegeben, in einem erheblichen Maße Einfluss auf die Gesellschaft zu nehmen, ohne der organschaftlichen Verantwortung des § 93 AktG zu unterliegen.[37]

2. Eingriff in die Rechtsstellung des Aufsichtsrats

Auch die Rechtsstellung des Aufsichtsrates sieht *Veelken* durch den Unternehmensführungsvertrag verletzt. Nach § 111 Abs. 1 AktG hat der Aufsichtsrat die Geschäftsführung zu überwachen. Dabei solle der Begriff der Geschäftsführung

28 *Veelken*, Betriebsführungsvertrag, 125.
29 *Veelken*, Betriebsführungsvertrag, 123 ff.
30 *Veelken*, Betriebsführungsvertrag, 123.
31 *Veelken*, Betriebsführungsvertrag, 124 f.
32 *Veelken*, Betriebsführungsvertrag, 126.
33 *Linnerz*, in Fuhrmann/Wälzholz Formularbuch Gesellschaftsrecht, 1976; zuvor *Veelken*, Betriebsführungsvertrag, 132.
34 *Veelken*, Betriebsführungsvertrag, 134.
35 *Veelken*, Betriebsführungsvertrag, 137 f.
36 *Veelken*, Betriebsführungsvertrag, 140 ff.
37 *Veelken*, Betriebsführungsvertraf, 141.

objektbezogen sein und alle Angelegenheiten der Gesellschaft betreffen und nicht nur subjektbezogen die Tätigkeit des Vorstandes. Nach *Veelken* nimmt allerdings der Vorstand die Funktion der mittelbaren Unternehmensführung, sprich auch die Überwachung des Unternehmensführers, wahr.[38] Wenn nun der Aufsichtsrat seine Aufsicht direkt gegenüber dem Unternehmensführer ausüben würde, dann würde die Funktion des Vorstandes nach § 78 AktG verletzt.[39] Würde hingegen der Vorstand die Aufsicht allein über den Unternehmensführer übernehmen, wäre die Funktionszuweisung des Aufsichtsrats nach § 111 Abs. 1 AktG verletzt, weil sich in diesem Fall die Aufsicht des Aufsichtsrats auf den Vorstand begrenzt; bezogen auf das Überwachungsobjekt der Gesellschaft sei die tatsächliche Überwachungszuständigkeit damit geringer als gesetzlich vorgesehen.[40] In diesem Zuge sei auch der Zweck der Inkompatibilitätsregeln der §§ 100 Abs. 2 und 3, 105 AktG gefährdet, die vor allem das personelle Verhältnis zwischen der Zusammensetzung des Vorstands und Aufsichtsrats betreffen, da eine unabhängige Überwachung der Gesellschaft nur noch in einem geringeren Maß möglich sei und der Vorstand des Eigentümerunternehmens und des Unternehmensführers personenidentisch besetzt werden könnten.[41]

Eine weitere Problematik sei die Berichtspflicht an den Aufsichtsrat. Da der Vorstand nur noch die mittelbare Unternehmensführung innehat, sei er faktisch nicht mehr in der Lage den Bericht für den Aufsichtsrat selbst anzufertigen.[42] Allerdings treffe ihn dann entsprechend die Pflicht, den Unternehmensführer zur Berichterstattung zu bewegen.[43] In diesem Sinne müsste dann der Aufsichtsrat den Vorstand anweisen, die nach § 90 AktG erforderlichen Informationen vorzulegen, der Vorstand wiederum weist den Unternehmensführer zur Berichterstattung an. Bei dieser Kette sieht *Veelken* einen Konflikt der eigenständigen Leitung der Gesellschaft durch den Vorstand, da der Aufsichtsrat in diesem Fall den Unternehmensführer anweist, eine Handlung im Außenverhältnis der Gesellschaft durchzuführen.[44] Einen weiteren problematischen Konfliktpunkt stellt § 111 Abs. 4 AktG dar. Nach diesem kann dem Aufsichtsrat satzungsmäßig ein Zustimmungsvorbehalt zustehen. Zwar lasse sich dieses Spannungsverhältnis durch entsprechende Regelungen in dem Unternehmensführungsvertrag lösen, allerdings werde auch hier wieder „der Vorstand zum Handlanger des Aufsichtsrats gemacht“, wenn der Vorstand einer Geschäftsführungsmaßnahme des Unternehmensführers erst zustimmen dürfte, wenn der Aufsichtsrat seinerseits zugestimmt hat.[45]

---

38 *Veelken*, Betriebsführungsvertrag, 120.
39 *Veelken*, Betriebsführungsvertrag, 149.
40 *Veelken*, Betriebsführungsvertrag, 148 f.
41 *Veelken*, Betriebsführungsvertrag, 155.
42 *Veelken*, Betriebsführungsvertrag, 150.
43 *Veelken*, Betriebsführungsvertrag, 151 ff.
44 *Veelken*, Betriebsführungsvertrag, 154.
45 *Veelken*, Betriebsführungsvertrag, 154 f.

3. Eingriff in die Rechtsstellung der Hauptversammlung

Anders als bei dem Aufsichtsrat und dem Vorstand sieht *Veelken* für die Hauptversammlung keinen unmittelbaren Eingriff in dessen Rechtsstellung.[46] Allerdings sieht er in der Funktionsübernahme des Aufgabenbereichs des Vorstands eine mittelbare Beeinträchtigung. So seien die Rechte der Hauptversammlung aus § 83 AktG beeinträchtigt, wenn der Unternehmensführer als nicht organschaftliche gebundene Institution in die Beschlussvorbereitung der Hauptversammlung und die Ausführung entsprechender Beschlüsse eingebunden ist, und die Tätigkeit des Vorstands sich auf eine schlichte Überwachung beschränkt.[47]

Die §§ 121 ff. AktG sehen eine Reihe von Aufgaben des Vorstands rund um die Organisation der Hauptversammlung vor. So sei durch die Trennung des Vorstands von der Unternehmensführung der Zweck solcher Organisationspflichten gefährdet, die in einem engen Zusammenhang mit der Unternehmensleitung und der gelebten Unternehmenspolitik stehen.[48]

Ein weiteres Problem stellt nach *Veelken* die Verkürzung des im Rahmen der Hauptversammlung gem. §§ 131, 132 AktG ausgeübten Auskunftsrechts dar. Diese unzulässige Verkürzung beruhe darauf, dass das Auskunftsrecht gegenständlich verknüpft sei mit der Entlastung des Vorstands.[49] Wenn die Rolle des Vorstands sich nun vom Organ der Unternehmensführung zum schlichten Aufsichtsorgan wandelt, dann ändert sich dementsprechend auch die Pflichtenstruktur, die für die Frage der Entlastung entscheidend ist. Neben der Pflichtenstruktur ergibt sich eine materielle Verkürzung des Auskunftsrechts aus der unternehmensfernen Stellung des Vorstands. Im Falle eines Unternehmensführungsvertrags habe er weniger Einblick in die laufende Unternehmensführung als ein Vorstand, der eigenständig, ohne Unternehmensführer das Unternehmen leitet.[50] Auf Fragen der Aktionäre muss hingegen der Vorstand nur insoweit antworten, wie sein präsentes Wissen reicht, und gegebenenfalls Erkundigungen einholen, soweit diese unschwer und ohne wesentliche Verzögerung beschafft werden können.[51] Folglich muss der Vorstand bei einem Nichtwissen in Kommunikation mit dem Unternehmensführer treten. Durch dieses Dazwischentreten des Unternehmensführers werde die Auskunftserteilung zeitlich verzögert und habe schließlich der Unternehmensführer erheblichen Einfluss auf die Art und den Umfang der Informationen.[52] Hinsichtlich des Informationsdefizits sei auch das Verweigerungsrecht des § 131 Abs. 3 Nr. 1 AktG problematisch, da

---

46 *Veelken*, Betriebsführungsvertrag, 155 f.

47 *Veelken*, Betriebsführungsvertrag, 157.

48 *Veelken*, Betriebsführungsvertrag, 162.

49 *Veelken*, Betriebsführungsvertrag, 163.

50 *Veelken*, Betriebsführungsvertrag, 165.

51 RG, Urt. v. 12.06.1941 – II 122/40, Z 167, 151, 169; BGH, Urt. v. 07.04.1960 – II ZR 143/58, Z 32, 159, 165; *Veelken*, Betriebsführungsvertrag, 165.

52 *Veelken*, Betriebsführungsvertrag, 166 f.

eine Entscheidung, wann eine Auskunft für das Unternehmen nachteilhaft ist, ein ausreichendes informationelles Fundament voraussetze.[53]

Schließlich wird von *Veelken* die Entlastung durch die Hauptversammlung generell als kritischer Punkt angesehen. Durch den Abschluss des Unternehmensführungsvertrags verschiebt sich die Zuständigkeitsverteilung. Der Vorstand übt die Überwachung des Unternehmensführers aus und ist dementsprechend für dessen Entlastung verantwortlich. Da die Hauptversammlung gem. § 120 AktG nur den Vorstand entlasten kann, ist ihr mit dem Abschluss des Unternehmensführungsvertrags die Entlastungsmöglichkeit über die aktive Unternehmensführung genommen.[54]

Ein weiterer problematischer Punkt ist nach *Veelken* der Einfluss des Unternehmensführungsvertrags auf die Stellung der Sonderprüfung gem. § 142 AktG. So sei der Zweck des § 142 Abs. 1 S. 2 u. 3 AktG vereitelt, wenn der Unternehmensführer Einfluss auf die Beschlussfassung nehmen könnte, indem es beispielsweise eine Personalunion zwischen Personen des Unternehmensführers und der Mitglieder der Hauptversammlung gebe.[55] Auch im Hinblick auf Informationsansprüche nach § 145 AktG wird der Unternehmensführungsvertrag kritisch gesehen, da sich diese Informationsansprüche primär gegen den Vorstand richten und dieser dann wiederum einen vertraglichen Informationsanspruch gegen den Unternehmensführer geltend machen müsste. Wenn nun der Vorstand bei der Untersuchung von Mängeln bei der Geschäftsführung selbst betroffen wäre, dann würde mit dem entsprechenden Informationsverlangen an den Unternehmensführer dieser zu einem Ermittler in eigenen Angelegenheiten werden.[56]

Ferner sei hinsichtlich des Abschlusses eines Unternehmensführungsvertrags die Geltendmachung von Schadensersatzansprüchen gegenüber dem Unternehmensführer problematisch.[57] Während die Hauptversammlung die Geltendmachung von Schadensersatzansprüchen der Gesellschaft gegenüber den Mitgliedern des Vorstands und des Aufsichtsrats beschließen kann, trifft diese Regelung im Bezug auf den Unternehmensführer nicht zu. Hier kann nur der Vorstand über eine entsprechende Geltendmachung entscheiden. Deshalb sei hier im Hinblick auf die Korrelation zwischen Unternehmensführung und persönlicher Haftung die im Aktiengesetz vorgesehene Haftungsstruktur verletzt.[58]

II. Beurteilung des Eingriffs in die Organisationsverfassung nach Maßgabe des Einzelfalls

Im Anschluss an *Veelken* geht eine Vielzahl von Stimmen in der Literatur davon aus, dass der Unternehmensführungsvertrag in die Organisationsverfassung der

53 *Veelken*, Betriebsführungsvertrag, 167 f.
54 *Veelken*, Betriebsführungsvertrag, 174.
55 *Veelken*, Betriebsführungsvertrag, 170.
56 *Veelken*, Betriebsführungsvertrag, 172 f.
57 *Veelken*, Betriebsführungsvertrag, 173.
58 *Veelken*, Betriebsführungsvertrag, 173.

Aktiengesellschaft eingreift.[59] Erst in jüngeren Stellungnahmen wird zunehmend angedeutet, dass eine Beeinträchtigung der Organisationsverfassung eine Frage der konkreten Ausgestaltung des Unternehmensführungsvertrags ist.[60] Allerdings wird auch hier nicht deutlich, was die maßgeblichen Kriterien sein sollen.

Zugegebenermaßen sind *Veelkens* Ansätze zur Beeinträchtigung der Organisationsverfassung der Aktiengesellschaft durch den Unternehmensführungsvertrag im Einzelnen unter seinen Prämissen durchaus überzeugend. Allerdings sollte sich bei der Betrachtung der Arbeit die Grundkonstruktion des Unternehmensführungsvertrags, die *Veelken* als die typische betrachtet, vor Augen geführt werden. Dies wird teilweise in der Literatur nicht deutlich gemacht, wenn vorschnell angenommen wird, dass der Unternehmensführungsvertrag generell in die Organisationsverfassung der Aktiengesellschaft eingreift.[61] Auch die Stimmen in der Literatur, die *Veelken* kritisieren, stellen teilweise nicht deutlich heraus, von was für einem Untersuchungsgegenstand sie ausgehen.[62]

Der nach *Veelkens* Ansicht typische Unternehmensführungsvertrag ist dadurch gekennzeichnet, dass er keine Weisungsrechte des Eigentümerunternehmens beinhaltet, sondern nur Zustimmungsvorbehalte.[63] Er sieht also gerade den Zweck dieses Vertragstypus in der Befreiung des Vorstandes von seiner Leitungsaufgabe.[64] Demnach solle im Rahmen eines Unternehmensführungsvertrags der Vorstand in die Stellung eines Aufsichtsrats treten.[65] Auf der anderen Seite übernehme der Unternehmensführer Funktionen, die im Regelfall in den Zuständigkeitsbereich des Vorstands fallen.[66] Dies habe zur Folge, dass in die Funktionsbestimmung dieser Organe eingegriffen werde.[67] Die Funktionsbestimmung der Organe ist nicht rein als Zuständigkeitszuweisung zu verstehen, sondern als Pflichtenzuweisung. Es sei nach *Veelken* undenkbar, dass für

59 *Altmeppen*, MüKo-AktG, § 292 Rn. 149; *Damm*, BB 1976, 294, 296 f.; *Herfs*, Einwirkungen, 194 f.; *Hommelhoff*, Konzernleitungspflicht, 285; *Huber*, ZHR 152 (1988), 1, 33; *Koppensteiner*, KölnKomm-AktG, § 292 Rn. 81; *Köhn*, Der Konzern 2011, 530, 531; K.Schmidt/Lutter/*Langenbucher*, AktG, § 292 Rn. 35; *Müller*, Beherrschungsverträge, 141; *Priester*, FS Hommelhoff, 875, 881, 888 f.; Spindler/Stilz/*Veil*, AktG, § 292 Rn. 53 f.; *ders.*, Unternehmensverträge, 297.

60 *Fenzl*, Betriebsführungsvertrag, 71, 76; *ders.*, Der Konzern 2006, 18, 26 f.; *Frisch*, AG 1995, 362, 363; andeutungsweise *Krieger*, MüHdbGes IV, § 72 Rn. 46; im Ansatz *Martinek*, Moderne Vertragstypen II, 306; *Mülbert*, Großkomm-AktG, 4. Aufl., § 292 Rn. 156 ff.

61 *Altmeppen*, MüKo-AktG, § 292 Rn. 149; Spindler/Stilz/*Veil*, AktG, § 292 Rn. 53.

62 Vgl. *Geßler*, FS Hefermehl, 263, 271, 277, der von dem einem typischen Unternehmensführungsvertrag spricht ohne deutlich zu machen, mit was für Einflussmöglichkeiten dieser ausgestattet sein soll; siehe auch *Dette*, Beherrschungsverträge, 138.

63 Vgl. *Veelken*, Betriebsführungsvertrag, 53, 123 f., 131

64 Ebenso *Koppensteiner*, KölnKomm-AktG, § 292 Rn. 81.

65 *Veelken*, Betriebsführungsvertrag, 100.

66 *Veelken*, Betriebsführungsvertrag, 100.

67 *Veelken*, Betriebsführungsvertrag, 102.

dieselbe Angelegenheit, wie etwa die Unternehmensleitung, aufgrund des Innenrechts der Vorstand verpflichtet sei, und im Außenverhältnis der Unternehmensführer.[68] Das Aktiengesetz weise dem Vorstand nicht nur die innerkorporative Leitung zu, sondern vor allem die Unternehmensleitung.[69]

Bei einem Vergleich des Grundtypus des Unternehmensführungsvertrags, den *Veelken* zugrunde legt, und dem hier vertretenen Grundtypus, wird deutlich, dass der Untersuchungsgegenstand unterschiedlich ist. Zwar wurde schon im 1. Kapitel dargestellt, dass unterschiedliche Einflussmöglichkeiten des Eigentümerunternehmens auf den Unternehmensführer vereinbart werden können.[70] Allerdings wurde bei einer Analyse der vorliegenden Literatur und der Musterverträge deutlich, dass der typische Unternehmensführungsvertrag umfangreiche Weisungsrechte des Eigentümerunternehmens beinhaltet.[71]

Zusätzlich wurde der Vertrag bei der Untersuchung seiner Rechtsnatur in seinem Grundtypus als Geschäftsbesorgungsvertrag mit Dienstleistungscharakter eingeordnet.[72] Der Geschäftsbesorgungsvertrag ist dadurch gekennzeichnet, dass er ein Weisungsrecht des Auftraggebers beinhaltet. Ebenso wird aus der Einordnung des Unternehmensführungsvertrags als Treuhandvertrag[73] deutlich, dass sich der Unternehmensführer bei der Erfüllung seiner Aufgaben an dem Interesse des Eigentümerunternehmens zu orientieren hat.[74] Wenn sich der Unternehmensführer nun an dem Interesse des Eigentümerunternehmens zu orientieren hat, dann ergibt sich daraus – sofern nichts anderes geregelt ist – dass dem Eigentümerunternehmen grundsätzlich ein umfassendes Weisungsrecht zusteht. Durch dieses Weisungsrecht kann er seine Interessen gegenüber dem Unternehmensführer artikulieren. Gestützt wird diese Erkenntnis durch den Befund, dass die Leistungsstruktur des Unternehmensführungsvertrags vertikal geprägt ist.[75] Es zeigt sich also, dass in dem Grundtypus des Unternehmensführungsvertrags, im Gegensatz zu einer verbreiteten Ansicht in der Literatur, der Unternehmensführer gerade nicht eine

68 *Veelken*, Betriebsführugnsvertrag, 106.

69 *Veelken*, Betriebsführungsvertrag, 114.

70 1. Kapitel § 4 H.

71 Im Ergebnis ebenso *Abels*, Managementverträge, 6; Hölters/*Deilmann*, AktG, § 292 Rn. 35; *Dette*, Beherrschungsverträge, 32; *Emmerich/Habersack*, Konzernrecht 10. Aufl., 246; *Geßler*, FS Hefermehl, 263, 277; *Joachim*, DWiR 1992, 397, 398; Staudinger/*Martinek*, BGB, § 675 Rn. B 152; *Mülbert*, Großkomm AktG, 4. Aufl., § 292 Rn. 147; *Müller*, Beherrschungsverträge, 143; *Priester*, FS Hommelhoff, 875, 877; *Rüthers*, BB 1977, 605; *K. Schmidt*, Gesellschaftsrecht, 502; *Veil*, Unternehmensverträge, 48, 287; 294; *Zöllner*, ZfA 1983, 93, 101; einschränkend *Huber*, ZHR 152 (1988), 1, 31: nach diesem bestehen aus dem Vertragsinhalt Schranken des Weisungsrechts.

72 1. Kapitel § 5 B II 2 d; 1. Kapitel § 5 B II 3 b.

73 1. Kapitel § 5 B I 1 b dd.

74 *Abels*, Managementverträge, 8; im Ansatz auch *Birk*, ZGR 1984, 23, 48; *Fenzl*, Betriebsführungsverträge, 37.

75 1. Kapitel § 5 B I 2 b bb.

Stellung einnimmt, die den Vorstand des Eigentümerunternehmens verdrängt. Vielmehr nimmt der Unternehmensführer die Funktion eines leitenden Angestellten ein.[76] Folglich zeigen die Ausführungen *Veelkens* aktienrechtlich problematische Aspekte auf, die nicht in jedem Fall virulent sein müssen. Bei dem hier zugrunde gelegten Grundtypus des Unternehmensführungsvertrags liegt mithin kein Eingriff in die Organisationsverfassung vor.[77] Es zeigt sich also, dass der Unternehmensführungsvertrag, der dem Eigentümerunternehmen die volle Einflussmöglichkeit auf die Unternehmensführung belässt, auch kein Organisationsvertrag im gesellschaftsrechtlichen Sinne ist.[78]

III. Das Weisungsrecht als maßgeblicher Indikator für den Einflussgrad des Eigentümerunternehmens

Zutreffend ist jedoch, dass die Zulässigkeit eines Unternehmensführungsvertrags bei einem Eigentümerunternehmen in der Rechtsform der AG mit der Frage verbunden ist, inwieweit das Aktiengesetz eine Delegation von Aufgaben der Organe an Dritte zulässt.[79] So sind Kriterien zu identifizieren, mit denen bestimmt werden kann, wann ein Unternehmensführungsvertrag in die Organisationsstruktur der Aktiengesellschaft eingreift. Es liegt nahe, zunächst das Kriterium der rechtlichen Einflussmöglichkeit des Unternehmensführers auf das Eigentümerunternehmen als maßgebliches Kriterium zu wählen und anschließend anhand dieses Kriteriums eine Typenreihe zu bilden.

Dies deckt sich mit der Dogmatik, die der BGH in der so genannten Holiday-Inn Entscheidung aufgestellt hat. Hier hatte der BGH zu entscheiden, ob ein Unternehmensführungsvertrag gegen das Prinzip der Selbstorganschaft verstößt, wenn er eine Personengesellschaft weitgehend von der konkreten Unternehmensführung ausschließt. Demnach soll kein Verstoß gegen die Selbstorganschaft vorliegen, wenn der Vertrag Richtlinien für die Geschäftsführung des Dritten festlegt, die Unternehmensführung am Interesse des Eigentümerunternehmens orientiert ist und dem Eigentümerunternehmen umfassende Informations-, Einsichts- und Kontrollrechte zustehen.[80] Aus dieser Entscheidung lässt sich auch für die Aktiengesellschaft zumindest der Schluss ziehen, dass die Zulässigkeit eines Unternehmensführungsvertrags von der Einflussmöglichkeit des Eigentümerunternehmens abhängt. Ein deutlicher Indikator für eine solche intensive Einflussmöglichkeit

---

76 Ebenso *Birk*, ZGR 1984, 23, 48; *Riebel*, NZA 2010, 1145, 1146.

77 Im Ergebnis wohl auch *Abels*, Managementverträge, 127; *Dierdorf*, Herrschaft, 126; *Mülbert*, Großkomm-AktG, 4. Aufl., § 291 Rn. 156; *Weißmüller*, BB 2000, 1949, 1950 f.; *Winter/Theisen*, AG 2011, 662, 667; a. A. *Koppensteiner*, FS Canaris, 209, 220; *Müller*, Beherrschungsverträge, 141; *Veil*, Unternehmensverträge, 288 f.

78 Zu der Kategorie des Organisationsvertrages als gesellschaftsrechtliches Spezifikum siehe auch 1. Kapitel § 5 B I 2 c aa (1).

79 Ebenso *Geßler*, FS Hefermehl, 263, 272 f.

80 BGH, Urt. v. 05.10.1981 – II ZR 203/80, juris Rn. 72 f. = WM 1982, 394, 397.

des Eigentümerunternehmens ist das Weisungsrecht.[81] Dieses Weisungsrecht des Eigentümerunternehmens ergibt sich auch schon aus der Rechtsnatur des Unternehmensführungsvertrags. Für die aktienrechtliche Zulässigkeit muss demnach entscheidend sein, inwieweit das Weisungsrecht eingeschränkt ist, und ob eine Einschränkung möglich ist.

Weitergehend hält *Mülbert* unabhängig von dem Weisungsrecht jeden Unternehmensführungsvertrag für zulässig und dementsprechend auch nicht für zustimmungsbedürftig durch die Hauptversammlung, wenn der Vorstand des Eigentümerunternehmens die Möglichkeit hat, den Wirtschaftsplan des Unternehmensführers abzulehnen.[82] So sei der Unternehmensführungsvertrag selbst bei einem teilweisen Ausschluss des Weisungsrechts zulässig, solange das Eigentümerunternehmen den Wirtschaftsplan ablehnen könne.[83] Bei einem vollständigen Ausschluss des Weisungsrechts solle allerdings ein atypischer Beherrschungsvertrag vorliegen.[84]

Diese Ansicht erscheint zu zurückhaltend. Sofern man dieser Ansicht folgt, würde sich die Tätigkeit des Vorstands nur noch darauf beschränken, den Unternehmensführer zu beaufsichtigen und den Wirtschaftsplan des Unternehmensführers zu genehmigen. Die Möglichkeit, punktuell Einfluss auf die konkrete Unternehmensführung zu nehmen, ist nicht mehr gegeben. Eine solche weite Entledigung von Aufgaben und Einwirkungsmöglichkeiten des Vorstands ohne einen Hauptversammlungsbeschluss ist deshalb abzulehnen. Das Weisungsrecht erscheint als geeigneter Indikator dafür, dass der Vorstand das Unternehmen weiterhin leiten kann im Sinne des § 76 AktG.

Allerdings wird von *Veelken* argumentiert, dass der Umfang des Weisungsrechts als stärkste Einflussmöglichkeit für den Eingriff in die Organisationsstruktur nicht entscheidend sei.[85] Der Umfang der Weisungsrechte sei lediglich formeller Natur und zeige nicht, inwieweit der Vorstand von diesen tatsächlich Gebrauch machen wird.[86] Insofern verengt sich auch der Handlungsspielraum des Vorstands in einer mit § 76 AktG nicht zu vereinbarenden Weise, wenn ein Weisungsrecht des Eigentümerunternehmens eingeräumt wurde.[87] Ähnlich wird auch in der jüngeren Literatur angemerkt, dass ein Weisungsrecht höchstens Kontrollcharakter hat, jedoch

---

81 Im Ansatz auch *Abolo*, Managementverträge, 89; *Fenzl*, Der Konzern 2006, 18, 31; *Winter/Theisen*, AG 2011, 662, 668; Hopt/*Volhard*, Form, 670, 673; a. A. *Koppensteiner*, KölnKomm-AktG, § 292 Rn. 81.

82 *Mülbert*, Großkomm-AktG, 4. Aufl., § 292 Rn. 156, Rn. 165.

83 *Mülbert*, Großkomm-AktG, 4. Aufl., § 292 Rn. 165.

84 *Mülbert*, Großkomm-AktG, 4. Aufl., § 292 Rn. 161.

85 *Veelken*, Betriebsführungsvertrag, 215; ebenso *Huber*, ZHR 152 (1988), 1, 33; widersprüchlich aber *Huber*, ZHR 152 (1988), 123, 125; *Köhn*, Der Konzern 2011, 530, 533.

86 *Veelken*, Betriebsführungsvertrag, 215.

87 *Koppensteiner*, KölnKomm-AktG, § 292 Rn. 81.

nichts über die Frage aussagt, ob der Vorstand im Sinne des § 76 AktG noch seine Leitungskompetenz ausübt.[88]

Damit weist die Literatur auf die Divergenz zwischen der Existenz und der Ausübung eines Weisungsrechts hin sowie auf die schwierige Antizipierbarkeit bei der Ausübung. Als Alternative wird vorgeschlagen, die Frage, ob ein Eingriff in die Organisationsverfassung vorliegt, nach einer Gesamtbetrachtung des Vertrages und der Umstände des Einzelfalls zu beurteilen.[89] Kriterien sollen dann sein: die Größe und Art des Unternehmens, der konkrete Typus des Unternehmensführungsvertrags sowie die Personen- und Anstellungsverhältnisse der Vorstandsmitglieder.[90] Gegenüber diesem Ansatz ist anzumerken, dass er zwar zu billigen Ergebnissen im Einzellfall führen kann, allerdings wenig der Systematisierung dient und zu Rechtsunsicherheiten führt, wenn die Frage des Eingriffs in die Organisationsverfassung aufgrund einer Gesamtabwägung mit einem Bündel von Kriterien vorgenommen werden soll.[91] Des Weiteren ist darauf hinzuweisen, dass die Risiken für einen Unternehmensführer, der keine Einmischung in die Unternehmensführung möchte, relativ groß sind, wenn er mit dem Eigentümerunternehmen – in der Hoffnung dies werde seine Einflussrechte faktisch nicht ausüben – umfangreiche Einflussmöglichkeiten vereinbart. Auch dieser kann die Nichtausübung des Weisungsrechts durch das Eigentümerunternehmen schlecht antizipieren. Folglich sollte man die Situation, dass zwar formell umfangreiche Einflussrechte des Eigentümerunternehmens gegenüber dem Unternehmensführer eingeräumt sind, diese jedoch faktisch nicht ausgeübt werden, nicht als Standardverhalten stilisieren. Der Vorstand handelt schließlich pflichtwidrig, wenn er den Unternehmensführer walten lässt ohne seinen Einfluss auszuüben. Es kann in diesem Fall zu einer Haftung des Vorstands im Binnenverhältnis kommen.[92] Deshalb ist die geschilderte Sachlage, wenn sie auch durchaus im Einzellfall vorstellbar ist, für eine Systematisierung außer Acht zu lassen.

Huber weist darauf hin, dass es trotz eines Weisungsrechts einen erheblichen Unterschied mache, ob das Eigentümerunternehmen sein Unternehmen selbst führe oder es durch einen Unternehmensführer führen lasse, da das Eigentümerunternehmen im Zweifel keine Unternehmensorganisation besitze und somit faktisch der Unternehmensführer eine erhebliche Machtposition gegenüber dem Eigentümer innehabe.[93] Zweifelhaft ist jedoch, ob eine solche Machtposition generell besteht. Im Einzelfall kann das Eigentümerunternehmen durchaus die Möglichkeit haben, auch bei dem Ausfall des Unternehmensführers die entstehende Lücke mit eigenen

88 *Köhn*, Der Konzern 2011, 530, 533.

89 *Köhn*, der Konzern 2011, 530, 533, 543; *Veelken*, Betriebsführungsvertrag, 213.

90 *Veelken*, Betriebsführungsvertrag, 213.

91 Ähnlich auch *Priester*, der allerdings aufgrund der Rechtssicherheit keine Differenzierung zwischen den Unternehmensführungsverträgen befürwortet, *Priester*, FS Hommelhoff, 875, 884.

92 Ähnlich *Huber*, ZHR 152 (1988), 123, 158.

93 *Huber*, ZHR 152 (1988), 1, 33; ähnlich *Koppensteiner*, KölnKomm-AktG, § 292 Rn. 81.

Ressourcen zu füllen oder gegebenenfalls einen entsprechenden Dienstleister heranzuziehen. Auch muss darauf hingewiesen werden, dass der Unternehmensführer sich in einer treuhänderischen Stellung befindet. Er würde sich somit schadensersatzpflichtig machen, wenn er seine faktische Machtposition gegenüber dem Eigentümerunternehmen erpresserisch oder auf sonstige Weise zugunsten eigener oder fremder Interessen ausnutzen würde.[94]

Zweifelhaft ist auch die andere Extremposition, bei der das Weisungsrecht für den Eingriff in die Organisationsverfassung nicht maßgeblich sein soll, sondern die Zuständigkeit für die Geschäftspolitik[95]. Dieser Ansicht ist entgegenzuhalten, dass das Weisungsrecht als Mittel zur umfassenden Einflussnahme auf die Unternehmensführung ein maßgeblicher Indikator für die Zuständigkeit für die Geschäftspolitik ist. Ist das Weisungsrecht eingeschränkt oder gar ausgeschlossen bzw. wurden andere Einflussmechanismen, wie zum Beispiel Zustimmungsvorbehalte gewählt, ist die Ausübung der Geschäftspolitik durch den Vorstand zumindest erschwert.

Nach *Veil* hingegen könne selbst bei einem umfangreichen Weisungsrecht das Eigentümerunternehmen die Unternehmenspolitik nicht mitbestimmen.[96] Das Weisungsrecht diene lediglich der Kontrolle des Unternehmensführers.[97] Er räumt jedoch im gleichen Zuge ein, dass der Unternehmensführer in einem erheblichen Maße auf die Geschäftspolitik und die Entscheidungsprozesse einwirken könne.[98] Dennoch habe das Eigentümerunternehmen keinen Einfluss auf die Unternehmensplanung und die Investitionspolitik.[99] Dagegen ist jedoch einzuwenden, dass das Eigentümerunternehmen sehr wohl die abstrakte Möglichkeit hat, auf die Unternehmensplanung und die Investitionspolitik durch das Weisungsrecht Einfluss zu nehmen. Auch wenn faktisch diese Planung zunächst in den Händen des Unternehmensführers liegen mag, ist trotzdem weiterhin der Vorstand für diese Planung verantwortlich und hat rechtlich durch das Weisungsrecht einen erheblichen Einfluss. Die Situation lässt sich vergleichen mit einem Beratungsvertrag. Auch hier ist nicht stets von einem Eingriff in die Organisationsverfassung auszugehen, sondern nur, wenn das beratende Unternehmen die Unternehmensplanung und die Investitionspolitik faktisch oktroyiert. Genauso kann nicht stets davon ausgegangen werden, dass das Eigentümerunternehmen keinen Einfluss auf die Investitionspolitik und die Unternehmensplanung hat. Im Gegenteil stellt das Weisungsrecht als abstrakte rechtliche Möglichkeit der Einflussnahme einen zu Systematisierungszwecken geeigneten Indikator dar. Sofern der Vorstand keine Verantwortung und damit verbunden auch keinen Einfluss auf die Unternehmensplanung und die Investitionspolitik

94 *Huber*, ZHR 152 (1988), 1, 34; *Müller*, Beherrschungsverträge, 143.
95 *Geßler*, FS Hefermehl, 263, 274; in diese Richtung auch *Köhn*, Der Konzern 2011, 530, 534.
96 *Veil*, Unternehmensverträge, 294.
97 *Veil*, Unternehmensverträge, 288.
98 *Veil*, Unternehmensverträge, 288 f.
99 *Veil*, Unternehmensverträge, 289.

haben soll, dann muss dies durch den Unternehmensführungsvertrag geregelt werden, indem praktischerweise das Weisungsrecht teilweise ausgeschlossen oder durch andere Einflussmöglichkeiten substituiert wird. Ein alternatives Abgrenzungskriterium auf der Ebene des Eingriffs in die Organisationsverfassung zeigt *Veil* somit nicht auf, sondern untersucht hauptsächlich die Möglichkeit diesen Eingriff über eine entsprechende Anwendung des § 292 Abs. 1 Nr. 3 AktG zu rechtfertigen.[100]

Statt den Fokus auf eine mögliche Rechtfertigung eines Eingriffs in die Organisationsverfassung zu legen, sollte zunächst der Eingriff im Vordergrund stehen. Es bietet sich an, anhand des Kriteriums des Einflusses in Form des Weisungsrechtes des Eigentümerunternehmens eine Typenreihe zu bilden. Dabei sind im Sinne des normativen Idealtypus Beispiele von Unternehmensführungsverträgen mit unterschiedlichem Einflussgrad des Eigentümerunternehmens zu bilden, um so der Typenreihe ein Profil zu geben.

Wie sich schon aus der Erörterung der Rechtsnatur des Unternehmensführungsvertrags aus dem 1. Kapitel ergibt, ist zunächst von einem Unternehmensführungsvertrag auszugehen, bei dem ein umfangreiches Weisungsrecht des Eigentümerunternehmens besteht. Dabei nimmt der Unternehmensführer eine vergleichbare Stellung zu einem leitenden Angestellten ein. Es ist allgemein bekannt, dass der Vorstand seine Leitung delegieren darf.[101] Wenn nun dem Unternehmensführer keine größere Autonomie als einem leitenden Angestellten eingeräumt wird, dann kann er entsprechend auch nicht die Position des Vorstandes beeinträchtigen. Folglich greift der Unternehmensführungsvertrag, bei dem die Einflussmöglichkeit des Eigentümerunternehmens auf die Unternehmensführung durch den Unternehmensführer nicht gemindert ist, auch nicht in die Organisationsverfassung der Aktiengesellschaft als Eigentümerunternehmen ein. Etwas Anderes kann sich freilich ergeben, wenn die Einflussmöglichkeit des Eigentümerunternehmens beschränkt oder gar ausgeschlossen wird. Diese besonderen Fallkonstellationen sind als normative Idealtypen im Rahmen der zu bildenden Typenreihe im Folgenden näher zu betrachten.

IV. Fallkonstellation des einflussfreien Unternehmensführungsvertrags

1. Typenbildung

Wie bereits erläutert, ist bei einem Unternehmensführungsvertrag, bei dem das Weisungsrecht nicht eingeschränkt ist, nicht von einem Eingriff in die Organisationsverfassung auszugehen. Die Organe der Aktiengesellschaft werden in ihrer Funktion nicht gestört, wenn der Unternehmensführer vollständig weisungsunterworfen ist und somit die Funktion eines leitenden Angestellten innehat. Zu betrachten ist

100 *Veil*, Unternehmensverträge, 52, 294.

101 *Abels*, Managementverträge, 121; *Geßler*, FS Hefermehl, 263, 273; *Spindler*, MüKo-AktG, § 76 Rn. 14; *Wiesner*, MüHdbGes IV, § 19 Rn. 12 f.

nun jedoch die andere Extremposition als normativer Idealtypus innerhalb einer Typenreihe. Es handelt sich dabei um einen Unternehmensführungsvertrag, der zwar Informationsrechte beinhalten kann,[102] bei dem jedoch keine Weisungsrechte und auch keine Zustimmungsvorbehalte existieren. In diesem Fall liegt die einzige Möglichkeit des Eigentümerunternehmens Einfluss auf den Unternehmensführer auszuüben in der Ausübung von Kündigungsrechten bzw. dem Androhen einer Kündigung.

Es wird schon aus der schwachen Position des Eigentümerunternehmens deutlich, dass dies kaum noch Einfluss auf die Unternehmung hat. Insofern kann man auch davon ausgehen, dass der Vorstand die Gesellschaft nicht mehr leitet im Sinne des § 76 Abs. 1 AktG. Zwar wird in der Literatur eingewandt, dass zwischen der Leitung der Gesellschaft im Sinne des § 76 Abs. 1 AktG und der Leitung der Unternehmung zu unterscheiden sei.[103] Allerdings überzeugt diese sehr formale Argumentation nicht, da der Zweck der Gesellschaft eine Unternehmung ist. Eine Abkopplung von der konkreten Unternehmung wäre nur möglich, wenn der Unternehmensgegenstand geändert werden würde. Bei einem Unternehmensführungsvertrag kann jedoch nicht ohne Weiteres davon ausgegangen werden, dass der Unternehmensgegenstand geändert wird und die Gesellschaft nun mit einer anderen Aufgabe betraut wird. Es ist folglich bei der Fallkonstellation des einflussfreien Unternehmensführungsvertrags in der Tat davon auszugehen, dass der Unternehmensführer in die Stellung einrückt, die vorher der Vorstand des Eigentümerunternehmens bekleidet hat, während der Vorstand des Eigentümerunternehmens in eine sehr schwache Überwacherstellung rückt. Dies führt zu den Problemen die *Veelken* zutreffend aufzeigte.[104] Bei einem einflussfreien Unternehmensführungsvertrag liegt also ein Eingriff in die Organisationsverfassung vor. Dementsprechend wäre ein solcher Unternehmensführungsvertrag auch ein Organisationsvertrag im gesellschaftsrechtlichen Sinne.[105]

2. Rechtfertigung des Eingriffs durch die Anwendung der §§ 291 ff. AktG

Obwohl eine große Zahl von Stimmen in der Literatur schon bei dem Unternehmensführungsvertrag mit dem größten Einfluss des Eigentümerunternehmens von einem Eingriff in die Organisationsverfassung ausgeht, wird regelmäßig nicht die Konsequenz aus dieser Sichtweise gezogen und der Unternehmensführungsvertrag für nichtig erklärt.[106] Auch eine Erklärung, warum der in die Organisationsverfassung

---

102 Hierzu *Veil*, Unternehmensverträge, 296, der davon ausgeht, dass ein solcher Vertrag stets zumindest Informationspflichten beinhaltet.

103 Vgl. *Loos*, BB 1963, 615, 617.

104 Hierzu 3. Kapitel § 1 B I.

105 Vgl. 1. Kapitel § 5 B I 2 c aa (1).

106 Beispielsweise *Herfs*, Einwirkungen, 194 f.; *Hommelhoff*, Konzernleitungspflicht, 285; *Koppensteiner*, KölnKomm-AktG, § 292 Rn. 81.

eingreifende Unternehmensführungsvertrag nicht nichtig sein soll, wird oft schuldig geblieben.[107]

Scheinbar unabhängig von dieser Frage wird teilweise diskutiert, ob der Unternehmensführungsvertrag nicht ein Unternehmensvertrag im Sinne des § 292 Abs. 1 Nr. 3 AktG bzw. § 292 Abs. 1 Nr. 3 AktG analog sei.[108] So wird beispielsweise pauschal begründet, die analoge Anwendung rechtfertige sich aus dem Schutz der Aktionäre.[109] Teilweise wird argumentiert, § 292 Abs. 1 Nr. 3 AktG sei anzuwenden, weil der Eingriff in die Organisationsverfassung erfordere, dass die Hauptversammlung zustimme.[110]

Zutreffend wird hingegen eine Verbindung zwischen diesen beiden Fragen gesucht, indem davon ausgegangen wird, dass ein Eingriff in die Organisationsverfassung durch die Anwendung des § 292 Abs. 1 Nr. 3 AktG legitimiert werde.[111] So fasste schon *Geßler* zusammen, dass der Gesetzgeber mit der Schaffung des § 292 AktG die dort genannten Verträge für zulässig erachtet habe und deshalb die Frage, ob solche Verträge gegen die aktienrechtliche Verfassung verstoßen, dahinstehen könne.[112]

Es lässt sich folglich die These aufstellen, dass solch ein einflussfreier Unternehmensführungsvertrag durch die direkte oder zumindest entsprechende Anwendung der §§ 291 f. AktG legitimiert werden kann. Voraussetzung ist allerdings dafür, dass die Regelungen der §§ 291 f. AktG eine solche Legitimationswirkung enthalten und die Regelungen der §§ 291 f. AktG direkt oder zumindest entsprechend anwendbar sind. Die These, dass die Einordnung in die Unternehmensverträge im Sinne des § 291 f. AktG geeignet ist einen gesellschaftsrechtlichen Organisationsvertrag zu rechtfertigen, ist genauso umstritten wie die Frage, ob die nummerative Aufzählung von Vertragstypen in § 291 AktG und § 292 AktG abschließend ist.

a) Die Legitimationskraft der §§ 291, 292 AktG

Um die These der Legitimationskraft der §§ 291 f. AktG zu verifizieren, muss die Rechtsnatur der Unternehmensverträge im Hinblick auf ihren organisationsvertraglichen Charakter näher betrachtet werden. Die Unternehmensverträge wurden 1965

---

107 Auch hier ist beispielsweise *Koppensteiner*, KölnKomm-AktG, § 292 Rn. 81 zu nennen.

108 *Emmerich*, Emmerich/Habersack Komm-KonzR, § 292, Rn. 58; *Emmerich/Habersack*, Konzernrecht 10. Aufl., 246 f.; *Herfs*, Einwirkungen, 194; *Hoffmann-Becking*, MünchVertragsHdbGes I, 1554; *Koppensteiner*, KölnKomm-AktG, § 292, Rn. 81; *Schneider*, JbFStR 1982/1983, 387, 408; Hopt/*Volhard*, Form, 670, 672; *Weißmüller*, BB 2000, 1945, 1950.

109 *Emmerich*, Emmerich/Habersack Komm-KonzR, § 292, Rn. 58.

110 *Altmeppen*, MüKo-AktG, § 292, Rn. 149; *Koppensteiner*, KölnKomm-AktG, § 292 Rn. 81; *Priester*, FS Hommelhoff, 875, 884 f.

111 Ansatzweise *Hommelhoff*, Konzernleitungspflicht, 285; *Huber*, ZHR 152 (1988), 1, 33 f.; *Krieger*, MüHdbGes IV, § 72 Rn. 50; *Köhn*, Der Konzern 2011, 530, 534; *Veil*, Unternehmensverträge, 228.

112 *Geßler*, FS Hefermehl, 263, 264.

in das AktG eingeführt. Zuvor gab es in dem § 256 AktG von 1937 eine Regelung unter dem Titel „Gewinngemeinschaft“, die für Verträge, bei denen eine Aktiengesellschaft sich verpflichtete mehr als drei Viertel ihres Gewinns abzuführen oder ihr Unternehmen für fremde Rechnung zu führen, die Zustimmung der Hauptversammlung vorsah.[113] Ebenso bedurfte es der Zustimmung der Hauptversammlung im Falle einer Betriebspacht oder einer sonstigen Überlassung des Unternehmens.

Neben diesen gesetzlich geregelten Vertragstypen wurde in der Praxis noch der Organschaftsvertrag herausgebildet.[114] Bei diesem Vertragstypus wird die Leitung einer Gesellschaft einer anderen Gesellschaft unterstellt und vereinbart, dass die Gewinne abzuführen sind, während die Verluste der angeleiteten Gesellschaft ausgeglichen werden. Dieser Vertragstypus wurde durch die Literatur intensiv diskutiert. Im Rahmen der Diskussion um die Einordnung dieses gesetzlich nicht normierten Vertragstypus stellte vor allem *Flume* heraus, dass es sich bei diesem nicht um einen reinen schuldrechtlichen Vertrag handele, sondern vielmehr durch eine organisatorische und wirtschaftliche Eingliederung in die Organisationsverfassung der Aktiengesellschaft eingegriffen werde.[115] Dieser Auffassung schlossen sich im Grunde sowohl *Ballerstedt* als auch *Würdinger* an.[116] Für diesen Vertragstypus wurde mithin trotz des Fehlens einer ausdrücklichen Regelung § 256 AktG analog herangezogen.

Mit der Einführung der §§ 291 ff. AktG hat der Gesetzgeber eine Differenzierung zwischen den verschiedenen Unternehmensverträgen vorgesehen.[117] Diese Differenzierung schließe jedoch eine gemeinsame Schnittmenge der verschiedenen Vertragstypen nicht aus.[118] Bei der einzelnen Systematisierung der Unternehmensverträge bestanden und bestehen allerdings Unsicherheiten. So wurde zum Teil davon ausgegangen, dass es sich bei dem § 292 AktG um schuldrechtliche Austauschverträge handele,[119] während sich die in § 291 AktG erfassten Verträge als Organisationsverträge, die sich von Austauschverträgen grundlegend unterscheiden, darstellen.[120] Als Konsequenz aus dieser Qualifizierung wurde teilweise

113 *Koppensteiner*, KölnKomm-AktG, Vor § 291 Rn. 148.

114 *Veil*, Unternehmensverträge, 185.

115 *Flume*, DB 1955, 485, 486; *Flume*, DB 1956, 455; *Flume*, DB 1956, 672 f.; *Flume*, DB 1957, 439 f.; *Flume*, DB 1959, 190, 195.

116 *Ballerstedt*, DB 1956, 813, 815; *Würdinger*, DB 1958, 1447, 1451 f.

117 *Koppensteiner*, KölnKomm-AktG, Vor § 291 Rn. 150.

118 *Koppensteiner*, KölnKomm-AktG, Vor § 291 Rn. 150; *Mülbert*, Großkomm-AktG, 4. Aufl., § 292 Rn. 10.

119 *Altmeppen*, MüKo-AktG, § 292 Rn. 7; *Bälz*, FS Raiser, 278, 304; *Dierdorf*, Herrschaft, 98, 112; Geßler/Hefermehl/Eckardt/Kropff/*Geßler* AktG, § 292 Rn. 4; Kley, Beendigung, 18; *Koch*, Hüffer AktG, § 292 Rn. 2; *Koppensteiner*, KölnKomm-AktG, 4. Aufl., § 292 Rn. 7; *Oppenländer*, Unternehmenspacht, 172 f.; *K. Schmitt*, ZGR 1984, 295, 304 f.

120 RegBegr. bei *Kropff*, Aktiengesetz, 378; *Bälz*, AG 1992 277, 286; *Frisch*, AG 1995, 362; *Kley*, Beendigung, 10, 18; *Koch*, Hüffer AktG, § 292 Rn. 2; *Koppensteiner*, KölnKomm-AktG, Vor § 291 Rn. 8, 156; *Maser*, Betriebspacht, 38 ff.; *Martens*, Wirtschaftsabhängigkeit, 18 f.

geschlossen, dass die schuldrechtlichen Verträge des § 292 AktG nicht in die Organisationsstruktur im Sinne der Leitungskompetenz des Vorstands eingreifen dürfen[121] bzw. tatsächlich auch nicht eingreifen.[122] Nach anderer Ansicht hingegen ist der Organisationscharakter in beiden Vertragstypen enthalten, während er bei den Verträgen des § 291 AktG stärker als bei den Verträgen des § 292 AktG ausgeprägt sein soll.[123]

Der Begriff des Organisationsvertrags beinhaltet jedoch einen irreführenden Charakter. Richtig ist, dass in den Gesetzesmaterialien zum Teil betont wird, dass es sich bei den in § 292 AktG genannten Verträgen um schuldrechtliche Verträge handelt.[124] Zusätzlich wurde schon früh der Begriff des Organisationsvertrags als Gegenpol zum schuldrechtlichen Vertrag verstanden.[125] Wenn nun die Verträge nach § 291 AktG als Organisationsverträge beschrieben werden, lag es nahe, den Begriff des Organisationsvertrags auch für die Abgrenzung zu den nach der Gesetzesbegründung als schuldrechtlichen Verträge gekennzeichnete Verträge des § 292 AktG zu gebrauchen.[126] Im Rahmen dieser Unterscheidung wurde das Kriterium der angemessenen Gegenleistung herangezogen, um so eine Differenzierung zu treffen, ob hier ein schuldrechtlicher Vertrag im Sinne des § 292 AktG vorliege oder ein solcher des § 291 AktG.[127] Dies entspricht der Stellungnahme im Regierungsentwurf.[128] Für die Frage, ob zunächst überhaupt von den Verträgen eine Legitimationswirkung ausgehe, muss sich jedoch auf die Gemeinsamkeiten dieser Vertragstypen konzentriert werden.

Teilweise wird versucht als Gemeinsamkeit der Unternehmensverträge die charakteristische Wirkung der Unternehmensverträge für den Status quo der betroffenen Gesellschaften zu umschreiben, indem sie den Unternehmensverträgen einen den Gesellschaftszweck ändernden Charakter zuweisen.[129] Nach dieser Ansicht

---

121 *Diersdorf*, Herrschaft und Abhängigkeit, 112 f.; Geßler/Hefermehl/Eckardt/Kropff/*Geßler*, AktG, § 292 Rn. 4.

122 So *Oppenländer* mit Blick auf die Unternehmenspacht: *Oppenländer*, Unternehmenspacht, 173.

123 *Altmeppen*, MüKo-AktG, Vor § 291 Rn. 4; im Ansatz auch *Bayer*, MüKo-AktG, § 17 Rn. 66; *K. Schmitt*, Gesellschaftsrecht, 949.

124 RegBegr. bei *Kropff*, Aktiengesetz, 378.

125 *Martens*, Wirtschaftsabhängigkeit, 18; *Würdinger*, Gesellschaften I, 42.

126 So beispielsweise Geßler/Hefermehl/Eckardt/Kropff/*Geßler*, AktG, § 292 Rn. 4; *Schießl*, Personengesellschaft, 54 *Würdinger*, Großkomm-AktG, 3. Aufl., § 291, Anm. 6.

127 *Altmeppen*, MüKo-AktG, Vor. § 291 Rn. 7; ansatzweise *Bälz*, FS Raiser, 287, 304; *Koppensteiner*, KölnKomm-AktG, Vor § 291 Rn. 153 f.; *Martens*, Wirtschaftsabängigkeit, 19.

128 RegBegr. bei *Kropff*, Aktiengesetz, 378.

129 *Exner*, Beherrschungsvertrag, 44; im Bezug auf den Beherrschungsvertrag *Mülbert*, Unternehmensgruppe, 162 ff.; *Sonnenberg*, Gesellschaftszweck, 183 f.; wohl auch *Timm*, Aktiengesellschaft, 34 f.; *Würdinger*, Großkomm-AktG, 3. Aufl, § 292 Einl. b.

beinhalte der Verbandszweck immer die Unabhängigkeit der Gesellschaft.[130] Zu Recht wird hingegen angeführt, dass ein solcher den Gesellschaftszweck ändernder Charakter als Differenzierungsmaßstab und charakterisierender Tatbestand nicht geeignet ist.[131] Der Zweck eines Verbands bezeichne die generelle wirtschaftliche oder nichtwirtschaftliche Zielsetzung des Verbands, während der Verbandsgegenstand den Tätigkeitsrahmen für den Verband umschreibe.[132] Den Gesellschaftszweck mit dem Attribut der Unabhängigkeit zu erweitern, stellt einen – wie sich noch zeigen wird – nicht erforderlichen Kunstgriff dar. Schließlich versucht diese Ansicht mit diesem Kunstgriff den nach § 293 Abs. 1 AktG erforderlichen Hauptversammlungsbeschluss dogmatisch zu begründen, indem sie diesem einen Gesellschaftszweck modifizierende Wirkung zusprechen.[133] Diese Änderung des Gesellschaftszwecks von einer unabhängigen zu einer abhängigen Gesellschaft sei erforderlich, damit der Unternehmensvertrag nicht auf eine rechtlich unmögliche Leistung gerichtet ist.[134] Parallel solle durch einen Hauptversammlungsbeschluss auch die Finanz- bzw. die Organisationsverfassung geändert werden.[135] Es zeigt sich also, dass diese Auffassung auch von einem Eingriff in die Organisations- bzw. Finanzverfassung ausgeht. Maßgeblich soll allerdings der den Gesellschaftszweck ändernde Charakter sein.[136] Es stellt sich jedoch die Frage, warum das Kriterium des Gesellschaftszweck ändernden Charakters bemüht werden muss, wenn parallel auch von einem Eingriff in die Organisations- bzw. Finanzverfassung ausgegangen wird. Während sich hinsichtlich des Eingriffs in die Organisations- bzw. in die Finanzverfassung genau beschreiben lässt, worin der Eingriff zu sehen ist, ist für das Kriterium des den Gesellschaftszweck ändernden Charakters offen, welche Wertungen maßgeblich sein sollen.[137] Dieses Kriterium trägt mithin nicht zur Systematisierung der Unternehmensverträge bei, da konkrete Wertungen, auf denen der den Gesellschaftszweck ändernde Charakter beruht, nicht offen gelegt werden.[138]

Als Fazit lässt sicht festhalten, dass der den Gesellschaftszweck ändernde Charakter zwar zutreffender Weise das Bauchgefühl artikuliert, dass durch den Abschluss von Unternehmensverträgen auf den Status quo der beteiligten Gesellschaften eingewirkt wird. Für eine genaue Qualifizierung der Unternehmensverträge sollte jedoch der Korpus – sprich die Organisations- und Finanzverfassung der betroffenen Gesellschaften – genauer in den Blick genommen werden.[139] Sofern dies geschieht,

---

130 *Mülbert*, Unternehmensgruppe, 162 f.
131 *Koppensteiner*, KölnKomm-AktG, § 291 Rn. 105, § 292 Rn. 19; *Veil*, Unternehmensverträge, 176.
132 *K. Schmidt*, Gesellschaftsrecht, 64.
133 Vgl. *Mülbert*, Unternehmensgruppen, 165.
134 *Mülbert*, Unternehmensgruppe, 163.
135 *Mülbert*, Unternehmensgruppe, 165.
136 *Mülbert*, Unternehmensgruppe, 165.
137 *Veil*, Unternehmensverträge, 176 f.
138 *Veil*, Unternehmensverträge, 176 f.
139 Hierzu auch *Veil*, Unternehmensverträge, 179.

ist es auch nicht mehr erforderlich, in den Gesellschaftszweck das normative Merkmal der Unabhängigkeit der Gesellschaft hineinzuinterpretieren, da bei einem solchen abhängigkeitsbegründenden Vertrag immer auch die innergesellschaftliche Organisations- und Finanzverfassung betroffen ist. Dieses scheint auch *Mülbert* zu erkennen, wenn er davon ausgeht, dass der Hauptversammlungsbeschluss nicht nur den Gesellschaftszweck ändere, sondern auch die Organisations- bzw. die Finanzverfassung.[140]

Auch wurde versucht die Unternehmensverträge in Anlehnung an § 17 AktG als Abhängigkeitsverträge zu qualifizieren.[141] Allerdings ist auch dieser Versuch nicht fruchtbar, sofern nicht die maßgeblichen Kriterien für eine Abhängigkeit anhand der im Gesetz genannten Vertragstypen herausgearbeitet sind.[142] Diese Vieldeutigkeit, die mit der Kategorie der Abhängigkeitsverträge verbunden ist, scheint *Martens* zu sehen, wenn er schon zu Anfang verdeutlicht, dass der Begriff der Abhängigkeit schillernd und komplex ist.[143]

Ohne dass ein größerer Konsens in der Literatur über die abschließende abstrakte Umschreibung bzw. Systematisierung der Unternehmensverträge gefunden wurde, wird hingegen von einer Vielzahl von Stimmen als Gemeinsamkeit der Unternehmensverträge betont, dass bei allen Unternehmensverträgen in die Struktur der Gesellschaft eingegriffen wird.[144] So wird herausgearbeitet, dass alle Unternehmensverträge Einfluss auf gesellschaftsinternen Regeln über die Leitung der Gesellschaft oder die Entstehung beziehungsweise Verwendung von Gewinnen haben.[145] Mit anderen Worten: Unternehmensverträge greifen grundsätzlich in die Organisations- oder Finanzverfassung der Aktiengesellschaft ein. Dieses Ergebnis entspricht auch der Begründung des Regierungsentwurfs, obgleich ausdrücklich offen gelassen wird, ob die Unternehmensverträge als Organisationsverträge zu qualifizieren sind.[146]

Wenn nun davon ausgegangen wird, dass alle Unternehmensverträge in die Organisationsverfassung eingreifen und der Begriff des Organisationsvertrags dadurch gekennzeichnet sei, dass ein Eingriff in die Organisations- bzw. Finanzverfassung vorliege, dann kann der Begriff des Organisationsvertrags nicht zur Abgrenzung

---

140 *Mülbert*, Unternehmensgruppe, 165.

141 *Martens*, Wirtschaftsabhängigkeit, 13 ff., *Tröger*, Treupflicht, 8 ff., 35 f.; historisch zum Begriff der Abhängigkeit im Konzern *K. Schmidt*, Gesellschaftsrecht, 486 ff.

142 *Veil*, Unternehmensverträge, 178.

143 *Martens*, Wirtschaftsabhängigkeit, 5.

144 *Abels*, Managementverträge, 125; *Altmeppen*, MüKo-AktG, Vor. § 291, Rn. 2; *Emmerich*, Emmerich/Habersack Komm-KonzR, § 292 Rn. 6; *Koppensteiner*, KölnKomm-AktG, Vor § 291 Rn. 8; *K. Schmidt*, Gesellschaftsrecht, 489 f., 948; a. A. Geßler/Hefermehl/Eckardt/Kropff/*Geßler*, AktG, § 292 Rn. 4; *Kley*, Beendigung, 18.

145 *Koppensteiner*, KölnKomm-AktG, Vor § 291 Rn. 8; *Veil*, Unternehmensverräge, 179, allerdings einschränkend für den Teilgewinnabführungsvertrag und die Gewinngemeinschaft.

146 RegBegr. bei *Kropff*, Aktiengesetz, 376.

zwischen den Verträgen dienen. In diesem Sinne werden von einigen Stimmen in der Literatur die Verträge des § 292 AktG auch als Organisationsverträge eingeordnet.[147] Ebenso wird eingestanden, dass ein Organisationsvertrag auch schuldrechtliche Elemente haben könne.[148] Die Konsequenz ist also, dass sich der Begriff des Organisationsvertrags grundsätzlich nicht eignet, um trennscharf zwischen den Verträgen des § 292 AktG und den Verträgen des § 291 AktG zu unterscheiden, sondern zwischen Verträgen, die in die Organisationsverfassung oder Finanzverfassung eingreifen und solchen, die nicht eingreifen.[149] Allenfalls lässt sich, wie es auch *Altmeppen* andeutet, das Kriterium des organisationsvertraglichen Charakters als graduelles Abgrenzungskriterium für die Abgrenzung der Verträge des § 291 AktG und des § 292 AktG sehen, indem davon ausgegangen wird, dass bei den Verträgen des § 291 AktG in einem größeren Maße in die Verfassung der Aktiengesellschaft eingegriffen werde als bei den Verträgen des § 292 AktG.[150]

Als Ergebnis lässt sich zusammenfassen, dass der Eingriff in die Organisations- oder in die Finanzverfassung ein prägendes Charakteristikum der Unternehmensverträge ist. Auf die Frage, wie die Unternehmensverträge als Organisationsverträge intern zu systematisieren sind, wird noch zu einem späteren Zeitpunkt der Untersuchung eingegangen werden[151]. Für die Untersuchung der Legitimationswirkung der Unternehmensverträge genügt zunächst die Erkenntnis, dass durch die Unternehmensverträge der §§ 291, 292 AktG in die Organisation bzw. in die Finanzverfassung der Aktiengesellschaft eingegriffen wird.

Wenn nun nach der Legitimationswirkung der Unternehmensverträge gefragt wird, muss der Blick zunächst auf die Satzung gelenken werden. Die Satzung – sprich der Gesellschaftsvertrag – bildet zusammen mit den einschlägigen gesetzlichen Regelungen den Korpus der Aktiengesellschaft. Wenn davon auszugehen ist, dass Unternehmensverträge in die Finanz- bzw. Organisationsverfassung eingreifen, dann werfen sich zwangsläufig die Fragen auf, ob durch einen Vertrag in bestehende Satzungen eingegriffen werden kann und ob speziell für die Aktiengesellschaft hier nicht ein Konflikt mit der Satzungsstrenge aus § 23 Abs. 5 AktG besteht.

Mit Blick auf diese Frage lässt sich feststellen, dass grundsätzlich durch einen Vertrag zu einem Gesellschafter oder einem Dritten eine solche satzungsändernde Wirkung nicht erzielt werden kann.[152] Dies liegt daran, dass die Satzung mit der Gründung der Gesellschaft losgelöst von möglichen einzelnen Rechtsverhältnissen

147 *Fenzl*, Der Konzern 2006, 18, 26; *Prael*, Eingliederung, 60, *K. Schmidt*, Gesellschaftsrecht, 949; *Timm*, Aktiengesellschaft, 35 f. Fn. 108; *Ulmer*, ZGR 1978, 457, 468 Anm. 54; krit. *Maser*, Betriebspacht, 38.

148 *Dörmer*, Unternehmenspacht, 48; *Emmerich/Habersack*, Konzernrecht 10. Aufl., 201; *Exner*, Beherrschungsvertrag, 56; *K. Schmidt*, ZGR 1983, 513, 519; *Würdinger*, Aktienrecht, 323; a. A wohl *Ballerstedt*, ZHR 137 (1973), 388, 392.

149 Vgl. *K. Schmidt*, Gesellschaftsrecht, 924, 948.

150 *Altmeppen*, MüKo-AktG, Vor § 291 Rn. 4.

151 Ausführlich 3. Kapitel § 1 B IV 2.

152 So auch *Veil*, Unternehmensverträge, 197.

zwischen den Gesellschaftern betrachtet werden muss. Sie hat einen losgelösten normativen Charakter[153] und entfaltet ihre Wirkung kraft Korporationsrechts für den bei der Begründung vorliegenden Gesellschafterbestand als auch für zukünftige Gesellschafter.[154] Das Aktiengesetz ermöglicht eine Satzungsänderung gem. § 179 Abs. 1 S. 1 AktG grundsätzlich nur durch einen Beschluss der Hauptversammlung. Neben diesem Beschluss der Hauptversammlung sieht das Gesetz ein konstitutives Eintragungserfordernis in das Handelsregister vor, §§ 181 Abs. 1 S. 1, Abs. 3 AktG . Schon dieses Eintragungserfordernis wäre bei einem Vertrag zwischen der Gesellschaft und einem Dritten bzw. einem Gesellschafter regelmäßig nicht erfüllt.[155] Ein solcher Vertrag zwischen einer Gesellschaft und einem Dritten könnte höchstens dann satzungsändernde Wirkung haben, wenn die Hauptversammlung diesem Vertrag durch Beschluss zustimmt und der Vertrag oder zumindest die Satzung ändernden Aspekte im Sinne des § 181 AktG publik gemacht werden würden[156]. Es lässt sich also resümierend festhalten, dass eine Satzungsänderung ein formalisiertes Verfahren verlangt.

Wenn nun wieder der Blick auf die Unternehmensverträge der §§ 291, 292 AktG gerichtet wird, dann wird deutlich, dass für diese Verträge der Gesetzgeber nach §§ 293 ff. AktG ein ähnliches formalisiertes Verfahren vorsieht. Er legitimiert damit einen Eingriff in die Organisationsverfassung bzw. in die Finanzverfassung in verfahrensrechtlicher Hinsicht, indem er ein spezifisches Verfahren vorschreibt, das dem für die Satzungsänderung vorgeschriebenen Verfahren ähnlich ist.[157] Gleichzeitig beendete er den Streit zu dem § 256 AktG 1937, ob die Unternehmensverträge den Gesellschaftszweck oder den Gesellschaftsgegenstand ändern und deshalb die Regelungen über die Satzungsänderungen entsprechend anzuwenden sind.[158]

Neben den Aspekten der Kompetenz und des Verfahrens für Satzungsänderungen ist für die Aktiengesellschaft auch der Aspekt der Satzungsstrenge des § 23 Abs. 5 AktG zu berücksichtigen, der grundsätzlich zum Schutze des Rechtsverkehrs und der Handelbarkeit der Aktie die Privatautonomie bei der Satzungsgebung und Satzungsänderung einschränkt. Durch die Satzungsstrenge soll ein gewisser Grundkorpus der Aktiengesellschaft gewahrt werden, auf den der Rechtsverkehr bzw. der Aktienhandel vertrauen darf.[159] Dass dieser Grundkorpus grundsätzlich nicht durch Verträge beeinträchtigt werden darf, liegt auf der Hand. Wenn die

---

153 *K. Schmidt*, Gesellschaftsrecht, 77; *Ulmer*, FS Werner, 911, 912; *Veil*, Unternehmensverträge, 194; *Westermann*, Satzung und Nebenordnungen, 32.

154 RG, Urt. v. 29.10.1940 – VII 44/40, Z 165, 140, 143 f.; BGH, Urt. v. 04.10.1956 – II ZR 121/55, Z 21, 370, 373; *Veil*, Unternehmensverträge, 194; *Westermann*, Satzung und Nebenordnungen, 33.

155 *Veil*, Unternehmensverträge, 198.

156 *Veil*, Unternehmensverträge, 199.

157 Der Kern dieses Legitimationsgedankens lässt sich auch bei *Geßler* finden, *Geßler*, FS Hefermehl, 263, 278.

158 *Altmeppen*, MüKo-AktG, § 291, Rn. 38; *Timm*, Aktiengesellschaft, 35.

159 *Koch*, Hüffer AktG, § 23 Rn. 34; *Pentz*, MüKo-AktG, § 23 Rn. 150.

Parteien schon selbst ihre Satzung nicht ändern können, dann können sie erst Recht nicht den materiellen Gehalt der Aktiengesellschaft vertraglich zur Disposition stellen.

Gleichwohl hat der Gesetzgeber gewisse Verträge in den §§ 291, 292 AktG legitimiert, obwohl diese in die Organisations- bzw. Finanzverfassung der Gesellschaft eingreifen. Es liegt also eine inhaltliche Legitimation vor. Insofern geht *Veil* zu Recht davon aus, dass durch die Unternehmensverträge so in die Struktur der Gesellschaft eingegriffen werde, wie dieses nur durch Satzungsänderung oder nicht einmal durch eine Satzungsänderung möglich wäre.[160] Diese Legitimation lässt sich jedoch nicht – wie auch oben schon gezeigt – als einseitige Privilegierung verstehen, sondern vielmehr hat der Gesetzgeber besondere Regelungen in den §§ 293 ff. vorgesehen, die einen Interessenausgleich schaffen sollen.[161] Zu diesem Interessenausgleich gehören für alle Unternehmensverträge die schon erörterte Zustimmungspflicht der Hauptversammlung und die konstitutive Publikationspflicht im Handelsregister. Dies hat zur Folge, dass dem Rechtsverkehr publik gemacht wird, welche Unternehmensverträge bestehen und welchen Inhalt sie haben.[162] Es werden somit zum einen die Gesellschafter des Eigentümerunternehmens bei dem Abschluss und der Änderung geschützt, indem ein Beschluss der Hauptversammlung erforderlich ist, und zum anderen wird der Rechtsverkehr geschützt, indem die Unternehmensverträge publik gemacht werden. Die Regelungen über die Unternehmensverträge sind somit als Teil des Konzernrechts ein Schutzrecht, aber auch ein Organisationsrecht, das der Legitimation von Einfluss eines Unternehmens auf ein anderes dient.[163] Diesen beiden Aspekten wird in der Literatur zu Recht ein funktionaler Zusammenhang zuerkannt.[164]

Koppensteiner wendet gegenüber diesem Gedanken ein, dass es sich bei diesem Modell um einen Induktionsschluss handelt, den der Gesetzgeber nicht vorgesehen habe.[165] Die Regelungsidee, dass die Unternehmensverträge die Reduktion der Leitungszuständigkeit des Vorstands legitimiere, sei nicht erkennbar.[166] Dieser Ansicht ist entgegenzuhalten, dass der Gesetzgeber durchaus den eingreifenden Charakter in die Organisationsverfassung gesehen hat. So findet sich in der Regierungsbegründung zu dem § 292 Abs. 1 Nr. 3 AktG die Aussage, dass die Nichtigkeit für diese Verträge, obgleich sie in die Struktur der Gesellschaft eingreifen, keine angemessene Rechtsfolge sei.[167] Ebenso ist laut der Regierungsbegründung der Unternehmensvertrag ein Vertragstypus, der typischerweise die Struktur des

160 *Veil*, Unternehmensverträge, 106; ebenso *Priester*, FS Hommelhoff, 875, 883 f.
161 Vgl. *Fenzl*, Der Konzern 2006, 18, 26.
162 Zum Umfang der Publikationspflicht: *Altmeppen*, MüKo-AktG, § 292 Rn. 18 ff.
163 Vgl. *Müller*, Beherrschungsverträge, 141; *K. Schmidt*, Gesellschaftsrecht, 491 ff.; zum Schutzrechtsgedanken *Ulmer*, ZGR 1978, 457, 469.
164 Vgl. *Köhn*, Der Konzern 2011, 530, 534; *Veil*, Unternehmensverträge, 95, 228.
165 *Koppensteiner*, FS Canaris, 209, 214, 219 f.
166 *Koppensteiner*, FS Canaris, 209, 214.
167 RegBegr. bei *Kropff*, Aktiengesetz, 379.

Unternehmens ändert.[168] Es lassen sich also durchaus Indizien in den Gesetzesmaterialien erkennen, die auf eine Legitimationswirkung der Unternehmensverträge der §§ 291, 292 AktG hindeuten. Obgleich *Koppensteiner* den Ansatz von der Legitimationskraft der §§ 291 ff. AktG als unzulässige Induktion darstellt, hält er eine Analogie weiterhin für möglich.[169] So befürwortet er beispielsweise für den Unternehmensführungsvertrag die analoge Anwendung des § 292 Abs. 1 Nr. 3 AktG.[170] Bei einem Analogieschluss erfolgt, je nach dem konkreten Analogiemodell, ein Rückschluss auf die hinter der analog anzuwendenden Norm stehenden Prinzipien[171], oder es wird auf die vergleichbare Interessenlage abgestellt.[172] Obwohl *Koppensteiner* eine Vergleichbarkeit des Unternehmensführungsvertrags mit der Betriebspacht ablehnt, kommt er dennoch zu einer analogen Anwendung des § 292 Abs. 1 Nr. 3 AktG.[173] Dabei argumentiert er, dass der Unternehmensführungsvertrag in die in § 76 AktG verankerte Verantwortlichkeit des Vorstandes eingreife und man deshalb einen Hauptversammlungsbeschluss benötige.[174] Im Ergebnis begründet er also selbst die analoge Anwendung mit dem Legitimationscharakter der §§ 291 ff. AktG.

Als weiteres Argument gegen den Legitimationscharakter wendet er ein, dass der Teilbetriebspachtvertrag nicht unter § 292 Abs. 1 Nr. 3 AktG falle, obgleich dieser nach *Veils* Ansatz[175] in die Organisationsverfassung der Aktiengesellschaft eingreift.[176] Dabei nutzt *Koppensteiner* für diese Argumentation die herrschende Ansicht, dass es für § 292 Abs. 1 Nr. 3 AktG erforderlich sei, dass das gesamte Unternehmen verpachtet werde.[177] Allerdings ist diese Ansicht nicht unangefochten und in diesem Sinne zieht *Veil* konsequent den Schluss seiner Legitimationsthese und fordert auch für den Teilbetriebspachtvertrag die Anwendung des § 292 Abs. 1 Nr. 3 AktG.[178] In der Tat lassen sich in dem Gesetz oder der Gesetzesbegründung keine Anhaltspunkte finden, dass die Verpachtung des gesamten Unternehmens zwingend erforderlich ist. Der Wortlaut des § 292 Abs. 1 Nr. 3 AktG ist hier offen und lässt einen Auslegungsspielraum. Mit dem Betrieb des Unternehmens könnte auch ein konkreter Unternehmensteil gemeint sein. Die teleologische Argumentation, dass

---

168 RegBegr. bei *Kropff*, Aktiengesetz, 376.
169 *Koppensteiner*, FS Canaris, 209, 214; *ders.*, KölnKomm-AktG, § 292 Rn. 81.
170 *Koppensteiner*, KölnKomm-AktG, § 292 Rn. 81.
171 *Larenz//Canaris*, Methodenlehre, 202; *Pawlowski*, Methodenlehre, 215.
172 *Pawlowski*, Methodenlehre, 216 Rn. 481.
173 *Koppensteiner*, FS Canaris, 209, 220; *ders.*, KölnKomm-AktG, § 292 Rn. 81.
174 *Koppensteiner*, KölnKomm-AktG, § 292 Rn. 81.
175 Zu dem Eingriff in die Organisationsverfassung durch die Betriebspacht ausführlich: *Veil*, Unternehmensverträge, 126 ff.; vgl hierzu auch 3. Kapitel § 1 B IV 2 e bb; 3. Kapitel § 1 B V 2.
176 *Koppensteiner*, FS Canaris, 209, 214 f., 218.
177 *Altmeppen*, MüKo-AktG, § 292 Rn. 97; *Emmerich*, Emmerich/Habersack KommKonzR, § 292 Rn. 40; *Koch*, Hüffer AktG, § 292 Rn. 18; *Krieger*, MüHdbGes IV, § 72 Rn. 28; *Priester*, FS Hommelhoff, 875, 882.
178 Spindler/Stilz/*Veil*, AktG, § 292 Rn. 40.

die Gesellschaft nur zur Rentnergesellschaft werde, wenn das gesamte Unternehmen überlassen werde,[179] lässt sich nicht als Argumentation gegen die Legitimationsthese einwenden. Diese Argumentation beruht auf einen eigenem Ansatz, der zwar gewissermaßen, wie *Koppensteiner* aufzeigt,[180] im Widerspruch zur Legitimationsthese steht, jedoch nicht die Unrichtigkeit dieser Legitimationsthese beweist.

b) Vergleich mit der Dogmatik der Holzmüller-Doktrin des BGH

aa) Wesentliche Aussagen der Holzmüller und Gelatine Entscheidung des BGH

Eine gewisse Nähe zeigt die Legitimationsthese zu der sogenannten Holzmüller-Doktrin auf. Die Rechtsprechung begründete mit der durch die Gelatine-Entscheidung[181] weiterentwickelten, auf der Holzmüller Entscheidung beruhenden Holzmüller-Doktrin eine ungeschriebene Entscheidungskompetenz der Hauptversammlung.[182] Nach dieser Doktrin besteht ein ungeschriebener Zustimmungsvorbehalt der Hauptversammlung für grundlegende Entscheidungen, die „tief in die Mitgliedschaftsrechte der Aktionäre und deren im Anteilseigentum verkörpertes Vermögensinteresse eingreifen."[183] Quantitative oder qualitative Vorgaben für die Annahme einer solchen Entscheidungskompetenz nannte der BGH nicht.[184] In der Gelatine-Entscheidung präzisierte der BGH diese Dogmatik. Er verdeutlichte zunächst, dass eine ungeschriebene Hauptversammlungskompetenz nur in eng zu fassenden Ausnahmesituationen infrage kommt, die qualitativ in der Nähe zu einer Satzungsänderung stehen.[185] Nach diesem ist dies erst dann der Fall, wenn eine „Wesentlichkeitsschwelle" überschritten ist.[186] Dogmatisch ist die Hauptversammlungskompetenz auf eine offene Rechtsfortbildung zurückzuführen.[187] Sie begründet sich aus der faktischen Schwächung der mitgliedschaftsrechtlichen Vermögenssituation und einem drohenden Mediatisierungseffekt.[188] Liegt eine Entscheidungskompetenz

179 *Altmeppen*, MüKo-AktG, § 292 Rn. 97.
180 Vgl. *Koppensteiner*, FS Canaris, 209, 214 f.
181 BGH, Urt. v. 26.04.2004 – II ZR 155/02, NJW 2004, 1860.
182 BGH, Urt. v. 25.02.1982 – II ZR 174/80 NJW 1982, 1703.
183 BGH, Urt. v. 25.02.1982 – II ZR 174/80 NJW 1982, 1703, 1705; Spindler/Stilz/*Hoffmann*, AktG, § 119 Rn. 22; *Kubis*, MüKo-AktG, § 119 Rn. 32.
184 *Kubis*, MüKo-AktG, § 119 Rn. 32 f.
185 BGH, Urt. v. 26.04.2004 – II ZR 155/02, NJW 2004, 1860, 1864; *Fenzl*, Betriebsführungsverträge, 109; Spindler/Siltz/*Hoffmann*, AktG, § 119 Rn. 27; *Kubis*, MüKo-AktG, § 119 Rn. 34.
186 BGH, Urt. v. 26.04.2004 – II ZR 155/02, NJW 2004, 1860, 1865; Spindler/Siltz/*Hoffmann*, AktG, § 119 Rn. 34; *Kubis*, MüKo-AktG, § 119 Rn. 34.
187 BGH, Urt. v. 26.04.2004 – II ZR 155/02, NJW 2004, 1860, 1863.
188 BGH, Urt. v. 26.04.2004 – II ZR 155/02, NJW 2004, 1860, 1862 f.; *Fenzl*, Betriebsführungsverträge, 99; Spindler/Stilz/*Hoffmann*, AktG, § 119 Rn. 27.; *Kubis*, MüKo-AktG, § 119 Rn. 34.

der Hauptversammlung vor, so muss diese mit einer Dreiviertelmehrheit des vertretenen Kapitals entscheiden.[189] Die Kompetenzbeschränkung des Vorstands wirkt sich allerdings nur im Innenverhältnis aus, sodass trotz eines fehlenden Hauptversammlungsbeschlusses eine durch den Vorstand vorgenommene Handlung im Außenverhältnis wirksam ist.[190]

bb) Vereinbarkeit der Legitimationsthese mit der Holzmüller-Doktrin

Es zeigen sich zwischen der hier entwickelten Legitimationsthese und der Holzmüller-Doktrin erhebliche Unterschiede. Zwar ist auch bei einer ungeschriebenen Hauptversammlungskompetenz nach der Holzmüller-Doktrin ein qualifizierter Mehrheitsbeschluss der Hauptversammlung erforderlich; allerdings bedarf es nicht des Verfahrens nach den §§ 293a ff. AktG und dementsprechend ist beispielsweise auch keine Eintragung in das Handelsregister erforderlich.[191] Ebenso ist ein fehlender Hauptversammlungsbeschluss keine Wirksamkeitsvoraussetzung für die Handlung des Vorstands. Aus diesem Grund ist die Holzmüller-Doktrin nicht geeignet, einen Eingriff in die Organisationsverfassung oder Finanzverfassung zu legitimieren. Durch die Holzmüller-Doktrin wird kein mit einer Satzungsänderung oder einem Unternehmensvertrag nach §§ 291, 292 AktG vergleichbares Schutzniveau für die Aktionäre sowie zukünftigen Gläubiger und Aktionäre gewährleistet.[192] Sie steht damit nicht der Legitimationsthese entgegen, sondern vielmehr erfasst diese Rechtsfigur Sachverhalte, bei denen zwar nicht die Organisations- oder Finanzverfassung der Gesellschaft beeinträchtigt ist, jedoch dennoch faktisch eine Aushöhlung der Vermögensinteressen oder ein Mediatisierungseffekt droht. Dies deckt sich mit der Aussage des BGH, dass die von der Holzmüller-Doktrin erfassten Entscheidungen nahe zu einer Satzungsänderung stehen.[193] Als Beispielfälle werden hier Strukturmaßnahmen bei konzernverbundenen Tochtergesellschaften,[194] Verfügungen über wichtige Unternehmensbestandteile[195] oder der Erwerb von Beteiligungen[196] genannt. Ein Eingriff in die Organisations- oder Finanzverfassung

---

189 BGH, Urt. v. 26.04.2004 – II ZR 155/02, NJW 2004, 1860, 1864; *Fenzl*, Betriebsführungsverträge, 110; Spindler/Stilz/*Hoffmann*, AktG, § 119 Rn. 28; *Kubis*, MüKo-AktG, § 119 Rn. 34.

190 Spindler/Siltz/*Hoffmann*, AktG, § 119 Rn. 26

191 Allerdings wurde in der Vergangenheit diskutiert, ob Berichtspflichten auch bei ungeschriebenen Zustimmungserfordernissen der Hauptversammlung über andere Wege herzuleiten sind, hierzu *Fenzl*, Betriebsführungsverträge, 103.

192 Davon geht jedoch *Fenzl* aus, wenn er die Holzmüller-Doktrin zur Legitimation anwenden möchte, vgl. *Fenzl*, Betriebsführungsverträge, 104 f., 117.

193 BGH, Urt. v. 26.04.2004 – II ZR 155/02, NJW 2004, 1860, 1864.

194 Vgl. Spindler/Siltz/*Hoffmann*, AktG, § 119 Rn. 35 f.; *Kubis*, MüKo-AktG, § 119 Rn. 73 ff.

195 Vgl. Spindler/Siltz/*Hoffmann*, AktG, § 119 Rn. 31; *Kubis*, MüKo-AktG, § 119 Rn. 66 ff.

196 Vgl. *Kubis*, MüKo-AktG, § 119 Rn. 70 ff.

steht nicht nur einer Satzungsänderung faktisch nahe, sondern es liegt hier eine Überlagerung der Satzung vor. Die Holzmüller-Doktrin ist deshalb nur zu diskutieren, wenn kein legitimationsbedürftiger Eingriff in die Organisations- oder Finanzverfassung vorliegt.[197]

c) Direkte Anwendung der Regelungen der §§ 291 f. AktG auf den einflussfreien Unternehmensführungsvertrag

Für die Frage, ob die Regelungen der §§ 291 ff. AktG direkt auf den einflussfreien Unternehmensführungsvertrag anwendbar sind, ist zunächst in den Blick zu nehmen, welche Vertragstypen der Gesetzgeber durch die §§ 291 f. AktG erfasst hat.

Mit dem § 291 Abs. 1 AktG hat der Gesetzgeber den Beherrschungsvertrag, den Gewinnabführungsvertrag und den Geschäftsführungsvertrag als Unternehmensvertrag kodifiziert. Bei dem Beherrschungsvertrag unterstellt eine Gesellschaft ihre Leitung einer fremden Gesellschaft. Diese Unterstellung erfolgt durch ein Weisungsrecht des herrschenden Unternehmens, wobei dieses Weisungsrecht nicht vertraglich vereinbart werden muss, sondern es dem Beherrschungsvertrag immanent ist.[198] Der Gewinnabführungsvertrag ist dadurch gekennzeichnet, dass sich ein Unternehmen als Vertragsteil verpflichtet, seinen gesamten Gewinn an den Vertragspartner abzuführen.[199] Ein ähnliches wirtschaftliches Ergebnis bezweckt auch der Geschäftsführungsvertrag.[200] Der Unterschied besteht hier jedoch darin, dass sich ein Unternehmen verpflichtet, die gesamte wirtschaftliche Tätigkeit für Rechnung des Vertragspartners durchzuführen, anstatt den Gewinn abzuführen.[201] Die wirtschaftlichen Gewinne und Verluste fallen also in diesem Fall direkt bei dem Vertragspartner an.[202]

Durch den § 292 AktG sind der Teilgewinnabführungsvertrag, die Gewinngemeinschaft, die Betriebspacht und der Betriebsüberlassungsvertrag geregelt. Bei der Gewinngemeinschaft im Sinne des § 292 Abs. 1 Nr. 1 AktG verpflichten sich die Vertragsparteien, die Unternehmensgewinne bzw. Teile der Unternehmensgewinne zusammenzulegen, um später die so zustande gekommene Summe wieder nach einem Verteilungsschlüssel aufzuteilen[203]. Korrespondierend zu dem Gewinnabführungsvertrag im Sinne des § 291 Abs. 1 Nr. 2 AktG verpflichtet sich eine Vertragspartei bei einem Teilgewinnabführungsvertrag, einen Teil ihres Gewinnes an den Vertragspartner abzuführen.[204] Der Betriebspachtvertrag im Sinne des § 292 Abs. 1 Nr. 3 1. Alt AktG ist dadurch gekennzeichnet, dass eine Gesellschaft in

197 Vgl. *Priester*, FS Hommelhoff, 875, 880.
198 *Altmeppen*, MüKo-AktG, § 291 Rn. 38; *Veil*, Unternehmensverträge, 228.
199 *Altmeppen*, MüKo-AktG, § 291 Rn. 144; *Möhring*, NJW 1967, 1, 4.
200 *Veil*, Unternehmensverträge, 146; *Möhring*, NJW 1967, 1, 4.
201 Vgl. *Altmeppen*, MüKo-AktG, § 291 Rn. 173.
202 *Koch*, Hüffer AktG, § 302, Rn. 10.
203 *Altmeppen*, MüKo-AktG, § 292 Rn. 9.
204 *Altmeppen*, MüKo-AktG, § 292 Rn. 46.

der Rechtsform der AG oder der KGaA ihr Unternehmen an den Vertragspartner gegen Zahlung eines Entgeltes überlässt und dieser dann das Unternehmen für eigene Rechnung weiterführt. Im Fall des Betriebspachtvertrags wird die Verpächtergesellschaft quasi zu einer Rentnergesellschaft.[205] Bei dem Betriebsüberlassungsvertrag im Sinne des § 292 Abs. 1 Nr. 3 2. Alt AktG handelt es sich um eine so genannte Innenpacht. Auch hier übernimmt der Vertragspartner das Unternehmen einer AG oder KGaA gegen Zahlung eines Entgelts. Allerdings tritt hier der Übernehmer im Rechtsverkehr weiterhin im Namen des Überlassenden auf. Der Überlassende wird dann zwar nach außen verpflichtet, jedoch findet im Innenverhältnis ein Ausgleich statt, sodass im Ergebnis das Unternehmen für Rechnung des Übernehmenden geführt wird.

Hinsichtlich der Systematisierung dieser Vertragstypen wird von der Literatur vorgeschlagen, die Vertragstypen nach ihrer Wirkung auf die Verfassung der Gesellschaft abstrakt in zwei Kategorien zu untergliedern.[206] So wurde dem Beherrschungs-, dem Betriebspacht- und dem Betriebsüberlassungsvertrag die Kategorie der Leistungsstrukturverträge zugewiesen, während der Gewinngemeinschaft, dem (Teil-) Gewinnabführungsvertrag und den Geschäftsführungsverträgen die Kategorie der Finanzstrukturverträge zugewiesen wurde.[207]

Es liegt auf der Hand, dass der Hauptzweck des Unternehmensführungsvertrags nicht darin liegt, Gewinne abzuführen oder zu vergemeinschaften. Dass die Legitimationswirkung der Finanzstrukturverträge virulent werden kann bei einer unterschiedlichen Gestaltung des Entgeltes des Unternehmensführungsvertrags, wird noch an späterer Stelle zu untersuchen sein.[208] Für die Rechtfertigung des einflussfreien Unternehmensführungsvertrags spielen diese Vertragstypen zunächst keine eigenständige Rolle, da hier der Eingriff in die Organisationsverfassung und somit die Leitungsstrukturverträge im Vordergrund stehen.

Von dem Betriebspachtvertrag unterscheidet sich der Unternehmensführungsvertrag vor allem dadurch, dass der Pächter im eigenen Namen und für eigene Rechnung das Unternehmen weiter führt.[209]

Teilweise wurde in der Vergangenheit argumentiert, dass der Unternehmensführungsvertrag, unabhängig von der speziellen Fallgruppe des einflussfreien Unternehmensführungsvertrags, stets ein Betriebsüberlassungsvertrag sei.[210] Diese Ansicht vermag sich womöglich auf die historische Entwicklung des Unternehmensführungsvertrags zu berufen. In der Tat wurde Ende des 19. Jahrhunderts der

205 *Altmeppen*, MüKo-AktG, § 292 Rn. 97.
206 *Veil*, Unternehmensverträge, 179.
207 *Veil*, Unternehmensverträge, 179.
208 Hierzu 3. Kapitel § 1 C.
209 *Dörmer*, Unternehmenspacht, 15; *Fenzl*, Betriebsführungsverträge, 29.
210 *Von Brevern*, Unternehmensvertrag, 40 f.; Geßler/Hefermehl/Eckardt/Kropff/*Geßler*, AktG, § 292 Rn. 84; *Geßler*, FS Hefermehl, 263, 270; *Keller*, DB 1994, 2097, 2099; *Maser*, Betriebspacht, 16 f.; *Veit*, Unternehmensverträge, 34; *Würdinger*, Aktienrecht, 312; *Würdinger*, Großkomm-AktG, 3. Aufl., § 292 Anm. 24.

Unternehmensführungsvertrag als Betriebsüberlassungsvertrag bezeichnet.[211] Wie oben schon erörtert, zeichnet sich der Betriebsüberlassungsvertrag dadurch aus, dass der Betrieb für Rechnung des Übernehmenden geführt wird. Sowohl bei dem echten als auch bei dem unechten Unternehmensführungsvertrag ist jedoch kennzeichnend, dass das Unternehmen weiterhin für die Rechnung des Eigentümerunternehmens geführt wird.[212] Aus diesem Grunde ist der Unternehmensführungsvertrag von dem Betriebsüberlassungsvertrag abzugrenzen.[213] „Für Rechnung" bedeutet jedoch nicht, dass die Gewinne und Verluste bei dem Eigentümerunternehmen endgültig verbleiben müssen, sondern dass diese zunächst nur bei diesem anfallen.[214] So ist der Unternehmensführungsvertrag, unabhängig von der Fallgruppe des einflussfreien Unternehmensführungsvertrags, in seiner Grundform nicht als Betriebsüberlassungsvertrag zu subsumieren. Folglich ist auch die Legitimationswirkung des § 292 Abs. 1 Nr. 3 AktG für den einflussfreien Unternehmensführungsvertrag aufgrund einer direkten Anwendung nicht zu problematisieren.

Auch wird vertreten, dass es sich bei dem einflussfreien Unternehmensführungsvertrag stets um einen verdeckten Beherrschungsvertrag handelt.[215] Dabei argumentiert diese Ansicht mit der Umgehungsproblematik in dem Sinne, dass ansonsten die Vorschriften über den Beherrschungsvertrag umgangen werden könnten.[216] So sei durch den weisungsfreien Unternehmensführungsvertrag eine Situation geschaffen, bei der die Organe des Eigentümerunternehmens keine Möglichkeit mehr haben, ihre Interessen gegenüber dem Unternehmensführer durchzusetzen, und so werde letztlich das Eigentümerunternehmen im Interesse des Unternehmensführers geführt.[217]

---

211 Vgl. *Veelken*, Betriebsführungsvertrag, 15.

212 Vgl. 1. Kapitel § 4 C.

213 So auch *Abels*, Managementverträge, 25 f., 126; *Frisch*, AG 1995, 362, 363; *Geßler*, FS Hefermehl, 263, 270: *Huber*, ZHR 152 (1988),1, 3 f.; *Joachim*, DWiR 1992, 397, 399; *Koppensteiner*, KölnKomm-AktG, § 292 Rn. 80; *Köhn*, Der Konzern 2011, 530, 532 *Krieger*, MüHdbGes IV, § 72 Rn. 45; *Martinek*, Vertragstypen II, 303; *Müller*, Beherrschungsverträge, 141; *Veelken*, Betriebsführungsvertrag, 17 f.; Hopt/*Volhard*, Form, 670, 672.

214 *Veelken*, Betriebsführungsvertrag, 25.

215 *Altmeppen*, MüKo-AktG, § 292 Rn. 153; *Emmerich*, Emmerich/Habersack Komm-KonzR, § 292 Rn. 58, 60; *Herfs*, Einwirkungen, 286; *Koppensteiner*, KölnKomm-AktG, § 291 Rn. 37 ff., 40; *Köhn*, Der Konzern 2011, 530, 535; *Krieger*, MüHdbGes IV, § 72 Rn. 54; *Martens*, Wirtschaftsabhängigkeit, 29; *Mülbert*, Großkomm-AktG, 4. Aufl., § 292 Rn. 161; *Priester*, FS Hommelhoff, 875, 880; *K. Schmidt*, Gesellschaftsrecht, 502, 950; *Zöllner*, ZfA 1983, 93, 101.

216 *Emmerich*, Emmerich/Habersack Komm-KonzR, § 292 Rn. 60; hierzu ausführlich 3. Kapitel § 5.

217 *Altmeppen*, MüKo-AktG, § 292 Rn. 153; ähnlich auch *Martens*, Wirtschaftsabhängigkeit, 29: Dieser geht allerdings davon aus, dass bei treuhänderisch orientierten Unternehmensführungsverträgen Weisungsrechte ohne Weiteres ausgeschlossen werden können. Der Systematisierungsansatz *Martens* die Unternehmensverträge

Diese Ansicht übersieht jedoch, dass der Unternehmensführungsvertrag treuhänderisch geprägt ist.[218] Der Ausschluss des Weisungsrechts führt also nicht ohne Weiteres dazu, dass das Unternehmen nunmehr im Interesse des Unternehmensführers geführt wird. Schließlich gäbe es durchaus noch Möglichkeiten, das Interesse des Eigentümerunternehmens durchzusetzen. Würde beispielsweise der Unternehmensführer das Unternehmen nicht mehr im fremden, sondern im eigenen Interesse führen, so würde er gegen den Unternehmensführungsvertrag, der gerade zur Unternehmensführung im fremden Interesse verpflichtet, verstoßen, und dieses könnte beispielsweise zu einem Schadensersatzanspruch oder zu einem außerordentlichen Kündigungsrecht führen. Schon aus diesem Grund kann man nicht davon ausgehen, dass ein weisungsfreier Unternehmensführungsvertrag ein Beherrschungsvertrag ist. Schließlich ist noch darauf hinzuweisen, dass bei dem Beherrschungsvertrag die Leitungsmacht durch Weisung ausgeübt wird gem. § 308 Abs. 1 AktG. Bei dem weisungsfreien Unternehmensführungsvertrag wird das Unternehmen direkt von dem Unternehmensführer geführt. So ist eine noch größere Einflussnahme gegeben als bei einem Weisungsrecht im Sinne des § 308 Abs. 1 AktG. Es zeigt sich also, dass der weisungsfreie Unternehmensführungsvertrag und der Beherrschungsvertrag wesensverschieden sind, und der weisungsfreie Unternehmensführungsvertrag somit keinen Beherrschungsvertrag darstellt. Die Vorschriften über den Beherrschungsvertrag sind somit direkt nicht anwendbar und können folglich auch keine Legitimationswirkung für den Eingriff in die Organisationsstruktur der Aktiengesellschaft rechtfertigen. So wird zu Recht davon ausgegangen, dass der einflussfreie Unternehmensführungsvertrag nicht als Beherrschungsvertrag zu qualifizieren ist.[219]

Es lässt sich also festhalten, dass der einflussfreie Unternehmensführungsvertrag sich nicht in die vom Gesetzgeber vorgegebenen Vertragstypen einordnen lässt.

d) Legitimation des einflussfreien Unternehmensführungsvertrags durch die Kombination mit einem Beherrschungsvertrag

Jedoch wird von Teilen der Literatur dann die Zulässigkeit des einflussfreien Unternehmensführungsvertrags bejaht, wenn dieser in Verbindung mit einem Beherrschungsvertrag abgeschlossen wird.[220] Dabei sind zwei Konstellationen denkbar: Zum einen kann die herrschende Gesellschaft als Unternehmensführer auftreten. In diesem Fall wird der Einfluss des herrschenden Unternehmens gewissermaßen

---

nach dem Kriterium der Abhängigkeit und der damit verbundenen Unterteilung in Verträge verbundspolitischer und treuhänderischer Art zu differenzieren, wurde jedoch abgelehnt, vgl. hierzu 3. Kapitel § 1 B IV 2 a.

218 1. Kapitel § 5 B I 1 b dd.

219 Vgl. *Müller*, Beherrschungsverträge, 147; *Veil*, Unternehmensverträge, 296; siehe hierzu auch 3. Kapitel § 1 B IV 2 c.

220 *Huber*, ZHR 152 (1988), 1, 26; Spindler/Stilz/*Veil*, AktG, § 292 Rn. 58; *Veil*, Unternehmensverträge, 296.

intensiviert.[221] Dieser Kombination wird durch die Literatur eine erhebliche Praxisrelevanz zugesprochen.[222] Anstatt den Einfluss über ein Weisungsrecht auszuüben, führt die herrschende Gesellschaft das beherrschte Unternehmen selbst.

Die andere denkbare Konstellation ist, dass die beherrschte Gesellschaft als Unternehmensführer auftritt. Diese Konstellation ist zwar denkbar, allerdings hat sie im Hinblick auf den einflussfreien Unternehmensführungsvertrag praktisch wenig Relevanz. In diesem Fall hätte das Eigentümerunternehmen aufgrund des Beherrschungsvertrags ein Weisungsrecht gegenüber der unternehmensführenden Gesellschaft und auf der anderen Seite wären jedoch die Einflussmöglichkeiten des Eigentümerunternehmens aus dem Unternehmensführungsvertrag ausgeschlossen. Entsprechend wird im Folgenden der Fokus auf die Kombination des einflussfreien Unternehmensführungsvertrags in Verbindung mit einem Beherrschungsvertrag, bei dem der Unternehmensführer zugleich die herrschende Gesellschaft darstellt, gelegt werden. Die Frage ist, ob solch eine Kombination geeignet ist, den Eingriff in die Organisationsverfassung des Eigentümerunternehmens zu legitimieren.

Festzuhalten ist, dass die verschiedenen Unternehmensverträge nicht typengemischt oder in einem Stufenverhältnis ineinander enthalten sein dürfen.[223] Grund hierfür ist, dass durch das Eintragungserfordernis in das Handelsregister den Teilnehmern des Rechtsverkehrs ohne größere Recherche deutlich gemacht werden soll, was für ein Unternehmensvertrag besteht, und dies wäre gefährdet, wenn typengemischte Unternehmensverträge zulässig wären.[224] Allerdings können die Unternehmensverträge isoliert nebeneinander mit einem eigenständigen Inhalt bestehen.[225] Hier steht jedoch die Besonderheit im Raum, dass der einflussfreie Unternehmensführungsvertrag nach der oben vertretenen Ansicht nur neben dem Beherrschungsvertrag bestehen kann. Insofern kann schon daran gezweifelt werden, ob die Verträge überhaupt isoliert nebeneinander bestehen, wie es zum Schutz des Rechtsverkehrs gefordert wird.

Der Ansicht, die einen einflussfreien Unternehmensführungsvertrag in Kombination mit einem Beherrschungsvertrag für zulässig erachtet, muss jedoch auch entgegen gehalten werden, dass die Legitimationswirkung der §§ 291 ff. AktG auf einen konkreten Vertrag beschränkt ist. Die §§ 291 ff. AktG haben zwar einerseits eine Legitimationswirkung, auf der anderen Seite wird durch besondere Schutzvorschriften ein Interessensausgleich gewährleistet. Zu den Schutzvorschriften gehört auch die Zustimmungspflicht der Hauptversammlung, obgleich durch die Zustimmungspflicht ebenfalls eine gewisse formale Legitimation gewährleistet wird. Würde man nun mit einem Unternehmensvertrag auch die Legitimation eines anderen

221 So auch *Veelken*, Betriebsführungsvertrag, 197.
222 *Veelken*, Betriebsführungsvertrag, 197 f., allerdings geht dieser nicht explizit von einem einflussfreien Unternehmensführungsvertrag aus.
223 *Veelken*, Betriebsführungsvertrag, 197; *Veil*, Unternehmensverträge, 209 f.
224 *Ballerstedt*, ZHR 137 (1973), 388, 390; *Exner*, Beherrschungsvertrag, 89 f.; *Veil*, Unternehmensverträge, 211.
225 *Veelken*, Betriebsführungsvertrag, 197; *Veil*, Unternehmensverträge, 209.

Vertrags, der in die Verfassung der Gesellschaft eingreift, erreichen, dann käme es zu einer Art mittelbaren Legitimation, die das Gesetz nicht vorsieht. Im Gegenteil spricht der Wortlaut des § 293 Abs. 1 AktG von einem Unternehmensvertrag. Auch der Wortlaut des § 293a AktG ist bezüglich des Entscheidungsgegenstands – sprich des Unternehmensvertrags – im Singular gefasst. In teleologischer Hinsicht bezwecken die Regelungen der §§ 293a ff. AktG, dass die Teilnehmer der Hauptversammlung möglichst umfassend über den Unternehmensvertrag informiert sind, um so eine valide Entscheidung zu treffen.[226] Hätte die Entscheidung zur Grundlage, dass ebenfalls mittelbar ein anderer Vertrag legitimiert werden solle, dann müsste dieser Vertrag auch zur Grundlage der Entscheidung gemacht werden. Dies hätte zur Folge, dass der Informationsumfang sich erheblich erhöhen würde, sodass in diesem Fall an einer validen Grundlage für eine Entscheidung gezweifelt werden kann. Auch würde sich dann die Frage stellen, ob der neben dem Beherrschungsvertrag bestehende Unternehmensführungsvertrag seinerseits einen Hauptversammlungsbeschluss erfordere. Dies ist nicht unproblematisch, da, wie oben schon gezeigt wurde, der einflussfreie Unternehmensführungsvertrag keinen gesetzlich erfassten Vertragstypus darstellt.

Aber auch materielle Gründe sprechen gegen die Legitimation eines einflusslosen Unternehmensführungsvertrags in Verbindung mit einem Beherrschungsvertrag. Das Aktiengesetz sieht in den §§ 308 ff. AktG vor, dass die Herrschaft aufgrund eines Beherrschungsvertrags durch Weisung ausgeübt wird.[227] Dabei ist dieses Weisungsrecht jedoch nicht unbegrenzt. Es findet seine Grenzen in dem Umfang der Leitungskompetenzen des Vorstands der beherrschten Gesellschaft.[228] Darüber hinausgehend sind die Grenzen des Weisungsrechts des herrschenden Unternehmens im Einzelfall umstritten.[229] Die Parteien können jedenfalls über diese Grenzen hinaus die Leitungsmacht durch zusätzliche Befugnisse nicht verstärken.[230] In diesem Sinne deutet ein Passus in der allgemeinen Begründung zum Regierungsentwurf zum Aktiengesetz. So solle „(...) *die stärkste Form*[231] wirtschaftlicher Konzentration, wie sie die vertragliche Unterstellung einer Gesellschaft unter die Leitung eines anderen Unternehmens, der Abschluss eines Gewinnabführungsvertrages (...), der alleinigen Entscheidung des Vorstandes entzogen und der Zustimmung der Hauptversammlung mit qualifizierter Mehrheit unterworfen werden."[232] Zwar hat hier der Gesetzgeber den Beherrschungsvertrag, anders als den Gewinnabführungsvertrag,

---

226 Vgl. *Altmeppen*, MüKo-AktG, § 293a Rn. 37.

227 *K. Schmidt*, Gesellschaftsrecht, 950.

228 *Altmeppen*, MüKo-AktG, § 291 Rn. 82.

229 Hierzu *Ballerstedt*, ZHR 137 (1973), 388, 399 f.; Hölters/*Deilmann*, AktG, § 291 Rn. 20; *Veil*, Spindler/Stilz/*Veil*, AktG, § 291 Rn. 17 ff.; *Veil*, Unternehmensverträge, 5 ff.

230 RegBegr. bei *Kropff*, Aktiengesetz, 403; *Veil*, Unternehmensverträge, 12; a. A. *Huber*, ZHR 152 (1988), 123, 128 ff.

231 Hervorgehoben durch den Verfasser.

232 RegBegr. bei *Kropff*, Aktiengesetz, 16 f.

nicht ausdrücklich genannt. Er hat ihn jedoch zum einen umschrieben, und zum anderen lässt sich aus den Tatsachen, dass der Gesetzgeber letztendlich gerade den Beherrschungsvertrag als Typus in § 291 Abs. 1 S. 1 AktG kodifiziert hat und die Umschreibung in einem Atemzug mit dem Gewinnabführungsvertrag genannt wurde, schließen, dass der Beherrschungsvertrag gemeint ist. Mit diesem Ergebnis kann dann davon ausgegangen werden, dass der Gesetzgeber gerade mit dem Beherrschungsvertrag und dem Gewinnabführungsvertrag die mögliche Grenze einer vertraglichen Maximalherrschaft aufgezeigt hat. Und diese Herrschaft ist vom Gesetzgeber grundsätzlich durch ein Weisungsrecht ausgestaltet, und nicht durch eine direkte Einflussnahme des herrschenden Unternehmens. Allerdings wird in der Literatur argumentiert, dass das Weisungsrecht nicht das alleinige Mittel der Unterstellung einer Gesellschaft sei, da § 291 Abs. 1 AktG die Weisung nicht ausdrücklich nennt.[233] Als Beleg hierfür wird auf Untersuchungen zur Reform des Konzernrechts verwiesen. Zwar wird in dieser Fundstelle klargestellt, dass der Einfluss nicht zwingend durch eine Weisung ausgeübt werden müsse, indes werden noch andere Einflussmöglichkeiten betont.[234] Allerdings gehen diese genannten Einflussmöglichkeiten qualitativ nicht über ein Weisungsrecht hinaus und deshalb kann nicht ohne Weiteres geschlussfolgert werden, dass der Gesetzgeber vertragliche Herrschaftsmöglichkeiten vorgesehen hat, die über das Weisungsrecht hinausgehen. Die Ausgestaltung des Beherrschungsvertrags mit einem Weisungsrecht hat durchaus auch einen funktionalen Charakter, da dieser Ausgestaltung ein Kontrollcharakter zukommen kann, indem der angewiesene Vorstand prüft, ob die konkrete Weisung sich innerhalb der Grenzen des Weisungsrechts bewegt.[235]

Ein weisungsfreier Unternehmensführungsvertrag mit dem herrschenden Unternehmen als Unternehmensführer hätte allerdings die direkte ungehinderte Einflussnahme des herrschenden Unternehmens als faktische Konsequenz. Eine solche Kombination würde mithin eine höhere Qualität der Beherrschung herbeiführen, für die der Gesetzgeber kein Legitimationsverfahren in den §§ 291 ff. AktG vorgesehen hat. So wird zutreffend davon ausgegangen, dass der Beherrschungsvertrag nicht nur Macht begründe, sondern sie auch begrenze.[236] Diese Grenzen könnten gerade durch einen weisungsfreien Unternehmensführungsvertrag unterlaufen werden, wenn das herrschende Unternehmen als Unternehmensführer ohne Einflussmöglichkeiten aus dem Unternehmensführungsvertrag das Eigentümerunternehmen als beherrschtes Unternehmen führt. Die Einflussmöglichkeit des herrschenden Unternehmens durch einen weisungsfreien Unternehmensführungsvertrag wäre dann

233 *Altmeppen*, MüKo-AktG, § 291 Rn. 54.

234 So wird auf den Einfluss durch Unterhaltungen, Ratschläge, Erwägungen oder Anregungen hingewiesen: *Altmeppen*, MüKo-AktG, § 291 Rn. 54 Fn. 125; vgl. hierzu auch *Müller*, Beherrschungsverträge, 32.

235 Vgl. *K. Schmidt*, Gesellschaftsrecht, 952; *Huber*, ZHR 152 (1988), 123, 131 f.

236 *K. Schmidt*, Gesellschaftsrecht, 953; a. A. *Huber*, ZHR 152 (1988), 123, 128.

in dem Maße erhöht, wie es ein schlichter Beherrschungsvertrag nicht vorsieht.[237] Auch aus diesem Grund ist die Legitimation eines einflussfreien Unternehmensführungsvertrags durch eine Kombination mit einem Beherrschungsvertrag zu verneinen.

So geht auch die Argumentation *Hubers* fehl, dass durch einen Beherrschungsvertrag das Weisungsrecht des beherrschten Eigentümerunternehmens gegenüber dem Unternehmensführer kraft Natur der Sache ausgeschlossen sei, weil der Unternehmensführer dem Eigentümerunternehmen die Anweisung erteilen könnte, sein Weisungsrecht nicht auszuüben.[238] Sofern der herrschende Unternehmensführer mit seiner Weisung an das beherrschte Eigentümerunternehmen, sein Weisungsrecht aus dem Unternehmensführungsvertrag nicht auszuüben, die Grenzen des beherrschungsvertraglichen Weisungsrechts überschreitet, ist das beherrschte Eigentümerunternehmen nicht verpflichtet dieser Weisung Folge zu leisten.[239]

Hinzuweisen ist in diesem Zuge auf eine ähnliche Diskussion. So wird diskutiert, ob ein Beherrschungsvertrag möglich ist, der anstatt eines Weisungsrechts eine generelle Vollmacht des beherrschten Unternehmens zugunsten des herrschenden Unternehmens vorsieht. Nach wohl überwiegender Ansicht wird dies ebenfalls verneint.[240] Dabei wird auch bei dieser Fallkonstellation mit der Kontrollfunktion des Vorstands der abhängigen Gesellschaft argumentiert und festgehalten, dass durch eine generelle Vollmacht das herrschende Unternehmen unmittelbar Maßnahmen für und gegen das beherrschte Unternehmen vornehmen könnte.[241] Nur vereinzelt wird eine solch umfassende Vollmacht für unbedenklich erachtet.[242] Selbst diese Ansicht geht jedoch davon aus, dass das Kontrollrecht zumindest durch interne Zustimmungsvorbehalte gewahrt sein müsse.[243] Diese Argumentation lässt sich unmittelbar auf die Frage, ob ein weisungsfreier Unternehmensführungsvertrag in Verbindung mit einem Beherrschungsvertrag zulässig ist, übertragen. Wenn es schon unzulässig ist, dem herrschenden Unternehmen eine Generalvollmacht zu erteilen und ihm somit die unmittelbare Unternehmensführung zu gewähren, dann muss es auch unzulässig sein, ein ähnliches Ergebnis über einen weisungsfreien Unternehmensführungsvertrag zu erzielen.

---

237 A. A. wohl *Veelken*, Betriebsführungsvertrag, 24 f., da nach diesem die Ziele des Beherrschungsvertrags auch erreicht werden können, indem der Unternehmensführer von Weisungsrechten des Eigentümerunternehmens freigestellt wird.
238 *Huber*, ZHR 152 (1988), 1, 26.
239 Vgl. *Altmeppen*, MüKo-AktG, § 308 Rn. 140.
240 *Berkenbrock*, AG 1981, 69, 70; *Emmerich*, Emmerich/Habersack Komm-KonzR, § 308 Rn. 32; *Exner*, Beherrschungsvertrag, 128 ff.; *Koch*, Hüffer AktG, § 308 Rn. 9; *Koppensteiner*, KölnKomm-AktG, § 308 Rn. 24; *Krieger*, MüHdbGes IV, § 70 Rn. 154; *Müller*, Beherrschungsverträge, 40 f.
241 *Exner*, Beherrschungsvertrag, 129; *Müller*, Beherrschungsverträge, 40.
242 *Altmeppen*, MüKo-AktG, § 308 Rn. 23.
243 *Altmeppen*, MüKo-AktG, § 308 Rn. 28.

e) Analoge Anwendung der Regelungen der §§ 291 f. AktG auf den einflussfreien Unternehmensführungsvertrag

aa) Planwidrige Regelungslücke

Letztendlich ist zu prüfen, ob der einflussfreie Unternehmensführungsvertrag durch eine Analogie zu einem Unternehmensvertragstypus legitimiert werden kann. Dafür bedarf es neben einer vergleichbaren Interessenlage auch einer planwidrigen Regelungslücke. Problematisch ist mit besonderem Hinblick auf die planwidrige Regelungslücke, dass in der Literatur in großem Umfang vertreten wird, dass die Unternehmensverträge in den §§ 291, 292 AktG abschließend seien.[244] Für diese Ansicht wird argumentiert, dass der Gesetzgeber eine enumerative Aufzählung von Vertragstypen vorgesehen habe und keine abstrakte Norm, die offen sei für ein breites Anwendungsfeld.[245] Diese enumerative Aufzählung biete ein klares Profil, welche Verträge der Gesetzgeber als Unternehmensverträge anerkannt habe.[246] So lässt sich hier auf eine parallele Argumentation von *Würdinger* und *Geßler* zu der Frage, ob im Rahmen der Unternehmensverträge Privatautonomie bestehe, hinweisen. Diese betonten, dass es im Rahmen des § 291 AktG keine Gestaltungsfreiheit gebe, weil ein solcher Vertrag satzungsändernden Charakter habe und § 23 Abs. 5 AktG die Privatautonomie einschränke.[247]

Nach der Gegenauffassung liege in den §§ 291, 292 AktG kein Numerus Clausus der Unternehmensverträge vor.[248] So führt diese Ansicht an, dass der Gesetzgeber mit den Vorschriften der §§ 291, 292 AktG einen Versuch unternommen habe, einige Unternehmensverträge exemplarisch, jedoch nicht abschließend zu erfassen.[249] Zutreffend wird angemerkt, dass die Vertreter des Numerus Clausus Gedanken ihre Ansicht selbst nicht durchhalten,[250] sondern auch atypische bzw. gefährliche Verträge durch eine extensive Auslegung der §§ 291, 292 AktG subsumieren wollen.[251] So passt es nicht zusammen, wenn beispielsweise einerseits von einer analogen

---

244 *Altmeppen*, MüKo-AktG, § 291 Rn. 40; *Ballerstedt*, ZHR 137 (1973), 388, 392 *von Brevern*, Unternehmensvertrag, 4 f.; *Havermann*, Wpg 1966, 90; wohl auch *Kley*, Beendigung, 21; *Krieger*, MüHdbGes IV, § 72 Rn. 4, Rn 27; *Maser*, Betriebspacht, 16; *Mülbert*, Großkomm-AktG, 4. Aufl., § 292 Rn. 157.

245 *von Brevern*, Unternehmensvertrag, 5.

246 *von Brevern*, Unternehmensvertrag, 4 f.

247 Geßler/Hefermehl/Eckardt/Kropff/*Geßler*, AktG, § 291 Rn. 24; *Würdinger*, Großkomm-AktG, 3. Aufl., § 291 Anm. 13

248 *Bachmayr*, BB 1967, 135, 137; *Koppensteiner*, KölnKomm-AktG, Vor. § 291 Rn. 162; *Martens*, Wirtschafsabhängigkeit, 25 ff.; *Möhring*, NJW 1967, 1, 4; *Raiser/Veil*, RdK, § 57 Rn. 4; *Veil*, Unternehmensverträge, 227.

249 *Bachmayr*, BB 1967, 135, 137; *Raiser/Veil*, RdK, § 57 Rn. 4; *Veil*, Unternehmensverträge, 227 f.

250 *Koppensteiner*, KölnKomm-AktG, Vor § 291 Rn. 162; *Veil*, Unternehmensverträge, 225.

251 So Beispielsweise *Altmeppen*, MüKo-AktG, § 291 Rn. 41: *Weißmüller*, BB 2000, 1949, 1950.

Anwendung des § 292 Abs. 1 Nr. 3 AktG auf den Unternehmensführungsvertrag ausgegangen wird,[252] während zuvor noch ein Numerus Clausus der Unternehmensverträge befürwortet wurde.[253] Diese Inkonsequenz werde dann versucht argumentativ zu lösen, indem diese Verträge als atypische Verträge gekennzeichnet werden, die durch eine extensive Auslegung der Regelungen über die Unternehmensverträge zu erfassen seien.[254] Abgesehen von der Inkonsequenz, die von den Befürwortern des Numerus Clausus der Unternehmensverträge gezeigt wird, spreche auch für die grundsätzliche Analogieoffenheit der Regelungen der §§ 291, 292 AktG eine normative Offenheit und der geringe Regelungsgehalt.[255] Schließlich könne nicht davon ausgegangen werden, dass der Gesetzgeber einen Überblick über alle relevanten Vertragsgestaltungen hatte, sodass er mit den Regelungen der §§ 291 ff. AktG abschließend eine Wertung getroffen habe.[256]

Für dieses Ergebnis spricht auch der oben schon zitierte Passus aus der allgemeinen Begründung zum Regierungsentwurf des Aktiengesetzes. So heißt es in der Begründung: „(...) die stärksten Formen wirtschaftlicher Konzentration, wie sie die vertragliche Unterstellung einer Gesellschaft unter die Leitung eines anderen Unternehmens, der Abschluss eines Gewinnabführungsvertrages *und verwandte Arten der vertraglichen Unternehmensverflechtung*[257] darstellen, (...).“[258] Um die für eine Analogie erforderliche vergleichbare Interessenlage im Einzelfall zu bestimmten, wird von *Martens* vorgeschlagen, die Gleichwertigkeit der Verträge im Sinne der §§ 291 f. AktG unter Einbeziehung der Schutzinteressen des wirtschaftlich abhängigen Unternehmens und der an diesem Unternehmen beteiligten Personengruppen zu vergleichen, indem auch die Eingriffsintensität des abhängigkeitsbegründenden Vertrags auf den Status und die Entscheidungssituation der abhängigen Gesellschaft untersucht wird.[259] Zwar tendiert *Koppensteiner* auch gegen einen Numerus Clausus der Unternehmensverträge, dennoch erhebt er aus Rechtssicherheitsgründen Bedenken.[260] Der Inhalt von Unternehmensverträgen müsse so klar sein, dass eine konkrete Zuordnung zweifelsfrei möglich ist.[261] Entscheidend sei bei der Beurteilung die wirtschaftliche und organisationsrechtliche Vergleichbarkeit mit den von dem Gesetzgeber vorgegebenen Unternehmensverträgen.[262] *Veil* greift die Bedenken von *Martens* und *Koppensteiner* auf, indem er anmahnt, dass bei der Frage der

---

252 *Altmeppen*, MüKo-AktG, § 292 Rn. 149; *Krieger*, MüHdbGes IV, § 72 Rn. 46.
253 *Altmeppen*, MüKo-AktG, § 291 Rn. 40; *Krieger*, MüHdbGes IV, § 72 Rn. 4.
254 *Veil*, Unternehmensverträge, 225, mit zutreffenden Verweis auf die Argumentation von: *Altmeppen*, MüKo-AktG, § 291 Rn. 41.
255 *Martens*, Wirtschaftsabhängigkeit, 25.
256 *Raiser/Veil*, RdK, § 57 Rn. 4.
257 Hervorgehoben durch den Verfasser.
258 RegBegr. bei *Kropff*, Aktiengesetz, 16 f.
259 *Martens*, Wirtschaftsabhängigkeit, 25 ff.
260 *Koppensteiner*, KölnKomm-AktG, Vor § 291 Rn. 162.
261 *Koppensteiner*, KölnKomm-AktG, Vor § 291 Rn. 163.
262 *Koppensteiner*, KölnKomm-AktG, Vor § 291 Rn. 162.

vergleichbaren Interessenlage der Zweck der Regelungen der §§ 291 f. AktG in den Vordergrund treten müsse.[263] Dabei bestehe der wesentliche Regelungszweck – wie bereits angedeutet – darin, Verträge, die an sich gegen die Organisationsverfassung oder gegen die Finanzverfassung der Aktiengesellschaft verstoßen würden und dementsprechend nichtig wären, unter den im Gesetz vorgeschriebenen Regelungen doch zuzulassen und im Gegenzug die Sicherungsmechanismen anzuwenden.[264]

bb) Vergleichbare Interessenlage

Nun wird vielfach in der Literatur davon ausgegangen, dass der Unternehmensführungsvertrag analog zu der Betriebspacht und dem Betriebsüberlassungsvertrag zu behandeln sei und dementsprechend hier der § 292 Abs. 1 Nr. 3 AktG analog anzuwenden sei.[265] Dabei wird allerdings oftmals nicht deutlich, von was für einem Unternehmensführungsvertrag ausgegangen und wie die Analogie begründet wird.[266]

Im Folgenden wird deshalb speziell die Interessenlage des Betriebspacht- und des Betriebsüberlassungsvertrags mit dem einflussfreien Unternehmensführungsvertrag verglichen. Es ist zu fragen, ob der Eingriff in die Organisationsstruktur ähnlicher Natur ist und ob die durch das Gesetz für den Betriebspacht- und Betriebsüberlassungsvertrag vorgesehenen Kompensationsmechanismen auch für den weisungsfreien Unternehmensführungsvertrag ausreichend sind. *Koppensteiner* lehnte jüngst den Ansatz, für die Ermittlung der vergleichbaren Interessenlage auf die vergleichbare Eingriffsintensität abzustellen, ab.[267] Stattdessen vergleicht er den Vertragszweck der Betriebspacht und des Unternehmensführungsvertrags und kommt zu dem Ergebnis, dass diese Vertragstypen nicht vergleichbar seien, da das Eigentümerunternehmen nicht zur Rentnergesellschaft werde.[268] Dennoch sei der Unternehmensführungsvertrag als Unternehmensvertrag zu kennzeichnen.[269] Eine dogmatische Begründung für dieses Ergebnis bleibt jedoch offen. Stattdessen vertritt er die unzutreffende Auffassung, dass die Legitimationsthese abzulehnen sei.[270]

Wie oben schon erläutert, wird durch die Betriebspacht und den Betriebsüberlassungsvertrag das Unternehmen als Rechtsobjekt gegen Zahlung eines Entgelts an

---

263 *Veil*, Unternehmensverträge, 228.

264 *Veil*, Unternehmensverträge, 228 ff.; vgl. zum Legitimationszweck der §§ 291 f. AktG und der damit verbundenen Kompensation durch Schutzvorschriften 3. Kapitel § 1 B IV 2 a.

265 *Altmeppen*, MüKo-AktG, § 292 Rn. 149; *Koppensteiner*, KölnKomm-AktG, § 292 Rn. 81; *Krieger*, MüHdbGes IV, § 72, Rn. 46.

266 Vgl. *Koppensteiner*, KölnKomm-AktG, § 292 Rn. 81; *Krieger*, MüHdbGes IV, § 72 Rn. 46.

267 *Koppensteiner*, FS Canaris, 209, 219 f.; im Anschluss *Mülbert*, Großkomm-AktG, 4. Aufl., § 292 Rn. 153.

268 *Koppensteiner*, FS Canaris, 209, 220; *Mülbert*, Großkomm-AktG, 4. Aufl., § 292 Rn. 153, Rn. 156.

269 *Koppensteiner*, FS Canaris, 209, 220.

270 *Koppensteiner*, FS Canaris, 209, 214 f., 219 f.; hierzu auch 3. Kapitel § 1 B IV 2 a.

den Vertragspartner überlassen und dieser führt dann das Unternehmen im eigenen bzw. für den Betriebsüberlassungsvertrag im fremden Namen auf eigene Rechnung. Teilweise wird vertreten, dass der Betriebspacht- und Betriebsüberlassungsvertrag nicht in die Organisationsverfassung der verpachtenden Gesellschaft eingreifen.[271] Dabei wird auf den Wortlaut des § 292 Abs. 1 Nr. 3 AktG abgestellt und aus diesem geschlossen, dass das Unternehmen doch nur seinen Betrieb überlasse und das Unternehmen als Rechtssubjekt unberührt bliebe.[272] Die Gesellschaft sei also weiterhin in der Lage, in vollem Umfang die Unternehmenspolitik zu gestalten.[273] Nach anderer Ansicht liege sehr wohl ein Eingriff in die Organisationsverfassung vor, da durch den Betriebspacht- und Betriebsüberlassungsvertrag der Verpächter einen Teil seiner Leitungskompetenz verliere.[274] Zutreffend wird vorgetragen, dass es nicht eindeutig sei, ob der Gesetzgeber den Begriff des Betriebs hier als organisatorisch verselbstständigten, einem arbeitstechnischen Zweck dienenden Teil des Unternehmens sieht.[275] Zu erinnern ist hier an die komplexe Begriffsbestimmung des Betriebs- und Unternehmensbegriffs.[276] In diesem Sinne wird verbreitet vertreten, dass der Vertragsgegenstand der in § 292 Abs. 1 Nr. 3 AktG genannten Verträge grundsätzlich das Unternehmen als Rechtsobjekt darstelle.[277] So wird der Begriff des Betriebs teilweise als unglückliche Formulierung angesehen.[278] Gegenstand der Betriebspacht und des Betriebsüberlassungsvertrags ist also nicht nur der Betrieb als eine dem arbeitstechnischen Zweck dienende Produktions- und Organisationseinheit.

Ausgehend von dieser Prämisse wird vorgetragen, dass die Leitungskompetenz des Vorstands bei der Betriebspacht und dem Betriebsüberlassungsvertrag ausgehöhlt wird, da nun der Pächter die Leitung des Unternehmens übernimmt.[279] Nun könnte eingewendet werden, dass der Pächter bzw. das übernehmende

---

271 *Altmeppen*, MüKo-AktG, § 292 Rn. 6; Geßler/Hefermehl/Eckardt/Kropff/*Geßler*, AktG § 292 Rn. 4; *Veit*, Unternehmensverträge, 34, der allerdings unspezifisch andeutet, dass in die Struktur der verpachteten Gesellschaft eingegriffen werde ohne die Stellung der Organe zu beeinträchtigen.

272 *Altmeppen*, MüKo-AktG, § 292 Rn. 98; Geßler/Hefermehl/Eckardt/Kropff/*Geßler*, AktG, § 292 Rn. 58 f.; *ders.*, FS Ballerstedt, 219, 228; *ders.*, FS Hefermehl, 263, 270; *Veit*, Unternehmensverträge, 34.

273 *Altmeppen*, MüKo-AktG, § 292 Rn. 7; Geßler/Hefermehl/Eckardt/Kropff/*Geßler*, AktG, § 292 Rn. 4, Rn. 59.

274 *Hommelhoff*, Konzernleitungspflicht, 227 ff.; *Köhn*, Der Konzern 2011, 530, 533; vgl. *Mülbert*, Unternehmensgruppe, 170. f.; *Oesterreich*, Betriebsüberlassung, 64; *Veil*, Unternehmensverträge, 130 ff.; krit. hinsichtlich der pauschalen Einordnung *Fenzl*, Der Konzern 2006, 18, 27.

275 *Veil*, Unternehmensverträge, 132.

276 Vgl. 1. Kapitel § 2.

277 *Dörmer*, Unternehmenspacht, 123; vgl. *Oesterreich*, Betriebsüberlassung, 49 ff.; *Veil*, Unternehmensverträge, 132 f.

278 *Dörmer*, Unternehmenspacht, 123; *Oesterreich*, Betriebsüberlassung, 50 f.

279 *Oesterreich*, Betriebsüberlassung, 64; *Veil*, Unternehmensverträge, 133.

Unternehmen mit der Unternehmensführung des fremden Unternehmens für eigene Rechnung prinzipiell nur Entscheidungen trifft in eigenen Angelegenheiten und keine Entscheidungen, die die Verpächterin berühren. Allerdings würde diese Ansicht übersehen, dass bei der Betriebspacht dem Pächter auch die Kompetenz zukommt, über wesentliche Erhaltungs- und Erweiterungsmaßnahmen, die an sich in den Zuständigkeitsbereich des Verpächters fallen, zu entscheiden.[280] Dem Verpächter kommen insofern nur Kontrollrechte zu.[281] Die Interessen des Verpächters werden hier durch Zustimmungsvorbehalte gewahrt.[282] Er hat jedoch keinen primärrechtlichen Anspruch auf eine konkrete Geschäftsführungsmaßnahme.[283] So kann der Verpächter bzw. der Unternehmensüberlasser keine eigenständigen Entscheidungen mehr treffen, sondern höchstens fremde Entscheidungen blockieren.[284] Dies gilt unabhängig davon, ob dieses Ergebnis in Anlehnung über die Landpacht[285] oder durch die Auslegung des Vertrags gefunden wird.[286] Folglich ist in diesem Bereich der Vorstand der Verpächterin/des Unternehmensüberlassers durch den Betriebspacht- bzw. Betriebsüberlassungsvertrag in seiner Leitungskompetenz im Sinne des § 76 Abs. 1 AktG beschränkt und dementsprechend liegt ein Eingriff in die Organisationsverfassung vor.[287] Dieser wird dann wiederum durch den § 292 Abs. 1 Nr. 3 AktG legitimiert und als Kompensation ist das besondere Zustimmungsverfahren der Hauptversammlung nach den §§ 293 ff. AktG erforderlich. Von der Eingriffsintensität lassen sich der Betriebspacht- und der Betriebsüberlassungsvertrag also so beschreiben, dass der Vorstand bezüglich wesentlicher Erweiterungs- und Erhaltungsentscheidungen, die an sich trotz der Betriebspacht weiterhin in die Rechtssphäre des Verpächters fallen, keine Entscheidungskompetenz mehr besitzt, sondern nur noch Einflussmöglichkeiten über Zustimmungsvorbehalte. Selbst diese Einflussmöglichkeit ist bei dem einflussfreien Unternehmensführungsvertrag nicht gegeben. Die Intensität der Beeinträchtigung ist also bei diesem Idealtypus von Unternehmensvertrag ungleich höher. Es kann also keine Legitimationswirkung aus § 292 Abs. 1 Nr. 3 AktG analog hergeleitet werden, da keine vergleichbare Interessenlage zwischen dem einflussfreien Unternehmensführungsvertrag und der Betriebspacht bzw. des Betriebsüberlassungsvertrags gegeben ist.

Damit bleibt zu fragen, ob hier eine Analogie zu dem Beherrschungsvertrag hergeleitet werden kann, sodass sich aus diesem eine Legitimationswirkung für

---

280 *Dörmer*, Unternehmenspacht, 25 f.; *Fenzl*, Der Konzern 2006, 18, 22: *Veil*, Unternehmensverträge, 131.
281 *Dörmer*, Unternehmenspacht, 26.
282 *Fenzl*, Der Konzern 2008, 18, 23; *Veil*, Unternehmensverträge, 131.
283 *Dörmer*, Unternehmenspacht, 318.
284 *Veil*, Unternehmensverträge, 131.
285 Vgl. *Veil*, Unternehmensverträge, 128 ff.
286 Vgl. hierzu *Dörmer*, Unternehmenspacht, 121 ff.
287 *Martens*, Wirtschaftsabhängigkeit, 30; *Mülbert*, Unternehmensgruppe, 171; *Oesterreich*, Betriebsüberlassung, 64 f.; *Veil*, Unternehmensverträge, 131, 134; a. A. *Dörmer*, Unternehmenspacht, 127 f.

den einflussfreien Unternehmensführungsvertrag ergibt. Auch hierfür bedarf es zunächst einer vergleichbaren Interessenlage, die sich aus einer vergleichbaren Eingriffsintensität in die Organisationsverfassung ergeben kann. Wie jedoch oben schon erörtert, wird bei dem Beherrschungsvertrag vertraglich ein Unternehmen unter die Leitung seines Vertragspartners unterstellt.[288] Dabei wird die Leitung durch ein Weisungsrecht ausgeübt.[289] Der Vorstand des beherrschten Unternehmens hat also den Weisungen des herrschenden Unternehmens innerhalb der Grenzen des Weisungsrechts zu folgen. Es besteht also eine Kontrollmöglichkeit des Vorstands des beherrschten Unternehmens in der Hinsicht, ob die Grenzen des Weisungsrechts bei einer konkreten Weisung eingehalten wurden. Diese Kontrollmöglichkeit gewährleistet der einflussfreie Unternehmensführungsvertrag nicht. Der Unternehmensführer hat, anders als bei dem Beherrschungsvertrag, keine durch das Weisungsrecht vermittelte Zugriffsmöglichkeit auf das Unternehmen, sondern eine direkte. Die Einflussqualität des Unternehmensführers ist in einem solchen Fall also stärker als die durch den § 291 Abs. 1 S. 1 1. Alt. AktG legitimierten Beherrschungsvertrag. Aus diesem Grunde liegt keine vergleichbare Interessenlage im Sinne einer vergleichbaren Eingriffsintensität in die Organisationsverfassung vor. So kann der einflussfreie Unternehmensführungsvertrag auch nicht durch eine analoge Anwendung des § 291 Abs. 1 S. 1 1. Alt. AktG legitimiert werden.

3. Ergebnis hinsichtlich der Zulässigkeit des einflussfreien Unternehmensführungsvertrags

Als Zwischenergebnis lässt sich festhalten, dass der Idealtypus eines einflussfreien Unternehmensführungsvertrags in die Organisationsverfassung der Aktiengesellschaft eingreift. Eine Legitimation durch die direkte Anwendung oder zumindest durch die entsprechende Anwendung der Vorschriften über die Unternehmensverträge ist nicht möglich. Damit stellt ein solcher Unternehmensführungsvertrag einen Verstoß gegen § 76 Abs. 1 bzw. § 111 Abs. 1 AktG dar und ist somit nach § 23 Abs. 5 AktG nichtig.[290] Andere Stimmen in der Literatur, die nicht von dem Legitimationsgedanken ausgehen, halten einen einflussfreien Unternehmensführungsvertrag jedenfalls dann für zulässig, wenn dem Eigentümerunternehmen ein jederzeitiges Kündigungsrecht eingeräumt ist.[291] Dies ist jedoch schon deshalb abzulehnen, weil ein jederzeitiges Kündigungsrecht kein annäherndes Schutzniveau der §§ 293 ff. AktG erreicht. So wird nicht der Wille der Aktionäre durch die

---

288 Vgl. 3. Kapitel § 1 B IV 2 c.

289 *K. Schmidt*, Gesellschaftsrecht, 952.

290 Die Nichtigkeit ergibt sich für die Aktiengesellschaft direkt aus § 23 Abs. 5 AktG, *Pentz*, MüKo-AktG, § 23 Rn. 162; teilweise wird die Unwirksamkeit daraus geschlossen, dass im Rahmen des § 23 Abs. 5 AktG schon keine Regelungskompetenz vorliegt, *Armbrüster*, MüKo-BGB, § 134 Rn. 5; teilweise wird die Nichtigkeit auch aus § 134 BGB oder § 138 BGB hergeleitet, *Veelken*, Betriebsführungsvertrag, 229.

291 *Huber*, ZHR 152 (1988), 1, 28.

Hauptversammlung berücksichtigt als auch der Rechtsverkehr über das Bestehen eines solchen Vertrags informiert.

V. Fallkonstellation des einflussgeminderten Unternehmensführungsvertrags

1. Typenbildung und Eingriff in die Organisationsverfassung

Nachdem die Fallkonstellation eines Unternehmensführungsvertrags, bei dem ein volles Weisungsrecht besteht, und eines Unternehmensführungsvertrags, bei dem gar keine Einflussmöglichkeit besteht, besprochen wurde, ist nun der Fokus auf einen einflussgeminderten Unternehmensführungsvertrag zu legen. Auch hier ist wieder ein Idealtypus zu bilden. Bei diesem ist das Weisungsrecht des Unternehmensführers für das operative Geschäft ausgeschlossen und stattdessen sind Zustimmungsvorbehalte für wesentliche Unternehmensführungsmaßnahmen vorgesehen. Damit soll bezweckt werden, dass die Kernbereiche der Unternehmensführung nicht aus den Händen des Eigentümerunternehmens gegeben werden.

Zustimmungsvorbehalte eröffnen eine Einflussmöglichkeit des Eigentümerunternehmens, die qualitativ hinter dem Weisungsrecht zurücksteht.[292] Zusätzlich werden von den Parteien bei Vertragsschluss Richtlinien vereinbart, nach deren Rahmen sich die konkrete Unternehmensführung richtet. Insofern ähnelt hier der Unternehmensführungsvertrag der im Holiday-Inn Fall des BGH vorliegenden Fallkonstellation.[293] Hier wurde eine Einflussnahme durch das Eigentümerunternehmen auf das operative Geschäft ausgeschlossen.[294] Für wesentliche Entscheidungen hat der Unternehmensführer jedoch die Zustimmung des Eigentümerunternehmens einzuholen.[295]

Diese Fallkonstellation entspricht *Veelkens* Vorstellungen über einen Unternehmensführungsvertrag.[296] Bei einem solchen Typus lässt sich, wie *Veelken* zutreffend aufgezeigt hat, durchaus von einem Eingriff in die Organisationsverfassung der Aktiengesellschaft ausgehen.[297] In diesem Fall ist die von § 76 AktG vorausgesetzte Leitungskompetenz tangiert, da der Unternehmensführer weitgehend selbstständig

---

292 Vgl. 1. Kapitel § 4 H.

293 Zum Vertragsinhalt des Unternehmensführungsvertrags, der der Holiday-Inn Entscheidung des BGH zugrunde lag: BGH, Urt. v. 05.10.1981 – II ZR 203/80, juris Rn. 4 ff. = WM 1982, 394 ff.

294 BGH, Urt. v. 05.10.1981 – II ZR 203/80, juris Rn. 5, 10 = WM 1982, 394.

295 BGH, Urt. v. 05.10.1981 – II ZR 203/80, juris Rn. 18 = WM 1982, 394, 395, hier wird ein Zustimmungsvorbehalt vereinbart für Maßnahmen der baulichen Instandhaltung oder der Wiederherstellung des Gebäudes sowie bei Reparaturen und Ersatz der Einrichtung und Ausrüstungsgegenstände, die ein Volumen von 20.000 DM überschreiten.

296 Siehe *Veelken*, Betriebsführungsvertrag, 53, 123, 131.

297 Vgl. 3. Kapitel § 1 B I; a. A. *Köhn*, Der Konzern 2011, 530, 534, nach diesem ist die Einschränkung des Weisungsrechts unbeachtlich, es kommt allein auf den

im Rahmen der vereinbarten Richtlinien handeln kann. Der Vorstand nimmt somit von der aktiven Unternehmensleitung Abstand und agiert passiv als Kontrolleur des Unternehmensführers. Damit ist dann auch die Rechtsstellung des Aufsichtsrats tangiert.[298]

2. Legitimation des einflussgeminderten Unternehmensführungsvertrags

Analog zu der zum einflussfreien Unternehmensführungsvertrag vertretenen Argumentation,[299] lässt sich auch für den einflussgeminderten Unternehmensführungsvertrag festhalten, dass der Unternehmensführungsvertrag keinem der in §§ 291 f. AktG geregelten Vertragstypen entspricht. Dementsprechend ist auch hier eine analoge Anwendung der Unternehmensverträge zu diskutieren. Wie bereits erläutert, existiert kein Numerus Clausus der Unternehmensverträge, sodass eine Analogie grundsätzlich möglich ist.[300] Es stellt sich also mithin die Frage, ob der einflussgeminderte Unternehmensführungsvertrag von der Eingriffsintensität mit einem kodifizierten Unternehmensvertrag vergleichbar ist und somit die durch das Gesetz für diesen Unternehmensvertrag aufgestellten Kompensationsmaßnahmen genügen, um den Eingriff in die Organisationsverfassung zu legitimieren.

Für den einflussgeminderten Unternehmensführungsvertrag kommt hier die analoge Anwendung des § 292 Abs. 1 Nr. 3 AktG in Betracht. Dabei ist wieder der Blick darauf zu richten, inwiefern durch die Betriebspacht bzw. den Betriebsüberlassungsvertrag in die Organisationsstruktur der Aktiengesellschaft eingegriffen wird. Der Betriebspacht- und der Betriebsüberlassungsvertrag sind dadurch gekennzeichnet, dass das Verpächterunternehmen einen Teil seiner Leitungskompetenz verliert.[301] Im Gegenzug hat der Vorstand des Verpächters den Pächter zu überwachen.[302] Dieser Funktionswandel und der Verlust an Leitungskompetenz des Vorstands würden an sich zu einem Verstoß gegen § 76 Abs. 1 AktG führen.[303] Allerdings legitimiert der Gesetzgeber den Betriebspachtvertrag und den Betriebsüberlassungsvertrag und setzt zur Kompensation das in den §§ 293 ff. AktG vorgesehene Zustimmungsverfahren der Hauptversammlung ein.[304]

Bei dem Vergleich zu dem einflussgeminderten Unternehmensführungsvertrag werden die Parallelen deutlich. Auch hier gibt der Vorstand einen Teil seiner

---

Umstand an, ob nur das operative Geschäft oder auch die strategische Unternehmensführung auf den Unternehmensführer verlagert wird.

298 *Veelken*, Betriebsführungsvertrag, 146 ff; ausführlich hierzu 3. Kapitel § 1 B I 1.

299 Vgl. 3. Kapitel § 1 B IV 2 c.

300 Vgl. 3. Kapitel § 1 B IV 2 e aa.

301 Vgl. 3. Kapitel § 1 B IV 2 e bb; *Mülbert*, Unternehmensgruppe, 170 f.; *Veil*, Unternehmensverträge 134.

302 *Veil*, Unternehmensverträge, 134.

303 *Hommelhoff*, Konzernleitungspflicht, 286 f.; *Oesterreich*, Betriebsüberlassung, 65; *Veil*, Unternehmensverträge, 134.

304 Vgl. *Hommelhoff*, Konzernleitungspflicht, 287; *Oesterreich*, Betriebsüberlassung, 65; *Veil*, Unternehmensverträge, 134.

Leitungskompetenz ab. Die Leitung des Vorstands beschränkt sich darauf, den Unternehmensführer zu überwachen, ob dieser im Rahmen der vereinbarten Richtlinien das Unternehmen betreibt, und gegebenenfalls über zustimmungsbedürftige Geschäftsführungsmaßnahmen zu entscheiden. Auf die Geschehnisse der Tagesgeschäfte kann das Eigentümerunternehmen nicht einwirken. Die Intensität des Eingriffs in die Organisationsverfassung ist also ähnlich.[305] Es lässt sich sogar sagen, dass das Eigentümerunternehmen gegenüber dem Verpächter eine strukturell stärkere Stellung hat, da es Pflichten zur Unternehmensführung durchsetzen kann. Es liegt mithin eine vergleichbare Interessenlage hinsichtlich der durch die Norm des § 292 Abs. 1 Nr. 3 AktG bezweckten Legitimation vor.

Zwar könnte eingewendet werden, dass es an einer planwidrigen Lücke fehle, da der Unternehmensführungsvertrag dem Gesetzgeber von 1965 schon bekannt war[306] und der Gesetzgeber diesen Unternehmensführungsvertrag nicht geregelt habe.[307] Andererseits existiert gerade kein Numerus Clausus der Unternehmensverträge.[308] Zusätzlich ist der Unternehmensführungsvertrag in der Wirtschaft und Wissenschaft allgemein anerkannt. Dieses gilt auch für die Unternehmensführungsverträge, die Zustimmungsvorbehalte vorsehen.[309] Sofern man eine planwidrige Regelungslücke verneinen würde, würde auch die Legitimationsfunktion der §§ 291 ff. AktG nicht greifen und der Unternehmensführungsvertrag wäre nichtig.[310] Es kann also nicht angenommen werden, dass der Gesetzgeber diese Konsequenz für den einflussgeminderten Unternehmensführungsvertrag bewusst vorgesehen hat. Zumindest lassen sich keine Indizien finden, die einen solchen Willen des Gesetzgebers kennzeichnen.

Schließlich lässt sich argumentieren, dass der Gesetzgeber auch nicht die hier vertretene Differenzierung innerhalb der Unternehmensführungsverträge erkannt hat. Nach hier vertretener Ansicht bedarf beispielsweise der typische, mit einem vollumfänglichen Weisungsrecht ausgestattete Unternehmensführungsvertrag nicht der Legitimation durch die § 291 ff. AktG, da dieser nicht in die Organisationsverfassung eingreift.[311] Eine planwidrige Regelungslücke kann also schlechterdings zumindest nicht geleugnet werden und ist deshalb im Hinblick auf den

305 Ebenso *Veil*, Unternehmensverträge, 288, 297, der allerdings grundsätzlich bei jedem Unternehmensführungsvertrag von einem Eingriff in die Organisationsverfassung ausgeht, jedoch auch für den einflussgeminderten (atypischen) Unternehmensführungsvertrag eine Legitimation über die analoge Anwendung des § 292 Abs. 1 Nr. 3 AktG befürwortet.

306 Vgl. 3. Kapitel § 1 A I zum Rumänischen Eisenbahn-Fall.

307 Zu diesem Gedanken *Veil*, Unternehmensverträge, 289.

308 Hierzu 3. Kapitel § 1 B IV 2 e aa.

309 Vgl. *Müller*, Beherrschungsverträge, 143; *Veelken*, Betriebsführungsvertrag, 53; Spindler/Stilz/*Veil*, AktG, § 292 Rn. 56; *Veil*, Unternehmensverträge, 287.

310 Zu dieser Argumentation *Veil*, Unternehmensverträge, 290.

311 Siehe 3. Kapitel § 1 B II.

Umstand, dass der einflussgeminderte Unternehmensführungsvertrag ansonsten mangels Legitimation nichtig wäre, zu bejahen.

3. Unantastbare Kernbereiche der Unternehmensführung

Wenn die Regelungen über die Betriebspacht analog herangezogen werden, um einen einflussgeminderten Unternehmensführungsvertrag zu legitimieren, müssen sich auch die Grenzen der vertraglichen Ausgestaltung hinsichtlich der Einwirkungsmöglichkeiten des Eigentümerunternehmens an der Betriebspacht orientieren. Diese Einwirkungsmöglichkeiten werden mangels konkreter Regelungen bei der Betriebspacht regelmäßig durch die ergänzende Vertragsauslegung gefunden.[312] Die Feinjustierung der Mitwirkungspflichten des Verpächters ist dementsprechend eine Frage des Einzelfalls.

Dennoch wurden für die Betriebspacht Leitparameter aufgezeigt, die den Rahmen für die konkrete Rechtsfrage der Einwirkungsmöglichkeiten des Verpächters darstellen. Die Frage der konkreten Einwirkungsmöglichkeit des Verpächters ist dabei an dem Vertragsgegenstand der Betriebspacht zu orientieren. Die Betriebspacht ist dadurch gekennzeichnet, dass das Unternehmen nur für eine gewisse Zeit überlassen wird. Der Verpächter hat ein Interesse daran, das überlassene Unternehmen zurück zu erhalten und nicht ein vollkommen umgestaltetes, in seinem Wesen vollkommen anderes Unternehmen. Ebenso treffen ihn aufgrund seiner starken Einwirkungsmöglichkeit in die Rechts- und Interessenssphäre Treuepflichten gegenüber dem Verpächter.[313] Maßnahmen, die den Unternehmensgegenstand berühren, indem sie das wirtschaftliche Risiko erhöhen oder die subjektive Verwertbarkeit des Unternehmens betreffen, bedürfen deshalb der Zustimmung des Verpächters.[314] Maßgeblicher Ansatzpunkt für Mitwirkungsrechte des Verpächters ist also die Frage, inwiefern Entscheidungen des Pächters den Unternehmensgegenstand berühren.

Dies lässt sich auf den Unternehmensführungsvertrag übertragen. Der Unternehmensführer führt auch hier das Unternehmen nur über eine gewisse Zeitspanne. Im Anschluss besteht das Interesse des Eigentümerunternehmens, das Unternehmen wieder zur eigenen Unternehmensführung zurück zu übernehmen. Darüber hinaus ist der Unternehmensführer als Treuhänder an die Interessenwahrnehmung des Eigentümerunternehmens gebunden. Daraus ergibt sich, dass zumindest durch Zustimmungsvorbehalte sichergestellt werden muss, dass das Eigentümerunternehmen maßgeblich Einfluss auf die Unternehmensführung nehmen kann, wenn der Unternehmensgegenstand betroffen ist. Ebenso müssen Informations-,

312 *Dörmer*, Unternehmenspacht, 243 f.
313 *Dörmer*, Unternehmenspacht, 243.
314 Vgl. *Dörmer*, Unternehmenspacht, 244 f.; *Oppenländer*, Unternehmenspacht, 285; *Veil*, Unternehmensverträge, 128 f.

Einsichts- und Kontrollbefugnisse des Eigentümerunternehmens bestehen. Ohne diese kann der Vorstand seine Überwachungsfunktion nicht wahrnehmen.[315]

4. Ergebnis hinsichtlich der organisationsrechtlichen Zulässigkeit eines einflussgeminderten Unternehmensführungsvertrags

Ein einflussgeminderter Unternehmensführungsvertrag, wie der hier beschriebene Idealtypus, greift in die Organisationsstruktur ähnlich wie eine Betriebspacht ein. Er kann jedoch durch die entsprechende Anwendung des § 292 Abs. 1 Nr. 3 AktG legitimiert werden, sofern die Anforderungen der §§ 293 ff. AktG gegeben sind.

5. Voraussetzungen des Verfahrens der §§ 293 ff. AktG

Damit müssen die zwingenden Voraussetzungen der §§ 293 ff. AktG durch das Eigentümerunternehmen eingehalten werden. Nach § 293 Abs. 1 AktG analog bedarf es eines Zustimmungsbeschlusses der Hauptversammlung des Eigentümerunternehmens. Dieser Beschluss muss mindestens drei Viertel des bei Beschlussfassung vertretenen Grundkapitals umfassen und ist nach § 130 AktG notariell zu beurkunden, während der Unternehmensführungsvertrag nach § 293 Abs. 3 AktG in Schriftform vorliegen muss.

Für die Vorbereitung der Hauptversammlung sind zum einen die Informationspflicht des Vorstands des Eigentümerunternehmens nach § 293a AktG analog und zum anderen die Vertragsprüfung nach § 293b AktG relevant. Schon die Anwendung des § 293a AktG analog wird von Seiten der Literatur kritisch gesehen. So soll sich § 293a AktG nur auf den Anwendungsbereich der Unternehmensverträge nach § 291 AktG erstrecken.[316] Nach der Gegenauffassung finden die §§ 293a ff. AktG sowohl auf die Verträge nach § 291 AktG als auch nach § 292 AktG Anwendung.[317] Für eine entsprechende Anwendung auf den einflussgeminderten Unternehmensführungsvertrag sprechen vor allem Schutzaspekte.[318] Durch die Berichts- und Informationspflichten des Vorstands soll der Aktionär informiert werden.[319]

Kritischer wird hingegen der Vertragsprüfung nach §§ 293b ff. AktG durch einen Vertragsprüfer gegenüber gestanden.[320] Den hauptsächlichen Zweck dieser

---

315 Ebenso *Joachim*, DWiR 1992, 397, 400; *Mülbert*, Großkomm-AktG, 4. Aufl., § 292 Rn. 154.

316 *Altmeppen*, MüKo-AktG, § 293a Rn. 5 ff; *ders.*, ZIP 1998, 1853, 1855 f.; *Bungert*, DB 1995, 1384, 1386.

317 LG, Urt. v. München 05.11.2009 – 5 HK O 13585/09, ZIP 2010, 522, 523; *Krieger*, MüHdbGes IV, § 72 Rn. 59; *Emmerich*, Emmerich/Habersack Komm-KonzR, § 293a Rn. 8; Spindler/Stilz/*Veil*, AktG, § 293a Rn. 3.

318 Vgl. *Köhn*, Der Konzern 2011, 530, 538

319 *Köhn*, Der Konzern 2011, 530, 538; ausführlich zu dem Inhalt und dem Aufbau solcher Berichte, *Köhn*, Der Konzern 2013, 323 324 ff.; Spindler/Stilz/*Veil*, AktG, § 293a Rn. 3.

320 Zweifelnd *Krieger*, MüHdbGes IV, § 72 Rn. 60; *Köhn*, Der Konzern 2011, 530, 538.

Überprüfung stellt die Prüfung der Angemessenheit von Ausgleich und Abfindung dar.[321] Die wirtschaftliche Zweckmäßigkeit des Unternehmensvertrags zählt nicht zu den Prüfungspflichten des Vertragsprüfers.[322] Bei einem Unternehmensführungsvertrag ist, anders als bei einem Beherrschungs- oder Gewinnabführungsvertrag, die Zahlung eines Ausgleichs oder einer Abfindung weder vertraglich noch gesetzlich vorgesehen. Aus diesem Grund wird die Bestellung eines Vertragsprüfers für einen legitimationsbedürftigen Unternehmensführungsvertrag für nicht erforderlich erachtet.[323] Allerdings prüft der Unternehmensprüfer auch, ob die essentialia negotii des Vertragsverhältnisses vorliegen.[324] Dabei hat der Vertragsprüfer insbesondere den Unternehmensführungsvertrag rechtlich zu qualifizieren, indem er diesen beispielsweise von anderen Unternehmensverträgen abgrenzt oder feststellt, ob ein echter oder unechter Unternehmensführungsvertrag vorliegt.[325] Insofern kommt dem Prüfer schon eine Prüfungskompetenz zu, die die analoge Anwendung auf den Unternehmensführungsvertrag unter dem Gesichtspunkt einer möglichst umfassenden und klaren Informationslage der Aktionäre bei dem Hauptversammlungsbeschluss rechtfertigt.

Die Berichtspflicht durch den Vertragsprüfer entfällt bei einem Unternehmensführungsvertrag, wenn das Eigentümerunternehmen eine 100 % Tochtergesellschaft des Unternehmensführers ist gem. § 293b Abs. 1 Hs. 2 AktG analog, da in diesem Fall keine besonders schutzwürdigen außenstehenden Aktionäre vorhanden sind.[326] Sowohl der Bericht des Vertragsprüfers als auch der Bericht des Vorstands und der Unternehmensführungsvertrag sind grundsätzlich zur Vorbereitung der Hauptversammlung nach § 293 f. Abs. 1 AktG analog auszulegen und gegebenenfalls ist eine Abschrift für die Aktionäre zu erteilen gem. § 293 f. Abs. 2 AktG analog.[327] Ferner ist der Unternehmensführungsvertrag zur Eintragung in das Handelsregister anzumelden.[328]

---

321 *Altmeppen*, MüKo-AktG, § 293b Rn. 8.

322 *Altmeppen*, MüKo-AktG, § 293b Rn. 3; *Bungert*, DB 1995, 1384, 1390; *Emmerich*, Emmerich/Habersack Komm-KonzR, § 293b Rn. 19; *Koch*, Hüffer AktG, § 293b Rn. 4; *Köhn*, Der Konzern 2013, 323, 331; Spindler/Stilz/*Veil*, AktG, § 293b Rn. 8.

323 *Köhn*, Der Konzern 2011, 530, 538.

324 *Altmeppen*, MüKo-AktG, § 293b Rn. 7; *Köhn*, Der Konzern 2013, 323, 332.

325 Vgl. *Emmerich*, Emmerich/Habersack, Komm-KonzR, § 293b Rn. 19; *Köhn*, Der Konzern 2013, 323, 332; Spindler/Stilz/*Veil*, AktG, § 293b Rn. 7; a. A. *Neun*, Unternehmensverträge, 165 f.; *Koppensteiner*, KölnKomm-AktG, § 293b Rn. 13.

326 *Köhn*, Der Konzern 2013, 323, 332 f.

327 *Köhn*, Der Konzern 2011, 530, 540 f.

328 Näheres bei *Köhn*, Der Konzern 2011, 540, 541.

VI. *Modifikation der gefundenen Ergebnisse für die Fallkonstellation eines Teilunternehmensführungsvertrags*

Der Unternehmensführungsvertrag wurde im Hinblick auf die Vereinbarkeit mit der Organisationsverfassung der AktG untersucht. Dabei ist als wesentliches Ergebnis festzuhalten, dass die Vereinbarkeit mit der Organisationsverfassung von der konkreten Ausgestaltung des Unternehmensführungsvertrags abhängt. Es lässt sich anhand der Einflussmöglichkeiten des Eigentümerunternehmens eine Typenreihe bilden. An den Enden dieser Typenreihe stehen der einflussfreie Unternehmensführungsvertrag und der Unternehmensführungsvertrag, der vollen Einfluss durch ein Weisungsrecht des Eigentümerunternehmens gewährt. Während der letztere zu keinem Eingriff in die Organisationsverfassung führt, ist der einflussfreie Unternehmensführungsvertrag aufgrund seines starken und nicht legitimationsfähigen Einflusses auf die Organisationsverfassung des Eigentümerunternehmens unzulässig. Bei einem einflussgeminderten Unternehmensführungsvertrag liegt zwar hingegen auch ein Eingriff in die Organisationsverfassung vor, allerdings ist bei diesem zu prüfen, ob dieser nicht gegebenenfalls durch eine entsprechende Anwendung der §§ 291, 292 AktG legitimiert ist.

Es stellt sich also die Frage, ob diese Ergebnisse auch für den Teilunternehmensführungsvertrag zu übernehmen sind, oder ob für den Teilunternehmensführungsvertrag eine andere Lösung gefunden werden muss. Der Übertragung der Ergebnisse würde entgegenstehen, wenn davon auszugehen ist, dass durch einen Teilunternehmensführungsvertrag nie in die Organisationsstruktur eingegriffen wird. In der Tat wird dieses Ergebnis in der Literatur vertreten.[329] So sei nach *Veelken* der Teilunternehmensführungsvertrag auf der untersten Stufe der Einflussskala auf das Eigentümerunternehmen einzuordnen.[330] Die Zuständigkeit des Vorstands zur Leitung der Gesellschaft sei hier nicht betroffen.[331] Ähnlich argumentiert auch *Martens*, der in der Übertragung einzelner Unternehmensfunktionen nur eine Entlastung der Verwaltungsorgane sieht ohne die funktionale Zuständigkeit dieser zu berühren.[332] Andere weisen auf den Wortlaut des § 292 Abs. 1 Nr. 3 AktG und ziehen einen systematischen Vergleich mit § 292 Abs. 1 Nr. 2 AktG.[333] Da der Wortlaut des § 292 Abs. 1 Nr. 3 AktG von dem „Betrieb" ausgeht, während der Wortlaut des § 292 Abs. 1 Nr. 2 AktG einzelne oder den gesamten Betrieb nennt, sei ein

---

329 Vgl. *Abels*, Managementverträge, 119; *Altmeppen*, MüKo-AktG, § 292 Rn. 149; *Damm*, BB 1976, 294, 296; andeutungsweise *Fenzl*, Der Konzern 2006, 18, 29; *Huber*, ZHR 152 (1988), 1, 32: *ders.*, ZHR 152 (1988), 123, 151; *Koppensteiner*, KölnKomm-AktG, § 292 Rn. 80; *Köhn*, Der Konzern 2011, 530, 535 f.; *Martens*, Wirtschaftsabhängigkeit, 31; *Mülbert*, Großkomm-AktG, 4. Aufl., § 292 Rn. 152; *Priester*, FS Hommelhoff, 875, 888; *Veelken*, Betriebsführungsvertrag, 51, 265.

330 *Veelken*, Betriebsführungsvertrag, 51.

331 *Veelken*, Betriebsführungsvertrag, 51.

332 *Martens*, Wirtschaftsabhängigkeit, 31.

333 *Köhn*, Der Konzern 2011, 530, 535.

Teilunternehmensführungsvertrag nicht legitimationsbedürftig.[334] Teilsweise wird ohne nähere Begründung davon ausgegangen, dass § 292 Abs. 1 Nr. 3 AktG analog nicht auf den Teilunternehmensführungsvertrag anwendbar sei[335] und die Zustimmungspflicht der Hauptversammlung sich höchstens aus der Holzmüller Dogmatik ergeben könne.[336]

Hingegen versucht *Weißmüller* in diesem Punkt zu differenzieren. So führt er aus, dass die Zustimmung der Hauptversammlung erforderlich sei, soweit sich der Teilunternehmensführungsvertrag auf den Betriebsteil erstrecke, der den wertvollsten Teil des Gesellschaftsvermögens bildet.[337] Diese These belegt er mit einem Verweis auf die Holiday-Inn Entscheidung des BGH. Zugestanden werden muss, dass der BGH tatsächlich beiläufig im Rahmen der Gesamtwürdigung bei der Prüfung des § 138 BGB diesen Umstand erwähnt.[338] Allerdings bleibt unklar, welches Gewicht der BGH diesem Umstand zuerkennt. Des Weiteren lässt sich die Argumentation aus der Holiday-Inn Entscheidung nicht ohne Weiteres auf die Aktiengesellschaft übertragen. Die Aktiengesellschaft zeichnet sich durch die Satzungsstrenge aus und ist somit weniger flexibel als eine Personenhandelsgesellschaft. So würde es zu einer erheblichen Rechtsunsicherheit und zu einer geringeren Justiziabilität führen, wenn man die Frage nach dem Eingriff in die Organisationsverfassung der Aktiengesellschaft von dem Kriterium der Wertigkeit des betroffenen Unternehmensteils abhängig machen würde. Insofern stellt es sich als schwieriges Unterfangen dar, valide qualitative und quantitative Kriterien für die Werthaltigkeit eines Unternehmensteils im Hinblick auf die Frage der organisationsrechtlichen Zulässigkeit eines Teilunternehmensführungsvertrags aufzustellen.

Überzeugender ist hingegen *Veils* Argumentation. Nach diesem dürfe für den Teilunternehmensführungsvertrag nichts anderes gelten als für den Unternehmensführungsvertrag, der die gesamte Unternehmung erfasse.[339] Hierfür argumentiert *Veil*, dass der Vorstand nicht berechtigt sei, auch nur einen Teil seiner Leitungskompetenz aus § 76 Abs. 1 AktG auf einen Dritten zu übertragen.[340] Zwar geht *Veil* davon aus, dass jeder Unternehmensführungsvertrag in die Leitungskompetenz des Vorstands eingreife,[341] allerdings lässt sich diese überzeugende Argumentation ohne Weiteres auf den hier vertretenen Systematisierungsansatz übertragen. Auch für den einflussgeminderten Unternehmensführungsvertrag kann im Hinblick auf

---

334 *Köhn*, Der Konzern 2011, 530, 535.

335 *Altmeppen*, MüKo-AktG, § 292 Rn. 149; *Huber*, ZHR 152 (1988), 1, 32 f.; *ders.*, ZHR 152 (1988), 123, 151 f.; *Koppensteiner*, KölnKomm-AktG, § 292 Rn. 80; *Krieger*, MüHdbGes IV, § 72, Rn. 48; *Mülbert*, Großkomm-AktG, 4. Aufl., § 292 Rn. 152; *Priester*, FS Hommelhoff, 875, 880, 888.

336 *Krieger*, MüHdbGes IV, § 72, Rn. 48, 63; *Priester*, FS Hommelhoff, 875, 880, 888.

337 *Weißmüller*, BB 2000, 1949, 1950.

338 BGH, Urt. v. 05.10.1981 – II ZR 203/80, juris Rn. 87 = WM 1982, 394, 399.

339 *Veil*, Unternehmensverträge, 290, 297.

340 *Veil*, Unternehmensverträge, 290.

341 *Veil*, Unternehmensverträge, 288.

den Eingriff in die Organisationsverfassung nicht danach differenziert werden, ob nur ein Teil des Unternehmens betroffen ist oder das gesamte Unternehmen. Schon der Wortlaut des § 76 Abs. 1 AktG differenziert hier nicht. Würde das Eigentümerunternehmen einen einflussfreien Unternehmensführungsvertrag über einen Teil des Eigentümerunternehmens abschließen, dann würde auch hier der Vorstand die ihm nach § 76 Abs. 1 AktG zugewiesene Leitungsmacht für diesen Teil verlieren, obwohl § 76 Abs. 1 AktG dem Vorstand die Leitungskompetenz über das gesamte Unternehmen zuweist.[342] In diesem Sinne ist auch anerkannt, dass der Vorstand Teile seiner Leitungskompetenz nicht durch Outsourcing auf Dritte übertragen darf.[343] Ähnliches muss auch für den Unternehmensführungsvertrag gelten. Es kann auch hier nicht danach differenziert werden, ob das Eigentümerunternehmen seine Einflussmöglichkeiten auf den Unternehmensführer im Hinblick auf das gesamte Unternehmen oder nur eines Teils aufgibt bzw. beschränkt. Die Leitungskompetenz des Vorstands erstreckt sich nämlich auf jeden (möglicherweise wenig bedeutsamen) Teil des Unternehmens. Der Teilunternehmensführungsvertrag stellt entgegen der oben aufgeführten verbreiteten Ansicht insofern keine Besonderheit dar. Dementsprechend ist der hier vertretene Systematisierungsansatz auf diesen zu übertragen. Es ist demnach nicht per se davon auszugehen, dass ein Teilunternehmensführungsvertrag gesellschaftsrechtlich unproblematisch ist und dementsprechend die §§ 292 ff. AktG nicht anzuwenden sind. Auch für diesen kommt es auf die konkrete Gestaltung des Vertragsverhältnisses an. Entsprechend der bereits erörterten Fallkonstellationen kann auch ein Teilunternehmensführungsvertrag unzulässig bzw. legitimationsbedürftig sein.[344]

VII. *Modifikation der Ergebnisse für den Fall des unechten Unternehmensführungsvertrags*

Es stellt sich die Frage, ob die gefundenen Ergebnisse für den unechten Unternehmensführungsvertrag zu modifizieren sind. Bekanntlich führt bei diesem der Unternehmensführer das Unternehmen im eigenen Namen, aber für Rechnung des Eigentümerunternehmens. Es lässt sich zunächst festhalten, dass auch der unechte Unternehmensführungsvertrag durch eine Fremdinteressenwahrnehmung geprägt ist. Ebenso besteht ein Weisungsrecht des Unternehmensführers. Aus diesem Grund erscheinen auf den ersten Blick die hier gefundenen Ergebnisse ohne Weiteres auf den unechten Unternehmensführungsvertrag anwendbar. Allerdings beruhen die gefundenen Ergebnisse auf dem Umstand, dass der Unternehmensführer bei dem Vorliegen eines umfangreichen Weisungsrechts den Vorstand des

342 Vgl. *Spindler*, MüKo-AktG, § 76 Rn. 14.

343 *Spindler*, MüKo-AktG, § 76 Rn. 18.

344 Zu dem Typus des einflussfreien Unternehmensführungsvertrags, vgl. 3. Kapitel § 1 B IV. Zu dem Typus des einflussgeminderten Unternehmensführungsvertrags, vgl. 3. Kapitel § 1 B V.

Eigentümerunternehmens nicht substituiert und somit in die Organisationsverfassung der Eigentümergesellschaft eingreift, sondern dass er die Funktion eines leitenden Angestellten ausübt. Da bei dem unechten Unternehmensführungsvertrag der Unternehmensführer das Unternehmen im eigenen Namen führt, wird er auch selbst Vertragspartei. Aus diesem Grund ist hier das Eigentümerunternehmen nicht mehr in gleichem Maße zu einer Leistungskoordination fähig wie bei einem echten Unternehmensführungsvertrag. Ebenso kann das Eigentümerunternehmen Verträge, die wirtschaftlich dieses allein betreffen sollen, nicht mehr beeinflussen. So kann das Eigentümerunternehmen diese beispielsweise nicht ohne Mitwirkung des Unternehmensführers kündigen oder von ihnen zurücktreten. Der Unternehmensführer hat sogar nach Beendigung des Unternehmensführungsvertrags die bestehenden Vertragsverhältnisse von dem Unternehmensführer zu übernehmen.[345] Der Vorstand verliert folglich auch einen Teil seiner potentiellen Leitungsmöglichkeit. Dementsprechend liegt ein Eingriff in die Organisationsverfassung bei einer solchen Vertragsgestaltung vor.

Auch hier ist wieder nach einer Legitimationsmöglichkeit zu suchen. So kann sich die Legitimationsmöglichkeit aus einer entsprechenden Anwendung des § 292 Abs. 1 Nr. 3 AktG ergeben, sofern eine vergleichbare Interessenlage im Hinblick auf den Eingriff in die Organisationsverfassung vorliegt. Wie bereits angesprochen, folgt die Vergleichbarkeit der Interessenlage mit der Betriebspacht daraus, dass der Verpächter nicht mehr über Maßnahmen entscheiden kann, die auch in seinen Interessenbereich fallen. Hinsichtlich solcher Geschäfte hat der Verpächter nur noch einen Zustimmungsvorbehalt. So kann der Pächter Umgestaltungsmaßnahmen an Unternehmens-Assets, wie beispielsweise Grundstücken, mit Zustimmung des Verpächters vornehmen. Solche Umbaumaßnahmen berühren erheblich auch das Interesse des Verpächters. Dennoch hat auch hier der Verpächter keine Möglichkeit auf die Vertragsverhältnisse einzuwirken, obwohl seine Interessen erheblich betroffen sind. Eine solche Gegebenheit ist der vom Gesetzgeber legitimierten Betriebspacht immanent.

Ähnlich verhält es sich auch bei dem unechten Unternehmensführungsvertrag. Zwar wird hier, anders als bei dem Betriebspachtvertrag, das Unternehmen weiterhin im Interesse des Eigentümerunternehmens geführt, dennoch verliert das Eigentümerunternehmen in ähnlicher Weise seine Leitungskompetenz. Aus diesem Grund muss die Hauptversammlung eine solche Vertragsgestaltung, die einen Kompetenzverlust des Vorstands beinhaltet, legitimieren. Auf einen unechten Unternehmensführungsvertrag ist aus diesem Grund immer§ 292 Abs. 1 Nr. 3 AktG analog anzuwenden.

345 Siehe 2. Kapitel § 7 C I.

C) Eingriff in die Finanzverfassung durch Unternehmensführungsverträge

Der Unternehmensführungsvertrag kann einen Einfluss auf die aktienrechtliche Organisationsverfassung haben. Während diese Frage hauptsächlich im Vordergrund der wissenschaftlichen Diskussion steht, wird der Eingriff in die Finanzverfassung kaum problematisiert.[346] Um dieser Fragestellung nachzugehen, ist zunächst zu klären, wie die gesetzlich typisierten Unternehmensverträge, namentlich der Gewinnabführungsvertrag bzw. der Geschäftsführungsvertrag und der Teilgewinnabführungsvertrag bzw. die Gewinngemeinschaft, in die Finanzverfassung der Aktiengesellschaft eingreifen und welche Kompensation das Gesetz hier vorsieht. Dieses Ergebnis ist dann mit den verschiedenen idealtypischen Vergütungsvarianten zu vergleichen.

I. Eingriff in die Finanzverfassung durch die kodifizierten Unternehmensverträge und die vorgesehenen Kompensationsmechanismen für diesen Eingriff

1. Der Gewinnabführungsvertrag und der Geschäftsführungsvertrag

Bei dem Gewinnabführungsvertrag verpflichtet sich ein Unternehmen dazu, seinen gesamten Gewinn an ein anderes Unternehmen abzuführen. Im Gegenzug ist der Vertragspartner dazu verpflichtet, gem. § 304 Abs. 1 S. 1, Abs. 3 S. 1 AktG einen Ausgleich an die außenstehenden Aktionäre zu zahlen. Ebenso besteht eine Verlustübernahmepflicht aus § 302 Abs. 1 AktG. Bei einem Geschäftsführungsvertrag verpflichtet sich der Unternehmensträger, das Unternehmen für Rechnung eines anderen Unternehmens zu führen.[347] Die finanzverfassungsrechtlichen Folgen sind bei beiden Vertragstypen identisch.[348] Der Gewinnabführungsvertrag und der Geschäftsführungsvertrag werden von Seiten der Literatur absolut überwiegend als Organisationsverträge eingeordnet.[349] Dabei wird argumentiert, dass das Unternehmen sich aufgrund der Substitution der wirtschaftlichen Chancen durch eine Ausgleichszahlung als eine Rentnergesellschaft darstellt.[350] Zudem werden durch § 291 Abs. 3 AktG die Vorschriften zur Kapitalerhaltung eingeschränkt.[351] So wird vertreten, dass die Aktionäre ihren Anspruch auf einen anteiligen Bilanzgewinn

---

346 Vgl. *Koppensteiner*, KölnKomm-AktG, § 292 Rn. 69.

347 *Altmeppen*, MüKo-AktG, § 291 Rn. 171.

348 *Emmerich*, Emmerich/Habersack Komm-KonzR, § 291 Rn. 67; *Koch*, Hüffer AktG, § 291 Rn. 30; *Veil*, Unternehmensverträge, 146.

349 *Altmeppen*, MüKo-AktG, § 291 Rn. 143; *Emmerich*, Emmerich/Habersack Komm-KonzR, § 291 Rn. 52; *Koch*, Hüffer AktG, § 291 Rn. 23; *Veil*, Unternehmensverträge, 151.

350 *Altmeppen*, MüKo-AktG, § 291 Rn. 143.

351 RegBegr. bei *Kropff*, Aktiengesetz, 378; *Altmeppen*, MüKo-AktG, § 291 Rn. 143.

gem. §§ 58 Abs. 4, 60 AktG verlieren.[352] Es mache dabei keinen Unterschied, ob der Anspruch der Aktionäre auf den Bilanzgewinn aufgrund des Gewinnabführungsvertrags bzw. des Geschäftsführungsvertrags gar nicht erst entsteht[353] oder der Anspruch vertraglich ausgeschlossen ist.[354]

Neben dem Verlust des Anspruchs der Aktionäre auf den Bilanzgewinn wird auch in die durch § 174 AktG gewährleistete Kompetenz der Hauptversammlung über die Verwendung des Bilanzgewinns eingegriffen.[355] Parallel liege eine Beeinträchtigung in die finanzverfassungsrechtliche Leitungskompetenz des Vorstands und des Aufsichtsrats vor.[356] Nach § 58 AktG besteht die Möglichkeit des Vorstands und des Aufsichtsrats, bis zu der Hälfte des Jahresüberschusses (oder durch eine Satzungsbestimmung sogar mehr als die Hälfte) in Rücklagen zu thesaurieren. Durch den Umfang der Gewinnabführung gem. § 301 AktG ist diese Entscheidungskompetenz ausgeschlossen. Eine Thesaurierung der Gewinne ist nur in der Höhe der gesetzlichen Rücklage im Sinne des § 300 AktG möglich gem. § 301 S. 1 AktG. Durch den Gewinnabführungsvertrag und den Geschäftsführungsvertrag werden also verschiedene Eingriffe gesetzlich legitimiert.[357] Zum einen geht es um die Kompetenz der Hauptversammlung und des Vorstands, Überschüsse zu thesaurieren, und zum anderen geht es um den Anspruch der Aktionäre auf den Bilanzgewinn.

Als Kompensationselemente sieht das Gesetz die Zustimmungspflicht der Hauptversammlung nach § 293 AktG inklusive des vorbereitenden Verfahrens nach §§ 293a ff. AktG und das Eintragungserfordernis nach § 294 AktG vor. Des Weiteren besteht für den Gewinnabführungsvertrag nach § 302 Abs. 1 die Pflicht zum Verlustausgleich. Dieser bezweckt eine Kompensation für den Umstand, dass die Aktionäre wirtschaftlich nicht mehr an dem Erfolg des Unternehmens partizipieren und zum anderen, dass aus der Sicht der Gläubiger des durch einen Gewinnabführungsvertrag bzw. Geschäftsführungsvertrag belasteten Unternehmens die Refinanzierungsmöglichkeit des Unternehmens erheblich beeinträchtigt ist.[358] Für den Geschäftsführungsvertrag bedarf es einer solchen Regelung allerdings nicht, da

352 *Altmeppen*, MüKo-AktG, § 291 Rn. 143; *Emmerich*, Emmerich/Habersack KommKonzR, § 291 Rn. 52.

353 So *Mülbert*, Unternehmensgruppe, 167.

354 *Veil*, Unternehmensverträge, 144.

355 *Samer*, Beherrschungs- und Gewinnabführungsverträge, 170; *Sonnenberg*, Gesellschaftszweck, 58; *Veil*, Unternehmensverträge, 145.

356 *Veil*, Unternehmensverträge, 145 f.

357 *Veil*, Unternehmensverträge, 146 f.

358 Reg Begr. bei *Kropff*, Aktiengesetz, 391; BGH, Urt. v. 11.11.1991 – II ZR 287/90, Z 116, 37, 41; *Altmeppen*, MüKo-AktG, § 302 Rn. 10; *Koch*, Hüffer AktG, § 302 Rn. 3; *Koppensteiner*, KölnKomm-AktG, § 302 Rn. 5; *K. Schmidt*, ZGR 1983, 513, 515; Spindler/Stilz/*Veil*, AktG, § 302 Rn. 6; *ders.*, Unternehmensverträge, 148 f.; krit. *Cahn/Simon*, Der Konzern 2003, 1, 13.

hier die Gewinne und auch Verluste direkt bei dem anderen Vertragsteil anfallen.[359] Minderheitsaktionäre werden geschützt, indem diesen neben der bereits angesprochen Ausgleichzahlungspflicht nach § 304 Abs. 1 S. 1 AktG auch ein Abfindungsanspruch nach § 305 AktG zusteht. Im Rahmen des Gläubigerschutzes sieht das Gesetz gem. § 303 Abs. 1 AktG die Möglichkeit einer Sicherheitsleistung bei Beendigung des Vertrags durch den begünstigten Vertragspartner vor.

2. Der Teilgewinnabführungsvertrag und die Gewinngemeinschaft

Der Teilgewinnabführungsvertrag zeichnet sich dadurch aus, dass sich ein Unternehmen verpflichtet, einen Teil seines Gewinns oder den Gewinn einzelner Betriebe an ein anderes Unternehmen abzuführen. Der Teilgewinnabführungsvertrag knüpft nach überwiegender Ansicht an einen periodisch zu ermittelnden Gewinn an.[360] Anknüpfungspunkte können also der Bilanzgewinn oder der Jahresüberschuss nach der Gewinn-und-Verlust-Rechnung, der Rohertrag oder der Umsatzerlös sein.[361] Der quantitative Umfang der Gewinnabführung ist nicht entscheidend. So kann der Teilgewinnabführungsvertrag nahezu den gesamten Gewinn oder auch nur einen Bruchteil des Gewinns umfassen.[362]

Bei der Gewinngemeinschaft verpflichten sich eine AG oder eine KGaA dazu, ihren Gewinn zu vergemeinschaften um diesen anschließend nach einem bestimmten Verteilungsschlüssel aufzuteilen.

Anders als bei dem Gewinnabführungs- und Geschäftsführungsvertrag sind die Regelungen zur Kapitalerhaltung weiterhin anwendbar. So verstößt ein Teilgewinnabführungsvertrag oder eine Gewinngemeinschaft mit einem Aktionär, der ein unangemessenes Verhältnis zwischen der Gegenleistung und dem abgeführten Teilgewinn bzw. dem Gewinnverteilungsschlüssel beinhaltet, gegen §§ 57, 58 und 60 AktG und ist deshalb nichtig.[363] Andererseits wird es für möglich gehalten, einen Teilgewinnabführungsvertrag bzw. eine Gewinngemeinschaft zu einem Dritten

---

359 *Koch*, Hüffer AktG, § 302 Rn. 8; *Koppensteiner*, KölnKomm-AktG, § 291 Rn. 82; *Veil*, Unternehmensverträge, 148.

360 *Altmeppen*, MüKo-AktG, § 292 Rn. 58; *Emmerich*, Emmerich/Habersack Komm-KonzR, § 292 Rn. 25 f.; *Koch*, Hüffer AktG, § 292 Rn. 13; *Koppensteiner*, KölnKomm-AktG, § 292 Rn. 55; *Krieger*, MüHdbGes IV, § 72 Rn. 16; *Mülbert*, Großkomm-AktG 4. Aufl., § 292 Rn. 86, Spindler/Stilz/*Veil*, AktG, § 292 Rn. 15; zweifelnd *K. Schmidt*, ZGR 1984, 295, 300 ff.

361 *Altmeppen*, MüKo-AktG, § 292 Rn. 57; *Emmerich*, Emmerich/Habersack Komm-KonzR, § 292 Rn. 25; *Krieger*, MüHdbGes IV, § 72 Rn. 16; *Mülbert*, Großkomm-AktG 4. Aufl., § 292 Rn. 87; Spindler/Stilz/*Veil*, AktG, § 292 Rn. 15.

362 *Koppensteiner*, KölnKomm-AktG, § 292 Rn. 54; *Mülbert*, Großkomm-AktG 4. Aufl., § 292 Rn. 89.

363 Geßler/Hefermehl/Eckardt/Kropff/*Geßler*, AktG, § 292 Rn. 43; *Koch*, Hüffer AktG, § 292 Rn. 16; *Koppensteiner*, KölnKomm-AktG, § 292 Rn. 71; *Krieger*, MüHdbGes IV, § 72 Rn. 23; *Veil*, Unternehmensverträge, 151.

ohne Gegenleistung auszugestalten.[364] Auf dieser Ansicht beruht die Prämisse, dass die Erfassung des Teilgewinnabführungsvertrags und der Gewinngemeinschaft als Unternehmensvertrag zwingend erforderlich sei.[365] So solle durch die Möglichkeit des Abschlusses eines unentgeltlichen Vertrags der Zweck der Gesellschaft geändert werden können, indem der Gewinn der Gesellschaft nicht mehr im Interesse der Aktionäre erwirtschaftet werde.[366]

Der Möglichkeit des Abschlusses von unentgeltlichen Teilgewinnabführungs- oder Gewinngemeinschaftsverträgen wird von Stimmen in der Literatur zutreffend entgegengetreten.[367] Aus den Gesetzesmaterialien ergibt sich, dass der Zweck der Aufnahme der Teilgewinnabführungsverträge als Unternehmensvertrag darin liegt, diese durch Publizitätsanforderungen transparent zu machen und der Leitungskompetenz des Vorstands zu entziehen.[368] Hieraus lässt sich nicht schließen, dass der Gesetzgeber der Hauptversammlung die Kompetenz zum Verschenken eines Teils des Bilanzgewinns erteilen wollte.[369]

Zusätzlich wird darauf hingewiesen, dass ein unentgeltlicher Teilgewinnabführungsvertrag bzw. die Gewinngemeinschaft ähnlich wie ein Gewinnabführungsvertrag in die Finanzverfassung eingreifen kann, ohne dass die entsprechend für den Gewinnabführungsvertrag konzipierten Kompensationsmechanismen anwendbar sind.[370] Hierzu ist anzumerken, dass regelmäßig zwischen den Verträgen des § 291 AktG und den Verträgen des § 292 AktG auf den inkorporativen Charakter der Verträge des § 291 AktG und den schuldrechtlichen Charakter der Verträge des § 292 AktG hingewiesen wird.[371] Diese Unterscheidung verdeutlicht schon, dass eine Gegenleistung für den Gewinnabführungsvertrag und die Gewinngemeinschaft erforderlich ist. Ein unentgeltlicher Teilgewinnabführungsvertrag bzw. eine unentgeltliche Gewinngemeinschaft wird vor allem nur einem inkorporativen Zweck dienen. Dies scheinen auch die Vertreter, die einen solchen unentgeltlichen Vertrag für zulässig erachten, zu spüren, wenn sie ihre Ansicht relativieren und darauf hinweisen, dass solche Verträge zu Dritten praktisch nicht vorkommen.[372] Dementsprechend lässt sich, anders als bei dem Gewinnabführungsvertrag, kein Ausschluss des Anspruchs auf den anteiligen Bilanzgewinn der Aktionäre erblicken

---

364 Geßler/Hefermehl/Eckardt/Kropff/*Geßler*, AktG, § 292 Rn. 43; *Koch*, Hüffer AktG, § 292 Rn. 14; *Krieger*, MüHdbGes IV, § 72 Rn. 17; *Koppensteiner*, KölnKomm-AktG, § 292 Rn. 54; *Mülbert*, Großkomm-AktG 4. Aufl., § 292 Rn. 83; *Schulze-Osterloh*, ZGR 1974, 427, 434.

365 *Veil*, Unternehmensverträge, 153.

366 *Mülbert*, Unternehmensgruppe, 167 f.

367 *Altmeppen*, MüKo-AktG, § 292 Rn. 53, 75 f.; *Veil*, Unternehmensverträge, 153 f.

368 RegBegr. bei *Kropff*, Aktiengesetz, 16 f.; *Veil*, Unternehmensverträge, 153 f.

369 *Altmeppen*, MüKo-AktG, § 292 Rn. 75 f.; *Veil*, Unternehmensverträge, 154.

370 *Veil*, Unternehmensverträge, 154.

371 Vgl. *Altmeppen*, MüKo-AktG, § 292 Rn. 52.

372 Geßler/Hefermehl/Eckardt/Kropff/*Geßler*, AktG, § 292 Rn. 43; *Koppensteiner*, KölnKomm-AktG, § 292 Rn. 54 Fn. 185.

und wegen der zwingenden Entgeltlichkeit der Gewinnabführungsverträge und der Gewinngemeinschaft auch keine Änderung des Unternehmenszwecks.

Dennoch wird von der Literatur angenommen, dass unmittelbar oder zumindest mittelbar in die Finanzorganisation der Aktiengesellschaft eingegriffen wird, da die Kompetenz der Hauptversammlung und des Vorstandes zur Verteilung des Gewinns unmittelbar[373] bzw. mittelbar[374] beeinträchtigt ist. Andere sehen in diesen Verträgen zwar keine mittelbare Beeinträchtigung der Gewinnverwendungskompetenz, allerdings bestehe zumindest die Gefahr eines Eingriffs in die Gewinnverwendungskompetenz.[375] Dieser Argumentation wird zutreffend entgegengehalten, dass die Gewinnverwendungskompetenz formal unangetastet bleibt.[376] Auch die Annahme der bloßen Gefahr eines Eingriffs in die Gewinnverwendungskompetenz verdeutliche schon, dass gerade ein solcher Eingriff in die Finanzorganisation nicht vorliegt.[377] Stattdessen wird konstatiert, dass sowohl der Teilgewinnabführungsvertrag als auch die Gewinngemeinschaft zu einer Verwässerung des Gewinnrechts der Aktionäre führen könnten.[378] So soll ähnlich wie bei dem § 221 AktG aus dem § 292 Abs. 1 Nr. 1, 2 AktG die gesetzliche Wertung dahingehend zu verstehen sein, dass die Aktionäre über den am Unternehmensgewinn beteiligten Personenkreis entscheiden sollen.[379] Gleichzeitig sollen die Aktionäre durch den erforderlichen Hauptversammlungsbeschluss überprüfen können, ob die vereinbarte Gegenleistung angemessen ist, oder ob eine Verwässerung des Dividendenbezugsrechts durch den Gewinnabführungsvertrag oder die Gewinngemeinschaft drohe.[380] Es lässt sich dieser Ansicht hinzufügen, dass durch die von § 294 AktG statuierte Publizität der Unternehmensverträge dem Rechtsverkehr und somit auch potentiellen Investoren transparent gemacht wird, wer außerhalb der Aktionäre noch an dem Gewinn des Unternehmens partizipiert.

Neben der möglichen Verwässerung des Dividendenbezugsrechts durch den Teilgewinnabführungsvertrag oder die Gewinngemeinschaft könnte auch die Thesaurierungskompetenz der Hauptversammlung und des Vorstands verwässert werden.[381] Formal gesehen besteht zwar diese Kompetenz, jedoch beschränke sie sich nur noch auf den im Rahmen der Gewinngemeinschaft ausgekehrten oder im Rahmen eines Teilgewinnabführungsvertrags übrig gebliebenen Gewinnteil.[382]

---

373 *Altmeppen*, MüKo-AktG, § 292 Rn. 73.
374 *K. Schmidt*, ZGR 1984, 295, 306
375 *Koppensteiner*, KölnKomm-AktG, § 292 Rn. 16; *Schulze-Osterloh*, ZGR 1974, 427, 433.
376 *Mülbert*, Unternehmensgruppe, 168.
377 *Veil*, Unternehmensverträge, 155.
378 *Veil*, Unternehmensverträge, 155 ff.
379 *Veil*, Unternehmensverträge, 155.
380 *Veil*, Unternehmensverträge, 157.
381 *Veil*, Unternehmensverträge, 157.
382 *Veil*, Unternehmensverträge, 157.

Zusammenfassend lässt sich feststellen, dass der Teilgewinnabführungsvertrag und die Gewinngemeinschaft formal gesehen, anders als der Geschäftsführungsvertrag und der Gewinnabführungsvertrag, nicht in die Finanzverfassung der Aktiengesellschaft eingreifen. Dennoch droht durch diese Verträge eine faktische Verwässerung der durch die Finanzverfassung gewährleisteten Rechte. Dieser Gefahr der Verwässerung ist der Gesetzgeber begegnet, indem er diese Verträge als Unternehmensverträge erfasst hat und damit die Kompetenz der Hauptversammlung bei dem Abschluss solcher Verträge auf diese erstreckt hat. Zusätzlich ist durch § 294 AktG eine Transparenz für den Rechtsverkehr geschaffen worden.

II. Vergleich mit den realtypischen Vergütungsstrukturen des Unternehmensführungsvertrags

Im Rahmen des Unternehmensführungsvertrags können verschiedene Vergütungsmodelle vereinbart werden.[383] So besteht zum einen die Möglichkeit einer festen Grundvergütung oder zum anderen einer erfolgsbezogenen Vergütung.

Nicht vereinbar mit der Konzeption des Unternehmensführungsvertrags ist der Geschäftsführungsvertrag im Sinne des § 291 Abs. 1 S. 2 AktG. Der Unternehmensführungsvertrag erfordert zwingend, dass das Unternehmen für Rechnung des Eigentümerunternehmens geführt wird.[384] Wenn allerdings als Gegenleistung im Rahmen des Unternehmensführungsvertrags das Eigentümerunternehmen verpflichtet ist, den gesamten Gewinn abzuführen, dann liege neben dem Unternehmensführungsvertrag zugleich auch ein Gewinnabführungsvertrag vor.[385] Dieser greift in die Finanzverfassung der Gesellschaft ein und wird durch das Gesetz durch verschiedene Mechanismen legitimiert.

Teilweise wird dann davon ausgegangen, dass in diesem Fall auch kein Unternehmensführungsvertrag, sondern ein Beherrschungsvertrag vorläge.[386] Argumentiert wird dabei, dass das Eigentümerunternehmen kein Interesse mehr habe, das Weisungsrecht auszuüben.[387] Dem ist jedoch entgegenzuhalten, dass das Abstellen auf ein mögliches Interesse an der Ausübung tatsächlich bestehender Weisungsrechte zu Unsicherheiten bei der Abgrenzung der Vertragstypen führen kann. So sollte auch in dieser Situation von einem Unternehmensführungsvertrag und einem Gewinnabführungsvertrag ausgegangen werden. Im Übrigen finden aufgrund des Gewinnabführungsvertrags die konzernrechtlichen Kompensationsvorschriften Anwendung, die über das Schutzniveau der konzernrechtlichen Kompensation bei dem einflussgeminderten Unternehmensführungsvertrag hinausgehen. Zuzugeben

---

383 Vgl. 1. Kapitel § 4 D.

384 Vgl. 1. Kapitel § 5 A I.

385 *Koppensteiner*, KölnKomm-AktG, § 292 Rn. 90; *Mülbert*, Großkomm-AktG, 4. Aufl., § 292 Rn. 169.

386 *Altmeppen*, MüKo-AktG, § 292 Rn. 165; *Huber*, ZHR 152 (1988), 123, 136 ff.; *Koppensteiner*, KölnKomm-AktG, § 292 Rn. 91.

387 *Koppensteiner*, KölnKomm-AktG, § 292 Rn. 91.

ist dieser Ansicht jedoch, dass die Kopplung eines Unternehmensführungsvertrags und eines Gewinnabführungsvertrags die Frage aufwirft, ob das Unternehmen tatsächlich noch im Interesse des Eigentümerunternehmens geführt wird. Ist dies nicht der Fall, so ist eher von einem Beherrschungsvertrag auszugehen als von einem Unternehmensführungsvertrag, der als konstituierendes Element die Fremdinteressenwahrnehmung beinhaltet. Diese Abgrenzung muss dann im Einzelfall unter Beachtung der beidseitigen Interessenlage vorgenommen werden.

Ähnlich stellt sich der Sachverhalt bei einer erfolgsbezogenen Vergütung im Sinne einer Beteiligung an dem periodisch ermittelten Unternehmensgewinn dar. Auch hier liegt neben dem Unternehmensführungsvertrag ein Teilgewinnabführungsvertrag vor.[388] Es besteht die abstrakte Gefahr der Verwässerung des Dividendenbezugsrechts und der Gewinnverwendungskompetenz des Vorstands und der Hauptversammlung. So soll die Hauptversammlung darüber befinden, in welcher Höhe eine Gewinnbeteiligung eine angemessene Gegenleistung für die Unternehmensführung ist. Dem gegenüber wendet *Altmeppen* unzutreffend ein, dass danach zu differenzieren sei, ob durch den konkreten Austauschvertrag, der auch eine Teilgewinnabführung vorsehe, die Gewinnposition erst eröffnet wurde, oder ob auf eine bereits entstandene Gewinnposition zugegriffen werde.[389] Bei einem Unternehmensführungsvertrag über das gesamte Unternehmen wird regelmäßig der gesamte Gewinn durch die Tätigkeit des Unternehmensführers erzielt. Bekanntlich handelt dabei der Unternehmensführer für Rechnung des Eigentümerunternehmens. Vor diesem Hintergrund erscheint es willkürlich, diese Differenzierung zu treffen. Eine Verwässerung des Dividendenbezugsrechts und der Thesaurierungskompetenz droht auch hier. Aus diesem Grund ist es nicht einzusehen, warum hier keine Kompetenz der Aktionäre, über die Hauptversammlung den betreffenden Vertrag zu prüfen und über diesen zu entscheiden, gegeben sein soll.

Unerheblich für die Qualifizierung als Teilgewinnabführungsvertrag ist der konkrete Umfang der Gewinnabführung. Das Aktiengesetz verzichtet – anders als das Aktiengesetz von 1937 – auf eine quantitative Bestimmung, um Abgrenzungsschwierigkeiten zu vermeiden.[390] Dennoch soll nach der Gesetzesbegründung die Hauptversammlung nicht mit unbedeutenden Gewinnabführungsverträgen belastet werden.[391] Aus diesem Grund sieht das Gesetz den Ausnahmetatbestand des § 292 Abs. 2 AktG vor. Ein Unternehmensführungsvertrag, der nach der Definition des § 292 Abs. 1 Nr. 2 AktG zugleich einen Teilgewinnabführungsvertrag beinhaltet,

---

388 Vgl. *Emmerich*, Emmerich/Habersack Komm-KonzR, § 292 Rn. 26; *Frisch*, AG 1995, 362, 363; *Koppensteiner*, KölnKomm-AktG, § 292 Rn. 69, 92; *Mülbert*, Großkomm-AktG, 4. Aufl., § 292 Rn. 170; *Veelken*, Betriebsführungsvertrag, 239 f.

389 *Altmeppen*, MüKo-AktG, § 292 Rn. 63; zustimmend *Mülbert*, Großkomm-AktG 4. Aufl, § 292 Rn. 87, 98.

390 *Aktmeppen*, MüKo-AktG, § 292 Rn. 81; *Emmerich*, Emmerich/Habersack Komm-KonzR, § 292 Rn. 33; *Mülbert*, Großkomm-AktG 4. Aufl, § 292 Rn. 80; *Koppensteiner*, KölnKomm-AktG, § 292 Rn. 56; *K. Schmidt*, ZGR 1984, 295 302.

391 RegBegr. bei *Kropff*, Aktiengesetz, 379.

stellt sich nach zutreffend vertretener Ansicht nicht als Vertrag des laufenden Geschäftsverkehrs im Sinne des § 292 Abs. 2 AktG dar.[392] Als Verträge des laufenden Geschäftsverkehrs werden in Anlehnung an § 116 Abs. 1 HGB solche Verträge bezeichnet, die der gewöhnliche Geschäftsverkehr der Gesellschaft mit sich bringe.[393]

Dies wird teilweise versucht zu konturieren, indem gefordert wird, dass die erfolgsbezogene Gegenleistung der Aktiengesellschaft branchenüblich sein muss.[394] Dem ist allerdings nicht zu folgen. Es kann nicht auf die Branchenüblichkeit der Vergütung ankommen, sondern es muss auf die Kontinuität und den Rahmen, in dem die Teilgewinnabführungsverträge abgeschlossen werden, ankommen. Es muss gefragt werden, ob es branchenüblich ist, dass regelmäßig in nicht allzu großen Abständen solche erfolgsbezogenen Vergütungen in einem bestimmten Kontext vereinbart werden. So gibt es Branchen, wie zum Beispiel das Hotelgewerbe, in denen der Unternehmensführungsvertrag verbreitet ist, und gleichzeitig finden sich häufig erfolgsbezogene Vergütungssysteme. Dennoch lassen sich diese Verträge nicht als Verträge des gewöhnlichen Geschäftsverkehrs der Gesellschaft sehen. Dies ergibt sich unter anderem daraus, dass zum einen die Unternehmensführungsverträge über einen längeren Zeitraum geschlossen werden und keine Regelmäßigkeit bei dem Abschluss solcher Verträge zu erkennen ist. Auch eine analoge Anwendung des § 292 Abs. 2 AktG auf den Unternehmensführungsvertrag, bei dem gleichzeitig durch die erfolgsbezogene Vergütung ein Teilgewinnabführungsvertrag vorliegt, scheidet aus. Zutreffend wird darauf hingewiesen, dass der Ausnahmetatbestand abschließend sei, da der Gesetzgeber gerade nicht wollte, dass das wirtschaftliche Gewicht der Teilgewinnabführungsverträge eine Rolle spielt.[395] Festhalten lässt sich, dass ein Unternehmensführungsvertrag, der eine erfolgsbezogene Vergütung enthält, die an den periodisch ermittelten Unternehmensgewinn anknüpft, zugleich einen Teilgewinnabführungsvertrag enthält. Dies hat zur Folge, dass ein Hauptversammlungsbeschluss und die Eintragung in das Handelsregister für den Abschluss eines solchen Vertrags erforderlich sind.

Die Koppelung eines Unternehmensführungsvertrags und eines Teilgewinnabführungsvertrags kann zu Schwierigkeiten bei der Abgrenzung zu dem Geschäftsführungsvertrag im Sinne des § 291 Abs. 1 S. 2 AktG führen.[396] Wird ein Großteil

---

392 *Koppensteiner*, KölnKomm-AktG, § 292 Rn. 69; *Veelken*, Betriebsführungsvertrag, 240.

393 *Altmeppen*, MüKo-AktG, § 292 Rn. 80; *Emmerich*, Emmerich/Habersack Komm-KonzR, § 292 Rn. 35; *Koppensteiner*, KölnKomm-AktG, 292 Rn. 58; *Krieger*, MüHdbGes IV, § 72 Rn. 19; *Mülbert*, Großkomm-AktG, § 292 Rn. 110; Spindler/Stilz/*Veil*, AktG, § 292 Rn. 32.

394 *Altmeppen*, MüKo-AktG, § 292 Rn. 81.

395 KG 15.03.1999 NZG 1999, 1102, 1106; *Altmeppen*, MüKo-AktG, § 292 Rn. 83; *Emmerich*, Emmerich/Habersack Komm-KonzR, § 292 Rn. 33; *Koch*, Hüffer AktG, § 292 Rn. 26; *Koppensteiner*, KölnKomm-AktG, § 292 Rn. 60; *Krieger*, MüHdbGes IV, § 72 Rn. 19; *K. Schmidt*, ZGR 1984, 295, 302.

396 *Dörmer*, Unternehmenspacht, 126; *Huber*, ZHR 152 (1988),1, 4 f.

des Gewinns an den Unternehmensführer abgeführt, ergibt sich das Problem, ob das Unternehmen noch für Rechnung des Eigentümerunternehmens geführt wird. Auch hier gilt es wieder, eine Abgrenzung im konkreten Einzelfall vorzunehmen. So kann beispielsweise mit einem Unternehmensführungsvertrag, der primär dem Interesse einer Unternehmenssanierung dient, eine erhebliche Gewinnabführung verbunden sein und der Unternehmensführungsvertrag ist auf einen überschaubaren Zeitraum befristet. Bei einem solchen Unternehmensführungsvertrag kann trotz der erheblichen Gewinnabführung weiterhin davon ausgegangen werden, dass hier eine Fremdinteressenwahrnehmung des Unternehmensführers vorliegt und die Unternehmensführung für Rechnung des Eigentümerunternehmens erfolgt. Die Einordnung des Vertragsverhältnisses als Geschäftsführungsvertrag im Sinne des § 291 Abs. 1 S. 2 AktG hätte zur Folge, dass dieser wie ein Gewinnabführungsvertrag zu behandeln ist. sodass auch eine Verlustausgleichspflicht nach § 302 Abs. 1 AktG, eine Ausgleichszahlungspflicht nach § 304 Abs. 1 AktG oder ein Abfindungsanspruch nach § 305 AktG in Betracht kommen würden.

Es stellt sich die Frage, wie sich die Situation bei anderen erfolgsbezogenen Vergütungsformen darstellt, bei denen die erfolgsbezogene Vergütung nicht an den periodischen Unternehmensgewinn anknüpft, sondern an anderen Unternehmenskennzahlen. Für eine entsprechende Anwendung des § 292 Abs. 1 Nr. 2 AktG lässt sich der Gedanke anführen, dass die Anknüpfung der erfolgsbezogenen Vergütung an andere unternehmerische Kennzahlen sich auch mittelbar auf den Unternehmensgewinn auswirken kann. So könnte auch hier die Gefahr der Verwässerung des Dividendenbezugsrechts und der Thesaurierungskompetenz des Vorstands und der Hauptversammlung bestehen. Allerdings wird von Seiten der Literatur einer Analogiebildung entgegengehalten, dass andere Posten als Anknüpfungspunkt keinen Rückschluss darauf zulassen, inwiefern und in welcher Höhe ein Bilanzgewinn anfällt.[397] Sie stellen sich nur als Ergebnis eines Ausschnitts der Geschäftstätigkeit dar.[398] Mangels dieser validen Rückschlussmöglichkeit ist auch der Zweck der Hauptversammlungskompetenz als Entscheidung über die Gewinnpartizipation nicht gegeben. Eine solche extensive Anwendung des § 292 Abs. 1 AktG hätte somit eine weite Beschneidung der Entscheidungskompetenz des Vorstands zur Folge, ohne dass der in § 292 Abs. 1 Nr. 1 und 2 AktG verbürgte Zweck einschlägig ist. Aus diesem Grund führt eine erfolgsbezogene Vergütung des Unternehmensführers, die an andere Positionen als einen periodisch zu ermittelnden Gewinn anknüpft, nicht zu dem parallelen Vorliegen eines Teilgewinnabführungsvertrags oder der Rechtfertigung einer analogen Anwendung aufgrund einer vergleichbaren Wirkung auf die Finanzverfassung.

397 Vgl. *Koppensteiner*, KölnKomm-AktG, § 292 Rn. 43, 65.
398 *Schulze-Osterloh*, ZGR 1974, 427, 439.

III. Die Höhe der Vergütung und deren Einfluss auf die Finanzverfassung

Das Betriebsführungsentgelt und die Leistung der Betriebsführung müssen in einem angemessenen Verhältnis stehen. Damit stellt sich die Frage, wann eine Vergütung unangemessen ist. Die Beantwortung dieser Frage ist nach Maßgabe des Einzelfalls zu beurteilen. Als Orientierungshilfe wird vorgeschlagen, eine unangemessene Höhe der Gegenleistung dann zu bejahen, wenn der Aktiengesellschaft über eine gewisse Dauer weniger Ertrag als bei einer hypothetischen selbstständigen Unternehmensführung verbleibt.[399] Zu berücksichtigende Faktoren sind also dabei die voraussichtliche Ertragsentwicklung und die durch die Unternehmensführung erfolgte Kostenersparnis des Eigentümerunternehmens.[400]

Liegt eine unangemessene Vergütung vor, so ist zu unterscheiden, ob der Begünstigte ein Aktionär oder ein Dritter ist. Die Kapitalerhaltungsvorschriften sind, wie auch bei dem Teilgewinnabführungsvertrag, nicht aufgehoben. § 57 Abs. 1 AktG sieht vor, dass die Einlagen der Gesellschafter nicht zurückgewährt werden dürfen. Des Weiteren regeln die §§ 58 ff. AktG die Verwendung und Verteilung des Jahresüberschusses bzw. des Gewinns. Eine unangemessene Vergütung eines Aktionärs hat dementsprechend zur Folge, dass es sich um eine versteckte Rückgewähr der Einlagen oder eine versteckte Gewinnausschüttung handelt. Ist dies der Fall, findet auf den Unternehmensführungsvertrag § 292 Abs. 3 AktG analog Anwendung.[401] Zwar ist in diesem Fall der Unternehmensführungsvertrag nicht nichtig, allerdings ist der Hauptversammlungsbeschluss anfechtbar und die entsprechenden aktienrechtlichen Schutzvorschriften (§§ 57, 62 und 311 ff. AktG) kommen zur Anwendung.[402] Zusätzlich drängt sich die Frage auf, ob in diesem Fall § 302 Abs. 2 AktG analog anzuwenden ist. Für eine analoge Anwendung sprechen mehrere Aspekte. Zum einen wird zur Legitimation eines einflussgeminderten Unternehmensführungsvertrags die Regelung des § 292 Abs. 1 Nr. 3 AktG inklusive des nach § 293 ff. AktG erforderlichen Verfahrens analog angewendet. Zusätzlich wird auf den Unternehmensführungsvertrag die Regelung des § 292 Abs. 3 AktG entsprechend angewendet. Und in der Tat wird dies teilweise ohne nähere Begründung in der Literatur vertreten.[403] Zutreffend ist es jedoch, die Verlustausgleichspflicht aus § 302 Abs. 2 AktG bei dem Unternehmensführungsvertrag abzulehnen.[404] Die Rechtsfolge des

---

399 *Altmeppen*, MüKo-AktG, § 292 Rn. 173; *Koppensteiner*, Kölnkomm-AktG, § 292 Rn. 104.

400 *Koppensteiner*, Kölnkomm-AktG, § 292 Rn. 104.

401 *Altmeppen*, MüKo-AktG, § 292 Rn. 174; Hölters/*Deilmann*, AktG, § 292 Rn. 37; *Krieger*, MüHdbGes IV, § 72 Rn. 56; *Koppensteiner*, Kölnkomm-AktG, § 292 Rn. 92; a. A. *Veil*, Unternehmensverträge, 293.

402 *Altmeppen*, MüKo-AktG, § 292 Rn. 174.

403 *Schatz*, Gesellschaftsvermögen, 119; *Veelken*, Betriebsführungsvertrag, 247 f.

404 Ebenso *Altmeppen*, MüKo-AktG, § 302 Rn. 52; *Emmerich*, Emmerich/Habersack Komm-KonzR, § 302 Rn. 23; *Koch*, Hüffer AktG, § 302 Rn. 20; *Koppensteiner*, KölnKomm-AktG, § 292 Rn. 80; *Veil*, Unternehmensverträge, 293.

§ 302 Abs. 2 AktG passt schon deshalb nicht, weil das Eigentümerunternehmen, anders als bei der Betriebspacht und dem Betriebsüberlassungsvertrag, kein Entgelt erhält, sondern eines entrichtet.[405] Nicht zuzustimmen ist der Argumentation, dass, anders als bei der Betriebspacht und des Betriebsüberlassungsvertrags, die Vorschriften über die Kapitalerhaltung durch § 292 Abs. 3 AktG nicht teilweise aufgehoben seien.[406] Wie oben schon erörtert, findet § 292 Abs. 3 AktG auf den Unternehmensführungsvertrag analog Anwendung. Allerdings führt § 292 Abs. 3 AktG nicht zur teilweisen Aufhebung der dort genannten Kapitalerhaltungsregelungen, sondern es wird vielmehr – im Gegensatz zu § 139 BGB – in der Rechtsfolge vorgesehen, dass das Vertragsverhältnis nicht nichtig ist.

Ein weiterer Aspekt gegen die entsprechende Anwendung des § 302 Abs. 2 AktG ist, dass die Rechtsprechung des BGH im GmbH-Recht sich gegen die Rechtsfigur des qualifiziert faktischen Konzerns und der damit verbundenen Verlustausgleichspflicht aus § 302 Abs. 2 AktG analog ausgesprochen hat und stattdessen einen Schutz der faktisch abhängigen Gesellschaft über die Anwendung von allgemeinen Grundsätzen, wie zum Beispiel einem Schadensersatzanspruch, lösen möchte.[407] In diesem Sinne ist auch nicht eine Rechtsfortbildung aus § 302 Abs. 2 AktG vorzunehmen. Stattdessen sollte die Interessenlage bei dem Unternehmensführungsvertrag im Unterschied zur Betriebspacht und zu dem Betriebsüberlassungsvertrag herangezogen werden. Während bei letzteren das Unternehmen im Interesse und für Rechnung des Pächters bzw. des Betriebsübernehmers geführt wird, wird der Unternehmensführungsvertrag im Interesse und für Rechnung des Eigentümerunternehmens geführt. Bei dem Vorliegen einer unangemessenen Vergütung sollte dementsprechend zunächst geprüft werden, ob nicht doch die Unternehmensführung im Interesse und/oder Rechnung des Unternehmensführers erfolgt. Ist dies der Fall, kann entweder von einem atypischen Beherrschungsvertrag ausgegangen werden (mit den später noch anzusprechenden Rechtsfolgen) oder von einer Betriebspacht oder einem Betriebsüberlassungsvertrag. Sofern die Unternehmensführung im Interesse und für Rechnung des Eigentümerunternehmens erfolgt und dennoch die Vergütung unangemessen ist, kommen bei einem Unternehmensführer, der nicht Aktionär ist, die Grundsätze vom Missbrauch der Vertretungsmacht in Betracht sowie Schadensersatzansprüche aus §§ 93, 116, 117 AktG oder §§ 823 ff. BGB.[408] In Extremfällen kommt auch eine Nichtigkeit des Vertrags durch die Annahme eines Wuchers nach § 138 Abs. 2 BGB oder eines wucherähnlichen Geschäfts nach § 138 Abs. 1 BGB in Betracht.

405 *Altmeppen*, MüKo-AktG, § 302 Rn. 52; *Emmerich*, Emmerich/Habersack KommKonzR, § 302 Rn. 23; *Koch*, Hüffer AktG, § 302 Rn. 22.
406 So aber *Veil*, Unternehmensverträge, 293.
407 BGH, Urt. v. 16.07.2007 – II ZR 3/04, NJW 2007, 2689, 2690.
408 *Altmeppen*, MüKo-AktG, § 293 Rn. 174; Hölters/*Deilmann*, § 292 Rn. 37.

E) Zusammenfassung

Bei der Ausgestaltung des Unternehmensführungsvertrags mit der Beteiligung einer Aktiengesellschaft als Eigentümerunternehmen ergeben sich verschiedene gesellschaftsrechtliche Grenzen. Diese Grenzen resultieren aus der Organisations- und der Finanzverfassung der Aktiengesellschaft, die aufgrund der Satzungsstrenge erheblich der privatautonomen Gestaltung entzogen ist. Dennoch legitimiert das Konzernrecht gewisse Eingriffe in die Organisationsverfassung.

Für den Unternehmensführungsvertrag hat sich gezeigt, dass die Einflussrechte, und allen voran das Weisungsrecht des Eigentümerunternehmens, maßgeblich für die gesellschaftsrechtliche Zulässigkeit des Unternehmensführungsvertrags sind. Eine Einschränkung dieses Weisungsrechts führt zwar dazu, dass in die Organisationsverfassung der Aktiengesellschaft eingegriffen wird, allerdings ermöglicht die analoge Anwendung des § 292 Abs. 1 Nr. 3 AktG eine Legitimation. Als Kompensation für diesen Eingriff sind ein Hauptversammlungsbeschluss nach § 293 AktG inklusive des vorbereitenden Verfahrens nach §§ 293a ff. AktG und eine Eintragung in das Handelsregister gem. § 294 AktG erforderlich. Der vollständige Ausschluss des Weisungsrechts ist unzulässig und lässt sich nicht legitimieren.

Auch die Frage der Vergütung ist relevant für die gesellschaftsrechtliche Zulässigkeit. Sofern eine erfolgsbezogene Vergütung vereinbart wird, in dessen Rahmen der gesamte Unternehmensgewinn an den Unternehmensführer abzuführen ist, liegt ein Eingriff in die Finanzverfassung vor. Dieser ist jedoch legitimiert, wenn die Voraussetzungen für einen Gewinnabführungsvertrag vorliegen. In diesem Fall liegt also neben dem Unternehmensführungsvertrag zugleich ein Gewinnabführungsvertrag vor. Es sind dann für diese Gewinnabführung die im Konzernrecht vorgesehenen Kompensationsvorschriften anzuwenden. Bei anderen Vergütungsvereinbarungen, die an den periodischen Gewinn anknüpfen, jedoch nicht die vollständige Gewinnabführung vorsehen, liegt zwar kein Eingriff in die Finanzverfassung vor, allerdings drohe die abstrakte Gefahr einer Verwässerung. Eine solche Vergütungsvereinbarung stellt tatbestandlich einen Teilgewinnabführungsvertrag dar. Dementsprechend führt eine solche Vergütungsvereinbarung auch zu einer Kompetenz der Hauptversammlung und zu einer konstitutiven Eintragung in das Handelsregister. Kein Teilgewinnabführungsvertrag ist gegeben, wenn die Vergütungsvereinbarung an sonstige Unternehmenskennzahlen anknüpft. Auch eine analoge Anwendung der Regelungen über den Teilgewinnabführungsvertrag scheidet für diesen Fall aus. Die Höhe der Vergütung muss in einem angemessenen Verhältnis zu der Leistung der Betriebsführung stehen.

§ 2. Die Societas Europaea als Rechtsträger des Eigentümerunternehmens

A) Verhältnis des Normsystems der SE zu dem nationalen Normsystem

Ausgehend von der zuvor im Rahmen der Aktiengesellschaft vertretenen Legitimationsthese stellt sich die Frage, ob diese These auch auf die SE als Eigentümergesellschaft übertragen werden muss, und auch, ob sie übertragen werden kann. Die SE-VO stellt sich als ein unvollständiges Regelungswerk dar, das zum Teil auch recht triviale, einer typischen Kapitalgesellschaft innewohnende Regelungen enthält,[409] während zu wichtigen Regelungsbereichen geschwiegen wird. So finden sich beispielsweise zu dem Konzernrecht kaum eigene Regelungen. Die SE-VO ermöglicht jedoch durch Art. 9 Abs. 1 lit. c SE-VO – für den Fall einer gesetzlichen Regelungslücke in der VO – das Abstellen auf das nationale Gesellschaftsrecht der Mitgliedsstaaten.

Der Art. 9 SE-VO sieht für den Rückgriff auf das nationale Recht ein Stufensystem vor. Sofern eine Regelungslücke in der SE-VO gegeben ist und diese Regelungslücke nicht ausdrücklich durch eine privatautonome Gestaltung geschlossen werden durfte und auch konnte, findet das nationale Recht mit der Maßgabe Anwendung, dass zunächst das Ausführungsgesetz und dann alle anderen nationalen Normen Anwendung finden. Durch mehr oder minder detaillierte mitgliedstaatliche Spezialgesetze zu dem Regelungsbereich der SE wurde sowohl versucht, die Lücken der SE-VO zu schließen, als auch die Regelungen der SE-VO zu konkretisieren.[410] In der Rechtsanwendung findet das nationale Gesellschaftsrecht Anwendung, in dessen Territorium der Sitz der Gesellschaft ist. Folglich wurde durch die SE-VO keine einheitliche SE geschaffen, vielmehr wurde ein einheitlicher Rahmen entwickelt. Die europäische Aktiengesellschaft steht mithin unter einer jeweiligen nationalen Prägung. Die nationalen Normen sind dann wiederum europarechtskonform auszulegen.[411] Wenn weder die Regelungen der SE-VO noch das mitgliedstaatliche Recht eine eindeutige Antwort auf eine Rechtsfrage geben, dann ist auf das Institut der Rechtsfortbildung durch Einzelanalogie zurückzugreifen.

Die Analogie kann bei der SE in zweierlei Hinsicht relevant werden. Zum einen kann eine Norm der SE-VO analog angewendet werden; der Art. 9 SE-VO enthält insofern kein Analogieverbot.[412] In anderer Hinsicht kann auch eine nationale Norm im Rahmen der Verweisung des Art. 9 Abs. 1 lit. c ii SE-VO analog angewendet

409 *Bachmann*, ZEuP 16 (2008), 32, 35 f.

410 *Bachmann*, ZEuP 16 (2008), 32, 37 ff.

411 *Bachmann*, ZEuP 16 (2008), 32, 43 f.; a. A. *Schäfer*, MüKo-AktG, Art. 9 SE-VO Rn. 19.

412 *Bachmann*, ZEuP 16 (2008), 32, 54 f.; *Hommelhoff/Teichmann*, Lutter/Hommelhoff SE-Komm, Art. 9 SE-VO Rn. 51; Habersack/Dringhausen/*Schürnbrand*, SE-Recht, Art. 9 SE-VO Rn. 19.

werden.[413] Zwangsläufig stellt sich damit die Frage, wann eine Rechtsfortbildung im Rahmen des europäischen Rechts möglich ist, und wann auf das jeweilige nationale Recht abzustellen ist. Die Frage wird in der Gestalt beantwortet, dass im konkreten Einzelfall zu entscheiden sei, ob das Unionsrecht zu einem bestimmten Regelungsbereich Aussagen getroffen hat, oder ob durch das grundsätzliche Schweigen zu bestimmten Themenbereichen dieser Regelungsbereich dem jeweiligen nationalen Recht überlassen wurde.[414] Dies wird damit begründet, dass keine planwidrige Regelungslücke für eine entsprechende Anwendung des Unionsrechts vorliegt, wenn durch den geplanten Mechanismus der Lückenschließung auf das nationale Recht verwiesen wird.[415] Für die hier geführte Diskussion steht die SE im Rahmen des deutschen Rechts im Vordergrund.

B) Eingriff in die Organisationsstruktur durch den Unternehmensführungsvertrag

I. Eingriff in die Organisationsstruktur der SE nach Maßgabe des Weisungsrechts

Anders als die Aktiengesellschaft im nationalen Recht eröffnet die SE-VO die Wahlmöglichkeit zwischen einer dualistischen und einer monistischen Organisationsstruktur. Die dualistische Organisationsstruktur beinhaltet die Trennung zwischen dem Vorstand als geschäftsführenden Organ und dem Aufsichtsrat, während die monistische Organisationsstruktur einen Verwaltungsrat vorsieht. Der Art. 39 Abs. 1 SE-VO sieht im Rahmen des dualistischen Systems vor, dass der Vorstand die Gesellschaft in eigener Leitung führt.[416] Der Art. 39 Abs. 1 SE-VO gilt dabei als funktionale Entsprechung zu § 76 Abs. 1 AktG.[417] Dementsprechend übt das Leitungsorgan weisungsunabhängig unter eigener Verantwortung die Unternehmensführung im Rahmen des gesetzlichen Kompetenzverhältnisses aus. Eine Vertretung der Gesellschaft nach außen ist damit nach europäischem Verständnis nicht zwingend vorausgesetzt, wird jedoch zumindest für die SE, auf die deutsches Recht Anwendung findet, bejaht.[418]

---

413 *Schäfer*, MüKo-AktG, Art. 9 SE-VO Rn. 18; *Schröder*, Manz/Mayer/Schröder SE-Recht, Art. 9 SE-VO Rn. 29; Habersack/Dringhausen/*Schürnbrand*, SE-Recht, Art. 9 SE-VO Rn. 42.

414 *Grundmann*, Europäisches Gesellschaftsrecht, 625; *Hommelhoff/Teichmann*, Lutter/Hommelhoff SE-Komm, Art. 9 SE-VO Rn. 51; Habersack/Dringhausen/*Schürnbrand*, SE-Recht, Art. 9 SE-VO Rn. 19.

415 *Hommelhoff/Teichmann*, Lutter/Hommelhoff SE-Komm, Art. 9 SE-VO Rn. 51; Habersack/Dringhausen/*Schürnbrand*, SE-Recht, Art. 9 SE-VO Rn. 19.

416 Habersack/Dringhausen/*Seibt*, SE-Recht, Art. 39 SE-VO Rn. 4.

417 *Seibt*, Lutter/Hommelhoff SE-Komm, Art. 39 SE-VO Rn. 5.

418 Habersack/Dringhausen/*Seibt*, SE-Recht, Art. 39 SE-VO Rn. 10.

Korrespondierend hierzu sieht Art. 43 Abs. 1 SE-VO dieses auch für die monistische Organisationsstruktur vor. Hier leitet das Verwaltungsorgan die Gesellschaft. Das Verwaltungsorgan trifft grundsätzlich alle Entscheidungen über tatsächliche und rechtliche Handlungen, die nicht in den Kompetenzbereich der Hauptversammlung fallen.[419] Gleichzeitig eröffnet der Art. 43 Abs. 4 SE-VO den Mitgliedstaaten, die keine monistisch geprägte nationale Gesellschaft vorsehen, eine Regelungskompetenz für erforderliche Spezialregelungen zur Implementierung einer monistischen Leitungsstruktur bei der Rechtsform der SE. Die Bundesrepublik Deutschland hat in der Ausübung dieser Regelungskompetenz mit dem § 40 Abs. 1 SEAG vorgesehen, dass der Verwaltungsrat als Verwaltungsorgan einen oder mehrere geschäftsführende Direktoren bestellen muss. Diese sollen dann typischerweise das Tagesgeschäft führen und die Gesellschaft nach außen gem. § 41 Abs. 1 SEAG vertreten, während der Verwaltungsrat diese überwacht, Weisungen erteilt und die Grundlinien der Unternehmensführung bestimmt.[420] Die Überwachungsfunktion üben bei der monistischen SE die Verwaltungsratsmitglieder aus, die nicht zugleich auch als geschäftsführender Direktor tätig sind.[421] Von der Möglichkeit des § 47 Abs. 1 SE-VO, auch juristische Personen als Mitglied eines Organs oder als geschäftsführenden Direktor einzusetzen, hat der deutsche Gesetzgeber keinen Gebrauch gemacht, obwohl dies von Seiten der Literatur, gerade auch als Alternative zu einer Konstruktion über einen Unternehmensführungsvertrag, gefordert wurde.[422]

Wie es auch im Rahmen der deutschen Aktiengesellschaft möglich ist, können Aufgaben an Dritte delegiert werden, ohne dass ein Verstoß gegen die Leitungskompetenz vorliegt. Allerdings hat diese Delegation Grenzen.[423] Sie liegen darin, dass es einen Kernbereich der Leitungskompetenz gibt, der nicht übertragen werden kann, und dass das Leitungsorgan sich durch die Delegation nicht vollständig seiner Verantwortung entziehen kann.[424] Zu diesem Kernbereich der Verantwortung zählt es, die delegierten Aufgaben zu überwachen und, sofern eine Notwendigkeit besteht, steuernd einzugreifen.

Es zeigt sich also, dass die Kompetenzverteilung für die SE, auf die deutsches Recht Anwendung findet, ähnlich gestaltet ist wie bei der deutschen Aktiengesellschaft. Der Umstand, dass durch die SE auch die Implementierung der monistischen Organisation gegeben ist, ändert an diesem Ergebnis zunächst im Grundsatz nicht. So wird bei der Abbedingung oder bei der Beschränkung des Weisungsrechts der SE als Eigentümergesellschaft im Rahmen eines echten bzw. unechten Unternehmensführungsvertrags auch in die Organisationsverfassung der SE eingegriffen.

---

419 *Teichmann*, Lutter/Hommelhoff SE-Komm, Art. 43 SE-VO Rn. 12.

420 *Grundmann*, Europäisches Gesellschaftsrecht, 642; *Teichmann*, Lutter/Hommelhoff SE-Komm, Anh. Art. 43 SE-VO Rn. 29; Habersack/Dringhausen/*Verse*, SE-Recht, § 40 SEAG Rn. 1.

421 *Grundmann*, Europäisches Gesellschaftsrecht, 641 f.

422 *Brandes*, NZG 2004, 642, 644.

423 *Teichmann*, Lutter/Hommelhoff SE-Komm, Art. 43 SE-VO Rn. 14 f.

424 *Teichmann*, Lutter/Hommelhoff SE-Komm, Art. 43 SE-VO Rn. 15.

In diesem Fall ist das Leitungsorgan bzw. das Verwaltungsorgan gehindert, die gesetzlich statuierte Leitungskompetenz auszuüben. Dabei ist es nicht von Relevanz, ob sich der Unternehmensführungsvertrag nur auf einen Teil des Unternehmens bezieht oder auf das gesamte Unternehmen. So tritt beispielsweise bei der monistischen SE der Unternehmensführer in eine ähnliche Stellung wie der bzw. die geschäftsführenden Direktoren. Die geschäftsführenden Direktoren vertreten die Gesellschaft bei der deutschrechtlich geprägten SE gem. § 41 Abs. 1 SEAG nach außen. Diese müssen also dem Unternehmensführer Weisungen erteilen. Sie selbst müssen jedoch den Weisungen des Verwaltungsrats Folge leisten. Durch ein eingeschränktes Weisungsrecht im Rahmen des Unternehmensführungsvertrags ist also die Kompetenz des geschäftsführenden Direktors bzw. der geschäftsführenden Direktoren und des Verwaltungsrats eingeschränkt. Es liegt dann ein Eingriff in die Organisationsverfassung vor. Wenn hingegen das Weisungsrecht unbeschränkt gegeben ist, kann bei dem monistischen System die Leitung weiterhin durch den Verwaltungsrat über die geschäftsführenden Direktoren, oder bei dem dualistischen System durch das Leitungsorgan ausgeübt werden.

II. Eingriff in die Organisationsstruktur der SE durch einen unechten Unternehmensführungsvertrag

Wie auch im Rahmen der Aktiengesellschaft schon erläutert, wird bei einem unechten Unternehmensführungsvertrag der Unternehmensführer Vertragspartner der Verträge, die wirtschaftlich die SE betreffen.[425] Auch hier können also die verschiedenen Leitungsorgane der SE nicht mehr selbst unmittelbar Einfluss auf die Vertragsbeziehungen nehmen, die die eigene Gesellschaft wirtschaftlich betreffen. Ebenso besteht nicht mehr die Möglichkeit, den Unternehmensführer und andere Vertragspartner in einem Leistungskomplex zu koordinieren. Es liegt also auch hier ein Eingriff in die Organisationsverfassung vor.

C) Legitimation des Eingriffs in die Organisationsstruktur durch die Anwendung des nationalen Konzernrechts

I. Anwendbarkeit und Legitimationswirkung der §§ 291 ff. AktG im Recht der SE

Die SE-VO enthält, ähnlich wie das deutsche Aktiengesetz, einen Grundsatz der Satzungsstrenge. Dieser grenzt die privatautonome Gestaltungsmöglichkeit der Parteien ein. So darf nach Art. 9 Abs. 1 b SE-VO nur von der Verordnung abgewichen werden, wenn diese eine Abweichung ausdrücklich zulässt. Für eine Beschränkung der Leitungskompetenz der Leitungsorgane findet sich eine solche Kompetenz zur freien Gestaltung der Satzung nicht. Ebenso findet sich in der SE-VO

425 Vgl. 3. Kapitel § 1 B VII.

keine Kompetenzzuweisung an die Mitgliedsstaaten zur gesetzlichen Beschränkung der Leitungskompetenz der Leitungsorgane. Wenn nun schon durch Satzung die Organisationsautonomie der SE nicht beschränkt werden kann, dann liegt die Argumentation nicht fern, dass auch im Rahmen eines Unternehmensvertrags ein solcher Eingriff in die Binnenstruktur unzulässig ist. In der Tat wurde aus diesem Grund in der Literatur die Zulässigkeit eines konzernbedingten Eingriffs in die Organisations- bzw. in die Finanzverfassung der SE bezweifelt.[426]

Allerdings wird überwiegend vertreten, dass das nationale Konzernrecht auch auf den Fall einer beherrschungsvertraglichen Konzernierung einer SE ohne Weiteres anwendbar ist.[427] Und wenn schon ein Beherrschungsvertrag zu Lasten der SE unbedenklich ist, dann müssen erst Recht auch die eingriffsschwächeren Unternehmensverträge des § 292 AktG unbedenklich sein.[428] Für die Anwendbarkeit des nationalen Konzernrechts sprechen vor allem historisch-genetische Argumente. So gab es in der Vergangenheit durchaus politische Bestrebungen nach einer Harmonisierung des europäischen Konzernrechts.[429] Allerdings konnten sich diese Bestrebungen nicht durchsetzen. Damit bleibt eine Regelungslücke, wie im Rahmen der rechtlichen Behandlung der SE mit der Konzernierung zu verfahren ist. Der europäische Gesetzgeber hat in den Erwägungsgründen 15 und 16 der SE-VO festgehalten, dass ein Abhängigkeitsverhältnis zu Lasten der SE bestehen kann, und dass auf dieses Verhältnis die nationalen Regelungen des Mitgliedstaates nach dem Sitzlandprinzip Anwendung finden.[430] Und in der Tat finden sich in der SE-VO keine konzernspezifischen Regelungen. Der Art. 9 Abs. 1 lit. c ii SE-VO sieht für diesen Fall vor, dass das nationale Recht inklusive der Möglichkeit zum Handeln in Form einer Satzung[431] und einer Rechtsfortbildung[432] Anwendung findet. Teilweise wird die Anwendung des nationalen Konzernrechts nicht über Art. 9 Abs. 1 lit. c ii SE-VO begründet, sondern über die allgemeinen Gründsätze des internationalen Privatrechts.[433] Diese Argumentation stützt sich auf den Wortlaut

---

426 Vgl. Lutter/Hommelhoff/*Hommelhoff*, Die Europäische Gesellschaft, 19 f.; *Hommelhoff*, AG 2003, 179, 182 f.

427 Statt vieler *Altmeppen*, MüKo-AktG, Anh. Art. 9 Rn. 23 ff.; *Brandi*, NZG 2003, 889, 892 f.; *Habersack/Verse*, Europäisches Gesellschaftsrecht, 433 f.; *Emmerich/Habersack*, Konzernrecht 10. Aufl., 25; *Habersack*, ZGR 2003, 724, 737 ff.; *Mülbert*, Großkomm-AktG, 4. Aufl., Vor. § 291 Rn. 18; *Veil*, WM 2003, 2169, 2170 f.

428 *Altmeppen*, MüKo-AktG, Anh. Art. 9 SE-VO Rn. 45; *Mülbert*, Großkomm-AktG, 4. Aufl., Vor § 291 Rn. 20.

429 Hierzu *Altmeppen*, MüKo-AktG, Anh. Art. 9 Rn. 2 ff.; *Mülbert*, Großkomm-AktG, 4. Aufl., Vor § 291 Rn. 10 ff.

430 *Habersack/Verse*, Europäisches Gesellschaftsrecht, 453; *Mülbert*, Großkomm-AktG, 4. Aufl., Vor § 291 Rn. 18; *Veil*, WM 2003, 2169, 2172.

431 *Grundmann*, Europäisches Gesellschaftsrecht, 625.

432 *Schröder*, Manz/Mayer/Schröder SE-Recht, Art. 9 SE-VO Rn. 29; Habersack/Dringhausen/*Schürnbrand*, SE-Recht, Art. 9 SE-VO Rn. 42.

433 *Veil*, WM 2003, 2169, 2172.

des 15. Erwägungsgrundes der SE-VO.[434] Selbst wenn dieser Ansicht gefolgt werden würde, fände jedoch das nationale Konzernrecht Anwendung, in dessen Sitz sich die Gesellschaft, in deren Organisations- bzw. Finanzverfassung eingegriffen wurde, befindet.[435] Es kann also dahinstehen, ob die Anwendbarkeit des nationalen Konzernrechts über Art. 9 Abs. 1 lit. c. ii SE-VO oder über die allgemeinen Grundsätze des internationalen Privatrechts begründet wird. Festhalten lässt sich jedenfalls, dass der europäische Gesetzgeber den Regelungsbereich den nationalen Mitgliedsstaaten überlassen hat. Das nationale Recht sieht mit den §§ 291 ff. AktG die Möglichkeit vor, Verträge abzuschließen, die in die Struktur der Gesellschaft eingreifen.[436] Ebenso besteht grundsätzlich die Möglichkeit einer analogen Anwendung auf Vertragstypen wie den Unternehmensführungsvertrag der mit einer ähnlichen Intensität in die Struktur der Gesellschaft eingreift.[437]

II. Teleologische Reduktion des Art. 39 Abs. 1 SE-VO bzw. Art. 43 Abs. 1 SE-VO

Dennoch bleibt die Problematik, dass – sofern die Legitimationsthese vertreten wird – immer noch ein potentieller Konflikt mit Art. 39 Abs. 1 SE-VO bzw. Art. 43 Abs. 1 SE-VO besteht. So hat der europäische Gesetzgeber einerseits diese Strukturprinzipien vorgeschrieben, andererseits überlässt er den Mitgliedstaaten die Kompetenz zur Regelung von Konzernkonstellationen, die in die vorgegebene Organisationsstruktur eingreifen. Dieser Konflikt lässt sich lösen, indem Art. 39 Abs. 1 SE-VO bzw. Art. 43 Abs. 1 SE-VO teleologisch zu reduzieren sind.

Obgleich der Terminus der teleologischen Reduktion in der Rechtssprache des EuGH mangels Unterscheidung zwischen Auslegung und Rechtsfortbildung nicht gebräuchlich ist, werden der Sache nach ähnliche Ergebnisse durch eine restriktive Auslegung erzielt.[438] Dabei betont der EuGH, dass bei der Auslegung von Gemeinschaftsvorschriften nicht nur der Wortlaut zu berücksichtigen sei, sondern auch der Zusammenhang und die Ziele, die mit dem betreffenden Regelungskomplex verfolgt werden.[439] Der europäische Gesetzgeber hat keine Regelungen zu der SE im Konzern getroffen und dies bewusst dem Regelungsbereich der Mitgliedsstaaten überlassen. Wenn nun die Konzernstrukturen in den Art. 39 Abs. 1 SE-VO bzw. Art. 43 Abs. 1 SE-VO eingreifen, müssen diese Vorschriften so ausgelegt werden, dass eine Einschränkung der Leitungskompetenz des jeweiligen Organs nach Maßgabe des nationalen Konzernrechts zulässig ist. Dieses gilt erst Recht unter dem Aspekt, dass

434 *Veil*, WM 2003, 2169, 2172.
435 Vgl. *Veil*, WM 2003, 2169, 2172.
436 Siehe 3. Kapitel § 1 B IV 2 a.
437 Vgl. 3. Kapitel § 1 B IV 2 e.
438 *Neuner*, Riesenhuber Europäische Methodenlehre, 258.
439 EuGH, Urt. v. 19.09.2000 Slg. 2000, I-6857 Rn. 50 (Deutschland ./. Kommission); EuGH, Urt. v. 07.12.2006 Slg. 2006, I-11519 Rn. 34 (SGAE); EuGH, Urt. v. 01.04.2008 Slg. 2008, I-1649 Rn. 67 (Dänemark ./. Kommission).

die SE im Anwendungsbereich des nationalen Rechts nicht unattraktiver gestellt werden darf als die nationale Aktiengesellschaft des jeweiligen Mitgliedsstaats.[440]

III. Analoge Anwendung der §§ 291 ff. AktG auf die SE

Wenn nun die konkrete analoge Anwendung auf die SE zu besprechen ist, so lassen sich die zur deutschen AG gefundenen Ergebnisse grundsätzlich auch auf die SE übertragen. Dementsprechend bedarf ein Unternehmensführungsvertrag, der ein unbeschränktes Weisungsrecht beinhaltet, nicht der konzernrechtlichen Legitimation, da die Leitungsmacht der Leitungsorgane der Eigentümergesellschaft nicht beschränkt wird. Auf der anderen Seite lässt sich ein Unternehmensführungsvertrag, bei dem ein Weisungsrecht ausgeschlossen ist, nicht durch eine direkte oder analoge Anwendung der konzernrechtlichen Regelungen legitimieren. Das Eingriffspotential eines solchen einflussfreien Unternehmensführungsvertrags ist höher als bei einem Beherrschungsvertrag.[441] Aus diesem Grund verstößt ein solcher Vertrag gegen die Organisationsverfassung der SE. Durch eine analoge Anwendung des § 292 Abs. 1 Nr. 3 AktG lässt sich allerdings ein einflussgeminderter Unternehmensführungsvertrag legitimieren.[442] Im Rahmen eines solchen Vertragstypus muss zumindest sichergestellt werden, dass der Kernbereich der Leitungskompetenz bei dem Leitungsorgan verbleibt, indem zumindest Zustimmungsvorbehalte zu diesen Fragen vereinbart werden. So wird sichergestellt, dass der Unternehmensführer wesentliche Entscheidungen nicht ohne das Leitungsorgan des Eigentümerunternehmens treffen kann. Als Kompensation für eine Beschränkung des Weisungsrechts ist die Zustimmung der Hauptversammlung nach § 293 Abs. 1 AktG erforderlich. Ebenso ist im Rahmen des unechten Unternehmensführungsvertrags § 292 Abs. 1 Nr. 3 AktG analog anzuwenden, um den Eingriff in die Organisationsverfassung zu legitimieren.

D) Kompetenz zum Abschluss eines echten weisungsgebundenen Unternehmensführungsvertrags bei einer monistischen SE

Besonderheiten bei dem Abschluss eines Unternehmensführungsvertrags ergeben sich bei der monistischen SE. Für die deutschrechtlich geprägte SE bestimmt § 40 Abs. 1 S. 1 SEAG, dass der Verwaltungsrat einen oder mehrere geschäftsführende Direktoren bestellt. Diese führen gem. § 40 Abs. 2 S. 1 SEAG die Geschäfte der Gesellschaft und vertreten die Gesellschaft gem. § 41 Abs. 1 S. 1 SEAG. Der Verwaltungsrat ist hingegen nach § 22 SEAG für die Leitung der Gesellschaft zuständig.

---

440 Vgl. *Altmeppen*, MüKo-AktG, Anh. Art. 9 SE-VO Rn. 25; *Grundmann*, Europäisches Gesellschaftsrecht, 625; *Habersack/Verse*, Europäisches Gesellschaftsrecht, 434.

441 Vgl. 3. Kapitel § 1 B IV 2 e bb.

442 Zur Typenbildung des einflussgeminderten Unternehmensführungsvertrags, vgl. 3. Kapitel § 1 B V 1.

Damit ergibt sich die Frage, in wessen Zuständigkeit der Abschluss eines Unternehmensführungsvertrags im Innenverhältnis fällt. Aus § 41 Abs. 1 S. 1 SEAG leitet sich zunächst ab, dass die monistisch organisierte SE mit Sitz in Deutschland durch die geschäftsführenden Direktoren gegenüber dem Unternehmensführer vertreten werden muss. Dennoch bleibt offen, ob die geschäftsführenden Direktoren eigenständig einen solchen Vertrag abschließen dürfen oder nicht. Hinter dem Institut der geschäftsführenden Direktoren steht der Grundgedanke, dass diese als Hilfspersonen des Verwaltungsrates fungieren und typischerweise die laufenden Geschäfte der Gesellschaft übernehmen, während grundsätzliche Entscheidungen dem Verwaltungsrat vorbehalten sind.[443] Trotz dieser Idealvorstellung wird von Seiten der Literatur angenommen, dass sich hieraus keine zwingende Kompetenzverteilung ergibt. So sei aus dem Wortlaut des § 40 Abs. 2 S. 1 SEAG nicht ersichtlich, dass die geschäftsführenden Direktoren keine außergewöhnlichen Geschäfte tätigen dürfen.[444] Ebenso wäre eine solche Abgrenzung kaum handhabbar, da die Abgrenzung zwischen einem laufenden Geschäft und einem außergewöhnlichen Geschäft fließend sei.[445] Stattdessen soll die Entscheidung, ob ein Geschäft alleine durch die geschäftsführenden Direktoren abgeschlossen werden kann, oder ob der Verwaltungsrat mitwirken muss, danach beurteilt werden, ob der Verwaltungsrat bei dieser Entscheidung seine unternehmerischen Sorgfaltspflichten nach § 39 SEAG i. V. m. § 93 AktG erfüllt hat.[446]

Dem ist jedoch entgegenzuhalten, dass § 40 Abs. 2 S. 1 SEAG mit Blick auf den Art. 43 Abs. 1 S. 2 SE-VO verordnungskonform ausgelegt werden muss.[447] Der Art. 43 Abs. 1 S. 2 SE-VO lässt auch nur die Übertragung der laufenden Geschäfte zu. Das Tatbestandsmerkmal des laufenden Geschäfts ist dann autonom europäisch auszulegen. Hierunter werden all diejenigen Geschäfte gezählt, die alltäglich anfallen, häufig wiederkehren, routinemäßig erledigt werden oder aufgrund ihres Umfanges von geringer Bedeutung sind.[448] Alle Geschäfte, die nicht als laufende Geschäfte einzuordnen sind, werden entsprechend des Komplementärbegriffs als grundlegende Geschäfte bezeichnet.[449] Der Unternehmensführungsvertrag ist ein Vertragstypus, der häufig über eine längere Zeit abgeschlossen wird. Da der Unternehmensführer die Führung über das gesamte oder einen Teil des Unternehmens übernimmt, lassen sich diese Verträge grundsätzlich auch nicht als unbedeutende

443 *Teichmann*, Lutter/Hommelhoff SE-Komm, Anh. Art. 43 SE-VO Rn. 28 f.
444 *Teichmann*, Lutter/Hommelhoff SE-Komm, Anh. Art. 43 SE-VO Rn. 30.
445 *Teichmann*, Lutter/Hommelhoff SE-Komm, Anh. Art. 43 SE-VO Rn. 30.
446 *Teichmann*, Lutter/Hommelhoff SE-Komm, Anh. Art. 43 SE-VO Rn. 30.
447 Vgl. *Manz*, Manz/Mayer/Schröder SE-Recht, Art. 43 SE-VO Rn. 140; *Schwarz*, SE-VO Komm, Anh. Art. 43 Rn. 276.
448 *Manz*, Manz/Meier/Schröder SE-Recht, Art. 43 SE-VO Rn. 16, Art. 39 Rn. 12; krit. Habersack/Dringhausen/*Verse*, SE-Recht, § 40 SEAG Rn. 32: Dieser schlägt als Abgrenzungstatbestand vor, die laufenden Geschäfte danach zu bestimmen, ob es einer grundlegenden Führungsentscheidung für diese bedürfe.
449 *Manz*, Manz/Mayer/Schröder SE-Recht, Art. 39 Rn. 12.

oder routinemäßige Verträge einordnen. Unternehmensführungsverträge sind also typischerweise grundlegende Geschäfte. Für diese ist die Mitwirkung des Verwaltungsrats im Innenverhältnis erforderlich. Sofern ohne die Beteiligung des Verwaltungsrats durch die geschäftsführenden Direktoren eigenständig gehandelt wurde und somit die gesetzlichen Grenzen der Leitungskompetenz im Innenverhältnis überschritten wurden, sind diese Fälle nach den allgemeinen Grundsätzen über den Missbrauch der Vertretungsmacht zu behandeln.[450] Dementsprechend kann auch in diesem Fall ein wirksamer Unternehmensführungsvertrag zwischen der SE und dem Unternehmensführer geschlossen worden sein.

E) Eingriff in die Finanzverfassung der SE und Legitimation durch die konzernrechtlichen Vorschriften

Für die Finanzverfassung der SE werden die jeweiligen durch die Kapitalrichtlinie determinierten nationalen Vorschriften des Sitzlandes herangezogen.[451] Dies wird grundsätzlich aus Art. 5 SE-VO hergeleitet.[452] Sofern nationale finanzverfassungsrechtliche Vorschriften, wie zum Beispiel mitgliedschaftsrechtliche Vorschriften, nicht durch den Verweis in Art. 5 SE-VO erfasst werden, werden diese zumindest über Art. 9 Abs. 1 lit. c ii SE-VO auf die SE angewendet.[453] Die Verweisung über Art. 5 SE-VO hat zur Folge, dass der Gesetzgeber kein Sonderrecht für die SE schaffen darf.[454] Ebenso darf gem. Art. 10 SE-VO die SE nicht besser und auch nicht schlechter gestellt werden als die nationale Aktiengesellschaft.[455] Auch hier findet, wie bereits im Rahmen der Organisationsverfassung erörtert, das nationale Konzernrecht Anwendung.[456] So lässt sich das oben bereits zur Aktiengesellschaft Gesagte auch auf die SE übertragen.[457] Ein Unternehmensführungsvertrag, der die Abführung des gesamten Gewinnes des Eigentümerunternehmens enthält, beinhaltet auch einen Gewinnabführungsvertrag. Ebenso liegt ein Teilgewinnabführungsvertrag vor, wenn im Rahmen der Vergütungsstruktur eine Beteiligung am periodisch zu ermittelnden Unternehmensgewinn vereinbart wurde. Für diese beiden Fallkonstellationen finden dann die jeweiligen anwendbaren Kompensationsvorschriften der §§ 293 ff. AktG auch auf die SE Anwendung.

---

450 Habersack/Dringhausen/*Verse*, SE-Recht, § 40 SEAG Rn. 32.
451 *Veil*, WM 2003, 2169, 2170.
452 *Mayer*, Manz/Mayer/Schröder SE-Recht, Art. 5 SE-VO Rn. 1 ff.
453 Habersack/Dringhausen/*Diekmann*, SE-Recht, Art. 5 SE-VO Rn. 24; *Mayer*, Manz/Mayer/Schröder SE-Recht, Art. 5 SE-VO Rn. 28.
454 *Mayer*, Manz/Mayer/Schröder SE-Recht, Art. 5 SE-VO Rn. 2.
455 *Schröder*, Manz/Mayer/Schröder SE-Recht, Art. 10 SE-VO Rn. 1.
456 A. A. *Hommelhoff*, AG 2003, 179, 182.
457 Hierzu 3. Kapitel § 1 C.

§ 3. Die Gesellschaft mit beschränkter Haftung als Rechtsträger des Eigentümerunternehmens

Für die gesellschaftsrechtlichen Grenzen und die Anforderungen an den Vertragsschluss bestehen für den Fall, dass das Eigentümerunternehmen eine GmbH ist, noch starke Unsicherheiten.[458] So wird ohne nähere Begründung und Differenzierung angenommen, dass hier der Unternehmensführungsvertrag analog zu der Betriebspacht- und Betriebsüberlassung behandelt wird.[459] Grund hierfür ist, dass das GmbH-Recht kein eigenes Konzernrecht beinhaltet.[460] Ein solches wurde mit einem Regierungsentwurf von 1973 angestrebt, konnte sich jedoch politisch nicht durchsetzen.[461] Im Einzellfall werfen sich so die Fragen auf, ob es eines Zustimmungsbeschlusses der Gesellschafter bedarf, welche Mehrheit für einen Zustimmungsbeschluss erforderlich ist und ob das Informations- und Prüfungsmodell der §§ 293a ff. AktG auch auf die GmbH anwendbar ist.[462] Auch in der Rechtsprechung finden sich hierzu kaum aufschlussreiche Entscheidungen. So hat der BGH in der viel beachteten Supermarktentscheidung festgehalten, dass bei einem Beherrschungs- bzw. Gewinnabführungsvertrag zweier GmbHs auch ein Zustimmungsbeschluss der Gesellschafter der untergeordneten Gesellschaft erforderlich sei.[463] Welche Mehrheit dieser Beschluss haben muss, lässt er hingegen explizit offen.[464]

A) Wesentliche relevante Strukturmerkmale der GmbH im Vergleich zur AG

Die GmbH unterscheidet sich erheblich von der schon besprochenen Aktiengesellschaft und der SE. Zwar ist sie auch eine Kapitalgesellschaft, dennoch ist ihre Zuschneidung nicht auf den Handel am Kapitalmarkt ausgerichtet.[465] Nach der gesetzgeberischen Intention dient sie vor allem kleinen und mittleren Unternehmen, bei denen die an der Gesellschaft beteiligten Gesellschafter keine persönliche Haftung übernehmen wollen. Vor dem Hintergrund dieser Zwecksetzung ist es

---

458 Scholz/*Emmerich*, GmbhG, Anh. § 13 Rn. 220.

459 Ulmer/*Casper*, GmbHG, Anh. § 77 Rn. 187 f.; *Huber*, ZHR 152 (1988), 1, 35; *Liebscher*, MüKo-GmbHG, Anh. § 13 Rn. 702 f.; *ders.*, GmbH-Konzernrecht, 253 Rn. 754 f.; Lutter/Homelhoff/*Lutter/Hommelhoff*, GmbHG, Anh. § 13 Rn. 77 f.; Michalski/*Servatius*, GmbHG, System Darst. 4 Rn. 350; Hachenburg/*Ulmer*, GmbHG, Anh. § 77 Rn. 205.

460 *K. Schmidt*, Gesellschaftsrecht, 1210.

461 Vgl. Reg. Entw. BT Drs. 7/253.

462 Generell zur Anwendung der §§ 293a ff. AktG auf eine Aktiengesellschaft *Köhn*, Der Konzern 2013, 323 ff.

463 BGH, Beschl. v. 24.10.1988 – II ZB 7/88, NJW 1989, 295, 296; im Anschluss auch BGH, Beschl. v. 30.01.1992 – II ZB 15/91, NJW 1992, 1452, 1453.

464 BGH, Beschl. v. 24.10.1988 – II ZB 7/88, NJW 1989, 295, 297.

465 *Windbichler*, Gesellschaftsrecht, 206.

verständlich, dass für die GmbH keine mit Art. 23 Abs. 5 AktG vergleichbare Satzungsstrenge gilt.[466] Vielmehr liegt es im größeren Maße in den Händen der Gesellschafter, die konkrete Binnenorganisation der GmbH näher auszugestalten. Als Kern der Binnenorganisation gilt jedoch, dass die GmbH mit der Gesellschafterversammlung und den Geschäftsführer bzw. den Geschäftsführern grundsätzlich zwei Organe besitzt. Zusätzlich besteht die Möglichkeit, einen Aufsichtsrat als drittes Organ oder noch andere Gremien zu bestellen. Bei der mitbestimmungspflichtigen GmbH ist die Bestellung eines Aufsichtsrates hingegen zwingend erforderlich.

Die Geschäftsführer vertreten die Gesellschaft nach außen. Gleichzeitig sind sie jedoch von den Weisungen der Gesellschafter abhängig und ihre Bestellung ist jederzeit frei widerruflich.[467] Es zeigt sich damit, dass es grundsätzlich keinen mit einer Aktiengesellschaft vergleichbaren Principal-Agent-Konflikt zwischen Gesellschaftern und Geschäftsführung gibt und dementsprechend ein Corporate Governance System nicht in der Form gegeben ist wie bei einer Aktiengesellschaft.[468] Aus der Satzungsfreiheit resultiert jedoch auch, dass eine GmbH sowohl kapitalistisch als auch personalistisch organisiert sein kann. Mit dieser Prägung der GmbH ist dann auch die Frage verbunden, inwiefern die Regelungen über die AktG auf die GmbH entsprechend anzuwenden sind.[469]

B) Auswirkung der verschiedenen Unternehmensvertragstypen auf die Struktur der GmbH

Auch bei der Untersuchung der GmbH als Eigentümerunternehmen im Rahmen eines Unternehmensführungsvertrags ist wieder zu fragen, ob und wie die verschiedenen Vertragstypen von Unternehmensführungsverträgen in die Satzung der GmbH eingreifen. Sofern dies der Fall ist, ist zu überlegen, welche Mechanismen als Kompensation für den Eingriff herangezogen werden können. Obwohl die GmbH sich strukturell wesentlich von der AG und der SE unterscheidet, geht es auch für die GmbH im Kern darum, ob der Geschäftsführer die Leitungsmacht ohne Weiteres auf einen Unternehmensführer übertragen kann.

Teilweise wird auch hier vertreten, dass der Unternehmensführungsvertrag immer in die Organisationsverfassung der GmbH eingreift.[470] Dabei ist auch hier nach dem schon erörterten Grundschema zu differenzieren. Ein Unternehmensführungsvertrag, bei dem der Unternehmensführer nur als Hilfsperson des Geschäftsführers auftritt, greift nicht in die Organisationsverfassung der GmbH ein. Das Merkmal des Weisungsrechts gegenüber dem Unternehmensführer ist ein starkes Indiz für

466 *K. Schmidt*, Gesellschaftsrecht, 1004.
467 *K. Schmidt*, Gesellschaftsrecht, 1068.
468 *Windbichler*, Gesellschaftsrecht, 207.
469 *Windbichler*, Gesellschaftsrecht, 207.
470 Ulmer/*Casper*, GmbHG § 77 Anh. Rn. 188; Roweder/Schmidt-Leithoff/*Koppensteiner/Schnorbus*, GmbHG, Anh. § 52 Rn. 26, 129; *Liebscher*, MüKo-GmbHG, Anh. § 13 Rn. 703; Hachenburg/*Ulmer*, GmbHG, Anh. § 77 Anh. Rn. 205.

eine solche schwache Stellung des Unternehmensführers und wird auch hier zur Abgrenzung herangezogen. Ein Unternehmensführungsvertrag, der ein volles Weisungsrecht beinhaltet, greift also nicht in Organisationsverfassung der GmbH ein.[471] Wenn ein Unternehmensführungsvertrag hingegen ein eingeschränktes Weisungsrecht beinhaltet oder dies durch Zustimmungsvorbehalte teilweise ersetzt oder gar gänzlich ausgeschlossen wurde, liegt ein Eingriff in die durch Satzung statuierte Organisationsstruktur vor.[472] Die Geschäftsführer verlagern in diesem Fall einen Teil ihrer Leitungsmacht auf den Unternehmensführer, obwohl diese Leitungsmacht in einem mehr oder minder ausgeprägten Maße als Kompetenzzuweisung durch die Satzung den Geschäftsführern obliegt. Zusätzlich können die Gesellschafter die Leitung des Unternehmens durch ihr Weisungsrecht nicht mehr unbeschränkt steuern, wenn die Geschäftsführer die Weisungen im Verhältnis zu dem Unternehmensführer nicht umsetzen können.

Gleiches gilt für den Fall eines unechten Unternehmensführungsvertrags. Da der Unternehmensführer hier im eigenen Namen auftritt, übernimmt er eine starke Stellung bei der Vertragskoordination. Die GmbH kann auf die von dem Unternehmensführer initiierten Vertragsverhältnisse nicht ohne Weiteres einwirken, obgleich sie wirtschaftlich das Unternehmen der GmbH betreffen. Dies kommt einer faktischen Schwächung der Leitungsfunktion der Geschäftsführer und der Einflussmöglichkeiten der Gesellschafter gleich und stellt einen Eingriff in die Organisationsverfassung der GmbH dar.

C) Legitimation und Anforderungen an den Abschluss des Unternehmensführungsvertrags

I. Der weisungsgebundene Unternehmensführungsvertrag

Der weisungsgebundene Unternehmensführungsvertrag greift nicht in die durch die Satzung aufgestellte Organisationsverfassung der GmbH ein. Daraus wird zutreffend geschlossen, dass bei solchen Verträgen, die nicht in die Organisationsverfassung eingreifen, es eines Beschlusses der Gesellschafterversammlung nicht bedarf.[473] Allerdings kann bei einer GmbH der Weg zu einem Beschlusserfordernis der Gesellschafterversammlung nicht nur über die satzungsändernde Wirkung von Organisationsverträgen gesucht werden. Die GmbH zeichnet sich mit dem Weisungsrecht der Gesellschafter dadurch aus, dass es, anders als bei der Aktiengesellschaft, keine strikte Trennung zwischen dem Kapital und der Leitung der Gesellschaft gibt. So ist anerkannt, dass die Geschäftsführer die laufenden Geschäfte wahrnehmen. Ob diese Kompetenz auch ungewöhnlichen Geschäfte betrifft, ohne dass sich hierzu in der

---

471 Im Ansatz auch *Köhn*, Der Konzern 2011, 530, 542.

472 Im Ansatz auch *Köhn*, Der Konzern 2011, 530, 542; allgemein zu den Unternehmensverträgen: *Pache*, GmbHR 1995, 90, 91; Baumbach/Hueck/*Zöllner/Beurskens*, GmbHG, SchlAnhKonzR Rn. 52.

473 *Köhn*, Der Konzern 2011, 530, 542.

Satzung eine spezielle Regelung befindet, ist umstritten. Beispielsweise wird geltend gemacht, eine generelle Vorlagepflicht des Geschäftsführers für ungewöhnliche Geschäfte ergebe sich nicht aus den gesetzlichen Wertungen des GmbH-Rechts und stelle die Praxis vor eine kaum handhabbare Differenzierung.[474] Es obliegt allerdings den Gesellschaftern, die Unternehmenspolitik festzulegen.[475] Diesen Umstand müssen die Geschäftsführer bei ihrer Tätigkeit beachten und so bedürfen auch außergewöhnliche Maßnahmen der Zustimmung der Gesellschafter.[476] Wann eine außergewöhnliche Maßnahme vorliegt, lässt sich jedoch nur im Einzelfall unter Berücksichtigung der konkreten Geschäftspolitik des Vorstandes beurteilen.[477] Entscheidend ist dabei, ob der Geschäftsführer die Entscheidungskompetenz der Gesellschafter hinreichend gewürdigt hat.[478]

Unter diesem Aspekt kann ein Unternehmensführungsvertrag im Vorfeld und im Einzelfall unter Berücksichtigung der konkreten Unternehmenspolitik der Gesellschafter zu einer Vorlagepflicht der Geschäftsführer führen. Der Unternehmensführungsvertrag ist von seinem Vertragsgegenstand und seiner Vertragsdauer durchaus ein Vertragstypus mit einer Tendenz, ein ungewöhnliches Geschäft im Sinne der Unternehmenspolitik zu sein. Typischerweise ist aus diesem Grund eine Beschlussfassung der Gesellschafter erforderlich.[479] Das gilt unabhängig von der Frage, ob der Unternehmensführungsvertrag in die Organisationsverfassung eingreift oder nicht. An die Beschlussfassung selbst ist – soweit nichts spezielleres in der Satzung geregelt ist – keine besondere Anforderung zu stellen, da der Beschluss hier nicht aufgrund eines Eingriffs in die Organisationsautonomie erfolgt, sondern aufgrund der Justierung der Unternehmenspolitik. Der Beschluss wird also grundsätzlich im Sinne des § 47 GmbHG mit einfacher Mehrheit gefasst. Wenn der Geschäftsführer aufgrund der grundsätzlichen Bedeutung des Unternehmensführungsvertrags für die Unternehmenspolitik verpflichtet war, der Gesellschafterversammlung diese Entscheidung vorzulegen und er dieses nicht tut, ist der daraufhin geschlossene Vertrag nicht zwingend nicht zustande gekommen. Es liegt dann zunächst ein rein interner Fehler vor. Für das Außenverhältnis gelten vielmehr die allgemeinen

474 *Kort*, ZIP 1991, 1274, 1276 ff.; Baumbach/Hueck/*Zöllner/Noack*, GmbHG, § 37 Rn. 7.

475 BGH, Urt. v. 25.02.1991 – II ZR 76/90, NJW 1991, 1681, 1682.

476 Lutter/Hommelhoff/*Kleindiek*, GmbHG, § 37 Rn. 8 ff.; Hachenburg/*Mertens*, GmbHG, § 37 Rn. 8; Ulmer/*Paefgen*, GmbHG, § 37 Rn. 18 f.; *K. Schmidt*, Gesellschaftsrecht, 1069; Scholz/U. *Schneider/S. Schneider*, GmbHG, § 37 Rn. 10; *Stephan/Tieves*, MüKo-GmbHG, § 37 Rn. 65.

477 *Stephan/Tieves*, MüKo-GmbHG, § 37 Rn. 64, Rn. 127.

478 Vgl. Roth/Altmeppen/*Altmeppen*, GmbHG, § 37 Rn. 23; Lutter/Hommelhoff/*Kleindiek*, GmbHG, § 37 Rn. 8 f.; Ulmer/*Paefgen*, GmbHG, § 37 Rn. 18; Scholz/*U. Schneider/S. Schneider*, GmbHG, § 37 Rn. 10; *Stephan/Tieves*, MüKo-GmbHG, § 37 Rn. 64.

479 Vgl. Rowedder/Schmidetleithoff/*Koppensteiner*, GmbHG 4. Aufl., Anh. § 52 Rn. 67; zurückhaltend Rowedder/Schmidt-Leithoff/*Koppensteiner/Schnorbus*, GmbHG, Anh. § 52 Rn. 129.

Regelungen vom Missbrauch der Vertretungsmacht. Auch hier muss also zwischen strukturändernden Verträgen und sonstigen ungewöhnlichen Verträgen differenziert werden.[480]

II. Der einflussgeminderte Unternehmensführungsvertrag

Bei dem einflussgeminderten Unternehmensführungsvertrag wird sowohl die Stellung des Geschäftsführers geschwächt als auch die Möglichkeit der Gesellschafter, durch Weisungen an den Geschäftsführer ihre Unternehmenspolitik durchzusetzen.[481] Dies hat zur Folge, dass durch diesen Vertragstypus in die Satzung der GmbH als Eigentümerunternehmen eingegriffen wird.

1. Legitimation und Anforderungen an den Abschluss eines einflussgeminderten Unternehmensführungsvertrags

a) Kapitalistisch organisierte GmbH

Für die Anforderungen an die Legitimation eines einflussgeminderten Unternehmensführungsvertrags muss zunächst gefragt werden, in welcher Weise die Gesellschafter überwiegend an der Organisation beteiligt sind. Sofern eine kapitalistische GmbH vorliegt, steht für die Mehrzahl der Gesellschafter die finanzielle Beteiligung an der GmbH im Vordergrund.[482] Bei einer personalistischen GmbH dagegen arbeitet die Mehrzahl der Gesellschafter typischerweise aktiv im Unternehmen mit und die GmbH ist in ihrer satzungsmäßigen Ausgestaltung einer Personenhandelsgesellschaft angenähert ist.[483]

Für die Legitimation eines einflussgeminderten Unternehmensführungsvertrags im Rahmen einer kapitalistisch organisierten GmbH als Eigentümerunternehmen eröffnen sich drei Argumentationswege: Erstens lässt sich argumentieren, dass der Vertrag wie eine Satzungsänderung wirke, und dass aus diesem Grund die Vorschriften über die Satzungsänderung analog angewandt werden müssen.[484] So sieht § 53 Abs. 1, 2 GmbHG für die Satzungsänderung einen Beschluss mit einer Dreiviertelmehrheit vor. Zusätzlich muss nach § 54 Abs. 1 GmbHG die Änderung

480 Vgl. *K. Schmidt*, Gesellschaftsrecht, 1069; *Ulmer*, FS Werner, 911, 928.

481 Zur Typenbildung eines einflussgeminderten Unternehmensführungsvertrags 3. Kapitel § 1 B V 1.

482 Vgl. *Liebscher*, MüKo-GmbHG, § 45 Rn. 20 f.; *Wicke*, GmbHG, Einl. Rn. 10.

483 Vgl. *Fleischer*, MüKo-GmbHG, Einl. Rn. 38; *Liebscher*, MüKo-GmbHG, § 45 Rn. 18 f.; *Wicke*, GmbHG, Einl. Rn. 10.

484 Bezogen auf den einflussfreien Unternehmensführungsvertrag, *Herfs*, Einwirkungen, 294 f.; *Huber*, ZHR 152 (1988), 1, 35; Hachenburg/*Ulmer*, GmbHG, Anh § 77 Rn. 197; generell bezogen auf sonstige Unternehmensverträge: Roth/Altmeppen/*Altmeppen*, GmbHG, Anh. § 13 Rn. 113 f.; Ulmer/*Casper*, GmbHG, Anh. § 77 Rn. 188; Roweder/Schmidt-Leithoff/*Koppensteiner/Schnorbus*, GmbHG, Anh. § 52 Rn. 26, 129; *Liebscher*, GmbH-Konzernrecht, 253; *Zeidler*, NZG 1999, 692, 693.

im Handelsregister publiziert werden. Eine andere Auffassung befürwortet es, auf die Konzeption der §§ 293 ff. AktG zurück zugreifen.[485] In diesem Sinne ist der einflussgeminderte Unternehmensführungsvertrag mit einer GmbH als Eigentümerunternehmen in einer doppelten Analogie zu § 292 Abs. 1 Nr. 3 AktG wie ein Betriebspachtvertrag bzw. Betriebsüberlassungsvertrag zu behandeln. Begründet wird diese Ansicht mit der Argumentation, dass es bei dem Abschluss eines solchen Unternehmensvertrags formal nicht zu einer Satzungsänderung komme, sondern dass ein solcher Vertrag nur eine satzungsüberlagernde Wirkung habe.[486] Eine dritte Ansicht fordert für Unternehmensverträge einen einstimmigen Zustimmungsbeschluss.[487]

aa) Erfordernis eines einstimmigen Zustimmungsbeschlusses

Die Vertreter, die einen einstimmigen Zustimmungsbeschluss der Gesellschafterversammlung fordern, stützten ihre Ansicht dogmatisch auf eine Analogie zu § 53 Abs. 3 GmbHG, § 33 Abs. 1 S. 2 BGB.[488] Begründet wird dies damit, dass Unternehmensverträge über den schlichten Eingriff in die Organisations- oder Finanzverfassung den Gesellschaftszweck ändern.[489] § 33 Abs. 1 S. 2 BGB sieht für das Vereinsrecht vor, dass im Falle einer Zweckänderung alle Mitglieder zustimmen müssen. Diese vereinsrechtliche Vorschrift lasse sich auf das Recht der Körperschaft übertragen.[490] Der Gesetzgeber habe mit dem § 293 AktG eine Regelung geschaffen, die den Abschluss von zweckändernden Verträgen erleichtern soll.[491] Es widerspreche also dem Leitbild des Gesetzgebers von einer GmbH einerseits und von einer AG andererseits, diese Privilegierung auch auf die GmbH anzuwenden.[492]

Des Weiteren werden mit der Forderung eines einstimmigen Zustimmungsbeschlusses die Bedenken erhoben, dass andernfalls Minderheiten in der Gesellschaft benachteiligt werden könnten.[493] So gebieten es der Gleichbehandlungsgrundsatz

---

485 Mit Bezug auf die Betriebspacht *Dörmer*, Unternehmenspacht, 135; Michalski/*Servatius*, GmbHG, Syst. Darst. 4 Rn. 350, 356.

486 So zur Betriebspacht *Dörmer*, Unternehmenspacht, 135.

487 So zu den Beherrschungs- und Gewinnabführungsverträgen: Roth/Altmeppen/*Altmeppen*, GmbHG, Anh. § 13 Rn. 40; *Emmerich/Habersack*, Konzernrecht 10. Aufl., 560 f.; *Emmerich*, Emmerich/Habersack Komm-KonzR, § 293 Rn. 43a; Scholz/*Emmerich*, GmbHG, Anh. § 13 Rn. 146; *ders.*, JuS 1992, 102, 104; speziell zur Betriebspacht *Nelißen*, DB 2007, 786, 787; *Raiser/Veil*, RdK, § 54 Rn. 135; Ulmer/*Ulmer*, GmbHG, § 53 Rn. 158; *ders.*, BB 1989, 10, 14.

488 Vgl. Scholz/*Emmerich*, GmbHG, Anh. § 13 Rn. 143a; *Nelißen*, DB 2007, 786, 787.

489 Scholz/*Emmerich*, GmbHG, Anh. § 13 Rn. 143a ff.; *Emmerich/Habersack*, Konzernrecht 10. Aufl., 561; *Nelißen*, DB 2007, 786, 787; *Priester*, DB 1989, 1013, 1014.

490 *Nelißen*, DB 2007, 786, 788.

491 *Nelißen*, DB 2007, 786, 788.

492 *Nelißen*, DB 2008, 786, 788.

493 Scholz/*Emmerich*, GmbHG, Anh. § 13 Rn. 146; Hachenburg/*Ulmer*, GmbHG, § 53 Rn. 145; *ders.*, BB 1989, 10, 14.

der Gesellschafter und der Kernbereich der Mitgliedschaft, dass alle Gesellschafter über den Unternehmensvertrag mitbestimmen.[494] Hingegen bestehe nicht die Gefahr, dass es durch die Minderheit zu einer zweckfremden Blockierung bei dem Abschluss von Unternehmensverträgen komme, weil die einzelnen Gesellschafter durch ihre Treuepflicht zur Zustimmung verpflichtet sein können.[495]

Das Erfordernis eines einstimmigen Zustimmungsbeschlusses überzeugt jedoch nicht.[496] Zum einen wollen die Vertreter dieser Ansicht dieses Erfordernis dogmatisch mit einer Analogie zu § 53 Abs. 3 GmbHG, § 33 Abs. 1 S. 2 BGB begründen. § 53 Abs. 3 GmbHG sieht als Ausnahme von § 53 Abs. 2 GmbHG nur ein Einstimmigkeitserfordernis vor, wenn die Leistungen an die Gesellschafter vermehrt werden. Im Rahmen von Unternehmensverträgen werden jedoch regelmäßig die Rechte der Gesellschafter eingeschränkt.[497] Ebenso lässt sich ein einstimmiger Zustimmungsbeschluss nicht auf den Gleichbehandlungsgrundsatz und einen Eingriff in den Kernbereich der Mitgliedschaftsrechte stützen.[498] Nach der Kernbereichslehre können gewisse mitgliedschaftliche Rechte der Gesellschafter gar nicht oder jedenfalls nicht durch Mehrheitsbeschluss entzogen werden.[499] Diese Lehre wird im Grundsatz als allgemeines verbandsrechtliches Prinzip angesehen;[500] wann der Kernbereich der Mitgliedschaft tangiert ist, lässt sich allerdings nicht einheitlich sagen.[501]

Bei dem Abschluss eines einflussgeminderten Unternehmensführungsvertrags geht es im Kern darum, dass der Einfluss der Gesellschafter auf das operative Geschäft vermindert wird. Wie auch bei der Aktiengesellschaft kann hier der Kernbereich der Mitgliedschaft nicht tangiert sein. Das Unternehmen wird durch den Vorstand bzw. durch die Geschäftsführer geführt und die Aktionäre bzw. die Gesellschafter haben höchstens mittelbar Einfluss auf die Geschäftsführung. Anders liegt der Fall bei den Personengesellschaften, wie beispielsweise der OHG und der KG:

---

494 Hachenburg/*Ulmer*, GmbHG, § 53 Rn. 145.

495 Scholz/*Emmerich*, GmbHG, Anh. § 13 Rn. 146; *Emmerich/Habersack*, Konzernrecht 10. Aufl., 561; *ders.*, JuS 1992, 102, 104.

496 Ebenso: *Halm*, NZG 2001, 728, 731; *Hegemann*, GmbHR 2012, 315, 322; *Henze*, Konzernrecht, 85; *Hommelhoff/Freytag*, DStR 1996, 1409, 1412; *Humbeck*, BB 1995, 1893 Fn. 7; Rowedder/Schmidt-Leithoff/*Koppensteiner*, GmbHG 4. Aufl. Anh. § 52 Rn. 63; im Bezug auf eine kapitalistisch organisierte GmbH *Liebscher*, GmbH-Konzernrecht, 242; Lutter/Hommelhoff/*Lutter/Hommelhoff*, GmbHG, Anh. § 13 Rn. 59, 66; *Richter/Stengel*, DB 1993, 1861, 1865 f.; Michalski/*Servatius*, GmbHG, System. Darst. 4 Rn. 81, Rn. 315, Rn. 356; *Timm*, GmbHR 1987, 8, 11; *ders.*, ZGR 16 (1987), 403, 430.

497 *Halm*, NZG 2001, 728, 731; *Hegemann*, GmbHR 2012, 315, 316.

498 *Halm*, NZG 2001, 728, 731 f.

499 *Gillot*, Kernbereichslehre, 152; *Löffler*, NJW 1989, 2656; grundlegend *Müller-Erzbach*, Mitgliedschaft, 50 ff.; *K. Schmidt*, Gesellschaftsrecht, 472.

500 *K. Schmidt*, Gesellschaftsrecht, 459.

501 *Enzinger*, MüKo-HGB, § 119 Rn. 65.

Bei der OHG haften die Gesellschafter persönlich und dementsprechend steht ihnen nach § 114 HGB grundsätzlich die Geschäftsführung gemeinsam zu. Bei der KG steht gem. § 164 HGB die Geschäftsführung dem persönlich haftenden Komplementär zu.

Bei der kapitalistisch organisierten GmbH steht für die Mehrzahl der beteiligten Gesellschafter die Investition im Vordergrund, während das Interesse an der konkreten Geschäftsführung gering ist. In der Gestaltung liegt eine solche Gesellschaft näher an der Aktiengesellschaft. Aus diesem Grund verstößt bei einer kapitalistisch organisierten GmbH die Zustimmung zu einem einflussgeminderten Unternehmensführungsvertrag nicht gegen die Kernbereichslehre. Zwar besteht im GmbH-Recht ein Recht auf Gleichbehandlung unter den Gesellschaftern, dieses stellt jedoch nicht ein absolutes materielles Postulat dar. Vielmehr schützt dieser Grundsatz einen Gesellschafter vor einer willkürlichen und nicht gerechtfertigten Ungleichbehandlung.[502] Eine solche willkürliche Ungleichbehandlung ist jedoch nicht gegeben, wenn eine qualifizierte Mehrheit sich für den Unternehmensvertrag aussprechen muss. Zusätzlich kann ein Minderheitenschutz auch auf eine andere Weise als durch einen einstimmigen Zustimmungsbeschluss erreicht werden.[503] Genauso sind die Mitgliedschaftsrechte, wie das Stimmrecht und die Gewinnverteilung, in der GmbH einschränkbar und enthalten keinen absoluten Schutz.[504] So ist beispielsweise § 29 GmbHG disponibler Natur.[505] Eine Einschränkung der Mitgliedschaftsrechte ist also durch eine Satzungsänderung möglich.

Auch im Rahmen anderer gravierender struktureller Maßnahmen ist für die GmbH ein qualifizierter Mehrheitsbeschluss ausreichend und kein einstimmiger Beschluss erforderlich.[506] Nennenswert sind hier beispielsweise die Kapitalerhöhung, die Herabsetzung des Stammkapitals oder die Auflösung der Gesellschaft. Es ist nicht einzusehen, warum der wirksame Abschluss von Unternehmensverträgen höheren Anforderungen unterliegen soll als die Liquidation der Gesellschaft.[507] Würde man zudem einen einstimmigen Zustimmungsbeschluss fordern, dann hätte dies zur Folge, dass einer Minderheit eine erhebliche Machtstellung eingeräumt werden würde.[508] Auch wenn diese Minderheit im Einzelfall aufgrund der Treuepflicht zur

---

502 *Halm*, NZG 2001, 728, 731.

503 *Halm*, NZG 2001, 728, 731; *Hegemann*, GmbHR 2012, 315, 318 f.

504 Vgl. *Halm*, NZG 2001, 728, 731; *Richter/Stengel*, DB 1993, 1861, 1865.

505 Roth/Altmeppen/*Altmeppen*, GmbHG, § 29 Rn. 1.

506 *Halm*, NZG 2001, 728, 732; *Hegemann*, GmbHR 2012, 315, 317; *Hommelhoff/Freytag*, DStR 1996, 1409, 1412; Rowedder/Schmidt-Leithoff/*Koppensteiner/Schnorbus*, GmbHG, Anh. § 52 Rn. 95; Lutter/Hommelhoff/*Lutter/Hommelhoff*, GmbHG, Anh. § 13 Rn. 66; *Richter/Stengel*, DB 1993, 1861, 1865; Michalski/*Servatius*, GmbHG, System. Darst. 4 Rn. 296; *Timm*, GmbHR 1987, 8, 11; *ders.*, ZGR 1987 (16), 403, 430.

507 *Halm*, NZG 2001, 728, 732 f.

508 Vgl. *Hegemann*, GmbHR 2012, 315, 318; *Hommelhoff/Freytag*, DStR 1996, 1409, 1412; Lutter/Hommelhoff/*Lutter/Hommelhoff*, GmbHG, Anh. § 13 Rn. 66.

Zustimmung verpflichtet ist, würde die gerichtliche Durchsetzung dieses Anspruches den wirksamen Abschluss eines Unternehmensvertrags erheblich verzögern.[509]

Auch eine Änderung des Gesellschaftszwecks durch einen Unternehmensvertrag ist nicht ersichtlich.[510] Der Gesellschaftszweck kennzeichnet die wirtschaftliche oder ideelle Ausrichtung der Gesellschaft,[511] während der Unternehmensgegenstand die Tätigkeit der Gesellschaft bezeichnet, die zur Zweckerreichung dient.[512] Der Zweck ist dabei restriktiv auszulegen.[513] Es ändert sich also grundsätzlich mit einem Unternehmensvertrag nicht der Zweck der Gesellschaft, da die Gesellschaft weiterhin am Markt werbend tätig ist.[514] In die Richtung des Erfordernisses einer qualifizierten Mehrheit und keiner Einstimmigkeit wird auch ein jüngeres Urteil des BGH[515] von Seiten der Literatur interpretiert.[516] Wenn nun für die anderen Unternehmensverträge kein einstimmiger Zustimmungsbeschluss erforderlich ist, dann ist ein solcher auch nicht für den Unternehmensführungsvertrag erforderlich. Es genügt also ein drei Viertel Mehrheitsbeschluss für den Abschluss eines einflussgeminderten Unternehmensführungsvertrags.

bb) Entsprechende Anwendung der §§ 293 ff. AktG

Da ein einstimmiger Zustimmungsbeschluss nach hier vertretener Ansicht nicht erforderlich ist, bleibt für die Legitimation eines einflussgeminderten Unternehmensführungsvertrags nur noch die Lösung über eine analoge Anwendung des § 53 Abs. 2 GmbHG oder über eine doppelt analoge Anwendung des § 293 Abs. 1 AktG. Bei dem Vergleich von § 53 Abs. 2 GmbHG und § 293 Abs. 1 AktG fällt auf, dass die quantitativen Anforderungen an den Mehrheitsbeschluss identisch sind. Unterschiedlich sind hingegen die Anknüpfungspunkte an die erforderliche Mehrheit. § 53 Abs. 2 GmbHG knüpft an die abgegebenen Stimmen an, während § 293 AktG an das Kapital anknüpft.[517] Offen bleibt bei der Anwendung der §§ 53, 54 GmbHG, welcher Form der Unternehmensführungsvertrag bedarf. Hingegen § 293 Abs. 3 AktG sieht für die Unternehmensverträge die Schriftform vor, während sich im GmbHG keine spezielle Regelung findet. Für die Form der Beschlussfassung sieht § 53 Abs. 2 GmbHG vor, dass dieser notariell beurkundet werden muss, während sich diese Rechtsfolge für den Beschluss nach § 293 Abs. 1 AktG erst aus dem

509 Vgl. Lutter/Hommelhoff/*Lutter/Hommelhoff*, GmbHG, Anh. § 13 Rn. 65.
510 *Halm*, NZG 2001, 728, 731; *Hegemann*, GmbHR 2012, 315, 316 f.
511 *Halm*, NZG 2001, 728, 731; *Hegemann*, GmbHR 2012, 315, 317.
512 *Halm*, NZG 2001, 728, 731; *K. Schmidt*, Gesellschaftsrecht, 65 f.
513 *Hegemann*, GmbHR 2012, 315, 317.
514 *Halm*, NZG 2001, 728, 731; *Hegemann*, GmbHR 2012, 315, 317.
515 BGH, Urt. v. 31.05.2011 – II ZR 109/10, NZG 2011, 902.
516 So *Emmerich*, Emmerich/Habersack Komm-KonzR, § 293 Rn. 43a; *Müller-Eising/D. Schmitt*, NZG 2011, 1100, 1101; zweifelnd *Hegemann*, GmbHR 2012, 315; *Veith/Schmid*, DB 2012, 728, 730.
517 *Harbarth*, MüKo-GmbhG, § 53 Rn. 79.

§ 130 AktG ergibt.[518] Ein wesentlicher Unterschied besteht bei den Berichterstattungs- und Prüfungspflichten. So sieht § 293a AktG eine Berichterstattungspflicht des Vorstandes vor. Des Weiteren ist nach §§ 293b ff. AktG ein Vertragsprüfer zu bestellen, der den Unternehmensvertrag prüft und Bericht erstattet. Für die GmbH findet sich in § 51a GmbHG nur der allgemeine Informationsanspruch der Gesellschafter, wobei mit Blick auf die Bedeutung des Rechtsgeschäfts und den erforderlichen Zustimmungsbeschluss der Gesellschafter den Geschäftsführer auch eine Pflicht zur ausreichenden Information der Gesellschaft trifft.[519] Der Umfang der Informationspflicht ist hingegen nicht geregelt. Zur Konkretisierung der Berichtspflicht solle dann auf die Regelungen der §§ 293a ff. AktG zurückgegriffen werden.[520]

Schon aus diesem erforderlichen Rückgriff bei der Konkretisierung der Berichtspflicht und dem Umstand, dass die §§ 291 ff. AktG als Spezialregelungen für die Unternehmensverträge gelten, wird der Rückschluss gezogen, dass die §§ 293a ff. AktG doppelt analog auf den Unternehmensführungsvertrag anzuwenden seien.[521] Verbreitet wird allerdings die Übertragung der Berichts- und Prüfungspflichten der §§ 293a ff. AktG abgelehnt.[522] Unzutreffend ist das Ablehnen der Übertragung der Berichts- und Prüfungspflichten mit der Argumentation, dass es dieser aufgrund des Erfordernisses eines einstimmigen Zustimmungsbeschlusses und einer damit verbundenen mangelnden Schutzbedürftigkeit der Gesellschafter des Eigentümerunternehmens nicht bedarf.[523] Ein solcher einstimmiger Zustimmungsbeschluss der

---

518 *Köhn*, Der Konzern 2011, 530, 542.

519 Vgl. *Köhn*, Der Konzern 2011, 530, 542 f.; Scholz/*K. Schmidt*, GmbHG, § 51a Rn. 4; Baumbach/Hueck/*Zöllner*, GmbHG, § 51 a Rn. 56; a. A. *Neun*, Unternehmensverträge, 242, dieser sieht es gerade als Schwachpunkt des § 51a GmbHG gegenüber den §§ 293a ff. AktG an, dass die Gesellschafter für ihre Information die Initiative ergreifen müssen.

520 *Köhn*, Der Konzern 2011, 530, 543.

521 Bezogen auf alle Unternehmensverträge: Scholz/*Emmerich*, GmbHG, Anh. § 13 Rn. 133; mit Einschränkungen bezogen auf § 293f, § 293g, *Hommelhoff/Freytag*, DStR 1996, 1409, 1413; Rowedder/Schmidt-Leithoff/*Koppensteiner*, GmbHG 4. Aufl. Anh. § 52 Rn. 63; Lutter/Hommelhoff/*Lutter/Hommelhoff*, GmbHG, Anh. § 13 Rn. 59, 66; speziell für den Unternehmensführungsvertrag *Köhn*, Der Konzern 2011, 530, 542 f.; Michalski/*Servatius*, GmbHG, System. Darst. 4 Rn. 81, Rn. 315, Rn. 356.

522 *Altmeppen*, MüKo-AktG, § 293a Rn. 15; Roth/Altmeppen/*ders.*, GmbHG, Anh. § 13 Rn. 113 f.; *Altmeppen*, ZIP 1998, 1853, 1857; *Bungert*, DB 1995, 1449, 1453, 1455; *Emmerich*, Emmerich/Habersack Komm-KonzR, § 293a Rn. 11; *Koch*, Hüffer AktG, § 293a Rn. 5 f.; Rowedder/Schmidt-Leithoff/*Koppensteiner/Schnorbus*, GmbHG, Anh. § 52 Rn. 102; *Köhn*, Der Konzern 2011, 530, 543; *Zeidler*, NZG 1999, 692, 694.

523 *Bungert*, DB 1995, 1449, 1453, 1455; *Emmerich*, Emmerich/Habersack Komm-KonzR, § 293a Rn. 11; Scholz/*Emmerich*, GmbHG, Anh. § 13 Rn. 133; *Koch*, Hüffer AktG, § 293a Rn. 5 f.; weitergehend *Zeidler*, NZG 1999, 692, 694, der auch bei einem Mehrheitsbeschluss die §§ 293a ff. AktG nicht anwenden würde.

Gesellschafter ist bei der kapitalistisch organisierten GmbH gerade nicht erforderlich. Das Ablehnen der Berichts- und Prüfungspflichten nach den §§ 293a ff. AktG begründet sich allerdings aus einer fehlenden planwidrigen Regelungslücke. Mit dem § 51a GmbHG existiert eine dogmatische Grundlage, worauf sich eine Pflicht der Geschäftsführung zur ausreichenden Information der Gesellschafter begründen lässt. Bei einer bedeutsamen Entwicklung der Gesellschaft hat der Geschäftsführer unverzüglich den Gesellschaftern Informationen zu erteilen.[524] Zur Konkretisierung dieser Pflicht im Einzelfall kann dann auf die Wertungen der §§ 293a ff. AktG zurückgegriffen werden.

Ebenso bedarf es keines Rückgriffs auf das Konzernrecht des Aktiengesetzes hinsichtlich der Formvorschrift der Beschlussfassung und dem Eintragungserfordernis in das Handelsregister. Der Beschluss der Gesellschafter ist nach § 53 Abs. 2 GmbHG analog notariell zu beurkunden. Ebenso ist der legitimationsbedürftige Unternehmensführungsvertrag nach § 54 GmbHG analog im Handelsregister zu publizieren.[525]

Soweit allerdings auch das GmbHG keinen dogmatischen Anknüpfungspunkt für eine angemessene Lösung eines konzernrechtlichen Rechtsproblems bereitstellt, kann auf die entsprechenden Vorgaben im Aktiengesetz zurückgegriffen werden.[526] So lässt sich ein Schriftformerfordernis des Unternehmensführungsvertrags nicht aus dem GmbHG herleiten, obgleich dies der Rechtssicherheit dient. Es bietet sich hier an den § 293 Abs. 3 AktG analog heran zu ziehen.[527] Ebenso ist für die kapitalistisch organisierte GmbH zu bevorzugen, dass der Mehrheitsbeschluss nicht wie in § 53 Abs. 2 GmbHG an die Stimmen angeknüpft wird, sondern an das Kapital, wie in § 293 Abs. 1 AktG vorgesehen. Dies ergibt sich daraus, dass eine kapitalistisch organisierte GmbH strukturell an die Aktiengesellschaft angenährt ist. Für die Gesellschafter spielt die Investition eine herausgehobene Rolle. Aus diesem Grund sollte für die Legitimation des Unternehmensführungsvertrags nicht die Anzahl der Stimmen, sondern das vertretene Kapital ausschlaggebend sein.

Zusammenfassend lässt sich also festhalten, dass bei einer kapitalistisch organisierten GmbH eine Legitimation eines einflussgeminderten Unternehmensführungsvertrags möglich ist. Erforderlich ist dann ein qualifizierter Zustimmungsbeschluss der Gesellschafter, der wie in § 293 Abs. 1 AktG geregelt an das vertretene Kapital anknüpft. Die Gesellschafter sind vor der Beschlussfassung auf der Grundlage des § 51a GmbHG hinreichend über den Inhalt des Vertrags zu Informieren. Der Beschluss ist nach § 53 Abs. 2 GmbHG analog notariell zu beurkunden und der

---

524 *Hillmann*, MüKo-GmbHG, § 51a Rn. 10.

525 Siehe Scholz/*Emmerich*, GmbHG, Anh. § 13 Rn. 152; *Köhn*, Der Konzern 2011, 530, 544.

526 Vgl. Scholz/*Emmerich*, GmbHG, Anh. § 13 Rn. 139.

527 Vgl. *Köhn*, Der Konzern 2011, 530, 543 f.; *Liebscher*, MüKo-GmbHG, Anh. § 13 Rn. 727.

Unternehmensführungsvertrag ist nach § 54 GmbHG analog zur Eintragung in das Handelsregister anzumelden.

bb) Personalistisch organisierte GmbH

Der Typus der personalistisch organisierten GmbH ist näher an die Personengesellschaften angelehnt.[528] Die Satzungsfreiheit der GmbH wird bei diesem Typus genutzt, um die Struktur der GmbH an eine Personengesellschaft anzupassen.[529] Kennzeichnend ist dabei die Gleichrangigkeit der Gesellschafter.[530] Die Gleichrangigkeit der Gesellschafter schlägt sich dann in der Ausgestaltung der Satzung auch auf die Geschäftsführung nieder. So lassen sich für die personalistisch organisierte GmbH üblicherweise zwei Regelungsmodelle finden:[531] Einerseits werden alle Gesellschafter zugleich als Geschäftsführer bestellt oder andererseits wird der Gesellschafterversammlung eine starke Stellung durch die Satzung eingeräumt. Sofern alle Gesellschafter zugleich als Geschäftsführer agieren, sind sie grundsätzlich nur zur gemeinschaftlichen Vertretung der Gesellschaft gem. § 35 Abs. 2 GmbHG befugt. In diesem Fall bedarf ein Unternehmensführungsvertrag also der Zustimmung aller Gesellschafter. Sofern der Gesellschafterversammlung nur eine starke Stellung durch die Satzung eingeräumt wird, hängt es von der konkreten Ausgestaltung der Satzung ab, ob der Unternehmensführungsvertrag der Zustimmung bedarf. Wenn beispielsweise abweichend von § 47 Abs. 1 GmbH eine Einstimmigkeit der Gesellschafter vorgesehen ist, so kann schon das Vorliegen eines außergewöhnlichen Geschäfts die Zustimmung aller Gesellschafter erfordern. In diesem Sinne kann selbst schon der weisungsgebundene Unternehmensführungsvertrag des Einverständnisses aller Gesellschafter bedürfen.

Sofern allerdings die Satzung keine Regelung enthält oder ein einstimmiger Beschluss abweichend von § 53 Abs. 2 GmbHG für Satzungsänderungen erforderlich ist, muss die Satzung danach ausgelegt werden, ob ein Unternehmensführungsvertrag, der in die Organisationsverfassung eingreift, auch eines einstimmigen Beschlusses bedarf. Bei der Auslegung von Satzungen besteht in der Literatur und Rechtsprechung Uneinigkeit über den Maßstab der Auslegung. Der BGH differenziert zwischen einer individualrechtlichen und einer körperschaftsrechtlichen Regelung.[532] Körperschaftliche Regelungen sind insbesondere Regelungen über die Satzungsänderungen[533] und Mehrheitserfordernisse von Gesellschafterbeschlüssen[534]. Bei der Auslegung von körperschaftlichen Regelungen geht der BGH zwar

528 *Fleischer*, MüKo-GmbHG, Einl. Rn. 38.
529 Michalski/*Michalski*, GmbHG, System. Darst 1. Rn. 7.
530 *Fleischer*, MüKo-GmbHG, Einl. Rn. 38; *Liebscher*, MüKo-GmbHG, § 45 Rn. 18.
531 *Liebscher*, MüKo-GmbHG, § 45 Rn. 19.
532 BGH, Urt. v. 09.06.1954 – II ZR 70/53, Z 14, 25, 36 f.; Michalski/*Michalski*, GmbHG, § 2 Rn. 43 f.
533 BGH, Urt. v. 09.06.1954 – II ZR 70/53, Z 14, 25, 36 f.
534 BGH, Urt. v. 25.09.1989 – II ZR 304/88, NJW-RR 1990, 99.

im Ansatz von einer Vertragsauslegung nach §§ 133, 157 BGB aus,[535] er grenzt diese Auslegung aber ein, indem er zunächst nur den Inhalt des Gesellschaftsvertrages berücksichtigt, während die Motive der Vertragsparteien nur herangezogen werden, wenn diese Niederschlag im Wortlaut des Gesellschaftsvertrags gefunden haben.[536] Andere äußere Umstände werden nur berücksichtigt, wenn sie allgemein oder dem betreffenden Personenkreis zugänglich sind.[537] Unbeachtlich für die Auslegung des BGH ist auch die Struktur der Gesellschaft und mithin die Frage, ob diese personalistisch oder kapitalistisch organisiert ist.[538] Ausgehend von dieser Methode, ist eine ergänzende Vertragsauslegung nur in sehr engen Grenzen möglich.[539]

Der Ansicht des BGH hat sich die Mehrheit in der Literatur angeschlossen.[540] Andere wollen danach differenzieren, ob es sich um eine kapitalistisch oder personalistisch organisierte Gesellschaft handelt und im letzteren Fall eher eine vertragsähnliche Auslegung annehmen.[541] Der Rechtsprechung und der überwiegenden Ansicht ist zu folgen. Sie berücksichtigt zum einen, dass die Satzung zwar ein Vertrag darstellt und somit die Auslegungsregelungen der §§ 133, 157 BGB Anwendung finden; anderseits konstituiert die Satzung eine Körperschaft und ist auch für neu eintretende Gesellschafter bindend. Ebenso kann die Satzung für die Kreditierung durch Dritte ausschlaggebend sein. Eine reine Auslegung nach dem verobjektivierten Empfängerhorizont würde diese Personengruppen benachteiligen und zu erheblichen Rechtsunsicherheiten führen. Des Weiteren bestünde dann die Frage, an welchem Empfängerhorizont sich die Auslegung zu orientieren hat. Eine Auslegung nach unterschiedlichen Empfängerhorizonten käme mit dem Gleichbehandlungsgrundsatz in Konflikt.[542] Die Regeln über die Vertragsauslegung müssen aus diesem Grund zugunsten einer objektiv orientierten Auslegung, wie sie der BGH betreibt, eingegrenzt werden.

Sofern die Satzung keine spezielle Regelung enthält, ist ein Unternehmensführungsvertrag, der in die Organisationsverfassung eingreift, ähnlich zu behandeln wie bei einer kapitalistisch organisierten GmbH. Allerdings sollte im Rahmen der personalistischen GmbH bei der Mehrheitsentscheidung nicht an das Kapital

---

535 BGH, Urt. v. 25.09.1989 – II ZR 304/88, NJW-RR 1990, 99.

536 BGH, Urt. v. 11.10.1993 – II ZR 155/92, Z 123, 347, 350.

537 BGH, Urt. v. 02.12.1974 – II ZR 78/72, Z 63, 282, 290.

538 BGH, Urt. v. 09.06.1954 – II ZR 70/53, Z 14, 25, 37; BGH, Urt. v. 16.02.1981 – II ZR 89/79, GmbHR 1982, 129, 130; BGH, Urt. v.25.09.1989 – II ZR 304/88, NJW-RR 1990, 99; BGH, Urt. v. 25.09.1989 – II ZR 304/88, WM 1989, 1809, 1810.

539 Baumbach/Hueck/*Fastrich*, GmbHG, § 2 Rn. 31.

540 Baumbach/Hueck/*Fastrich*, GmbHG, § 2 Rn. 29 ff.; Soergel/*Hadding*, BGB, § 25 Rn. 32; Michalski/*Michalski*, GmbHG, § 2 Rn. 48 f.; Roth/Altmeppen/*Roth*, GmbHG, § 2 Rn. 16 ff.; *K. Schmidt*, Gesellschaftsrecht, 89 ff.; Rowedder/Schmidt-Leithoff/*Schmidt-Leithoff*, GmbHG, § 2 Rn. 78 ff.; Ulmer/*Ulmer*, GmbHG § 2 Rn. 142; Staudinger/*Weick*, BGB, § 25 Rn. 16;

541 Vgl. *Wiedemann*, GesR I, 167 ff.; *ders.*, DNotZ Sonderheft 1977, 102.

542 Michalski/*Michalski*, GmbHG, § 2 Rn. 48.

angeknüpft werden, sondern in analoger Anwendung des § 53 Abs. 2 GmbHG an die abgegebenen Stimmen. Grund hierfür ist die Anlehnung der Struktur der GmbH an das Recht der Personengesellschaften und dieser Umstand ist vor einer analogen Anwendung des AktG stets zu würdigen.[543]

Wenn hingegen für Satzungsänderungen, abweichend von § 53 Abs. 2 GmbHG, vorgesehen ist, dass die Gesellschafter einstimmig entscheiden, ist diese Bestimmung so auszulegen, dass sie auch strukturändernde Verträge erfasst. In diesem Fall ist auch für den einflussgeminderten Unternehmensführungsvertrag ein einstimmiger Zustimmungsbeschluss erforderlich.

Es kann also vorkommen, dass eine Satzung so gestaltet ist, dass es für einen Unternehmensführungsvertrag der einstimmigen Zustimmung der Gesellschafter bedarf. Eine solche Satzungsgestaltung wird sich dabei typischerweise bei einer personalistisch organisierten GmbH finden lassen. Gleichwohl ist eine Vermutung, dass bei einer personalistisch organisierten GmbH stets ein einstimmiger Beschluss zu einer Satzungsänderung erforderlich ist, zu verneinen.[544]

2. *Wirksamkeitsvoraussetzung für den einflussgeminderten Unternehmensführungsvertrag*

Anhand der oben gefundenen Ergebnisse ergeben sich für den einflussgeminderten Unternehmensführungsvertrag mit einer GmbH als Eigentümerunternehmen folgende Wirksamkeitsvoraussetzungen. Zunächst bedarf es eines Gesellschafterbeschlusses. Dieser muss grundsätzlich mit einer Dreiviertelmehrheit erfolgen. Bei einer kapitalistisch organisierten GmbH bedarf es eines Mehrheitsbeschlusses, der an das Kapital anknüpft. Die Form des Zustimmungsbeschlusses ergibt sich dann aus einer Analogie zu § 53 Abs. 2 GmbHG.[545] Bei einer personalistisch organisierten GmbH bedarf es auch grundsätzlich eines Dreiviertelmehrheitsbeschlusses. Dieser sollte aber an die abgegebenen Stimmen anknüpfen. Je nach der konkreten Ausgestaltung der Satzung kann insbesondere bei der personalistisch organisierten GmbH ein einstimmiger Beschluss erforderlich sein. Wenn der Geschäftsführer ohne den notwendigen Zustimmungsbeschluss handelt, handelt er außerhalb seiner Vertretungsmacht. Für strukturändernde Verträge wirkt sich dieser fehlende Beschluss auch auf das Außenverhältnis aus.[546] Der Vertragspartner kann sich insofern nicht auf eine Vertretungsmacht oder eine Vertretungsmacht kraft Rechtsscheins berufen.

---

543 *Windbichler*, Gesellschaftsrecht, 207.

544 Vgl. BGH, Urt. v. 25.09.1989 – II ZR 304/88, NJW-RR 1990, 99.

545 *Köhn*, Der Konzern 2011, 530, 543.

546 Im Ergebnis nach kritischer Untersuchung im Rahmen der Betriebspacht auch *Dörmer*, Unternehmenspacht, 135 ff.; Rowedder/Schmidt-Leithoff/*Koppensteiner/Schnorbus*, GmbHG, Anh. § 52 Rn. 106; *Köhn*, Der Konzern 2011, 530, 543; mit Bezug auf alle sonstigen Unternehmensverträge *Neun*, Unternehmensverträge, 240; *K. Schmidt*, Gesellschaftsrecht, 1069; Michalski/*Servatius*, GmbHG, System. Darst. 4 Rn. 339; *Ulmer*, FS Werner, 911, 928.

Vor dem Zustimmungsbeschluss der Gesellschafter sind diese hinreichend über den konkreten Unternehmensführungsvertrag zu informieren. Diese Informationspflicht lässt sich aus § 51a GmbHG herleiten. Zur Konkretisierung dieser Pflicht kann auf die Wertungen der §§ 293a ff. AktG zurückgegriffen werden.

Schon aufgrund der Beweisfunktion ist für den Unternehmensführungsvertrag die Schriftform durch eine doppelt analoge Anwendung des § 293 Abs. 3 AktG zu fordern.[547] Ebenso ist erforderlich, dass der einflussgeminderte Unternehmensführungsvertrag in analoger Anwendung zu § 54 GmbHG in das Handelsregister eingetragen wird.[548]

III. Der einflussfreie Unternehmensführungsvertrag

Der Typus des einflussfreien Unternehmensführungsvertrag ist dadurch gekennzeichnet, dass dem Eigentümerunternehmen bei der konkreten Unternehmensführung keinen unmittelbaren Einfluss nehmen kann. Ihm stehen keine Weisungsrechte und keine Zustimmungsvorbehalte gegenüber dem Unternehmensführer zu. Die Zulässigkeit des einflussfreien Unternehmensführungsvertrags wurde schon für die Aktiengesellschaft und die SE verneint. Dieses Ergebnis beruht auf der Argumentation, dass der einflussfreie Unternehmensführungsvertrag so stark in die Organisationsverfassung der Aktiengesellschaft eingreift, dass eine Legitimation durch die entsprechende Anwendung der Regelungen über den Beherrschungsvertrag oder der sonstigen Unternehmensverträge nicht möglich ist. Im Gegensatz zur Aktiengesellschaft existiert allerdings für die GmbH keine vergleichbare Satzungsstrenge.[549] Die Grenzziehung mit der Argumentation, dass der Gesetzgeber mit der Regelung der §§ 291 ff. AktG Vertragstypen, die ausnahmsweise in die Organisationsverfassung eingreifen dürfen, legitimiert hat, lässt sich nicht ohne Weiteres auf die GmbH übertragen.

---

547 So auch schon zum Beherrschungsvertrag BGH, Beschl. v. 24.10.1988 – II ZB 7/88, NJW 1989, 295, 299; zur Betriebspacht *Dörmer*, Unternehmenspacht, 142; zum Unternehmensführungsvertrag *Köhn*, Der Konzern 2011, 530, 543 f.; zur Betriebspacht *Nelißen*, DB 2007, 786, 788; strenger *Pache*, GmbHR 1995, 90, 92, der für die Unternehmensverträge des § 291 AktG die notarielle Form analog zu § 2 GmbHG fordert.

548 Im Ergebnis ebenso Ulmer/*Casper*, GmbHG, Anh. § 77 Rn. 207; mit Bezug auf die Betriebspacht Dörmer, Unternehmenspacht, 142 f.; mit Bezug auf den einflussfreien Unternehmensführungsvertrag *Herfs*, Einwirkungen, 296; *Köhn*, Der Konzern 2011, 530, 544; analog zur Betriebspacht *Nielißen*, DB 2007, 786, 788 f.; Michalski/*Servatius*, GmbHG, System Darst. 4 Rn. 350, 358; Hadenbacher/*Ulmer*, GmbHG, Anh. § 77 Rn. 205; allgemein zu Unternehmensverträgen Baumbach/Hueck/*Zöllner*, GmbHG, SchAnhKonzernR Rn. 52; a. A. BayObLG 18.02.2003 NJW 2003, 908 f.; Henze, Konzernrecht, 86.

549 Ulmer/*Hüffer/Schürnbrand*, GmbHG, § 45 Rn. 1; *Ulmer*, FS Werner, 911.

Dennoch gibt es trotz der Satzungsautonomie Grenzen der Vertragsfreiheit. So stellt das Prinzip der Verbandssouveränität eine solche Grenze dar.[550] In diesem Sinne ist es unzulässig, wesentliche Fragen, wie zum Beispiel die satzungsmäßige Umgestaltung oder sonstige Strukturentscheidungen, von dem Willen Dritter abhängig zu machen.[551] So werden beispielsweise für den Beherrschungsvertrag aufgrund dieses Prinzips die Grenzen des Weisungsrechts bei den so genannten Grundlagengeschäften gezogen, die sich auf die Satzung der Gesellschaft auswirken.[552] Ein weisungsfreier Unternehmensführungsvertrag kann also nicht so weit gehen, dem Unternehmensführer die Kompetenz zuzuweisen, solche Geschäfte vorzunehmen. Weitere Grenzen ergeben sich aus dem Rechtsprinzip der Organschaft.[553]

In der Literatur sind keine genauen Kriterien herausgearbeitet, wann das Prinzip der Organschaft verletzt ist. Es werden vielmehr Umschreibungen vorgeschlagen, die einer Wertung helfen sollen. So wird beispielsweise formuliert, dass die Gesellschafterversammlung als höchstes Organ der Gesellschaft nicht zur Bedeutungslosigkeit ausgehöhlt werden dürfe.[554] Ebenso wird argumentiert, bei der Satzungsgestaltung müsse dem Geschäftsführer ein Tätigkeitsbereich verbleiben, der seiner Organstellung entspreche.[555]

1. Die Holiday-Inn Entscheidung

Um diese sehr normativen Kriterien zu konturieren, ist ein Blick auf die Holiday-Inn Entscheidung des BGH zu richten.[556] In dieser Entscheidung ging es um die Übernahme der Führung eines zu einer Familienkommanditgesellschaft gehörenden Hotels durch das weltweit tätige Unternehmen Holiday-Inn Inc.[557] Im Rahmen dieser Unternehmensführung wurde durch die Holiday-Inn Inc. ihre Organisation und ihr Know-how zur Verfügung gestellt. Im Gegenzug schuldete die Familienkommanditgesellschaft ein Entgelt, das sich aus verschiedenen Komponenten zusammensetzte. Es handelte sich hier um einen echten Unternehmensführungsvertrag, da die Holiday-Inn Inc. das Hotel im Namen und für Rechnung der Familiengesellschaft führte. Im Rahmen dieses Unternehmensführungsvertrags wurden Weisungsrechte des Eigentümerunternehmens ausgeschlossen.[558] Des Weiteren übernahm die Holiday-Inn Inc. die vollständige Leitung und Organisation der Mitarbeiter und

---

550 Ulmer/*Hüffer/Schürnbrand*, GmbHG, § 45 Rn. 14.
551 Ulmer/*Hüffer/Schürnbrand*, GmbHG, § 45 Rn. 14, 25.
552 Scholz/*Emmerich*, GmbHG, Anh. § 13 Rn. 174.
553 Ulmer/*Paefgen*, GmbHG, § 35 Rn. 20; Scholz/*U. Schneider/S. Schneider*, GmbHG, § 35 Rn. 14.
554 Scholz/*K. Schmidt*, GmbHG, § 45 Rn. 10.
555 Vgl. Ulmer/*Hüffer/Schürnbrand*, GmbHG, § 45 Rn. 21.
556 Vgl. hierzu auch schon 3. Kapitel § 1 B III.
557 Zur Sachverhaltsdarstellung BGH, Urt. v. 05.10.1981 – II ZR 203/80, juris Rn. 1 ff. = WM 1982, 394 ff.
558 BGH, Urt. v. 05.10.1981 – II ZR 203/80, juris Rn. 10 ff. = WM 1982, 394 f.

auch für diesen Bereich wurde jede Einflussnahme des Eigentümerunternehmens ausgeschlossen.[559] Ein Zustimmungsvorbehalt zugunsten der Familienkommanditgesellschaft wurde für Instandsetzungsarbeiten an den Gebäuden und die Reparatur bzw. den Ersatz von Ausstattungsgegenständen, die ein Kostenvolumen von 20.000 DM übersteigen, vereinbart.[560] Ebenso wurde ein Zustimmungsvorbehalt für bauliche Veränderungen, die den grundlegenden Charakter des Gebäudes verändern, festgesetzt.[561]

Die Parteien stritten nun über die Wirksamkeit des Vertrages. Dabei ist das Berufungsgericht davon ausgegangen, dass der Vertrag nach §§ 134, 138 BGB nichtig sei, da er gegen das Prinzip der Selbstorganschaft für handelsrechtliche Personengesellschaften verstoße, indem der Kommanditgesellschaft jede wirtschaftliche Bewegungsfreiheit genommen wurde.[562] Dieser Argumentation ist der BGH nicht gefolgt.[563] Er stellte klar, dass durch den Ausschluss von Weisungsrechten nicht stets gegen den Grundsatz der Selbstorganschaft verstoßen wird, wenn auf andere Weise dafür gesorgt wird, dass grundsätzliche Fragen durch die Geschäftsführung des Eigentümerunternehmens entschieden werden.[564] Im Rahmen der Holiday-Inn Entscheidung sah der BGH dies durch die vertraglich vorgesehenen Mitwirkungs-, Kontroll- und Einsichtsrechte und der vereinbarten Richtlinien der Unternehmensführung als gegeben an.[565] Des Weiteren hat der BGH deutlich gemacht, dass ein verschuldensunabhängiges außerordentliches Kündigungsrecht zugunsten des Eigentümerunternehmens bestehen kann und ein solches auch dann gegeben ist, wenn der Unternehmensführer bei der Unternehmensführung dauerhaft wirtschaftlich erfolglos ist.[566]

2. Übertragbare Wertungen auf die GmbH

Zwar existiert für die GmbH nicht der Grundsatz der Selbstorganschaft, sondern eine Fremdorganschaft ist ohne Weiteres möglich. Es steht im Ermessen der Gesellschafter, ob sie als Geschäftsführer einen aus „ihren Reihen" oder einen Dritten rekrutieren. Dennoch sind diese Fragen artverwandt. In beiden Fällen stellt sich die Frage, wie viel an Leitungskompetenz vertraglich auf Dritte übertragen werden kann, ohne dass die jeweiligen gesellschaftsrechtlichen Grundstrukturen verletzt werden.

Im Fall der Holiday-Inn Entscheidung wurden Zustimmungsvorbehalte vereinbart. Insofern ähnelt dieser Vertragstypus eher dem normativen Idealtypus des

559 BGH, Urt. v. 05.10.1981 – II ZR 203/80, juris Rn. 12 = WM 1982, 394 f.
560 BGH, Urt. v. 05.10.1981 – II ZR 203/80, juris Rn. 18 = WM 1982, 394, 395.
561 BGH, Urt. v. 05.10.1981 – II ZR 203/80, juris Rn. 19 = WM 1982, 394, 395.
562 Vgl. BGH, Urt. v. 05.10.1981 – II ZR 203/80, juris Rn. 63, 65 = WM 1982, 394, 396 f.
563 BGH, Urt. v. 05.10.1981 – II ZR 203/80, juris Rn. 66 = WM 1982, 394, 396 f.
564 BGH, Urt. v. 05.10.1981 – II ZR 203/80, juris Rn. 66, 74 = WM 1982, 394, 396 ff.
565 BGH, Urt. v. 05.10.1981 – II ZR 203/80, juris Rn. 68 = WM 1982, 394, 397.
566 BGH, Urt. v. 05.10.1981 – II ZR 203/80, juris Rn. 72 = WM 1982, 394, 397.

einflussgeminderten Unternehmensführungsvertrags. Auf den ersten Blick könnte deshalb angenommen werden, der einflussfreie Unternehmensführungsvertrag verstoße gegen das Prinzip der Organschaft und sei deshalb unzulässig. Den Ausführungen des BGH lässt sich allerdings nicht entnehmen, dass solche Zustimmungsvorbehalte zwingend erforderlich sind. Aus der Stellung als Treuhänder und Geschäftsbesorger ergibt sich, dass der Unternehmensführer sich bei der Geschäftsführung an den Interessen des Eigentümerunternehmens orientieren muss.[567] Werden mit dem Vertrag der Maßstab und die Richtlinien der Unternehmensführung festgelegt, so ist der Unternehmensführer an diese gebunden.[568] Dem Geschäftsführer obliegt es dann, durch Informations-, Einsichts- und Kontrollbefugnisse den Unternehmensführer zu kontrollieren und bei Verletzungen entsprechende Rechte, wie beispielsweise Unterlassungsansprüche, ein außerordentliches Kündigungsrecht oder Schadensersatzansprüche, geltend zu machen.[569]

Zusammenfassend zeigt sich also, dass für die GmbH ein einflussfreier Unternehmensführungsvertrag durchaus vereinbart werden kann.[570] In diesem Fall sind jedoch die Richtlinien und Maßstäbe der Unternehmensführung genau festzulegen. Je größer die Freiheit des Unternehmensführers bei der Unternehmensführung ist, desto stärker müssen die Einflussrechte des Eigentümerunternehmens sein. Ist das „Korsett" der Unternehmensführung für den Unternehmensführer eng ausgestaltet, bedarf es weniger oder gar keiner Einflussrechte des Eigentümerunternehmens. So muss nicht nur das wirtschaftliche Ziel durch den Unternehmensführungsvertrag bestimmt sein, sondern auch die Frage, wie dieses Ziel zu erreichen ist. Das Eigentümerunternehmen muss schon bei Vertragsschluss oder bei Vereinbarung eines jährlichen Wirtschaftsplans antizipieren können, welche konkreten Handlungen der Unternehmensführer im Laufe der Geschäftsführung vornehmen wird. Diesem Erfordernis ist dann genüge getan, wenn die Parteien bei Vertragsschluss konkrete Richtlinien vereinbaren und der Unternehmensführungsvertrag über einen überschaubaren Zeitraum befristet ist, oder wenn die Parteien in einem überschaubaren Turnus einen Wirtschaftsplan vereinbaren, der die wesentlichen Maßnahmen der Unternehmensführung vorgibt. Stets gewahrt werden müssen jedoch die Informations-, Einsichts- und Kontrollbefugnisse des Eigentümerunternehmens.[571] Ohne diese kann der Geschäftsführer das Eigentümerunternehmen nicht kontrollieren und gegebenenfalls Ansprüche geltend machen.

---

567 Ebenso BGH, Urt. v. 05.10.1981 – II ZR 203/80, juris Rn. 68 = WM 1982, 394, 396 f.

568 BGH, Urt. v. 05.10.1981 – II ZR 203/80, juris Rn. 68 = WM 1982, 394, 396 f.; so auch *Geßler*, FS Hefermehl, 263, 274, nach dem sich der Unternehmensführer an die Unternehmenspolitik halten muss.

569 BGH, Urt. v. 05.10.1981 – II ZR 203/80, juris Rn. 68, 71 = WM 1982, 394, 396 f.

570 A. A. *Herfs*, Einwirkungen, 289, nach ihm sei die FremdInteressenwahrnehmungspflicht des Unternehmensführers nur eine unbeachtliche Formalie und so sei ein einflussfreier Unternehmensführungsvertrag stets als Beherrschungsvertrag zu kategorisieren.

571 Vgl. E/B/J/S/*Drescher*, HGB, § 114 Rn. 18; *Schneider*, JbFStR 1982/1983, 387, 404.

Ein anderes Kompensationsmodell für einen einflussfreien Unternehmensführungsvertrag schlagen *Huber* und *Herfs* vor. Nach diesen ist es bei einem einflussfreien Unternehmensführungsvertrag erforderlich, dass dem Eigentümerunternehmen ein jederzeitiges Kündigungsrecht eingeräumt wird.[572] Problematisch ist allerdings an diesem Modell, dass für den Unternehmensführer ein jederzeit kündbares Vertragsverhältnis eine erhebliche Unsicherheit bedeutet, und aus diesem Grund ist diese Lösung abzulehnen.

Sofern der weisungsfreie Unternehmensführungsvertrag nicht gegen das Prinzip der Organschaft verstößt, bedarf er aufgrund der satzungsändernden Wirkung dennoch eines Gesellschafterbeschlusses. Hinsichtlich des Mehrheitsbeschlusses, des Verfahrens und des Eintragungserfordernisses lässt sich auf die Ausführungen zum einflussgeminderten Unternehmensführungsvertrag verweisen.[573]

IV. Der unechte Unternehmensführungsvertrag

Wie schon für die Aktiengesellschaft und die SE angesprochen, führt ein unechter Unternehmensführungsvertrag unabhängig von der Frage, wie die Einflussrechte des Eigentümerunternehmens ausgestaltet sind, dazu, dass in die Organisationsverfassung der Gesellschaft eingegriffen wird.[574] Der Unternehmensführer schließt im eigenen Namen Verträge, die wirtschaftlich das Eigentümerunternehmen treffen sollen. Das Eigentümerunternehmen kann somit nicht mehr unmittelbar bei der Koordination der Verträge mitwirken. Der Unternehmensführer hat dementsprechend eine faktisch starke Stellung, die zu einer Schwächung des Geschäftsführungsorgans führt. Aus diesem Grund ist es auch im Rahmen der GmbH vorzugswürdig, einen unechten Unternehmensführungsvertrag wie einen einflussgeminderten Unternehmensführungsvertrag zu behandeln. Folglich müssen die gleichen Wirksamkeitsvoraussetzungen wie bei einem einflussgeminderten Unternehmensführungsvertrag vorliegen.

V. Eingriff in die Finanzverfassung der GmbH durch Unternehmensführungsverträge

Wie bereits angesprochen, kann im Rahmen des Unternehmensführungsvertrags vereinbart werden, dass der gesamte Gewinn oder auch nur ein Teilgewinn abgeführt wird.[575] Dem entsprechend liegt dann neben dem Unternehmensführungsvertrag zugleich auch ein Gewinn- oder ein Teilgewinnabführungsvertrag vor.

572 *Herfs*, Einwirkungen, 289 f.; *Huber*, ZHR 152 (1988), 1, 28.
573 3. Kapitel § 3 C II 1.
574 Vgl. 3. Kapitel § 1 B VII.
575 Vgl. hierzu insbesondere zu der Frage, wann ein Gewinnabführungsvertrag und ein Teilgewinnabführungsvertrag vorliegt 2. Kapitel § 1 C I.

1. *Besonderheiten bei dem Abschluss eines Gewinnabführungsvertrags mit einer GmbH als abführendes Unternehmen*

Die Finanzverfassung der GmbH zeichnet sich vor allem durch den Grundsatz der Kapitalaufbringung und der Kapitalerhaltung aus.[576] Nach dem Grundsatz der Kapitalaufbringung müssen die Einlagen der Gesellschafter der vereinbarten Stammkapitalziffer entsprechen. Das einzubringende Stammkapital muss gem. § 5 Abs. 1 GmbHG ein Mindestvolumen von 25.000 Euro erreichen.[577] Liegt diese Mindesteinlage vor, so darf nach dem in § 30 Abs. 1 GmbHG verankerten Grundsatz der Kapitalerhaltung Vermögen nicht an die Gesellschafter ausgezahlt werden, wenn dadurch der Betrag des Stammkapital unterschritten wird.

Eine Ausnahme von diesem Grundsatz macht das Gesetz allerdings bei dem Bestehen eines Beherrschungsvertrages oder eines Gewinnabführungsvertrages gem. § 30 Abs. 1 S. 2 GmbHG. Schon diese explizite Ausnahmeregelung zeigt, dass Gewinnabführungsverträge möglich sind, und dass diese in die Finanzverfassung der GmbH eingreifen, indem die Vorschriften über die Kapitalerhaltung eingeschränkt werden.[578] Des Weiteren schränken Gewinnabführungsverträge auch den Anspruch der Gesellschafter auf Gewinnausschüttung und die Gewinnverwendungskompetenz der Gesellschafter aus § 29 GmbHG ein. Dementsprechend werden auch hier wieder ein Gesellschafterbeschluss und die Eintragung in das Handelsregister gefordert.[579] Auch in diesem Fall ist umstritten, ob der Gesellschafterbeschluss und das Verfahren dogmatisch auf einer Analogie zu § 293 AktG oder auf einer Analogie zu § 54 Abs. 2 GmbHG begründet werden, oder ob ein einstimmiger Zustimmungsbeschluss erforderlich ist.[580] Teilweise wird auch hier gefordert, dass eine Dreiviertelmehrheit ausreiche, um einen Gewinnabführungsvertrag wirksam abzuschließen.[581] So wird unter anderem angeführt, dass der Gewinnabführungsvertrag nicht zu einer Zweckänderung der Gesellschaft führe.[582] Ebenso genüge auch schon eine Dreiviertelmehrheit, um die Gesellschaft aufzulösen oder einen Verschmelzungsbeschluss zu treffen.[583] Das Erfordernis eines einstimmigen Zustimmungsbeschlusses führe

576 Michalski/*Fleischer*, GmbHG, System. Darst. 5 Rn. 63.

577 Michalski/*Fleischer*, GmbHG, System. Darst. 5 Rn. 62.

578 Vgl. Ulmer/*Casper*, GmbHG, Anh. § 77 Rn. 189 f.; Scholz/*Emmerich*, GmbHG, Anh. § 13 Rn. 198 ff.; *Liebscher*, MüKo-GmbHG, Anh. § 13 Rn. 681.

579 Vgl. Ulmer/*Casper*, GmbHG, Anh. § 77 Rn. 189 f.; Scholz/*Emmerich*, GmbHG, Anh. § 13 Rn. 148 ff, 201; *Liebscher*, MüKo-GmbHG, Anh. § 13 Rn. 681; Hachenburger/*Ulmer*, GmbHG, § 53 Rn. 147, Anh. § 77 Rn. 211.

580 *Liebscher*, MüKo-GmbHG, Anh. § 13 Rn. 734.

581 *Halm* NZG 2001, 728, 731; Rowedder/Schmidt-Leithoff/*Koppensteiner/Schnorbus*, GmbHG, Anh. § 52 Rn. 95; Lutter/Hommelhoff/*Lutter/Hommelhoff*, GmbHG, Anh. § 13 Rn. 65 f.

582 *Halm*, NZG 2001, 728, 731.

583 Vgl. *Humbeck*, BB 1995, 1893 Fn. 7; Rowedder/Schmidt-Leithoff/*Koppensteiner/Schnorbus*, GmbHG, Anh. § 52 Rn. 95; Michalski/*Servatius*, GmbHG, System. Darst. 4 Rn. 296; *Timm*, GmbHR 1987, 8, 11; *ders.*, ZGR 1987, 403, 430.

dazu, dass Gesellschafter aus sachwidrigen Gründen einen Zustimmungsbeschluss verhindern könnten.[584]

Nach der Gegenauffassung bedarf es eines einstimmigen Zustimmungsbeschlusses.[585] Dieser wird damit begründet, dass der Gewinnabführungsvertrag den Gesellschaftszweck ändere und deshalb die Zustimmungspflicht aller Gesellschafter nach §§ 33 Abs. 1 S. BGB, 53 Abs. 3 GmbHG analog erforderlich sei.[586] So werde durch den Gewinnabführungsvertrag das Unternehmen nicht mehr im Interesse der Gesellschafter geführt.[587] Aufgrund eines ausreichenden Minderheitenschutzes durch einen einstimmigen Zustimmungsbeschluss gehen Vertreter dieser Ansicht konsequent davon aus, dass die weiteren konzernrechtlichen Schutzvorschriften keine Anwendung finden.[588] Vermittelnd wird zwischen der Organisation der Gesellschaft differenziert.[589] Bei der kapitalistisch organisierten GmbH sei ein mehrheitlicher Zustimmungsbeschluss nach § 293 Abs. 1 AktG analog erforderlich, während bei der personalistisch organisierten GmbH ein einstimmiger Gesellschafterbeschluss nach §§ 53 Abs. 3 GmbHG, 33 Abs. 1 S. 2, 35 BGB analog vorliegen müsse.[590]

Die erste Ansicht überzeugt, da bei einem Gewinnabführungsvertrag zwar in die Finanzstruktur der Gesellschaft eingegriffen wird, dies jedoch noch nicht heißt, dass das Unternehmen nunmehr nur noch im Interesse des begünstigten Unternehmens geführt wird. Beispielsweise kann bei einer Koppelung eines Gewinnabführungsvertrags mit einem Unternehmensführungsvertrag der Zweck der Unternehmensführung darin liegen, ein Unternehmen zu sanieren. Im Gegenzug wird der Gewinn für eine gewisse Zeit abgeführt. Durch den Unternehmensführungsvertrag als Treuhand und Geschäftsbesorgungsvertrag muss das Unternehmen ausschließlich im Interesse des Eigentümerunternehmens geführt werden. Nur im Rahmen des Beherrschungsvertrages ist die Berücksichtigung von Fremdinteressen möglich. Aus diesem Grund ist es nicht erforderlich, einen einstimmigen Zustimmungsbeschluss der Gesellschafter zu verlangen. Ein Minderheitsschutz wird dadurch erreicht, dass sowohl für die personalistisch als auch für die kapitalistisch organisierte GmbH die

584 Vgl. *Liebscher*, MüKo-GmbHG, Anh. § 13 Rn. 738.

585 Roth/Altmeppen/*Altmeppen*, GmbHG, Anh. § 13 Rn. 37 ff., 107; *Emmerich*, Emmerich/Habersack Komm-KonzR, § 293 Rn. 43a; *Raiser/Veil*, RdK, § 54 Rn. 135; *K. Schmidt*, Gesellschaftsrecht, 1192; Michalski/*Servatius*, GmbHG, System. Darst. 4 Rn. 296; *Zeidler*, NZG 1999, 692, 693; Baumbach/Hueck/*Zöllner*, GmbHG, SchlAnhKonzR Rn. 54; differenzierend zwischen kapitalistischer und personalistischer GmbH *Liebscher*, MüKo-GmbHG, Anh. § 13 Rn. 740.

586 Vgl. Scholz/*Emmerich*, GmbHG, Anh. § 13 Rn. 143a f.; *Emmerich*, Emmerich/Habersack Komm-KonzR, § 293 Rn. 43a; *Raiser/Veil*, RdK, § 54 Rn. 135; *K. Schmidt*, Gesellschaftsrecht, 1192; Hachenburg/*Ulmer*, GmbHG, § 53 Rn. 145.

587 Vgl. *Liebscher*, MüKo-GmbHG, Anh. § 13 Rn. 739.

588 *Altmeppen*, MüKo-AktG, § 293a Rn. 14.

589 *Liebscher*, MüKo-GmbHG, Anh. § 13 Rn. 740; *ders.*, GmbH-Konzernrecht, 242.

590 *Liebscher*, MüKo-GmbHG, Anh. § 13 Rn. 740, 742.

konzernrechtlichen Schutzvorschriften der §§ 302, 304, 305 AktG analog angewendet werden bei dem Vorliegen eines Gewinnabführungsvertrags.[591]

Für den Zustimmungsbeschluss sind deshalb die gleichen Voraussetzungen maßgebend wie auch für den einflussgeminderten Unternehmensführungsvertrag.[592] Sofern also neben dem Unternehmensführungsvertrag sogleich ein Gewinnabführungsvertrag vorliegt, ist auch hier grundsätzlich ein Beschluss mit Dreiviertelmehrheit erforderlich. Ein solcher Beschluss ist nach überwiegender Ansicht dann auch für den begünstigten Vertragspartner nach § 293 Abs. 2 AktG analog erforderlich, da dieser mit dem Risiko der Verlustübernahme nach § 302 Abs. 1 AktG analog belastet ist.[593] Der erforderliche Zustimmungsbeschluss knüpft entsprechend des oben im Rahmen des einflussgeminderten Unternehmensführungsvertrags gefundenen Ergebnisses bei einer personalistisch organisierten GmbH an die abgegebenen Stimmen an, während bei der kapitalistisch organisierten GmbH dieser Beschluss an das Kapital anknüpft. Freilich kann ausnahmsweise gerade bei einer personalistisch organisierten GmbH ein einstimmiger Gesellschafterbeschluss für die Zustimmung zu solchen Verträgen durch die Satzung gefordert sein.

2. *Besonderheiten bei dem Abschluss eines Teilgewinnabführungsvertrags mit einer GmbH als abführendes Unternehmen*

Auf den Abschluss eines Teilgewinnabführungsvertrags lassen sich die im Rahmen der Erörterung des Gewinnabführungsvertrags gefundenen Ergebnisse übertragen. Ein Problem ergibt sich hier jedoch aus dem Umstand, dass im Rahmen eines Teilgewinnabführungsvertrags nahezu der gesamte Gewinn abgeführt werden kann und, zumindest im Rahmen des Konzernrechts der Aktiengesellschaft, die für den Gewinnabführungsvertrag gefundenen Schutzvorschriften keine Anwendung finden.[594] Dieser Umstand muss unter dem Aspekt betrachtet werden, dass im Rahmen eines Teilgewinnabführungsvertrages mit einer Aktiengesellschaft weiterhin die strengen Kapitalerhaltungsvorschriften Anwendung finden, die im GmbH-Recht kein Pendant finden.[595] Aus diesem Grund wird für den Teilgewinnabführungsvertrag im GmbH-Recht versucht, missbräuchlichen Gestaltungen entgegen zu wirken.

Für die Feststellung dieser missbräuchlichen Gestaltungen finden sich in der Literatur verschiedene Kategorien. So wird einerseits danach differenziert, ob der Teilgewinnabführungsvertrag nach seiner Struktur als einseitig oder beidseitig

591 So auch *Halm*, NZG 2001, 728, 731; Michalski/*Servatius*, GmbHG, System Darst. 4 Rn. 296.

592 Vgl. 3. Kapitel § 3 C II.

593 BGH, Beschl. v. 24.10.1988 – II ZB 7/88, NJW 1989, 295, 297; Ulmer/*Casper*, GmbHG, Anh. § 77 Rn. 194; *Liebscher*, MüKo-GmbHG, Anh. § 13 Rn. 751; Michalski/*Servatius*, GmbHG, System. Darst. 4 Rn. 67; a. A. Roth/Altmeppen/*Altmeppen*, GmbHG, Anh. § 13 Rn. 45; *Altmeppen*, MüKo-AktG, § 293 Rn. 102 ff.

594 *Liebscher*, MüKo-GmbHG, Anh. § 13 Rn. 695.

595 *Liebscher*, MüKo-GmbHG, Anh. § 13 Rn. 695.

verpflichtend einzuordnen ist.[596] Andere differenzieren danach, ob die Gegenleistung für den Teilgewinnabführungsvertrag angemessen ist oder nicht.[597]

Um einer missbräuchlichen Gestaltungen entgegen zu wirken, wird vorgeschlagen, entweder einen Zustimmungsbeschluss aller Gesellschafter zu fordern[598] oder die Vorschriften der §§ 302 ff. AktG analog zulasten der durch den Teilgewinnabführungsvertrag begünstigten Gesellschaft anzuwenden.[599] Teilweise wird auch vorgeschlagen sowohl einen einstimmigen Zustimmungsbeschluss als auch eine Verlustübernahmepflicht im Falle einer missbräuchlichen Gestaltung zu fordern.[600] Andere sehen den Minderheitenschutz dadurch verwirklicht, dass bei einer unangemessenen Gegenleistung für die Teilgewinnabführung die Möglichkeit besteht, den Gesellschafterbeschluss anzufechten oder ein Schadensersatzanspruch der GmbH gegen die zustimmenden Gesellschafter gelten zu machen.[601]

Ein einstimmiger Zustimmungsbeschluss ist abzulehnen. Zwar würde ein solcher zu einer größeren Rechtssicherheit führen, da die Vertragsbedingungen dann auf dem einstimmigen Konsens der Beteiligten beruhen. Allerdings hätte dies zur Folge, dass eine Minderheit den Abschluss solcher Verträge verhindern könnte. Dies gilt auch für Verträge, bei denen ein angemessenes Verhältnis zwischen der Gegenleistung und der Teilgewinnabführung besteht. Ebenso schützt ein einstimmiger Zustimmungsbeschluss nicht diejenigen Gläubiger, die durch einen unangemessenen Teilgewinnabführungsvertrag Nachteile erleiden.[602] Vorzugswürdig ist deshalb, trotz der Gefahr missbräuchlicher Gestaltungen, einen Dreiviertelmehrheitsbeschluss genügen zu lassen, der bei der personalistischen GmbH an die abgegebenen Stimmen und bei der kapitalistischen GmbH an das Kapital anknüpft.[603] So ist zumindest der Zustimmungsbeschluss auf einem breiten Konsens gelegt, der missbräuchliche Gestaltungen erschwert.

Sollte im Einzelfall dennoch ein unangemessenes Verhältnis zwischen der Teilgewinnabführung und der Gegenleistung vorliegen, sind auch nicht die §§ 302 ff. AktG analog anzuwenden. Schon eine planwidrige Regelungslücke ist abzulehnen. Der Gesetzgeber hat für das Aktiengesetz zwischen Teilgewinnabführungsverträge in § 292 Abs. 1 Nr. 1 AktG und Gewinnabführungsverträge in § 291 Abs. 1 AktG differenziert und nur auf letztere sollen die §§ 302 ff. AktG Anwendung finden.

---

596 Ulmer/*Casper*, GmbHG, Anh. § 77 Rn. 185; Hachenburg/*Ulmer*, GmbHG, Anh. § 77 Rn. 194.

597 Scholz/*Emmerich*, GmbHG, Anh. § 13 Rn. 215; *Führling*, Unternehmensverträge, 109 ff.

598 *Emmerich*, Emmerich/Habersack, Komm-KonzR, § 292 Rn. 37a; Scholz/*Emmerich*, GmbHG, Anh. § 13 Rn. 215; *Führling*, Unternehmensverträge, 109 f., 166.

599 Ulmer/*Casper*, GmbHG, Anh. § 77 Rn. 185; Hachenburg/*Ulmer*, GmbHG, Anh. § 77 Rn. 194.

600 *Liebscher*, MüKo-GmbHG, Anh. § 13 Rn. 695 ff.

601 Michalski/*Servatius*, GmbHG, System. Darst. 4 Rn. 332, 345.

602 Ebenso *Liebscher*, MüKo-GmbHG, Anh. § 13 Rn. 696.

603 Im Ansatz auch Michalski/*Servatius*, GmbHG, System. Darst. 4 Rn. 342.

Dieser grundsätzlichen Wertung würde es entgegenstehen, wenn für einen Teilgewinnabführungsvertrag mit einer GmbH die Regelungen der §§ 302 ff. AktG entsprechend angewandt werden würden. Auch das Vorliegen einer vergleichbaren Interessenslage ist abzulehnen. Dies begründet sich schon mit der Änderung der Rechtsprechung zur Haftung aufgrund des Bestehens eines qualifizierten faktischen Konzerns. Die abführende Gesellschaft und deren Gläubiger werden vielmehr durch die allgemeinen Grundsätze und Regelungen geschützt, wie beispielsweise durch das Deliktsrecht oder den Missbrauch der Vertretungsmacht. Würde man speziell eine Verlustübernahme im Sinne des § 302 AktG schon bei einem Teilgewinnabführungsvertrag mit einer GmbH und einer unangemessenen Gegenleistung annehmen, so würde dies ein erhebliches Haftungsrisiko bürden und hätte erhebliche Rechtsunsicherheit zur Folge.

Sofern also neben dem Unternehmensführungsvertrag zugleich auch ein Teilgewinnabführungsvertrag abgeschlossen wird, müssen grundsätzlich auch für diesen die gleichen Wirksamkeitsvoraussetzungen gelten wie für den einflussgeminderten, einflussfreien oder unechten Unternehmensführungsvertrag.[604] Umstritten ist allerdings, ob die Registereintragung Wirksamkeitsvoraussetzung eines Teilgewinnabführungsvertrags ist.[605] Richtig ist das Eintragungserfordernis auch für die Wirksamkeit eines Teilunternehmensführungsvertrags anzunehmen. Für die Aktiengesellschaft sieht § 294 AktG dies ausdrücklich vor. Für die GmbH kann nichts anderes gelten. Schließlich droht für die von einem Teilgewinnabführungsvertrag belastete GmbH eine Verwässerung des Gewinns. Für den Rechtsverkehr ist es durchaus von Bedeutung, dass das Bestehen dieser Verträge im Handelsregister publiziert wird. So können potentielle Gesellschafter sich über das Bestehen dieser Verträge im Handelsregister informieren. Ebenso können zukünftige Gläubiger der Gesellschaft die Kreditwürdigkeit besser abschätzen, wenn die Teilgewinnabführungsverträge im Handelsregister bekannt gemacht wurden.

VI. Modifikation der Anforderungen an den Abschluss eines wirksamen Unternehmensführungsvertrags durch die Satzung

Mit der geltenden Satzungsfreiheit im Rahmen der Rechtsform der GmbH stellt sich die Frage, ob durch Bestimmungen der Satzung die oben aufgezeigten Wirksamkeitsvoraussetzungen umgangen werden können.

1. Statuarische Ermächtigungsklausel

Denkbar wäre zunächst eine Ermächtigungsklausel, wonach der Geschäftsführer ermächtigt wird, ohne Zustimmung der Gesellschafter generell oder im Einzelfall

604 Hierzu 3. Kapitel § 3 C II 2.

605 Ablehnend BayObLG, Beschl. v. 18.02.2003 – 3Z BR 233/02, NJW-RR 2003, 908, 909; befürwortend: *Emmerich*, Emmerich/Habersack Komm-KonzR, § 292 Rn. 37; Michalski/*Servatius*, GmbHG, System. Darst. 4 Rn. 344.

Unternehmensführungsverträge abzuschließen. Eine solche Ermächtigungsklausel ist zumindest bei einem echten weisungsgebundenen Unternehmensführungsvertrag unbedenklich. Dieser greift nicht in die Organisationsverfassung der Gesellschaft ein und wirkt dementsprechend nicht wie eine Satzungsänderung. Der einzige Grund für eine eventuell erforderliche Zustimmung der Gesellschafter durch einfachen Gesellschafterbeschluss ist hier darin zu sehen, dass der Abschluss eines Unternehmensführungsvertrags von grundsätzlicher Bedeutung für die Unternehmenspolitik sein kann. Anders verhält es sich bei einem Unternehmensführungsvertrag, der in die Organisationsverfassung eingreift und somit satzungsändernde Wirkung hat. Nach ganz allgemeiner Auffassung kann der Geschäftsführer zu dem Abschluss eines solchen Vertrags ohne Gesellschafterbeschluss nicht generell oder im Einzellfall durch die Satzung ermächtigt werden.[606] Dies lässt sich aus dem Umstand herleiten, dass die Satzungsänderungskompetenz durch die Gesellschafterversammlung nicht abdingbar ist.[607]

2. Modifikation des Mehrheitserfordernisses

In der Literatur ist umstritten, ob durch Ausgestaltung der Satzung das Mehrheitserfordernis des Zustimmungsbeschlusses herabgesetzt werden kann.[608] Allerdings ist dieses Problem nur relevant, wenn man von dem Erfordernis eines einstimmigen Zustimmungsbeschlusses ausgeht. Einigkeit besteht in diesem Sinne, dass zumindest das Erfordernis einer Dreiviertelmehrheit für den Zustimmungsbeschluss nicht abbedungen werden kann, wenn der Unternehmensvertrag wie eine Satzungsänderung wirkt.[609] Für Satzungsänderungen allgemein gilt die Unabdingbarkeit

606 Roth/Altmeppen/*Altmeppen*, GmbHG, Anh. § 13 Rn. 41; Ulmer/*Casper*, GmbHG, Anh. § 77 Rn. 192; Scholz/*Emmerich*, GmbHG, Anh. § 13 Rn. 156; *Emmerich/Habersack*, Konzernrecht 10. Aufl., 562; *Emmerich*, Emmerich/Habersack Komm-KonzR, § 293 Rn. 44; *Henze*, Konzernrecht, 85; *Liebscher*, MüKo-GmbHG, Anh. § 13 Rn. 744.

607 BGH, Urt. v. 25.2.1965 – II ZR 287/63, Z 43, 261, 264; Lutter/Hommelhoff/*Bayer*, GmbHG, § 53 Rn. 7; *Liebscher*, MüKo-GmbHG, Anh. § 13 Rn. 744; Rowedder/Schmidt-Leithoff/*Schnorbus*, GmbHG, § 53 Rn. 55; Hachenburg/*Ulmer*, GmbHG, § 53 Rn. 39; Baumach/Hueck/*Zöllner*, GmbHG, § 53 Rn. 55.

608 Für die Ansicht, dass ein Herabsetzen des Mehrheitserfordernis nur möglich ist für ein in der Satzung bezeichneten konkreten Unternehmensvertrag mit einem konkreten Vertragspartner: Scholz/*Emmerich*, GmbHG, Anh. § 13 Rn. 156; *Emmerich/Habersack*, Konzernrecht 10. Aufl., 562; *Emmerich*, JuS 1992, 102, 104; *Emmerich*, Emmerich/Habersack Komm-KonzR, § 293 Rn. 44; *Priester*, DB 1989, 1013, 1014; *Ulmer*, BB 1989, 10, 15. Für die Ansicht, dass generell das Mehrheitserfordernis für den Abschluss von Unternehmensverträgen herabgesetzt werden kann durch eine Satzungsklausel, die auf einem einstimmigen Gesellschafterbeschluss beruht: Ulmer/*Casper*, GmbHG, Anh. § 77 Rn. 192; *Liebscher*, MüKo-GmbHG, Anh. § 13 Rn. 745; Hachenburger/*Ulmer*, GmbHG, § 53 Rn. 151.

609 Roth/Altmeppen/*Altmeppen*, GmbHG, Anh. § 13 Rn. 41; Ulmer/*Casper*, GmbHG, Anh. § 77 Rn. 192; Scholz/*Emmerich*, GmbHG, Rn. 156; *Emmerich*, Emmerich/

des Mindestmehrheitserfordernisses.[610] Im Rahmen dieser Arbeit wurde davon ausgegangen, dass grundsätzlich keine Einstimmigkeit bei dem Abschluss eines Unternehmensführungsvertrags erforderlich ist, sondern dass ein Dreiviertelmehrheitsbeschluss – wie auch für die Satzungsänderung – ausreichend ist. Mithin ergibt sich diese Problematik bei dem Abschluss eines Unternehmensführungsvertrags mit einer GmbH nicht. Unproblematisch ist es, höhere Anforderungen, wie beispielsweise einen einstimmigen Zustimmungsbeschluss, in der Satzung vorzusehen.[611]

§ 4. Die Personenhandelsgesellschaft als Rechtsträger des Eigentümerunternehmens

Ist der Rechtsträger des Eigentümerunternehmens eine Personenhandelsgesellschaft, wird vertreten, dass stets ein Zustimmungsbeschluss der Gesellschafter notwendig ist.[612] Unsicherheiten bestehen hingegen bei der dogmatischen Begründung dieses Ergebnisses. Ähnlich wie bei der Aktiengesellschaft, der SE und der GmbH wird auch hier kontrovers diskutiert, inwieweit der Unternehmensführungsvertrag in die Organisationsverfassung eingreifen darf, und inwiefern sich die Gesellschafter durch den Abschluss eines solchen Vertrags in ihrer Rechtsstellung selbst beschneiden dürfen.[613] Anders als bei den oben erörterten Rechtsformen hat der BGH in der viel beachteten Holiday-Inn Entscheidung hierzu Stellung genommen.

A) Wesentliche relevante Strukturprinzipien der Personenhandelsgesellschaft

Die Personenhandelsgesellschaft ist eine Personengesellschaft, Handelsgesellschaft und sie ist eine Außengesellschaft.[614] Dementsprechend stellt sie einen mitunternehmerischen Verband dar, der Träger von Rechten und Pflichten ist.[615] Anders

---

Habersack Komm-KonzR, § 293 Rn. 44; *Emmerich/Habersack*, Konzernrecht 10. Aufl, 562; *Liebscher*, MüKo-GmbHG, Anh. § 13 Rn. 746; Michalski/*Servatius*, GmbHG, System. Darst. 4 Rn. 69; Hachenburger/*Ulmer*, GmbHG, § 53 Rn. 151, Anh. § 77 Rn. 214.

610 *Henze*, Konzernrecht, 85; *Liebscher*, MüKo-GmbHG, Anh. § 13 Rn. 746; Rowedder/Leithoff-Schmidt/*Schnorbus*, GmbHG, § 53 Rn. 62; Hachenburg/*Ulmer*, GmbHG, § 53 Rn. 52; Baumbach/Hueck/*Zöllner*, GmbHG, § 53 Rn. 62.

611 *Priester*, DB 1989, 1013, 1015; Michalski/*Servatius*, GmbHG, System. Darst. 4 Rn. 69.

612 *Emmerich*, Emmerich/Habersack Komm-KonzR, § 293 Rn. 48; Heymann/*Emmerich*, HGB, Anh. § 105 Rn. 25; *Huber*, ZHR 152 (1988), 1, 35; *Köhn*, Der Konzern 2011, 530, 545; Schlegelberger/*Martens*, HGB, Anh. § 105 Rn. 19; *Mülbert*, MüKo-HGB, KonzR Rn. 322.

613 Vgl. E/B/J/S/*Drescher*, HGB, § 114 Rn. 18; Röhricht/v. Westphalen/*Haas*, HGB, § 114 Rn. 13; Schlegelberger/*Martens*, HGB, § 114 Rn. 52 f.

614 *K. Schmidt*, Gesellschaftsrecht, 1362.

615 *K. Schmidt*, Gesellschaftsrecht, 1362.

als bei der AG und der SE existiert bei der Personenhandelsgesellschaft – ebenso wie bei der GmbH – bei der Ausgestaltung des Gesellschaftsvertrags Vertragsfreiheit.[616] Ein geschäftsführendes Organ ist nicht zu bestellen. Nach dem Prinzip der Selbstorganschaft obliegt die Geschäftsführung kraft Mitgliedschaft grundsätzlich allen Gesellschaftern, wenn sich aus der Satzung nicht etwas anderes ergibt (§ 114 HGB). Hierbei ist jeder einzelne Gesellschafter zum Handeln berechtigt, wenn ein anderer Gesellschafter gem. § 115 Abs. 1 HGB nicht widerspricht. Anderseits unterliegen die Gesellschafter i. S. d. § 128 HGB auch der vollen persönlichen Haftung für Gesellschaftsverbindlichkeiten. Es liegt also ein Gleichlauf von Herrschaft und Haftung vor.[617]

Trotz der persönlichen Haftung der Gesellschafter und dem Grundsatz, dass die Geschäftsführung allen Gesellschaftern zusteht, ist es möglich, dass ein Fremdgeschäftsführer rechtsgeschäftlich bestellt wird und die Gesellschafter teilweise von der Geschäftsführung ausgeschlossen sind, ohne eine echte Organkompetenz einzuräumen.[618] Die Einräumung einer ausschließlichen oder beschränkten Organkompetenz an Dritte verstößt gegen die Grundsätze der Selbstorganschaft und des Abspaltungsverbots.[619] Es ist aus diesem Grund zwingend erforderlich, dass die organschaftlichen Kompetenzen weiterhin bei den Gesellschaftern verbleiben.[620] Diese umfassen es auch, gegen den Willen des geschäftsführenden Dritten Beschlüsse über die konkrete Geschäftsführung zu fassen und diese zu vollziehen.[621] Der Ausschluss der Gesellschafter und die Beauftragung eines Dritten stellen sich also eher als ein Ausschluss von der Geschäftsführungspflicht als ein Ausschluss des Geschäftsführungsrechts der Gesellschafter dar.[622] Der Umfang der Geschäftsführungsbefugnis ist in § 116 HGB geregelt. Demnach erstreckt sich diese Befugnis auf alle Handlungen, die mit dem gewöhnlichen Betrieb des Handelsgewerbes der Gesellschaft verbunden sind.

---

616 *K. Schmidt*, Gesellschaftsrecht, 1375.

617 Oetker/*Weitemeyer*, HGB, § 114 Rn. 16.

618 BGH, Urt. v. 20.09.1993 – II ZR 204/92, WM 1994, 237, 238; Heymann/*Emmerich*, HGB, § 114 Rn. 29; Röhricht/v. Westphalen/*Haas*, HGB, § 114 Rn. 13; Schlegelberger/*Martens*, HGB, § 114 Rn. 54; *Rawert*, MüKo-HGB, § 114 Rn. 26, 28; *K. Schmidt*, Gesellschaftsrecht, 1390.

619 E/B/J/S/*Drescher*, HGB, § 114 Rn. 16 ff.; Schlegelberger/*Martens*, HGB, § 114 Rn. 50 ff.; *Rawert*, MüKo-HGB, § 114 Rn. 24 f.; Oetker/*Weitemeyer*, HGB, § 114 Rn. 14 ff.

620 Röhricht/v. Westphalen/*Haas*, HGB, § 114 Rn. 13; Schlegelberger/*Martens*, HGB, § 114 Rn. 54; *Rawert*, MüKo-HGB, § 114 Rn. 28.

621 Vgl. E/B/J/S/*Drescher*, § 114 HGB Rn. 19, der allerdings den Einfluss über ein zwingendes Weisungsrecht sucht; Heymann/*Emmerich*, HGB, § 114 Rn. 29: Schlegelberger/*Martens*, HGB, § 114 Rn. 54; *Rawert*, MüKo-HGB, § 114 Rn. 28.

622 *Rawert*, MüKo-HGB, § 114 Rn. 28.

B) Rechtliche Einordnung der Unternehmensvertragstypen im Verhältnis zur Organisationsverfassung der Personenhandelsgesellschaft

I. *Der weisungsgebundene Unternehmensführungsvertrag*

Bei einem weisungsgebundenen Unternehmensführungsvertrag sind die Gesellschafter weiterhin Herr der Gesellschaft. Sie üben maßgeblich Einfluss auf die Gesellschaft aus. Vor diesem Hintergrund ist auch keine Konfliktlage mit den Grundsätzen der Selbstorganschaft und des Abspaltungsverbots gegeben.[623] Daneben könnte davon ausgegangen werden, dass hier grundsätzlich kein Eingriff in die Organisationsverfassung vorliegt, der ähnlich wie eine Satzungsänderung wirkt. Dennoch besteht bei der Personenhandelsgesellschaft die Besonderheit, dass mit einem weisungsgebundenen Unternehmensführungsvertrag eine Gesellschaftsvertragsänderung verbunden ist, wenn gleichzeitig einzelne Gesellschafter von der Geschäftsführung ausgeschlossen werden. Ein solcher Ausschluss ist, wie oben schon erörtert, mit Einschränkungen möglich. Er stellt allerdings eine Änderung der Organisationsstruktur dar und hat somit auch eine Änderung des Gesellschaftsvertrags zur Folge. Er verändert die Grundlage der Gesellschaft, indem er die Rechtsbeziehung der Gesellschafter untereinander betrifft.[624] Solch ein Grundlagengeschäft bedarf eines Zustimmungsbeschlusses der Gesellschafter.[625] Der Zustimmungsbeschluss muss dabei grundsätzlich einstimmig erfolgen.[626] Das Zustimmungserfordernis bei Grundlagengeschäften ist dabei auch für das Außenverhältnis relevant.[627] Ein ohne diesen Zustimmungsbeschluss abgeschlossener weisungsgebundener Unternehmensführungsvertrag, der mit dem Ausschluss einzelner Gesellschafter von der Geschäftsführung verbunden ist, ist unwirksam.

Ein anderes Verhältnis ist gegeben, wenn ein weisungsgebundener Unternehmensführungsvertrag vorliegt, der die bestehende Geschäftsführungsbefugnis der Gesellschafter unberührt lässt. Neben der Kategorie der Grundlagengeschäfte gibt es noch die Kategorie der außergewöhnlichen Geschäfte. Während ein Grundlagengeschäft eine Maßnahme darstellt, die das Verhältnis der Gesellschafter untereinander betrifft, lassen außergewöhnliche Geschäfte das Rechtsverhältnis der Gesellschafter unberührt.[628] Sie grenzen sich von den gewöhnlichen Geschäften dadurch ab, dass

---

623 *Mülbert*, MüKo-HGB, KonzR Rn. 319.

624 Vgl. BGH, Urt. v. 11.02.1980 – II ZR 41/79, Z 76, 160, 164; Rörhicht/Graf von Westphalen/*v. Gerkan/Haas*, HGB, § 114 Rn. 5; *Priester*, DStR 2007, 28, 29; *Rawert*, MüKo-HGB, § 114 Rn. 9; *Schulze-Osterloh*, FS Hadding, 637 f.; Oetker/*Weitemeyer*, HGB, § 114 Rn. 9.

625 Staub/*Schäfer*, HGB, § 119 Rn. 11.

626 Staub/*Schäfer*, HGB, § 119 Rn. 12.

627 Vgl. *Köhn*, Der Konzern 2011, 530, 545; *Löffler*, NJW 1983, 2920, 2922; *Neun*, Unternehmensverträge, 254; a. A. *Dörmer*, Unternehmenspacht, 146, 148.

628 Staub/*Schäfer*, HGB, § 114 Rn. 16.

nach dem Inhalt und dem Zweck des Rechtsgeschäfts diese Rechtsgeschäfte über den bisherigen Geschäftsbetrieb hinausgehen und Ausnahmecharakter haben.[629] Sie bleiben jedoch weiterhin innerhalb des Unternehmenszwecks und des Unternehmensgegenstands.[630]

Bei einem weisungsgebundenen Unternehmensführungsvertrag, der die bestehende Geschäftsführungsbefugnis der Gesellschafter unberührt lässt, liegt kein Eingriff in die Organisationsverfassung vor.[631] Dementsprechend ist hier nicht das Innenverhältnis der Gesellschafter betroffen und ein solcher Vertragstypus ist nicht als Grundlagengeschäft zu qualifizieren. Dennoch ist zu bestimmen, ob es sich bei einem solchen Geschäft um ein gewöhnliches oder um ein außergewöhnliches Geschäft handelt. Für diese Differenzierung ist eine dynamische Betrachtungsweise aus unternehmerischer Sicht maßgebend, da die Führung eines Unternehmens ein Prozess ist, der von Veränderungen getragen ist.[632] Außergewöhnliche Geschäfte sind dementsprechend Geschäfte mit einer sprunghaften Entwicklung, mit denen die Gesellschafter nach einer Gesamtwürdigung unter Berücksichtigung des Inhalts der Maßnahme, des Zwecks und ihrer finanziellen Folgen im Vergleich zur Geschäftstätigkeit nicht rechnen müssen.[633]

Maßgebliches Abgrenzungskriterium ist zunächst der Gesellschaftsvertrag, da der Regelungsinhalt des § 116 HGB abdingbar ist.[634] Sofern sich aus diesem nichts Näheres ergibt, ist als Abgrenzungskriterium das konkrete Handelsgewerbe heranzuziehen.[635] Neben diesen allgemeinen Abwägungskriterien werden als besondere Kriterien im Einzelfall das Risiko des Geschäfts, mögliche Interessenskollisionen und die Gefahr im Verzug herangezogen. Relevant ist die Einordnung des konkreten Rechtsgeschäfts für die Frage, ob alle Gesellschafter zustimmen müssen. Zwar ist nach § 115 Abs. 1 HGB bei der Geschäftsführung durch mehrere Gesellschafter jeder Gesellschafter allein zum Handeln berechtigt, sofern kein Widerspruch eines anderen geschäftsführenden Gesellschafters vorliegt. Dieses Recht findet aber seine Grenzen nach § 116 Abs. 2 HGB bei außergewöhnlichen Geschäften. Für den weisungsgebundenen Unternehmensführungsvertrag lässt es sich nicht pauschal sagen, ob dieser ein außergewöhnliches Geschäft darstellt.[636] Das hängt zum einen von der

629 E/B/J/S/*Drescher*, HGB, § 116 Rn. 4; *Jickeli*, MüKo-HGB, § 116 Rn. 7.
630 *Jickeli*, MüKo-HGB, § 116 Rn. 7.
631 Ebenso *Köhn*, Der Konzern 2011, 530, 545; Staub/*Schäfer*, HGB, Anh. § 105 Rn. 69.
632 *Jickeli*, MüKo-HGB, § 116 Rn. 8.
633 *Jickeli*, MüKo-HGB, § 116 Rn. 8 f.
634 Heymann/*Emmerich*, HGB, § 116 Rn. 2; *Jickeli*, MüKo-HGB, § 116 Rn. 11 f.
635 E/B/J/S/*Drescher*, HGB, § 116 Rn. 3; Heymann/*Emmerich*, HGB, § 116 Rn. 2, 2a; Röhricht/v. Westphalen/*Haas*, HGB, § 116 Rn. 1; *Jickeli*, MüKo-HGB, § 116 Rn. 10.
636 So aber überwiegende Ansicht Staub/*Habersack*, HGB, § 126 Rn. 18; wohl auch Heymann/*Horn*, HGB, § 164 Rn. 7; *Huber*, ZHR 152 (1988), 1, 35; *Köhn*, Der Konzern 2011, 530, 545; *Loos*, BB 1963, 615, 620; *Mülbert*, MüKo-HGB, KonzR Rn. 322; für die ständige Einordnung als Grundlagengeschäft Staub/*Schilling*, HGB, 4. Aufl., § 164 Rn. 5.

konkreten Ausgestaltung des Unternehmensführungsvertrags und des konkreten Handelsgewerbes ab.[637]

Freilich lässt sich auch hier sagen, dass gewisse Indizien in den Unternehmensführungsverträgen dafür sprechen, dass regelmäßig ein außergewöhnliches Geschäft vorliegt.[638] Zu nennen sind hier typischerweise die lange Vertragslaufzeit, die Selbstständigkeit des Unternehmensführers bei der Unternehmensführung von wesentlichen Geschäftsfeldern, die mit einem Unternehmensführungsvertrag verbundene mögliche Umstrukturierung des Unternehmens und die Erteilung einer weiten Vollmacht. Wenn nun im Einzelfall eine Zustimmungspflicht aufgrund der Qualifizierung des weisungsgebundenen Unternehmensführungsvertrags als außergewöhnliches Geschäft erforderlich ist, dann bedarf es grundsätzlich eines einstimmigen Beschlusses der Gesellschafter. Das Fehlen dieses Beschlusses ist dann aber nur für das Innenverhältnis relevant. Sofern also der handelnde Geschäftsführer oder Gesellschafter einen solchen Beschluss nicht einholt oder ignoriert und innerhalb seiner Vertretungsmacht handelt, ist der Unternehmensführungsvertrag grundsätzlich, unter Berücksichtigung der Grenzen des Missbrauchs der Vertretungsmacht, trotzdem zustande gekommen.[639] Der handelnde Geschäftsführer macht sich dann unter Umständen schadensersatzpflichtig,[640] wenn die Mitglieder nicht sowieso zur Zustimmung verpflichtet waren oder die Handlung als Notgeschäftsführung zu qualifizieren ist.[641]

II. Der einflussgeminderte und der einflussfreie Unternehmensführungsvertrag

1. Konfliktpotential mit den Grundsätzen der Selbstorganschaft und des Abspaltungsverbots

Der einflussgeminderte Unternehmensführungsvertrag zeichnet sich dadurch aus, dass das Weisungsrecht teilweise abbedungen oder durch Zustimmungsvorbehalte ersetzt wurde. Hingegen besteht bei dem Typus des einflussfreien Unternehmensführungsvertrags bei der Vertragsdurchführung keine Möglichkeit, Einfluss auf den Unternehmensführer zu nehmen. Das Weisungsrecht wurde gänzlich abbedungen. Dies bedeutet jedoch nicht, dass auch der mittelbare Einfluss des Eigentümerunternehmens ausgeschlossen ist. So kann das Eigentümerunternehmen weiterhin die konkrete Unternehmensführung überwachen und so sicherstellen, dass vor der Übernahme vereinbarte Richtlinien eingehalten werden. Ebenso kann es weiterhin Gestaltungsrechte, wie etwa eine Kündigung, ausüben.

---

637 Ähnlich auch E/B/J/S/*Drescher*, HGB, § 116 Rn. 7.
638 Skeptisch *Huber*, ZHR 152 (1988), 123, 153.
639 Vgl. E/B/J/S/*Drescher*, HGB, § 116 Rn. 17; *Jickeli*, MüKo-HGB, § 116 Rn. 44.
640 Vgl. BGH 02.06.2008 NZG 2008, 622; E/B/J/S/*Drescher*, HGB, § 116 Rn. 18.
641 *Jickeli*, MüKo-HGB, § 116 Rn. 45.

Im Rahmen der Ausführungen zu den Kapitalgesellschaften wurde schon deutlich, dass der einflussgeminderte und erst Recht der einflussfreie Unternehmensführungsvertrag in einem Spannungsverhältnis mit dem durch die Organisationsverfassung zugewiesenen Status der Organe – insbesondere der Leitungsorgane – stehen. Für die Personenhandelsgesellschaft stellt sich hier die Parallelproblematik mit Bezug auf die schon angesprochenen Grundsätze der Selbstorganschaft und des Abspaltungsverbots. So geht *Huber* davon aus, dass ein weisungsfreier Unternehmensführungsvertrag mit einer Personenhandelsgesellschaft stets unzulässig ist, weil dieser nur mit einem Beherrschungsvertrag abgeschlossen werden darf und ein Beherrschungsvertrag mit einer Personenhandelsgesellschaft unzulässig sei.[642]

Dem ist jedoch nicht zuzustimmen, da ein Unternehmensführungsvertrag der Fremdinteressenwahrnehmung dient und aus diesem Grund nicht ersichtlich ist, warum sich das Eigentümerunternehmen wie durch einen Beherrschungsvertrag dem Interesse des Unternehmensführers oder einem Konzerninteresse unterordnen soll. Richtungsweisend für diese Frage ist vielmehr die Holiday-Inn Entscheidung des BGH.[643] Im Rahmen dieser Entscheidung hat der BGH den Abschluss eines einflussgeminderten Unternehmensführungsvertrag, bei dem ein Weisungsrecht ausgeschlossen ist und stattdessen vertragliche Zustimmungsvorbehalte vorgesehen sind, für unbedenklich erachtet.[644] Bei der Begründung stützte der BGH seine Rechtsauffassung nicht auf die vereinbarten Zustimmungsvorbehalte. Er argumentiert damit, dass der Vertrag den Maßstab und die Richtlinien vorgebe, an die sich der Unternehmensführer zu halten habe, und zusätzlich sei der Unternehmensführer durch die Fremdinteressenswahrungspflicht bei der konkreten Unternehmensführung gebunden.[645] Im Gegenzug habe das Eigentümerunternehmen Informations-, Einsichts- und Kontrollbefugnisse und könne durch Ausübung von Eingriffs- und Gestaltungsrechten den Unternehmensführer zur Wahrnehmung seiner Pflichten zwingen.[646] Es zeigt sich also, dass ein vollständiger Ausschluss von unmittelbaren Einflussrechten, wie beispielsweise Weisungsrechte oder Zustimmungsvorbehalte, auf die konkrete Unternehmensführung möglich ist, wenn der Maßstab der Unternehmensführung vorgegeben ist und das Eigentümerunternehmen eine Kontrollfunktion ausüben und gegebenenfalls den Unternehmensführer zur Wahrnehmung seiner Pflichten anhalten kann.[647]

Zusätzlich besteht noch die Möglichkeit des Eigentümerunternehmens zur Vornahme konkurrierender Rechtsgeschäfte und zur Ausübung von Gestaltungsrechten. In diesem Sinne hebt der BGH das verschuldensunabhängige außerordentliche

---

642 *Huber*, ZHR 152 (1988), 1, 20 ff.; zustimmend *Martinek*, Moderne Vertragstypen II, 300.
643 BGH, Urt. v. 05.10.1981 – II ZR 203/80, juris = WM 1982, 394.
644 Vgl. hierzu 3. Kapitel § 3 C III 1.
645 BGH, Urt. v. 05.10.1981 – II ZR 203/80, juris Rn. 68 = WM 1982, 394, 396 f.
646 BGH, Urt. v. 05.10.1981 – II ZR 203/80, juris Rn. 68 = WM 1982, 394, 396 f.
647 In diese Richtung auch *Löffler*, NJW 1983, 2920, 2922.

Kündigungsrecht hervor, das auch dann eine Kündigung ermöglicht, wenn der Unternehmensführer bei der Unternehmensführung wirtschaftlich erfolglos ist.[648]

Diese Rechtsprechung ist auf die Bedenken gestoßen, dass der Unternehmensführer so die eigentlichen Gesellschafter verdrängt und so eine quasiorganschaftliche Stellung einnimmt.[649] Dabei wird argumentiert, dass die Fremdinteressenwahrnehmung eine Selbstverständlichkeit sei, die auch bei der Fremdorganschaft bei Kapitalgesellschaften gegeben ist.[650] Mit der von dem BGH vertretenen Argumentation werde das Prinzip der Selbstorganschaft zu einer schlichten Formalie.[651] Dem ist jedoch entgegenzuhalten, dass durch die einflussfreie Unternehmensführung zwar der Anschein einer organschaftlichen Stellung des Unternehmensführers besteht. Wenn diese Unternehmensführung allerdings durch Instrumente, die einen mittelbaren Einfluss ermöglichen, wie beispielsweise Richtlinien, die der zwingenden Mitwirkung der Gesellschafter bedürfen, gebunden ist und unabdingbare Kontroll- und Informationsrechte bestehen, dann ist ein solcher Unternehmensführungsvertrag zumindest unter dem Gesichtspunkt der Selbstorganschaft und des Abspaltungsverbots unproblematisch.[652]

Entscheidend muss für die Frage der Selbstorganschaft der Aspekt sein, dass weiterhin die Grundsätze der Unternehmensführung bei den Gesellschaftern verbleiben.[653] Der BGH hat aufgezeigt, dass das Verbleiben der Grundsätze der Unternehmensführung bei den Gesellschaftern nicht zwingend von der Frage abhängig ist, welche unmittelbaren Einflussmöglichkeiten zugunsten des Eigentümerunternehmens bestehen.[654] Zugegebenermaßen problematisch ist jedoch ein einflussfreier Unternehmensführungsvertrag, bei dem diese Richtlinien der Unternehmensführung entweder sehr abstrakt gehalten sind oder über eine sehr lange Zeit verabschiedet werden. In Rahmen der Holiday-Inn Entscheidung hält der BGH eine Bindungsfrist des Vertrages von 20 Jahren mit einer dreimaligen Verlängerungsoption des Eigentümerunternehmens von jeweils 10 Jahren noch für akzeptabel, während er eine 50-jährige Vertragsbindung für unzulässig hält.[655]

Allerdings handelte es sich bei dem vom BGH entschiedenen Fall um einen einflussgeminderten Unternehmensführungsvertrag. Bei einem einflussfreien Unternehmensführungsvertrag, bei dem keine Weisungsrechte oder Zustimmungsvorbehalte bestehen, sollten die Richtlinien der Unternehmensführung nur mit einer erheblich kürzeren Bindungsfrist vereinbart werden. Es muss so sichergestellt werden, dass trotz der weitestgehenden Einflussfreiheit des Unternehmensführers

---

648 BGH, Urt. v. 05.10.1981 – II ZR 203/80, juris Rn. 72 = WM 1982, 394, 397.

649 Heymann/*Emmerich*, HGB, § 114 Rn. 28; *Martinek*, Vertragstypen II, 300 ff.; *Rawert*, MüKo-HGB, § 114 Rn. 26; *Reuter*, JZ 1986, 16, 18.

650 *Reuter*, JZ 1986, 16, 18.

651 *Martinek*, Vertragstypen II, 302; *Reuter*, JZ 1986, 16, 18.

652 Vgl. E/B/J/S/*Drescher*, HGB, § 114 Rn. 18; *Löffler*, NJW 1983, 2920, 2922.

653 Vgl. E/B/J/S/*Drescher*, HGB, § 114 Rn. 18.

654 Vgl. BGH, Urt. v. 05.10.1981 – II ZR 203/80, juris Rn. 66 = WM 1982, 394, 397.

655 BGH, Urt. v. 05.10.1981 – II ZR 203/80, juris Rn. 84 ff. = WM 1982, 394, 399.

bei der konkreten Unternehmensführung die wesentliche Geschäftspolitik weiterhin bei den Gesellschaftern verbleibt.[656] Die Gesellschafter müssen also anhand der Richtlinien die Handlungen des Unternehmensführers antizipieren können.

2. *Eingriff und Legitimation bei dem Abschluss eines einflussgeminderten/einflussfreien Unternehmensführungsvertrags*

Sowohl der einflussfreie als auch der einflussgeminderte Unternehmensführungsvertrag haben zur Folge, dass in die Organisationsverfassung der Gesellschaft eingegriffen wird. Der Unternehmensführer agiert in den oben genannten Grenzen unabhängig und nimmt so eine Stellung ein, die mit einem geschäftsführenden Gesellschafter zumindest vergleichbar ist. Es ist umstritten, wie mit einer solchen faktischen Gesellschaftsvertragsänderung zu verfahren ist.[657] Es existieren hierzu im Wesentlichen zwei Vorschläge. Eine Möglichkeit ist es, das Geschäft als eine außergewöhnliche Geschäftsführungsmaßnahme anzuerkennen und einen einstimmigen Zustimmungsbeschluss nach § 116 Abs. 2 HGB zu fordern.[658] Oder man sieht einen solchen Unternehmensführungsvertrag zugleich als Grundlagengeschäft an und fordert dementsprechend einen einstimmigen Zustimmungsbeschluss.[659]

Wie bereits festgestellt, haben der einflussgeminderte und einflussfreie Unternehmensführungsvertrag eine faktisch ähnliche Wirkung wie eine Satzungsänderung. Diese Vertragstypen wirken sich somit auch auf das Innenverhältnis zwischen den Gesellschaftern aus. Mit Blick auf den Schutz der Gesellschafter ist eine solche faktische Umgestaltung der tatsächlichen Grundlagen der Gesellschaftsverhältnisse dem Grundlagenbereich zuzuordnen.[660] Es bedarf also grundsätzlich eines einstimmigen Gesellschafterbeschlusses, der auch für das Außenverhältnis relevant ist.[661]

---

656 Ähnlich *Köhn*, Der Konzern 2011, 530, 545.

657 Vgl. Röhricht/v. Westphalen/*Haas*, HGB, § 114 Rn. 5; *Rawert*, MüKo-HGB, § 114 Rn. 11.

658 Staub/*Habersack*, HGB, § 126 Rn. 18; Heymann/*Horn*, HGB, § 164 Rn. 7; *Huber*, ZHR 152 (1988), 1, 35; *Loos*, BB 1983, 615, 620; *Mülbert*, MüKo-HGB, KonzR Rn. 319, 322, 325.

659 Vgl. *Burbach*, Personenhandelsgesellschaft, 75 f.; mit Bezug auf die Betriebspacht *Dörmer*, Unternehmenspacht, 146 f.; Röhricht/v. Westphalen/*Haas*, HGB, § 114 Rn. 5; Baumbach/Hopt/*Hopt*, HGB, § 126 Rn. 3; *Köhn*, Der Konzern 2011, 530, 545; *Löffler*, NJW 1983, 2920, 2922; mit Bezug auf die Betriebspacht mit einer KG als Verpächterin *Nelißen*, DB 2007, 786, 789; *Rawert*, MüKo-HGB, § 114 Rn. 11; Staub/*Schilling*, HGB, 4. Aufl § 164 Rn. 5; Oetker/*Weitemeyer*, HGB, § 114 Rn. 8; a. A. Heymann/*Horn*, HGB, § 164 Rn. 7.

660 Ähnlich im Bezug auf Unternehmensverträge vgl. Heymann/*Emmerich*, HGB, § 116 Rn. 6; Schlegelberger/*Martens*, HGB, § 114 Rn. 7; *Priester*, DStR 2007, 28, 29; Staub/*Schäfer*, HGB, § 114 Rn. 16; *Schulze-Osterloh*, FS Hadding, 637, 646 f.

661 Vgl. zu diesem Gedanken Baumbach/Hopt/*Hopt*, HGB, § 126 Rn. 3; *Köhn*, Der Konzern 2011, 530, 545; *Löffler*, NJW 1983, 2920, 2922; für die Betriebspacht mit einer

III. Der unechte Unternehmensführungsvertrag

Für den unechten Unternehmensführungsvertrag lässt sich das oben im Rahmen der Kapitalgesellschaften Erörterte auch auf die Personenhandelsgesellschaft beziehen.[662] Bei diesem Unternehmensvertragstypus handelt der Unternehmensführer im eigenen Namen, aber für Rechnung des Eigentümerunternehmens. Dies hat zur Folge, dass die Geschäftsführungskompetenz der Gesellschafter faktisch beeinträchtigt ist. Diese können nur beschränkt im Rahmen einer Leistungskoordination tätig sein, da sie selbst nicht Vertragspartner der Verträge sind, die sie wirtschaftlich betreffen. Aus diesem Grund ist der unechte Unternehmensführungsvertrag wie der einflussgeminderte Unternehmensführungsvertrag zu behandeln.

IV. Modifikation der Zustimmungserfordernisse durch den Gesellschaftsvertrag

Da für die Personengesellschaft Privatautonomie herrscht, stellt sich die Frage, ob der grundsätzlich erforderliche einstimmige Zustimmungsbeschluss bei Unternehmensführungsverträgen durch Mehrheitsklauseln modifiziert werden kann. Das Problematische an Mehrheitsklauseln ist, dass sie in einem Spannungsverhältnis zwischen der individuellen Freiheit der Gesellschafter und der überindividuellen Funktionsgerechtigkeit im Verband stehen und deshalb ein Interessenausgleich gefunden werden muss, der beide Pole berücksichtigt.[663] Im Rahmen dieses Interessenausgleichs wurden neben der Treubindung der Gesellschafter bei der Stimmenausübung die Kernbereichslehre und der Bestimmtheitsgrundsatz entwickelt.

1. Kernbereichslehre

Nach der Kernbereichslehre können grundsätzlich keine Mehrheitsbeschlüsse gefasst werden, die in den Kernbereich der Mitgliedschaft eingreifen.[664] So sollen nach dem BGH Gesellschafterbeschlüsse, die in die Rechtsstellung eines Gesellschafters als solche eingreifen, nur mit Zustimmung des betroffenen Gesellschafters zulässig sein,[665] wobei im Einzelfall eine Zustimmungspflicht der Gesellschafter aus der Treuepflicht bestehen kann.[666] Wann ein Gesellschafterbeschluss in ein

---

KG als Verpächterin *Nelißen*, DB 2007, 786, 789; *Neun*, Unternehmensverträge, 254; Staub/*Schilling*, HGB, 4. Aufl., § 161 Rn. 5 f.

662 Vgl. 3. Kaptiel § 1 B VII; 3. Kapitel § 3 C IV.

663 *Enzinger*, MüKo-HGB, § 119 Rn. 62; vgl. *K. Schmidt*, Gesellschaftsrecht, 460 f.

664 *Enzinger*, MüKo-HGB, § 119 Rn. 64; *Gillot*, Kernbereichslehre, 152; grundlegend *Müller-Erzbach*, Mitgliedschaft, 50 ff.; *K. Schmidt*, Gesellschaftsrecht, 472.

665 BGH, Urt. v. 14.05.1956 – II ZR 229/54, Z 20, 363, 368 f.; BGH, Urt. v. 05.11.1984 – 111/84, NJW 1985, 974; BGH, Urt. v. 15.01.2007 – II ZR 245/05, Z 170, 283, 288; BGH, Urt. v. 19.10.2009 – II ZR 240/08, Z 183, 1, 6.

666 BGH, Urt. v. 19.10.2009 – II ZR 240/08, Z 183, 1, 8; *Enzinger*, MüKo-HGB, § 119 Rn. 64.

Kernbereichsrecht eingreift und welche Rechte als Kernbereichsrechte zu qualifizieren sind, ist im Einzelfall umstritten und nicht abschließend geklärt.[667] Jedenfalls strukturändernde Beschlüsse werden als solche gezählt.[668] Zur näheren Konturierung der Kernbereichslehre wird von Seiten der Literatur eine Kategorisierung der mitgliedschaftlichen Rechte vorgeschlagen.[669] So werden zu der Kategorie der unverzichtbaren Rechte Kontrollrechte, das Teilnahmerecht an der Gesellschafterversammlung, das Anfechtungsrecht und das Austrittsrecht aus wichtigem Grund gezählt.[670] Diese Kernbereichsrechte sind der Disposition der Parteien gänzlich entzogen und können aus diesem Grund auch nicht Gegenstand eines Mehrheitsbeschlusses sein.[671]

Eine weitere Kategorie der Kernbereichsrechte sind die unentziehbaren Rechte. Diese können zwar grundsätzlich zur Disposition gestellt werden. Es ist dann aber immer die Zustimmung des betroffenen Gesellschafters erforderlich.[672] Nur im Einzelfall kann dieses Zustimmungserfordernis überwunden werden, wenn der Gesellschafter aus wichtigem Grund zur Zustimmung verpflichtet ist.[673] Zu den unentziehbaren Rechten zählen das Stimmrecht,[674] die Gewinnbeteiligung der Gesellschafter,[675] das Recht auf Liquidationsquote, das Informationsrecht,[676] das Recht zur Mitwirkung in der Geschäftsführung[677] und das Ausscheiden aus einer Publikumsgesellschaft bei Nichtleistung von Nachschüssen.[678]

Nun ist für den Unternehmensführungsvertrag zu differenzieren. Das Erfordernis des Zustimmungsbeschlusses zu einem Unternehmensführungsvertrag wurde je nach Typus des Unternehmensführungsvertrags auf ein anderes dogmatisches Fundament gestellt. Diese Differenzierung muss sich auch für die Frage, ob der

---

667 *Priester*, DStR 2007, 28, 30.

668 Vgl. *Enzinger*, MüKo-HGB, § 119 Rn. 64; *Löffler*, NJW 1989, 2656, 2659; *Schäfer*, MüKo-BGB, § 709 Rn. 93; *Schäfer*, MüKo-BGB, § 709 Rn. 93; Staub/*Schilling*, HGB, 4. Aufl, § 163 Rn. 6.

669 Heymann/*Emmerich*, HGB, § 119 Rn. 38 ff.; *Enzinger*, MüKo-HGB, § 119 Rn. 67 ff.; E/B/J/S/*Freitag*, HGB, § 119 Rn. 72; Röhricht/v. Westphalen/*Haas*, § 119 Rn. 21 ff.; Schlegelberger/*Martens*, HGB, § 119 Rn. 24; *K. Schmidt*, Gesellschaftsrecht, 470.

670 *Enzinger*, MüKo-HGB, § 119 Rn. 68; Schlegelberger/*Martens*, HGB, § 119 Rn. 25.

671 *Enzinger*, MüKo-HGB, § 119 Rn. 69; a. A. Schlegelberger/*Martens*, HGB, § 119 Rn. 26.

672 *Enzinger*, MüKo-HGB, § 119 Rn. 70; Röhricht/v. Westphalen/*Haas*, § 119 Rn. 29; Schlegelberger/*Martens*, HGB, § 119 Rn. 27 f.

673 *K. Schmidt*, Gesellschaftsrecht, 472.

674 BGH, Urt. v. 14.05.1956 – II ZR 229/54, Z 20, 363, 364; Staub/*Schäfer*, HGB, § 109 Rn. 35; *K. Schmidt*, Gesellschaftsrecht, 472; Staub/*Casper*, HGB, § 163, Rn. 13; a. A. Heymann/*Emmerich*, HGB, § 119 Rn. 25.

675 Vgl. BGH, Urt. v. 15.01.2007 – II ZR 245/05, Z 170, 283, 289.

676 BGH, Urt. v. 10.10.1994 – II ZR 18/94, NJW 1995, 194, 195; *K. Schmidt*, Gesellschaftsrecht, 472.

677 Staub/*Schilling*, HGB, 4. Aufl., § 163 Rn. 7.

678 *Enzinger*, MüKo-HGB, § 119 Rn. 72.

einstimmige Zustimmungsbeschluss zu einem Mehrheitsbeschluss modifiziert werden kann, fortsetzen. Der einflussfreie, der einflussgeminderte und der unechte Unternehmensführungsvertrag stellen sich als Grundlagengeschäfte dar, indem sie auch das Innenverhältnis der Gesellschafter betreffen. Die Mitwirkung der einzelnen Gesellschafter an der Geschäftsführung ist beeinträchtigt, wenn der Unternehmensführer mit einer gewissen Autonomie die Führung des Unternehmens übernimmt. Aus diesem Grund sind mit dem Abschluss eines Unternehmensführungsvertrags zugleich unentziehbare mitgliedschaftliche Rechte betroffen.[679] Es bedarf deshalb selbst im Falle einer Mehrheitsentscheidung der Zustimmung der betroffenen Gesellschafter.[680] Die betroffenen Gesellschafter sind dann die Gesellschafter, die rechtlich an der Unternehmensführung teilnehmen können. Nicht betroffen sind hingegen solche Gesellschafter, die von der Geschäftsführung durch Gesellschaftsvertrag ausgeschlossen sind.

Umstritten ist, ob diese Zustimmung bereits antizipiert im Gesellschaftsvertrag erteilt werden darf. Dies soll nach überwiegender Ansicht zumindest dann möglich sein, wenn die Einwilligung den Eingriff in den Kernbereich der Mitgliedschaftsrechte ausdrücklich zulässt und Ausmaß und der Umfang klar abgegrenzt sind und die wesentlichen Folgen des Eingriffs konkret umschrieben sind.[681] Diese Konstruktion wird teilweise abgelehnt.[682] Hierfür wird argumentiert, dass die Zustimmung der beeinträchtigten Gesellschafter als empfangsbedürftige Willenserklärung nicht auf Vorrat abgegeben werden könne.[683] Zusätzlich könne aus der Ermächtigungsnorm für einen Mehrheitsbeschluss nicht ohne Weiteres eine Willenserklärung herausgelesen werden.[684] Dies überzeugt jedoch nicht gänzlich. Wenn eine Willenserklärung antizipiert abgegeben wird, dann wird diese nicht auf Vorrat abgegeben, sondern sie bezieht sich auf ein Rechtsgeschäft, das sich schon hinreichend konkret abzeichnet. Es ist allerdings zweifelhaft, ob hier die von der überwiegenden Ansicht erarbeiteten Kriterien genügen. Wenn die Kernbereichslehre dem Schutz der Gesellschafter dient, dann müssen die Gesellschafter bei der Abgabe ihrer Zustimmung die Tragweite ihrer Entscheidung voll überblicken können. Dafür genügt es nicht, wenn allgemein das Ausmaß und der Umfang des Eingriffs in die Mitgliedschaftsrechte klar und die wesentlichen Folgen umschrieben sind. Würde dieses genügen, dann könnte der Gesellschafter an seine antizipierte Willenserklärung festgehalten werden, obwohl sich die wesentlichen äußeren Umstände erheblich geändert haben und er dies bei der Abgabe der antizipierten Zustimmung nicht überblicken konnte. Bezogen auf

679 Vgl. Staub/*Schilling*, HGB, 4. Aufl., § 163 Rn. 7a.
680 Im Ansatz auch *Mülbert*, MüKo-HGB, KonzR Rn. 270, Rn. 323..
681 Vgl. BGH, Urt. v. 15.11.1982 – II ZR 62/82, Z 85, 350, 356; BGH, Urt. v. 29.03.1996 – II ZR 263/94, Z 132, 263, 268; Röhricht/v. Westphalen/*Haas*, § 119 Rn. 29; Baumbach/Hopt/*Hopt*, HGB, § 119 Rn. 36 f.; *Löffler*, NJW 1989, 2656, 2661; *Mecke*, BB 1988, 2258, 2263; *Mülbert*, MüKo-HGB, KonzR Rn. 270; *Schäfer*, MüKo-BGB, § 709 Rn. 92, 98.
682 *Enzinger*, MüKo-HGB, § 119 Rn. 66.
683 *Enzinger*, MüKo-HGB, § 119 Rn. 66.
684 *Enzinger*, MüKo-HGB, § 119 Rn. 66.

den Unternehmensführungsvertrag ist also zu befürworten, dass sich bei der Abgabe der antizipierten Zustimmung schon der konkrete Unternehmensführungsvertrag mit seinen wesentlichen Vertragspunkten abzeichnet.[685]

Anders stellt sich der Sachverhalt bei dem weisungsgebundenen Unternehmensführungsvertrag, der nicht mit dem Ausschluss einzelner Gesellschafter von der Geschäftsführung verbunden ist, dar. Dieser greift nicht in die Organisationsverfassung ein und beeinträchtigt nicht die Gesellschafter bei ihrer Geschäftsführung, da der Unternehmensführer wie ein leitender Angestellter weisungsgebunden agiert.[686] Hier kann sich eine Zustimmungspflicht aller Gesellschafter daraus ergeben, dass ein solches Geschäft als außergewöhnliches Geschäft zu qualifizieren ist. § 116 HGB ist dispositiv.[687] Aus diesem Grund können die Gesellschafter nicht nur regeln, was als gewöhnliche und was als außergewöhnliche Geschäftsführungsmaßnahme zu sehen ist, sondern auch, was für Mehrheitserfordernisse an den Beschluss zu stellen sind. Die Kernbereichslehre steht also einem einfachen Mehrheitserfordernis bei der Zustimmung zu einem solchen Unternehmensführungsvertrag nicht entgegen.

2. Bestimmtheitsgrundsatz

Auch der Bestimmtheitsgrundsatz dient dem Minderheitenschutz. Bei diesem geht es um die Frage, in welchem Umfang die Gesellschafter das Erfordernis eines einstimmigen Gesellschafterbeschlusses durch einen Mehrheitsbeschluss ersetzt haben.[688] So setzt nach der Rechtsprechung ein Mehrheitsbeschluss voraus, dass dieser zwar nicht notwendigerweise ausdrücklich, aber nach Sinn und Zweck des Vertrags zugelassen ist.[689] So soll eine gänzlich abstrakt gehaltene Klausel über Mehrheitsbeschlüsse nur Angelegenheiten der laufenden Geschäftsführung erfassen.[690] Andere ungewöhnliche Beschlussgegenstände müssen aus der Mehrheitsklausel deutlich hervorgehen.[691] Eine Einschränkung des Bestimmtheitsgrundsatzes gilt für die

---

685 Ähnlich *Emmerich/Habersack*, Konzernrecht, 586; *Löffler*, NJW 1989, 2656, 2662; *Schießl*, Personengesellschaft, 33.

686 Zu dem Vergleich des Unternehmensführers mit einem leitenden Angestellten *Rieble*, NZA 2010, 1145, 1146

687 *Jickeli*, MüKo-HGB, § 116 Rn. 60 f.; Schlegelberger/*Martens*, HGB, § 116 Rn. 35; Staub/*Schäfer*, HGB, § 116 Rn. 37.

688 *Einzinger*, MüKo-HGB, § 119 Rn. 78.

689 BGH, Urt. v. 14.11.1960 – II ZR 55/59, DB 1961, 402 f.; BGH, Urt. v.13.03.1978 – II ZR 63/77, Z 71, 53, 57; OLG München, Urt. v. 03.12.2008 – 7 U 3315/08, WM 2009, 1037, 1038.

690 RG, Urt. v. 15.10.1926 – II 119/26, Z 114, 393, 395; BGH, Urt. v. 14.11.1969 – II ZR 55/59, WM 1961, 303, 304; OLG München, Urt. v. 03.12.2008 – 7 U 3315/08, WM 2009, 1037, 1038; *Enzinger*, MüKo-HGB, § 119 Rn. 78; *Priester*, DStR 2007, 28, 29.

691 BGH, Urt. v. 13.05.1985 – II ZR 170/84, ZIP 1985, 1137, 1138; BGH, Urt. v. 15.06.1987 – II ZR 261/86, NJW 1988, 411, 412; BGH, Urt. v. 15.01.2007 – II ZR 245/05, Z 170, 283, 286; *Priester*, DStR 2007, 28, 29.

Publikumsgesellschaft, da in diesem Fall die Beschlussfassung aufgrund der unter Umständen hohen Anzahl von Gesellschaftern erheblich erschwert wäre.[692]

Der Bestimmtheitsgrundsatz wird von Teilen der Literatur sehr kritisch gesehen.[693] Im Kern geht es dabei um die Fragen, inwiefern der Bestimmtheitsgrundsatz dem Minderheitenschutz dient,[694] ob der Bestimmtheitsgrundsatz tatsächlich noch als Auslegung zu qualifizieren ist und ob er nicht im Hinblick auf die Kernbereichslehre und der Treuepflichtbindung der Mehrheit bei der Beschlussfassung überflüssig ist.[695] Trotz dieser breit vertretenen Kritik hält der BGH, gefolgt von einem großen Teil der Literatur, weiterhin an diesem fest.[696] So überzeugt vor allem die von *K. Schmidt* vertretene formale Komponente des Bestimmtheitsgrundsatzes. Der Bestimmtheitsgrundsatz steht nicht der Kernbereichslehre oder dem Minderheitenschutz durch die Treubindung bei der Beschlussfassung entgegen, sondern er ist vielmehr eine weitere Komponente des Minderheitenschutzes.[697] Er bietet einen formalen Schutz, indem er für die Gesellschafter berechenbar macht, wann Entscheidungen durch einen Mehrheitsbeschluss gefasst werden können.[698]

Die Kernbereichslehre verwirklicht den subjektiv-rechtlichen materiellen Schutz der Gesellschafter. Zwar kann auch hier eine antizipierte Zustimmung erteilt werden. Diese antizipierte Zustimmung ist jedoch nicht mit dem Bestimmtheitsgrundsatz zu vermischen, sondern stellt eigene Anforderungen auf, die sich aus dem Kernbereichsschutz ergeben.[699] Diese Argumentation deckt sich mit der hier vertretenen Ansicht, dass sich bei einer antizipierten Zustimmung das konkrete Rechtsgeschäft, auf das sich die Zustimmung bezieht, in seinen Grundzügen schon hinreichend konkret abzeichnen muss. Es gelten also bei der antizipierten Zustimmung vollkommen andere Anforderungen als die Anforderungen, die sich aus dem Bestimmtheitsgebot an die Mehrheitsklausel ergeben.

Auf den Unternehmensführungsvertrag bezogen bedarf es bei dem einflussgeminderten, einflussfreien und dem unechten Unternehmensführungsvertrag stets der Zustimmung der betroffenen Gesellschafter. Da hier gefordert wurde, dass sich

---

692 Vgl. BGH, Urt. v. 13.03.1978 – VIII ZR 62/68, Z 53, 56; Soergel/*Hadding/Kießling*, BGB, § 709 Rn. 41; *Priester*, DStR 2007, 28, 30; Erman/*Westermann*, BGB, § 709 Rn. 30a.

693 Statt vieler Heymann/*Emmerich*, HGB, § 119 Rn. 32, 34; *Enzinger*, MüKo-HGB, § 119 Rn. 81; *Schäfer*, MüKo-BGB, § 709 Rn. 87 ff ; Staub/*Schilling*, HGB, 4. Aufl., § 163 Rn. 4.

694 *Enzinger*, MüKo-HGB, § 119 Rn. 81.

695 *Schäfer*, MüKo-BGB, § 709 Rn. 91.

696 Statt vieler BGH, Urt. v. 15.01.2007 – II ZR 245/05, Z 170, 283, 287; Soergel/*Hadding/Kießling*, BGB, § 709 Rn. 39 ff.; Baumbach/Hopt/*Hopt*, § 119 Rn. 39; Schlegelberger/*Martens*, HGB, § 119 Rn. 19 ff.; *Schießl*, Personengesellschaft, 34; *K. Schmidt*, Gesellschaftsrecht, 455 f., 474 Erman/*Westermann*, BGB, § 709 Rn. 30a.

697 Baumbach/Hopt/*Hopt*, HGB, § 119 Rn. 36; *K. Schmidt*, Gesellschaftsrecht, 455, 474.

698 *K. Schmidt*, Gesellschaftsrecht, 456, 474.

699 *K. Schmidt*, Gesellschaftsrecht, 474.

bei einer antizipierten Zustimmung das Rechtsgeschäft, auf das sich die Zustimmung bezieht, hinreichend abzeichnen muss, sind Mehrheitsklauseln in der Satzung nur eingeschränkt attraktiv. Anders verhält es sich bei einem weisungsgebundenen Unternehmensführungsvertrag, der nicht mit einem Eingriff in die Satzung verbunden ist. Hier können Mehrheitsklauseln ohne Weiteres vereinbart werden. Wenn ein solcher Unternehmensführungsvertrag als außergewöhnliches Geschäft einzuordnen ist, stellt sich allerdings die Frage, ob ein solches Geschäft auch ein laufendes Geschäft darstellt. Nach der Rechtsprechung sind für laufende Geschäfte geringe Anforderungen an den Bestimmtheitsgrundsatz zu stellen. Hier genügt schon eine allgemein gehaltene Klausel über Mehrheitsbeschlüsse.[700]

Der BGH hat sich zu der Frage, ob außergewöhnliche Geschäfte, wie es beispielsweise ein weisungsgebundener Unternehmensführungsvertrag sein kann, von einer allgemein gehaltenen Mehrheitsklausel noch gedeckt sind, nicht geäußert. Eine jüngere Entscheidung des BGH scheint auf den ersten Blick dahingehend zu deuten, dass außergewöhnliche Geschäftsführungsmaßnahmen als laufende Geschäftsführungsmaßnahmen angesehen werden können. So hat hier der BGH einerseits die Feststellung des Jahresabschlusses als Grundlagengeschäft angesehen und dennoch sah er einen Mehrheitsbeschluss, der von einer allgemein gehaltenen Mehrheitsklausel gedeckt wurde, als unproblematisch an.[701] Allerdings argumentierte hier der BGH, dass die Feststellung des Jahresabschlusses eine gesetzlich vorgesehene periodisch wiederkehrende Maßnahme sei, die nicht mit einer Änderung des Gesellschaftsvertrags verbunden sei und aus diesem Grund kein ungewöhnliches Geschäft darstelle.[702] Der weisungsgebundene Unternehmensführungsvertrag stellt zwar einerseits grundsätzlich keine Maßnahme dar, die mit einer Änderung des Gesellschaftsvertrags verbunden ist. Gleichwohl ist der weisungsgebundene Unternehmensführungsvertrag typischerweise – wenn man ihn schon als außergewöhnliches Geschäft im Sinne des § 116 Abs. 2 HGB einordnet – ein Geschäft, das nicht periodisch wiederkehrend ist. Aus diesem Grund ist aus der Sicht der Gesellschafter grundsätzlich nicht davon auszugehen, dass ein solches Geschäft ein laufendes Geschäft darstellt, das von einer allgemein gehaltenen Mehrheitsklausel abgedeckt ist. Es bedarf also einer Klausel in dem Gesellschaftsvertrag, die zwar nicht ausdrücklich eine Mehrheitsklausel für weisungsgebundene Unternehmensführungsverträge vorsieht, sich jedoch nach dem Bestimmtheitsgrundsatz zumindest in diese Richtung auslegen lässt.

---

700 Vgl. RG, Urt. v. 15.10.1926 – II 119/26, Z 114, 393, 395; BGH, Urt. v. 14.11.1960 – II ZR 55/59, WM 1961, 303, 304; OLG München, Urt. v. 03.12.2008 – 7 U 3315/08, WM 2009, 1037, 1038.

701 BGH, Urt. v. 15.01.2007 – II ZR 245/05, Z 170, 283, 285.

702 BGH, Urt. v. 15.01.2007 – II ZR 245/05, Z 170, 283, 288.

C) Wirksamkeitsvoraussetzungen bei dem Abschluss von Unternehmensführungsverträgen mit einer Personenhandelsgesellschaft

Für den Abschluss von Unternehmensführungsverträgen kann ein Zustimmungsbeschluss der Gesellschafter erforderlich sein. Entscheidend ist dabei die Einordnung des Unternehmensführungsvertrags als Grundlagengeschäft, als außergewöhnliche Geschäftsführungsmaßnahme oder als gewöhnliche Geschäftsführungsmaßnahme. Ein einflussgeminderter, einflussloser oder unechter Unternehmensführungsvertrag ist als Grundlagengeschäft einzuordnen und bedarf vorbehaltlich einer anderen Gestaltung in dem Gesellschaftsvertrag eines einstimmigen Gesellschafterbeschlusses. Gleiches gilt für einen weisungsgebundenen Unternehmensführungsvertrag, der mit dem Ausschluss einzelner oder aller Gesellschafter von der Geschäftsführung verbunden ist. Bei einem schlichten, weisungsgebundenen Unternehmensführungsvertrag ist es eine Frage des Einzelfalls, ob dieser als gewöhnliches oder außergewöhnliches Geschäft zu bewerten ist. Regelmäßig wird dieser wohl als außergewöhnliches Geschäft einzuordnen sein. Hier haben zwar auch die Gesellschafter grundsätzlich einstimmig zu entscheiden, wenn der Gesellschaftsvertrag nichts anderes vorsieht. Dieser Zustimmungsbeschluss ist jedoch kein auch für das Außenverhältnis relevantes Wirksamkeitserfordernis. Der eventuell erforderliche Zustimmungsbeschluss bedarf keiner mit § 130 Abs. 1 S. 1 AktG vergleichbaren Form, da der Gesellschaftsvertrag einer Personenhandelsgesellschaft selbst keiner Form bedarf, und deshalb erfordert erst Recht ein Beschluss, der die Satzung tatsächlich ändert oder faktisch überlagert, auch keine spezifische Form.[703]

Hinsichtlich der Berichts- und Prüfungspflichten gelten die allgemeinen Regeln. So haben die Gesellschafter ohne eine spezielle Regelung in der Satzung aus der gesetzlichen Konzeption des § 118 HGB heraus einen Anspruch auf Auskunft über alle Belange der Gesellschaft.[704] Nicht anzuwenden sind jedoch die Regelungen der §§ 293a ff. AktG auf die Personenhandelsgesellschaft.[705] So lässt sich hier die bereits zur GmbH vertretene Argumentation aufgreifen, dass bei einem einstimmigen Zustimmungsbeschluss die Gesellschafter selbst entscheiden können, wie viel Information sie benötigen, um ihre Entscheidung zu treffen. Es bedarf hier insofern keines besonderen Minderheitenschutzes. Des Weiteren hätte die entsprechende Anwendung der §§ 293a ff. AktG eine gesetzlich nicht intendierte Überregulierung zur Folge, da nach der Intention des § 109 HGB die Ausgestaltung

703 *Köhn*, Der Konzern 2011, 530, 545; zur Betriebspacht mit einer KG als Verpächterin auch *Nelißen*, DB 2007, 786, 789.

704 Es ist umstritten, ob der § 118 HGB dogmatisch als Anspruchsgrundlage herangezogen werden kann, vgl. hierzu *Enzinger*, MüKo-HGB, § 118 Rn. 11 f. Jedenfalls anerkannt ist ein allgemeines Auskunftsrecht der Gesellschafter über die Belange der Gesellschaft.

705 *Emmerich*, Emmerich/Habersack Komm-KonzR, § 293a Rn. 14; *Köhn*, Der Konzern 2011, 530, 546; a. A. *Neun*, Unternehmensverträge, 255.

des Innenverhältnisses ausdrücklich den Gesellschaftern überlassen ist.[706] Da es folglich keine strengen Anforderungen an das Verfahren der Beschlussfassung gibt, ist eine solche Beschlussfassung auch außerhalb einer Gesellschafterversammlung möglich.[707]

Auch bedarf der Unternehmensführungsvertrag nicht der in § 293 Abs. 3 AktG vorgesehenen Form, da selbst die Satzung einer Personenhandelsgesellschaft formfrei ist und nicht einzusehen ist, warum der Unternehmensführungsvertrag strengeren Formvoraussetzungen unterliegen soll.[708]

Anders als bei den Kapitalgesellschaften als Rechtsträger des Eigentümerunternehmens wird bei dem Abschluss eines Unternehmensführungsvertrags mit einer Personenhandelsgesellschaft als Rechtsträger des Eigentümerunternehmens nicht durch entsprechende Anwendung des § 294 AktG ein konstitutives Eintragungserfordernis verlangt.[709] Nur vereinzelt wird ein solches Eintragungserfordernis ohne nähere Begründung gefordert.[710] Die Nichterforderlichkeit lässt sich mit einem Vergleich zu dem Zweck des § 294 AktG begründen.[711] § 294 AktG bezweckt die Öffentlichkeit, insbesondere die Gläubiger und potentiellen Gesellschafter, über den Bestand von Unternehmensverträgen zu informieren.[712] Für die Personenhandelsgesellschaft besteht, anders als bei den Kapitalgesellschaften, nur für wenige Tatsachen eine Eintragungspflicht. Diese unterschiedliche Informationslage lässt ein Eintragungserfordernis des Unternehmensführungsvertrags bei einer Personenhandelsgesellschaft als Eigentümerunternehmen systemfremd erscheinen.[713] Dazu ist anzumerken, dass sowohl bei der GmbH als auch bei der AG die Satzungen der Gesellschaften als Anlage im Handelsregister angefügt werden, während

---

706 *Köhn*, Der Konzern 2011, 530, 546.

707 *Köhn*, Der Konzern 2011, 530, 546.

708 Mit Bezug auf die Betriebspacht *Dörmer*, Unternehmenspacht, 148; *Köhn*, Der Konzern 2011, 530, 546; *Mülbert*, MüKo-HGB, KonzR Rn. 324; für die Unternehmenspacht mit einer KG als Verpächterin *Nelißen*, DB 2007, 786, 789. Für ein Schriftformerfordernis ohne nähere Begründung sind: *Emmerich*, Emmrich/Habersack Komm-KonzR, § 293 Rn. 48; Baumbach/Hopt/*Hopt*, HGB, § 105 Rn. 105.

709 Verneinend für einen Gewinnabführungsvertrag OLG München, Beschl. v. 08.02.2011 – 31 Wx 2/11, ZIP 2011, 526; mit Bezug auf die Betriebspacht Dörmer, Unternehmenspacht, 148; *Köhn*, Der Konzern 2011, 530, 546 f.; E/BJ/S/*Lange*, HGB, Anh. § 105 Rn. 48, der von einer deklaratorischen Publikationspflicht ausgeht; ebenso *Mülbert*, MüKo-HGB, KonzR Rn. 324; generell ablehnend gegenüber einer Publikationspflicht im Bezug auf die Betriebspacht mit einer KG als Verpächterin Nelißen, DB 2007, 786, 789 f.; für eine deklaratorische Publikationspflicht Staub/*Schäfer*, HGB, Anh. § 105 Rn. 61; *Schießl*, Personengesellschaft, 55.

710 Für alle Unternehmensverträge: Baumbach/Hopt/*Hopt*, HGB, § 105 Rn. 105.

711 So *Köhn*, Der Konzern 2011, 530, 546; bezogen auf die Betriebspacht mit einer KG als Verpächterin auch *Nelißen*, DB 2007, 786, 790.

712 *Altmeppen*, MüKo-AktG, § 294 Rn. 1.

713 *Köhn*, Der Konzern 2011, 530, 545; mit Bezug auf die Betriebspacht und einer KG als Verpächterin *Nelißen*, DB 2007, 786, 790.

dies für die Personenhandelsgesellschaft nicht der Fall ist. Aus diesem Grund ist nicht einzusehen, eine Publikationspflicht für Unternehmensführungsverträge zu fordern, wenn nicht einmal die Satzung der Personenhandelsgesellschaft durch das Handelsregister publiziert wird.

D) Teilunternehmensführungsverträge mit einer Personenhandelsgesellschaft

Im Rahmen dieser Untersuchung wurde bisher bei allen Gesellschaftsformen die Auffassung vertreten, dass es für die Beurteilung der gesellschaftsrechtlichen Zulässigkeit von Unternehmensführungsverträgen und den daraus resultierenden Anforderungen an die gesellschaftsrechtliche Legitimation solcher Verträge nicht darauf ankommt, ob die gesamte Führung über das Unternehmen übernommen wird oder nur ein Teil.[714] Entscheidend ist also nicht die quantitative, sondern die qualitative Einflussnahme auf das Unternehmen. An dieser Auffassung ist auch für die Personenhandelsgesellschaft festzuhalten. Anzumerken ist aber, dass selbst aus den Reihen der Vertreter, die bei der gesellschaftsrechtlichen Zulässigkeit zwischen einem Unternehmensführungsvertrag und einem Teilunternehmensführungsvertrag unterscheiden, bei einer Personenhandelsgesellschaft diese Unterscheidung aufgeweicht wird. Demnach soll diese Wertung aufgrund der anderen gesellschaftsrechtlichen Ausgangslage bei Kapitalgesellschaften nicht auf die Personenhandelsgesellschaft übernommen werden.[715]

E) Eingriff in die Finanzverfassung durch Unternehmensführungsverträge

Bei der Ausgestaltung der Vergütungsstruktur des Unternehmensführungsvertrags wird typischerweise auch eine rein erfolgsbezogene Vergütung vereinbart. Wenn diese Vergütungsform zum Inhalt hat, dass entweder der gesamte Unternehmensgewinn abzuführen ist oder die Vergütung an den periodisch zu ermittelnden Gewinn anknüpft, liegt neben dem Unternehmensführungsvertrag zugleich ein Gewinnabführungsvertrag oder ein Teilgewinnabführungsvertrag vor. Ein solcher Gewinnabführungsvertrag oder Teilgewinnabführungsvertrag wird verbreitet für zulässig erachtet.[716] Begründet wird diese Ansicht damit, dass die Personenhandelsgesellschaft keine Mindestteilhabe aller Gesellschafter am Unternehmensgewinn vorsieht. Allerdings wird im Fall eines Gewinnabführungsvertrags in die Finanzverfassung

714 Vgl. 3. Kapitel § 1 B VI.

715 *Köhn*, Der Konzern 2011, 530, 545.

716 Heymann/*Emmerich*, HGB, Anh. § 105 Rn. 25; *Emmerich/Habersack*, Konzernrecht, 575, 585; Baumbach/Hopt/*Hopt*, HGB, § 105 Rn. 105; *Mülbert*, MüKo-HGB, KonzR Rn. 316 f.; *Schießl*, Personengesellschaft, 53 f.; a. A. in Bezug auf den Gewinnabführungsvertrag *Emmerich*, FS Stimpel 1985, 743, 755; *Flume*, Personengesellschaft, 256.

der Gesellschaft eingegriffen, da der Gewinnanspruch der Gesellschafter gänzlich wegfällt und auch die Gewinnverwendungskompetenz beeinträchtigt ist. Während bei einem Teilgewinnabführungsvertrag eine Verwässerung des Gewinnanspruches und der Gewinnverwendungskompetenz der Gesellschafter droht. Aus diesem Grund ist ein solches Geschäft als Grundlagengeschäft einzuordnen. Folglich bedarf es auch hier grundsätzlich der Zustimmung aller Gesellschafter.[717] Im Übrigen sind dann die gleichen Wirksamkeitsvoraussetzungen wie für den einflussgeminderten, einflussfreien oder den unechten Unternehmensführungsvertrag zu beachten.

Speziell für den Gewinnabführungsvertrag stellt sich allerdings die Frage, ob die konzernrechtlichen Schutzvorschriften des Aktiengesetzes auch hier Anwendung finden. In der Kommentarliteratur findet sich, speziell in Bezug auf diese Frage, keine direkte Antwort. Dies mag daran liegen, dass der Gewinnabführungsvertrag mit einer Personenhandelsgesellschaft als abführendes Unternehmen aufgrund anderer Gestaltungsmöglichkeiten bei der Konzernierung und mangels steuerlicher Vorteile wenig attraktiv ist.[718] Sofern die Frage dennoch angesprochen wird, wird darauf verwiesen, dass sie so zu beantworten sei wie bei der Konstellation eines Beherrschungsvertrags mit einer abhängigen Personengesellschaft.[719] Wenn sich nun der Blick auf die beherrschte Personenhandelsgesellschaft richtet und man einen Beherrschungsvertrag für grundsätzlich möglich hält, dann ist nach den konzernrechtlichen Schutzvorschriften zu differenzieren. Einigkeit besteht darüber, dass die speziellen Minderheitenschutzvorschriften der §§ 304, 305 AktG keine Anwendung finden.[720] Dieses ist unter dem Gesichtspunkt zutreffend, dass es bei dem Vorliegen eines Beherrschungsvertrags, aber auch bei einem Gewinnabführungsvertrag, der Zustimmung aller Gesellschafter bedarf. Für die Verlustübernahmepflicht wird dies kontrovers bei dem Beherrschungsvertrag mit einer abhängigen Personenhandelsgesellschaft diskutiert. Überwiegend wird dies jedoch bejaht, wenn auch hinsichtlich der Anspruchsgrundlage (§ 302 AktG analog, § 670 BGB analog oder aus der Treuepflicht) Streit besteht.[721]

---

717 Heymann/*Emmerich*, HGB, Anh. § 105 Rn. 25; *Emmerich/Habersack*, Konzernrecht, 585 f.; Baumbach/Hopt/*Hopt*, HGB, § 105 Rn. 105; Schlegelberger/*Martens*, HGB, Anh. § 105 Rn. 19; *Mülbert*, MüKo-HGB, KonzR Rn. 321, der allerdings die Unternehmensverträge als außergewöhnliche Geschäfte und nicht als Grundlagengeschäfte einordnet; Staub/*Schilling*, HGB, 4. Aufl., § 164 Rn. 5.

718 *Emmerich*, Emmerich/Habersack Komm-KonzR, Vor § 291 Rn. 12; *Emerich/Habersack*, Konzernrecht, 575; *Mülbert*, MüKo-HGB, KonzR Rn. 316; Staub/*Schäfer*, HGB, Anh. § 105 Rn. 6.

719 *Emmerich*, Emmerich/Habersack Komm-KonzR, Vor § 291 Rn. 12.

720 Heymann/*Emmerich*, HGB, Anh. § 105 Rn. 23; *Löffler*, Personengesellschaft, 116 ff.; *Reuther*, ZHR 146 (1982), 1, 19; Staub/*Schäfer*, HGB, Anh § 105 Rn. 77; E/B/J/S/*Wertenbruch/Nagel*, HGB, Anh. § 105 Rn. 60.

721 Für eine Herleitung aus § 302 AktG analog *Emmerich/Habersack*, Konzernrecht, 585; Heymann/*Emmerich*, HGB, Anh. § 105 Rn. 24; Staub/Schäfer, HGB, Anh. § 105 Rn. 72; E/B/J/S/*Wertenbruch/Nagel*, HGB, Anh. § 105 Rn. 57; einschränkend

Teilweise wird nach der Zweckausrichtung der Personenhandelsgesellschaft differenziert, indem nur für eine dienende Personenhandelsgesellschaft § 302 AktG analog angewendet werden soll.[722] Für einen Gewinnabführungsvertrag, der im Zusammenhang mit einem Unternehmensführungsvertrag abgeschlossen wird, ist dieses Ergebnis hingegen zweifelhaft. Aus Schutzerwägungen heraus lässt sich dieses Ergebnis nicht begründen. Die Gesellschafter sind nicht schutzwürdig, weil sie dem Gewinnabführungsvertrag im Einzelfall zustimmen müssen. Die Gläubiger werden nicht schlechter gestellt, da die Gesellschafter nach § 128 HGB für die Verbindlichkeiten der Gesellschaft haften.

Eine entsprechende Anwendung des § 302 AktG auf den Gewinnabführungsvertrag zulasten einer Personenhandelsgesellschaft lässt sich nur erklären, wenn man sich einen isolierten Gewinnabführungsvertrag vor Augen hält. Hier begründet sich die Verlustausgleichspflicht über die Chancen- und Risikoverteilung.[723] So heißt es schon in der Regierungsbegründung zu § 302 Abs. 1 AktG, dass derjenige, der den gesamten Gewinn der Gesellschaft erhalte, auch für die Verluste einstehen muss.[724] Diese Wertung lässt sich auf den Fall übertragen, dass eine Personengesellschaft sich verpflichtet, ihren gesamten Gewinn abzuführen. Für einen Gewinnabführungsvertrag, der mit einem Unternehmensführungsvertrag im Zusammenhang steht, bestehen jedoch Zweifel. So leistet doch der Unternehmensführer eine Gegenleistung für die Gewinnabführung. Die Interessenlage ist also deutlich anders als bei einem isolierten Gewinnabführungsvertrag.

Schäfer äußert sich hier zu einer parallelen Interessenlage im Bezug auf den Beherrschungsvertrag.[725] Er geht zwar von einer analogen Anwendung des § 302 Abs. 1 AktG aus.[726] Im Zuge der Frage, ob die entsprechende Anwendung des § 302 Abs. 1 AktG von den Vertragsparteien vertraglich ausgeschlossen werden kann, äußert er sich jedoch einschränkend. So geht er im Grundsatz von einer Unabdingbarkeit aus.[727] Wenn allerdings der Beherrschungsvertrag dazu genutzt wird, dass beherrschte Unternehmen zu sanieren, dann soll die entsprechende Anwendung des § 302 Abs. 1 AktG abdingbar sein.[728] Diese Wertung lässt sich auch auf den Gewinnabführungsvertrag beziehen. Wenn dieser nicht nur einseitig begünstigend

---

Burbach, der nur für die GmbH & Co. KG eine entsprechende Anwendung des § 302 AktG befürwortet, *Burbach*, Personenhandelsgesellschaft, 458. Für eine Herleitung aus der Treuepflicht: *Löffler*, Personengesellschaft, 92 ff.; ähnlich auch *Schießl*, Personengesellschaft, 92 ff. Für eine Herleitung aus § 670 BGB analog: *Reuther*, ZHR 146 (1982), 1, 21 f., 26.

722 *Mülbert*, MüKo-HGB, KonzR Rn. 179 ff.

723 So mit Bezug auf den Beherrschungsvertrag auch Staub/*Schäfer*, HGB, Anh. § 105 Rn. 74.

724 Reg Begr. bei *Kropff*, AktG, 391.

725 Staub/*Schäfer*, HGB, Anh. § 105 Rn. 72 ff.

726 Staub/*Schäfer*, HGB, Anh. § 105 Rn. 72 ff.

727 Staub/*Schäfer*, HGB, Anh. § 105 Rn. 76.

728 Staub/*Schäfer*, HGB, Anh. § 105 Rn. 76.

angewendet wird, wie zum Beispiel in Verbindung mit einem Unternehmensführungsvertrag, dann muss es den Parteien zumindest möglich sein, die Verlustübernahmepflicht vertraglich abzubedingen.

§ 5. Der Unternehmensführungsvertrag als Umgehungsinstrument

A) Folgen einer Umgehung eines Beherrschungsvertrags

Eine rege Diskussion existiert in der Literatur zu der Frage, wie die Abgrenzung des Unternehmensführungsvertrags von einem Beherrschungsvertrag im Einzelfall erfolgt.[729] Die Diskussion ist dabei unabhängig von der Rechtsform der Rechtsträger der Vertragsparteien. Im Vordergrund dieser Diskussion stehen Umgehungskonstellationen, bei denen der Unternehmensführungsvertrag einer Partei eine Stellung verschafft, die einem Beherrschungsvertrag ähnlich ist. Dabei ist im Hinblick auf die Verwirklichung des Schutzanliegens des Konzernrechts der wahre Charakter des Rechtsverhältnisses und nicht die Bezeichnung des konkreten Vertrags entscheidend.[730] Liegt eine Umgehungssituation vor, bei der der Unternehmensführungsvertrag einem Beherrschungsvertrag gleicht, wird ein solcher Vertrag als verdeckter oder atypischer Beherrschungsvertrag bezeichnet.[731] Teilweise wird für diesen Fall vorgeschlagen, die Regelungen über den qualifizierten faktischen Konzern anzuwenden.[732] Dieses Rechtsinstitut ist angesichts der grundlegenden Rechtsprechungsänderung im GmbH-Konzernrecht mit einigen Unsicherheiten belastet und lässt sich für die verschiedenen Gesellschaftsformen nicht einheitlich nutzen.[733]

---

729 Vgl. *Breuniger/Prinz*, JbFStR 1998/1999, 367, 369; *Emmerich*, Emmerich/Habersack Komm-KonzR, § 292 Rn. 60 ff.; *Koppensteiner*, KölnKomm-AktG, § 291 Rn. 24 ff.; Köhn, Der Konzern 2011, 530, 536; *Liebscher*, MüKo-GmbHG, Anh. § 13 Rn. 704 ff.; *Martinek*, Moderne Vertragstypen II, 304; *Mülbert*, GroßKomm-AktG, § 292 Rn. 159 ff.

730 *Abels*, Managementverträge, 22; *Altmeppen*, MüKo-AktG, § 292 Rn. 43 ff.; Scholz/*Emmerich*, GmbHG, Anh. § 13 Rn. 221; *ders.*, Emmerich/Habersack, Komm-KonzR, § 292 Rn. 61; *Führling*, Unternehmensverträge, 80 f.; wohl auch *Herfs*, Einwirkungen, 286; *Koch*, Hüffer AktG, § 292 Rn. 23 f.; *Liebscher*, MüKo-GmbHG, Anh. § 13 Rn. 705 f.; *Mestmäcker*, FS Kronstein, 129, 148 f.; *Raiser/Veil*, RdK, § 54 Rn. 126 ff., § 57 Rn. 22.

731 Vgl. *Emmerich*, Emmerich/Habersack Komm-KonzR, § 291 Rn. 19; *Liebscher*, MüKo-GmbHG, Anh. § 13 Rn. 705; *Mülbert*, Großkomm-AktG, § 291 Rn. 116 f.

732 *Huber*, ZHR 152 (1988), 123, 141 ff.; *Raiser/Veil*, § 54 Rn. 131; Spindler/Stilz/*Veil*, AktG, § 292 Rn. 58; *ders.*, Unternehmensverträge, 252 f.

733 Vgl. *Altmeppen*, MüKo-AktG, § 317 Rn. 13; *Emmerich*, Emmerich/Habersack Komm-KonzR, § 292 Rn. 61; Spindler/Stilz/*Schall*, AktG, Vor. § 15 ff. Rn. 12 ff.

Nach zutreffender überwiegender Ansicht sind also zunächst, unabhängig von der Bezeichnung des Vertrags, die Regelungen über den Beherrschungsvertrag anzuwenden.[734] Für die Personenhandelsgesellschaft stellt sich allerdings dann die umstrittene Frage, ob ein solcher atypischer Beherrschungsvertrag überhaupt möglich ist.[735] Wenn nun festgestellt wird, dass ein Vertragsverhältnis sich nach den äußeren Umständen und der Art seiner Gestaltung als atypischer Beherrschungsvertrag darstellt, dann sollten in diesem Fall auch alle Regelungen über den Beherrschungsvertrag aus Schutzgesichtspunkten Anwendung finden. Dies hat auch zur Folge, dass der atypische Beherrschungsvertrag, der nach dem äußeren Anschein einen Unternehmensführungsvertrag darstellt, nichtig ist, wenn nicht die Wirksamkeitsvoraussetzungen eingehalten wurden. Es bedarf also in diesem Fall der Zustimmung der Hauptversammlung bzw. der Gesellschafterversammlung des verpflichteten Unternehmens. Zusätzlich bedarf es auch gem. § 293 Abs. 2 AktG der Zustimmung der Hauptversammlung bzw. der Gesellschafterversammlung des begünstigten Unternehmens.

Anders als bei dem zustimmungsbedürftigen Unternehmensführungsvertrag muss also in diesem Fall die Hauptversammlung bzw. die Gesellschafterversammlung beider Vertragsparteien dem atypischen Beherrschungsvertrag zustimmen. Ein weiteres Problem stellt dann das Eintragungserfordernis in das Handelsregister dar. Hier ist der atypische Beherrschungsvertrag dann als Unternehmensführungsvertrag eingetragen. Aus dieser Falschbezeichnung wird dann teilweise die Konsequenz gezogen und der atypische Beherrschungsvertrag zugunsten der Rechtssicherheit für ex tunc nichtig erachtet.[736] Freilich würde dies zu dem Ergebnis führen, dass solche atypischen Beherrschungsverträge faktisch immer nichtig wären, da sie im Handelsregister regelmäßig falsch bezeichnet sind. Dagegen wird eingewandt, dass für den atypischen Beherrschungsvertrag sowohl bei dem Abschluss als auch bei der Durchführung schon die Regelungen für den Beherrschungsvertrag Anwendung finden müssen, und aus diesem Grund sei nach dem Grundsatz der falsa demonstratio non nocet die Falschbezeichnung nicht als Nichtigkeitsgrund des

---

734 *Abels*, Managementverträge, 22; Ulmer/*Casper*, GmbHG, Anh. § 77 Rn. 229; Scholz/*Emmerich*, GmbHG, Anh. § 13 Rn. 221; *ders.*, Emmerich/Habersack Komm-KonzR, § 292 Rn. 61; *Führling*, Unternehmensverträge, 80 f.; *Liebscher*, MüKo GmbHG, Anh. § 13 Rn. 705 f.; *Martinek*, Moderne Vertragstypen II, 304; *Mülbert*, Großkomm-AktG, § 291 Rn. 129 ,§ 292 Rn. 159; Hachenburg/*Ulmer*, GmbHG, Anh. § 77 Rn. 196, 226.

735 Zu der Diskussion ausführlich *Mülbert*, MüKo-HGB, KonzR Rn. 161 ff.

736 Scholz/*Emmerich*, GmbHG, Anh. § 13 Rn. 222; *ders.*, Emmerich/Habersack Komm-KonzR, § 292 Rn. 62; *Führling*, Unternehmensverträge, 80; *Koppensteiner*, KölnKomm-AktG, § 291 Rn. 25; Rowedder/Schmidt-Leithoff/*Koppensteiner/Schnorbus*, GmbHG, Anh. § 52 Rn. 133; tendenziell auch *Veil*, Unternehmensverträge, 251.

Unternehmensvertrags zu betrachten.[737] Es steht dabei die Befürchtung im Raum, dass eine Nichtigkeit des Vertrags zu einer Schutzminderung der Gläubiger führt.[738]

Dieser Ansicht ist jedoch nicht zu folgen. Sie stellt zu sehr auf die Perspektive der beteiligten Gesellschafter ab, während der Schutz des Rechtsverkehrs und der Sinn und Zweck des Eintragungserfordernisses zu wenig berücksichtigt werden. Die Publikationspflicht dient dazu, zukünftige Gesellschafter und Gläubiger über bestehende Unternehmensverträge zu informieren. Gerade im Fall des atypischen Beherrschungsvertrags kann diese Personengruppe ohne die weitere Kenntnis der äußeren Umstände nicht beurteilen, ob ein Unternehmensführungsvertrag oder ein atypischer Beherrschungsvertrag vorliegt. Dabei liegt es im Pflichtenbereich der vertragsschließenden Parteien, den von ihnen abzuschließenden Unternehmensvertrag zu identifizieren. Fehler bei dieser Identifizierung dürfen nicht zu einer potentiellen Belastung des Rechtsverkehrs führen. Unter dieser Prämisse ist in der Tat davon auszugehen, dass jeder atypische Beherrschungsvertrag aufgrund der fehlerhaften Eintragung in das Handelsregister nichtig ist. Die Nichtigkeit aufgrund der fehlerhaften Eintragung wirkt jedoch nur ex nunc, da die Grundsätze über die fehlerhafte Gesellschaft anzuwenden sind.[739] Dementsprechend finden dann auch die §§ 302 ff. AktG auf dieses Rechtsverhältnis Anwendung. Aus diesem Grund werden die Gläubiger trotz der Nichtigkeit des Vertrags nicht benachteiligt.

Wenn hingegen das konkrete Vertragsverhältnis als atypischer Beherrschungsvertrag zu bestimmen ist und die erforderlichen Beschlüsse der Hauptversammlung bzw. der Gesellschafterversammlung nicht vorliegen, finden aufgrund der Schwere der Rechtsverletzung die Grundsätze über die fehlerhafte Gesellschaft keine Anwendung.[740] Damit verbunden eröffnet sich für alle Gesellschaftsformen die Problematik, wie mit einem faktisch schon durchgeführten, aber ex tunc nichtigen Vertrag zu verfahren ist. Besonders umstritten ist hier, ob § 302 Abs. 2 AktG analog unter dem Aspekt angewendet werden kann, dass der BGH für das GmbH-Recht die Rechtsfigur des qualifiziert faktischen Konzerns aufgegeben hat, oder ob der Schutz der Gesellschaft und der Gläubiger nach allgemeinen Grundsätzen zu verwirklichen ist.[741]

---

737 Ulmer/*Casper*, Anh. § 77 Rn. 187 Fn. 369; *Huber*, ZHR 152 (1988), 123, 138 f. 140; *Koch*, Hüffer AktG, § 292 Rn. 24; *Mestmäcker*, FS Kronstein, 129, 149; *Oesterreich*, Betriebsüberlassung, 151 f.; *Liebscher*, MüKo-GmbHG, Anh. § 13 Rn. 706.

738 *Oesterreich*, Betriebsüberlassung, 152.

739 *Altmeppen*, MüKo-AktG, § 291 Rn. 202 f.; *Liebscher*, MüKo-GmbHG, Anh. § 13 Rn. 706.

740 Vgl. *Altmeppen*, MüKo-AktG, § 291 Rn. 205, dieser betont schon die fehlende Einigung zu dem Vertrag; *Huber*, ZHR 152 (1988), 123, 141; *Liebscher*, MüKo-GmbHG, Anh. § 13 Rn. 714; *Timm*, GmbHR 1989, 11, 18 f.

741 Zu der Problematik BGH, Urt. v. 16.07.2007 – II ZR 3/04, NJW 2007, 2689, 2690; *Emmerich*, Emmerich/Habersack Komm-KonzR, § 291 Rn. 24c, § 302 Rn. 26; *Huber*, ZHR 152 (1988), 123, 141 ff.; *Liebscher*, MüKo-GmbHG, Anh. § 13 Rn. 679, 705; allgemein zur faktischen Beherrschung und dem Spannungsfeld zwischen den allgemeinen Grundsätzen einschließlich der Existenzvernichtungshaftung und

Für die entsprechende Anwendung der Verlustübernahmepflicht nach § 302 Abs. 2 AktG analog sprechen vor allem Schutzinteressen außenstehender Gläubiger.[742] Schon der beherrschende Einfluss rechtfertigt eine Verlustübernahmepflicht.[743]

Dennoch ist gegen eine analoge Anwendung des § 302 Abs. 2 AktG auf einen Unternehmensführungsvertrag, der sich als faktischer Beherrschungsvertrag darstellt, zu tendieren. Gerade unter dem Aspekt der Rechtsprechungsänderung im GmbH-Konzernrecht sollte für andere Rechtsformen nur sehr vorsichtig über eine analoge Anwendung des § 302 Abs. 2 AktG nachgedacht werden.[744] Für einen atypischen Beherrschungsvertrag, der in der Form eines Unternehmensführungsvertrags vorliegt und bei dem nicht die für einen Beherrschungsvertrag erforderliche Zustimmung der Hauptversammlung bzw. Gesellschafterversammlung beider Unternehmensträger vorliegt, kann der Schutz des faktisch abhängigen Eigentümerunternehmens noch auf andere Weise gewährleistet werden. So kann zum einen die Ausgleichspflicht nach § 311 Abs. 1 AktG in Betracht kommen. Des Weiteren kommt sowohl eine Haftung aus § 317 Abs. 1 AktG,[745] eine deliktische Haftung als auch eine Haftung des herrschenden Unternehmens aus §§ 687 Abs. 2, 678 BGB in Betracht.

Ein Unternehmensführer, der das Unternehmen nicht im Interesse des Eigentümerunternehmens, sondern im eigenen oder im Drittinteresse[746] führt, maßt sich eine objektiv fremde Geschäftsführung an. Als Geschäftsführung werden dabei nicht nur sämtliche rechtsgeschäftlichen Verfügungen betrachtet, sondern auch Nutzungs- oder Verwertungshandlungen.[747] Dabei muss den Wissensträgern des vermeintlichen Unternehmensführers bekannt sein, dass ein Unternehmensführungsvertrag nur zu einer Unternehmensführung im Interesse des Eigentümerunternehmens legitimiert. Ebenso ist eine mögliche Einwilligung des Unternehmensführers zu einer solchen Unternehmensführung sittenwidrig und damit nach § 138 BGB unbeachtlich. Dies ergibt sich daraus, dass ein Unternehmen sich zulässigerweise nur im Rahmen eines Beherrschungsvertrags fremden Interessen unterordnen kann. Diese Einordnung hat zur Folge, dass bei einem atypischen Beherrschungsvertrag im Gewand eines Unternehmensführungsvertrags, bei dem nicht die erforderliche Zustimmung der Hauptversammlung bzw. der Gesellschafterversammlung beider Gesellschaften vorliegt und der dennoch faktisch durchgeführt wurde, eine Haftung aus § 678 BGB in Betracht kommt. Dementsprechend hat die faktisch herrschende

dem qualifiziert faktischen Konzern Michalski/*Servatius*, GmbHG, System. Darst. 4 Rn. 365 ff.

742 Vgl. *Emmerich*, Emmerich/Habersack Komm-KonzR, § 291 Rn. 24c; *Huber*, ZHR 152 (1988), 123, 142; *Liebscher*, MüKo-GmbHG, Anh. § 13 Rn. 679; *Timm*, GmbHR 1989, 11, 19.

743 *Huber*, ZHR 152 (1988), 123, 142.

744 Ebenso *Liebscher*, MüKo-GmbHG, Anh. § 13 Rn. 679.

745 *Huber*, ZHR 152 (1988), 123, 142 ff.

746 Vgl. Staudinger/*Bergmann*, BGB, § 687 Rn. 57.

747 Staudinger/*Bergmann*, BGB, § 687 Rn. 20.

Gesellschaft für alle durch die Unternehmensführung entstandenen Vermögensschäden zu haften.[748]

B) Problematische Konstellationen von Unternehmensführungsverträgen

Es zeigen sich für den Unternehmensführungsvertrag verschiedene Konstellationen, bei denen das Vorliegen eines atypischen Beherrschungsvertrags debattiert wird. Einerseits wird dies diskutiert im Rahmen eines Unternehmensführungsvertrags mit einem Eigentümerunternehmen, das von dem Unternehmensführer abhängig ist.[749] So wird schon davon ausgegangen, dass ein isolierter Unternehmensführungsvertrag mit einer abhängigen Gesellschaft als Eigentümerunternehmen einen Beherrschungsvertrag darstelle.[750] Andere ordnen den Unternehmensführungsvertrag als atypischen Beherrschungsvertrag ein, wenn dieser mit anderen Unternehmensverträgen kombiniert wird. So wird davon ausgegangen, dass bei dem Vorliegen eines Gewinnabführungsvertrags und eines Unternehmensführungsvertrags der Unternehmensführungsvertrag als atypischer Beherrschungsvertrag einzuordnen sei, da in diesem Fall das Eigentümerunternehmen gar kein eigenes Interesse mehr an der eigenen Unternehmung habe.[751] Unerheblich sei dabei der Aspekt der Einräumung eines Weisungsrechts.[752] Auch bei einem Unternehmensführungsvertrag, der im Anschluss an einen Beherrschungsvertrag abgeschlossen wird, wird davon ausgegangen, dass in diesem Fall ein atypischer Beherrschungsvertrag vorliegt.[753] Dies wird damit begründet, dass der Unternehmensführer, der gleichzeitig auch das herrschende Unternehmen darstellt, seinen Einfluss ausbaue, indem er nunmehr nicht mehr das Unternehmen durch Ausübung des Weisungsrechts beherrscht, sondern durch einen direkten Zugriff.[754] Eine weitere Konstellation, bei der ein Teil der Literatur von einem atypischen Beherrschungsvertrag ausgeht, ist die Verbindung eines Unternehmensführungsvertrags mit einem Betriebspachtvertrag.[755] Auch bei

---

748 Vgl. Staudinger/*Bergmann*, BGB, § 687 Rn. 44.

749 Einschränkend auf Kombinationsmodelle *Altmeppen*, MüKo-AktG, § 292 Rn. 158 ff.; Ulmer/*Casper*, GmbHG, Anh. § 77 Rn. 229; *Emmerich*, Emmerich/Habersack Komm-KonzR, § 292 Rn. 60; *Liebscher*, MüKo-GmbHG, Anh. § 13 Rn. 752, 785; Hachenburger/*Ulmer*, GmbHG, Anh. § 77 Rn. 196, 226; krit. *Mülbert*, Großkomm-AktG, § 292 Rn. 160.

750 *Huber*, ZHR 152 (1988), 123, 140 f.

751 *Altmeppen*, MüKo-AktG, § 292 Rn. 165; *Huber*, ZHR 152 (1988), 123, 136 ff.; *Koppensteiner*, KölnKomm-AktG, § 292 Rn. 91; a. A. *Mülbert*, Großkomm-AktG, § 292 Rn. 169.

752 *Altmeppen*, MüKo-AktG, § 292 Rn. 165.

753 Vgl. *Altmeppen*, MüKo-AktG, § 292 Rn. 158 ff.; *Huber*, ZHR 152 (1988), 123, 133 f.; *Priester*, FS Hommelhoff, 875, 887.

754 *Priester*, FS Hommelhoff, 875, 887.

755 *Koppensteiner*, Kölnkomm-AktG, § 292 Rn. 89.

der Abbedingung von Kontroll- und Einflussrechten des Eigentümerunternehmens stellt sich regelmäßig für einen Teil der Literatur die Frage nach dem Vorliegen eines atypischen Beherrschungsvertrags.[756] So wird befürchtet, dass durch den Ausschluss von Einflussrechten des Eigentümerunternehmens dieses gar keine Einflussmöglichkeiten mehr habe und letztlich im Interesse des Unternehmensführers geführt werde.[757] Wenn nun eine der oben genannten problematischen Konstellationen vorliegt, wird teilweise nur von einer Vermutung für das Vorliegen eines atypischen Beherrschungsvertrags ausgegangen.[758] Andere gehen jedoch fest von dem Vorliegen eines atypischen Beherrschungsvertrags aus.[759]

C) Abgrenzung nach der Fremdinteressenwahrnehmung

Es ist nicht überzeugend, den Unternehmensführungsvertrag pauschal nach der Ausgestaltung der Einfluss- und Kontrollrechte als atypischen Beherrschungsvertrag einzuordnen. Nach hier vertretener Auffassung steht die Ausgestaltung der Kontroll- und Einflussrechte des Eigentümerunternehmens in einem Zusammenhang mit der gesellschaftsrechtlichen Zulässigkeit von Unternehmensführungsverträgen. Davon zu trennen ist die Abgrenzung des atypischen Beherrschungsvertrags von einem Unternehmensführungsvertrag. Kennzeichnend für einen Beherrschungsvertrag ist die Legalisierung der Einflussnahme des herrschenden Unternehmens auf das beherrschte Unternehmen. So kann gem. § 308 Abs. 1 AktG das herrschende Unternehmen Einfluss auf die Aktiengesellschaft nehmen und auch für diese nachteilige Weisungen erteilen, wenn dies dem eigenen oder dem Interesse eines konzernverbundenen Unternehmens dient. Diese Interessenlage steht der Interessenlage bei einem Unternehmensführungsvertrag diametral gegenüber. Im Rahmen eines Unternehmensführungsvertrags führt der Unternehmensführer treuhänderisch das Unternehmen für das Eigentümerunternehmen. Entscheidendes Merkmal der Abgrenzung eines atypischen Beherrschungsvertrags zu einem Unternehmensführungsvertrag muss also die Fremdinteressenwahrnehmung sein. Die Frage, ob ein Unternehmensführungsvertrag oder ein atypischer Beherrschungsvertrag vorliegt, ist also unter Berücksichtigung der konkreten Umstände des Einzelfalls zu entscheiden.

756 Vgl. *Altmeppen*, MüKo-AktG, § 292 Rn. 153; *Emmerich*, Emmerich/Habersack Komm-KonzR, § 292 Rn. 60; *Koch*, Hüffer AktG, § 292 Rn. 24; *Koppensteiner*, Köln-Komm-AktG, § 291 Rn. 24; *Liebscher*, MüKo-GmbHG, Anh. § 13 Rn. 704; *Mülbert*, Großkomm-AktG, § 292 Rn. 161; *Priester*, FS Hommelhoff, 875, 880, 887; *Zöllner*, ZfA 1983, 93, 101.

757 *Altmeppen*, MüKo-AktG, § 292 Rn. 153, 156.

758 *Koch*, Hüffer AktG, § 292 Rn. 24.

759 *Altmeppen*, MüKo-AktG, § 292 Rn. 153; *Huber*, ZHR 152 (1988), 123, 136, 140.

Ähnlich wird dies auch von Seiten der Literatur gesehen.[760] So wird die pauschale Einordnung eines Unternehmensführungsvertrags als Beherrschungsvertrag im Rahmen von konzerninternen Sachverhalten kritisiert.[761] Es widerspricht der Wertung des § 302 Abs. 2 AktG, wenn ein Unternehmensführungsvertrag im Rahmen eines Abhängigkeitsverhältnisses stets als Beherrschungsvertrag eingeordnet wird.[762] Aus der Existenz des § 302 Abs. 2 AktG zeigt sich vielmehr, dass der Gesetzgeber davon ausgegangen ist, dass der Aspekt eines bestehenden Abhängigkeitsverhältnisses nicht zu vermischen ist mit der Frage, ob im Rahmen von Abhängigkeitsverhältnissen ausgewogene schuldrechtliche Verträge wie die Verträge des § 292 AktG, noch geschlossen werden können. Die Konfliktlage, dass ein herrschendes Unternehmen sein Einflusspotential ausnutzt, um Einfluss- und Kontrollrechte abzubedingen oder die Leitungsebene der Gesellschaften personenidentisch zu besetzen, löst der Gesetzgeber nicht primär mit den §§ 291 ff. AktG, sondern durch die §§ 311 ff. AktG und durch die allgemeinen Grundsätze.[763] Entscheidend sind also allein die konkrete vertragliche Ausgestaltung und die daraus resultierende Rollenverteilung unter dem Kriterium der Fremdinteressenwahrnehmung.[764]

Zuzugeben ist jedoch, dass bei der starken Einschränkung der Einfluss- und Kontrollrechte, bei der Kopplung eines Unternehmensführungsvertrags mit anderen Unternehmensverträgen oder bei dem Abschluss eines Unternehmensführungsvertrags im Rahmen eines sonstigen Abhängigkeitsverhältnisses Indizien für das Vorliegen eines atypischen Beherrschungsvertrags sprechen.[765] Diese Indizien genügen jedoch nicht, um eine Vermutungswirkung für einen atypischen Beherrschungsvertrag zu begründen oder sogar stets von einem atypischen Beherrschungsvertrag auszugehen.

§ 6. Fehlerhafter Unternehmensführungsvertrag

Die Fehlerhaftigkeit eines Unternehmensführungsvertrags kann sich aus verschiedenen Gesichtspunkten ergeben. So wurde bereits angesprochen, dass insbesondere der einflussfreie Unternehmensführungsvertrag bei der AG und der SE als

---

760 Vgl. *Köhn*, Der Konzern 2011, 530, 536; *Martinek*, Moderne Vertragstypen II, 304 f.; *Priester*, FS Hommelhoff, 875, 886.

761 Ulmer/*Casper*, GmbHG, Anh. § 77 Rn. 187; *Koppensteiner*, KölnKomm-AktG, § 291 Rn. 40, *Krieger*, MüHdbGes IV, § 72 Rn. 54; *Martinek*, Vertragstypen II, 304 f.; *Mülbert*, Großkomm-AktG, § 292 Rn. 160; *Veil*, Unternehmensverträge, 50.

762 So auch *Altmeppen*, allerdings nur im Bezug auf den isolierten Unternehmensführungsvertrag mit einer abhängigen Gesellschaft, *Altmeppen*, MüKo-AktG, § 292 Rn. 167; *Krieger*, MüHdbGes IV, § 72 Rn. 54; *Mülbert*, Großkomm-AktG, § 292 Rn. 160; *Veil*, Unternehmensverträge, 50; *Winter/Theisen*, AG 2011, 662, 668.

763 *Mülbert*, Großkomm-AktG, § 292 Rn. 160.

764 Ähnlich *Abels*, Managementverträge, 21; *Mülbert*, Großkomm-AktG, § 292 Rn. 160; a. A. *Koppensteiner*, KölnKomm-AktG, § 291 Rn. 38.

765 Ähnlich Ulmer/*Casper*, GmbHG, Anh. § 77 Rn. 207.

Eigentümerunternehmen stets unzulässig ist, während es bei der GmbH und der OHG als Eigentümerunternehmen auf die Umstände des Einzelfalls ankommt. Für alle Gesellschaftsformen ist die vertragliche Vereinbarung zur Erteilung einer organverdrängenden Generalvollmacht unzulässig.[766] Dies hat zunächst zur Folge, dass die einzelnen problematischen Klauseln gem. § 138 BGB nichtig sind. Nach § 139 BGB besteht dann die Vermutung der Gesamtnichtigkeit.[767] Der problematische Unternehmensführungsvertrag bleibt trotz nichtiger Bestandteile erhalten, wenn die Parteien die Regelung des § 139 BGB durch eine salvatorische Klausel abbedungen haben oder der hypothetische Parteiwille für den Erhalt des Vertrags spricht. In diesem Fall werden dann zur Lückenfüllung eventuell bestehende gesetzliche Regelungen herangezogen bzw. die Lücke gegebenenfalls durch ergänzende Vertragsauslegung geschlossen.[768] Der Unternehmensführungsvertrag ist als Geschäftsbesorgungsvertrag mit Dienstleistungscharakter einzuordnen. Dies hat zur Folge, dass beispielsweise bei einem einflussfreien Unternehmensführungsvertrag, bei dem der hypothetische Parteiwille für die Aufrechterhaltung des Vertrages spricht, nach der gesetzlichen Konzeption des § 675 BGB mit seinem Verweis in das Auftragsrecht der Unternehmensführungsvertrag weisungsgebunden ist.

Eine von § 139 BGB abweichende Regelung enthält § 292 Abs. 3 AktG. Dieser ist auf den Unternehmensführungsvertrag mit einer Aktiengesellschaft, einer SE oder einer GmbH analog anzuwenden.[769] Gleiches gilt auch für die deutschrechtliche SE. Demnach führt eine unangemessene Vergütungsform zugunsten eines Aktionärs, die sich als Verstoß gegen die Kapitalerhaltungsgrundsätze kristallisiert, dazu, dass der Unternehmensführungsvertrag nicht nichtig ist, sondern stattdessen wird ein angemessenes Vergütungssystem hergestellt und der betreffende Hauptversammlungsbeschluss ist anfechtbar.[770] Sofern die durch die unangemessene Gegenleistung begünstigte Partei kein Aktionär ist, kommen neben den Grundsätzen des Missbrauchs der Vertretungsmacht nur Schadensersatzansprüche in Betracht.[771]

Wenn nicht die spezielle Fehlerkonstellation des § 292 Abs. 3 AktG vorliegt und mit der Vermutungswirkung des § 139 BGB von einer Gesamtnichtigkeit des Unternehmensführungsvertrags auszugehen ist, stellt sich das Problem, wie mit einem solchen Unternehmensführungsvertrag zu verfahren ist. Dieses Problem stellt sich auch, wenn der Unternehmensführungsvertrag gar nicht erst wirksam zustande gekommen ist, weil etwa ein auch für das Außenverhältnis relevanter Zustimmungsbeschluss der Hauptversammlung oder der Gesellschafterversammlung

766 Hierzu 2. Kapitel § 5.

767 Eine Beurteilung nach Maßgabe des Einzelfalls schlägt auch *Huber*, ZHR 152 (1988), 1, 28 vor.

768 Vgl. *Busche*, MüKo-BGB, § 139 Rn. 34.

769 Vgl. *Altmeppen*, MüKo-AktG, § 292 Rn. 174; analog im Bezug auf die Betriebspacht mit einer GmbH als Verpächterin vgl. *Dörmer*, Unternehmenspacht, 143; *Koppensteiner*, KölnKomm-AktG, § 292 Rn. 92; *Krieger*, MüHdbGes IV, § 72 Rn. 56.

770 Vgl. *Altmeppen*, MüKo-AktG, § 292 Rn. 36, 174.

771 *Altmeppen*, MüKo-AktG, § 292 Rn. 174.

erforderlich war oder der Unternehmensführungsvertrag nicht im Handelsregister publiziert wurde.

Nach überwiegender Ansicht ist es bei einer fehlenden Zustimmung möglich, den fehlerhaften Unternehmensvertrag nachträglich zu genehmigen.[772] Dem Informationsanspruch der Gesellschafter oder der Aktionäre ist dann durch die Vorlage des schriftlichen Vertrags bei der Beschlussfassung Rechnung zu tragen.[773] Ebenso ist dann gegebenenfalls das Verfahren der §§ 293a ff. AktG einzuhalten.

A) Rechtliche Behandlung von unwirksamen, aber faktisch durchgeführten Unternehmensführungsverträgen

Bei der Rückabwicklung bzw. Behandlung eines durchgeführten unwirksamen Unternehmensführungsvertrags ergeben sich zwei mögliche Spielarten. Zum einen besteht die Möglichkeit, das Vertragsverhältnis nach den allgemeinen Regeln des Zivilrechts bereicherungsrechtlich zu behandeln bzw. rückabzuwickeln. Eine andere Möglichkeit ist es, die Grundsätze über die fehlerhafte Gesellschaft anzuwenden. In diesem Fall ist der Vertrag als wirksam zu betrachten und kann nur ex nunc gekündigt werden.[774] Für die Übertragung der Grundsätze über die fehlerhafte Gesellschaft sprechen die allgemeinen Erwägungen, dass ein Unternehmensvertrag über längere Zeiten durchgeführt worden sein kann, sich Schwierigkeiten bei der Rückabwicklung stellen können und der Umstand, dass möglicherweise durch den Unternehmensführungsvertrag in die Struktur der Gesellschaft eingegriffen wurde.[775]

I. Anwendung der Grundsätze über die fehlerhafte Gesellschaft

Die Anwendung der Grundsätze über die fehlerhafte Gesellschaft wird zum Teil für den Unternehmensführungsvertrag zutreffend abgelehnt.[776] So wird darauf hingewiesen, dass anders als bei den in § 291 AktG genannten Verträgen, diese nicht einem Fusionstatbestand ähnlich sind und deshalb auch kein neuer Verband ins Leben gerufen wird.[777] Der Umstand, dass es zu Schwierigkeiten bei der Rückabwicklung kommen kann, dürfe nicht dazu führen, die Rechtsfigur der fehlerhaften Gesellschaft

---

772 RegBegr. bei *Kropff*, AktG, 383; *Altmeppen*, MüKo-AktG, § 293 Rn. 34; *Dörmer*, Unternehmenspacht, 130; *Emmerich*, Emmerich/Habersack Komm-KonzR, § 293 Rn. 25; *Koch*, Hüffer AktG, § 293 Rn. 4; Spindler/Stilz/*Veil*, AktG, § 293 Rn. 16.

773 BGH, Urt. v. 16.11.1981 – II ZR 150/80, NJW 1982, 933, 935; *Emmerich*, Emmerich/Habersack Komm-KonzR, § 293 Rn. 25; *Koch*, Hüffer AktG, § 293 Rn. 4; Spindler/Stilz/*Veil*, § 293 Rn. 16.

774 *Liebscher*, MüKo-GmbHG, Anh. § 13 Rn. 717.

775 *Liebscher*, MüKo-GmbHG, Anh. § 13 Rn. 708.

776 *Altmeppen*, MüKo-AktG, § 292 Rn. 176; mit Bezug auf die Betriebspacht vom Ansatz her auch *Dörmer*, Unternehmenspacht, 144 f. *Veelken*, Betriebsführungsvertrag, 231.

777 *Altmeppen*, MüKo-AktG, § 292 Rn. 40, 176.

extensiv anzuwenden, da die Rückabwicklung von in Vollzug gesetzten Dauerschuldverhältnissen immer mit Schwierigkeiten verbunden ist.[778] Eine extensive Anwendung der Lehre von der fehlerhaften Gesellschaft begegnet auch systematischen Bedenken.[779] So begründet sich die Lehre von der fehlerhaften Gesellschaft damit, dass auch bei einem nichtigen Gesellschaftsvertrag ein rechtsgeschäftliches Konstrukt in den Rechtsverkehr gelangt, das nicht ohne Weiteres geleugnet werden kann. Bei einem Unternehmensführungsvertrag ist dies nicht der Fall. Zwar kann ein solcher Vertragstypus unter Umständen in die Organisationsverfassung der Eigentümergesellschaft eingreifen. Es handelt sich allerdings bei diesem Vertragstypus um einen primär schuldrechtlichen Vertrag. Mit dem Abschluss eines solchen Vertrags wird also keine Körperschaft geschaffen, sondern es geht um eine schlichte Dienstleistung. Zusätzlich findet die Lehre von der fehlerhaften Gesellschaft dort keine Anwendung, wo schwerwiegende Interessen der Allgemeinheit oder sonstige schutzbedürftige Personen dieser entgegenstehen.[780] Zumindest für die Fälle des einflussfreien und des einflussgeminderten Unternehmensführungsvertrag liegt ein Eingriff in die Organisationsverfassung vor. Wenn dieser nicht hinreichend legitimiert ist, ist eine schwerwiegende Verletzung der Interessen der an der Gesellschaft beteiligten Gesellschafter bzw. Aktionäre gegeben. Die Anwendung der Lehre von der fehlerhaften Gesellschaft würde dazu führen, dass dieser Verstoß gegen die Organisationsverfassung der Gesellschaft nicht hinreichend sanktioniert wird.[781] Drittinteressen sind nicht in gleich starker Form, wie es bei einer fehlerhaften Gesellschaft der Fall ist, beeinträchtigt. Dieses resultiert schon daraus, dass das Eigentümerunternehmen ein haftendes Rechtssubjekt darstellt, das auch im Rahmen eines nichtigen Unternehmensführungsvertrags aufgrund einer wirksamen Vollmacht oder aufgrund des Rechtsscheins einer Vertretungsmacht haftet. Aus der parallelen Begründung heraus verbietet sich auch die von *Veelken* kurz erörterte und im Ergebnis abgelehnte pauschale Möglichkeit einer doppelt analogen Anwendung des § 293 Abs. 3 AktG auf einen nichtigen Unternehmensführungsvertrag.[782] Selbst wenn man eine Anwendung der Lehre von der fehlerhaften Gesellschaft – wie für die Unternehmensverträge des § 291 AktG – befürworten würde, kommt diese dann nicht in Betracht, wenn die Unwirksamkeit des Unternehmensvertrags sich

778 *Altmeppen*, MüKo-AktG, § 292 Rn. 41, 130; allgemein zu den sonstigen Unternehmensverträgen, *Führling*, Unternehmensverträge, 321 f.; ebenso Michalski/*Servatius*, GmbHG, System Darst. 4 Rn. 364; so auch die Argumentation bei *K. Schmidt* im Bezug auf fehlerhafte schuldrechtliche Innengesellschaften, *K. Schmidt*, Gesellschaftsrecht, 146.

779 *Altmeppen*, MüKo-AktG, § 292 Rn. 130.

780 BGH, Urt. v. 24.10.1951 – II ZR 18/51, Z 3, 285, 288.

781 *Veelken*, Betriebsführungsvertrag, 231.

782 Hierzu *Veelken*, Betriebsführungsvertrag, 230.

daraus ergibt, dass die Zustimmung der Hauptversammlung bzw. der Gesellschafterversammlung fehlt.[783]

II. Anwendung allgemeiner zivilrechtlicher Regelungen

Bei einem nichtigen Unternehmensführungsvertrag kommt zunächst die Anwendung der Vorschriften über die Geschäftsführung ohne Auftrag in Betracht. In der Tat führt der Unternehmensführer ein fremdes Geschäft, wenn er die Leitung über das Unternehmen oder über Unternehmensteile übernimmt und diese im fremden Interesse, also auch mit Fremdgeschäftsführungswillen, leitet. Entscheidend für die weitere Einordnung und die daraus resultierenden Rechtsfolgen ist dann, ob der Unternehmensführer im wirklichen oder im mutmaßlichen Willen des Eigentümerunternehmens gehandelt hat. Bei juristischen Personen und rechtsfähigen Personenvereinigungen ist der Wille der zuständigen Vertretungsorgane maßgeblich.[784] Man wird jedoch sagen können, dass der wirkliche Wille zur Geschäftsführung durch den Unternehmensführer sittenwidrig und somit unbeachtlich ist, wenn der Unternehmensführungsvertrag unwirksam ist, weil entweder die zur Legitimation erforderliche Zustimmung der Hauptversammlung bzw. der Gesellschafterversammlung nicht eingeholt wurde oder mit dem Unternehmensführungsvertrag in generell unzulässiger Weise gegen die Organisations- oder Finanzverfassung der Gesellschaft verstoßen wird.[785] Eine andere Auffassung würde dazu führen, dass faktisch der Wille der Gesellschaftersammlung bzw. der Hauptversammlung umgangen werden würde oder ein unzulässiger Unternehmensführungsvertrag ohne größere Konsequenzen faktisch durchgeführt wird.

Dementsprechend ist der mutmaßliche Wille entscheidend. Aus dem Vorliegen des objektiven Interesses an der Geschäftsführung kann der mutmaßliche Wille widerleglich vermutet werden.[786] Zwar mag es objektiv für die Gesellschaft nützlich sein, wenn ein Dritter die Unternehmung führt. Allerdings ist es nicht im Interesse der Gesellschaft, wenn durch die Geschäftsführung gegen die eigene Organisationsverfassung bzw. für die Aktiengesellschaft und die SE auch gegen zwingendes Recht (§ 76 Abs. 1 AktG, § 23 Abs. 5 AktG, Art. 39 Abs. 1 SE-VO bzw. Art. 43 Abs. 1 SE-VO) verstoßen wird. Aus diesem Grund ist bei einem nichtigen bzw. unwirksam zustande gekommenen Unternehmensführungsvertrag von einer unberechtigten Geschäftsführung ohne Auftrag auszugehen.

Dies hat zur Folge, dass § 684 S. 1 BGB Anwendung findet, wobei sich dann die Frage stellt, was als das Erlangte im Sinne des § 684 S. 1 bzw. was als der Kondiktionsgegenstand anzusehen ist. Eine nahe liegende Lösung würde darin liegen, jede Geschäftsführungshandlung des Unternehmensführers einzeln zu betrachten.

783 *Altmeppen*, MüKo-AktG, § 291 Rn. 202 ff.; *Liebscher*, MüKo-AktG, Anh. § 13 Rn. 696.

784 Staudinger/*Bergmann*, BGB, § 683 Rn. 25.

785 So auch *Veelken*, Betriebsführungsvertrag, 234 f.

786 Staudinger/*Bergmann*, BGB, § 683 Rn. 31.

Allerdings stößt dieses zu Recht auf die von *Veelken* geäußerten Bedenken, dass die Einzelbetrachtung jeder Geschäftsführungsmaßnahme und die Abführung der daraus erlangten Vorteile kaum praktisch handhabbar wären.[787] Als Lösung schlägt er eine Globalbetrachtung vor.[788] Der von dem Eigentümerunternehmen erlangte Vorteil liegt in der Leistung der Unternehmensführung durch den Unternehmensführer. Die einzelnen Teilaspekte, aus denen sich die Globalleistung der Unternehmensführung zusammensetzt, verbleiben bei dem Eigentümerunternehmen. Dies begründet sich damit, dass die Unwirksamkeit des Vertrags aufgrund des Eingriffs in die Organisationsstruktur oder Finanzverfassung ohne entsprechende Legitimation sich aus dem Schutz der Gesellschaft, der Gesellschafter bzw. der Aktionäre und der Gläubiger ergibt und es widersinnig wäre, wenn die schützenswerte Gesellschaft des Eigentümerunternehmens bei einem durchgeführten unwirksamen Unternehmensführungsvertrag alle Vorteile der Geschäftsführung herausgeben müsste.[789]

Da das Eigentümerunternehmen die Geschäftsführung in natura nicht herausgeben kann, muss es nach § 818 Abs. 2 BGB Wertersatz leisten. Dieser Wertersatz muss dann der Höhe nach einem angemessenen Entgelt für die Unternehmensführung entsprechen. Bei dem Umfang und somit auch bei der Höhe des Werteersatzes hebt *Veelken* einen Aspekt hervor. Nach ihm dürfe der Unternehmensführer jedenfalls für solche Dienstleistungen, die in den Zuständigkeitsbereich des faktisch substituierten Leitungsorgans fallen, nicht vergütet werden.[790] Dogmatisch begründet er seine Ansicht mit dem § 817 S. 2 BGB und der Argumentation, dass hier der Unternehmensführer durch den Eingriff in den Kompetenzbereich des Vorstands gegen ein gesetzliches Verbot verstoßen habe bzw. die Leistung sich als sittenwidrig darstelle.[791] Mit dieser dogmatischen Verankerung geht er davon aus, dass es sich bei dem § 684 BGB um eine Rechtsgrundverweisung handelt und nicht um eine Rechtsfolgenverweisung.[792] Der Streit um die dogmatische Einordnung des § 684 BGB und der damit verbundenen Frage, ob § 817 S. 2 BGB anwendbar ist, kann jedoch dahin stehen, da selbst die Vertreter, die eine Rechtsfolgenverweisung befürworten, den Anspruch aus § 684 BGB für ausgeschlossen halten, wenn die Geschäftsführung ein Mittel zur Begehung einer unerlaubten Handlung war.[793] Der von *Veelken* begründete Ansatz lässt sich auch für die hier vertretene Arbeit übernehmen. Allerdings wurde im Zuge dieser Arbeit das Weisungsrecht als maßgebliches Kriterium herangezogen. Der weisungsgebundene Unternehmensführungsvertrag ist im Hinblick auf die Organisationsverfassung unproblematisch. Aus diesem Grund muss die Höhe des Wertersatzes sich auch an diesem zulässigen

787 *Veelken*, Betriebsführungsvertrag, 238.
788 *Veelken*, Betriebsführungsvertrag, 238.
789 *Veelken*, Betriebsführungsvertrag, 238.
790 *Veelken*, Betriebsführungsvertrag, 238.
791 Vgl. *Veelken*, Betriebsführungsvertrag, 229, 238.
792 Zu dem Streit Staudinger/*Bergmann*, BGB, § 684 Rn. 5; *Seiler*, MüKo-BGB, § 684 Rn. 4.
793 Staudinger/*Bergmann*, BGB, § 684 Rn. 5.

Vertragstypus orientieren – auch wenn der Unternehmensführer tatsächlich unberechtigterweise in einem höheren Maße selbstständig und mit einer höheren Verantwortung tätig war.

III. Die Behandlung der Vollmacht

Sofern eine Vollmacht neben dem unwirksamen Unternehmensführungsvertrag erteilt wurde, bleibt diese grundsätzlich weiterhin wirksam.[794] Dies ergibt sich schon daraus, dass die Vollmacht von dem zugrunde liegenden Unternehmensführungsvertrag abstrakt ist. Eine organersetzende Generalvollmacht lässt sich nach § 140 BGB in eine qualifizierte Generalhandlungsvollmacht umdeuten. Der grundsätzliche Erhalt der Vollmacht entspricht auch dem Interesse Dritter, die auf das Bestehen der Vollmacht vertrauen.[795]

B) Haftungsfragen im Fall eines unwirksamen Unternehmensführungsvertrags

Mit dem Abschluss eines generell unzulässigen Unternehmensführungsvertrags verstößt das zuständige Leitungsorgan gegen seine Sorgfaltspflichten. Ebenso verstößt das Leitungsorgan gegen die Sorgfaltspflichten, wenn die erforderliche Zustimmung der Hauptversammlung oder Gesellschafterversammlung nicht eingeholt wurde und auch nachträglich keine Genehmigung erfolgt ist oder die sonstigen Wirksamkeitserfordernisse nicht eingehalten wurden. Für die Vorstandsmitglieder einer Aktiengesellschaft ergibt sich dann die Haftung aus § 93 Abs. 2 S. 1 AktG. Für die Mitglieder des Aufsichtsrats ergibt sich bei einer Aktiengesellschaft die Haftung aus §§ 93 Abs. 2 S. 1, 116 AktG, wenn sie bei dem Abschluss eines unzulässigen Unternehmensführungsvertrags mitwirken oder diesen schuldhaft nicht verhindern. Für die dualistische deutschrechtliche SE finden die §§ 93 und 116 AktG nach Art. 51 SE-VO Anwendung, während für die monistisch organisierte deutschrechtliche SE sich die Haftung über Art. 42 Abs. 4 SE-VO in Verbindung mit § 39 SEAG und § 40 Abs. 8 SEAG ergibt. Für den Geschäftsführer einer GmbH ergibt sich die Haftung aus § 43 Abs. 2 GmbHG. Die geschäftsführenden Gesellschafter einer Personenhandelsgesellschaft haften mangels spezieller Regelung nach den allgemeinen Grundsätzen auf Schadensersatz.[796] Da schon die Durchführung des unwirksamen Unternehmensführungsvertrags eine Pflichtverletzung des Leitungs- bzw. des Aufsichtsorgans darstellt, haften diese bei dem Vorliegen eines entsprechenden Verschuldens für jeden Schaden, der durch die Unternehmensführung entsteht.[797]

Bei der Haftung des Unternehmensführers kommt zunächst eine Haftung nach § 678 BGB in Betracht, da zuvor von einer unberechtigten Geschäftsführung ohne

794 Ebenso *Veelken*, Betriebsführungsvertrag, 233.
795 *Veelken*, Betriebsführungsvertrag, 233.
796 E/B/J/S/*Drescher*, HGB, § 114 Rn. 34.
797 *Veelken*, Betriebsführungsvertrag, 234.

Auftrag ausgegangen wurde. In diesem Fall würde der Unternehmensführer, wenn er erkennen konnte, dass die Geschäftsführung gegen den wirklichen oder mutmaßlichen Willen des Geschäftsherrn verstößt, für alle aus der Geschäftsführung resultierenden Schäden verschuldensunabhängig haften. Wie bereits erörtert, ist der wirkliche Wille der Gesellschaft bei einem unwirksamen Unternehmensführungsvertrag regelmäßig sittenwidrig und damit unbeachtlich.[798] Dementsprechend kommt es auf den mutmaßlichen Willen an. Bei der Bestimmung des mutmaßlichen Willens wird wieder das objektive Interesse herangezogen und hieraus eine Vermutungswirkung abgeleitet. Es ist nicht im objektiven Interesse der Gesellschaft, eine Geschäftsführungsmaßnahme faktisch durchzuführen, die gegen die eigene Organisations- bzw. Finanzverfassung verstößt. Aus diesem Grund ist auch hier davon auszugehen, dass die Geschäftsführung nicht im mutmaßlichen Willen der Gesellschaft ist.

Anders sieht dies jedoch *Veelken*. Nach diesem bedeutet die Unbeachtlichkeit des wirklichen Willens nicht zwangsläufig, dass die Geschäftsführungsmaßnahme nicht im mutmaßlichen Willen des Eigentümerunternehmens ist.[799] Später geht er ohne nähere Begründung davon aus, dass eine unberechtigte Geschäftsführung ohne Auftrag vorliege.[800] Damit begibt er sich in einen inneren Widerspruch, indem er einerseits im Rahmen der Prüfung des § 678 BGB davon ausgeht, dass die Geschäftsführungsmaßnahme mit dem mutmaßlichen Willen des Eigentümerunternehmens durchgeführt wird und im Rahmen der Prüfung des § 684 BGB das Vorliegen der Voraussetzungen des § 683 BGB verneint und damit auch impliziert, dass die Geschäftsführung nicht im mutmaßlichen Willen des Eigentümerunternehmens ist. Die Vermutungswirkung des objektiven Interesses für den mutmaßlichen Willen spricht er nicht an. Stattdessen weist er darauf hin, dass das objektive Interesse im Rahmen des § 678 BGB unbeachtlich ist.[801]

Allerdings ist das Verhältnis zwischen dem objektiven Interesse und dem wirklichen und mutmaßlichen Willen im Rahmen des § 678 BGB nicht anders als bei den §§ 683 BGB und 684 BGB. Auch im Rahmen des § 683 BGB ergibt sich, dass der wirkliche oder mutmaßliche Wille immer vorgeht und das objektive Interesse somit nur eine Vermutungswirkung für die Bestimmung des mutmaßlichen Willens entfaltet.[802]

Nach einer Gegenauffassung müssen im Rahmen des § 683 BGB immer sowohl das objektive Interesse als auch der wirkliche oder der mutmaßliche Wille vorliegen.[803] Wenn man dieser Ansicht folgen würde, gäbe es in der Tat einen Unterschied zwischen den §§ 683, 684 BGB und § 678 BGB im Bezug auf das Verhältnis

---

798 Vgl. *Veelken*, Betriebsführungsvertrag, 234 f.
799 *Veelken*, Betriebsführungsvertrag, 235.
800 *Veelken*, Betriebsführungsvertrag, 237.
801 *Veelken*, Betriebsführungsvertrag, 235.
802 Vgl. Staudinger/*Bergmann*, BGB, § 683 Rn. 30; Soergel/*Beuthien*, BGB, § 683 Rn. 5; Erman/*Dornis*, BGB, § 683 Rn. 4 ff.; *Fikentscher/Heinemann*, SchuldR, 630, 632.
803 *Larenz*, SchuldR II/1, 444; *Seiler*, MüKo-BGB, § 683 Rn. 13.

zwischen Wille und Interesse, da im Rahmen des § 678 BGB das objektive Interesse unmittelbar im Wortlaut der Norm keine Berücksichtigung findet.[804] Allerdings ist diese Ansicht abzulehnen, da im Falle einer so genannten unvernünftigen Geschäftsführung, wenn zwar der wirkliche oder mutmaßliche Wille gegeben ist, jedoch nicht das objektive Interesse, der mutmaßliche oder wirkliche Wille dem objektiven Interesse vorgeht.[805] Würde der Gegenauffassung gefolgt werden, käme es praktisch zu einer Bevormundung durch den Gesetzgeber, welche im Hinblick auf die subjektiv-rechtliche Prägung der Geschäftsführung ohne Auftrag nicht bezweckt ist. Ebenso stellt sich nach zutreffend vertretener Ansicht die parallele Nennung des Interesses und des wirklichen bzw. des mutmaßlichen Willens als Redaktionsversehen dar.[806] So bleibt es dabei, dass im Rahmen der §§ 683, 684 BGB das objektive Interesse nur eine untergeordnete Rolle spielt, indem aus diesem das Vorliegen des mutmaßlichen Willens vermutet wird.[807]

Eben gleiches gilt auch für den § 678 BGB, bei dem das objektive Interesse mittelbar relevant ist, indem auch hier eine Vermutung des mutmaßlichen Willens aus dem objektiven Interesse heraus vorgenommen wird.[808]

Wenn sich der Blick wieder auf den unwirksamen Unternehmensführungsvertrag zurück wendet, dann muss also auch für den § 678 BGB mit der Vermutung aus dem objektiven Interesse heraus angenommen werden, dass die Geschäftsführung des Unternehmensführers nicht mit dem mutmaßlichen Willen des Eigentümerunternehmens erfolgt. Eine Geschäftsführung ist eben nicht im objektiven Interesse, wenn mit dieser gegen die eigene Organisationsverfassung oder gegen Gesetze verstoßen wird. Folglich ist eine solche Geschäftsführung auch nicht im mutmaßlichen Willen des Eigentümerunternehmens.

Wenn nun die Geschäftsführung dem Willen des Eigentümerunternehmens widerspricht, dann muss der Unternehmensführer für eine Haftung aus § 678 BGB den entgegenstehenden Willen erkannt haben oder hätte erkennen können. Dieses Übernahmeverschulden wird jedoch vermutet und dementsprechend besteht nur eine Exkulpationsmöglichkeit des Unternehmensführers.[809] Eine Exkulpation scheint ausgeschlossen, wenn der Unternehmensführer zumindest vor der Aufnahme der Geschäftstätigkeit nicht überprüft, ob die wesentlichen Wirksamkeitsvoraussetzungen für den Unternehmensführungsvertrag eingehalten wurden. Der Unternehmensführer haftet also grundsätzlich bei einem unwirksamen, aber durchgeführten Unternehmensführungsvertrag verschuldensunabhängig für Schäden bei

804 Staudinger/*Bergmann*, BGB, § 678 Rn. 10; *Seiler*, MüKo-BGB, § 678 Rn. 5.
805 Vgl. OLG Karlsruhe, Urt. v. 03.07.1980 – 12 U 121/87, VersR 1981, 774, 775; Staudinger/*Bergmann*, BGB, § 683 Rn. 30.
806 Staudinger/*Bergmann*, BGB, § 683 Rn. 6, 30.
807 Vgl. BGH, Urt. v. 20.04.1967 – VII ZR 326/64, Z 47, 370, 374; BGH, Urt. v.07.03.1989 – XI ZR 125/88, NJW-RR 1989, 970; Staudinger/*Bergmann*, BGB, § 683 Rn. 31; Soergel/*Beuthien*, BGB, § 683 Rn. 4.
808 Vgl. Staudinger/*Bergmann*, BGB, § 678 Rn. 10; *Seiler*, MüKo-BGB, § 678 Rn. 5.
809 Vgl. Staudinger/*Bergmann*, BGB, § 678 Rn. 13; *Seiler*, MüKo-BGB, § 678 Rn. 6, 10.

der Unternehmensführung nach § 678 BGB. Dies stellt zwar ein erhebliches Risiko für den Unternehmensführer dar, ist jedoch auch eine angemessene Kompensation für den faktisch erheblichen Einfluss auf ein Unternehmen ohne ausreichende Legitimation durch die Hauptversammlung bzw. die Gesellschafterversammlung. Neben der Haftung aus § 678 BGB kommt auch eine Haftung aus den §§ 823 ff. BGB für einzelne Geschäftsführungsmaßnahmen in Betracht.[810] Nicht erforderlich ist also, hier eine Haftung des Unternehmensführers und seiner Leitungsorgane bei der Durchführung eines unwirksamen Unternehmensführungsvertrags über § 93 AktG analog zu konstruieren.[811]

Die zuvor besprochene Haftungserleichterung des Unternehmensführers für Schäden bei der Unternehmensführung aus § 254 Abs. 1 BGB analog lässt sich auf die Haftung aus § 678 BGB nicht übertragen.[812] Dies ergibt sich daraus, dass der Anknüpfungspunkt der Haftung keine Pflichtverletzung bei der Unternehmensführung, sondern gerade die Übernahme der Geschäftsführung trotz des entgegenstehenden Willens des Eigentümerunternehmens ist.

---

810 Staudinger/*Bergmann*, BGB, § 678 Rn. 4.
811 a. A. *Veelken*, Betriebsführungsvertrag, 235 f.
812 Zu der Haftungserleichterung siehe 2. Kapitel § 7 A III 2 c.

4. Kapitel: Der Einfluss des Unternehmensführungsvertrags auf bestehende Arbeitsverhältnisse

Im folgenden Kapitel soll es darum gehen, die Auswirkungen des Unternehmensführungsvertrags auf bestehende Arbeitsverhältnisse des Unternehmensführers und des Eigentümerunternehmens zu betrachten. Dabei steht zunächst die individualrechtliche Dimension im Vordergrund. Es stellt sich die Frage, ob sich die vertraglichen Beziehungen der Arbeitnehmer zu dem Unternehmensführer bzw. zu dem Eigentümerunternehmen durch den Abschluss eines Unternehmensführungsvertrags verändern. Schließlich ist auch die Auswirkung des Unternehmensführungsvertrags auf kollektivrechtliche Verhältnisse zu untersuchen. Hierbei geht es zum einen um bestehende tarifvertragliche Bindungen sowie um die betriebliche und unternehmerische Mitbestimmung.

Hierbei ist wieder zu unterscheiden zwischen dem Einfluss auf die Arbeitnehmer des Eigentümerunternehmens bzw. des Unternehmensführers im Falle eines echten und unechten Unternehmensführungsvertrags. Letztere zeichnet sich dadurch aus, dass hier der Unternehmensführer im eigenen Namen handelt und deshalb auch sein Weisungsrecht gegenüber den Arbeitnehmern des Eigentümerunternehmens im eigenen Namen ausübt. Während bei einem echten Unternehmensführungsvertrag der Unternehmensführer nur stellvertretend im fremden Namen handelt.

§ 1. Individualrechtliche Dimension

A) Gespaltener und funktioneller Arbeitgeberbegriff

I. Aufspaltung der Arbeitgeberstellung

Wenn man die individualrechtliche Wirkung auf bestehende Arbeitsverhältnisse durch den Unternehmensführungsvertrag betrachtet, muss zunächst der Arbeitgeberbegriff näher untersucht werden. Der Arbeitgeber ist der Vertragspartner des Arbeitnehmers. Für die Begründung eines Arbeitsverhältnisses setzt das BAG zwingend einen Vertragsschluss voraus.[1] Daran ändert auch die Rechtsfigur des faktischen Arbeitsverhältnisses nichts, da auch diese die Tatbestandsvoraussetzungen eines – wenn auch unwirksamen – Vertrags beinhalten, indem die Parteien

1 BAG, Urt. v. 14.12.1988 – 5 AZR 661/86, juris; BAG, Urt. v. 14.01.1987 – 5 AZR 166/85, NVwZ 1988, 966, 967; BAG, Beschl. v. 16.02.2000 – 5 AZB 71/99, NZA 2000, 385, 387; BAG, Beschl. v. 26.09.2002 – 5 AZB 19/01, NZA 2002, 1412, 1414.

einvernehmlich ein Arbeitsverhältnis in Vollzug gesetzt haben.[2] Arbeitgeber ist deshalb zunächst die Vertragspartei des Arbeitsvertrags. Dies schließt jedoch nicht aus, dass die Person des Arbeitgebers nicht wechseln kann, sei es in Form der Gesamtrechtsnachfolge oder des Betriebsübergangs nach § 613a BGB.

Nun gibt es Konstellationen bei der die Arbeitgeberstellung nicht durch den vertraglich definierten Arbeitgeber in Person ausgeübt wird. Als Beispiel mag hier die Arbeitnehmerüberlassung herangezogen werden. In diesem Fall bleibt der Verleiher vertraglicher Arbeitgeber. Gleichwohl wird der Arbeitgeber in den Betrieb des Entleihers integriert und dieser übt das arbeitsvertragliche Weisungsrecht aus. Den Entleiher treffen dann auch typische Pflichten des Arbeitgebers, wie zum Beispiel die Einhaltung des Arbeitsschutzes gem. § 11 Abs. 6 AÜG für die gewerbsmäßige Arbeitnehmerüberlassung oder in analoger Anwendung für die nichtgewerbsmäßige Arbeitnehmerüberlassung.[3] Ein weiteres Beispiel bildet § 3 JArbSchG, der nicht an die Stellung des Vertragsarbeitgebers anknüpft, sondern an die tatsächliche Beschäftigung.[4] Eine mit § 3 JArbSchG vergleichbare Regelung findet sich in § 7 Abs. 1 SGB IV, indem auch hier auf die Beschäftigung abgestellt wird. In diesem Fall tendiert das BSG jedoch nicht darauf abzustellen, wo der Arbeitnehmer tatsächlich beschäftigt, sondern mit wem der Arbeitnehmer vertraglich verbunden ist.[5] Es zeigt sich also, dass zunächst die Arbeitgeberstellung an den Arbeitsvertrag angeknüpft ist. Je nach dem konkreten Einzelfall kann jedoch ein Dritter wie ein Arbeitgeber zu behandeln sein. Maßgeblich sind dann die vorliegende Fallkonstellation und der jeweilige Zweck der anzuwendenden Norm.[6]

II. Funktionaler Arbeitgeberbegriff

Eine ältere Ansicht versuchte die Arbeitgeberstellung abstrakt zu bestimmen. Dabei verbreitete sich schon früh die Auffassung, dass nicht nur der Vertragspartner Arbeitgeber sein kann, sondern auch Nichtvertragspartner des Arbeitnehmers. Ausgangspunkt dieser Dogmatik waren die Auffassungen von *Hueck* und *Nikisch*, die einen funktionellen Arbeitnehmerbegriff vertraten.[7] Nach diesen ergibt sich der Arbeitgeberbegriff zunächst aus dem Arbeitnehmerbegriff.[8] Arbeitgeber

2 BAG, Urt. v. 14.12.1988 – 5 AZR 661/86, juris; BAG, Urt. v. 14.01.1987 – 5 AZR 166/85; NVwZ 1988, 966, 967; BAG, Beschl. v. 16.02.2000 – 5 AZB 71/99, NZA 2000, 385, 387; *Müller-Glöge*, MüKo-BGB, § 611 Rn. 158.

3 Kollmer/Klindt/*Kothe*, ArbSchG, § 2 Rn. 135 ff.

4 Vgl. ErfK/*Schlachter*, § 3 JArbSchG Rn. 1.

5 BSG, Urt. v. 07.11.1996 – 12 RK79/94, NZA 1997, 677, 678, indem das Gericht neben der Eingliederung in den Betrieb die Zahlung des Arbeitsentgeltes als maßgeblichen Anknüpfungspunkt erachtet; krit. *Seewald*, NZS 2014, 481, 483 ff.

6 Vgl. *Müller-Glöge*, MüKo-BGB, § 611 Rn. 164, auch „Nicht-Arbeitnehmer können arbeitsrechtlichen Grenzen unterliegen".

7 *Fabricius*, Rechtsprobleme, 27.

8 *Hueck*, Hueck/Nipperdey Lehrbuch I, 89; *Nikisch*, Arbeitsrecht I, 142.

sei also derjenige, der die Arbeitskraft des Arbeitnehmers in seinem Interesse verwerten dürfe.[9]

Bei dieser Feststellung bleiben *Nikisch* und *Hueck* jedoch nicht stehen. Sie konstatieren, dass das Arbeitsverhältnis ein Bündel von Funktionen zur Folge habe, die sich auf mehrere Personen verteilen können.[10] Dies ergebe sich aus der Verknüpfung von vermögensrechtlichen Beziehungen mit persönlichen Bindungen.[11] In diesem Sinne könne zwar zu einer juristischen Person eine vermögensrechtliche Bindung bestehen, allerdings sei diese juristische Person nicht in der Lage, die aus der persönlichen Bindung bestehenden Pflichten und Rechte auszuüben.[12] Dabei gehen sie davon aus, dass den Vorstandsmitgliedern einer juristischen Person eine Arbeitgeberstellung zukommt, da die besondere Abhängigkeitsbeziehung immer nur zu einer natürlichen Person bestehen könne.[13] Die damit aufkommende Frage, ob andere Arbeitnehmer innerhalb der juristischen Person als Arbeitgeber zu sehen sind, beantworten *Hueck* und *Nikisch* mit der Abgrenzung nach der obersten Befehlsgewalt. Nur die Personen, die eine oberste Befehlsgewalt innehaben, sind als Arbeitgeber zu qualifizieren.[14] *Hueck* und *Nikisch* knüpfen damit an die Vorstellung von *Otto von Gierke* an, nach dem das Arbeitsverhältnis dadurch gekennzeichnet sei, dass die Person des Arbeitnehmers als solche ergriffen und eingebunden wird.[15] Dieser funktionelle Arbeitgeberbegriff findet sich auch noch heute wieder.[16]

Da die Dogmatik von *Hueck* und *Nikisch* an die Dogmatik von *Otto von Gierke* zum personellen Element und an die Eingliederungstheorie anknüpft, ist sie aus rechtsstaatlichen Gesichtspunkten abzulehnen.[17] Ebenso ist die vom Gesetzgeber vorgesehene Existenz der juristischen Person nicht mit dem Ansatz vereinbar,

---

9 *Nikisch*, Arbeitsrecht I, 142.

10 *Hueck*, Hueck/Nipperdey Lehrbuch I, 89; *Nikisch*, Arbeitsrecht I, 144 f.

11 Vgl. *Hueck*, Hueck/Nipperdey Lehrbuch I, 89; *Nikisch*, Arbeitsrecht I, 145.

12 *Nikisch*, Arbeitsrecht I, 145.

13 *Hueck*, Hueck/Nipperdey Lehrbuch I, 89 f.: *Nikisch*, Arbeitsrecht I, 145.

14 *Hueck*, Hueck/Nipperdey Lehrbuch I, 89; *Nikisch*, Arbeitsrecht I, 145; im Anschluss auch *Rüthers*, BB 1977, 605, 608.

15 Vgl. zur Entwicklung des personellen Elements 1. Kapitel § 5 B I 1 a aa; hierzu auch *Fabricius*, Rechtsprobleme, 29; besonders kennzeichnend hierzu *Nikisch*, Arbeitsrecht I, 31 f., 599.

16 So in § 3 JarbSchG, dessen Tatbestandsmerkmal über einen vertraglichen Arbeitgeberbegriff hinausgehe und einen funktionellen Arbeitgeberbegriff zugrunde legt, ErfK/*Schlachter*, § 3 JArBSchG Rn. 1.

17 Vgl. hierzu 1. Kapitel § 5 B I 1 aa; *Fabricius*, Rechtsprobleme, 32; *Rüthers*, BB 1977, 605, 609, der sich gegen die Eingliederungstheorie stellt, obwohl er den funktionellen Arbeitgeberbegriff von *Hueck* und *Nikisch* nicht ablehnt; besonders deutlich erkennbar ist die Eingliederungstheorie und die Anknüpfung am Verständnis von *Otto von Gierke* bei *Nikisch*, Arbeitsrecht I, 31 f.

dass nur natürliche Personen Arbeitgeber sein können.[18] Juristische Personen sind Träger von Rechten und Pflichten. Gleichzeitig können sie nicht selbst, sondern nur durch ihre Organe handeln. Es ist damit nicht ersichtlich, mit welcher Rechtfertigung Arbeitsverhältnisse anders behandelt werden sollten als andere Schuldverhältnisse. Die Organwalter sind deshalb nicht als Arbeitgeber anzusehen. Ebenso kritisch wird schon die Begriffsbildung des funktionellen Arbeitgebers betrachtet.[19] Das Attribut „funktionell" weist auf die verschiedenen Funktionen des Arbeitsverhältnisses hin. Dabei verschleiert dieser Begriff unter einer normativ soziologischen Ebene, dass es um die Zuordnung der Rechte und Pflichten aus dem Arbeitsverhältnis geht.[20] Von der Verteilung von Rechte und Pflichten geht auch *Nikisch* aus, der dann allerdings auf den Begriff der Funktion ausweicht.[21] Dass die Rechte und Pflichten aus einem Arbeitsverhältnis sich auf mehrere Rechtsträger erstrecken können, zeigt schon die Wertung des § 613 BGB.[22] Aus dieser Vorschrift ergibt sich im Umkehrschluss, dass eine Arbeitsleistung durch oder für einen Dritten durchaus denkbar ist.[23]

Zur Bestimmung der Arbeitgebereigenschaft schlägt deshalb *Fabricius* vor, danach abzugrenzen, ob Arbeitgeberbefugnisse im eigenen oder im fremden Interesse ausgeübt werden.[24] Sofern nach diesem Maßstab die Arbeitgebereigenschaft bestimmt wird, ist die von *Hueck* und *Nikisch* vertretene Bestimmung nach Maßstab der obersten Befehlsgewalt entbehrlich.[25]

Der Wertung von *Fabricius* ist ebenso wie der Auffassung von *Hueck* und *Nikisch* nicht zu folgen. Bei der Bestimmung der Arbeitgebereigenschaft muss der systematische und teleologische Kontext betrachtet werden. Sofern eine Regelung den Begriff des Arbeitgebers als Tatbestandsvoraussetzung vorsieht, muss die Arbeitgebereigenschaft unter Berücksichtigung der Wertung des jeweiligen Gesetzes bestimmt werden und nicht abstrakt generell.[26] Ausgangspunkt ist dabei die konkrete vertragliche Bestimmung der Vertragsparteien. Eine abstrakt generelle Bestimmung wird den spezifischen gesetzlichen Wertungen nicht gerecht. Aus diesem Grund wird im Folgenden untersucht werden, ob der Unternehmensführungsvertrag zu einer Arbeitnehmerüberlassung oder zu einem Betriebsübergang im Sinne des § 613a BGB führt und ob allgemeine Schutzerwägungen eine jeweilige Verstrickung des Unternehmensführers oder des Eigentümerunternehmens in die jeweils anderen Arbeitsverhältnisse rechtfertigen.

---

18 Vgl. *Fabricius*, Rechtsprobleme, 34; Kollmer/Klindt/*Kothe*, ArbSchG, § 2 Rn. 134, der auf den Widerspruch der Ansicht von *Hueck* und *Nikisch* mit § 13 ArbSchG hinweist; *Richardi*, MüHdbArb I, § 21 Rn. 10 (308).

19 *Fabricius*, Rechtsprobleme, 31.

20 *Fabricius*, Rechtsprobleme, 31.

21 Vgl. *Nikisch*, Arbeitsrecht, 143 ff.

22 *Fabricius*, Rechtsprobleme, 30 f.

23 Hierzu *Müller-Glöge*, MüKo-BGB, § 613 Rn. 6, 23 ff.

24 *Fabricius*, Rechtsprobleme, 36.

25 *Fabricius*, Rechtsprobleme, 36.

26 So auch *Zöllner*, ZfA 1983, 93, 96.

B) Einfluss auf die bestehenden Arbeitsverhältnisse

I. Vorliegen eines Betriebsübergangs nach § 613a BGB

1. Tatbestandsvoraussetzungen des Betriebsübergangs

Zunächst ist zu prüfen, ob mit dem Abschluss eines Unternehmensführungsvertrags ein Betriebsübergang nach § 613a BGB gegeben ist. Dies hätte zur Folge, dass die bei dem Unternehmensführer angestellten Arbeitnehmer auf das Eigentümerunternehmen übergehen, wenn nicht ein Widerspruch der betroffenen Arbeitnehmer vorliegt. Nach dem Wortlaut des § 613a Abs. 1 S. 1 BGB ist es erforderlich, dass ein Betrieb oder ein Betriebsteil durch Rechtsgeschäft übergehen muss. Damit stellt sich die Frage, was unter einem Betrieb zu verstehen ist. Die Konkretisierung dieses Begriffs erfolgt vor dem Hintergrund des Zwecks des § 613a BGB.[27] Der Zweck des § 613a BGB wird allgemein darin gesehen, bestehende Arbeitsverhältnisse zu erhalten und eine Lückenschließung im Kündigungsschutzsystem zu erreichen.[28] Die Lücke ergibt sich daraus, dass bei der Veräußerung eines Betriebs ohne die Existenz des § 613a BGB die bestehenden Arbeitsverhältnisse nicht ohne Weiteres übergehen würden.

Nun könnte man annehmen, dass der Betriebsbegriff hier – wie verbreitet angenommen – in Abgrenzung zum Unternehmen als Zusammenfassung von persönlichen, sächlichen und immateriellen Mitteln zur Erreichung eines arbeitstechnischen Zwecks zu sehen ist.[29] Und in der Tat wurde dieser Betriebsbegriff von der Rechtsprechung und Teilen der Literatur zugrunde gelegt.[30] Der Überlassung von Arbeitnehmer als solche sollte bei der Klärung der Frage, ob ein Betriebsübergang vorliegt, nur eine Indizwirkung zukommen, weil der Übergang der Arbeitsverhältnisse schon die Rechtsfolge des § 613a BGB darstellt.[31] Da § 613a BGB in den sachlichen Regelungsbereich der Richtlinie 2001/23/EG fällt, ist der Betriebsbegriff nach Art. 288 Abs. 3 AEUV, Art. 4 Abs. 3 EUV richtlinienkonform auszulegen. Diese Richtlinie sieht in Art. 1 Nr. 1a vor, dass das Übergangsobjekt Unternehmen, Betriebe oder Unternehmens- bzw. Betriebsteile sein können. Nach Art. 1 Nr. 1b der Richtlinie 2001/23/EG ist dabei als Übergangsobjekt auf eine identitätswahrende

---

27 BAG, Urt. v. 25.06.1985 – 3 AZR 254/83, AP Nr. 23 zu § 7 BetrAVG; Staudinger/*Annuß*, BGB, § 613a Rn. 44.

28 BAG, Urt. v. 25.06.1985 – 3 AZR 254/83, AP Nr. 23 zu § 7 BetrAVG; Staudinger/*Annuß*, BGB, § 613a Rn. 44; *Müller-Glöge*, MüKo-BGB, § 613a Rn. 6.

29 Vgl. 1. Kapitel § 2 C; siehe auch Staudinger/*Annuß*, BGB, § 613a Rn. 45 f.; *Müller-Glöge*, MüKo-BGB, § 613a Rn. 14.

30 Hierzu Staudinger/*Annuß*, BGB, § 613a Rn. 46; vgl. auch *Rüthers*, BB 1977, 605, 607.

31 BAG, Urt. v. 25.02.1981 – 5 AZR 991/78, AP Nr. 24 zu § 613a BGB; BAG, Urt. v. 27.09.1984 – 2 AZR 309/89, AP Nr. 39 zu § 613a BGB; BAG, Urt. v. 09.02.1994 – 2 AZR 781/93, AP Nr. 104 zu § 613a BGB; Staudinger/*Annuß*, BGB, § 613a Rn. 46.

wirtschaftliche Einheit abgestellt worden.[32] Durch das Abstellen auf die wirtschaftliche Einheit wurde schließlich die Rechtsprechung des EuGH zum Betriebsbegriff in dem Art. 1 Abs. 1 der alten Richtlinie 77/187/EWG kodifiziert.[33] Eine nähere Konkretisierung des Begriffs der wirtschaftlichen Einheit nimmt der EuGH jedoch nicht vor, sondern er prüft vielmehr in einer Gesamtbetrachtung, ob eine wirtschaftliche Einheit identitätswahrend übergegangen ist.[34]

Bei dieser Gesamtbetrachtung zieht der EuGH sieben Kriterien heran, die jedoch nicht abschließend sind.[35] Zu diesen Kriterien zählen „die Art des betroffenen Unternehmens oder Betriebs, der Wert der immateriellen Aktiva im Zeitpunkt des Übergangs, die etwaige Übernahme der Hauptbelegschaft durch den neuen Inhaber, der etwaige Übergang der Kundschaft sowie der Grad der Ähnlichkeit zwischen den vor und nach dem Übergang verrichteten Tätigkeiten und die Dauer einer eventuellen Unterbrechung dieser Tätigkeiten".[36] Je nach Einzelfall kann diesen Kriterien ein unterschiedliches Gewicht zukommen, da eine Gesamtabwägung entscheidend ist.[37] Im Einzelfall müssen für die Annahme eines Betriebsübergangs nicht einmal materielle oder immaterielle Unternehmensteile übergehen, sondern es genügt, dass eine Gesamtheit von Arbeitnehmern auf Dauer überlassen wird.[38] Entscheidend ist dann aber, ob die Identität der Einheit gewahrt wird. Dies bemisst der EuGH daran, ob weiterhin eine funktionale Verknüpfung zur Weiterführung

32 Staudinger/*Annuß*, BGB, § 613a Rn. 47; Bamberger/Roth/*Fuchs*, BGB, § 613a Rn. 7; *Müller-Glöge*, MüKo-BGB, § 613a Rn. 15.

33 Zur Entwicklung der Rechtsprechung: EuGH 18.03.1986 Slg. 1986 I-01119 Rn. 11 f. (Spijkers); 25.07.1991 Slg. 1991 I-04105 Rn. 9 (d´Urso); 12.11.1992 Slg. 1992 I-05755 Rn. 19 (Rask); 19.05.1992 Slg. 1992 I-03189 Rn. 23 (Redmond Stichting); 07.03.1996 Slg. 1996 I-01253 Rn. 16 (Merckx); 10.12.1998 Slg. 1998 I-08237 Rn. 21 ff. (Sanchez Hidalgo); 24.01.2002 Slg. 2002 I-00969 Rn. 23 (Temco); 20.11.2003 Slg. 2003 I-14023 Rn. 29 (Abler); 12.02.2009 Slg. 2009 I-00803 Rn. 39 ff. (Klarenberg); Staudinger/*Annuß*, BGB, § 613a Rn. 47 ff.; *Müller-Glöge*, MüKo-BGB, § 613a Rn. 14 ff.

34 EuGH 18.03.1986 Slg. 1986 I-01119 Rn. 13 (Spijkers); 07.03.1996 Slg. 1996 I-01253 Rn. 17 (Merckx); 10.12.1998 Slg. 1998 I-08237 Rn. 25 (Sanchez Hidalgo); 20.11.2003 Slg. 2003 I-14023 Rn. 33 (Abler); Staudinger/*Annuß*, BGB, § 613a Rn. 48; Bamberger/Roth/*Fuchs*, BGB, § 613a Rn. 9; *Müller-Glöge*, MüKo-BGB, § 613a Rn. 20.

35 Hierzu EuGH 24.01.2002 Slg. 2002 I-00969 Rn. 24 (Temco); Staudinger/*Annuß*, BGB, § 613a Rn. 48; Bamberger/Roth/*Fuchs*, BGB, § 613a Rn. 9; *Müller-Glöge*, MüKo-BGB, § 613a Rn. 20.

36 EuGH 18.03.1986 Slg. 1986 I-01119 Rn. 13 (Spijkers); 19.05.1992 Slg. 1992 I-03189 Rn. 24 (Redmond Stichting); EuGH 11.03.1997 Slg. 1997 I-01259 Rn. 14 (Süzen); 24.01.2002 Slg. 2002 I-00969 Rn. 24 (Temco); 20.11.2003 Slg. 2003 I-14023 Rn. 33 (Abler);15.12.2005 Slg. 2005 I-11237 Rn. 33 (Güney Görres).

37 EuGH 19.05.1992 Slg. 1992 I-03189 Rn. 24 (Redmond Stichting); 11.03.1997 Slg. 1997 I-01259 Rn. 14 (Süzen); 24.01.2002 Slg. 2002 I-00969 Rn. 24 (Temco); 20.11.2003 Slg. 2003 I-14023 Rn. 34 (Abler); 15.12.2005 Slg. 2005 I-11237 Rn. 34 (Güney Görres).

38 EuGH 10.12.1998 Slg. 1998 I-08179 Rn. 27 (Hernandez Vidal); 24.01.2002 Slg. 2002 I-00969 Rn. 26 (Temco).

der bisherigen gemeinsamen Tätigkeit oder einer anderen gleichartigen wirtschaftlichen Tätigkeit besteht.[39]

Das BAG hat seine ursprüngliche Rechtsprechung aufgegeben und eine neue Rechtsprechung entwickelt, die im Einklang mit der Rechtsprechung des EuGH ist.[40] Unter einem Betrieb im Sinne des § 613a Abs. 1 S. 1 BGB versteht das BAG deshalb eine „organisierte Gesamtheit von Personen und Sachen zur Ausübung einer wirtschaftlichen Tätigkeit mit eigener Zielsetzung."[41] Für die Bejahung der Identität der wirtschaftlichen Einheit genügt es, dass solche Mittel überlassen werden, die nach einer wertenden Betrachtung erforderlich sind, um eine im wesentlichen unveränderte Fortführung des bisherigen Betriebs zu ermöglichen.[42] Zusammenfassend lässt sich sagen, dass der Betrieb zweigliedrig zu betrachten ist.[43] Ausschlaggebend für einen Betrieb im Sinne des § 613a BGB sind die Betriebsmittel und die Struktur, mit der die Betriebsmittel verknüpft sind. Die reine Überlassung von Arbeitnehmern als Betriebsmittel genügt also allein nicht für die Annahme eines Betriebsübergangs.[44]

Sofern ein Betrieb nach der hier erläuterten Definition anzunehmen ist, muss geprüft werden, ob dieser Betrieb durch Rechtsgeschäft auf einen neuen Inhaber übergegangen ist. Betriebsinhaber ist, wer die materiellen, immateriellen sowie betrieblichen Mittel im eigenen Namen zur Verfolgung eines arbeitstechnischen Zwecks nutzt.[45] Unerheblich ist, ob der Betriebsinhaber seiner Tätigkeit letztendlich für eigene oder fremde Rechnung nachgeht, sondern entscheidend ist die eigenwirtschaftliche Nutzung der Betriebsmittel.[46] Für die Übertragung des Betriebs auf einen neuen Inhaber ist der Übergang des wesentlichen Teils des Wertschöpfungszusammenhangs erforderlich.[47] Durch Rechtsgeschäft bedeutet hierbei nicht, dass der Betriebübergang Gegenstand des Rechtsgeschäfts sein muss, sondern dass der Betriebsübergang aufgrund eines Rechtsgeschäfts im Sinne eines beidseitigen

39 EuGH 12.02.2009 Slg. 2009 I-00803 Rn. 47 f. (Klarenberg).

40 Hierzu Staudinger/*Annuß*, BGB, § 613a Rn. 50 ff.; *Müller-Glöge*, MüKo-BGB, § 613a Rn. 15, 20.

41 BAG, Urt. v. 26.06.1997 – 8 AZR 426/95, AP Nr. 165 zu § 613a BGB; BAG, Urt. v. 13.11.1997 – 8 AZR 375/96, AP Nr. 170 zur § 613a BGB; BAG, Urt. v. 11.12.1997 – 8 AZR 426/94, AP Nr. 171 zu § 613a BGB; BGH, Urt. v. 18.03.1999 – 8 AZR 196/98, AP Nr. 190 zu § 613a BGB; in diese Richtung auch, wenn auch nicht wortwörtlich BAG, Urt. v. 17.12.2009 – 8 AZR 1019/08, AP Nr. 383 zu § 613a BGB; weitere Nachweise Staudinger/*Annuß*, BGB, § 613a Rn. 50.

42 Staudinger/*Annuß*, BGB, § 613a Rn. 51.

43 Staudinger/*Annuß*, BGB, § 613a Rn. 54.

44 *Müller-Glöge*, MüKo-BGB, § 613a Rn. 21.

45 BAG, Urt. v. 18.03.1999 – 8 AZR 198/98, AP Nr. 190 zu § 613a BGB; Staudinger/*Annuß*, BGB, § 613a Rn. 65; *Müller-Glöge*, MüKo-BGB, § 613a Rn. 55.

46 BAG, Urt. v. 11.12.1997 – 8 AZR 426/94, AP Nr. 171 zu § 613a BGB; Staudinger/*Annuß*, BGB, § 613a Rn. 65.

47 Staudinger/*Annuß*, BGB, § 613a Rn. 66; Bamberger/Roth/*Fuchs*, BGB, § 613a Rn. 15.

Konsenses – übergegangen ist.[48] Des Weiteren muss der Betrieb auf Dauer übertragen werden. Dieses Merkmal impliziert jedoch nicht, dass der Betrieb unbefristet übertragen werden muss, sondern es sollen nur die Fälle abgegrenzt werden, bei denen die Überlassung des Betriebs nur für die Realisierung eines bestimmten Vorhabens erfolgt (bspw. die Durchführung einer Messe).[49]

2. Fallkonstellation eines echten Unternehmensführungsvertrags

a) Übergang der Arbeitsverhältnisse des Unternehmensführers

Wenn man nun den Blick zunächst auf den echten Unternehmensführungsvertrag richtet, dann stellt sich nach dem zweigliedrigen Betriebsbegriff die Frage, was dem Eigentümerunternehmen durch den Unternehmensführer übertragen wurde, das einen Betriebsübergang rechtfertigen könnte. Als übertragenes Betriebsmittel könnte man zunächst im Einzelfall auf die Arbeitnehmer des Unternehmensführers abstellen, die der Unternehmensführer zur Erfüllung seiner Unternehmensführungsverpflichtung einsetzt. Allerdings stellt sich dann schon die Frage, ob diese tatsächlich übertragen wurden. Im Unterschied zur Leiharbeit möchte der Unternehmensführer oftmals gar nicht einzelne eigene Mitarbeiter dem Eigentümerunternehmen zur Verfügung stellen, sondern sie vielmehr selbst bei der Erfüllung seiner Aufgabe einsetzen. Ob dem Eigentümerunternehmen tatsächlich Personal des Unternehmensführers übertragen wurde oder ob der Unternehmensführer selbst Personal – möglicherweise auch in dem Unternehmen des Eigentümerunternehmens – einsetzt, wird man danach entscheiden müssen, wer das arbeitsrechtliche Direktionsrecht ausübt. Ein hervorzuhebendes Interesse des Eigentümerunternehmens bei dem Abschluss eines Unternehmensführungsvertrags ist gerade, dass der Unternehmensführer die operative Führung übernimmt. Diesem Zweck würde die Überlassung von Arbeitnehmern durch den Unternehmensführer entgegenstehen, da in diesem Fall das Eigentümerunternehmen – möglicherweise vertreten durch den Unternehmensführer – das Direktionsrecht ausüben müsste. Eine Überlassung von Betriebsmitteln wird man allerdings bejahen müssen, wenn tatsächlich in einer atypischen Fallkonstellation Arbeitnehmer des Unternehmensführers als Leiharbeitnehmer an das Eigentümerunternehmen überlassen wurden.

Weitaus nahe liegender ist es, die Überlassung von Betriebsmitteln auf einem anderen Wege zu suchen. So kann eine Überlassung von Betriebsmitteln auch darin gesehen werden, dass der Unternehmensführer dem Eigentümerunternehmen materielle oder immaterielle Güter zur Verfügung stellt. Dies kann beispielsweise dann der Fall sein, wenn der Unternehmensführer dem Eigentümerunternehmen Patente, Lizenzen oder Gerätschaften für die Unternehmensführung bereitstellt. Selbst ein besonderes Know-how kann als immaterielles Betriebsmittel angesehen

48 Staudinger/*Annuß*, BGB, § 613a Rn. 107; Bamberger/Roth/*Fuchs*, BGB, § 613a Rn. 20 ff.; *Müller-Glöge*, MüKo-BGB, § 613a Rn. 64.

49 *Müller-Glöge*, BGB, § 613a Rn. 23.

werden.[50] Allerdings wird teilweise angemerkt, dass das Know-how regelmäßig kein eigenes Kriterium bildet, da dieses durch die Arbeitnehmer verkörpert wird.[51] Gerade der echte Unternehmensführungsvertrag zeigt allerdings, dass Know-how durchaus in das Eigentümerunternehmen implementiert werden kann, ohne dass dem Eigentümerunternehmen Arbeitnehmer überlassen werden.

Selbst wenn Betriebsmittel durch den Unternehmensführer an das Eigentümerunternehmen überlassen wurden, muss noch eine weitere Voraussetzung für die Annahme eines Betriebs im Sinne des § 613a Abs. 1 S. 1 BGB vorliegen. So muss schließlich nach Maßgabe einer Gesamtabwägung im Einzelfall geprüft werden, ob zwischen den Betriebsmitteln eine strukturelle Verknüpfung gegeben ist, die sich als Wertschöpfungszusammenhang erblicken lässt. Schon an diesem Zusammenhang wird es oftmals fehlen, wenn die Wertschöpfung des Unternehmensführers allein darin zu sehen ist, dass dieser andere Unternehmen im Rahmen eines Unternehmensführungsvertrags führt. Wenn der angehende Unternehmensführer zuvor tatsächlich Betriebe mit einer eigenen Wertschöpfung geführt hat, dann stellt sich die Frage nach der Identität. Es ist nur dann von einem Betrieb im Sinne des § 613a Abs. 1 S. 1 BGB auszugehen, wenn die strukturell verknüpften wertschöpfenden Betriebsmittel ihre Identität auch bei der Übertragung bewahren. Es erscheint also kaum theoretisch denkbar, dass bei einem echten Unternehmensführungsvertrag ein Betriebsübergang mit der Folge vorliegt, dass die Arbeitnehmer des Unternehmensführers auf das Eigentümerunternehmen übergehen.[52]

Mit dem Gedanken, dass mit dem Unternehmensführungsvertrag strukturell verknüpfte wertschöpfende Betriebsmittel identitätswahrend übergehen, nähert man sich auch den Überlegungen, ob in diesem Fall nicht neben dem Unternehmensführungsvertrag eine Betriebspacht vorliegt, die dann selbst Anknüpfungspunkt für einen Betriebsübergang wäre. Aus Sicht des Eigentümerunternehmens ist anzumerken, dass dieses regelmäßig schon einen Wertschöpfungszusammenhang betreibt und ein Betriebsübergang abgelehnt wird, wenn ein neuer Wertschöpfungszusammenhang nicht durch eine Überlassung der Betriebsmittel hergestellt wurde.[53]

b) Übergang der Arbeitsverhältnisse des Eigentümerunternehmens

Ebenso wenig wie ein Betriebsübergang der Arbeitnehmer des Unternehmensführers in Richtung des Eigentümerunternehmens erfolgt, ist bei einem echten Unternehmensführungsvertrag ein Übergang der Arbeitnehmer des Eigentümerunternehmens

---

50 BAG, Urt. v. 09.02.1994 – 2 AZR 781/93, AP Nr. 104 zu § 613a BGB; BGH, Urt. v. 18.03.1999 – 8 AZR 196/98, AP Nr. 190 zu § 613a BGB; *Müller-Glöge*, MüKo-BGB, § 613a Rn. 36.

51 *Müller-Glöge*, MüKo-BGB, § 613a Rn. 36.

52 In diese Richtung auch *Mülbert*, Großkomm-AktG, 4. Aufl., § 292 Rn. 151; a. A. *Weißmüller*, BB 2000, 1949, 1953.

53 Vgl. Staudinger/*Annuß*, BGB, § 613a Rn. 78; *Müller-Glöge*, MüKo-BGB, § 613a Rn. 21.

in Richtung des Unternehmensführers gegeben.[54] Teilweise wird dies damit begründet, dass der Unternehmensführungsvertrag keine gänzliche Überleitung der Unternehmensleitungskompetenz an den Unternehmensführer darstellt.[55] Diese Argumentation verliert unter der Prämisse an Überzeugungskraft, dass nach hier vertretener Ansicht ein einflussgeminderter oder ein einflussfreier Unternehmensführungsvertrag durchaus vorliegen kann. Ausschlaggebend ist vielmehr allein, dass im Rahmen des echten Unternehmensführungsvertrags der Unternehmensführer im Namen des Eigentümerunternehmens tätig ist. Das an dem Unternehmensführer delegierte Direktionsrecht übt der Unternehmensführer nur stellvertretend im Namen des Eigentümerunternehmens aus.[56] Das Eigentümerunternehmen ist deshalb weiter Inhaberin der Betriebe. Aus diesem Grund ist ein Betriebsübergang hinsichtlich der Arbeitnehmer des Eigentümerunternehmens auf den Unternehmensführer nicht gegeben.

3. Fallkonstellation eines unechten Unternehmensführungsvertrags

a) Übergang der Arbeitsverhältnisse des Unternehmensführers

Eindeutig ist der Fall bei einem unechten Unternehmensführungsvertrag hinsichtlich der Arbeitnehmer des Unternehmensführers.[57] Hier agiert der Unternehmensführer während der Unternehmensführung im eigenen Namen. Für die Inhaberstellung eines Betriebs ist allein ausschlaggebend, in welchem Namen dieser geführt wird, während es von keiner Relevanz ist, auf wessen Rechnung die Tätigkeit erfolgt.[58] Aus Sicht des Unternehmensführers ändert sich deshalb nichts. Er hat vor dem Abschluss des Unternehmensführungsvertrags seine Betriebe im eigenen Namen geführt und er handelt nach dem Abschluss des unechten Unternehmensführungsvertrags weiterhin im eigenen Namen. Ein Betriebsübergang mit der Folge des Übergangs der Arbeitnehmer auf das Eigentümerunternehmen ist in dieser Konstellation ausgeschlossen.

---

54 *Birk*, ZGR 1984, 23, 47; *Fenzl*, Betriebsführungsverträge, 138; *Huber*, ZHR 152 (1988), 1, 7 f.; *Joachim*, DWiR 1992, 397, 401; *Koppensteiner*, KölnKomm-AktG, § 292 Rn. 98; *Linnerz*, in Fuhrmann/Wälzholz Formularbuch Gesellschaftsrecht, 1973, 1776; Lorz/Pfisterer/Gerber/*Messerschmidt*, Beck'sches Formularbuch Aktienrecht, 1134, 1136; *Mülbert*, Großkomm-AktG, 4. Aufl., § 292 Rn. 151; *Rieble*, NZA 2010, 1145, 1146 f.; *Rüthers*, BB 1977, 605, 608; *Schneider*, JbFStR 1982/1983, 387, 410; Hopt/*Volhard*, Form, 670, 673.

55 *Birk*, ZGR 1984, 23, 48; *Rüthers*, BB 1977, 605, 608.

56 *Huber*, ZHR 152 (1988), 1, 8; *Joachim*, DWiR 1992, 397, 401 f.; *Mülbert*, Großkomm-AktG, 4. Aufl., § 292 Rn. 151; *Rieble*, NZA 2010, 1145, 1146 f.; *Rüthers*, BB 1977, 605, 607 f.; *Zöllner*, ZfA 1983, 93, 94 f.

57 So auch *Mülbert*, Großkomm-AktG, 4. Aufl., § 292 Rn. 151.

58 Vgl. BAG, Urt. v. 11.12.1997 – 8 AZR 426/94, AP Nr. 171 zu § 613a BGB; Staudinger/*Annuß*, BGB, § 613a Rn. 65.

b) Übergang der Arbeitsverhältnisse des Eigentümerunternehmens

Allerdings liegt nach richtiger Ansicht bei einem unechten Unternehmensführungsvertrag regelmäßig ein Betriebsübergang für die Arbeitnehmer des Eigentümerunternehmens vor.[59] Dem Eigentümerunternehmen werden im Rahmen des Unternehmensführungsvertrags die Betriebsmittel zur Nutzung im eigenen Namen überlassen. In der Regel wird dabei der Wertschöpfungszusammenhang aufrechterhalten, sodass die Tatbestandsmerkmale für einen Betriebsübergang vorliegen. Dabei ist unerheblich, dass die Unternehmensführung letztendlich für Rechnung des Eigentümerunternehmens erfolgen soll. Nach der Beendigung des unechten Unternehmensführungsvertrags erfolgt mit der Rückübertragung des Unternehmens auf das Eigentümerunternehmen erneut ein Betriebsübergang, der den Übergang der mit dem Betrieb verbundenen Arbeitsverhältnisse von dem Unternehmensführer auf das Eigentümerunternehmen zur Folge hat.[60]

Der Betriebsübergang im Rahmen eines unechten Unternehmensführungsvertrags kann das Motiv für den Abschluss eines solchen Vertrags darstellen.[61] Das Erreichen dieses Vertragszwecks kann allerdings von den Arbeitnehmern vereitelt werden, indem sie massenhaft dem Vertragsübergang nach § 613a Abs. 6 BGB widersprechen.[62] Zur Vermeidung eines solchen massenhaften Widerspruchs schlägt *Rieble* eine typengemischte Strategie vor.[63] Im Rahmen dieser Strategie soll ein echtes Unternehmensführungsverhältnis schleichend und behutsam auf ein unechtes Unternehmensführungsverhältnis umgestellt werden. Dieses kann auch geschehen, indem der Unternehmensführer die Belegschaft teilweise im eigenen und teilweise im fremden Namen führt.[64]

II. Vorliegen einer Arbeitnehmerüberlassung

1. Voraussetzungen der Arbeitnehmerüberlassung

Aus dem Umkehrschluss des Wortlauts des § 613 S. 2 BGB ergibt sich, dass der Anspruch auf die Arbeitsleistung übertragbar ist, wenn auch nach der Zweifelsregelung von einer Unübertragbarkeit ausgegangen wird.[65] Dogmatisch kann die Übertragung des Leistungsanspruchs auf einer Abtretung oder einem echten Vertrag

---

59 *Fenzl*, Betriebsführungsverträge, 29 f., 138; *Huber*, ZHR 152 (1988), 1, 8; *ders.*, ZHR 152 (1988), 123, 148, 155; Lorz/Pfisterer/Gerber/*Messerschmidt*, Beck'sches Formularbuch Aktienrecht, 1134, 1136; *Mülbert*, Großkomm-AktG, 4. Aufl., § 292 Rn. 151; *Rieble*, NZA 2010, 1145, 1147; *K. Schmidt*, FS Hoffmann-Becking, 1053, 1066; *Winter/Theisen*, AG 2011, 662, 663.

60 Vgl. *Müller-Glöge*, MüKo-BGB, § 613a Rn. 60.

61 Vgl. 1. Kapitel § 3 C I.

62 *Rieble*, NZA 2010, 1145, 1147.

63 *Rieble*, NZA 2010, 1145, 1147.

64 *Rieble*, NZA 2010, 1145, 1147.

65 Bamberger/Roth/*Fuchs*, BGB, § 613 Rn. 1 f.; *Müller-Glöge*, MüKo, § 613 Rn. 20; *Rüthers*, BB 1977, 605, 608.

zugunsten Dritter beruhen.[66] Die Besonderheit bei der Übertragung dieses Leistungsanspruchs ist, dass der Arbeitnehmer der Überlassung zustimmen muss.[67] Im Verhältnis zum Arbeitnehmer bleibt der Verleiher weiterhin der Träger aller Haupt- und Nebenpflichten, während auf der anderen Seite der Entleiher den Arbeitnehmer nach seinen Vorstellungen in den Betrieb eingliedert.[68] Der Verleiher trägt im Verhältnis zwischen Verleiher und Entleiher das Personalbeschaffungsrisiko, während auf der anderen Seite seine vertragliche Pflicht gegenüber dem Entleiher mit der Überlassung des Arbeitnehmers endet und er somit nur für ein Verschulden bei der Auswahl des Arbeitnehmers haftet.[69]

Man unterscheidet zwischen echter und unechter Arbeitnehmerüberlassung.[70] Kennzeichnend für die unechte Arbeitnehmerüberlassung ist, dass der Vertragsarbeitgeber die betroffenen Arbeitnehmer nicht selbst beschäftigt, sondern das Arbeitsverhältnis nur zu Überlassungszwecken eingegangen wurde.[71] Eine solche Überlassung stellt regelmäßig eine gewerbsmäßige Tätigkeit dar und ist für den Verleiher erlaubnispflichtig gem. § 1 Abs. 1 AÜG.[72] Eine gewerbsmäßige Arbeitnehmerüberlassung liegt vor, wenn die Arbeitnehmerüberlassung auf Dauer betrieben wird und mit ihr unmittelbare oder mittelbare wirtschaftliche Vorteile erzielt werden sollen.[73] Wird ein Leihvertrag ohne die nach § 1 Abs. 1 AÜG erforderliche Erlaubnis geschlossen, ist dieser Vertrag nach § 9 Nr. 1 AÜG unwirksam und es kann gem. § 10 Abs. 1 S. 1 AÜG ein Arbeitsverhältnis zwischen Entleiher und dem verliehenen Arbeitnehmer zustande gekommen sein.

Die Arbeitnehmerüberlassung ist insbesondere von dem Einsatz von fremden Arbeitnehmern im Rahmen von sonstigen Dienst- und Werkverträgen im Unternehmen abzugrenzen. Als Kriterien für die Abgrenzung werden die Eingliederung der Arbeitnehmer im fremden Betrieb, die Ausübung des Weisungsrechts und die vertraglich übernommenen Pflichten herangezogen.[74] Bei der Arbeitnehmerüberlassung wird der Leiharbeitnehmer in den Betrieb eingegliedert, während

---

66 Vgl. *Müller-Glöge*, MüKo, § 613 Rn. 25; Staudinger/*Richardi/Fischinger*, BGB, Vor. § 611 Rn. 461.

67 *Preis*, Arbeitsrecht, 106; Staudinger/*Richardi/Fischinger*, BGB, Vor. § 611 Rn. 453; *Rüthers*, BB 1977, 605, 608.

68 BAG, Urt. v. 30.01.1991 – 7 AZR 497/89, AP Nr. 8 zu § 10 AÜG; *Preis*, Arbeitsrecht, 106 f.

69 BAG, Urt. v. 30.01.1991 – 7 AZR 497/89, AP Nr. 8 zu § 10 AÜG; *Preis*, Arbeitsrecht, 107.

70 Schaub/*Koch*, HdbArb, § 120 Rn. 2; *Preis*, Arbeitsrecht, 107.

71 *Preis*, Arbeitsrecht, 107 f.; Staudinger/*Richardi/Fischinger*, BGB, Vor. § 611 Rn. 455

72 *Preis*, Arbeitsrecht, 107; zurückhaltend Staudinger/*Richardi/Fischinger*, BGB, Vor. § 611 Rn. 456

73 BAG 08.11.1978 AP Nr. 2 zu § 1 AÜG; Staudinger/*Richardi/Fischinger*, BGB, Vor. § 611 Rn. 453.

74 Schaub/*Koch*, HdbArb, § 120 Rn. 6 ff.

Drittarbeitnehmer nicht eingegliedert, sondern nur in dem Betrieb tätig sind.[75] Der Entleiher übt im Rahmen der Arbeitnehmerüberlassung das Weisungsrecht aus, während dem Auftraggeber im Rahmen eines Dienst- oder Werkvertrags höchstens ein projektbezogenes Weisungsrecht im Verhältnis zu den Fremdarbeitnehmern zusteht.[76] Für den Dienstleister oder den Werkvertragsunternehmer agieren die Arbeitnehmer im fremden Unternehmen als Erfüllungsgehilfen, während der Entleiher mit der Überlassung seine Pflicht erfüllt hat und die verliehenen Arbeitnehmer grundsätzlich keine Erfüllungsgehilfen darstellen.[77]

Von Seiten der Literatur wird zunächst darauf hingewiesen, dass das AÜG bei konzerninternen Sachverhalten oft keine gewichtige Rolle spielt, da Unternehmensführungsverträge nicht selten im Rahmen eines Konzernverbundes abgeschlossen werden und so das Konzernprivileg des § 1 Abs. 3 Nr. 2 AÜG Anwendung findet.[78] Dieser Ausnahmetatbestand schließt nach seinem Wortlaut allerdings nur die Anwendbarkeit des AÜG im Falle eines echten Leiharbeitsverhältnisses aus.

2. *Überlassung der Arbeitnehmer des Unternehmensführers*

Abgesehen von dem Konzernprivileg ist grundsätzlich zu klären, ob typischerweise eine Arbeitnehmerüberlassung bei einem Unternehmensführungsvertrag vorliegt. Betrachtet man zunächst die Perspektive der Arbeitnehmer des Unternehmensführers, so liegt grundsätzlich keine Arbeitnehmerüberlassung zugunsten des Eigentümerunternehmens vor.[79] Dies ergibt sich aus mehreren Aspekten. Regelmäßig ist der Unternehmensführungsvertrag als Geschäftsbesorgungsvertrag mit Dienstleistungscharakter einzuordnen.[80] Das daraus resultierende Weisungsrecht übt das Eigentümerunternehmen gegenüber dem Unternehmensführer aus und nicht gegenüber den Arbeitnehmern des Unternehmensführers.[81] Schließlich hat das Eigentümerunternehmen oftmals ein Interesse daran, nicht im großen Maße mit dem operativen Tagesgeschäft belastet zu sein. Diesem Interesse wird nachgekommen, indem das Eigentümerunternehmen dem Unternehmensführer Weisungen erteilt und dieses die Umsetzung und damit auch die Auseinandersetzung mit den eigenen Arbeitnehmern autonom gestaltet. Dabei macht es kein Unterschied, ob ein echter oder unechter Unternehmensführungsvertrag vorliegt. Ebenso wird das Eigentümerunternehmen oftmals ein Interesse daran haben, dass die Arbeitnehmer

---

75 *Preis*, Arbeitsrecht, 109.

76 *Preis*, Arbeitsrecht, 109; *Rüthers*, BB 1977, 605, 608.

77 *Preis*, Arbeitsrecht, 109; Staudinger/*Richardi/Fischinger*, BGB, Vor. § 611 Rn. 453.

78 *Birk*, ZGR 1984, 23, 46 f.

79 *Birk*, ZGR 1984, 23, 47; widersprüchlich aber *Birk*, ZGR 1984, 23, 58, der von einem Leiharbeitsverhältnis spricht, da die Arbeitnehmer in dem Unternehmen des Eigentümerunternehmens eingegliedert seien und der Unternehmensführer keine Weisung mehr an die Arbeitnehmer erteilen könnte.

80 1. Kapitel § 5 B II 2 d; 1. Kapitel § 5 B II 3 b.

81 *Birk*, ZGR 1984, 23, 47; vgl. *Kamlah*, BB 2003, 109, 113.

als Erfüllungsgehilfen des Unternehmensführers tätig sind, um so das Haftungsrisiko für deren Tätigkeit auf den Unternehmensführer zu verlagern. Dies spricht gegen eine Arbeitnehmerüberlassung. Auch eine Eingliederung der Arbeitnehmer des Unternehmensführers in die Arbeitsorganisation des Eigentümerunternehmens ist abzulehnen, da dem Unternehmensführer weiterhin überlassen ist, wie und ob er seine eigenen Arbeitnehmer einsetzt.

3. Überlassung der Arbeitnehmer des Eigentümerunternehmens

Auch die Arbeitnehmer des Eigentümerunternehmens werden nicht dem Unternehmensführer überlassen.[82] Bei einem echten Unternehmensführungsvertrag begründet sich dieses Ergebnis damit, dass der Unternehmensführer im fremden Namen tätig wird.[83] Er übt das Direktionsrecht des Eigentümerunternehmens im fremden Namen aus. Aus Sicht der Arbeitnehmer des Eigentümerunternehmens ändert sich mit dem echten Unternehmensführungsvertrag nicht der Status des Eigentümerunternehmens als Arbeitgeber, da die Betriebe nicht dem Unternehmensführer zugerechnet werden.[84] Damit unterscheidet sich dieses Verhältnis grundsätzlich von einer Arbeitnehmerüberlassung. Bildlich gesprochen kommt der Unternehmensführer zu den Arbeitnehmern des Eigentümerunternehmens und nicht die Arbeitnehmer des Eigentümerunternehmens zu dem Unternehmensführer.[85]

Ebenso ist keine Arbeitnehmerüberlassung bei einem unechten Unternehmensführungsvertrag gegeben.[86] Dies ergibt sich schon daraus, dass ein Betriebsübergang eingetreten ist. Dies hat zur Folge, dass die Arbeitsverhältnisse auf den unechten Unternehmensführer übergehen. Dieser wird dann Vertragsarbeitgeber der übergegangenen Arbeitnehmer. Es fehlt damit an einer für eine Arbeitnehmerüberlassung erforderlichen dreigliedrigen Vertragsstruktur.[87]

III. Gespaltene Arbeitgeberstellung aus allgemeinen Schutzerwägungen

1. Verstrickung des jeweiligen Vertragspartners in den fremden arbeitsvertraglichen Haftungsverband

Zusammenfassend lässt sich festhalten, dass sich die arbeitsrechtliche Beziehung zwischen den jeweiligen Arbeitnehmern des Eigentümerunternehmens bzw. des

82 Vgl. *Birk*, ZGR 1984, 23, 48; *Rieble*, NZA 2010, 1145, 1147; *Rüthers*, BB 1977, 605, 608; Zöllner, ZfA 1983 95 ff.

83 *Birk*, ZGR 1984, 23, 48; *Linnerz*, in Fuhrmann/Wälzholz Formularbuch Gesellschaftsrecht, 1973, 1776; Lorz/Pfisterer/Gerber/*Messerschmidt*, Beck'sches Formularbuch Aktienrecht, 1134, 1136; *Rieble*, NZA 2010, 1145, 1147; *Rüthers*, BB 1977, 605, 608; *Zöllner*, ZfA 1983, 95 ff.

84 *Rüthers*, BB 1977, 605, 608.

85 *Rieble*, NZA 2010, 1145, 1147; *Zöllner*, ZfA 1983, 93, 97 f.

86 *Rieble*, NZA 2010, 1145, 1147.

87 *Rieble*, NZA 2010, 1145, 1147.

Unternehmensführers abgesehen von dem Fall eines unechten Unternehmensführungsvertrags nicht verändert. Dennoch wird teilweise von Seiten der Literatur befürwortet, den Unternehmensführer bzw. das Eigentümerunternehmen mit in das Pflichtengefüge zu den jeweils fremden Arbeitnehmern einzubeziehen.[88] So befürwortet *Birk*, dass das Eigentümerunternehmen im Bezug auf die Arbeitnehmer des Unternehmensführers mit in den arbeitsrechtlichen Haftungsverband einbezogen werden solle.[89] Es sei aus Sicht der Arbeitnehmer des Unternehmensführers unzumutbar, wenn diese im Rahmen eines Unternehmensführungsvertrags ständig im Eigentümerunternehmen tätig sind, ohne dass ihnen eigene Ansprüche gegenüber dem Eigentümerunternehmen zustehen.[90] Beispielsweise sollen bei einer Zahlungsunfähigkeit des Unternehmensführers die Arbeitnehmer das Eigentümerunternehmen in Anspruch nehmen können.[91] Aber auch bei der Nichterfüllung anderer Pflichten des Unternehmensführers solle das Eigentümerunternehmen auf sekundärer Ebene gegenüber den fremden Arbeitnehmern haften.[92] So soll beispielsweise das Eigentümerunternehmen für Schäden eines Arbeitnehmers des Unternehmensführers nicht nur gegebenenfalls deliktisch aus den §§ 823 ff. BGB, sondern auch vertraglich im Sinne des § 280 Abs. 1 BGB haftbar sein.

Auf der anderen Seite befürwortet *Birk* auch die Einbeziehung des Unternehmensführers in den Pflichtenverband zwischen den Arbeitnehmern des Eigentümerunternehmens und dem Eigentümerunternehmen, wenn dem Unternehmensführer faktisch eine starke Stellung zukommt.[93] Dies sei nach *Birk* insbesondere dann der Fall, wenn der Unternehmensführer zugleich über das Eigentümerunternehmen herrscht.[94] Auch *Fabricius* bezieht den Unternehmensführer in den Pflichtenverband zwischen den Arbeitnehmern des Eigentümerunternehmens und dem Eigentümerunternehmen ein.[95] Er begründet dies damit, dass zwar das Eigentümerunternehmen noch Vertragsarbeitgeber sei, jedoch sei der Unternehmensführer durch die Ausübung des Weisungsrechts Arbeitgeber in sekundärer Zuständigkeit.[96] Er geht davon aus, dass das arbeitsrechtliche Weisungsrecht dem Unternehmensführer zur Wahrnehmung in eigener Rechtszuständigkeit überlassen wurde und das Eigentümerunternehmen das Weisungsrecht nicht mehr wahrnehmen könne.[97] Trotz seiner vorher vertretenen These, dass das arbeitsrechtliche Weisungsrecht des Eigentümerunternehmens in eigener Zuständigkeit des Unternehmensführers ausgeübt wird, nimmt er kurz zu einer Wahrnehmung des Weisungsrechts über § 164

88 Vgl. *Birk*, ZGR 1984, 23, 47 ff.; *Fabricius*, Rechtsprobleme, 50 ff.
89 *Birk*, ZGR 1984, 23, 47.
90 *Birk*, ZGR 1984, 23, 47.
91 *Birk*, ZGR 1984, 23, 47.
92 *Birk*, ZGR 1984, 23, 47.
93 *Birk*, ZGR 1984, 23, 48 f.
94 *Birk*, ZGR 1984, 23, 48.
95 *Fabricius*, Rechtsprobleme, 56.
96 *Fabricius*, Rechtsprobleme, 50.
97 *Fabricius*, Rechtsprobleme, 51.

BGB Stellung.[98] Nach ihm ergibt sich dann die Arbeitgeberstellung in sekundärer Zuständigkeit des Unternehmensführers daraus, dass dieser das Weisungsrecht auch im eigenen Interesse ausübt, da der Unternehmensführer zumindest ein Interesse an dem Unternehmensführungsentgelt hat.[99] Das Handeln des Unternehmensführers als Stellvertreter des Eigentümerunternehmens sei nur für das Außenverhältnis relevant.[100] Zur Unterstützung seiner Thesen zieht er die Figur des Handelsvertreters gem. § 84 HGB heran. Dieser handele zwar im fremden Namen, jedoch könne er ohne Zweifel eine Arbeitgeberstellung einnehmen.[101]

Die Einbeziehung des Unternehmensführers oder des Eigentümerunternehmens in die jeweils fremde Arbeitgeberbeziehung wird zutreffend verbreitet abgelehnt.[102] Teilweise wird dies auf die Argumentation gestützt, dass der Unternehmensführer nicht die oberste Befehlsgewalt habe, da er von den Weisungen des Eigentümerunternehmens abhängig sei.[103] Allerdings wird mit dieser Begründung an die Dogmatik von *Hueck* und *Nikisch* angeknüpft, die im Ergebnis abgelehnt wurde.[104] Sie kann deshalb nicht überzeugen. Richtig ist hingegen, dass die Ansicht von *Fabricius* auf der unzutreffenden Annahme beruht, dass das arbeitsrechtliche Direktionsrecht des Eigentümerunternehmens in eigener Rechtszuständigkeit des Unternehmensführers ausgeübt wird.[105] Eine Abspaltung des Direktionsrechts ohne die Übertragung des Anspruches auf die Arbeitsleistung ist ohne Weiteres nicht zulässig.[106] Hierfür lässt sich insbesondere die Wertung des § 613 S. 2 BGB heranziehen, wonach der Anspruch auf die Arbeitsleistung grundsätzlich nicht übertragbar ist. Diese Wertung wäre gefährdet, wenn das Direktionsrecht ohne den Anspruch auf die Arbeitsleistung übertragen werden könnte.

Ebenso überzeugt es nicht, dass *Fabricius* auf die Fremdinteressenwahrnehmung abstellt und davon ausgeht, dass der Unternehmensführer Arbeitgeber sei, weil er mit dem Vergütungsinteresse zumindest auch ein eigenes Interesse verfolgt. Bei dieser Argumentation werden unterschiedliche Vertragsverhältnisse vermischt. Das Vertragsverhältnis zu den Arbeitnehmern ist getrennt von dem Unternehmensführungsvertrag zu betrachten. Zusätzlich lässt sich argumentieren, dass der Unternehmensführungsvertrag mit seinem treuhänderischen Charakter hauptsächlich der Fremdinteressenwahrnehmung dient[107]. Das Vergütungsinteresse des

98 *Fabricius*, Rechtsprobleme, 52 f.
99 *Fabricius*, Rechtsprobleme, 52 ff.
100 *Fabricius*, Rechtsprobleme, 54.
101 *Fabricius*, Rechtsprobleme, 50.
102 Vgl. *Hoffmann-Becking*, MünchVertragsHdbGes I, 1554 f.; *Rühthers*, BB 1977, 605, 609.
103 *Rüthers*, BB 1977, 605, 609; *Zöllner*, ZfA 1983, 93, 94 ff.
104 Vgl. 4. Kapitel § 1 A 1.
105 Ebenso *Zöllner*, ZfA 1983, 94 ff.
106 *Zöllner*, ZfA 1983, 93, 95.
107 Vgl. 1. Kapitel § 5 B I 1 b dd.

Unternehmensführers spielt im Rahmen der konkreten Unternehmensführung nur eine untergeordnete Rolle.[108] Würde man *Fabricius* Argumentation folgen, würde sich schließlich die Frage aufwerfen, warum beispielsweise der Vorstand einer Aktiengesellschaft nicht auch Arbeitgeber sei. Schließlich handelt er zwar im Namen und im Interesse der Aktiengesellschaft, jedoch hat er auch ein eigenes Vergütungsinteresse. Die Einordnung des Vorstands als Arbeitgeber lehnt *Fabricius* selbst ab.[109]

Auch die Forderung von *Birk* nach der Einbeziehung des Unternehmensführers bzw. des Eigentümerunternehmens in das jeweilige arbeitsrechtliche Rechte- und Pflichtensystem überzeugt nicht. Eine pauschale Schutzbedürftigkeit der Arbeitnehmer ist nicht zu erblicken. Eine solche Schutzbedürftigkeit besteht nicht unter dem Gesichtspunkt von etwaigen Schutzpflichten. Da der Unternehmensführer im Namen des Eigentümerunternehmens das Weisungsrecht ausübt, ist er als Erfüllungsgehilfe des Eigentümerunternehmens tätig.[110] Etwaige Pflichtverletzungen des Unternehmensführers gegenüber den Arbeitnehmern des Eigentümerunternehmens werden dementsprechend dem Eigentümerunternehmen nach § 278 Abs. 1 BGB zugerechnet. Eine Schlechterstellung der Arbeitnehmer des Eigentümerunternehmens gegenüber der Rechtslage vor dem Abschluss eines echten Unternehmensführungsvertrags liegt also nicht vor.

Auch aus Sicht der Arbeitnehmer des Unternehmensführers ändert sich mit dem Abschluss eines Unternehmensführungsvertrags die haftungsrechtliche Situation nicht. Den Unternehmensführer treffen weiterhin Schutzpflichten gegenüber seinen Arbeitnehmern. Der Einsatz seiner Arbeitnehmer in einem fremden Unternehmen entbindet ihn nicht von diesen Schutzpflichten. Er muss dementsprechend dafür Sorge tragen, dass das Eigentümerunternehmen die erforderliche Organisation bereitstellt, um seine eigenen Arbeitnehmer zu schützen. Zusätzlich besteht zwischen dem Eigentümerunternehmen und dem Unternehmensführer eine vertragliche Sonderverbindung, aus der sich eine Schutzpflicht des Eigentümerunternehmens zur Bereitstellung des notwendigen Arbeitsschutzes herleiten lässt.

Damit bleibt nur noch der von *Birk* angesprochene Aspekt des Insolvenzrisikos. Naturgemäß trägt jeder Vertragsteil das Insolvenzrisiko des jeweils anderen Vertragspartners. Dementsprechend tragen die Arbeitnehmer des Eigentümerunternehmens das Insolvenzrisiko des Eigentümerunternehmens und die Arbeitnehmer des Unternehmensführers das Insolvenzrisiko des Unternehmensführers. Es ist nicht ersichtlich, warum dieses Grundverständnis zugunsten der Arbeitnehmer überwunden werden sollte. Schließlich haben die Arbeitnehmer privatautonom ihren Vertragspartner ausgewählt.

108 Vgl. hierzu *Löhnig*, Treuhand, 136 f.
109 *Fabricius*, Rechtsprobleme, 33 f.
110 *Zöllner*, ZfA 1983, 93, 97.

2. *Haftung bei rechtsmissbräuchlicher Verwendung des Unternehmensführungsvertrags*

a) Normativer Anknüpfungspunkt für eine Haftung

Freilich steht die Problematik in einer Nähe zu den Problemfeldern, die mit dem Begriff der so genannten „Aschenputtelgesellschaft" erfasst werden.[111] Bei dieser Konstellation werden die Risiken eines Geschäfts einseitig auf eine Gesellschaft mit geringer Kapitalausstattung verlagert, während eine andere Gesellschaft von den Chancen profitiert. Auf die hier zu besprechende Konstellation übertragen, sind Sachverhalte denkbar, bei denen eine finanzschwache Gesellschaft als Unternehmensführer oder auch als Eigentümerunternehmen als Arbeitgeber für die Belegschaft dient,[112] während das Eigentümerunternehmen bzw. der Unternehmensführer – gegebenenfalls durch einen Gewinnabführungsvertrag oder eine überproportionale Vergütung – nahezu allein von dem Geschäftsbetrieb profitiert. Zwar ist es grundsätzlich möglich, Risiken auf eine andere Gesellschaft zu verlagern.[113] Erfolgt die Risiko-Chancen-Verteilung allerdings einseitig zulasten einer Gesellschaft, liegt eine missbräuchliche Gestaltung sehr nahe. Dies ergibt sich daraus, dass die Aschenputtelgesellschaft dann keine Chance mehr hat, Verluste durch eigene Gewinne auszugleichen, und sie trägt gleichzeitig nicht nur ihr eigenes unternehmerisches Risiko, sondern ist auch Trägerin des vollen unternehmerischen Risikos einer anderen Gesellschaft.[114] Aus diesem Grund wird teilweise von Seiten der Literatur befürwortet, die Aschenputtelgesellschaft dem existenzvernichtenden Eingriff gleichzustellen, wenn die Aschenputtelgesellschaft durch die Gestaltung ihrer Satzung, ihres Unternehmenszwecks oder ihres Unternehmensgegenstandes nicht in der Lage ist, Haftungsträger für gewöhnliche Geschäftsverbindlichkeiten zu sein.[115] Dies hätte zur Folge, dass die wirtschaftlich solide gestellte Gesellschaft gegenüber den Gläubigern der schlecht kapitalisierten Aschenputtelgesellschaft aus § 826 BGB für Schäden haftet.[116]

---

111 Zu dem Begriff der Aschenputtelgesellschaft BGH, Urt. v. 28.04.2008 – II ZR 264/06, NJW 2008, 2437 f.; Ulmer/*Casper*, GmbHG, Anh. § 77 Rn. 128, 130; *Kölbl*, BB 2009, 1194, 1196; Michalski/*Michalski/Funke*, GmbHG, § 13 Rn. 431; *Ihrig*, DStR 2007, 1170, 1173; *Schön*, ZHR 168 (2004), 268, 289.

112 Vgl. hierzu auch *Rieble*, NZA 2010, 1145, 1149.

113 *Kölbl*, BB 2009, 1194; Michalski/*Michalski/Funke*, GmbHG, § 13 Rn. 431.

114 Michalski/*Michalski/Funke*, GmbHG, § 13 Rn. 431.

115 Ulmer/*Casper*, GmbHG, Anh. § 77 Rn. 128, 130; *Ihrig*, DStR 2007, 1170, 1173; *Schön*, ZHR 168 (2004), 268, 288 f.; *Ulmer*, ZIP 2001, 2021, 2028; a. A. *Kölbl*, BB 2009, 1194, 1196; *Vetter*, BB 2007, 1965, 1966.

116 Zum normativen Anknüpfungspunkt der Existenzvernichtungshaftung statt vieler BGH, Urt. v. 28.04.2008 – II ZR 264/06, NJW 2008, 2437; Spindler/Stilz/*Fock*, AktG, § 1 Rn. 62 ff.; Michalski/*Funke*, GmbHG, § 13 Rn. 395 ff.; *Heider*, MüKo-AktG, § 1 Rn. 77 ff.

Der BGH hat allerdings dieser Auffassung eine Absage erteilt, indem er eine eigene Kategorie der Aschenputtelgesellschaft ablehnt.[117] Er hält weiterhin an seiner Kategorie des existenzvernichtenden Eingriffs fest, der dann vorliegt, wenn ein Gesellschafter missbräuchlich und kompensationslos in die Vermögensbindung der Gesellschaft eingreift und so eine Insolvenz verursacht oder vertieft.[118] Daneben weist er darauf hin, dass das Trennungsprinzip von unterschiedlichen Vermögensträgern nur ausnahmsweise durchbrochen werden kann, wenn ein Fall des Rechtsmissbrauchs und somit ein Fall einer vorsätzlichen sittenwidrigen Schädigung vorliegt.[119] Damit ist auch die Grundlage gelegt für eine Ablehnung der pauschalen Mithaftung des Unternehmensführers bzw. des Eigentümerunternehmens für die Ansprüche der jeweils anderen Arbeitnehmer aus dem Gedanken des Insolvenzrisikos. Eine Haftung aus § 826 BGB zugunsten der Arbeitnehmer kommt nur dann in Betracht, wenn eine Unternehmensführungskonstellation rechtsmissbräuchlich ist.

b) Beispiele für die sittenwidrige Verwendung von Unternehmensführungsverträgen zur Benachteiligung der Arbeitnehmer

Es sind verschiedene Strategien zur gezielten Nutzung des Unternehmensführungsvertrags denkbar, die eine vorsätzliche sittenwidrige Schädigung der Arbeitnehmer nahe legen und somit eine Haftung aus § 826 BGB auslösen können. So zum Beispiel, wenn ein betriebsübergangauslösender unechter Unternehmensführungsvertrag mit einer schwach kapitalisierten Tochtergesellschaft geschlossen wird damit diese in absehbarer Zeit insolvent ist. Es liegt bei dieser Situation nahe, dass das Eigentümerunternehmen die Schwierigkeiten einer Massenentlassung oder die Belastung mit einem ungünstigen Sozialplan im Sinne des § 112 BetrVG vermeiden wollte. Die geschädigten Arbeitnehmer haben dann einen Anspruch auf Schadensersatz aus § 826 BGB. Denkbar ist es sogar, dass der Arbeitnehmer in diesem Fall aus den §§ 826, 249 Abs. 1 BGB die Kündigung des unechten Unternehmensführungsvertrags mit der Folge der Rückübertragung des Unternehmens an das Eigentümerunternehmen verlangen kann. Die Arbeitsverhältnisse würden dann wieder im Wege des Betriebsübergangs auf das Eigentümerunternehmen übergehen. In diesem Fall wäre sogar denkbar, die Haftung in §§ 280 Abs. 1 BGB zu verankern. Wird gezielt ein Vertrag geschlossen, um die Arbeitnehmer später zu benachteiligen, kann dieser Vertragsschluss eine Treuepflichtverletzung darstellen.

Ein weiteres Beispiel für eine sittenwidrige vorsätzliche Schädigung liegt vor, wenn der Unternehmensführer eines unechten Unternehmensführungsvertrags insolvent ist und das Eigentümerunternehmen daraufhin bewusst nicht von ihrem außerordentlichen Kündigungsrecht aus § 826 Abs. 1 BGB Gebrauch macht

117 BGH, Urt. v. 28.04.2008 – II ZR 264/06, NJW 2008, 2437, 2438.

118 BGH, Urt. v. 28.04.2008 – II ZR 264/06, NJW 2008, 2437, 2438.

119 Vgl. BGH, Urt. v. 08.07.1970 – VIII ZR 28/69, NJW 1970, 2015, 2016; BGH, Urt. v. 05.11.1980 – VIII 230/79, NJW 1981, 522, 525 f.; BGH, Urt. v. 28.04.2008 – II ZR 264/06, NJW 2008, 2437, 2439.

um das Unternehmen samt der zuvor übergegangenen Arbeitnehmer nicht zurück nehmen zu müssen. Wenn das Eigentümerunternehmen aufgrund der Insolvenz des Unternehmensführers keine weitere Leistung mehr erwarten kann, so wäre es treuwidrig die Situation des bestehenden unechten Unternehmensführungsvertrags auszunutzen um die Arbeitnehmer zu schädigen. Etwas anderes kann jedoch dann gelten, wenn das Eigentümerunternehmen plausible unternehmerische Gründe für eine spätere Rücknahme des Unternehmens vortragen kann.

Auch für den echten Unternehmensführungsvertrag sind Beispiele denkbar bei denen dieser Vertragstypus genutzt werden kann, um die Arbeitnehmer des Eigentümerunternehmens vorsätzlich sittenwidrig zu schädigen. Denkbar ist eine Schwestergesellschaft zu nutzen um schon bestehende Ansprüche oder Anwartschaften der Arbeitnehmer des Eigentümerunternehmens zu vereiteln. Dies wäre der Fall, wenn ein echter Unternehmensführungsvertrag mit einer sehr hohen Vergütung abgeschlossen wird, sodass sich das Vermögen des Eigentümerunternehmens zum großen Teil auf den Unternehmensführer verschiebt und das Eigentümerunternehmen insolvent wird. In diesem Fall hätten die geschädigten Arbeitnehmer einen Anspruch gegen den Unternehmensführer aus § 826 BGB. Zugegebenermaßen ist jedoch der Nachweis einer rechtsmissbräuchlichen Verwendung des Unternehmensführungsvertrags zur Schädigung von Arbeitnehmern schwer zu führen und deshalb wird ein Anspruch aus § 826 BGB nur in Extremfällen realisierbar sein.

§ 2. Einfluss auf bestehende Tarifverträge

A) Fallkonstellation eines echten Unternehmensführungsvertrags

Neben der Frage, wie die individualrechtlichen Beziehungen der Arbeitnehmer durch den Unternehmensführungsvertrag beeinflusst werden, stellt sich die Frage, wie sich der Unternehmensführungsvertrag auf bestehende Tarifverträge auswirkt. Vom Grundsatz her ist gem. § 3 Abs. 1 TVG derjenige tarifgebunden, der selbst Tarifpartei oder der Mitglied einer Tarifvertragspartei ist.[120]

Mit dem Abschluss eines echten Unternehmensführungsvertrags ändert sich grundsätzlich an der tarifvertraglichen Zuordnung nichts. Die Arbeitnehmer des Unternehmensführers fallen nicht in den tariflichen Anwendungsbereich des Eigentümerunternehmens.[121] Ebenso bleibt die möglicherweise bestehende tarifvertragliche Bindung der Arbeitnehmer des Eigentümerunternehmens unangetastet.[122] Allerdings befürchtet *Birk*, dass durch die Gründung von Unternehmensführungsgesellschaften innerhalb eines Konzerns in die tarifvertragliche Bindung der Arbeitgeber eingegriffen werden könne und dieses unter Umständen

120 Hierzu auch Staudinger/*Richardi/Fischinger*, BGB, Vor § 611 Rn. 687 ff.
121 *Birk*, ZGR 1984, 23, 49.
122 *Birk*, ZGR 1984, 23, 51.

zu dem Ergebnis führe, dass gar kein Tarifvertrag mehr anwendbar sei.[123] Er befürwortet es aus diesem Grund zumindest bei einem Unterordnungskonzern und einem betrieblich-branchenmäßig geltenden Tarifvertrag, die Arbeitnehmer des Unternehmensführers mit in dem Tarifvertrag des Eigentümerunternehmens zu erfassen.[124] Dogmatisch leitet er dies aus einer entsprechenden Anwendung des § 613a Abs. 2 S. 2–4 BGB her.[125] Im Falle eines Verbandstarifvertrags fordert *Birk* zumindest eine zeitweise, bis zum Ende der Laufzeit des Verbandstarifvertrags geltende Einbeziehung der Arbeitnehmer des Unternehmensführers in den Geltungsbereich des Tarifvertrags des Eigentümerunternehmens über eine entsprechende Anwendung des § 3 Abs. 3 TVG.[126]

Die von *Birk* vorgebrachte Argumentation überzeugt nicht.[127] Schon die vergleichbare Interessenlage, die aus der Unterwanderung bestehender Tarifverträge hergeleitet wird, ist nicht ersichtlich. Selbst wenn im Rahmen eines Konzerns eine Unternehmensführungsgesellschaft neu gegründet wird, gehen die Arbeitnehmer des Eigentümerunternehmens nicht ohne Weiteres auf den neuen Unternehmensträger über. Ebenso wenig erfolgt hierdurch eine Tarifauslösung der Arbeitnehmer des Eigentümerunternehmens. Erforderlich ist vielmehr ein Betriebsübergang oder eine Neuanstellung der Arbeitnehmer bei dem Unternehmensführer. Beide Vorgänge sind von dem Willen der Arbeitnehmer abhängig. Zusätzlich findet bei einem Betriebsübergang dann der alte Tarifvertrag nach Maßgabe des § 613a Abs. 1 S. 2–4 BGB Anwendung. Die Arbeitnehmer sind aus diesem Grund keinesfalls schutzlos gestellt, so dass eine Umgehung des bestehenden Tarifvertrags nicht ohne Weiteres möglich ist. Auch die Arbeitnehmer des Unternehmensführers sind durch den Abschluss des Unternehmensführungsvertrags nicht in dem Sinne schutzbedürftig, dass es einer Einbeziehung in den Tarifvertrag des Eigentümerunternehmens bedarf. Ihre Rechtslage ändert sich mit dem Abschluss des Unternehmensführungsvertrags nicht. Im Gegenteil kann es unter Umständen für die Arbeitnehmer des Unternehmensführers von Vorteil sein, dass sie nicht dem gleichen Tarifvertrag unterliegen wie die Arbeitnehmer des Eigentümerunternehmens. Andererseits kann natürlich auch der Tarifvertrag der Arbeitnehmer des Unternehmensführers schlechter sein. In diesem Fall werden die Arbeitnehmer des Unternehmensführers jedoch nicht schlechter gestellt als vor dem Abschluss des Unternehmensführungsvertrags. Wenn der Arbeitgeber durch den Abschluss eines Unternehmensführungsvertrags es vermeidet eigene Arbeitnehmer zu kostenintensiveren tarifvertraglichen Bedingungen einzustellen, so ist dies grundsätzlich kein missbräuchliches oder vorwerfbares Verhalten. Es ist vielmehr in einer arbeitsteiligen und komplexen Wirtschaft üblich, dass nicht alle Aufgaben durch eigene Arbeitnehmer erledigt werden müssen, sondern

123 *Birk*, ZGR 1984, 23, 50.
124 *Birk*, ZGR 1984, 23, 50.
125 *Birk*, ZGR 1984, 23, 50.
126 *Birk*, ZGR 1984, 23, 50.
127 So wohl auch *Rieble*, NZA 2010, 1145, 1149.

Aufträge an externe Unternehmen vergeben werden. Zur Illustration lässt sich noch auf die Entscheidung des EuGH zur Rechtssache *Alemo-Herron* verweisen.[128] Der EuGH kommt in dieser Entscheidung zu dem Ergebnis, dass die unternehmerische Freiheit des Betriebserwerbers bei einem Betriebsübergang individualvertraglichen dynamischen Bezugnahmeklauseln entgegensteht.[129] Zwar liegt bei einem echten Unternehmensführungsvertrag gerade kein Betriebsübergang vor, sodass der Anwendungsbereich der maßgeblichen Richtlinie 2001/23/EG nicht eröffnet ist. Dennoch kann man eine Parallele ziehen und die Übertragung von Tarifverträgen außerhalb des unmittelbaren Anwendungsbereich des § 613a Abs. 1 S. 2–4 BGB mit Blick auf die durch Art. 2 Abs. 1 GG geschützten Privatautonomie und der Berufsfreiheit aus Art. 12 Abs. 1 GG ablehnen.[130]

Aus den Gesetzesmaterialien ergeben sich hinsichtlich einer analogen Anwendung des § 613a Abs. 1 S. 2–4 keine Anhaltspunkte für oder gegen eine planwidrige Regelungslücke.[131] Dennoch ist eine planwidrige Regelungslücke für die entsprechende Anwendung des § 613a Abs. 1 S. 2–4 BGB zweifelhaft. Das BAG hat wiederholt die entsprechende Anwendung des § 613 Abs. 1 S. 2–4 BGB abgelehnt.[132] Zutreffend weist das BAG darauf hin, dass § 613a Abs. 1 S. 2–4 BGB Sonderregelungen enthält, die sich auf den Regelungszweck des § 613a Abs. 1 S. 1 BGB beziehen.[133] Dies ergibt sich daraus, dass kollektivrechtliche Regelungen nicht Bestandteil des Arbeitsvertrages sind und somit nicht nach § 613a Abs. 1 S. 1 BGB auf den Erwerber übergehen, wenn der maßgebliche Tarifvertrag nicht aufgrund einer arbeitsvertraglichen Regelung einbezogen ist. § 613a Abs. 1 S. 2–4 BGB wurde speziell als Auffangnorm für die Fortgeltung von Tarifverträgen und Betriebsvereinbarungen nach dem Betriebsübergang konzipiert.[134] Daraus lässt sich schließen, dass der Gesetzgeber speziell nur die Behandlung der kollektivrechtlichen Bindung bei einem Betriebsübergang regeln wollte und deshalb die Überleitungsregelungen des § 613a Abs. 1 S. 2–4 BGB abschließend sind.

B) Fallkonstellation eines unechten Unternehmensführungsvertrags

Da bei einem unechten Unternehmensführungsvertrag ein Betriebsübergang vorliegt, findet für die übergegangenen Arbeitnehmer der ursprüngliche Tarifvertrag nach Maßgabe des § 613a Abs. 1 S. 2–4 BGB Anwendung. Von dem Anwendungsbereich des § 613a Abs. 1 S. 2–4 BGB nicht erfasst, sind solche Tarifverträge die Kraft

128 EuGH 18.07.2013 C-426/11 (Alemo-Herron).
129 EuGH 18.07.2013 C-426/11 Rn. 32 f. (Alemo-Herron).
130 Vgl. *Latzel*, RdA 2014, 110, 117.
131 BT-Drs. 8/4259, 9
132 BAG, Urt. v. 29.08.2007 – 4 AZR 767/06, NZA 2008, 364, 366; BAG, Urt. v. 17.11.2010 – 4 AZR 391/09, NZA 2011, 356, 358 f.
133 BAG, Urt. v. 29.08.2007 – 4 AZR 767/06, NZA 2008, 364, 366.
134 ErfK/*Preis*, § 613a BGB Rn. 113.

individualvertraglicher Bezugnahmeklausel Bestandteil des Arbeitsverhältnisses sind. Diese gehen nach § 613 Abs. 1 S. 1 BGB auf den Erwerber über.[135] Allerdings muss dabei unterschieden werden zwischen statischen und dynamischen Bezugnahmeklauseln. Letztere verstoßen nach dem EuGH gegen die aus Art. 16 GrCh garantierte unternehmerische Freiheit, wenn dem Erwerber verwehrt ist auf spätere ihn mittelbar betreffende Tarifverhandlungen einzuwirken.[136] Die Konsequenz aus diesem Verstoß gegen europäisches Primärrecht im Anwendungsbereich der Richtlinie wäre, dass der eine solche Klausel unwirksam gem. § 307 Abs. 2 Nr. 1 BGB ist. Befürwortet wird dann aber entgegen des Verbots der geltungserhaltenden Reduktion eine dynamische Klausel in eine statische Klausel umzudeuten.[137]

Also ist auch hier der Unternehmensführungsvertrag nur ein begrenzt taugliches Mittel zur Flucht aus einem Tarifvertrag.[138] Zugegebenermaßen können für das Unternehmen im Namen des Unternehmensführers neu eingestellte Arbeitnehmer möglicherweise einem für sie ungünstigeren Tarifvertrag unterliegen. Dies ist jedoch hinzunehmen, da sie in Kenntnis der Sachlage mit dem Unternehmensführer kontrahiert haben. Nach Beendigung des Unternehmensführungsvertrags und mit Rückführung des Unternehmens gehen auch diese neu begründeten Arbeitsverhältnisse grundsätzlich nach § 613a Abs. 1 BGB auf das Eigentümerunternehmen über. Auf die bestehenden Tarifverträge findet § 613a Abs. 1 S. 2–4 BGB Anwendung. Liegt bei dem Eigentümerunternehmen ein normativ wirkender günstigerer Tarifvertrag vor, so findet dieser Tarifvertrag auch auf die übergegangenen Arbeitsverhältnisse Anwendung.[139]

Rieble macht im Kontext der Wirkung des Unternehmensführungsvertrags auf bestehende Tarifverträge auf noch eine Besonderheit aufmerksam. Zunächst stellt er fest, dass für die Arbeitnehmer des Unternehmensführers bei einem Branchentarifvertrag regelmäßig der gleiche Tarifvertrag Anwendung findet wie für das Eigentümerunternehmen, da der Unternehmensführer gerade (abgesehen von branchenfremden Hilfs- und Nebenbetrieben) in der Branche des Eigentümerunternehmens tätig ist.[140] Anzumerken ist hierzu, dass dies freilich nur dann der Fall ist, wenn der Unternehmensführer selbst Tarifpartei oder Mitglied einer Tarifpartei ist. Nach *Rieble* ist es jedoch möglich, sich von einer Branchentarifbindung zu lösen, indem der Unternehmensführer nur noch auf Kostendeckungsbasis tätig ist.[141] In

---

135 BAG, Urt. v. 29.08.2007 – 4 AZR 767/06, NZA 2008, 364, 366; BAG, Urt. v. 17.11.2010 – 4 AZR 391/09, NZA 2011, 356, 358; *Müller-Glöge*, MüKo-BGB, § 613a Rn. 133; ErfK/*Preis*, § 613a BGB Rn. 111.

136 EuGH 18.07.2013 C-426/11 Rn. 31 ff. (Alemo-Herron).

137 *Latzel*, RdA 2014, 110, 117.

138 *Rieble*, NZA 2010, 1145, 1149.

139 BAG, Urt. v. 22.04.2009 – 4 AZR 100/08, NZA 2010, 41, 43; *Müller-Glöge*, MüKo-BGB, § 613a Rn. 133.

140 *Rieble*, NZA 2010, 1145, 1149.

141 BAG, Urt. v. 20.04.1988 – 4 AZR 646/87, NZA 1989, 441; BAG, Urt. v. 11.03.1998 – 10 AZR 220/97, NZA 1998, 949 f.; *Rieble*, NZA 2010, 1145, 1149.

diesem Fall fehlt dem Unternehmensführer die für den Gewerbebegriff erforderliche Gewinnerzielungsabsicht mit der Folge, dass dieses karitative Unternehmen aus der Tarifzuständigkeit der Arbeitgeberverbände und der Handwerksinnung herauswandert.[142] Eine Zurechnung der Gewinnerzielungsabsicht des Eigentümerunternehmens ist nicht möglich.[143] Für die betroffenen Arbeitnehmer gelten dann die Tarifverträge zum letzten Tarifstand fort.[144]

Die von *Rieble* vorgeschlagene Konstruktion zur Lösung von einem Tarifvertrag erscheint durchaus gangbar. Allerdings ist hierzu anzumerken, dass sich ein nicht konzernverbundener Unternehmensführer regelmäßig nicht ohne Gewinnerzielungsabsicht tätig ist. Diese Konstellation wird deshalb nur bei verbunden Unternehmen in Betracht kommen. Wobei in diesem Fall die Annahme eines atypischen Beherrschungsvertrags anstatt eines Unternehmensführungsvertrags nahe liegt, wenn ein verbundener Unternehmensführer ohne eigene Gewinnabsicht auf Kostendeckungsbasis ein anderes Unternehmen führt.[145]

§ 3. Einfluss eines Unternehmensführungsvertrags auf die Unternehmensmitbestimmung unter exemplarischer Heranziehung des MitbestG und des DrittelbG

A) Überblick über die Grundstrukturen der Unternehmensmitbestimmung

Die Unternehmensmitbestimmung zielt auf eine Arbeitnehmervertretung im Aufsichtsrat. Sie verwirklicht sich durch verschiedene Mitbestimmungsgesetze. Im Rahmen dieser Untersuchung werden das MitbestG und das DrittelbG herangezogen. Unter diese Gesetze fallen die meisten der mitbestimmungspflichtigen Unternehmen. Sonderregelungen existieren historisch bedingt für die in der Montanindustrie tätigen Unternehmen.[146] Die Mitbestimmung für diese Unternehmen regelt sich durch das Montan-MitbestG. Ebenso finden sich in der SEBG Sonderregelungen für die Ausgestaltung der Beteiligung der Arbeitnehmer in einer SE. Der Anwendungsbereich der Mitbestimmung eröffnet sich nach Maßgabe des § 1 MitbestG und des § 1 DrittelbG. Maßgebliche Tatbestandsmerkmale für die Eröffnung des Anwendungsbereichs der Mitbestimmung sind zum einen die Art der Gesellschaft und zum anderen die Anzahl der beschäftigten Arbeitnehmer. Für die Anwendung des MitbestG muss die mitbestimmungspflichtige Gesellschaft in der Rechtsform

142 *Rieble*, NZA 2010, 1145, 1149.
143 *Rieble*, NZA 2010, 1145, 1149.
144 *Rieble*, NZA 2010, 1145, 1149.
145 Vgl. hierzu 2. Kapitel § 4; 3. Kapitel § 5.
146 Zu dem historischen Hintergrund der Mitbestimmung in der Nachkriegszeit *Raiser/Veil*, Mitbest, Einl. Rn. 4.

einer AG, einer KGaA, einer GmbH oder einer Genossenschaft organisiert sein. Für Anwendung des DrittelbG muss die Gesellschaft in der Rechtsform der AG, der KGaA, der GmbH, des VVaG oder einer Genossenschaft organisiert sein. Sowohl für das MitbestG als auch für das DrittelbG werden sogenannte Tendenzunternehmen und Religionsgemeinschaften und deren Einrichtungen von der Mitbestimmung nach § 1 Abs. 2 DrittelbG und § 1 Abs. 4 MitbestG ausgenommen.[147] Grund hierfür ist, dass diese Unternehmen einer geistig-ideellen Zielsetzung, der Berichterstattung oder der Meinungsäußerung dienen und diese Unternehmen ungestört ihrer Tendenz nachkommen sollen.[148] Unterschiede zwischen dem Anwendungsbereich des DrittelbG und des MitbestG bestehen hinsichtlich der Anzahl der erforderlichen Mitarbeiter. Das MitbestG findet in der Regel Anwendung bei mehr als 2000 Mitarbeitern, die nicht dem Montan-MitbestG unterliegen.[149] Bei der Zählung der Arbeitnehmer werden im Falle eines Konzerns im Sinne des § 5 MitbestG die Arbeitnehmer des abhängigen Unternehmens mitgezählt. Das DrittelbG findet gem. § 1 DrittelbG Anwendung, wenn mehr als 500 Arbeitnehmer in dem jeweiligen Unternehmen beschäftigt sind, ein in § 1 Abs. 1 DrittelbG genannter Rechtsträger vorliegt, kein Tendenzunternehmen gegeben ist und das Mitbestimmungsstatut nicht nach anderen gesetzlichen Regelungen greift. Im Rahmen eines Konzernsachverhalts werden die Arbeitnehmer des abhängigen Unternehmens dem herrschenden Unternehmen zugezählt gem. § 2 Abs. 2 DrittelbG, wenn ein Beherrschungsvertrag oder eine Eingliederung vorliegt. § 5 Abs. 1 MitbestG ist hingegen weiter und lässt es demnach genügen, wenn die Unternehmen unter einer Leitung zusammengefasst sind im Sinne des § 18 Abs. 1 AktG.

Sofern ein Unternehmer in den Anwendungsbereich des MitbestG oder des DrittelbG fällt, sind die Arbeitnehmer in dem Aufsichtsrat zu beteiligen. Sofern das Unternehmen von der gesetzlich zwingend vorgegebenen Organisation der Gesellschaft über keinen Aufsichtrat verfügt, ist ein Aufsichtsrat zu bilden.[150] Hinsichtlich der konkreten Besetzung des Aufsichtsrats ist zu unterscheiden. Nach dem DrittelbG muss ein Drittel der Aufsichtsratsmitglieder durch Arbeitnehmervertreter gestellt werden, wobei sich die konkrete Anzahl der Aufsichtsratsmitglieder nach den obligatorischen Vorschriften richtet bzw. nach der Satzung im Unternehmen festgelegt werden kann. Im Rahmen des MitbestG bestimmt sich die Größe und die Zusammensetzung des Aufsichtsrats gem. § 7 MitbestG nach der Anzahl der im Unternehmen beschäftigten Arbeitnehmer.[151] Dabei werden die Aufsichtsratspositionen paritätisch, also je zur Hälfte besetzt. Eine Änderung der Arbeitnehmerzahl, die zu

147 Wotzke/Wißmann/Koberski/Kleinsorge/*Koberski*, Mitbest, § 1 MitbestG Rn. 45.

148 Wotzke/Wißmann/Koberski/Kleinsorge/*Koberski*, Mitbest, § 1 MitbestG Rn. 45.

149 Wotzke/Wißmann/Koberski/Kleinsorge/*Koberski*, Mitbest, § 1 MitbestG Rn. 32.

150 Wlotzke/Wißmann/Koberski/Kleinsorge/ *Wißmann*, Mitbest, § 6 MitbestG Rn. 6; Wlotzke/Wißmann/Koberski/Kleinsorge/*Kleinsorge*, Mitbest, § 1 DrittelbG § 1 Rn. 18.

151 Ausführlich *Raiser/Veil*, MitbestG und DrittelbG, § 7 Rn. 1 ff.; Wotzke/Wißmann/Koberski/Kleinsorge/ *Wißmann*, Mitbest, § 7 MitbestG Rn. 1 ff.

einer Überschreitung oder einer Unterschreitung des jeweils relevanten Schwellenwertes führt, mündet in ein Überleitungsverfahren nach § 97 AktG.[152] Bis zum Abschluss des Überleitungsverfahrens und der damit verbundenen Neubesetzung bleiben die bisherigen Aufsichtsratsmitglieder im Amt.[153]

B) Einfluss auf die Unternehmensmitbestimmung des Unternehmensführers

Im Rahmen eines Unternehmensführungsvertrags eröffnet sich die Fragestellung, ob die Arbeitnehmer des Eigentümerunternehmens Einfluss auf die Unternehmensmitbestimmung ausüben können. Das MitbestG und das DrittelbG sehen für den Fall eines Konzerns eine Beteiligung der Arbeitnehmer der abhängigen Unternehmen im Aufsichtsrat des herrschenden Unternehmens vor. Diese Beteiligung vollzieht sich auf zwei Wegen. Zum einen stehen den Arbeitnehmern ein aktives und ein passives Wahlrecht zu und zum anderen werden die Arbeitnehmer des abhängigen Unternehmens sowohl bei der Bestimmung von Grenzwerten für die Anwendbarkeit des jeweiligen Mitbestimmungsgesetzes als auch bei der Bestimmung der zahlenmäßigen Vertretung im Aufsichtsrat berücksichtigt.[154] Sowohl das MitbestG als auch das DrittelbG beziehen sich mit ihrem Konzernbegriff auf § 18 Abs. 1 AktG.[155] Er ist deshalb grundsätzlich deckungsgleich mit dem gesellschaftlichen Konzernbegriff, obgleich zu beachten ist, dass die Auslegung dieses Begriffs immer vor dem Hintergrund des Zwecks des MitbestG erfolgen muss.[156] Es genügt für die Annahme eines Konzerns, wenn die herrschende Gesellschaft mittelbar oder unmittelbar herrschenden Einfluss ausüben kann (§ 17 Abs. 1 AktG) oder die Gesellschaften auf sonstige Weise unter eine einheitliche Leitung gestellt sind (§ 18 AktG).[157] Das DrittelbG ist bei der Arbeitnehmerzurechnung allerdings enger und fordert in § 2 Abs. 2 DrittelbG eine Eingliederung oder das Vorliegen eines Beherrschungsvertrags.[158] Hier muss der herrschende Einfluss aufgrund eines Beherrschungsvertrags oder einer

152 *Raiser/Veil*, Mitbest, § 7 MitbestG Rn. 5.; Wotzke/Wißmann/Koberski/Kleinsorge/*Wißmann*, Mitbest, § 7 MitbestG Rn. 7 f.

153 Wotzke/Wißmann/Koberski/Kleinsorge/*Wißmann*, Mitbest, § 7 MitbestG Rn. 7.

154 So auch *Birk*, ZGR 1984, 23, 54 ff.

155 Wotzke/Wißmann/Koberski/Kleinsorge/*Koberski*, Mitbest, § 5 MitbestG Rn. 8; *Oetker*, GroßKomm-AktG, 4. Aufl., § 5 MitbestG Rn. 3; *Raiser/Veil*, Mitbest, § 5 MitbestG Rn. 10; Ulmer/Habersack/Henssler/*Ulmer/Habersack*, Mitbest, § 5 MitbestG Rn. 6.

156 Wotzke/Wißmann/Koberski/Kleinsorge/*Kleinsorge*, Mitbest, § 2 DrittelbG Rn. 6; Wotzke/Wißmann/Koberski/Kleinsorge/*Koberski*, Mitbest, § 5 MitbestG Rn. 9; *Raiser/Veil*, Mitbest, § 5 MitbestG Rn. 10.

157 Wotzke/Wißmann/Koberski/Kleinsorge/*Kleinsorge*, Mitbest, § 2 DrittelbG Rn. 8 ff.; Wotzke/Wißmann/Koberski/Kleinsorge/*Koberski*, Mitbest, § 5 MitbestG Rn. 21 f.

158 *Gach*, MüKo-AktG, § 2 DrittelbG Rn. 11; Wotzke/Wißmann/Koberski/Kleinsorge/*Kleinsorge*, Mitbest, § 2 DrittelbG Rn. 25 f.; *Raiser/Veil*, Mitbest, § 5 MitbestG Rn. 10.

Eingliederung ausgeübt werden. Bei der Mitbestimmungsfähigkeit ist allein die Rechtsform des herrschenden Unternehmens entscheidend.[159] Für die Zurechnung der Arbeitnehmer des abhängigen Unternehmens ist die Rechtsform des abhängigen Unternehmens unbeachtlich.[160] Ebenso unbeachtlich ist, ob das herrschende Unternehmen seinerseits eigene Arbeitnehmer beschäftigt.[161]

Die Berücksichtigung der Arbeitnehmer des Eigentümerunternehmens für die Mitbestimmung des Unternehmensführers ist mit Blick auf die konzernrechtlichen Sonderregelungen in den Mitbestimmungsgesetzen zu bejahen, wenn neben dem Unternehmensführungsvertrag ein Beherrschungsvertrag oder eine Eingliederung vorliegt.[162] Ohne einen solchen Beherrschungsvertrag oder eine Eingliederung wird zu Recht die Berücksichtung der Arbeitnehmer des Eigentümerunternehmens für die Mitbestimmung des Unternehmensführers abgelehnt, wenn nicht auf sonstige Weise die Gesellschaften unter eine Leitung gestellt sind und auf den Unternehmensführer das Mitbestimmungsgesetz Anwendung findet.[163]

Ein solcher faktischer Konzern kann beispielsweise bei einer Personenidentität in den Leitungsorganen oder bei einer Mehrheitsbeteiligung des herrschenden Unternehmens vorliegen.[164] Allein aufgrund des Unternehmensführungsvertrags ist ein solches faktisches Konzernverhältnis zulasten des Unternehmensführers regelmäßig nicht gegeben. Zwar führt der Unternehmensführer das operative Geschäft des Eigentümerunternehmens, allerdings lässt sich aus dieser Rechtsbeziehung nicht eine qualifizierte Einflussnahme auf das Eigentümerunternehmen herleiten. Vielmehr führt der Unternehmensführer das Unternehmen nicht nach Maßgabe des eigenen Interesses, sondern nach dem Interesse des Eigentümerunternehmens. Eine direkte Anwendung des § 5 MitbestG oder des § 2 MitbestG scheidet deshalb aus. Ein Einbeziehen der Arbeitnehmer des Eigentümerunternehmens in die Mitbestimmung des Unternehmensführers durch die Annahme eines Betriebsübergangs oder einer Arbeitnehmerüberlassung scheidet im Rahmen eines echten Unternehmensführungsvertrags aus.[165] Ebenso ist eine Arbeitgeberstellung des Unternehmensführers

159 Vgl. Wotzke/Wißmann/Koberski/Kleinsorge/*Koberski*, Mitbest, § 5 MitbestG Rn. 4 ff.

160 Wotzke/Wißmann/Koberski/Kleinsorge/*Koberski*, Mitbest, § 5 MitbestG Rn. 17.

161 Wotzke/Wißmann/Koberski/Kleinsorge/*Koberski*, Mitbest, § 5 MitbestG Rn. 7.

162 Vgl. *Birk*, ZGR 1984, 23, 54 ff.; *Rieble*, NZA 2010, 1145, 1148; *Rüthers*, BB 1977, 605, 610.

163 *Fenzl*, Betriebsführungsverträge, 139; *Huber*, ZHR 152 (1988), 123, 162; Wotzke/Wißmann/Koberski/Kleinsorge/*Koberski*, Mitbest, § 5 MitbestG Rn. 21; *Hoffmann-Becking*, MünchVertragsHdbGes I, 1555; *Oetker*, Großkomm-AktG, 4. Aufl., § 5 MitbestG Rn. 39; *Rieble*, NZA 2010, 1145, 1148; *Zöllner*, ZfA 1983, 93, 103 f.

164 *Bayer*, MüKo-AktG, § 18 Rn. 9 ff.

165 Vgl. 4. Kapitel § 1 B; zu diesem Gedanken in Verknüpfung mit der unternehmerischen Mitbestimmung auch, *Rüthers*, BB 1977, 605, 607 ff.; ebenso *Zöllner*, ZfA 1983, 93, 103.

für die Arbeitnehmer aus dem Gedanken eines vor allem von *Hueck* und *Nikisch* vertretenen funktionellen Arbeitgeberbegriffs abzulehnen.[166]

Letztendlich bleibt noch als Fragestellung, ob die konzernrechtlichen Mitbestimmungsvorschriften analog angewandt werden müssen, wenn kein Über-/Unterordnungskonzern vorliegt, aber dennoch der Unternehmensführer mit Vollmacht das Unternehmen führt.[167] In diese Richtung scheint *Fabricius* zu tendieren, wenn er davon ausgeht, dass die Berücksichtigung der Arbeitnehmer des Eigentümerunternehmens für die Mitbestimmung des Unternehmensführers sich daraus ergebe, dass der Unternehmensführer als Arbeitgeber in sekundärer Zuständigkeit bzw. als Nebenarbeitgeber einzuordnen sei.[168] Überlegungen zu dieser Frage werden vereinzelt aus dem Gedanken der Vereitelung der Mitbestimmungsvorschriften getätigt[169] oder aus dem Gedanken, dass die konzernrechtliche Mitbestimmung nur die Verlagerung von Entscheidungen nach oben berücksichtigt, jedoch nicht die Verlagerung nach unten.[170] Beide Gedanken beruhen darauf, dass die gesetzlichen Regelungen zur Mitbestimmung im Konzern der Verwirklichung der Arbeitnehmermitbestimmung in dem eigentlichen Verwaltungsorgan dienen und dieser Schutzzweck tangiert wäre, wenn Entscheidungskompetenzen teilweise auf den Unternehmensführer verlagert werden.[171] Der Unternehmensführer ist in einer Funktion, die einem leitenden Angestellten ähnelt, und unterliegt zumindest nicht unmittelbar der Aufsicht des Aufsichtsrats des Eigentümerunternehmens.[172] Allerdings ist schon das Vorliegen einer planwidrigen Regelungslücke höchst zweifelhaft.[173] Die Strukturierung eines Unternehmens durch die Auslagerung von Aufgaben ist ein ganz häufiger Prozess in einer wirtschaftlichen Arbeitsteilung. In diesem Sinne wurden Unternehmensführungsverträge über Jahrzehnte praktiziert, ohne dass der Gesetzgeber tätig geworden ist.[174]

Ebenso ist eine vergleichbare Interessenlage abzulehnen. Schließlich ist zu bedenken, dass bei einem Unternehmensführungsvertrag die grundsätzliche Willensbildung weiterhin bei dem Eigentümerunternehmen verbleibt.[175] Der Unternehmensführer übernimmt nur mehr oder weniger selbstständig die operative Führung des Unternehmens. Er fungiert in diesem Sinne eher als ein leitender

---

166 Vgl. 4. Kapitel § 1 A I; im Ergebnis auch *Rüthers*, BB 1977, 605, 609, wenn auch nicht unter grundlegender Ablehnung dieser Dogmatik.

167 Zur Fragestellung *Rüthers*, BB 1977, 605, 610; *Zöllner*, ZfA 1983, 93, 105.

168 *Fabricius*, Rechtsprobleme, 78 ff., dieser Ansatz wurde jedoch schon oben unter 4. Kapitel § 1 B III abgelehnt.

169 *Rüthers*, BB 1977, 605, 610 f.

170 *Zöllner*, ZfA 1983, 93, 105.

171 *Zöllner*, ZfA 1983, 93, 105.

172 *Zöllner*, ZfA 1983, 93, 105.

173 Ablehnend auch *Rieble*, NZA 2010, 1145, 1148; Ulmer/Habersack/Hennssler/*Ulmer/Habersack*, Mitbest, § 5 MitbestG Rn. 32.

174 Vgl. hierzu 3. Kapitel § 1 A I.

175 So auch *Rüthers*, BB 1977, 605, 611.

Angestellter. Es ist deshalb dem Zweck der unternehmerischen Mitbestimmung Genüge getan, wenn die Mitbestimmung dort stattfindet, wo die grundsätzlichen unternehmerischen Entscheidungen getroffen werden.[176] Diesen Aspekt verkennt *Fabricius*, indem er argumentiert, dass die Arbeitnehmer des Eigentümerunternehmens ein schutzwürdiges Interesse an der Mitwirkung im Aufsichtsrat des Unternehmensführers haben, weil die unternehmerischen Entscheidungen des Unternehmensführers auch sie beträfen.[177] Grundsätzlich mitbestimmungspflichtige Entscheidungen dürfen durch den Unternehmensführungsvertrag nicht umgangen werden.[178] Allerdings relativiert sich dieses Ergebnis, wenn man bedenkt, dass die Unternehmensmitbestimmung nur so weit geht, wie eine Kompetenz des Aufsichtsrats besteht. Diese Kompetenz ist im Bezug auf das operative Geschäft sehr limitiert. Der Aufsichtsrat besitzt die Kompetenz zur Bestellung und Abberufung der Vorstandsmitglieder (§ 84 AktG), zur Überwachung der Geschäftsführung (§ 111 Abs. 1 AktG) und zur gerichtlichen und außergerichtlichen Vertretung der Gesellschaft gegenüber den Vorstandsmitgliedern (§ 112 AktG).[179] Ebenso treffen den Aufsichtsrat Nebenpflichten, wie beispielsweise die Gründungsprüfung (§ 33 Abs. 1 AktG), die Einberufung einer außerordentlichen Hauptversammlung (§ 111 Abs. 3 AktG), die Zustimmung zu Darlehensverträgen mit Vorstands- oder Aufsichtsratsmitgliedern (§§ 89, 115 AktG), die Erteilung des Prüfungsauftrags des Jahres- oder Konzernabschlusses (§ 111 Abs. 3 S. 3 AktG), die Prüfung des Jahresabschlusses bzw. des Lageberichts oder eines Vorschlags für die Gewinnverwendung (§ 171 AktG), die Feststellung des Jahresabschlusses (§ 172 AktG) und die Bildung von Gewinnrücklagen (§ 58 Abs. 2 AktG).[180] Diese Kompetenzen dürfen schon aus mitbestimmungsrechtlicher Sicht nicht auf den Unternehmensführer ausgelagert werden. Eine solche Auslagerung ließe sich auch nicht unter der im 2. Kapitel vertretenen Legitimationsthese rechtfertigen,[181] da die Mitbestimmung den Interessen der Arbeitnehmer dient und diese nicht über die Hauptversammlung zur Disposition gestellt werden können. Hinsichtlich etwaiger Zustimmungskompetenzen im Sinne des § 111 Abs. 4 S. 2 AktG lässt sich festhalten, dass diese sich aus der Satzung herleiten. Die Satzung steht zur Disposition der Eigentümer. Wenn beispielsweise der einflussgeminderte Unternehmensführungsvertrag zu einem Eingriff in die Organisationsverfassung führt und das mit einer Satzungsänderung (§§ 179 ff. AktG) vergleichbare Verfahren nach §§ 293 ff. AktG erforderlich wird, dann ist es aus mitbestimmungsrechtlicher Sicht zulässig, dass der Unternehmensführer Kompetenzen erhält, die ursprünglich der Zustimmung des Aufsichtsrats unterlagen. Die Legitimationsthese lässt sich hier also übertragen. Die Ausführungen zur Aktiengesellschaft lassen sich größtenteils

176 *Rüthers*, BB 1977, 605, 611.

177 *Fabricius*, Rechtsprobleme, 81 f.

178 Zu diesem Gedanken Ulmer/Habersack/Henssler/*Ulmer/Habersack*, Mitbest, § 5 MitbestG Rn. 32a.

179 *K. Schmidt*, Gesellschaftsrecht, 820.

180 *K. Schmidt*, Gesellschaftsrecht, 823.

181 Zur Legitimationsthese 3. Kapitel § 1 B IV 2 a.

auch auf die GmbH beziehen, da nach § 25 Abs. 1 Nr. 2 MitbestG und in § 1 Abs. 1 Nr. 3 DrittelbG für die mitbestimmte GmbH hinsichtlich der Kompetenzen des Aufsichtsrats größtenteils auf das Aktiengesetz verwiesen wird.

Gegen den Aspekt einer pauschalen Einbeziehung der Arbeitnehmer des Eigentümerunternehmens in die Mitbestimmung des Unternehmensführers spricht auch, dass sich die Unternehmensführung nur auf den Gegenstand des Unternehmensführungsvertrags beschränkt. Ist beispielsweise der Unternehmensführer noch in anderen Bereichen eigenwirtschaftlich oder auch als Unternehmensführer bei einem anderen Unternehmen tätig, so dürfen die Arbeitnehmer auf diesen Bereich – der sie auch nichts angeht – nicht Einfluss nehmen oder Information über diesen Bereich erlangen. Zutreffend ist, dass der Aufsichtsrat keine unmittelbare Aufsicht über den Unternehmensführer ausübt. Allerdings kann der Aufsichtsrat den Unternehmensführer mittelbar über die Tätigkeit des Vorstands bzw. der Geschäftsführung kontrollieren. Da der Vorstand oder die Geschäftsführung bei einem Unternehmensführungsvertrag für die wirtschaftlichen Entscheidungen im Kern weiterhin zuständig ist, genügt diese mittelbare Kontrolle über den Vorstand oder die Geschäftsführung.[182] Schließlich ist anzumerken, dass der Aufsichtsrat auch über leitende Angestellte unter der Hierarchieebene des Vorstands oder der Geschäftsführungsebene keine unmittelbare Kontrolle ausübt.

Da bei einem unechten Unternehmensführungsvertrag ein Betriebsübergang vorliegt, gehen die Arbeitsverhältnisse auf den Unternehmensführer über. Dieser Übergang führt dazu, dass die Arbeitnehmer dann auch bei der unternehmerischen Mitbestimmung des Unternehmensführers genauso zu berücksichtigen sind wie die bei dem Unternehmensführer angestellten Arbeitnehmer.[183]

C) Einfluss auf die Unternehmensmitbestimmung des Eigentümerunternehmens

Auch aus Sicht des Eigentümerunternehmens werden die Mitarbeiter des Unternehmensführers nicht in die Mitbestimmung des Eigentümerunternehmens einbezogen, wenn nicht ein Konzernverhältnis im Sinne des § 18 Abs. 1 AktG besteht.[184] Das typischerweise vorliegende umfangreiche Weisungsrecht des Eigentümerunternehmens genügt nicht, um eine konzernrechtlich relevante Abhängigkeit zu begründen.[185] Dieses Weisungsrecht ist auf den Vertragsgegenstand des Unternehmensführungsvertrags begrenzt. Darüber hinaus kann das Eigentümerunternehmen keinen Einfluss auf den Unternehmensführer ausüben.

---

182 Vgl. hierzu 3. Kapitel § 1 B; 3. Kapitel § 3 C; 3. Kapitel § 4 B.

183 *Rieble*, NZA 2010, 1145, 1148.

184 Ebenso *Rieble*, NZA 2010, 1145, 1148; krit. *Schneider*, JbFStR 1982/1983, 387, 412, der eine besondere Mitbestimmungsvereinbarung fordert.

185 Ebenso Ulmer/Habersack/Henssler/*Ulmer/Habersack*, Mitbest, § 5 MitbestG Rn. 32.

Teilweise wird eine Einflussnahmemöglichkeit von Seiten der Literatur mit der Argumentation bejaht, es liege eine Arbeitnehmerüberlassung zugunsten des Eigentümerunternehmens vor.[186] Dies ergebe sich schon daraus, dass der Unternehmensführer und das Eigentümerunternehmen als ökonomische und organisatorische Einheit agieren, die Arbeitnehmer des Unternehmensführers eingegliedert sind und der Unternehmensführer nicht die Möglichkeit habe sein arbeitsrechtliches Direktionsrecht auszuüben.[187]

Die Unternehmensführungsverträge führen grundsätzlich nicht zu einer Arbeitnehmerüberlassung. Die Arbeitnehmer des Unternehmensführers werden zwar am Ort des Eigentümerunternehmens tätig. Das heißt jedoch nicht, dass sie in dem Fremdunternehmen eingegliedert sind und das Eigentümerunternehmen das Direktionsrecht gegenüber diesen Fremdarbeitnehmern ausübt. Der Einsatz von Drittdienstleistern in einem Unternehmen, ohne dass eine Arbeitnehmerüberlassung vorliegt, ist heute weit verbreitet und anerkannt. Im Grunde handelt es sich hier um eine Parallele zu der Problematik der Abgrenzung von Arbeitsverträgen zu sonstigen freien Dienst- und Werkverträgen.[188] Eine entsprechende Anwendung der mitbestimmungsrechtlichen Zurechnungsvorschriften für Konzernsachverhalte ist abzulehnen.[189] Schon der Aspekt der Fremdinteressenwahrnehmung im Rahmen eines Unternehmensführungsvertrags würde ad absurdum geführt werden, wenn die Arbeitnehmer des Unternehmensführers auf unternehmerische Entscheidungen des Eigentümerunternehmens Einfluss nehmen könnten. Richtig ist, dass unternehmerische Entscheidungen des Eigentümerunternehmens sich auf die Belegschaft des Unternehmensführers auswirken können. Dies ist beispielsweise dann denkbar, wenn das Eigentümerunternehmen beschließt, das von dem Unternehmensführer geführte Unternehmen zu verkleinern und deshalb möglicherweise Arbeitsplätze bei dem Unternehmensführer wegfallen. Ein solcher Einfluss ist allerdings nur mittelbar und befindet sich innerhalb des Risikobereichs den jedes Unternehmen autonom zu tragen hat.

§ 4. Einfluss eines Unternehmensführungsvertrags auf die betriebliche Mitbestimmung

Zunächst ist festzustellen, dass sowohl die Arbeitnehmer des Unternehmensführers als auch die Arbeitnehmer des Eigentümerunternehmens fähig sind einen Betriebsrat zu gründen, wenn die Voraussetzungen des § 1 BetrVG vorliegen. Dieses setzt einen Betrieb voraus. Der Betriebsbegriff wird durch das BetrVG nicht legaldefiniert,

186 *Birk*, ZGR 1984, 23, 58; widersprüchlich aber *Birk*, ZGR 1984, 23, 47.
187 *Birk*, ZGR 1984, 23, 58.
188 Hierzu *Preis*, Arbeitsrecht, 61 ff.
189 Vgl. 4. Kapitel § 3 B; in diesem Sinne auch Ulmer/Habersack/Henssler/*Ulmer/Habersack*, Mitbest, § 5 MitbestG Rn. 32.

sondern von dem Gesetz als gegeben vorausgesetzt.[190] Nach der überwiegend vertretenen Ansicht ist als Betrieb eine organisatorische Einheit aus materiellen, immateriellen und personellen Mitteln zur Förderung eines bestimmten arbeitstechnischen Zwecks anzusehen.[191] Trotz dieser Definition ist der Betriebsbegriff teleologisch zu bestimmen.[192] Entscheidet ist für die Begriffsbestimmung im § 1 BetrVG ist ob eine betriebsratsfähige Organisation in der die tätigen Arbeitnehmer als einheitliche Belegschaft anzusehen sind.[193]

Für die Annahme eines Betriebs ist es nicht erforderlich, dass eine eigene starke Organisationsstruktur existiert. Aus diesem Grund ist auch die Errichtung eines Betriebsrats bei einer so genannten Zeitarbeitsfirma zulässig, deren Geschäftsmodell größtenteils nur in der Überlassung von Arbeitnehmern liegt. Explizit ergibt sich dieses auch aus § 14 Abs. 1 AÜG, der die Leiharbeitnehmer bei einer gewerblichen Arbeitnehmerüberlassung weiterhin dem Verleiher zuordnet. Allerdings ermöglicht § 7 S. 2 BetrVG den Leiharbeitnehmern ein Wahlrecht, wenn diese länger als 3 Monate in dem Betrieb des Entleihers beschäftigt sind. Dieses Wahlrecht wird auch für die Frage der Betriebsratsfähigkeit eines Betriebs nach § 1 BetrVG berücksichtigt.[194] Wählbar sind die Leiharbeitnehmer für den Betriebsrat des Entleihers allerdings nicht gem. § 14 Abs. 2 S. 1 AÜG. Dementsprechend werden sie in dieser Kategorie auch nicht für die Betriebsratsfähigkeit eines Betriebs berücksichtigt.[195] Für die nichtgewerbsmäßige Arbeitnehmerüberlassung werden die angesprochenen Regelungen entsprechend angewandt.[196]

Zwar handelt es sich bei dem Abschluss eines Unternehmensführungsvertrags nicht um eine Arbeitnehmerüberlassung. Dennoch stellt sich die Frage, ob der Unternehmensführungsvertrag eine qualitativ ähnliche Wirkung entfaltet. So stehen die Überlegungen nahe, ob der oder die Betriebsräte des Eigentümerunternehmens im Rahmen der betrieblichen Mitbestimmung Einfluss auf den Unternehmensführer nehmen können. Aus Sicht der Arbeitnehmer des Unternehmensführers stellt sich die Frage, ob diese im Wege der betrieblichen Mitbestimmung Einfluss auf das

---

190 BAG, Beschl v. 14.09.1988 – 7 ABR 10/87, AP BetrVG § 1 Nr. 9; Richardi/*Richardi*, BetrVG, § 1 Rn. 15 f.

191 BAG, Beschl v. 14.09.1988 – 7 ABR 10/87, AP BetrVG § 1 Nr. 9; BAG, Beschl. v. 29.05.1991 – 7 ABR 54/90, AP BetrVG 1972 § 4 Nr. 5; Fitting, BetrVG, § 1 Rn. 63; GK-BetrVG/*Franzen*, § 1 Rn. 28; Richardi/*Richardi*, BetrVG, § 1 Rn. 17; H/S/W/G/N/R/*Rose*, BetrVG, § 1 Rn. 7.

192 Fitting, BetrVG, § 1 Rn. 63; GK-BetrVG/*Franzen*, § 1 Rn. 26; Richardi/*Richardi*, BetrVG, § 1 Rn. 19 ff.; H/S/W/G/N/R/*Rose*, BetrVG, § 1 Rn. 8.

193 BAG, Beschl. v. 23.09.1982 – 6 ARB 42/81, AP BetrVG 1972 § 4 Nr. 3; GK-BetrVG/*Franzen*, § 1 Rn. 29; Richardi/*Richardi*, BetrVG, § 1 Rn. 20, 27; H/S/W/G/N/R/*Rose*, BetrVG, § 1 Rn. 9.

194 BAG, Beschl. v. 13.03.2013 – 7 ABR 69/11, NZA 2013, 789, 791 ff.; Richardi/*Richardi*, BetrVG, § 1 Rn. 124.

195 Richardi/*Richardi*, BetrVG, § 1 Rn. 124.

196 Richardi/*Richardi*, BetrVG, § 1 Rn. 125.

Eigentümerunternehmen nehmen können, wenn sie in diesem Betrieb beschäftigt sind. Mit diesen Fragestellungen eng verbunden ist die Frage, ob ein Gesamtbetriebsrat zu gründen ist.

A) Berücksichtigung der Arbeitnehmer des Eigentümerunternehmens bei der betrieblichen Mitbestimmung des Unternehmensführers

I. Zuordnung nach Maßgabe des jeweiligen Arbeitsverhältnisses

Teilweise wird es für problematisch erachtet, dass der Unternehmensführer faktisch in die Position eines Arbeitgebers gegenüber den Arbeitnehmern des Eigentümerunternehmens rückt.[197] Dies sei gerade dann problematisch, wenn der Unternehmensführer keine eigenen Arbeitnehmer beschäftigt.[198] *Birk* vergleicht diesen Sachverhalt mit dem Vorliegen einer arbeitnehmerlosen Holdinggesellschaft und möchte in diesem Fall über die Regelungen des BetrVG hinaus den Unternehmensführer als Ansprechpartner des bzw. der Betriebsräte des Eigentümerunternehmens sehen.[199] In gleicher Weise sieht er die Informationsrechte des oder der Betriebsräte des Eigentümerunternehmens als beeinträchtigt an und auch aus diesem Grund möchte er diese auch auf den Unternehmensführer erstrecken.[200]

Zutreffend werden die Arbeitnehmer des Eigentümerunternehmens grundsätzlich nicht für die betriebliche Mitbestimmung des Unternehmensführers berücksichtigt.[201] Der Adressat der betrieblichen Mitbestimmung ist der Arbeitgeber und aus diesem Grund ist es zwingend erforderlich, dass eine Vertragsbeziehung zum Betriebsinhaber besteht.[202] Bei einem echten Unternehmensführungsvertrag kommt es zu keinem Betriebsübergang, sodass das Arbeitsverhältnis der Arbeitnehmer des Eigentümerunternehmens unangetastet bleibt.

II. Vorliegen eines gemeinsamen Betriebs

Allerdings kann auch ein Betriebsrat im Fall eines gemeinsamen Betriebs im Sinne des § 1 Abs. 1 S. 2 BetrVG gegründet werden. In diesem Fall müssen die mitbestimmungsrechtlich relevanten Arbeitnehmer in einem Arbeitsverhältnis zu einem der beteiligten Unternehmen stehen.[203] Des Weiteren ist erforderlich, dass beide Unternehmen die in einer Betriebsstätte vorhandenen materiellen und immateriellen

197 *Birk*, ZGR 1984, 23, 52 f.
198 *Birk*, ZGR 1984, 23, 53.
199 *Birk*, ZGR 1984, 23, 53.
200 *Birk*, ZGR 1984, 23, 53 f.
201 *Hoffmann-Becking*, MünchVertragsHdbGes I, 1555; *Huber*, ZHR 152 (1988), 123, 162; *Rüthers*, BB 1977, 605, 612.
202 Richardi/*Richardi*, BetrVG, § 1 Rn. 9.
203 Vgl. Richardi/*Richardi*, BetrVG, § 1 Rn. 9.

Betriebsmittel gezielt unter einer einheitlichen Leitung einsetzen.[204] Die einheitliche Leitung muss sich auf wesentliche Funktionen der Personalleitung in personellen und sozialen Angelegenheiten erstrecken.[205] Eine einheitliche Leitung des Betriebs ist nicht schon dann gegeben, wenn die Unternehmen nur unternehmerisch zusammenarbeiten.[206] So genügt es nicht, wenn ein Unternehmen nur zur Erfüllung bestimmter Arbeitsaufgaben in einem anderen Betrieb beschäftigt ist.[207] Es bedarf deshalb einer rechtlichen Verbindung der Unternehmen in Form einer Führungsvereinbarung.[208] Die Abgrenzung, ob eine einheitliche Leitung vorliegt erfolgt danach wer die innerbetriebliche Entscheidungsfindung und ihre Umsetzung steuert.[209] Dass die Arbeitgeberbefugnisse weiterhin formal durch den jeweiligen Vertragsarbeitgeber ausgeübt werden, steht einem gemeinsamen Betrieb nicht entgegen.[210] § 1 Abs. 2 BetrVG beinhaltet zwei Vermutungstatbestände für das Vorliegen eines gemeinsamen Betriebes. Die Vermutungswirkung des § 1 Abs. 2 Nr. 1 BetrVG ist materiellrechtlich nichtssagend, da sie lediglich die Voraussetzungen für einen gemeinsamen Betrieb wiedergibt.[211] Die Vermutungswirkung des § 1 Abs. 2 Nr. 2 BetrVG setzt hingegen die Spaltung eines Unternehmens voraus. Beide Vermutungstatbestände helfen also grundsätzlich bei dem Vorliegen eines Unternehmensführungsvertrags nicht weiter.

Die Annahme eines gemeinsamen Betriebs im Sinne des § 1 Abs. 1 S. 2 BetrVG im Rahmen eines Unternehmensführungsvertrags ist aus verschiedenen Gründen abzulehnen. Das Eigentümerunternehmen bleibt nicht nur Vertragsarbeitgeber der Arbeitnehmer, sondern übt weiterhin die maßgeblichen Entscheidungen aus

204 BAG, Beschl. v. 24.01.1996 – 7 ABR 10/95, NZA 1996, 1110, 1111; BAG, Beschl. v. 31.05.2000 – 7 ABR 78/98, NZA 2000, 1350, 1352; BAG, Beschl. v. 21.02.2001 – 7 ABR 9/00, NJOZ 2002, 154, 155; BAG, Beschl. v. 11.02.2004 – 7 ABR 27/03, NZA 2004, 618 f.; Fitting, BetrVG, § 1 Rn. 80; GK-BetrVG/*Franzen*, § 1 Rn. 46; ErfK/*Koch*, § 1 BetrVG Rn. 14; Richardi/*Richardi*, BetrVG, § 1 Rn. 66; Däubler/Kittner/Klebe/*Trümner*, BetrVG, § 1 Rn. 92.

205 BAG, Beschl. v. 24.01.1996 – 7 ABR 10/95, NZA 1996, 1110, 1112; BAG, Beschl. v. 31.05.2000 – 7 ABR 78/98, NZA 2000, 1350, 1352; BAG, Beschl. v. 21.02.2001 – 7 ABR 9/00, NJOZ 2002, 154, 155; BAG, Beschl. v. 11.02.2004 – 7 ABR 27/03, NzA 2004, 618 f.; Fitting, BetrVG, § 1 Rn. 81; GK-BetrVG/*Franzen*, § 1 Rn. 46; ErfK/*Koch*, § 1 BetrVG Rn. 14; Richardi/*Richardi*, BetrVG, § 1 Rn. 67; *Schubert*, ZfA 2004, 253, 260; Däubler/Kittner/Klebe/*Trümner*, BetrVG, § 1 Rn. 93.

206 BAG, Beschl. v. 31.05.2000 – 7 ABR 78/98, NZA 2000, 1350, 1352; BAG, Beschl. v. 21.02.2001 – 7 ABR 9/00, NJOZ 2002, 154, 155; BAG, Beschl. v. 11.02.2004 – 7 ABR 27/03, NZA 2004, 618, 619; Fitting, BetrVG, § 1 Rn. 82; *Schubert*, ZfA 2004, 253, 260.

207 Richardi/*Richardi*, BetrVG, § 1 Rn. 63.

208 Fitting, BetrVG, § 1 Rn. 84; Däubler/Kittner/Klebe/*Trümner*, BetrVG, § 1 Rn. 93.

209 ErfK/*Koch*, § 1 BetrVG Rn. 14.

210 BAG, Beschl. v. 24.01.1996 – 7 ABR 10/95, NZA 1996, 1110, 1112; Fitting, BetrVG, § 1 Rn. 81; GK-BetrVG/*Franzen*, § 1 Rn. 49; ErfK/*Koch*, § 1 BetrVG Rn. 14.

211 Vgl. Fitting, BetrVG, § 1 Rn. 88; Richardi/*Richardi*, BetrVG, § 1 Rn. 74.

und kann steuernd auf die betrieblichen Prozesse Einfluss nehmen.[212] Der Unternehmensführer tritt nicht als Arbeitgeber, sondern für den Arbeitgeber auf.[213] Die Wahrnehmung der arbeitstechnischen Organisation für ein anderes Unternehmen führt nicht ohne weiteres zu einem gemeinsamen Betrieb. Sowohl der Einfluss des oder der Betriebsräte des Eigentümerunternehmens als auch die Informationsrechte werden durch den Unternehmensführungsvertrag nicht gemindert. Der Unternehmensführer muss seine Führungstätigkeit an dem Interesse des Eigentümerunternehmens ausrichten.[214] Es liegt im Interesse des Eigentümerunternehmens, dass das Unternehmen im Rahmen der Gesetze geführt wird. Zu diesem Rahmen zählt auch die Beachtung der betrieblichen Mitbestimmung. Fällt aus diesem Grund eine Entscheidung des Unternehmensführers in den Bereich der betrieblichen Mitbestimmung des Eigentümerunternehmens, so müssen über das Eigentümerunternehmen der oder die Betriebsräte entsprechend partizipieren.

Des Weiteren muss sich die Führungsvereinbarung bei einem gemeinsamen Betrieb auf die gemeinsame Willensbildung der beteiligten Vertragsarbeitgeber beziehen.[215] Auch das BAG und die Literatur kommen zu dem Schluss, dass sich die Zusammenarbeit im Rahmen eines gemeinsamen Betriebs regelmäßig die Form einer GbR annimmt.[216] Der Unternehmensführungsvertrag zeichnet sich gerade dadurch aus, dass der Unternehmensführer einen fremden Interesse und gerade keinem gemeinsamen Interesse dient. Aus diesem Grund kann bei einem Unternehmensführungsvertrag kein gemeinsamer Betrieb gebildet werden.

Der Unternehmensführer kann allerdings das Eigentümerunternehmen im Rahmen der betrieblichen Mitbestimmung vertreten. Es wird sogar oftmals zum Aufgabenbereich des Unternehmensführers gehören, da die Auseinandersetzung mit dem Betriebsrat bzw. den Betriebsräten zur alltäglichen Aufgabe der operativen Führung gehört. Da der Unternehmensführer das operative Geschäft wahrnimmt, stellt sich die Frage, ob der Betriebsrat sogar die Vertretung durch den Unternehmensführer verlangen kann. Aus § 2 Abs. 1 BetrVG ergibt sich das Gebot der vertrauensvollen Zusammenarbeit. Dies bedeutet, dass der Arbeitgeber nicht nur die betriebsverfassungsrechtliche Funktion des Betriebsrats nicht stören darf, sondern die Einwirkungsmöglichkeiten des Betriebsrats respektieren muss.[217] Je nach Ausgestaltung

---

212 *Rüthers*, BB 1977, 605, 612.

213 *Rüthers*, BB 1977, 605, 612.

214 Siehe auch *Zöllner*, ZfA 1983, 93, 97, der sogar davon ausgeht, dass bei mitbestimmungspflichtigen Angelegenheiten der Unternehmensführer direkt die Zustimmung des Betriebsrats des Eigentümerunternehmens einholt.

215 *Rieble/Gistel*, NZA 2005, 242, 246.

216 BAG, Beschl. v. 07.08.1986 – 6 ABR 57/85, NZA 1987, 131, 133; BAG, Urt. v. 05.03.1987 – 2 AZR 623/85, NZA 1988, 32, 33; BAG, Beschl. v. 24.01.1996 – 7 ABR 10/95, NZA 1996, 1110, 1111 ff.; Fitting, BetrVG, § 1 Rn. 83; ErfK/*Koch*, § 1 BetrVG Rn. 14; *Rieble/Gistel*, NZA 2005, 242, 246; a. A. Däubler/Kittner/Klebe/Wedde/*Trümner*, BetrVG, § 1 Rn. 101, Rn. 104.

217 Richardi/*Richardi*, BetrVG, § 2 Rn. 13

des Unternehmensführungsvertrags kann sich aus diesem Gedanken herleiten lassen, dass der Betriebsrat die Vertretung durch den Unternehmensführer verlangen kann. Ausschlaggebend ist dabei die Kompetenz des Unternehmensführers eigenverantwortlich betriebliche Entscheidungen zu tätigen. Es spricht gegen eine vertrauensvolle Zusammenarbeit, wenn das Eigentümerunternehmen den Unternehmensführer im Rahmen der betrieblichen Mitbestimmung nicht hinzuzieht, obwohl dieser die maßgeblichen Entscheidungen trifft.

III. Vorliegen eines unechten Unternehmensführungsvertrags

Auch bei einem unechten Unternehmensführungsvertrag ändert sich grundsätzlich nichts an der konkreten Organisation der betrieblichen Mitbestimmung. Es liegt hier ein Betriebsübergang vor. Dies hat zur Folge, dass der Unternehmensführer in die Pflichten des Eigentümerunternehmens tritt.[218] Etwas anderes gilt nur, wenn sich mit dem unechten Unternehmensführungsvertrag die Identität des Betriebs verändert.[219] In diesem Fall kann es zu Neuwahlen inkl. des Vorliegens von Übergangsmandaten im Sinne des § 21a BetrVG kommen.[220] Liegt keine Betriebsratsfähigkeit des Eigentümerunternehmens vor, so ist § 21b BetrVG anzuwenden, der dann Restmandate vorsieht. Da im Falle eines unechten Unternehmensführungsvertrags regelmäßig der Unternehmensführer Arbeitgeber der Arbeitnehmer des Eigentümerunternehmens wird, ist gegebenenfalls ein Gesamtbetriebsrat nach § 47 BetrVG zu errichten.[221]

IV. Bildung eines Gesamtbetriebsrats

Es ist auch grundsätzlich kein Gesamtbetriebsrat im Sinne des § 47 BetrVG bei dem Eigentümerunternehmen zu bilden.[222] § 47 Abs. 1 BetrVG geht von mehreren Betrieben bei einem Unternehmen aus. Unter einem Unternehmen ist ein einheitlicher Rechtsträger zu verstehen.[223] Dementsprechend ist es nicht möglich, bei dem Vorliegen mehrerer Rechtsträger einen Gesamtbetriebsrat zu bilden. Würde

---

218 Vgl. Richardi/*Richardi*, BetrVG § 1 Rn. 88; Richardi/*Thüsing*, BetrVG, § 21 Rn. 28.

219 *Rieble*, NZA 2010, 1145, 1147 f.

220 H/S/W/G/N/R/*Rose*, BetrVG, Einl. Rn. 537 ff.; instruktiv auch die Übersicht bei Richardi/*Thüsing*, BetrVG, § 21 Rn. 14.

221 Richardi/*Annuß*, BetrVG, § 47 Rn. 10; Fitting, BetrVG, § 47 Rn. 14.

222 Vgl. BAG, Beschl. v. 29.11.1989 – 7 ABR 64/87, NZA 1990, 615, 619; BAG, Urt. v. 13.02.2007 – 1 AZR 184/06, AP BetrVG 1972 § 47 Nr. 17; Richardi/*Annuß*, BetrVG, § 47 Rn. 10; H/S/W/G/N/R/*Glock*, BetrVG, § 47 Rn. 15; Fitting, BetrVG, § 47 Rn. 14; a. A. *Fabricius*, Rechtsprobleme, 57; *Zöllner*, ZfA 1983, 93, 99, der § 47 BetrVG modifizierend auslegen möchte.

223 BAG, Beschl. v. 29.11.1989 – 7 ABR 64/87, NZA 1990, 615; BAG, Beschl. v. 09.08.2000 – 7 ABR 56/98, AP BetrVG 1972 § 47 Nr. 9; Richardi/*Annuß*, BetrVG, § 47 Rn. 5; H/S/W/G/N/R/*Glock*, BetrVG, § 47 Rn. 10.

man dies zulassen, käme es zu einem Konflikt mit § 54 BetrVG.[224] Es käme zu einer Verwischung mit dem Konzernbegriff. Beispielsweise spricht der Wortlaut des § 58 Abs. 1 BetrVG von Konzernunternehmen. Dies deutet darauf hin, dass das Unternehmen – ebenso wie im Rahmen des § 18 AktG – als eigenständiger Rechtsträger zu verstehen ist.[225] Eine wie auch immer geartete wirtschaftliche Einheit mehrerer Unternehmen genügt für sich genommen nicht für das Vorliegen der Voraussetzungen des § 47 Abs. 1 BetrVG.[226] Die Eigenständigkeit der Unternehmen wird im Bezug auf die Arbeitnehmer durch den Unternehmensführungsvertrag nicht aufgehoben. Sowohl der Unternehmensführer als auch das Eigentümerunternehmen üben weiterhin getrennt ihre Arbeitgeberfunktion aus. *Fabricius* leitet hingegen die Gründung eines Gesamtbetriebsrates daraus her, dass der Unternehmensführer auch für die Arbeitnehmer des Eigentümerunternehmens ein Arbeitgeber in sekundärer Zuständigkeit wird.[227] Diese These ist abzulehnen.[228]

B) Berücksichtigung der Arbeitnehmer des Unternehmensführers bei der betrieblichen Mitbestimmung des Eigentümerunternehmens

Ebenso wie für die betriebliche Mitbestimmung des Eigentümerunternehmens wird die betriebliche Mitbestimmung des Unternehmensführers durch den Unternehmensführungsvertrag grundsätzlich nicht beeinflusst. Insbesondere findet nach zutreffender Ansicht keine Zurechnung der Arbeitnehmer des Eigentümerunternehmens für die betriebliche Mitbestimmung des Unternehmensführers statt, da der Unternehmensführer als Vertragsarbeitgeber weiterhin eigenständig sein Direktionsrecht ausübt.[229] Der oder die Betriebsräte können weiterhin ihren Einfluss auf die Tätigkeit des Unternehmensführers ausüben. Insbesondere kann das Eigentümerunternehmen keine Weisung erteilen, die faktisch zu einer Umgehung der betrieblichen Mitbestimmung des Unternehmensführers führt. Ebenfalls hat die Mitwirkung des oder der Betriebsräte des Unternehmensführers zumindest keinen unmittelbaren Einfluss auf das Eigentümerunternehmen.

Sofern neben dem Unternehmensführungsvertrag zugleich ein konzernbegründendes Abhängigkeitsverhältnis besteht, eröffnet sich die Möglichkeit, einen Konzernbetriebsrat im Sinne des § 54 BetrVG bei dem herrschenden Unternehmen zu gründen.[230] Allerdings ist ein Unterordnungskonzern im Sinne des § 18 Abs. 1 AktG bei dem Vorliegen eines Unternehmensführungsvertrags nicht stets anzunehmen.

---

224 H/S/W/G/N/R/*Glock*, BetrVG, § 47 Rn. 10.
225 So auch H/S/W/G/N/R/*Glock*, BetrVG, § 47 Rn. 10.
226 Richardi/*Annuß*, BetrVG, § 47 Rn. 6; Fitting, BetrVG, § 47 Rn. 11.
227 *Fabricius*, Rechtsprobleme, 50, 56.
228 Vgl. 4. Kapitel § 1 B III.
229 *Birk*, ZGR 1984, 23, 51 f.
230 Richardi/*Annuß*, BetrVG, § 47 Rn. 10; *Birk*, ZGR 1984, 23, 52; H/S/W/G/N/R/*Glock*, BetrVG, § 47 Rn. 15.

C) Besonderheiten bei einem Wirtschaftsausschuss

I. Bildung eines Wirtschaftsausschusses

Nach § 106 Abs. 1 BetrVG ist bei einem Unternehmen mit in der Regel mehr als einhundert Arbeitnehmern ein Wirtschaftsausschuss zu bilden. Für den Unternehmensbegriff des § 106 BetrVG ist grundsätzlich auf den Rechtsträger abzustellen, da andere Auslegungsmöglichkeiten Rechtsunsicherheit und eine Überinstitutionalisierung zur Folge hätte.[231] Der Wirtschaftsausschuss soll gem. § 106 Abs. 1 S. 2 BetrVG den Betriebsrat über wirtschaftliche Angelegenheiten unterrichten, wobei nach § 107 Abs. 3 BetrVG die Aufgaben des Wirtschaftsausschusses auch dem Betriebsrat übertragen werden können.[232] Er ist ein Hilfsorgan des Betriebsrats. Das Tatbestandsmerkmal der wirtschaftlichen Angelegenheiten wird durch § 106 Abs. 3 BetrVG konkretisiert. Der Wirtschaftsausschuss kann zwar unternehmerische Entscheidungen mittelbar beeinflussen, jedoch hat er keine Mitentscheidungskompetenz.[233]

Da für den Wirtschaftsausschuss auf den Rechtsträger des Unternehmens abgestellt wird, hat der Unternehmensführungsvertrag grundsätzlich keinen Einfluss auf den Bestand oder die Bildung eines Wirtschaftsausschusses. Im Rahmen des Unternehmensführungsvertrags werden die wesentlichen wirtschaftlichen Entscheidungen weiterhin bei dem Eigentümerunternehmen getroffen. Aus diesem Grund ist auch der Zweck des Wirtschaftsausschusses gewahrt. Der Zweck des Wirtschaftsausschusses ist die Beratungs- und Informationstätigkeit der unternehmerischen Entscheidungsträger.[234] Zwar ist zunächst nur der Unternehmer oder einer seiner Stellvertreter verpflichtet an den Sitzungen des Wirtschaftsausschusses teilzunehmen.[235] Allerdings können der Unternehmensführer oder seine Vertreter ähnlich wie sachkundige Arbeitnehmer im Sinne des § 108 Abs. 2 S. 2 BetrVG an den Sitzungen beteiligt werden.[236] Sofern der Unternehmensführer eine weitestgehend autonome Stellung einnimmt, indem die Einflussrechte des Eigentümerunternehmens reduziert sind, kann auch der Wirtschaftsausschuss aus dem Rechtsgedanken einer vertrauensvollen betrieblichen Zusammenarbeit im Sinne des § 2 Abs. 1 BetrVG die Beteiligung des Unternehmensführers verlangen.[237]

---

231 *Schubert*, ZfA 2004, 253, 258.
232 Richardi/*Annuß*, BetrVG, § 107 Rn. 34.
233 Fitting, BetrVG, § 106 Rn. *Schubert*, ZfA 2004, 253, 255.
234 Hierzu *Schubert*, ZfA 2004, 253, 255 ff.
235 Richardi/*Annuß*, BetrVG, § 108 Rn. 12 ff.
236 Vgl. Richardi/*Annuß*, BetrVG, § 108 Rn. 18; *Schubert*, ZfA 2004, 253, 261.
237 Anders im Bezug auf sachkundige Arbeitnehmer Richardi/*Annuß*, BetrVG, § 108 Rn. 18.

II. Beteiligung der Wirtschaftsausschüsse vor dem Abschluss eines Unternehmensführungsvertrags

Neben den Einfluss eines Unternehmensführungsvertrags auf die Bestellung eines Wirtschaftsausschusses ist zu berücksichtigen, ob schon bestehende Wirtschaftsausschüsse des Eigentümerunternehmens und des Unternehmensführers vor dem Abschluss eines Unternehmensführungsvertrags einzubeziehen sind. Aus dem Blickwinkel des Eigentümerunternehmens lässt sich ein möglicher Abschluss eines Unternehmensführungsvertrags als wirtschaftliche Angelegenheit im Sinne des § 106 Abs. 1 BetrVG sehen. Mit einem Unternehmensführungsvertrag ist regelmäßig eine strukturelle Umorganisation des Unternehmens verbunden. Aus diesem Grund lässt sich der Unternehmensführungsvertrag aus Sicht des Eigentümerunternehmens unter mehrere der in § 106 Abs. 3 BetrVG genannten Regelbeispiele zählen.

Der Unternehmensführungsvertrag wird im Hinblick auf die wirtschaftliche Lage des Eigentümerunternehmens regelmäßig schon eine wirtschaftliche Angelegenheit im Sinne des § 106 Abs. 3 Nr. 1 BetrVG sein. So sind von § 106 Abs. 3 Nr. 1 BetrVG Tatsachen erfasst, die auf die zukünftige Entwicklung der Ertragslage bzw. der Kosten für die Unternehmensführung schließen lassen.[238] Der Unternehmensführungsvertrag kann Einfluss auf die bestehende Wettbewerbslage haben. Des Weiteren sind mit diesem Vertrag oft erhebliche Kosten verbunden. Wenn mit dem Unternehmensführungsvertrag eine Umstrukturierung des Betriebs oder der Betriebe einhergeht, dann kann eine Informationspflicht nach § 106 Abs. 3 Nr. 1, Abs. 3 Nr. 4, Abs. 3 Nr. 5, Abs. 3 Nr. 6, Abs. 3 Nr. 9 BetrVG gegeben sein. Spätestens besteht hier eine Informationspflicht durch den Auffangtatbestand des § 106 Abs. 3 Nr. 10 BetrVG.[239] Die Interessen der Arbeitnehmer des Eigentümerunternehmens werden im Wesentlichen berührt, da bei einem echten Unternehmensführungsvertrag der Unternehmensführer stellvertretend das Direktionsrecht ausübt und bei einem unechten Unternehmensführungsvertrag ein Betriebsübergang vorliegt.[240]

Auch aus Sicht des Unternehmensführers ist bei einem geplanten Abschluss eines Unternehmensführungsvertrags regelmäßig der eigene Wirtschaftsausschuss hierüber zu informieren. Dies lässt sich darauf stützten, dass zum einen der Abschluss bedeutend für die wirtschaftliche Lage des Unternehmensführers im Sinne des § 106 Abs. 4 Nr. 1 BetrVG ist. Des Weiteren kann der Abschluss des Unternehmensführungsvertrags auch erheblich die Interessen der Arbeitnehmer des Unternehmensführers berühren, da diese dann gegebenenfalls in Fremdbetrieben eingesetzt werden.

238 Vgl. Richardi/*Annuß*, BetrVG, § 106 Rn. 40; H/S/W/G/N/R/*Hess*, BetrVG § 106 Rn. 45.

239 Zum § 106 Abs. 3 Nr. 10 als Auffgangtatbestand vgl. Richardi/*Annuß*, BetrVG, § 106 Rn. 56; H/S/W/G/N/R/*Hess*, BetrVG § 106 Rn. 43, 72 ff.

240 Im Ergebnis auch *Fenzl*, Betriebsführungsverträge, 138.

III. Beteiligung des Wirtschaftsausschusses bei Durchführung eines Unternehmensführungsvertrags

Bei der Durchführung des Unternehmensführungsvertrags dürfen die Informationspflichten des Wirtschaftsausschusses nicht umgangen werden. Das Eigentümerunternehmen trifft weiterhin die Pflicht, die von § 106 BetrVG geforderten Informationen dem eigenen Wirtschaftsausschuss bereitzustellen. Diese Pflicht erstreckt sich mittelbar auch auf den Unternehmensführer. Der Unternehmensführer hat im Verhältnis zum Eigentümerunternehmen eine Fremdinteressenwahrnehmungspflicht. Diese Pflicht umfasst es auch dafür Sorge zu tragen, dass innerhalb des eigenen Zuständigkeitsbereichs alle gesetzlichen Vorgaben eingehalten werden. Aus diesem Grund muss der Unternehmensführer dafür Sorge tragen, dass alle erforderlichen Informationen an das Eigentümerunternehmen weitergeleitet werden, damit dieses den Wirtschaftsausschuss ordnungsgemäß informieren kann. Allerdings besteht eine Grenze der Unterrichtung soweit Betriebs- und Geschäftsgeheimnisse des Unternehmens gefährdet sind.[241] Diese Grenze ist in zweierlei Hinsicht von Bedeutung. Das Eigentümerunternehmen muss dem eigenen Wirtschaftsausschuss keine Betriebs- und Geschäftsgeheimnisse mitteilen. Aber auch von dem Unternehmensführer kann nicht verlangt werden, dass eigene sensible Informationen einem fremden Wirtschaftsausschuss zur Verfügung gestellt werden. Dogmatisch ist dies damit zu begründen, dass die bestehende Informationspflicht des Unternehmensführers begrenzt wird durch das zwischen dem Eigentümerunternehmen und dem Unternehmensführer bestehende Treueverhältnis.

Grundsätzlich anders stellt sich die Rechtslage im Hinblick auf den Wirtschaftsausschuss des Unternehmensführers dar. Dieser ist nur zu informieren, soweit das eigene Unternehmen betroffen ist. Das Eigentümerunternehmen hat hier keine besonderen Informationen zur Verfügung zu stellen, da der Unternehmensführer gerade im fremden Interesse tätig ist. Etwas anderes ergibt sich auch nicht daraus, dass das Eigentümerunternehmen möglicherweise Entscheidungen trifft, die sich erheblich auf die Arbeitnehmer des Unternehmensführers auswirken. Vergleichen lässt sich die Fallkonstellation beispielsweise mit einem wirtschaftlich abhängigen Zulieferunternehmen. Auch hier können wirtschaftliche Entscheidungen des Abnehmers erheblichen Einfluss auf den Zulieferer haben. Dennoch sind beide Unternehmen weiterhin selbstständig tätig. Dementsprechend muss grundsätzlich auch der Abnehmer dem Zulieferer keine Information über wirtschaftlich erhebliche Entscheidungen bekannt geben.

241 Richardi/*Annuß*, BetrVG, § 106 Rn. 32 ff.; H/S/W/G/N/R/*Hess*, BetrVG § 106 Rn. 34 f.

Zusammenfassung der wesentlichen Ergebnisse

1. In der überwiegenden Literatur wird der hier zu untersuchende Vertragstypus als Betriebsführungsvertrag bezeichnet. Vorzugswürdig ist jedoch die Bezeichnung als Unternehmensführungsvertrag, da sich der Führungsauftrag an das Unternehmen als Rechtsobjekt richtet. Von einer Bezeichnung als Betriebsführungsvertrag ließe sich allerdings ausgehen, wenn der Parteiwille nach §§ 133, 157 BGB so ausgelegt wird, dass der Führungsauftrag sich auf das Betreiben des Unternehmens richtet.
2. Für den Abschluss eines Unternehmensführungsvertrags lassen sich vier wesentliche Motivtypen extrahieren. Der Unternehmensführungsvertrag kann als Einkauf bzw. Verkauf von Managementleistungen genutzt werden. Er kann als Alternative zu einem Unternehmenskauf fungieren. Des Weiteren kann der Unternehmensführungsvertrag zu Strukturierungszwecken gebraucht werden. Letztlich wird der Unternehmensführungsvertrag auch genutzt, um Dritten Einfluss auf das Eigentümerunternehmen zu gewähren oder dies zu verhindern.
3. Jede Vertragspartei trägt im Rahmen des Unternehmensführungsvertrags weiterhin ihr wirtschaftliches Risiko. Bei dem unechten Unternehmensführungsvertrag wird jedoch der Unternehmensführer auf sekundärer Ebene an dem Risiko des Eigentümerunternehmens beteiligt, da der Unternehmensführer hier das Insolvenzrisiko des Eigentümerunternehmens trägt. Dies ergibt sich daraus, dass der Unternehmensführer im eigenen Namen Verträge für das Eigentümerunternehmen schließt und der Ausgleich über das Innenverhältnis erfolgt. Von den wirtschaftlichen Chancen der Unternehmung profitiert zunächst nur das Eigentümerunternehmen. Allerdings kann, je nach gewählter Vergütungsform, der Unternehmensführer an diesen Chancen partizipieren.
4. Der Unternehmensführungsvertrag zeichnet sich dadurch aus, dass typischerweise ein besonderes Interesse des Eigentümerunternehmens an der Person des Unternehmensführers besteht, sodass ein Wechsel der Person des Unternehmensführers zu einer Beendigung des Vertragsverhältnisses führen kann. In diesem Sinne liegt hier ein personelles Element in asymmetrischer Form vor. Für den unwahrscheinlichen Fall, dass eine natürliche Person als Unternehmensführer fungiert, kann diese Beendigung auf die Auslegungsregelung der §§ 675 Abs. 1, 672 S. 1 BGB gestützt werden. Ist der Unternehmensführer eine juristische Person, so kann dieses Interesse bei der Abwägung eines außerordentlichen Kündigungsrechts herangezogen werden. Das personelle Element kann sich bei einer Gesellschaft unter Umständen auch auf deren Vertretungsorgan durchschlagen.
5. Sowohl der echte als auch der unechte Unternehmensführungsvertrag sind als Treuhand im Sinne des modernen Treuhandbegriffs einzuordnen, da der

Vertragstypus des Unternehmensführungsvertrags einer Fremdinteressenwahrnehmung dient und dem Unternehmensführer die Möglichkeit eröffnet wird, auf das Vermögen des Eigentümerunternehmens einzuwirken.

6. Der Unternehmensführungsvertrag ist typischerweise als Dauerschuldvertrag einzuordnen, da das Vertragsverhältnis nicht mit einer Zielbestimmung ausgestattet ist, die das Vertragsverhältnis bei dem Erreichen beendet, und der Leistungsumfang nur über das Zeitkriterium bestimmt werden kann. Des Weiteren ist die Leistungsstruktur des Unternehmensführungsvertrags typischerweise vertikal geprägt, da das Eigentümerunternehmen die Möglichkeit hat, durch ihr Weisungsrecht auf den Unternehmensführer Einfluss zu nehmen. Dennoch beinhaltet der Unternehmensführungsvertrag auch kooperative Elemente. So ist die Leistungserbringung durch den Unternehmensführer regelmäßig nur möglich, wenn das Eigentümerunternehmen mitwirkt. Die kooperativen Elemente aus Sicht des Unternehmensführers ergeben sich aus dem Umstand, dass dieser gegenüber dem Eigentümerunternehmen eine erhebliche Vertrauensstellung einnimmt. Aus dieser treuhänderischen Stellung ergeben sich Kooperationspflichten. Des Weiteren weist die Leistungsstruktur des Unternehmensführungsvertrags eine Tendenz zu einer organisationsvertraglichen Prägung im weitesten Sinne auf. So wird der Unternehmensführungsvertrag häufig Glied eines Vertragssystems sein.
7. Der Unternehmensführungsvertrag ist typischerweise als Geschäftsbesorgungsvertrag mit Dienstleistungscharakter einzuordnen. Im Fall der Unentgeltlichkeit der Unternehmensführung liegt ein Auftragsverhältnis vor.
8. In der Vertragsanbahnung des Unternehmensführungsvertrags bestehen regelmäßig Aufklärungspflichten. Der Inhalt und die Reichweite dieser Aufklärungspflichten sind von dem konkreten Einzelfall abhängig. Wesentliche Parameter für die Konkretisierung der Aufklärungspflichten sind die Art des Unternehmensführungsvertrags, die Vertragsparteien, die Qualifizierung des Vertragsverhältnisses als Dauerschuldverhältnis sowie die besondere Vertrauens- und Treuestellung des Unternehmensführers. So kann insbesondere das Eigentümerunternehmen eine Aufklärungspflicht über Leistungsmerkmale des eigenen Unternehmens treffen, die eine Prognose über die zukünftige Unternehmensentwicklung ermöglichen. Das berechtigte Informationsinteresse des Unternehmensführers kann sich im Einzelfall aus dem Umstand einer stark leistungsorientierten Vergütungsregelung ergeben. Auch bei einem unechten Unternehmensführungsvertrag liegt ein gesteigertes Informationsinteresse des Unternehmensführers vor, da er in diesem Fall an dem Insolvenzrisiko des Eigentümerunternehmens partizipiert. Um das Risiko der Verletzung einer Aufklärungspflicht zu minimieren, kann es empfehlenswert für die Vertragsparteien sein, auch bei einem Unternehmensführungsvertrag nach einer Kosten-Nutzen-Relation eine due diligence Prüfung vorzunehmen. Geschäftsgeheimnisse, die Rahmen eine due diligence Prüfung dem potentiellen Vertragspartner bekannt wurden, dürfen nicht zu dessen Nachteil genutzt werden.

9. Vor der eigentlichen Aufnahme der Unternehmensführung trifft den Unternehmensführer die Pflicht, nötige organisatorische Maßnahmen vorzunehmen, um die Unternehmensführung termingerecht zu übernehmen. Darüber hinaus werden im Einzelfall weitergehende Vorbereitungspflichten vereinbart, wie beispielsweise die Überwachung oder Realisierung von vorbereitenden Maßnahmen oder die Schulung des Personals des Eigentümerunternehmens.
10. Die Festlegung des Maßstabs der Unternehmensführung muss sich zunächst an den vorgegebenen Richtlinien und Weisungen des Eigentümerunternehmens orientieren. Liegt keine Konkretisierung des Maßstabs vor, so muss sich der Maßstab nach dem Interesse des Eigentümerunternehmens richten. Dabei ist ein objektiv-individueller Sorgfaltspflichtmaßstab des Unternehmensführers anzulegen. Kennzeichnen lassen sich dabei drei Phasen. Der Unternehmensführer muss einen angemessenen Organisationsrahmen schaffen, er muss die Interessen des Eigentümerunternehmens aufklären und er muss angemessen handeln. Für die letzte Phase kann bei der Auslegung an dem Sorgfaltspflichtmaßstab des § 93 Abs. 1 AktG Anleihe genommen werden. In diesem Sinne trifft auch den Unternehmensführer die Pflicht zur Einhaltung der geltenden Gesetze sowie zur Treue gegenüber seinem Vertragspartner. Sofern dem Unternehmensführer eine wirtschaftliche Ermessensentscheidung zusteht, sind die Grundsätze der Business Judgement Rule auf diesen zu übertragen ohne die kodifizierte Haftungsprivilegierung für Vorstände aus § 93 Abs. 1 S. 2 AktG entsprechend anzuwenden.
11. Den Unternehmensführer trifft ein Herausgabeanspruch nach §§ 675 Abs. 1, 667 BGB. Besondere Bedeutung erlangt der Herausgabeanspruch im Rahmen des unechten Unternehmensführungsvertrags, da hier der Unternehmensführer im eigenen Namen Rechtspositionen erwirbt, während im Rahmen des echten Unternehmensführungsvertrags der Unternehmensführer im fremden Namen tätig ist. In diesem Fall ist beispielsweise neben dem Herausgabeanspruch des §§ 675 Abs. 1, 667 BGB auch ein dinglicher Anspruch aus § 985 BGB einschlägig.
12. Ist mit dem Unternehmensführungsvertrag ein Know-how-Transfer an das Eigentümerunternehmen vorgesehen, kann sich dies unterschiedlich gestalten. Wesentliche Aspekte sind hierbei die Schulung von Mitarbeitern durch den Unternehmensführer, die Personalbeschaffung durch den Unternehmensführer sowie das Zurverfügungstellen von gewerblichen Schutzrechten. Das Zurverfügungstellen von gewerblichen Schutzrechten von Seiten des Unternehmensführers ist vor allem bei dem echten Unternehmensführungsvertrag relevant, da hier das Unternehmen im Namen des Eigentümerunternehmens geführt werden soll. Immaterialgüter, die im Laufe der Unternehmensführung entstehen, sind ohne explizite Vereinbarung grundsätzlich dem Unternehmensführer zuzuordnen. Allerdings kann dem Eigentümerunternehmen ein Herausgabeanspruch aus §§ 675 Abs. 1, 667 BGB zustehen. Stellt sich das gewonnene Immaterialgut als überobligatorische Leistung des Unternehmensführers dar, so besteht ein besonderer Vergütungsanspruch hierfür.

13. Das Eigentümerunternehmen ist von dem Unternehmensführer auf verschiedenen Wegen zu beteiligen. In Betracht kommen vertraglich vorgesehene Zustimmungsvorbehalte oder auch die Vereinbarung eines Leistungsbestimmungsrechts. Ohne eine spezifische Vereinbarung steht dem Eigentümerunternehmen ein Weisungsrecht zu. Dies ergibt sich aus der Qualifizierung des Unternehmensführungsvertrags als Geschäftsbesorgungsvertrag. Bei der Ausübung des Weisungsrecht sind dem Unternehmensführer – neben den § 134 BGB oder § 138 BGB – Grenzen aus § 242 BGB gezogen. Die Grenze des Weisungsrecht ist dann tangiert, wenn die Weisung über den Vertragsgegenstand des Unternehmensführungsvertrag hinausgeht oder eine Handlung verlangt wird, die das Eigentümerunternehmen in der Lage des Unternehmensführers selbst nicht getätigt hätte.
14. Zu den wesentlichen Nebenpflichten zählen die Informationspflichten und die Treuepflichten des Unternehmensführers. Die Informationspflichten ergeben sich schon aus der Einordnung des Unternehmensführungsvertrags als Geschäftsbesorgungsvertrag und der Anwendung der §§ 675 Abs. 1, 666 BGB. Aufgrund der besonderen Treuebeziehung zwischen dem Eigentümerunternehmen und dem Unternehmensführer und dem Umstand, dass die gesellschaftsrechtliche Zulässigkeit maßgeblich von den Informationspflichten des Unternehmensführers abhängt, können die Informationsrechte aus § 666 BGB nicht beschränkt werden. Aus der Treuepflicht des Unternehmensführers ergeben sich insbesondere eine Geheimhaltungspflicht, die Pflicht fremde Geschäftschancen für eigene Zwecke nicht auszunutzen und gegebenenfalls ein Wettbewerbsverbot. Ein Wettbewerbsverbot kann gegen Art. 101 Abs. 1 AEUV respektive § 1 GWB verstoßen, wenn der Unternehmensführer und das Eigentümerunternehmen schon vor dem Abschluss des Vertrags in Konkurrenz oder in potentieller Konkurrenz standen. In diesem Fall bedarf es der Abwägung positiver und negativer Effekte des Wettbewerbsverbots und zusätzlich muss das Wettbewerbsverbot erforderlich sein. Neben der wettbewerbsrechtlichen Zulässigkeit eines Wettbewerbsverbots, muss dieses sich auch an der vertraglichen Inhaltskontrolle des § 242 und § 307 Abs. 1 BGB messen lassen. Daneben ist zu prüfen, ob bei der Vereinbarung eines Wettbewerbsverbots die Außengrenzen der Privatautonomie im Sinne des § 138 Abs. 1 BGB unter der Berücksichtigung der Berufsfreiheit (Art. 12 Abs. 1 GG ggf. i. V. m. Art. 19 Abs. 3 GG) eingehalten wurden. Grundsätzlich muss keine Karenzentschädigung für ein während des Vertragsverhältnisses bestehendes Wettbewerbsverbot gezahlt werden. Eine Ausnahme kann sich ergeben, wenn das Wettbewerbsverbot über die Herstellung und den Vertrieb direkt konkurrierender Produkte bzw. Dienstleistungen hinausgeht.
15. Das Eigentümerunternehmen trifft grundsätzlich eine Vergütungspflicht nach Maßgabe des vereinbarten Vergütungssystems. Zu beachten ist, dass eine sehr hohe oder sehr niedrige Vergütung, abgesehen von den gesetzlichen Außengrenzen der Privatautonomie nach § 138 Abs. 1 BGB und dem Vorwurf eines Missbrauchs der Vertretungsmacht, die Frage der Fremdinteressenwahrnehmung

aufwerfen kann. So ist die Vergütungsfrage durchaus heranzuziehen bei der Abgrenzung eines Unternehmensführungsvertrags zu einem atypischen Beherrschungsvertrag. Ebenso kann eine überhöhte Vergütung zu einem Konflikt mit den §§ 57 ff. AktG führen. In diesem Fall ist § 293 Abs. 3 AktG entsprechend anzuwenden.

16. Im Rahmen eines Unternehmensführungsvertrags ist es grundsätzlich zulässig, eine Vollmacht zu erteilen, die über dem Umfang einer Prokura hinausgeht (qualifizierte Generalhandlungsvollmacht). Unzulässig ist hingegen die Erteilung einer Generalvollmacht, die den organschaftlichen exklusiven Kompetenzbereich des Leitungsorgans berührt. Die Interessenlage im Rahmen eines Unternehmensführungsvertrags ermöglicht die Erteilung einer unwiderruflichen Vollmacht. Allerdings kann auch eine unwiderrufliche Vollmacht aus wichtigem Grund widerrufen werden. Wird eine sehr weitgehende Vollmacht unwiderruflich erteilt, ist diese angemessen zu befristen.
17. Aus der Einordnung des Unternehmensführungsvertrags als Geschäftsbesorgungsvertrag ergibt sich die grundsätzliche Pflicht des Eigentümerunternehmens zu einem Aufwendungsersatz gem. §§ 675 Abs. 1, 670 BGB. Dabei kann es zu einem Konflikt kommen bei der Frage, welche Leistungen als Aufwendungen des Unternehmensführers zu sehen sind und welche Leistungen von dem Unternehmensführungsentgelt inkludiert sind. Es empfiehlt sich hier eine explizite vertragliche Regelung. Falls eine solche nicht gegeben ist, kann auch konkludent der Aufwendungsersatzanspruch teilweise ausgeschlossen sein. Indizien für eine Abgrenzung im Einzelfall können die Höhe der Vergütung, der Zweck des Unternehmensführungsvertrags und die vorhandenen Ressourcen sein. Die Grenze für die Abbedingung eines Aufwendungsersatzanspruchs muss dort gezogen werden, wo der Unternehmensführer die später zu tätigen Aufwendungen nicht mehr antizipieren konnte oder das Entgelt für die Unternehmensführung so gering ist, dass nicht einmal die zu erwartenden Aufwendungen gedeckt werden. Das Eigentümerunternehmen kann auch die Pflicht treffen, Eigenschäden des Unternehmensführers nach § 670 BGB analog zu ersetzen. Diese Ersatzpflicht kann in den Grenzen des § 138 BGB abbedungen werden. Hierbei ist darauf zu achten, dass die Risiken der Unternehmung nicht einseitig auf den Unternehmensführer verlagert werden ohne angemessene Kompensation.
18. Die Überlassung des Unternehmens oder der relevanten Unternehmensteile an den Unternehmensführer ist grundsätzlich als Obliegenheit einzustufen. Hat der Unternehmensführer allerdings ein starkes Interesse an der tatsächlichen Unternehmensführung, so stellt sich die Überlassung auch als Schutzpflicht des Eigentümerunternehmens dar. Besondere Bedeutung hat die Unternehmensüberlassung im Falle eines unechten Unternehmensführungsvertrags, da im Falle eines echten Unternehmensführungsvertrags der Unternehmensführer im fremden Namen tätig wird. Empfehlenswert ist hier eine Vereinbarung zwischen den Vertragsparteien, ob das Vollrecht an einzelnen Unternehmensgütern übertragen werden soll oder der Unternehmensführer zur Verfügung im eigenen

Namen ermächtigt wird. Liegt keine Vereinbarung vor, so ist grundsätzlich davon auszugehen, dass dem Unternehmensführer sowohl für das Umlauf- als auch für das Anlagevermögen keine Vollrechtsposition übertragen werden soll. Ebenso kann ohne eine entsprechende Vereinbarung auch nicht davon ausgegangen werden, dass die Firma im Rahmen eines unechten Unternehmensführungsvertrags auf den Unternehmensführer übertragen wird. Sofern eine Übertragung von gewerblichen Schutzrechten für die Unternehmensführung im Rahmen eines unechten Unternehmensführungsvertrags erforderlich ist, erfolgt dies durch die Erteilung einer einfachen Lizenz. Einer Übernahme bestehender Vertragsverhältnisse durch den Unternehmensführer ist nur möglich, wenn der jeweils betroffene Vertragspartner einverstanden ist. Aus diesem Grund können Mischvarianten zwischen einem echten und einem unechten Unternehmensführungsvertrag attraktiv sein.

19. Liegt eine vorvertragliche Aufklärungspflichtverletzung durch das Eigentümerunternehmen oder den Unternehmensführer vor, so kommen für den jeweiligen Vertragspartner ein Anfechtungsrecht wegen arglistiger Täuschung sowie ein außerordentliches Kündigungsrecht in Betracht. Zusätzlich kann ein Schadensersatzanspruch aus c.i.c. im Sinne von §§ 280 Abs. 1, 241 Abs. 2, 311 Abs. 2 BGB gegeben sein. Über diesen Schadensersatzanspruch ist im Wege der Naturalrestitution eine Auflösung des Vertragsverhältnisses oder ein Festhalten an dem Vertrag und eine Liquidation des Vertrauensschadens möglich. Eine echte Vertragsanpassung durch einen Schadensersatzanspruch ist aufgrund von Schwierigkeiten bei der Führung des entsprechenden Kausalitätsbeweises nur in seltenen Fällen möglich. Liegen neben dem Unternehmensführungsvertrag noch andere schuldrechtliche Verbindungen vor, so ist darauf zu achten, dass spezifische gewährleistungsrechtliche Wertungen durch einen vorvertraglichen Schadensersatzanspruch nicht unterlaufen werden.
20. Bei einer Nichtleistung durch den Unternehmensführer entfällt regelmäßig der Anspruch auf die Gegenleistung nach § 326 Abs. 1 S. 1 1. HS BGB, da häufig von einer absoluten Fixschuld auszugehen ist. Daneben kommt ein Schadensersatzanspruch nach §§ 280 Abs. 1, 3, 283 BGB in Betracht. Zusätzlich kann ein außerordentliches Kündigungsrecht des Eigentümerunternehmens nach § 626 Abs. 1 BGB gegeben sein. Ist dies der Fall, kann auch ein Schadensersatzanspruch nach § 628 Abs. 2 BGB vorliegen.
21. Sofern eine Schlechtleistung des Unternehmensführers vorliegt, kommen Ansprüche des Eigentümerunternehmens aus § 280 Abs. 1 BGB oder §§ 823 ff. BGB in Betracht. Eine Minderung oder einen Ausschluss der Vergütung durch einen Schadensersatzanspruch aufgrund einer Schlechtleistung ist regelmäßig nicht möglich, da häufig die Leistung des Unternehmensführers trotz der Schlechtleistung noch für das Eigentümerunternehmen brauchbar ist. Eine Schlechtleistung kann ein außerordentliches Kündigungsrecht nach § 626 Abs. 1 BGB und einen Schadensersatzanspruch nach § 628 Abs. 2 BGB zur Folge haben. Sofern dem Unternehmensführer ein Ermessensspielraum bei wirtschaftlichen Entscheidungen zusteht, sind die Grundsätze der Business Judgement Rule auf

diesen zu übertragen. Die Haftung des Unternehmensführers kann nach § 254 Abs. 1 BGB analog gemindert werden, da das unternehmerische Risiko nicht einseitig auf den Unternehmensführer abgewälzt werden darf. Für die Frage nach einer Minderung der Haftung sind verschiedene Kriterien heranzuziehen. Beispielhaft lassen sich die Höhe des Unternehmensführungsentgeltes, die Art des Unternehmensführungsvertrags, die Einflussmöglichkeit des Eigentümerunternehmens und die Art und der Umfang der Sorgfaltspflichtverletzung als Kriterien für die Abwägung einer Minderung heranziehen.

22. Sofern eine vorvertragliche Aufklärungspflichtverletzung des Eigentümerunternehmens vorliegt, kommen die gleichen Rechtsfolgen und Ansprüche in Betracht, die auch bei einer vorvertraglichen Aufklärungspflichtverletzung des Unternehmensführers gegeben sein können. Es ergeben sich keine wesentlichen Unterschiede. Bei der Nichtleistung des Eigentümerunternehmens ist zu differenzieren zwischen dem Anspruch auf das Unternehmensführungsentgelt und dem Aufwendungsersatz und der sonstigen Überlassungs- und Mitwirkungspflichten des Eigentümerunternehmens. Letztere sind als Obliegenheiten zu qualifizieren. Die Nichterfüllung dieser Obliegenheiten kann zu einem Annahmeverzug führen und gegebenenfalls zu einer Schutzpflichtverletzung.

23. Für die Beendigung eines Unternehmensführungsvertrags können unterschiedliche Beendigungstatbestände in Frage kommen. Zu nennen sind hier neben einem Aufhebungsvertrag eine ordentliche oder außerordentliche Kündigung sowie die Beendigung durch Zeitablauf. Ein außerordentliches Kündigungsrecht kommt insbesondere bei einem Vertrauensverlust des Eigentümerunternehmens in die Unternehmensführung des Unternehmensführers in Betracht. Für die Auslegung des § 626 BGB kann auf die Wertung des § 84 Abs. 3 AktG zurückgegriffen werden. Bei der Vereinbarung der Vertragslaufzeit müssen die Parteien die Außengrenzen der Privatautonomie beachten. Insbesondere darf die vereinbarte Vertragslaufzeit nicht zu einer Knebelung einer Vertragspartei führen. Der BGH hat bei einem Unternehmensführungsvertrag eine zwanzigjährige Vertragsbindung mit drei zehnjährigen Verlängerungsoptionen für noch zulässig erklärt. Nach dem BGH steht dem Eigentümerunternehmen allerdings die Möglichkeit einer außerordentlichen Kündigung bei andauernder wirtschaftlicher Erfolglosigkeit des Unternehmensführers zu.

24. Mit der Beendigung des Unternehmensführungsvertrags trifft den Unternehmensführer die Pflicht, das Unternehmen an das Eigentümerunternehmen herauszugeben. Die Rückübertragung erfolgt spiegelbildlich zu dem Überlassen des Unternehmens durch das Eigentümerunternehmen. Die Rückführung des Unternehmens bei einem unechten Unternehmensführungsvertrag stellt sich komplexer dar als bei einem echten Unternehmensführungsvertrag. Insbesondere bedarf es bei der Übernahme bestehender Vertragsverhältnisse der Mitwirkung durch die betroffenen Vertragspartner. Den Unternehmensführers kann eine nachvertragliche Verschwiegenheitspflicht und ein Wettbewerbsverbot treffen. Die Zulässigkeit eines vereinbarten Wettbewerbsverbots richtet sich nach Maßgabe des Einzelfalls. Besondere Parameter sind hier insbesondere die

Länge und der Umfang des vereinbarten Wettbewerbsverbots. Besteht ein berechtigtes Interesse an einem Wettbewerbsverbot, so ist den Unternehmensführer in entsprechender Anwendung des § 90a Abs. 1 S. 3 HGB eine angemessene Entschädigung zu zahlen. Zur Konkretisierung einer angemessenen Entschädigung sind verschiedene Kriterien heranzuziehen, wie der objektive Wert des Unterlassens der Konkurrenz, die erforderliche wirtschaftliche Sicherung des mit dem wettbewerbsverbot belasteten Vertragspartners, die Möglichkeit andere Erwerbstätigkeiten nachzugehen, die nicht dem Wettbewerbsverbot unterliegen, sowie andere durch das Wettbewerbsverbot konkret entstandenen Verluste.

25. Mit der Beendigung des Unternehmensführungsvertrags trifft das Eigentümerunternehmen die Pflicht das Unternehmen vom Unternehmensführer wieder zurück zu nehmen. Das Eigentümerunternehmen trägt während der Laufzeit des Unternehmensführungsvertrags das Risiko einer negativen Unternehmensentwicklung. Spiegelbildlich stehen damit auch die Chancen einer positiven Entwicklung dem Eigentümerunternehmen zu. Das Eigentümerunternehmen hat ohne eine abweichende Vereinbarung keinen Ausgleich für eine überproportionale Unternehmensentwicklung unter der Leitung des Unternehmensführers zu leisten. Ein Ausgleichsanspruch ergibt sich aufgrund einer fehlenden vergleichbaren Interessenlage grundsätzlich auch nicht aus einer entsprechenden Anwendung des § 89b HGB. Ist allerdings der Aufwendungsersatzanspruch des Unternehmensführers ausgeschlossen oder limitiert, kommt ein Ausgleichsanspruch durch eine Analogie zu § 89b HGB in Betracht.

26. Die gesellschaftsrechtliche Zulässigkeit eines Unternehmensführungsvertrags mit einer Aktiengesellschaft als Eigentümerunternehmen richtet sich nach der konkreten Ausgestaltung des Vertrags. Sofern das aus der Qualifikation des Unternehmensführungsvertrags als Geschäftsbesorgungsvertrag resultierende Weisungsrecht des Eigentümerunternehmens nicht ausgeschlossen oder modifiziert ist, liegt kein Eingriff in die Organisationsverfassung des Eigentümerunternehmens vor. Ein solcher Vertrag ist demnach aus gesellschaftsrechtlicher Perspektive unproblematisch. Unzulässig ist der Abschluss eines Unternehmensführungsvertrags, der die Einflussnahme des Eigentümerunternehmens generell ausschließt. Ein solcher Vertrag lässt sich auch nicht durch die entsprechende Anwendung der §§ 291, 292 AktG legitimieren. Ein einflussgeminderter Unternehmensführungsvertrag greift zwar in die Organisationsverfassung der Aktiengesellschaft ein. Er kann jedoch durch die entsprechende Anwendung des § 292 Abs. 1 Nr. 3 AktG legitimiert werden, wenn alle in §§ 293 ff. AktG vorgesehenen Kautelen eingehalten wurden. Bei der vertraglichen Ausgestaltung muss jedoch sichergestellt sein, dass für Entscheidungen, die den Unternehmensgegenstand als Kern der wirtschaftlichen Tätigkeit betreffen, ein Zustimmungsvorbehalt zugunsten des Eigentümerunternehmens gegeben ist. Auch für den Typus des unechten Unternehmensführungsvertrags bedarf es der Legitimation über die entsprechende Anwendung des § 292 Abs. 1 Nr. 3 AktG. Für den Teilunternehmensführungsvertrag ist diese Dogmatik zu übernehmen.

Dieser ist zumindest nicht per se als gesellschaftsrechtlich unproblematisch anzusehen.

27. Bei einer SE als Eigentümerunternehmen lassen sich die Ergebnisse zur Aktiengesellschaft übertragen. Mangels spezifischer konzernrechtlicher Regelungen findet das deutsche Konzernrecht entsprechend Anwendung auf eine SE mit Sitz in Deutschland. Dogmatisch sind der Art. 39 Abs. 1 SE-VO und Art. 45 Abs. 1 SE-VO teleologisch zu reduzieren, soweit sie der Legitimation von Organisationsverträgen durch nationales Konzernrecht entgegenstehen. Bei einer monistisch organisierten SE ist der Unternehmensführungsvertrag regelmäßig durch den Verwaltungsrat, und nicht durch die oder den geschäftsführenden Direktor zu schließen, da dieser Vertrag typischerweise als grundlegendes Geschäft anzusehen ist. Sofern ein geschäftsführender Direktor dennoch einen für den laufenden Geschäftsbetrieb unüblichen Unternehmensführungsvertrag abschließt, ist dieser vorbehaltlich der Grenzen des Missbrauchs der Vertretungsmacht wirksam.
28. Ein weisungsgebundener Unternehmensführungsvertrag greift nicht in die Organisationsverfassung einer GmbH als Eigentümerunternehmen ein. Dementsprechend bedarf es grundsätzlich keines Zustimmungsbeschlusses der Gesellschafter. Sofern der weisungsgebundene Unternehmensführungsvertrag im Einzellfall als außergewöhnliche Maßnahme einzuordnen ist, bedarf es eines Zustimmungsbeschlusses. Dieser kann aber grundsätzlich mit einfacher Mehrheit gefasst werden und ist für die Wirksamkeit des Unternehmensführungsvertrags grundsätzlich nicht von Bedeutung. Ein einflussgeminderter Unternehmensführungsvertrag bedarf für seine Legitimation eines Zustimmungsbeschlusses. Dieser ist mit qualifizierter Mehrheit zu treffen. Bei einer kapitalistisch organisierten GmbH ist dieses Zustimmungserfordernis aus einer entsprechenden Anwendung des § 293 AktG herzuleiten. Bei einer personalistisch organisierten GmbH ist dies grundsätzlich aus einer entsprechenden Anwendung des § 53 Abs. 2 GmbHG herzuleiten. Je nach Ausgestaltung der Satzung kann auch ein einstimmiger Zustimmungsbeschluss der Gesellschafter erforderlich sein. Die Wirksamkeit des einflussgeminderten Unternehmensführungsvertrags ist von der Zustimmung der Gesellschafter abhängig. Vor der Zustimmung sind die Gesellschafter über den Unternehmensführungsvertrag nach § 51a GmbHG zu informieren. Des Weiteren bedarf es einer Eintragung in das Handelsregister nach § 54 GmbHG analog und die Schriftform nach § 293 Abs. 3 AktG analog muss eingehalten sein. Ein einflussfreier Unternehmensführungsvertrag ist zulässig, sofern Grundlagengeschäfte unberührt bleiben und das Prinzip der Organschaft nicht verletzt ist. Letzteres ist dann nicht verletzt, wenn enge Richtlinien vorgesehen sind, die den Entscheidungsspielraum des Unternehmensführers begrenzen. Der einflussfreie und der unechte Unternehmensführungsvertrag sind hinsichtlich der Legitimationsvoraussetzungen wie ein einflussgeminderter Unternehmensführungsvertrag zu behandeln.

29. Bei einer Personenhandelsgesellschaft als Eigentümerunternehmen ist zu differenzieren. Regelmäßig bedarf es hier bei dem Abschluss eines Unternehmensführungsvertrags eines einstimmigen Zustimmungsbeschlusses der Gesellschafter. Dogmatisch begründet sich dies aus der Qualifizierung des einflussgeminderten, einflussfreien und des unechten Unternehmensführungsvertrags als Grundlagengeschäft. Auch ein weisungsgebundener Unternehmensführungsvertrag ist als Grundlagengeschäft einzuordnen, wenn mit diesem der Ausschluss einzelner Gesellschafter von der Geschäftsführung verbunden ist. Ist dies nicht der Fall, kann sich eine Zustimmungspflicht der Gesellschafter bei einem weisungsgebundenen Unternehmensführungsvertrag aus der Qualifizierung des Vertrags als außergewöhnliches Geschäft herleiten. Anstatt des einstimmigen Zustimmungsbeschlusses kann die Satzung einen Mehrheitsbeschluss vorsehen, wenn die Grenzen der Kernbereichslehre und des Bestimmtheitsgrundsatzes eingehalten wurden.
30. Je nach Ausgestaltung der konkreten Vergütung des Unternehmensführungsvertrags kann neben dem Unternehmensführungsvertrag ein Gewinnabführungsvertrag oder ein Teilgewinnabführungsvertrag vorliegen. Dies ist der Fall bei einer erfolgsbezogenen Vergütung, die an dem periodischen Unternehmensgewinn anknüpft. Besteht hiernach die Pflicht, den gesamten oder einen Teil des Unternehmensgewinns abzuführen, so sind die Kautelen für die Verträge nach § 291 Abs. 1 AktG bzw. § 292 Abs. 1 Nr. 2 AktG einzuhalten. Dieses Ergebnis ist auf die SE als Eigentümerunternehmen zu übertragen. Bei einer GmbH als Eigentümerunternehmen ist für die Wirksamkeit des Gewinn- oder Teilgewinnabführungsvertrags für eine kapitalistisch organisierte GmbH ein Zustimmungsbeschluss nach § 293 AktG analog erforderlich, während bei einer personalistisch organisierten GmbH ein Zustimmungsbeschluss nach § 53 Abs. 2 GmbHG analog erforderlich ist. Die Gesellschafter müssen hinreichend über den Gewinnabführungsvertrag informiert werden und es bedarf einer Eintragung in das Handelsregister gem. § 294 AktG analog. Ebenso muss die Schriftform eingehalten sein gem. § 293 Abs. 3 AktG analog.
31. Für alle Gesellschaftsformen ist der Unternehmensführungsvertrag von dem typischen Beherrschungsvertrag abzugrenzen. Maßgebliches Abgrenzungsmerkmal ist dabei die Fremdinteressenwahrung bei der Unternehmensführung. Führt der Unternehmensführer das Unternehmen im eigenen Interesse liegt ein atypischer Beherrschungsvertrag vor. Dies hat zur Folge, dass die Kautelen für einen Beherrschungsvertrag eingehalten werden müssen.
32. Im Falle eines nichtigen Unternehmensführungsvertrags sind nicht die Grundsätze über die fehlerhafte Gesellschaft anzuwenden. Es liegt dann regelmäßig eine unberechtigte Geschäftsführung ohne Auftrag vor. Das Eigentümerunternehmen hat mithin das Erlangte nach § 684 S. 1 BGB herauszugeben. Für die Feststellung des Erlangten ist eine Globalbetrachtung erforderlich. Das Erlangte stellt mithin die Unternehmensführung dar, für die nach § 818 Abs. 2 BGB Wertersatz zu leisten ist. Der Wertersatz ist jedoch in der Höhe limitiert. Er darf nicht zu einer faktischen Vergütung des Unternehmensführers für Leistungen

führen, die durch den Eingriff in die Organisationsverfassung unzulässig sind. Auch bei einem nichtigen Unternehmensführungsvertrag bleibt die Vollmacht aufgrund ihrer Abstraktheit regelmäßig wirksam. Die Vertretungsorgane des Eigentümerunternehmens, die durch den Abschluss eines nichtigen Unternehmensführungsvertrags gegen ihre Sorgfaltspflichten verstoßen, haften der Gesellschaft auf Schadensersatz. Für die Haftung des Unternehmensführers gegenüber dem Eigentümerunternehmen kommt neben deliktischen Ansprüchen insbesondere eine Haftung aus § 678 BGB in Betracht.

33. Im Falle eines echten Unternehmensführungsvertrags liegt kein Betriebsübergang im Sinne des § 613a BGB vor. Sowohl die Arbeitnehmer des Eigentümerunternehmens als auch die Arbeitnehmer des Unternehmensführers gehen nicht über. Der Unternehmensführer übt das arbeitsrechtliche Direktionsrecht nur stellvertretend für das Eigentümerunternehmen aus. Das Eigentümerunternehmen kann nur mittelbar auf die Arbeitnehmer des Unternehmensführers Einfluss nehmen, indem dieses an den Unternehmensführer Weisungen erteilt. Aus diesem Grund ist auch keine Arbeitnehmerüberlassung bei dem echten Unternehmensführungsvertrag gegeben. Bei dem unechten Unternehmensführungsvertrag liegt jedoch ein Betriebsübergang im Sinne des § 613a BGB vor, da hier der Unternehmensführer im eigenen Namen gegenüber den Arbeitnehmern des Eigentümerunternehmens auftritt. Die Arbeitnehmer des Eigentümerunternehmens gehen auf den Unternehmensführer über, wenn diese nicht widersprechen im Sinne des § 613a Abs. 6 BGB. Damit scheidet auch bei einem unechten Unternehmensführungsvertrag eine Arbeitnehmerüberlassung aus. Ebenso sind die Arbeitnehmer nicht aus allgemeinen Schutzerwägungen heraus in den jeweils fremden Rechte- und Pflichten-Verband einzubeziehen. Schon ist problematisch, wie sich eine solche Einbeziehung dogmatisch begründen ließe. Des Weiteren besteht hierfür kein Bedürfnis. Wird jedoch der Unternehmensführungsvertrag genutzt um gezielt Arbeitnehmer zu benachteiligen, so kann vor allem ein Schadensersatzanspruch aus § 826 BGB in Frage kommen. Die tarifvertraglichen Bindungen des Eigentümerunternehmens und des Unternehmensführers werden grundsätzlich nicht verändert. Für den unechten Unternehmensführungsvertrag finden aufgrund des Betriebsübergangs die Regelungen des § 613a Abs. 1 S. 2–4 BGB Anwendung.

34. Der echte Unternehmungsführungsvertrag hat per se keinen unmittelbaren Einfluss auf die Unternehmensmitbestimmung des Eigentümerunternehmens oder des Unternehmensführers. Insbesondere kann nicht ohne Weiteres von einer faktischen Konzernierung im Sinne des § 5 MitbestG ausgegangen werden. Eine entsprechende Anwendung des § 5 MitbestG, wie es teilweise von Seiten der Literatur gefordert wurde, ist abzulehnen. Zweifelhaft ist neben der planwidrigen Regelungslücke vor allem die vergleichbare Interessenlage, da der Unternehmensführer das Eigentümerunternehmen im fremden Interesse führt und die Weisungen des Eigentümerunternehmens auf den Vertragsgegenstand limitiert sind. Es kann deshalb nicht davon ausgegangen werden, dass beide Unternehmen unter einer einheitlichen Leitung stehen. Im Rahmen des

unechten Unternehmensführungsvertrags gehen die Arbeitsverhältnisse des Eigentümerunternehmens grundsätzlich auf den Unternehmensführer über. Dementsprechend sind diese Arbeitnehmer im Rahmen der unternehmerischen Mitbestimmung des Eigentümerunternehmens zu berücksichtigen.

35. Auch die betriebliche Mitbestimmung wird bei einem Unternehmensführungsvertrag grundsätzlich nicht beeinflusst. Es liegen weder per se die Voraussetzungen für einen Konzernbetriebsrat noch für einen Gesamtbetriebsrat vor. Das Eigentümerunternehmen bleibt Ansprechpartner der eigenen Arbeitnehmer. Allerdings kann aus § 2 Abs. 1 BetrVG folgen, dass der Unternehmensführer in die betriebliche Mitbestimmung einzubeziehen ist. Gleichzeitig hat der Unternehmensführer die betriebliche Mitbestimmung des Eigentümerunternehmens bei seiner Unternehmensführung zu beachten. Im Rahmen eines unechten Unternehmensführungsvertrags ist unter Umständen ein Gesamtbetriebsrat nach § 47 BetrVG zu bilden. Daneben kann es zu Neuwahlen, Übergangs- und Restmandaten kommen. Besteht bei dem Unternehmensführer oder dem Eigentümerunternehmen ein Wirtschaftsausschuss, so ist dieser über den geplanten Abschluss eines Unternehmensführungsvertrags regelmäßig zu informieren. Bei der Unternehmensführung trifft den Unternehmensführer die Pflicht, alle nach § 106 Abs. 1 BetrVG erforderlichen Informationen bereitzustellen, damit das Eigentümerunternehmen die eigene Informationspflicht erfüllen kann. Begrenzt wird diese Informationspflicht durch das berechtigte Geheimhaltungsinteresse des Unternehmensführers. Das Eigentümerunternehmen muss hingegen den Unternehmensführer nicht über eigene wirtschaftliche Angelegenheiten informieren, die mittelbar den Unternehmensführer betreffen.

Literaturverzeichnis

Abels, Hermann, Managementverträge im Rahmen internationaler Unternehmenstätigkeit, St. Gallen 1987 (Zitierweise: Abels, Mangementverträge).

Ahrens, Claus, Gewerblicher Rechtsschutz, Tübingen 2008 (Zitierweise: Ahrens, Gewerblicher Rechtsschutz).

Altmeppen, Holger, Zum richtigen Verständnis der neuen §§ 293a-293g AktG zu Bericht und Prüfung beim Unternehmensvertrag, ZIP 1998, 1853–1866.

Auffarth, Fritz/Engels, Gerd/Fitting, Karl, Betriebsverfassungsgesetz, 27. Aufl., München 2014 (Zitierweise: Fitting, BetrVG).

Bachmann, Gregor, Die Societas Europaea und das europäische Privatrecht, ZEuP 16 (2008), 32–58.

–, Verhandlungen des 70. Deutschen Juristentages Hannover 2014, Bd. 1 Gutachten/Teil E: Reform der Organhaftung? Materielles Haftungsrecht und seine Durchsetzung in privaten und öffentlichen Unternehmen, München 2014 (Zitierweise: Bachmann, 70. DJT).

Bachmayr, Karl, Der reine Verlustübernahmevertrag, ein Unternehmensvertrag im Sinne des Aktiengesetzes 1965, BB 1967, 135–139.

Ballerstedt, Kurt, Handels- und gesellschaftsrechtliche Probleme der Organschaft (Teil I), DB 1956, 813–815.

–, Schranken der Weisungsbefugnis aufgrund eines Beherrschungsvertrages, ZHR 137 (1973), 388–403.

Bälz, Ulrich, Verbundene Unternehmen, AG 1992, 277–311.

Bamberger, Heinz Georg/Roth, Herbert (Hrsg.), Kommentar zum Bürgerlichen Gesetzbuch, Bd. 1 §§ 1–610, 3. Aufl., München 2012, Bd. 2 §§ 611–1296, 3. Aufl., München 2012 (Zitierweise: Bamberger/Roth/Bearbeiter, BGB).

Bartenbach, Kurt/Volz, Franz-Eugen, Arbeitnehmererfindergesetz, 5. Aufl., Köln 2013 (Zitierweise: Bartenbach/Volz, ArbNErfG).

Bartholomeyczik, Horst, Äquivalenzprinzip, Waffengleichheit und Gegengewichtsprinzip in der modernen Rechtsentwicklung, AcP 166 (1966), 30–75.

Barz, Carl Hans/Brönner, Herbert/Klug, Ulrich/Mellerowicz, Konrad/Meyer-Landrut, Joachim/Schilling, Wolfgang/Wiedemann, Herbert/Würdinger, Hans, Großkommentar zum Aktiengesetz, 4. Bd. §§ 291–410 AktG, 3. Aufl., Berlin, New York 1975 (Zitierweise: Bearbeiter, Großkomm-AktG, 3. Aufl.).

Baumbach, Adolf/Hueck, Alfred (Hrsg.), Gesetz betreffend die Gesellschaften mit beschränkter Haftung, 20. Aufl., München 2013 (Zitierweise: Baumbach/Hueck/Bearbeiter GmbHG).

Baums, Theodor, Der Geschäftsleitervertrag, Begründung, Inhalt und Beendigung der Rechtsstellung der Vorstandsmitglieder und Geschäftsführer in der Kapitalgesellschaften und Genossenschaften, Köln 1987 (Zitierweise: Baums, Geschäftsleitervertrag).

Bayer, Walter/Habersack, Mathias, Aktienrecht im Wandel, Bd. 2 Grundsatzfragen des Aktienrechts. 2, Tübingen 2007 (Zitierweise: Bearbeiter, Bayer/Habersack Aktienrecht).

Beisel, Daniel/Klump, Hans-Herman/Theysohn-Wandle, Jutta, Der Unternehmenskauf, 6. Aufl., München 2009 (Zitierweise: Beisel/Klumb/Theysohn-Wandle/Bearbeiter, Unternehmenskauf).

Beitzke, Günther, Nichtigkeit, Auflösung und Umgestaltung von Dauerrechtsverhältnissen, Bleckede an der Elbe 1948 (Zitierweise: Beitzke, Dauerschuldverhältnis).

Belke, Rolf, Grundfragen des Kartellverbots, ZHR 143 (1979), 74–94.

Bericht der Studienkommission des Deutschen Juristentages, Untersuchungen zur Reform des Konzernrechtes, Tübingen 1967 (Zitierweise: DJT-Konzernrecht).

Berkenbrock, Clemens, Das herrschende Unternehmen als falsus procurator der abhängigen Gesellschaft, AG 1981, 69–73.

Bernhard, Jochen, Grenzen vertraglicher Wettbewerbsverbote zwischen Unternehmen, NJW 2013, 2785–2790.

Beuthien, Volker, Zu zwei Missdeutungen des § 25 HGB, NJW 1993, 1737–1740.

Beyerle, Franz, Die Treuhand im Grundriss des deutschen Privatrechts, Weimar 1932 (Zitierweise: Beyerle, Treuhand).

Bieder, Marcus, Einschränkungen der privilegierten Arbeitnehmerhaftung für leitende Angestellte, DB 2008, 638–640.

Bing, Walter, Die finduziarischen Rechtsgeschäfte im Konkurs des Treuhänders, Straßburg 1916 (Zitierweise: Bing, finduziarische Rechtsgeschäfte).

Birk, Rolf, Betriebsaufspaltung und Änderung der Konzernorganisation im Arbeitsrecht, ZGR 1984, 23–70.

Bitter, Georg, Rechtsträgerschaft für fremde Rechnung, Aussenrecht der Verwaltungstreuhand, Tübingen 2006 (Zitierweise: Bitter, Rechtsträgerschaft).

Böhme, Lothar, Die Aufklärungspflicht bei Vertragsverhandlungen, Göttingen 1964 (Zitierweise: Böhme, Aufklärungspflicht).

Bökelmann, Dieter, Nutzung und Gewinn beim Unternehmensnießbrauch, Tübingen 1971 (Zitierweise: Bökelmann, Nutzungen und Gewinn).

Bork, Reinhard, Allgemeiner Teil des Bürgerlichen Gesetzbuchs, 3. Aufl., Tübingen 2011 (Zitierweise: Bork, AT).

Bornkamm, Joachim/Montag, Frank/Säcker, Franz Jürgen (Hrsg.), Münchner Kommentar zum Europäischen und Deutschen Wettbewerbsrecht, Bd. 1 Europäisches Wettbewerbsrecht, 2. Aufl., München 2015, Bd. 2 Gesetz gegen

Wettbewerbsbeschränkungen (GWB), München 2008 (Zitierweise: Bearbeiter, MüKo Europäisches und Deutsches Wettbewerbsrecht).

Brandes, Stephan, Europäische Aktiengesellschaft: Juristische Person als Organ?, NZG 2004, 642–649.

Brandi, Tim Oliver, Die europäische Aktiengesellschaft im deutschen und internationalen Konzernrecht, NZG 2003, 889–896.

Brecher, Fritz, Vertragsübergang, Betriebsnachfolge und Arbeitsverhältnis, in: Festschrift zum 70. Geburtstag von Walter Schmidt-Rimpler, Rheinische Friedrich-Wilhelms-Universität (Bonn) Rechts- und staatswissenschaftliche Fakultät (Hrsg.), Karlsruhe 1957, S. 181–236 (Zitierweise: Bearbeiter, FS Schmidt-Rimpler).

Breidenbach, Stephan, Die Voraussetzungen von Informationspflichten beim Vertragsschluß, München 1989 (Zitierweise: Breidenbach, Informationspflichten).

Breuer, Johannes, Treuhandverhältnisse im Gesellschaftsrecht, MittRhNotK 1988, 79–96.

Breuninger, Gottfried/Prinz, Ulrich, Moderne Einsatzformen von Betriebsführungs- und Betriebsüberlassungsverträgen, JbFStR 1998/1999, 367–377.

Brevern, Olaf v., Allgemeine Grundsätze für den Unternehmensvertrag, Köln 1971 (Zitierweise: von Brevern, Unternehmensvertrag).

Bungert, Hartwin, Unternehmensvertragsbericht und Unternehmensvertragsprüfung gemäß §§ 293a ff. AktG (Teil I), DB 1995, 1384–1392.

–, Unternehmensvertragsbericht und Unternehmensvertragsprüfung gemäß §§ 293a ff. AktG (Teil II), DB 1995, 1449–1456.

Bunte, Hermann-Josef/Langen, Eugen (Hrsg.), Kartellrecht, Band 2 Europäisches Kartellrecht, 12. Aufl., Köln 2014 (Zitierweise: Langen/Bunte/Bearbeiter, KartellR Bd. 2).

Burbach, Hans-Adolf, Das Recht der konzernabhängigen Personenhandelsgesellschaft, Frankfurt am Main, New York 1989 (Zitierweise: Burbach, Personenhandelsgesellschaft).

Bürkle, Jürgen/Fecker, Jörg, Business Judgement Rule: Unternehmerischer Haftungsfreiraum für leitende Angestellte, NZA 2007, 589–596.

Busche, Jan, Privatautonomie und Kontrahierungszwang, Tübingen 1999 (Zitierweise: Busche, Privatautonomie).

Bydlinski, Franz, Juristische Methodenlehre und Rechtsbegriff, 2. Aufl., Wien, New York 1991 (Zitierweise: Bydlinski Methodenlehre).

Cahn, Andreas, Aufsichtsrat und Business Judgement Rule, WM 2013, 1293–1305.

Cahn, Andreas/Simon, Stefan, Isolierte Gewinnabführungsverträge, Der Konzern 2003, 1–20.

Canaris, Claus-Wilhelm, Die Problematik der Minderung beim Dienstvertrag, in: Festschrift für K. Schmidt zum 70. Geburtstag, Bitter, Georg (Hrsg.), Köln 2009, S. 177–197 (Zitierweise: Canaris, FS. K. Schmidt).

–, Risikohaftung bei schadensgeneigter Tätigkeit in fremdem Interesse, RdA 1966, 41–51.

–, Interessenslage, Grundprinzipien und Rechtsnatur des Finanzierungsleasing, AcP 190 (1990), 410–469.

–, Wandlungen des Schuldvertragsrechts – Tendenzen zu seiner „Materialisierung", AcP 200 (2000), 273–364.

–, Handelsrecht, 24. Aufl., München 2006 (Zitierweise: Canaris, HandelsR).

Caspar, Ute, Wettbewerbliche Gesamtwürdigung von Vereinbarungen im Rahmen von Art. 81 Abs. 1 EGV, Ein Beitrag zur Auslegung des Tatbestandsmerkmals der Wettbewerbsbeschränkung im europäischen Kartellverbotsrecht, Köln 2001 (Zitierweise: Casper, Gesamtwürdigung).

Casper, Matthias, Hat die grundsätzliche Verfolgungspflicht des Aufsichtsrats im Sinne des ARAG/Garmenbeck-Urteils ausgedient?, ZHR 176 (2012), 617–651.

Coing, Helmut, Die Treuhand kraft privaten Rechtsgeschäfts, München 1973 (Zitierweise: Coing, Treuhand).

Damm, Reinhard, Die aktienrechtliche Zulässigkeit von Betriebsführungsverträgen, BB 1976, 294–297.

Däubler, Wolfgang/Kittner, Michael/Klebe, Thomas/Wedde, Peter (Hrsg.), Betriebsverfassungsgesetz, mit Wahlordnung und EBR-Gesetz, 14. Aufl., Frankfurt am Main 2014 (Zitierweise: Däubler/Kittner/Klebe/Wedde/Bearbeiter, BetrVG).

Dauner-Lieb, Barbara/Heidel, Thomas/Ring, Gerhard (Hrsg.), Nomos Kommentar BGB, Bd. 1 Allgemeiner Teil §§ 1–240, 2. Aufl., Baden-Baden 2012 (Zitierweise: NK-BGB/Bearbeiter).

Dauner-Lieb, Barbara/Langen, Werner (Hrsg.), Nomos Kommentar BGB, Bd. 2 Schuldrecht §§ 241–610, 2. Aufl., Baden-Baden 2012 (Zitierweise: NK-BGB/Bearbeiter).

Dette, Felix Christoph, Verdeckte und atypische Beherrschungsverträge im Aktienrecht, Baden-Baden 2012 (Zitierweise: Dette, Beherrschungsverträge).

Dieckmann, Andres, Die Vermutung aufklärungsrichtigen Verhaltens bei Beratungsfehlern von Banken, WM 2011, 1151–1159.

Dierdorf, Josef, Herrschaft und Abhängigkeit einer Aktiengesellschaft auf schuldvertraglicher und tatsächlicher Grundlage, Köln 1978 (Zitierweise: Dierdorf, Herrschaft).

Dieterich, Thomas/Hanau, Peter/Schaub, Günter/Müller-Glöge, Rudi/Preis, Ulrich/ Schmidt, Ingrid (Hrsg.), Erfurter Kommentar zum Arbeitsrecht, 15. Aufl., München 2015 (Zitierweise: ErfK/Bearbeiter).

Dietz, Rolf/Wiedemann, Herbert, Schlechterfüllung des Arbeitsvertrages: Lohnminderung oder Schadensersatz?, JuS 1961, 116–120.

Dörmer, Thomas, Die Unternehmenspacht, Rechtsstellung der Vertragsparteien unter besonderer Berücksichtigung der Pflicht des Unternehmenspächters zur ordnungsgemäßen Unternehmensführung sowie der Rechtslage bei Vertragsbeendigung, Frankfurt am Main 2010 (Zitierweise: Dörmer, Unternehmenspacht).

Druey, Jean Nicolas, Standardisierung der Sorgfaltspflicht? Fragen zur Business Judgement Rule, in: Festschrift für Wulf Goette zum 65. Geburtstag; Habersack, Mathias; Hommelhoff, Peter (Hrsg.), München 2011, S. 57–73 (Zitierweise: Druey, FS Goette).

Dungs, Über die Rechtstellung des Gläubigers für fremde Rechnung, GruchotZ 32 (1888), 8–39.

Ebenroth, Carsten Thomas/Boujong, Karlheinz/Joost, Detlev/Strohn, Lutz (Hrsg.), Handelsgesetzbuch Kommentar, Bd. 1 §§ 1–342e, 3. Aufl., München 2014 (Zitierweise: E/B/J/S/Bearbeiter, HGB).

Ebhardt, Hermann, Die Beendigung des Dauerschuldverhältnisses, Leipzig 1934 (Ebhardt, Beendigung).

Ehring, Philipp, Die Due Diligence im Spannungsverhältnis zwischen kaufrechtlichem Haftungssystem und vertraglicher Gestaltung, Frankfurt am Main 2010 (Zitierweise: Ehring, Due diligence).

Eichmann, Helmut/Falckenstein, Roland von (Hrsg.), Geschmacksmustergesetz, Gesetz über den rechtlichen Schutz von Mustern und Modellen, 4. Aufl., München 2010 (Zitierweise: Eichmann/v. Falckenstein/Bearbeiter, GeschmMG).

Eisenmann, Hartmut/Jautz, Ulrich, Grundriss Gewerblicher Rechtsschutz und Urheberrecht, Mit 55 Fällen und Lösungen, 9. Aufl., Heidelberg 2012 (Zitierweise: Eisenmann/Jautz, Gewerblicher Rechtsschutz).

Emmerich, Hugo, Die Sanierung, Mannheim, Berlin, Leipzig 1930 (Zitierweise: Emmerich, Sanierung).

Emmerich, Volker, Das Konzernrecht der Personengesellschaften – Rückblick und Ausblick –, in: Festschrift für Walter Stimpel zum 68. Geburtstag, Lutter, Marcus (Hrsg.), Berlin 1985, S. 743–757 (Zitierweise: Emmerich, FS Stimpel).

–, Supermarkt und die Folgen – BGHZ 105, 324, JuS 1992, 102–104.

Emmerich, Volker/Gerhardt, Walter/Grunsky, Wolfgang/Huhn, Diether/Schmidt, Eike/Tempel, Otto/Wolf, Manfred, Äthenäum-Zivilrecht, Bd. 1 Grundlagen des Vertrags und Schuldrechts, Frankfurt am Main 1972 (Zitierweise: Bearbeiter, Grundlagen des Vertrags und Schuldrechts).

Emmerich, Volker/Habersack, Mathias, Konzernrecht, Ein Studienbuch, 9. Aufl., München 2008 (Zitierweise: Emmerich/Habersack, Konzernrecht 9. Aufl.).

–, Aktien- und GmbH-Konzernrecht, Kommentar, 7. Aufl., München 2013 (Zitierweise: Bearbeiter, Emmerich/Habersack Komm-KonzR).

–, Konzernrecht, Ein Studienbuch, 10. Aufl., München 2013 (Emmerich/Habersack, Konzernrecht 10. Aufl.).

Engisch, Karl, Die Idee der Konkretisierung in Recht und Rechtswissenschaft unserer Zeit, 2. Aufl., Heidelberg 1968 (Engisch, Idee der Konkretisierung).

Enneccerus, Ludwig/Lehmann, Heinrich, Recht der Schuldverhältnisse, 15 Aufl., Tübingen 1958 (Zitierweise: Enneccerus/Lehmann, Schuldrecht).

Ensthaler, Jürgen (Hrsg.), Gemeinschaftskommentar zum Handelsgesetzbuch mit UN-Kaufrecht, 8. Aufl., Neuwied 2015 (Zitierweise: Ensthaler/Bearbeiter, GK-HGB).

Esser, Josef/Schmidt, Eike, Schuldrecht, Bd. 1, Allgemeiner Teil, Teilband 1, 8. Aufl., Heidelberg 1995 (Zitierweise: Esser/Schmidt, SchR I/1).

Esser, Josef/Weyers, Hans-Leo, Schuldrecht, Bd. 2, Besonderer Teil, Teilband 1, 8. Aufl., Heidelberg 1998 (Zitierweise: Esser/Weyers, SchR II/1).

Exner, Werner, Beherrschungsvertrag und Vertragsfreiheit, Ein Beitrag zur Gestaltung des aktienrechtlichen Beherrschungsvertrags, Frankfurt am Main, New York 1984 (Zitierweise: Exner, Beherrschungsvertrag).

Fabricius, Fritz, Leistungsstörungen im Arbeitsverhaltnis, Tübingen 1970 (Zitierweise: Fabricius, Leistungsstörungen).

–, Rechtsprobleme gespaltener Arbeitsverhältnisse im Konzern, Dargestellt am Rechtsverhältnis der Ruhrkohle-AG zu ihren Betriebsführungsgesellschaften, Neuwied 1982 (Zitierweise: Fabricius, Rechtsprobleme).

Falkenhausen, Joachim von, Ist die Business Judgement Rule eine Haftungsprivilegierung für Vorstände?, NZG 2012, 644–651.

Farthmann, Friedhelm, Der „personenrechtliche Charakter" des Arbeitsverhältnisses, RdA 1960, 5–9.

Fenzl, Alexander, Betriebspachtvertrag und Betriebsführungsvertrag – Verträge im Grenzbereich zwischen gesellschaftsrechtlichen Organisations- und schuldrechtlichen Austauschverträgen, Der Konzern 2006, 18–31.

–, Betriebspacht-, Betriebsüberlassungs- und Betriebsführungsverträge in der Konzernpraxis, Köln 2007 (Zitierweise: Fenzl, Betriebsführungsverträge).

Fikentscher, Wolfgang, Methoden des Rechts in vergleichender Darstellung, Bd. 3 Mitteleuropäischer Rechtskreis, Tübingen 1976 (Zitierweise: Fikentscher, Methoden).

Fikentscher, Wolfgang/Heinemann, Andreas, Schuldrecht, 10. Aufl., Berlin 2006 (Zitierweise: Fikentscher/Heinemann, SchuldR).

Fleck, Hans-Joachim, Das Organmitglied – Unternehmer oder Arbeitnehmer, in: Festschrift für Marie Luise Hilger und Hermann Stumpf zum 70. Geburtstag, Dieterich, Thomas/Gamillscheg, Franz/Wiedemann, Herbert (Hrsg.), München 1983, S. 197–226 (Zitierweise: Fleck, FS Hilger/Stumpf).

Fleischer, Holger, Die Geschäftschancenlehre im Recht der BGB-Gesellschaft, NZG 2013, 361–367.

–, Gelöste und ungelöste Probleme der gesellschaftsrechtlichen Geschäftschancenlehre, NZG 2003, 985–992.

–, Zur Leitungsaufgabe des Vorstandes im Aktienrecht, ZIP 2003, 1–11.

Fleischer, Holger/Goette, Wulf (Hrsg.), Münchner Kommentar zum GmbHG, Bd. 1 §§ 1–34, 2. Aufl., München 2015, Bd. 2 §§ 35–52, München 2012, Bd. 3 §§ 53–85, München 2011, (Zitierweise: Bearbeiter, MüKo-GmbHG).

Flume, Werner, Die abhängige Aktiengesellschaft und die Aktienrechtsreform, DB 1959, 190–196.

–, Die Organschaft im Gewerbesteurrecht, DB 1955, 485–495.

–, Die Organschaft im Körperschaftsteuerrecht, DB 1956, 455–464.

–, Nochmals zur Organschaft im Körperschaftsteuerrecht, DB 1956, 672–674.

–, Stellungnahme zu dem Gutachten des BFH zur Besteuerung der Dividendengarantie bei Organschaftsverhältnissen, DB 1957, 439–441.

–, Allgemeiner Teil des Bürgerlichen Rechts, Bd. 1, Teil 1, Die Personengesellschaft, Heidelberg 1977 (Zitierweise: Flume, Allgemeiner Teil I/1).

–, Allgemeiner Teil des Bürgerlichen Rechts, Bd. 2, Das Rechtsgeschäft, 4. Aufl., Berlin 1992 (Zitierweise Flume, Allgemeiner Teil II).

Forst, Paul/Hoffmann, Stephan, Betriebspacht, Betriebsüberlassung und Betriebsführungsverträge – Alternative Wege zur Herstellung eines steuerlichen Einheitsunternehmens, EStB 2005, 195–197.

Friedmann, Alfred, Gutachten über die Frage: Empfiehlt sich eine gesetzliche Regelung des Treuhänderverhältnisses?, 36. DJT 1931, 805–1135.

Frisch, Thomas, Die Behandlung von Betriebsführungsverträgen in der Fusionskontrolle, AG 1995, 362–368.

Fritzsche, Jörg, „Notwendige" Wettbewerbsbeschränkungen im Spannungsfeld von Verbot und Freistellung nach Art. 85 EGV, ZHR 160 (1996), 31–58.

Fuchs, Andreas, Neue Entwicklungen beim Konzept der Wettbewerbsbeschränkungen in Art. 81 Abs. 1 EG, ZWeR 2007, 369–393.

Führling, Carsten, Sonstige Unternehmensverträge mit einer abhängigen GmbH, Frankfurt am Main, New York 1993 (Zitierweise: Führling, Unternehmensverträge).

Furhmann, Lambertus/Wälzholz, Eckhard (Hrsg.), Formularbuch Gesellschaftsrecht, Köln 2012 (Zitierweise: Bearbeiter, in Fuhrmann/Wälzholz, Formularbuch Gesellschaftsrecht).

Gaul, Dieter, 20 Jahre Arbeitnehmererfinderrecht, GRUR 1977, 686–703.

–, Der persönliche Geltungsbereich des Arbeitnehmererfindungsgesetzes, RdA 1982, 268–279.

Geibel, Stefan J., Treuhandrecht als Gesellschaftsrecht, Tübingen 2008 (Zitierweise: Geibel, Treuhandrecht).

Geitzhaus, Georg, Die Generalbevollmächtigung – empfehlenswertes Instrument der Unternehmensführung, GmbHR 1989, 229–236.

Genius, Klaus, Risikohaftung des Geschäftsherrn, AcP 173 (1973), 481–526.

Gernhuber, Joachim, Die finduziarische Treuhand, JuS 1988, 355–363.

–, Handbuch des Schuldrechts, In Einzeldarstellungen, Tübingen 1989 (Zitierweise: Gernhuber, Schuldverhältnis).

Geßler, Ernst, Abgrenzungs- und Umgehungsprobleme bei Unternehmensverträgen, in: Beiträge zum Zivil- und Wirtschaftsrecht, Festschrift für Kurt Ballerstedt zum 70. Geburtstag, Flume, Werner/Raisch, Peter/Steindorff, Ernst (Hrsg.), Berlin 1975, S. 219–237 (Zitierweise: Geßler, FS Ballerstedt).

–, Der Betriebsführungsvertrag im Lichte der aktienrechtlichen Zuständigkeitsordnung, in: Strukturen und Entwicklungen im Handels-, Gesellschafts- und Wirtschaftsrecht, Festschrift für Wolfgang Hefermehl zum 70. Geburtstag, Fischer, Robert/Gessler, Ernst (Hrsg.), München 1976, S. 263–282 (Zitierweise: Geßler, FS Hefermehl).

Geßler, Ernst/Hefermehl, Wolfgang/Eckardt, Ulrich/Kropff, Bruno (Hrsg.), Aktiengesetz Kommentar, Bd. 4 §§ 291–410, München 1994 (Zitierweise: Geßler/Hefermehl/Eckardt/Kropff/Bearbeiter, AktG).

Geßler, Ernst/Hefermehl, Wolfgang/Hildebrandt, Wolfgang/Schröder, Georg (Hrsg.), Schlegelberger Kommentar zum Handelsgesetzbuch, Bd. 1 §§ 1–47a, 5. Aufl., München 1973, Bd. 3/1 §§ 105–160, 5. Aufl., München 1992 (Zitierweise: Schlegelberger/Bearbeiter, HGB).

Gierke, Otto von, Dauernde Schuldverhältnisse, JherJb 64 (1914), 355–411.

–, Deutsches Privatrecht, Bd. 3 Schuldrecht, Leipzig 1917 (Zitierweise: Gierke, Deutsches Privatrecht III, 593).

Gillot, Christoph, Bestimmtheitsgrundsatz und Kernbereichslehre als Schranken gesellschaftsvertraglich begründeter Mehrheitskompetenz, Berlin 2003 (Gillot, Kernbereichslehre).

Godin, Reinhard von, Nutzungsrecht an Unternehmen und Unternehmensbeteiligungen, Berlin 1949 (Zitierweise: v. Godin, Nutzungsrecht an Unternehmen).

Goette, Wulf, Grundsätzliche Verfolgungspflicht des Aufsichtsrats bei sorgfaltswidrig schädigendem Verhalten im AG-Vorstand?, ZHR 176 (2012), 588–616.

Goette, Wulf/Habersack, Mathias/Kalss, Susanne (Hrsg.), Münchner Kommentar zum Aktiengesetz, Bd. 1 §§ 1–75, 3. Aufl., München 2008, Bd. 2 §§ 76–117, 4. Aufl., München 2014, Bd. 3 §§ 118–178, 3. Aufl., München 2013, Bd. 5 §§ 278–328, 3. Auflage, München 2010, Bd. 7 Europäisches Aktienrecht, 3. Aufl., München 2012 (Zitierweise: Bearbeiter, MüKo-AktG).

Götting, Horst-Peter, Gewerblicher Rechtsschutz, 10. Aufl., München 2013 (Zitierweise: Götting, Gewerblicher Rechtsschutz).

Götting, Horst-Peter/Meyer, Justus/Vormbrock, Ulf (Hrsg.), Gewerblicher Rechtsschutz und Wettbewerbsrecht, Praxishandbuch, Baden-Baden 2011 (Zitierweise: Götting/Meyer/Vormbrock/Bearbeiter, Gewerblicher Rechtsschutz).

Groß, Paul J./Amen, Matthias, Rechtspflicht zur Unternehmensplanung?, WPg 2003, 1161–1180.

Grundmann, Stefan, Der Treuhandvertrag insbesondere die werbende Treuhand, München 1997 (Zitierweise: Grundmann, Treuhandvertrag).

–, Europäisches Gesellschaftsrecht, Eine systematische Darstellung unter Einbeziehung des Europäischen Kapitalmarktrechts, 2. Aufl., Heidelberg 2010.

Grunewald, Barbara, Haftungsvereinbarungen zwischen Aktiengesellschaft und Vorstandsmitgliedern, AG 2013, 813–818.

Grunsky, Wolfgang, Probleme des Nießbrauchs an einem Unternehmen, BB 1972, 585–588.

Gummert, Hans/Weipert, Lutz (Hrsg.), Münchner Handbuch des Gesellschaftsrechts, Bd. 4 Die Aktiengesellschaft, 3. Aufl., München 2007 (Zitierweise: Bearbeiter, MüHdbGes IV).

Habersack, Mathias, Das Konzernrecht der „deutschen SE“, ZGR 2003, 724–742.

Habersack, Mathias/Drinhausen, Florian (Hrsg.), SE-Recht mit grenzüberschreitender Verschmelzung, München 2013 (Habersack/Drinhausen/Bearbeiter, SE-Recht).

Habersack, Mathias/Henssler, Martin/Ulmer, Peter, Mitbestimmungsrecht, Kommentierung des MitbestG, der DrittelbG, des SEBG und des MgVG, 3. Aufl., München 2013 (Zitierweise: Ulmer/Habersack/Henssler/Bearbeiter, Mitbest.).

Habersack, Mathias/Verse, Dirk A., Europäisches Gesellschaftsrecht, Einführung für Studium und Praxis, 4. Aufl., München 2011 (Habersack/Verse, Europäisches Gesellschaftsrecht).

Hager, Günter, Die Prinzipien der Mittelbaren Stellvertretung, AcP 180 (1980), 239–262.

Halm, Dirk, Aktuelle Zweifelsfragen bei der Begründung und Beendigung von Unternehmensverträgen mit der GmbH als Untergesellschaft, NZG 2001, 728–738.

Häsemeyer, Ludwig, Obstruktion gegen Sanierungen und gesellschaftsrechtliche Treupflichten, ZHR 160 (1996), 109–132.

Havermann, Hans, Die verbundenen Unternehmen und ihre Pflichten nach dem Aktiengesetz 1965, WPg 1966, 90–99.

Hegemann, Mike, Außenseiter im GmbH-Konzern: Der außenstehende GmbH-Gesellschafter, GmbHR 2012, 315–322.

Heidenhain, Martin/Meister, Burkhardt W. (Hrsg.), Münchener Vertragshandbuch, Bd. 1 Gesellschaftsrecht, 7. Aufl., München 2011 (Zitierweise: Bearbeiter, Münch-VertragsHdb I).

Hellermann, Klaus, Aktienrechtliche Satzungsstrenge und Delegation von Gestaltungsspielräumen an den Vorstand, NZG 2008, 561–565.

Hennrichs, Joachim, Formwechsel und Gesamtrechtsnachfolge bei Umwandlungen, Einschließlich Verschmelzung und Spaltung, Berlin 1995 (Zitierweise: Hennrichs, Umwandlungen).

Henze, Hartwig, Konzernrecht, Höchst- und obergerichtliche Rechtsprechung, Köln 2001 (Zitierweise: Hartwig, Konzernrecht).

Herfs, Achim, Einwirkung Dritter auf den Willensbildungsprozess der GmbH, Eine Untersuchung von Mitwirkungsrechten Dritter im Entscheidungsbereich der Gesellschafter aufgrund von Satzungsrechten, Stimmbindungsverträgen oder Verpflichtungen der GmbH, Baden-Baden 1994 (Zitierweise: Herfs, Einwirkungen).

Hess, Harald/Worzalla, Michael/Glock, Dirk/Nicolai, Andrea/Rose, Franz-Josef, BetrVG Kommentar, 8. Aufl., Köln 2011 (Zitierweise: H/S/W/G/N/R/Bearbeiter, BetrVG).

Hinderling, Hans Gerorg, Rechtsnorm und Verstehen, Bern 1971 (Zitierweise: Hinderling, Rechtsnorm).

Hirte, Heribert, Berufshaftung, Ein Beitrag zur Entwicklung eines einheitlichen Haftungsmodells für Dienstleistungen, München 1996 (Hirte, Berufshaftung).

–, Die aktienrechtliche Satzungsstrenge: Kapitalmarkt und sonstige Legitimation versus Gestaltungsfreiheit, ZGR Sonderheft Nr. 13 (1998), 61–96.

Hoffmann-Becking, Michael (Hrsg.), Münchener Handbuch des Gesellschaftsrechts, Bd. 4 Aktiengesellschaft, 3. Aufl., München 2007 (Zitierweise: Bearbeiter, in MüHdbGes IV).

Hollensteiner, Wolfgang, Treuhandeigentum an Grundstücken, Erlangen 1929 (Zitierweise: Hollensteiner, Treuhandeigentum).

Hölters, Wolfgang (Hrsg.), Aktiengesetz Kommentar, 2. Aufl., München 2014 (Zitierweise: Hölters/Bearbeiter, AktG).

Hommelhoff, Peter, Zum Konzernrecht in der Europäischen Aktiengesellschaft, AG 2003, 179–184.

–, Die Konzernleitungspflicht, Zentrale Aspekte eines Konzernverfassungsrechts, Köln 1982 (Zitierweise: Hommelhoff, Konzernleitungspflicht).

–, Der Unternehmenskauf als Gegenstand der Rechtsgestaltung, ZHR 150 (1986), 254–278.

Hommelhoff, Peter/Freytag, Lars F., Wechselseitiger Einflüsse von GmbH- und Aktienrecht (Teil II), DStR 1996, 1409–1416.

Honsell, Heinrich, Die Risikohaftung des Geschäftsherrn, in: De iustitia et iure, Festschrift für Ulrich von Lübtow zum 80. Geburtstag, Harder, Manfred/Thielmann, Gerog (Hrsg.), Berlin 1980, S. 485–500 (Zitierweise: Honsell, FS Lübtow).

Hopt, Klaus J., Die Verantwortlichkeit von Vorstand und Aufsichtsrat: Grundsatz und Praxisprobleme – unter besonderer Berücksichtigung der Banken, ZIP 2013, 1793–1806.

Hopt, Klaus J./Kumpan, Christoph/Merkt, Hanno/Roth, Markus/Baumbach, Adolf (Begr.), Baumbach/Hopt Kommentar zum Handelsgesetzbuch, 36. Aufl., München 2014 (Zitierweise: Baumbach/Hopt/Bearbeiter, HGB).

Hopt, Klaus J./Wiedemann, Herbert (Hrsg.), Großkommentar zum Aktiengesetz, Bd. 3 §§ 76–94, 4. Aufl., Berlin 2009, Bd. 5 §§ 118–149, MitbestG, 4. Aufl., Berlin 2008, Bd. 8 §§ 278–310, 4. Aufl., Berlin 2013 (Zitierweise: Bearbeiter, Großkomm-AktG, 4. Aufl.).

Hopt, Klaus J. (Hrsg.), Vertrags- und Formularbuch zum Handels-, Gesellschafts-, und Bankrecht, 3. Aufl., München 2007 (Zitierweise: Hopt/Bearbeiter, Form).

Horn, Nobert (Hrsg.), Heymann Handelsgesetzbuch Kommentar, Bd. 1 §§ 1–104, 2. Aufl., Berlin 1995, Bd. 2 §§ 105–237, 2. Aufl., Berlin 1996 (Zitierweise: Heymann/Bearbeiter, HGB).

Hromadka, Wolfgang, Die Entwicklung des Faustpfandprinzips im 18. und 19. Jahrhundert, Köln 1971 (Zitierweise: Hromadka, Faustpfandprinzip).

Hruschka, Joachim, Das Verstehen von Rechtstexten, München 1972 (Zitierweise: Hruschka, Verstehen von Rechtstexten).

Huber, Ulrich, Betriebsführungsverträge zwischen konzernverbundenen Unternehmen, ZHR 152 (1988), 123–164.

–, Betriebsführungsverträge zwischen selbstständigen Unternehmen, ZHR 152 (1988), 1–37.

Hübner, Rudolf Matthias, Schadensersatz wegen Täuschung beim Unternehmenskauf, BB 2010, 1483–1489.

Hübner, Ulrich, Zur Zulässigkeit der Generalvollmacht bei Kapitalgesellschaften, ZHR 143 (1979), 1–23.

Hueck, Alfred, Das Recht der offenen Handelsgesellschaft, Systematisch dargestellt, 4. Aufl., Berlin 1971 (Zitierweise: Hueck, Recht der OHG).

Hueck, Alfred/Nipperdey, Hans-Carl, Hueck/Nipperdey Lehrbuch des Arbeitsrechts, Bd. 1, 7. Aufl., Berlin, Frankfurt am Main 1963 (Zitierweise: Hueck, Hueck/Nipperdey Lehrbuch I).

Hüffer, Uwe (Begr.)/Koch, Jens, Aktiengesetz Kommentar, 11. Aufl., München 2014 (Koch, Hüffer AktG).

Humbeck, Jochen, Die Prüfung der Unternehmensverträge nach neuem Recht, BB 1995, 1893–1898.

Ihrig, Hans-Christoph, Einzelfragen zur Existenzvernichtungshaftung als Binnenhaftung, DStR 2007, 1170–1174.

Immenga, Ulrich/Mestmäcker, Ernst-Joachim (Hrsg.), Wettbewerbsrecht, Bd. 1/1 Kommentar zum Europäischen Kartellrecht, 5. Aufl., München 2012 (Zitierweise: Immenga/Mestmäcker/Bearbeiter, EU-Wettbewerbsrecht).

–, Wettbewerbsrecht, Bd. 2 GWB Kommentar zum deutschen Kartellrecht, 5. Aufl., München 2014 (Zitierweise: Immenga/Mestmäcker/Bearbeiter, GWB).

Isele, Hellmut Georg, Arbeitnehmer als „Geschäftsbesorger", AuR 1964, 161–174.

–, Geschäftsbesorgung Umrisse eines Systems, Marburg 1935 (Zitierweise: Isele, Geschäftsbesorgung).

Jacobi, Erwin, Betrieb und Unternehmen als Rechtsbegriffe, in: Festschrift der Leipziger Juristenfakultät für Dr. Victor Ehrenberg, Leipzig 1926, S. 1–39 (Zitierweise: Bearbeiter, FS Ehrenberg).

Jaeger, Wolfgang/Kokott, Juliane/Pohlmann, Petra/Schroeder, Dirk, Frankfurter Kommentar zum Kartellrecht, Bd. 2/1, Köln Stand: 2009 (Zitierweise: Bearbeiter, Frankfurter Kommentar).

Joachim, Willi E., Der Managementvertrag (I), DWiR 1992, 397–405.

–, Hotelbetreiberverträge als Pacht- und Managementverträge, NZM 2001, 162–167.

Joerges, Christian, Status und Kontrakt im Franchise-Recht, AG 1991, 325–351.

Joost, Detlev, Betrieb und Unternehmen als Grundbegriffe im Arbeitsrecht, München 1988 (Zitierweise: Joost, Grundbegriffe).

Joussen, Edgar, Die Generalvollmacht im Handels und Gesellschaftsrecht, WM 1994, 273–284.

Jsay, Rudolf, Das Recht am Unternehmen, Berlin 1910 (Zitierweise: Jsay, Recht am Unternehmen).

Kamlah, Klaus, Die organisatorische Verselbstständigung von Geschäftszweigen im Konzern zwischen Steuerrecht, Arbeitsrecht und Konzernrecht, BB 2003, 109–116.

Kast, Dietrich, Die Einrede des Nichterfüllten Vertrages unter besonderer Berücksichtigung des Miet- und Dienstvertrages, München 1973 (Zitierweise: Kast, Einrede).

Kaufmann, Arthur (Hrsg.), Historischer Diskurs, Einführung in Rechtsphilosophie und Rechtstheorie der Gegenwart, 6. Aufl., Heidelberg 1994 (Zitierweise: Kaufmann/Hassemer, Rechtsphilosophie und Rechtstheorie).

Keller, Thomas, Konzernierung mit Betriebsführungsmodellen, DB 1994, 2097–2101.

Kern, Peter, Das Recht der Unternehmenszusammenschlüsse in der Montanunion, Berlin 1955 (Zitierweise: Kern, Unternehmenszusammenschlüsse).

Keukenschrijver, Alfred (Hrsg.), Busse Patentgesetz, 7. Aufl., Berlin 2012 (Zitierweise: Busse/Bearbeiter, PatG).

Kiethe, Kurt, Falsche Erklärung nach § 161 AktG – Haftungsverschärfung für Vorstand und Aufsichtsrat?, NZG 2003, 559–567.

–, Vorstandshaftung aufgrund fehlerhafter Due Diligence beim Unternehmenskauf, NZG 1999, 976–983.

Kirchhoff, Hans-Peter/Eidenmüller, Horst/Stürmer, Rolf (Hrsg.), Münchner Kommentar zur Insolvenzordnung, Bd 1 §§ 1–79, 3. Aufl., München 2013 (Zitierweise: Bearbeiter, MüKo-InsO).

Kley, Karl-Ludwig, Die Rechtsstellung der aussenstehenden Aktionäre bei der vorzeitigen Beendigung von Unternehmensverträgen, München 1986 (Zitierweise: Kley, Beendigung).

Koch, Jens, Beschränkung der Regressfolgen im Kapitalgesellschaftsrecht, AG 2012, 429–440.

Koch, Ulrich/Link, Rüdiger/Treber, Jürgen/Vogelsang, Hinrich, Arbeitsrechts-Handbuch, Systematische Darstellung und Nachschlagewerk für die Praxis, 15. Aufl., München 2013 (Zitierweise: Schaub/Bearbeiter, HdbArb).

Kohler, Josef, Noch einmal über Mentalreservation und Simulation. Ein Beitrag zur Lehre vom Rechtsgeschäft, JherJb 16 (1878), 325–356.

–, Studien über Mentalreservation und Simulation, JherJb 16 (1878), 91–158.

Köhn, Kai, Der Betriebsführungsvertrag – Rechtliche Qualifikation und gesellschaftsrechtliche Wirksamkeitsvoraussetzungen, Der Konzern 2011, 530–547.

–, Vertragsbericht und Prüfungsbericht beim Betriebsführungsvertrag, Der Konzern 2013, 323–333.

Kölbl, Angela, Die Haftung wegen existenzvernichtenden Eingriffs: gesicherte Erkenntnisse und Entwicklungen seit Trihotel, BB 2009, 1194–1201.

Kollmer, Norbert/Klindt, Thomas (Hrsg.), Arbeitsschutzgesetz, 2. Aufl., München 2011 (Zitierweise: Kollmer/Klindt/Bearbeiter, ArbSchG).

Koppensteiner, Hans-Georg, Organisationsautonomie und Legitimationswirkungen im Recht der Unternehmensverträge, in: Festschrift für Claus-Wilhelm Canaris zum 70. Geburtstag, Bd. 2, Heldrich, Andreas (Hrsg.), München 2007, S. 209–220 (Zitierweise: Koppensteiner, FS Canaris).

Körber, Torsten, Geschäftsleitung der Zielgesellschaft und due diligence bei Paketerwerb und Unternehmenskauf, NZG 2002, 263–272.

Kort, Michael, Die Änderung der Unternehmenspolitik durch den GmbH-Geschäftsführer, ZIP 1991, 1274–1279.

Kramer, Wolfgang, Keine Vergütungspflicht bei fehlendem Interesse an der Dienstleistung infolge Schlechterfüllung, MDR 1998, 324–332.

Krause, Rüdiger, Geklärte und ungeklärte Probleme der Arbeitnehmerhaftung, NZA 2003, 577–586.

Kropff, Bruno (Hrsg.), Textausgabe des Aktiengesetzes vom 06.09.1965 mit Begründung des Regierungsentwurfs, Bericht des Rechtsausschusses des Deutschen Bundestags, Verweisungen und Sachverzeichnis, Düsseldorf 1965 (Zitierweise: Kropff, Aktiengesetz).

Krückmann, Paul, Einige Bemerkungen zu den „dauernden Schuldverhältnissen", JherJb 66 (1916), 1–17.

Krüger, Dirk/Kalbfleisch, Eberhard, Due Diligence bei Kauf und Verkauf von Unternehmen, DStR 1999, 174–180.

Kuhlen, Lothar, Typuskonzeptionen in der Rechtstheorie, Berlin 1977 (Zitierweise: Kuhlen, Typuskonzeption).

Küry, Annelies, Die Universalsukzession bei der Fusion von Aktiengesellschaften, Basel 1962 (Zitierweise: Küry, Universalsukzession).

Lammel, Siegbert, Vertragsfreiheit der Wirtschaftsfreiheit, Zur Teilnichtigkeit von Wettbewerbsabreden, AcP 189 (1989), 244–286.

Lang, Die Wirkung der finduziarischen Geschäfte, AcP 83 (1894), 336–351.

Lange, Frank Holger, Treuhandkonten in Zwangsvollstreckung und Insolvenz, NJW 2007, 2513–2516.

Lange, Heinrich, Vom alten zum neuen Schuldrecht, Hamburg 1934 (Zitierweise: Lange, Schuldrecht).

–, Fragen des Eheschließungsrechts, AcP 145 (1939), 129–176.

Larenz, Karl, Lehrbuch des Schuldrechts, Zweiter Band Besonderer Teil 1. Halbband, 13. Aufl., München 1986 (Zitierweise: Larenz, SchuldR II/1).

–, Lehrbuch des Schuldrechts, Erster Band, Allgemeiner Teil, 14. Aufl., München 1987 (Zitierweise: Larenz, SchuldR I).

Larenz, Karl/Canaris, Claus-Wilhelm, Methodenlehre der Rechtswissenschaft, 3 Aufl., Berlin, New York 1995 (Zitierweise: Larenz/Canaris, Methodenlehre).

Latzel, Clemens, Unternehmerische Freiheit als Grenze des Arbeitnehmerschutzes – vom Ende dynamischer Bezugnahmen nach Betriebsübergang, Zugleich Besprechung des EuGH-Urteiles vom 18.07.2013 – Rs. C-426/11 – Alemo-Herron u.a., RdA 2014, 110–118.

Leenen, Detlef, Typus und Rechtsfindung, Die Bedeutung der typologischen Methode für die Rechtsfindung dargestellt am Vertragsrecht des BGB, Berlin 1971 (Zitierweise: Leenen, Typus und Rechtsfindung).

Leiner, Ralf Martin, Die Generalvollmacht im Recht der Kapital- und Personengesellschaften – Zulässigkeit, Grenzen und Haftung, unter besonderer Berücksichtigung der organschaftlichen Verantwortlichkeit eines Generalbevollmächtigten, Bielefeld 1998 (Zitierweise: Leiner, Generalvollmacht).

Lieb, Manfred, Sonderprivatrecht für Ungleichgewichtslagen?, Überlegungen zum Anwendungsbereich der sogenannten Inhaltskontrolle privatrechtlicher Verträge, AcP 178 (1978), 196–226.

Liebscher, Thomas, GmbH-Konzernrecht, Die GmbH als Konzernbaustein, München 2006 (Zitierweise: Liebscher, GmbH-Konzernrecht).

Loewenberg, Kurt, Anderkonto und Zwangsvollstreckung, BankA 1931/1932, 157–161.

Loewenheim, Ulrich/Meessen, Karl M./Riesenkampff, Alexander (Hrsg.), Kartellrecht, 2. Aufl., München 2009 (Zitierweise: Loewenheim/Meessen/Riesenkampff/Bearbeiter, KartellR).

Loewenheim, Ulrich/Schricker, Gerhard, Urheberrecht, 4. Aufl., München 2010 (Zitierweise: Schricker/Loewenheim, UrhG).

Löffler, Joachim, Betriebsführungsverträge mit Personengesellschaften, NJW 1983, 2920–2923.

–, Der Kernbereich der Mitgliedschaft als Schranke für Mehrheitsbeschlüsse bei Personengesellschaften, NJW 1989, 2656–2662.

–, Die abhängige Personengesellschaft, Beherrschender Einfluss und Konzernherrschaft bei Personengesellschaften, Heidelberg 1988 (Zitierweise: Löffler, Personengesellschaft).

Löhnig, Martin, Treuhand, Interessenwahrnehmung und Interessenkonflikte, Tübingen 2006 (Zitierweise: Löhnig, Treuhand).

Loos, Gerold, Betriebsführungsverträge und damit verbundene Generalvollmacht bei Handelsgesellschaften, BB 1963, 615–620.

Lorz, Rainer/Pfisterer, Benedikt/Gerber, Olaf (Hrsg.), Besck'sches Formularbuch Aktienrecht, München 2005 (Zitierweise: Lorz/Pfisterer/Gerber/Bearbeiter, Beck'sches Formularbuch Aktienrecht).

Lotmar, Philipp, Der Arbeitsvertrag, Bd. 2, Leipzig 1908 (Zitierweise: Lotmar, Arbeitsvertrag II).

Lüsing, Jan, Die Pflichten aus culpa in contrahendo und positiver Vertragsverletzung, Baden-Baden 2010 (Zitierweise: Lüsing, Vertragsverletzung).

Lutter, Marcus, Das Girmes-Urteil, JZ 1995, 1053–1056.

–, Die Erklärung zum Corporate Governance Kodex gemäß § 161 AktG, ZHR 166 (2002), 523–543.

Lutter, Marcus/Hommelhoff, Peter (Hrsg.), Die europäische Gesellschaft, Prinzipien, Gestaltungsmöglichkeiten und Grundfragen aus der Praxis, Köln 2005 (Zitierweise: Lutter/Hommelhoff/Bearbeiter, Europäische Gesellschaft).

–, SE-Kommentar, SE-VO, SEAG, SEBG, Steuerrecht, Köln 2008 (Zitierweise: Bearbeiter, Lutter/Hommelhoff SE-Komm).

–, GmbH-Gesetz, Kommentar, 18. Aufl., Köln 2012 (Zitierweise: Lutter/Hommelhoff/Bearbeiter, GmbHG).

Lutter, Markus (Begr.)/Bayer, Walter/Vetter, Jochen (Hrsg.), Luther Kommentar zum Umwandlungsgesetz, Bd. 1 §§ 1–122l, Köln 2014 (Zitierweise: Luther/Bearbeiter, UmwG).

Mangoldt, Hermann von/Klein, Friedrich/Starck, Christian (Hrsg.), Kommentar zum Grundgesetz, Bd. 1 Präambel, Art. 1–19 GG, 6. Aufl., München 2010 (Zitierweise: v. Mangoldt/Klein/Starck/Bearbeiter, GG).

Manz, Gerhard/Mayer, Barbara/Schröder, Albert (Hrsg.), Europäische Aktiengesellschaft, 2. Aufl., Baden-Baden 2010 (Zitierweise: Bearbeiter, Manz/Mayer/Schröder SE-Recht).

Martens, Klaus-Peter, Die existentielle Wirtschaftsabhängigkeit, Köln, Berlin, Bonn, München 1979 (Zitierweise: Martens, Wirtschaftsabhängigkeit).

Martinek, Michael, Franchising, Grundlagen der zivil- und wettbewerbsrechtlichen Behandlung der vertikalen Gruppenkooperation beim Absatz von Waren und Dienstleistungen, Heidelberg 1987 (Zitierweise: Martinek, Franchising).

–, Moderne Vertragstypen, Bd. 1 Leasing und Factoring, München 1991 (Zitierweise: Martinek, Moderne Vertragstypen I).

–, Moderne Vertragstypen, Bd. 2 Franchising, Know-how-Verträge, Management- und Consultingverträge, München 1992 (Zitierweise: Martinek, Moderne Vertragstypen II).

Maser, Harald, Betriebspacht- und Betriebsüberlassungsverhältnisse in Konzernen, Bergisch Gladbach 1985.

Mavridis, Vassili, Eingliederungstheorie, Vertragstheorie und Gemeinschaftsverhältnis, RdA 1956, 444–448.

Mecke, Thomas, Vertragsändernde Mehrheitsbeschlüsse in der OHG und KG, BB 1988, 2258–2265.

Merkt, Hanno, Rechtliche Bedeutung der „due diligence“ beim Unternehmenskauf, WiB 1996, 145–150.

Mertens, Bernd, Die Rechtsfolgen einer Haftung aus culpa in contrahendo beim zustande gekommenen Vertrag nach neuem Recht, ZGS 2004, 67–73.

Mertens, Kai, Die Information des Erwerbers einer wesentlichen Unternehmensbeteiligung an einer Aktiengesellschaft durch deren Vorstand, AG 1997, 541–547.

–, Umwandlung und Universalsukzession, Die Reform von Verschmelzung, Spaltung, Vermögensübertragung und Formwechsel ; rechtsdogmatische Betrachtungen zum Referentenentwurf eines Gesetzes zur Bereinigung des Umwandlungsrechts, Heidelberg 1993 (Zitierweise: Mertens, Umwandlung).

Mestmäcker, Ernst Joachim, Zur Systematik des Rechts der verbundenen Unternehmen im neuen Aktiengesetz, in: Das Unternehmen in der Rechtsordnung, Festschrift für Heinrich Kronstein zum 70. Geburtstag, Biedenkopf, Kurt H./Coing, Helmut/Mestmäcker, Ernst-Joachim (Hrsg.), Karlsruhe 1967, S. 129–150 (Zitierweise: Mestmäcker, FS Kronstein).

Mestmäcker, Ernst-Joachim/Schweitzer, Heike, Europäisches Wettbewerbsrecht, 3. Aufl., München 2014 (Zitierweise: Mestmäcker/Schweitzer, Wettbewerbsrecht).

Michalski, Lutz (Hrsg.), Kommentar zum Gesetz betreffend die Gesellschaft mit beschränkter Haftung, Bd. 1 §§ 1–34, 2. Aufl., München 2010 (Zitierweise: Michalski/Bearbeiter, GmbHG).

Miegel, Meinhard, Der Unternehmerbegriff im Recht der verbundenen Unternehmen, AG 1973, 122–125.

Möhring, Philipp, Die gesetzliche Regelung der Unternehmensverbindungen im neuen Aktiengesetz, NJW 1967, 1–10.

Molle, Alexander, Zur Beurteilung „begleitender" Wettbewerbsverbote im Rahmen von Art. 81 Abs. 1 EG und 1 GWB, Heidelberg 2005 (Zitierweise: Molle, Wettbewerbsverbote).

Monjau, Herbert, Haftung leitender Angestellter, insbesondere bei Fehlentscheidungen, DB 1969, 84–88.

Möschel, Wernhard, Dogmatische Strukturen des bargeldlosen Zahlungsverkehrs, AcP 186 (1986), 187–236.

Mugdan, Benno (Hrsg.), Die gesammten Materialien zum Bürgerlichen Gesetzbuch für das Deutsche Reich, Bd. 2 Recht der Schuldverhältnisse, Berlin 1899 (Zitierweise: Mugdan, Materialien II).

Mülbert, Peter O., Aktiengesellschaft, Unternehmensgruppe und Kapitalmarkt, Die Aktionärsrechte bei Bildung und Umbildung einer Unternehmensgruppe zwischen Verbands- und Anlegerschutzrecht, München 1995 (Zitierweise: Mülbert, Unternehmensgruppe).

Müller, Klaus J., Einfluss der due diligence auf die Gewährleistungsrechte des Käufers beim Unternehmenskauf, NJW 2004, 2196–2199.

Müller, Thomas, Rechtsnatur und Wirkung so genannter „atypischer Beherrschungsverträge", Frankfurt am Main, New York 2012 (Zitierweise: Müller, Beherrschungsverträge).

Müller-Erzbach, Rudolf, Die Grundsätze der mittelbaren Stellvertretung aus der Interessenlage entwickelt, Berlin 1905 (Zitierweise: Müller-Erzbach, Stellvertretung).

–, Das private Recht der Mitgliedschaft als Prüfstein eines kausalen Rechtsdenkens, Weimar 1948 (Zitierweise: Müller-Erzbach, Mitgliedschaft).

Nehm, Eduard, Die kündbaren Rechtsverhältnisse im Schuldrecht, Mannheim 1933 (Zitierweise: Nehm, Rechtsverhältnisse).

Nelißen, Bernd, Wirksamer Abschluss von Betriebspachtverträgen, DB 2007, 786–790.

Neun, Josef, Berichts- und Prüfungspflichten bei Abschluss und Änderungen von Unternehmensverträgen, Berlin 2000 (Zitierweise: Neun, Unternehmensverträge).

Nicklisch, Fritz, Empfiehlt sich eine Neukonzeption des Werkvertragsrechts? – unter besonderer Berücksichtigung komplexer Langzeitverträge, JZ 1984, 757–771.

Nikisch, Arthur, Die Grundformen des Arbeitsvertrages und der Anstellungsvertrag, Berlin 1926 (Zitierweise: Nikisch, Grundformen).

–, Arbeitsrecht, Bd. 1 Allgemeine Lehren und Arbeitsvertragsrecht, 3. Aufl., Tübingen 1961 (Zitierweise: Nikisch, Arbeitsrecht I).

Nordemann, Axel/Nordemann, Bernd (Hrsg.)/Nordemann, Wilhelm/Fromm, Friedrich Karl (Begr.), Urheberrecht, Kommentar zum Urheberrechtsgesetz, Verlagsgesetz, Urheberrechtswahrnehmungsgesetz, 11. Aufl., Stuttgart 2014 (Zitierweise: Fromm/Nordemann/Bearbeiter).

Oesterreich, Jörg, Die Betriebsüberlassung zwischen Vertragskonzern und faktischem Konzern, Köln, Berlin, Bonn, München 1979 (Zitierweise: Oesterreich, Betriebsüberlassung).

Oetker, Hartmut, Das Dauerschuldverhältnis und seine Beendigung, Bestandsaufnahme und kritische Würdigung einer tradierten Figur der Schuldrechtsdogmatik, Tübingen 1994 (Zitierweise: Oetker, Dauerschuldverhältnis).

Oetker, Hartmut (Hrsg.), Kommentar zum Handelsgesetzbuch (HGB), 3. Aufl., München 2013 (Oetker/Bearbeiter, HGB).

Ohr, Zur Anerkennung der verdeckten Stellvertretung in der Rechtsprechung des Reichsgerichts, AcP 150 (1949), 525–532.

Opitz, Georg, Anderkonten, BankA 1931/1932, 35–38.

Oppenländer, Frank, Die Unternehmenspacht – insbesondere das Verhältnis von Pächter und Verpächter bei der Verpachtung eines Unternehmens -, Freiburg 1974 (Zitierweise: Oppenländer, Unternehmenspacht).

Pache, Sven, Spätlese – Die Rechtsentwicklung nach dem „Supermarkt"-Beschluß des BGH, GmbHR 1995, 90–93.

Passow, Richard, Betrieb, Unternehmung, Konzern, Jena 1925 (Zitierweise: Passow, Betrieb).

Pawlowski, Hans-Martin, Methodenlehre für Juristen, Theorie der Norm und des Gesetzes : ein Lehrbuch, 3. Aufl., Heidelberg 1999 (Pawlowski, Methodenlehre).

–, Allgemeiner Teil des BGB, Grundlehren des bürgerlichen Rechts, 7. Aufl., Heidelberg 2003 (Zitierweise Pawlowski, AT).

Peifer, Karl Heinz, Neueste Entwicklung zu Fragen der Arbeitnehmerhaftung im Betrieb, ZfA 1996, 69–83.

Pfaff, Dieter/Osterrieth, Christian (Hrsg.), Lizenzverträge, Formularkommentar, 3. Aufl., München 2010 (Zitierweise: Pfaff/Osterrieth/Bearbeiter, Lizenzverträge).

Picker, Eduard, Firstlose Kündigung und Unmöglichkeit, Annahmeverzug und Vergütungsgefahr im Dienstvertragsrecht – Teil 1, JZ 1985, 640–652.

–, Fristlose Kündigung und Unmöglichkeit, Annahmeverzug und Vergütungsgefahr im Dienstvertragsrecht – Teil 2, JZ 1985, 693–706.

Praël, Christoph, Eingliederung und Beherrschungsvertrag als körperschaftliche Rechtsgeschäfte, Berlin 1978 (Zitierweise: Prael, Eingliederung).

Preis, Ulrich, Arbeitsrecht, Individualarbeitsrecht, Lehrbuch für Studium und Praxis, 4. Aufl., Köln 2012 (Zitierweise: Preis, Arbeitsrecht).

Priester, Hans-Joachim, Bestimmungen zum Unternehmensvertrag in der Satzung der GmbH, DB 1989, 1013–1018.

–, Betriebsführungsverträge im Aktienkonzern – organisationsrechtliche Instrumente, in: Festschrift für Peter Hommelhoff zum 70. Geburtstag, Erle, Bernd (Hrsg.), Köln 2012, S. 875–889 (Zitierweise: Priester, FS Hommelhoff).

–, Jahresabschlussfeststellung bei Personengesellschaften, DStR 2007, 28–32.

Raiser, Ludwig, Vertragsfunktion und Vertragsfreiheit, in: Hundert Jahre Deutsches Rechtsleben, Festschrift zum hundertjährigen Bestehen des Deutschen Juristentages 1860–1960, Bd. 1, Caemmerer, Ernst v./Friesenhahn, Ernst/Lange, Richard (Hrsg.), Karlsruhe 1960, S. 101–134 (Zitierweise: Raiser, Hundertjahre Deutsches Rechtsleben I).

Raiser, Thomas/Veil, Rüdiger, Mitbestimmungsgesetz und Drittelbeteiligungsgesetz, Kommentar, 5. Aufl., Berlin 2009 (Zitierweise: Raiser/Veil, Mitbest.).

–, Recht der Kapitalgesellschaften, Ein Handbuch für Praxis und Wissenschaft ; Aktiengesellschaft, Kommanditgesellschaft auf Aktien, Gesellschaft mit beschränkter Haftung, Übernahmerecht, Umwandlungsrecht, Konzernrecht, Internationales Gesellschaftsrecht, Europäisches Gesellschaftsrecht, 5. Aufl., München 2010 (Zitierweise: Raiser/Veil, RdK).

Ramm, Thilo, Grundrechte und Arbeitsrecht, JZ 1991, 1–16.

–, Die Anfechtung des Arbeitsvertrages, Karlsruhe 1955 (Zitierweise: Ramm, Anfechtung).

Raupach, Arndt, Schuldvertragliche Verpflichtung anstelle beteiligungsgestützter Beherrschung, in: Rechtsanwalt und Notar im Wirtschaftsleben, Festschrift für Gerold Bezzenberger zum 70. Geburtstag, Westermann, Harm Peter/Mock, Klaus (Hrsg.), Berlin 2000, S. 327–358 (Zitierweise: Raupach, FS Bezzenberger).

Rauscher, Thomas/Wax, Peter/Wenzel, Joachim (Hrsg.), Münchner Kommentar zur Zivilprozessordnung, Bd. 2 §§ 355–1024, 4. Aufl., München 2012 (Zitierweise: Bearbeiter, MüKo-ZPO).

Regelsberger, Zwei Beiträge zur Lehre von der Cession, AcP 63 (1880), 157–207.

Reiche, Klaus, Instrumente zur Verminderung der Informationsasymmetrie beim Unternehmenskauf, DStR 2000, 2056–2060.

Reichold, Hermann, Geschäftsbesorgung im Arbeitsverhältnis, NZA 1994, 488–493.

Reuter, Dieter, Die „Wesenselemente“ der Personengesellschaft in der neueren Rechtsprechung, GmbHR 1982, 129–139.

–, Freiheitsethik und Privatrecht, DWiR 1993, 45–53.

–, Neuere Rechtsprechung zum Personengesellschaftsrecht – Teil 1, JZ 1986, 16–23.

–, Die Personengesellschaft als abhängiges Unternehmen, ZHR 146 (1982), 1–29.

Richardi, Reinhard, Die Bedeutung der Entgeltrisikozuweisung für den Dienst- und Werkvertrag, in: Festschrift für Apostolos Georgiades zum 70. Geburstag, Stathopoulos, Michael/Beys, Kostas/Philippos, Doris/Karakostas, Ioannis (Hrsg.), Berlin, München, Athen 2006, S. 349–358 (Zitierweise: Richardi, FS Georgiades).

Richardi, Reinhard (Hrsg.), Münchener Handbuch zum Arbeitsrecht, Bd. 1 Individualarbeitsrecht, 3. Aufl., München 2009 (Zitierweise: Bearbeiter, MüHdbArb I).

–, Betriebsverfassungsgesetz mit Wahlordnung, Kommentar, 14. Aufl., München 2014 (Zitierweise: Richardi/Bearbeiter, BetrVG).

Richter, Wolfgang/Stengel, Arndt, Anforderungen an die Zustimmung der Gesellschafter der abhängigen GmbH zum Abschluß eines Beherrschungs- und/oder Gewinnabführungsvertrags – Genügt die satzungsändernde Mehrheit?, DB 1993, 1861–1866.

Rieble, Volker, Betriebsführungsvertrag als Gestaltungsinstrument, NZA 2010, 1145–1149.

Rieble, Volker/Gistel, Cornelia, Konzernpersonaldienstleister und Gemeinschaftsbetrieb, NZA 2005, 242–247.

Riesenhuber, Karl/Steinau-Steinrück, Robert v., Zielvereinbarungen, NZA 2005, 785–793.

Riesenhuber, Karl (Hrsg.), Europäische Methodenlehre, Handbuch für Ausbildung und Praxis, 3. Aufl., Berlin, New York 2015 (Zitierweise: Bearbeiter, Europäische Methodenlehre).

Riezler, Erwin, Der Werkvertrag, Jena 1900 (Zitierweise: Riezler, Werkvertrag).

Rittmeister, Maximilian, Due Diligence und Geheimhaltungspflichten beim Unternehmenskauf – Die Zulässigkeit der Gestattung einer Due Diligence durch den Vorstand oder die Geschäftsführer der Zielgesellschaft, NZA 2004, 1032–1037.

Rittner, Fritz, Begründungsdefizite im Mitbestimmungsurteil des Bundesverfassungsgerichts?, JZ 1979, 743–747.

Rohe, Mathias, Netzverträge, Rechtsprobleme komplexer Vertragsverbindungen, Tübingen 1998 (Zitierweise: Rohe, Netzverträge).

Röhricht, Volker/Westphalen, Friedrich/Haas, Ulrich (Hrsg.), HGB, Kommentar zu Handelsstand, Handelsgesellschaften, Handelsgeschäften und besonderen Handelsverträgen (ohne Bilanz-, Transport- und Seerecht), 4. Aufl., Köln 2014 (Zitierweise: Röhricht/v. Westphalen/Bearbeiter, HGB).

Rong, Yunlin, Die Entwicklung der Aufklärungspflichten insbesondere im Kreditrecht, Berlin 2008 (Zitierweise: Rong, Aufklärungspflichten).

Rottleuthner, Hubert, Hermeneutik und Jurisprudenz, in: Juristische Methodenlehre und analytische Philosophie; Koch, Hans-Joachim (Hrsg.); Kronberg 1976, S. 7–30.

Rowedder, Heinz (Begr.)/Schmidt-Leithoff, Christian (Hrsg.), GmbHG Kommentar, 4. Aufl., München 2002 (Zitierweise: Rowedder/Schmidt-Leithoff/Bearbeiter, GmbHG, 4. Aufl.).

–, GmbHG Kommentar, 5. Aufl. 2013 (Zitierweise: Rowedder/Schmidt-Leithoff/Bearbeiter, GmbhG).

Rümelin, Gustav, Dienstvertrag und Werkvertrag, Tübingen 1905 (Zitierweise: Rümelin, Dienst- und Werkvertrag).

Rüthers, Bernd, Mitbestimmungsprobleme in Betriebsführungsgesellschaften, BB 1977, 605–612.

Rüthers, Bernd/Fischer, Christian/Birk, Axel, Rechtstheorie, Mit juristischer Methodenlehre, 7. Aufl., München 2013 (Zitierweise: Rüthers/Fischer/Birk, Rechtstheorie).

Säcker, Franz Jürgen/Dörmer, Thomas, Übergang der Energieversorgungsverträge auf den neuen Verteilungsnetzbetreiber bei Auslaufen des alten Konzessionvertrages, RdE 2002, 161–192.

Säcker, Franz Jürgen/Rixecker, Roland (Hrsg.), Münchner Kommentar zum Bürgerlichen Gesetzbuch, Bd. 1 §§ 1–240, 6. Aufl., München 2012, Bd. 2 §§ 241–432, 6. Aufl., München 2012, Bd. 3 §§ 433–610 BGB, 6. Aufl., München 2012, Bd. 4 §§ 611–704, 6. Aufl., München 2012, Bd. 5 §§ 705–853, 6. Aufl., München 2013 (Zitierweise: Bearbeiter, MüKo-BGB).

Samer, Michael, Beherrschungs- und Gewinnabführungsverträge gemäß § 291 Abs. 1 AktG in Konkurs und Vergleich der Untergesellschaft, Köln 1989 (Zitierweise: Samer, Beherrschungs- und Gewinnabführungsverträge).

Sandmann, Bernd, Die Haftung von Arbeitnehmern, Geschäftsführern und leitenden Angestellten, Zugleich ein Beitrag zu den Grundprinzipien der Haftung und Haftungsprivilegierung, Tübingen 2001 (Zitierweise: Sandmann, Die Haftung von Arbeitnehmern).

Schatz, Stefan, Die Sicherung des Gesellschaftsvermögens und der Gläubigerinteressen im deutschen Konzernrecht, Göttingen 1980 (Zitierweise: Schatz, Gesellschaftsvermögen).

Schiessl, Maximilian, Die Wahrnehmung von Geschäftschancen der GmbH durch ihren Geschäftsführer, GmbHR 1988, 53–56.

–, Die beherrschte Personengesellschaft, Köln 1985 (Zitierweise: Schießl, Personengesellschaft).

Schimansky, Herbert/Bunte, Hermann-Josef/Lwowski, Hans- Jürgen (Hrsg.), Bankenrechts- Handbuch, Bd 1, 4. Aufl., München 2011 (Zitierweise: Bearbeiter, BankRHdb I).

Schippers, Josef Christian, Organvertretende Generalvollmacht – Zulässigkeitsgrenzen von „shared legal services" im GmbH Konzern, DNotZ 2009, 353–374.

Schlüter, Andreas, Management- und Consulting-Verträge, Die Vertragstechnik des internationalen Transfers von Betriebsführungs- und Beratungsleistungen, Berlin, New York 1987 (Zitierweise: Schlüter Mangementverträge).

Schmidt, Karsten, § 673 BGB bei Verschmelzungsvorgängen in Dienstleistungsunternehmen – oder: Geisterstunde im Umwandlungsrecht?, DB 2001, 1019–1023.

–, Betriebspacht, Betriebsüberlassung und Betriebsführung im handelsrechtlichen Stresstest, in: Festschrift für Hoffmann-Becking zum 70. Geburtstag, Krieger, Gerd/ Lutter, Markus/ Schmidt, Karsten (Hrsg.), München 2013, S. 1053–1070 (Zitierweise: K. Schmidt, FS Hoffmann-Becking).

–, Die konzernrechtliche Verlustübernahmepflicht als gesetzliches Dauerschuldverhältnis, ZGR 1983, 513–534.

–, Konzernrechtliche Wirksamkeitsvoraussetzungen für typische stille Beteiligungen an Kapitalgesellschaften?, ZGR 1984, 295–312.

–, Kartellverbot und „sonstige Wettbewerbsbeschränkungen", Begriff u. Funktion d. „gemeinsamen Zwecks" im GWB, Köln, Berlin, Bonn, München 1978 (Zitierweise: K. Schmidt, Kartellverbot).

–, Vertragliche Wettbewerbsverbote im deutschen Kartellrecht 149 (1985), 1–27.

–, Gesellschaftsrecht, 4. Aufl., Köln 2002 (Zitierweise: K. Schmidt, Gesellschaftsrecht).

–, Handelsrecht, 6. Aufl., Köln 2014 (Zitierweise: K. Schmidt, HandelsR).

Schmidt, Karsten/Lutter, Marcus, Aktiengesetz Kommentar, Bd. 2 §§ 150–410, 2. Aufl., Köln 2010 (Zitierweise: K. Schmidt/Lutter/Bearbeiter, AktG).

Schmidt, Karsten (Hrsg.), Münchner Kommentar zum Handelsgesetzbuch, Bd. 1 § 1–104a HGB, 3. Aufl., München 2010, Bd. 2 §§ 105–160, 3. Aufl., München 2011, Bd. 3 §§ 161–237, 3. Aufl., München 2012, (Zitierweise: Bearbeiter, MüKo-HGB).

Schneider, Uwe H., Vertragliche, gesellschaftsrechtliche und arbeitsrechtliche Probleme von Betriebspachtverträgen, Betriebsüberlassungsverträgen und Betriebsführungsverträgen, JbFStR 1998/1999, 387–412.

Scholz, Franz (Hrsg.), Kommentar zum GmbH-Gesetz, Bd. 1 §§ 1–34, 11. Aufl., Köln 2012, Bd. 2 §§ 35–52, 11. Aufl., Köln 2014 (Zitierweise: Scholz/Bearbeiter, GmbHG).

Scholz, Philipp, Die existenzvernichtende Haftung von Vorstandsmitgliedern in der Aktiengesellschaft, Jena 2014 (Zitierweise: Scholz, Haftung).

Schön, Wolfgang, Zur „Existenzvernichtung" der juristischen Person, ZHR 168 (2004), 268–297.

Schöne, Torsten/Petersen, Sabrina, Regressansprüche gegen (ehemalige) Vorstandsmitglieder – quo vadis?, AG 2012, 700–706.

Schönhöft, Andreas/Wertz, Mario, Die Bildung eines Gesamtbetriebsrats bei Unternehmen, die ausschließlich Träger von Gemeinschaftsbetrieben sind, RdA 2010, 100–104.

Schreyögg, Georg, Organisation, Grundlagen moderner Organisationsgestaltung ; mit Fallstudien, 4. Aufl., Wiesbaden 2003 (Zitierweise: Schreyögg, Organisation).

Schroeder, Ulrich, Darf der Vorstand der Aktiengesellschaft dem Aktienkäufer eine Due Diligence gestatten?, DB 1997, 2161–2166.

Schroth, Gerhard, Der Aufbau der Gesellschaft des BGB als Schuldverhältnis und als Gemeinschaftsverhältnis, Sebnitz 1931 (Zitierweise: Schroth, Aufbau der Gesellschaft).

Schubert, Claudia, Der Unternehmensbegriff im Rahmen der betrieblichen Mitbestimmung in wirtschaftlichen Angelegenheiten, ZfA 2004, 253–282.

–, Der Schutz der arbeitnehmerähnlichen Personen, Zugleich ein Beitrag zum Zusammenwirken von Arbeits- und Wirtschaftsrecht mit den zivilrechtlichen Generalklauseln, München 2004 (Zitierweise: Schubert, Arbeitnehmerähnliche Personen).

Schubert, Werner, Anmerkung zu BGH 19.05.2006 – V ZR 265/05, JR 2007, 373–374.

Schulte, Josef/Just, Christoph (Hrsg.), Kartellrecht, GWB, Kartellvergaberecht, EU-Kartellrecht, Köln 2012 (Zitierweise: Schulte/Just/Bearbeiter, KartellR).

Schulte, Knut, Rechtliche Due Diligence-Untersuchungen über Internet Anbieter, DStR 2000, 1437–1443.

Schultze, Alfred, Die langobardische Treuhand und ihre Umbildung zur Testamentvollstreckung, Aalen 1895 (Zitierweise: Schultze, Treuhand).

–, Treuhänder im geltenden Bürgerlichen Recht, JherJb 43 (1901), 1–104.

Schulze-Osterloh, Joachim, Das Grundlagengeschäft zwischen Geschäftsführungsmaßnahme und Änderung des Gesellschaftsvertrages, in: Festschrift für Walter Hadding zum 70. Geburtstag, Häuser, Franz (Hrsg.), Berlin 2004, S. 637–653 (Zitierweise: Schulze-Osterloh, FS Hadding).

–, Das Recht der Unternehmensverträge und die stille Beteiligung an einer Aktiengesellschaft, ZGR 1974, 427–460.

Schwab, Brent, Arbeitnehmererfindungsrecht, Arbeitnehmererfindungsgesetz – Arbeitnehmer-Urheberrecht – Betriebliches Vorschlagswesen ; Handkommentar, 3. Aufl., Baden-Baden 2014 (Zitierweise: NK-ArbNErfG/Schwab).

Schwarz, Günter Christian, Kartellvertrag und sonstige wettbewerbsbeschränkende Verträge, Köln 1984 (Zitierweise: Schwarz, Kartellvertrag).

–, Verordnung (EG) Nr. 2157/2001 des Rates über das Statut der Europäischen Gesellschaft (SE) – (SE-VO), Kommentar, München 2006 (Zitierweise: Schwarz, SE-VO Komm.).

Schwarz, Walter, Dauerschuldverhältnis und Dogmatik arbeitsvertraglicher Treuepflicht, in: Festschrift für Walter Wilburg zum 70. Geburtstag, Graz 1975, S. 355–368 (Zitierweise: Schwarz, FS Wilburg).

Schwarze, Roland, Das Recht der Leistungsstörungen, Berlin 2008 (Zitierweise: Schwarze, Leistungsstörungen).

Schwerdtner, Peter, Fürsorgetheorie und Entgelttheorie im Recht der Arbeitsbedingungen, Heidelberg 1970 (Zitierweise: Schwerdtner, Fürsorgetheorie).

Seewald, Otfried, Zu scheinbarer und ersthafter „Beschäftigung" bei gespaltenen Arbeitsverhältnissen, NZS 2014, 481–490.

Siebert, Wolfgang, Die treuhandrechtlichen Rechtsgrundlagen beim Anderkonto, BankA 1931/1932, 386–387.

–, Das rechtsgeschäftliche Treuhandverhältnis – ein dogmatischer und rechtsvergleichender Beitrag zum allgemeinen Treuhandproblem, Marburg 1933 (Zitierweise: Siebert, Treuhandverhältnis).

Simonet, Michael, Das Tatbestandsmerkmal der „festen Bezüge" i.S.d. § 627 BGB und dessen Auswirkung auf die generelle Gebräuchlichkeit dauerhafter Dienstverträge im Wirtschaftsverkehr, BB 2012, 2053–2056.

Soergel, Theodor (Begr.), Kommentar zum Bürgerlichen Gesetzbuch, Bd. 1 §§ 1–103, 13. Aufl., Stuttgart 2000, Bd. 8 §§ 535–610, 13. Aufl., Stuttgart 2007, Bd. 10 §§ 652–704, Stuttgart 2012, Bd. 11/11 §§ 705–758, 13. Aufl., Stuttgart 2012 (Zitierweise: Soergel/Bearbeiter, BGB).

Sonnenberg, Thomas, Die Änderung des Gesellschaftszwecks, Frankfurt am Main, New York 1990 (Zitierweise: Sonnenberg, Gesellschaftszweck).

Spindler, Gerald, Organhaftung in der AG – Reformbedarf aus wissenschaftlicher Perspektive, AG 2013, 899–904.

Spindler, Gerald/Schuster, Fabian (Hrsg.), Recht der elektronischen Medien, 3. Aufl., München 2015 (Zitierweise: Spindler/Schuster/Bearbeiter, Elektronische Medien).

Spindler, Gerald/Stilz, Eberhard, Kommentar zum Aktiengesetz, Bd. 2 §§ 150–410, 2. Aufl., München 2010 (Zitierweise: Spindler/Stilz/Bearbeiter, AktG).

Staub, Hermann (Begr.)/Canaris, Claus-Wilhelm/Habersack, Mathias/Schäfer, Carsten (Hrsg.), Staub Handelsgesetzbuch Großkommentar, Bd. 1 §§ 1–47b, 5. Aufl., Berlin, New York 2009, Bd. 2 §§ 105–237 HGB, 4. Aufl., Berlin, New York 2004, Bd. 2 §§ 48–104 HGB, 5. Aufl., Berlin, New York 2008, Bd. 3 §§ 105–160, 5. Aufl., Berlin, New York 2009, Bd. 4 §§ 161–236, 5. Aufl., Berlin, New York 2015 (Zitierweise: Staub/Bearbeiter, HGB).

Staudinger, Julius von (Begr.), Julius von Staudinger Kommentar zum Bürgerlichen Gesetzbuch, §§ 21–79 (Allgemeiner Teil 2), Berlin 2005, §§ 134–138 Anh. zu

§ 138: ProstG (Allgemeiner Teil 4a), Berlin 2011, §§ 139–163 (Allgemeiner Teil 4b), Berlin 2010, §§ 164–240 (Allgemeiner Teil 5), Berlin 2014, §§ 241–243 (Treu und Glauben), Berlin 2015, §§ 311, 311a, 312, 312a-i (Vertragsschluss), Berlin 2013, §§ 315–326 (Leistungsstörungsrecht 2), Berlin 2009, §§ 581–608 (Pacht, Landpacht, Leihe), Berlin 2013, §§ 611–704 (2. Band Recht der Schuldverhältnisse), 11. Aufl., Berlin 1958, §§ 611–613 (Dienstrecht 1), Berlin 2011, §§ 613a–619a (Dienstvertragsrecht 2), Berlin 2011, §§ 620–630 (Dienstvertragsrecht 3), Berlin 2011, §§ 631–651 (Werkvertragsrecht), Berlin 2014, §§ 657–704 (Geschäftsbesorgung), Berlin 2006 (Zitierweise: Staudinger/Bearbeiter, BGB).

Stegmüller, Wolfgang, Probleme und Resultate der Wissenschaftstheorie und Analytischen Philosophie, Band I Wissenschaftliche Erklärung und Begründung, Berlin 1969 (Zitierweise: Stegmüller, Wissenschaftstheorie).

Steinberger, Max, Die Verträge auf dauernde Leistungen (Dauerverträge), Schongau 1910 (Zitierweise: Steinberger, Dauerverträge).

Steindorf, Ernst, Gesetzeszweck und gemeinsamer Zweck des § 1 GWB, BB 1977, 569–571.

Stengel, Arndt/Scholderer, Frank, Aufklärungspflichten beim Beteiligungs- und Unternehmenskauf, NJW 1994, 158–164.

Stoll, Hans, Anmerkung zu BGH 24.06.1998 XII ZR 126/96, JZ 1998, 95–97.

–, Haftungsfolgen fehlerhafter Erklärungen beim Vertragsschluß, in: Ius inter nationes, Festschrift für Stefan Riesenfeld aus Anlaß seines 75. Geburtstags, Jayme, Erik/Kegel, Gerhard/Lutter, Marcus (Hrsg.), Heidelberg 1983, S. 275–299 (Zitierweise: Stoll, FS Riesenfeld).

Streeck, Wolfgang, Regulation Corporate Groups in Europe Status and Contract: Basic Categories of a Sociological Theory of Industrial Relations, in: Regulation Corporate Groups in Europe, Sugerman, David/Teubner, Gunther (Hrsg.), Baden-Baden 1990, S. 105–145 (Zitierweise: Streek, Regulation Corporate Groups in Europe).

Stumpf, Cordula, Vertragshändlerausgleich § 89b HGB – praktische und dogmatische Fehlverortung?, NJW 1998, 12–17.

Thamm, Manfred/Pilger, Gerhard, Vertragliche Nebenpflichten zur Aufklärung und Beratung bei Lieferverträgen und deren Regelung in Geschäftsbedingungen des kaufmännischen Verkehrs, BB 1994, 729–732.

Tillmanns, Kerstin, Strukturfragen des Dienstvertrages, Leistungsstörungen im freien Dienstvertrag und im Arbeitsvertrag, Tübingen 2007 (Zitierweise: Tillmanns, Strukturfragen).

Timm, Wolfram, Geklärte und offene Fragen im Vertragskonzernrecht der GmbH, GmbHR 1987, 8–19.

–, Unternehmensverträge im GmbH-Recht, GmbHR 1989, 11–19.

–, Wettbewerbsverbot und „Geschäftschancen“-Lehre im Recht der GmbH, GmbHR 1981, 177–186.

–, Zur Sachkontrolle von Mehrheitsentscheidungen im Kapitalgesellschaftsrecht, ZGR 1987, 403–442.

–, Die Aktiengesellschaft als Konzernspitze, Die Zuständigkeitsordnung bei der Konzernbildung und Konzernumbildung, Köln, Berlin 1980 (Zitierweise: Timm, Aktiengesellschaft).

Tröger, Tobias, Treupflicht im Konzernrecht, Köln 2000 (Zitierweise: Tröger, Treupflicht).

Ulmer, Peter, Aktienrechtliche Beherrschung durch Leistungsaustauschbeziehungen, ZGR 1978, 457–475.

–, Begründung von Rechten für Dritte in der Satzung einer GmbH?, in: Handelsrecht und Wirtschaftsrecht in der Bankpraxis, Festschrift für Winfried Werner zum 65. Geburtstag, Hadding, Walter (Hrsg.), Berlin 1984, S. 911–931 (Zitierweise: Ulmer, FS Werner).

–, Fehlerhafte Unternehmensverträge im GmbH-Recht, BB 1989, 10–19.

–, Kündigungsschranken im Handels- und Gesellschaftsrecht, in: Festschrift für Philipp Möhring zum 75. Geburtstag, Hefermehl, Wolfgang/Nirk, Rudolf/Westermann, Harry (Hrsg.), München 1975, S. 293–317 (Zitierweise: Ulmer, FS Möhring).

–, Von „TBB“ zu „Bremer Vulkan“ – Revolution oder Evolution, ZIP 2001, 2021–2029.

–, Der Vertragshändler, München 1969 (Zitierweise: Ulmer, Vertragshändler).

–, Aktienrecht im Wandel, AcP 202 (2002), 143–178.

Ulmer, Peter/Habersack, Mathias/Löbbe, Marc (Hrsg.), Großkommentar GmbHG, Bd. 2 §§ 29–52, 2. Aufl., Tübingen 2014 (Zitierweise: Ulmer/Bearbeiter, GmbHG).

Ulmer, Peter/Habersack, Mathias/Winter, Martin (Hrsg.), Hachenburger GmbHG Großkommentar, Bd. 2 §§ 35–52, 8. Aufl., Berlin 1997, Bd. 3 §§ 53–85, 8. Aufl., Berlin 1997 (Zitierweise: Hachenburger/Bearbeiter, GmbHG), .

–, Großkommentar GmbHG, Bd. 3 §§ 53–87, Tübingen 2008 (Zitierweise: Ulmer/Bearbeiter, GmbHG).

Vahs, Dietmar/Schäfer-Kunz, Jan, Einführung in die Betriebswirtschaftslehre, 6. Aufl., Stuttgart 2012 (Zitierweise: Vahs/Schäfer-Kunz, Betriebswirtschaftslehre).

Veelken, Winfried, Der Betriebsführungsvertrag im deutschen und amerikanischen Aktien- und Konzernrecht, Baden-Baden 1975 (Zitierweise: Veelken, Betriebsführungsvertrag).

Veil, Rüdiger, Das Konzernrecht der Europäischen Aktiengesellschaft, WM 2003, 2169–2175.

–, Unternehmensverträge, Organisationsautonomie und Vermögensschutz im Recht der Aktiengesellschaft, Tübingen 2003 (Zitierweise: Veil, Unternehmensverträge).

Veit, Klaus-Rüdiger, Unternehmensverträge und Eingliederung als aktienrechtliche Instrumente der Unternehmensverbindung, Düsseldorf 1974 (Zitierweise: Veit, Unternehmensverträge).

Veith, Alexander/Schmid, Simon, Abschluss und Beendigung von Beherrschungs- und Gewinnabführungsverträgen im GmbH-Konzern, DB 2012, 728–733.

Vetter, Jochen, Die neue dogmatische Grundlage des BGH zur Existenzvernichtungshaftung, BB 2007, 1965–1970.

Volmer, Bernhard, Begriff des Arbeitnehmers im Arbeitnehmererfindungsrecht, GRUR 1978, 329–335.

Volmer, Bernhard/Gaul, Dieter, Arbeitnehmererfindungsgesetz, 2. Aufl., München 1983 (Zitierweise: Volmer/Gaul, ArbNErfG).

Wallmeyer, Josef, Die Kündigung des Arbeitsvertrages aus wichtigem Grund, Stuttgart 1962 (Zitierweise: Wallmeyer, Die Kündigung).

Wank, Rolf, Die juristische Begriffsbildung, München 1985 (Zitierweise: Wank, Begriffsbildung).

Waskönig, Peter, Rechtsgrund und Tragweite der §§ 25, 28 HGB, Bonn 1979 (Zitierweise: Waskönig, Rechtsgrund).

Wasmann, Dirk, Anmerkung zu KG Berlin 23.10.2001 – 1 W 6157/00, BB 2002, 479.

Weber, Gerald, Die Unterscheidung von Dienst- und Werkvertrag, München 1977 (Zitierweise: Weber, Dienst- und Werkvertrag).

Weber, Hansjörg, Zur Lehre von der fehlerhaften Gesellschaft, Berlin 1978 (Zitierweise: Weber, Gesellschaft).

Weißmüller, Wolfgang, Der Betriebsführungsvertrag – eine Alternative zum Unternehmenskauf, BB 2002, 1949–1955.

Weitnauer, Wolfgang/Grob, Verena, Gesellschaftsrechtliche Wettbewerbsverbote, GWR 2014, 185–191.

Wellenhofer-Klein, Marina, Zulieferverträge im Privat- und Wirtschaftsrecht, München 1999.

Wenzel, Leonhard, Der Kündigungsschutz des Arbeitnehmers (VII.), MDR 1977, 985–988.

Werner, Rüdiger, Haftungsrisiken bei Unternehmensakquisitionen: die Pflicht des Vorstands zur Due Diligence, ZIP 2002, 989–996.

Westermann, Harm Peter, Vertragsfreiheit und Typengesetzlichkeit im Recht der Personengesellschaften, Berlin 1970 (Zitierweise: Westermann, Vertragsfreiheit und Typengesetzlichkeit).

–, Das Verhältnis von Satzung und Nebenordnungen in der Kapitalgesellschaft, Heidelberg 1994 (Zitierweise: Westermann, Satzung und Nebenordnungen).

Westermann, Harm Peter/Grunewald, Barbara/Maier-Reimer (Hrsg), Erman Bürgerliches Gesetzbuch, Bd. 1 §§ 1–758, 12. Aufl., Köln 2008 (Zitierweise: Erman/Bearbeiter, BGB, 12. Aufl.).

–, Erman Bürgerliches Gesetzbuch, Bd. 1 §§ 1–758, 14. Aufl., Köln 2014 (Zitierweise: Erman/Bearbeiter, BGB).

Wicke, Hartmut, Gesetz betreffend die Gesellschaften mit beschränkter Haftung (GmbHG), Kommentar, 2. Aufl., München 2011 (Zitierweise: Wicke, GmbHG).

Wiedemann, Gerhard, Handbuch des Kartellrechts, 2. Aufl., München 2008 (Zitierweise: Wiedermann/Bearbeiter, Hdb KartellR).

Wiedemann, Herbert, Die Auslegung von Satzungen und Gesellschaftsverträgen, DNotZ Sonderheft 1977, 99–111.

–, Das Arbeitsverhältnis als Austausch- und Gemeinschaftsverhältnis, Heidelberg 1966 (Zitierweise: Wiedemann, Arbeitsverhältnis).

–, Gesellschaftsrecht, Bd. 1 Grundlagen, München 1980 (Zitierweise: Weidemann, GesR I).

Wiese, Günther, Beendigung und Erfüllung von Dauerschuldverhältnissen, in: Festschrift für Hans Carl Nipperdey zum 70. Geburtstag Bd. 1; Dietz, Rolf; Hübner, Heinz (Hrsg.); München, Berlin 1965, S. 837–851 (Zitierweise: Wiese, FS Nipperdey I).

Wiese, Günther/Kreutz, Peter/Oetker, Hartmut/Raab, Thomas/Weber, Christoph/Franzen, Martin/Gutzeit, Martin/Jacobs, Matthias, Gemeinschaftskommentar zum Betriebsverfassungsgesetz, Band I: §§ 1–73b mit Wahlordnungen und EBRG, 10. Aufl., Neuwied 2014 (Zitierweise: GK-BetrVG/Bearbeiter).

Windbichler, Christine, Betriebsführungsverträge zur Bindung kleiner Unternehmen an große Ketten, ZIP 1987, 825–829.

–, Gesellschaftsrecht, 23. Aufl., München 2013 (Zitierweise: Windbichler, Gesellschaftsrecht).

Winkelmann, Johannes (Hrsg.), Max Weber Gesammelte Aufsätze zur Wissenschaftslehre, 7. Aufl., Tübingen 1988 (Zitierweise: Weber, Gesammelte Aufsätze zur Wissenschaftslehre).

Winter, Michael/Theisen, Dominik, Betriebsführungsverträge in der Konzernpraxis, AG 2011, 662–668.

Wissmann, Hellmut/Koberski, Wolfgang/Kleinsorge, Georg/Fitting, Karl/Wlotzke, Otfried/Freis, Gerhild, Mitbestimmungsrecht, Kommentar, 4. Aufl., München 2011 (Zitierweise: Wlotzke/Wissmann/Koberski/Kleinsorge/Bearbeiter, Mitbest.).

Würdinger, Hans, Betrachtungen zur Regelung der Konzernverfassung im Entwurf eines Aktiengesetzes, DB 1958, 1447–1452.

–, Gesellschaften, 1. Teil: Recht der Personengesellschaften, Hamburg 1937 (Zitierweise: Würdinger, Gesellschaften I).

–, Aktienrecht und das Recht der verbundenen Unternehmen, Eine systematische Darstellung, 4. Aufl., Heidelberg, Karlsruhe 1981 (Zitierweise: Würdinger, Aktienrecht).

Zeidler, Finn, Ausgewählte Probleme des GmbH-Vertragskonzernrechts, NZG 1999, 692–698.

Zeiger, Sonja, Der Management-Vertrag als internationales Kooperationsinstrument, Konstanz 1984 (Zitierweise: Zeiger, Managementvertrag).

Zöllner, Wolfgang, Betriebs- und unternehmensverfassungsrechtliche Fragen bei konzernrechtlichen Betriebsführungsverträgen, ZfA 1983, 93–106.

–, Wovon handelt das Handelsrecht, ZGR 1983, 82–91.

Zöllner, Wolfgang/Noack, Ulrich (Hrsg.), Kölner Kommentar zum Aktiengesetz, Bd. 2/1 §§ 76–94, 3. Aufl., Köln 2010, Bd. 3/3 §§ 150–178, 3. Aufl., Köln 2012, Bd. 6 §§ 15–22 AktG u. §§ 291–328 AktG, 3. Aufl., Köln 2004 (Zitierweise: Bearbeiter, KölnKomm-AktG).

www.ingramcontent.com/pod-product-compliance
Ingram Content Group UK Ltd.
Pitfield, Milton Keynes, MK11 3LW, UK
UKHW021919290926
8980IPUK00015B/1361

9 783631 673836